NOVA HISTÓRIA DO CINEMA BRASILEIRO

SERVIÇO SOCIAL DO COMÉRCIO
Administração Regional no Estado de São Paulo

Presidente do Conselho Regional
Abram Szajman
Diretor Regional
Danilo Santos de Miranda

Conselho Editorial
Ivan Giannini
Joel Naimayer Padula
Luiz Deoclécio Massaro Galina
Sérgio José Battistelli

Edições Sesc São Paulo
Gerente Iã Paulo Ribeiro
Gerente adjunta Isabel M. M. Alexandre
Coordenação editorial Francis Manzoni, Cristianne Lameirinha, Clívia Ramiro, Jefferson Alves de Lima
Produção editorial Ana Cristina Pinho, Simone Oliveira
Coordenação gráfica Katia Verissimo
Produção gráfica Fabio Pinotti, Ricardo Kawazu
Coordenação de comunicação Bruna Zarnoviec Daniel

NOVA HISTÓRIA DO CINEMA BRASILEIRO

VOLUME 2

ORGANIZAÇÃO
FERNÃO PESSOA RAMOS
& SHEILA SCHVARZMAN

A edição digital deste livro conta com o texto extra "Cinema Novo (1960-1972)", de Bertrand Ficamos, e com a filmografia "Lançamentos de filmes brasileiros de 1969 a 2016", de Luiz Felipe Miranda.

© Fernão Pessoa Ramos e Sheila Schvarzman, 2018
© Edições Sesc São Paulo, 2018
Todos os direitos reservados

1ª reimpressão: 2022

Preparação Luanne Aline Batista da Silva, Rayssa Ávila do Valle
Revisão Elen Durando
Capa, projeto gráfico e diagramação Gustavo Piqueira | Casa Rex

DADOS INTERNACIONAIS DE CATALOGAÇÃO NA PUBLICAÇÃO (CIP)

R1472n   Ramos, Fernão Pessoa
v.2   Nova história do cinema brasileiro / Fernão Pessoa
         Ramos; Sheila Schvarzman. – São Paulo: Edições Sesc
         São Paulo, 2018. –
             600 p., v. 2.
             ISBN 978-85-9493-084-2

             1. Cinema. 2. Cinema Brasileiro. 3. História. I. Título.
         II. Schvarzman, Sheila.
                                                        CDD 791.4

Ficha catalográfica elaborada por Maria Delcina Feitosa CRB/8-6187

Edições Sesc São Paulo
Rua Serra da Bocaina, 570 - 11º andar
03174-000 – São Paulo SP Brasil
Tel. 55 11 2607-9400
edicoes@sescsp.org.br
sescsp.org.br/edicoes
🅵 ▶ 📷 ▶ /edicoessescsp

9 A PLURALIDADE DO CINEMA BRASILEIRO
DANILO SANTOS DE MIRANDA Diretor do Sesc São Paulo

11 INTRODUÇÃO
FERNÃO PESSOA RAMOS & SHEILA SCHVARZMAN

1 CINEMA NOVO, CINEMA MARGINAL E DEPOIS (1955-1980)

16 A ASCENSÃO DO NOVO JOVEM CINEMA
FERNÃO PESSOA RAMOS

116 CINEMA NOVO/CINEMA MARGINAL, ENTRE CURTIÇÃO E EXASPERAÇÃO
FERNÃO PESSOA RAMOS

202 O CINEMA BRASILEIRO DAS DÉCADAS DE 1970 E 1980
JOSÉ MARIO ORTIZ & ARTHUR AUTRAN

266 FRAGMENTOS DE UMA HISTÓRIA DO CINEMA EXPERIMENTAL BRASILEIRO
GUIOMAR RAMOS & LUCAS MURARI

2 A EMBRA E A BOCA

290 SOB A SOMBRA DO ESTADO: EMBRAFILME, POLÍTICA E DESEJO DE INDÚSTRIA
TUNICO AMANCIO

322 HISTÓRIAS DA BOCA E DO BECO
ALESSANDRO GAMO & LUÍS ALBERTO ROCHA MELO

3 A GRANDE CRISE E A RETOMADA (1985-2003)

362 A GRANDE CRISE: PÓS-MODERNISMO, FIM DA EMBRAFILME E DA PORNOCHANCHADA
FERNÃO PESSOA RAMOS

410 A RETOMADA: NAÇÃO INVIÁVEL, NARCISISMO ÀS AVESSAS E MÁ CONSCIÊNCIA
FERNÃO PESSOA RAMOS

4 CINEMA BRASILEIRO CONTEMPORÂNEO

474 DOCUMENTÁRIO CONTEMPORÂNEO (2000-2016)
CARLOS ALBERTO MATTOS

514 CINEMA BRASILEIRO CONTEMPORÂNEO DE GRANDE BILHETERIA (2000-2016)
SHEILA SCHVARZMAN

566 CONTINUIDADE EXPANDIDA E O NOVO CINEMA AUTORAL (2005-2016)
CLÉBER EDUARDO

598 SOBRE OS ORGANIZADORES

A PLURALIDADE DO CINEMA BRASILEIRO

Danilo Santos de Miranda
Diretor do Sesc São Paulo

Neste país de imensos contornos geográficos e de certas condições históricas e culturais em comum, a diversidade ainda é nossa mais intrínseca marca identitária. Nas manifestações culturais e artísticas, esse nosso "comum incomum" escancara-se, desnuda-se, e isso logo inviabiliza a cristalização de uma única ideia sobre o cinema brasileiro.

Nestes dois volumes de *Nova história do cinema brasileiro*, notamos que as bases de organização da obra se mantêm próximas da publicação de outrora, *História do cinema brasileiro*, de 1987, preservando-se, contudo, o objetivo de apresentar os períodos do cinema brasileiro em uma perspectiva horizontal, cronológica e até mesmo geográfica, dando conta de levar ao leitor estudos importantes e abrangentes que muitas vezes são divulgados apenas em publicações acadêmicas e especializadas.

Essa compilação de estudos variados sobre o cinema brasileiro destaca a intersecção do cinema com outras artes ao longo do tempo. Nela, estão presentes a literatura, uma das mais antigas fontes de criação estética e narrativa na sétima arte; o teatro, que, entre movimentos de aproximação e de distanciamento, dialoga com a cinematografia; as artes visuais, que permitem reflexões criativas e presença simbólica nas cenas; a música, que por vezes é protagonista na condução das narrativas e vital para a apreensão sensível dos filmes, entre outras artes de igual ou maior peso, dependendo da película em questão.

Com isso, mesmo acompanhando o decorrer de todas as transformações na historiografia sobre o cinema nacional até os dias de hoje, a diversidade permanece como a marca central dos estudos aqui presentes, que abrangem desde a transição do cinema silencioso para o sonoro, passando pela produção de obras não ficcionais e educativos, a chanchada, o Cinema Novo, a produção da Embrafilme e o cinema experimental até a inclusão de temas ainda pouco valorizados na historiografia, como a presença das mulheres no cinema, as temáticas de gênero e a participação de atores negros e indígenas na produção cinematográfica. Ganham destaque ainda na obra a produção nacional de documentários e o cinema brasileiro contemporâneo em toda a sua amplitude.

É imprescindível ainda destacar como uma obra da magnitude de *Nova história do cinema brasileiro* vem ao encontro do resgate e do ensejo a uma das grandes manifestações artísticas de nosso tempo. Em uma era em que a grande maioria de nós conta o tempo todo com uma câmera de vídeo na palma das mãos para gravar o ordinário e o extraordinário do cotidiano, é essencial voltarmos nosso olhar ao passado e traçar, pouco a pouco, o percurso pelo qual o cinema brasileiro teve sua origem, seu desenvolvimento e sua consolidação, esta tanto dentro como além de suas fronteiras. Isso permite rever quem somos, reconhecer de onde viemos e ressignificar o país que nos tornamos.

Aqui, arte e identidade andam juntas: a história do cinema também é a nossa história, e a arte do cinema nada mais representa ao olhar atento do espectador do que uma das muitas facetas que compõe nossa complexidade cultural. No cinema, tal contato com o outro e com todos os outros pequenos mundos que nos cercam nos emociona, contagia, indigna, transforma, e isso não é nada além do que a própria força propulsora da arte.

Assim, comprometido com a valorização das artes e com a história da cultura, o Sesc São Paulo tem o prazer de trazer a público essa *Nova história do cinema brasileiro*, que registra e compartilha história, teoria, conhecimento e experiências fundamentais para que o cinema, uma das mais completas manifestações artísticas do século XX, adentre o século XXI com vasta bibliografia e múltiplas referências para sua continuidade.

INTRODUÇÃO
Fernão Pessoa Ramos & Sheila Schvarzman

O objetivo deste livro é reunir estudos que pensam o cinema brasileiro por pontos de vista diversos. A coletânea se constituiu na certeza de que é possível trabalhar com o tema contornando a hipertrofia metodológica que há em recortes recentes. Nossa opção foi partir de um campo já estabelecido de estudos sobre cinema brasileiro, acreditando na fecundidade de um eixo básico cronológico sem nos deter, obrigatoriamente, em fases, estágios, movimentos, ciclos ou recortes autorais referendados. Alguns ensaios seguem o figurino mais clássico, outros, não, como o próprio leitor poderá verificar. A intenção foi a de frisar o interesse em escrever e pensar o cinema feito no Brasil explorando sua singularidade e as múltiplas teias que dela se lançam.

O livro incorpora novos objetos, métodos e documentação, sobretudo as mudanças da historiografia em geral ao longo dos últimos trinta anos – as contribuições da história cultural e dos estudos culturais, as relações entre história e cinema e outras artes e mídias, o maior acesso a acervos fílmicos e documentais. Estão presentes horizontes abertos pelas novas abordagens das teorias cinematográficas e dos intercâmbios transnacionais, particularmente desde o Congresso de Brighton, em 1978. Procura-se também dialogar com a historiografia estrangeira – da América Latina, dos Estados Unidos e da Europa – através do tratamento mais complexo ou complementar de um mesmo período histórico.

Os ensaios igualmente expressam mudanças recentes na pesquisa acadêmica brasileira, com a entrada de novas gerações com formações diversas, inclusive da crítica. Assim, enfoques mais tradicionais foram alargados, revistos e complementados.

Períodos como o cinema silencioso e a passagem do cinema mudo para o sonoro ganharam maior relevância, e também demos destaque aos filmes e realizadores de obras não ficcionais como a "cavação", os filmes etnográficos do Major Reis, o documentário contemporâneo e, por extensão, o estudo desses formatos nos anos 1930 e 1940, com a entrada do Estado na produção cinematográfica, além dos filmes educativos do INCE (Instituto Nacional de Cinema Educativo). Não ficaram de fora os estudos de práticas sociais especificamente cinematográficas, como a exibição e suas formas, assim como a relação com o espectador. Da mesma maneira, procurou-se incluir protagonistas que ainda não tiveram o devido relevo na historiografia: a participação profissional das mulheres no cinema brasileiro, a presença da temática de gênero em sua diversidade e os cineastas e atores negros e indígenas. Também foi dada relevância a produções que não costumam ocupar o primeiro plano, como a pornochanchada, as comédias contemporâneas, o cinema experimental e a produção (comercial ou não) que vicejou ao largo do apoio estatal. É importante salientar que se buscou delinear um panorama amplo do que é a história do cinema brasileiro hoje, na medida em que o próprio cinema brasileiro é algo em constante construção, assim como sua historiografia. A preocupação central foi trazer textos que dialoguem entre si sem fixar uma linha descritiva horizontal, abrindo espaço, desse modo, para uma compreensão múltipla e complexa.

A partir desses princípios, delineou-se a estrutura da obra, abarcando os primórdios do cinema brasileiro ainda mudo, o período de 1912 a 1930 (com vários núcleos regionais), o impacto sofrido com o início do cinema sonoro, a chanchada e o cinema carioca, a produção documentária do INCE, a produção dos grandes estúdios com a Vera Cruz à frente, o Cinema Novo, o Cinema Marginal, a Embrafilme e os anos 1970, a produção da pornochanchada, o cinema de corte mais experimental, a grande crise dos anos 1980-1990, a retomada da produção e, finalmente, o cinema brasileiro contemporâneo tanto ficcional como documentário. Unindo-os, surge a aposta metodológica do livro sob o recorte cronológico.

O veio da brasilidade, presente no título da coletânea, deve ser compreendido dentro de um horizonte cultural difuso e díspar, porém concreto, surgido particularmente da preferência pela expressão de uma gestualidade corpórea própria, na qual a fala em língua comum, presente no sonoro, ocupa o foco. Temos aqui uma compreensão do cinema brasileiro que vai além do cinema hegemônico nas salas de exibição, procurando não apenas criticar sua presença como forma de espaço "ocupado" (o que demonizaria a imitação), mas entendendo o diálogo que se estabelece nesses vários âmbitos, quando a vontade de emular o cinema americano acaba mostrando traços ainda mais próprios, inclusive na relação com outros cinemas nacionais. É esse horizonte amplo que permite abrir uma fresta para a articulação dos artigos e de seus objetos como "cinema brasileiro".

De alguma maneira, a noção de autoria na arte do cinema também respira neste conjunto de ensaios. Estão presentes cineastas e atores que dão personalidade forte à produção que emerge do todo apresentado. Em sintonia com a dimensão autoral (individual ou coletiva), surge ainda outro traço do conjunto: a ideia de que estamos lidando com uma forma, a arte do cinema, que, em suas modalidades, ficcionais ou documentárias, se expressa numa unidade a que chamamos "filme". Tal unidade é composta pela diversidade de formatos e durações, mas articula de modo constante a unidade do tempo que transcorre e, necessariamente, desabrocha de modo paulatino em direção a um final aberto na duração. Este livro trata de uma arte do tempo. Trata de uma arte produzida numa determinada região geográfica do planeta, com tradições culturais e históricas mais ou menos congruentes, abertas para a miríade de influências que a compõem, sem uma soma que nos permita apontar para qualquer tipo de homogeneidade a ser exaltada.

O cinema pode ser pensado então como arte que tem a particularidade de remeter a outros campos artísticos – uma "arte impura", como queria André Bazin –, mas é arte em si mesma, expressão sensível de um sujeito no mundo, como também é a literatura ou a música, por exemplo. É o que transparece no conjunto que se segue, puxando, como fio de meada, um olhar que descobre a arte do cinema num eixo maior que ela mesma, dobra de si na própria história.

CINEMA NOVO, CINEMA MARGINAL E DEPOIS (1955-1980)

A ASCENSÃO DO NOVO JOVEM CINEMA

FERNÃO PESSOA RAMOS

Puxar o fio do novelo do Cinema Novo significa partir desta figura camaleônica, ponte entre duas gerações, que é Nelson Pereira dos Santos. Precoce, ainda paulistano com 23 anos, apresentou em abril de 1952 comunicação no I Congresso Paulista do Cinema Brasileiro, intitulada "O problema do conteúdo no cinema brasileiro"[1]. O texto tem corte marxista mais tradicional e mostra bem o contexto ideológico que marca os anos 1950. Lança raízes, embora tênues, para o discurso que sustentará, dez anos depois, a eclosão da geração cinemanovista. Em seu bojo, a análise transfere para o cinema brasileiro esquemas elaborados para retratar a evolução histórica do capitalismo como um todo. A defesa da indústria nacional seria etapa necessária na evolução da história em seu movimento dialético. Nelson acaba por situar-se em posição não muito distante dos grandes estúdios – com os quais, neste primeiro momento, não bate de frente –, defendendo um cinema que permita o "aproveitamento dos assuntos nacionais, nitidamente nacionais, na produção dos filmes, e a capitalização para a indústria pátria de boa parte desse dinheiro que se evade anos após anos"[2]. Talvez não exclusivamente industrial, mas também industrial – desde que nacional –, esse parece ser o mote da tese que se centra em torno do adjetivo "pátria". O cinema alternativo não é ainda uma opção em primeiro plano. Uma "orientação nacionalista satisfazendo os desejos do público" caminharia na direção correta, com novos filmes "narrados com força e calor, dando o reflexo das experiências humanas"[3]. A questão do nacional já surgindo vinculada à nova imagem do popular, mas ainda de uma forma paralela, será um pilar fértil para se pensar o cinema brasileiro dos anos 1950.

No texto de Nelson, encontramos um discurso bem forte, característico do pós-guerra, com as tonalidades humanistas, existencialistas, que buscam a valorização plena do homem através da práxis social consciente. Mas o jovem cineasta é também atraído pelo que chama de proximidade da beleza realista da banalidade do cotidiano. O cinema deve buscar "um assunto que narrado com força e calor, lhe dê o reflexo das experiências humanas", pois "ver e sentir coisas da própria vida é o anseio comum de todos os povos"[4]. Encontramos aqui as demandas de um realismo pré-Cinema Novo, do realismo pós-guerra, marcado pelo neorrealismo, como se vê em *Rio, 40 graus* (1954-1955). É essa poesia humanista da vida cotidiana, voltada à representação da camada mais pobre da população, representada sob a sombra de um discurso de corte nacionalista, que vai caracterizar o primeiro longa-metragem de Nelson Pereira dos Santos. Em *Rio, 40 graus*, a imagem moderna do popular, definida a seguir, surge de modo inédito no cinema brasileiro, com disposição dramatúrgica própria e gravidade central. É paradigma inaugurado nesse momento e que atravessará, em seu leque diverso, o resto da segunda metade do século XX, adentrando no XXI. Não é pouco para um primeiro filme que ainda tateava o domínio narrativo. Antes de chegar à direção, Nelson já havia realizado o curta-metragem *Juventude* (1950), além de ter participado, como assistente de direção, em *O saci* (1951-1953), *Agulha no palheiro* (1952) e *Balança mas não cai* (1953).

A assistência em *O saci* e *Agulha no palheiro* certamente deixa marcas no jovem diretor em sua convivência com o grupo que circunda o Partido Comunista Brasileiro (PCB), que defende as posições de esquerda nos debates dos congressos que se seguem às intensas atividades cinematográficas geradas pelo aparecimento dos estúdios em São Paulo. Com Alex Viany, Carlos Ortiz, Noel Gertel, Ruy Santos, Claudio Santoro, Galileu Garcia, Roberto Santos, alguns presentes já nos congressos, outros logo depois, Nelson Pereira compõe o time que influencia as demandas de base para uma política e legislação cinematográfica nacionalista, com longo efeito nas décadas seguintes. Também apoiam e desenvolvem uma produção fílmica consistente ao largo dos estúdios, seguindo postulados ideológicos que têm centro de gravidade no "partidão", mesmo que apenas como referência no horizonte. Alex Viany é figura de destaque não só por sua formação crítica anterior, mas por iniciar-se logo na direção com *Agulha no palheiro*, seguido de *Rua sem sol* (1953), após também trabalhar como diretor de produção em *O saci* e *Balança mas não cai*. *O saci*, feito a partir de adaptação da obra de Monteiro Lobato (outro escritor ligado ao partido), reúne parte do grupo, com Viany e Nelson na assistência de direção. Viany faz também a direção de produção, e Ruy Santos, a fotografia.

Alex Viany vem do Rio, em 1951, trazido por Mario Civelli para trabalhar na Maristela e é figura-chave para entendermos esse período pré-Cinema Novo. Ele está no centro das articulações em prol de uma nova política cinematográfica – dentro da ideologia do nacional e da produção independente que circula entre os cineastas mais à esquerda que orbitam em torno dos estúdios paulistas –, que em seguida levariam esses jovens à realização e boa parte das teses apresentadas nos dois congressos nacionais e no paulista, em 1952 e 1953[5]. Os congressos refletem o burburinho cultural instalado em São Paulo no rastro do surgimento dos grandes estúdios e permitem o aparecimento de toda uma geração extremamente ativa no cinema brasileiro, servindo de base para as conquistas estéticas e as premiações internacionais da geração seguinte. Em 1959, Alex Viany publica um livro-chave para entendermos o Brasil, pelo ângulo do cinema, no final da década: *Introdução ao cinema brasileiro*. É obra pioneira no recorte histórico que estabelece da atividade cinematográfica nacional. Foi editada antes da emergência da geração cinemanovista e assim nos oferece uma fotografia de momento, sem seu principal ator, mas já com os personagens entrando em cena. Nela ainda é dada a imagem constituída pelo recorte do cinema realista e independente (com produção alternativa) que floresce na década de 1950, com obras-chaves da filmografia brasileira, pelo qual Viany vinha batalhando para valorizar ou por meio dele encaminhar os jovens já há anos. Os filmes nacionais-realistas ainda são vistos de modo indistinto, sem ênfase maior em Nelson Pereira ou Roberto Santos, como seria comum no recorte pós-Cinema Novo. Em *Introdução ao cinema brasileiro*, *Rio, 40 graus* e *Rio, zona norte* (1957, Nelson Pereira dos Santos) são citados ao lado de *O grande momento* (1957, Roberto Santos), numa horizontalidade comparativa com filmes como *Rebelião em Vila Rica* (1957, Geraldo e Renato Santos Pereira), *A estrada* (1955, Oswaldo Sampaio), *Cara de fogo* (1957, Galileu Garcia). Na linha do realismo com imagem popular, que quer afirmar nos anos 1950, Viany vislumbra um veio do cinema brasileiro que teria evoluído desde o Humberto Mauro de *Favelas dos meus amores* (1935). Passaria pela primeira Atlântida de *Moleque Tião* (1943, José Carlos Burle), pelo Fenelon de *Tudo azul* (Moacyr Fenelon, 1951), para chegar na produção mencionada independente dos anos 1950. Podemos considerar esse o primeiro grande cânone do cinema brasileiro. Já o vemos em Viany, no modo que irá evoluir em Paulo Emílio Sales Gomes e depois em Glauber Rocha. É um mérito que não se pode negar ao livro de Viany. Com modificações, precisões e aprofundamentos, a linha evolutiva pressentida pelo cineasta em *Introdução ao cinema brasileiro*, em sua visão da história do cinema brasileiro, permanecerá fortemente influente até o início do século XXI.

São desenvolvimentos que incluem o próprio Cinema Novo e sua estilística dominante, embora não esteja presente no horizonte de 1959, mas já se faça sentir como demanda. Mesmo a guinada estabelecida por Paulo Emílio, em outra visão retrospectiva bem posterior, "Cinema: trajetória no subdesenvolvimento" (1973)[6], deixará seu débito com a *Introdução* de Viany, ainda que nessa obra a dimensão propriamente intertextual e a incorporação da chanchada já apareçam agudas, algo por inteiro ausente do horizonte mais tradicionalmente realista do pós-guerra no qual encontra-se Viany. Nos anos 1980, Jean-Claude Bernardet publicará a autocrítica desse paradigma em *Historiografia clássica do cinema brasileiro*[7], crítica centrada não só no eixo e nas fases recortadas por Viany como também em questões metodológicas mais ou menos marginais. Digo autocrítica, pois o autor também foi largamente debitário desse "fio de meada", introduzido por Viany e desenvolvido por outros, que aponta para uma força nuclear, localizada na progressiva emergência da questão do popular e das especificidades nacionais, envolvidas nas agudas tensões de classe da sociedade brasileira. São elementos que Viany sente como centrais, embora ainda tateando, e que resistirão de modo mais ou menos diluído em diversos autores. Ainda que a autocrítica de Bernardet tenha gerado alguma exasperação na geração mais jovem de final do século, já com perfil acadêmico, que se traduziu na busca de novos horizontes metodológicos de pesquisa, não chega a produzir um cânone ou uma periodização mais definida, como a que se afirmara no eixo Viany/Paulo Emílio/Glauber Rocha. O cânone gerado no final dos 1950 teve a felicidade de surgir engatado na produção cinematográfica do período áureo do cinema brasileiro que se avizinhava, o Cinema Novo, e talvez daí venha sua pertinência e persistência.

No final da década, em 1959, Viany evoluía, portanto, de uma visão do cinema brasileiro com ênfase maior na especificidade da questão nacional, desenvolvida a partir de temática tradicional da esquerda, pela denúncia do imperialismo[8]. É nesse sentido que o autor advoga, em *Introdução ao cinema brasileiro*, o valor da "expressão" de "nossos temas, dentro do próprio, do nosso, do conceito estético-fílmico--cinematográfico eminentemente matuto-caipira-caboclo-campeiro-sertanejo, como quereria Mário de Andrade"[9]. A dimensão "matuta-caipira-cabocla-campeira-sertaneja" reivindicada por Viany é claramente uma demanda presente no *front* do contexto ideológico de 1959, vinda do início da década, e que perderá espaço conforme avançarmos em direção ao final do século XX, com o agigantamento da dimensão do popular e os dilemas da alteridade. Entretanto, nesse final dos anos 1950, a questão do popular e as exasperações existenciais envoltas em sua figuração começam apenas a emergir. A nova dimensão do popular designa não somente a repercussão do filme nas camadas mais pobres da população, mas igualmente a dimensão de uma representação de classe enquanto imagem e narrativa. É horizonte já pressentido em Viany, mas ainda não visto como problemático. Não o sente ainda como *outro-povo*. A dimensão "matuta-caipira", ao envolver o popular, necessariamente lhe concede organicidade e legitimidade. O ponto para Viany está no elemento nacional. Todo o arcabouço teórico da inserção social do cinema tem esse elemento em seu núcleo. É nítido, contudo, que Viany põe o dedo no vespeiro da representação do popular que, em seguida, vai perpassar os estudos e a crítica de cinema no Brasil, até a contemporaneidade.

É assim que o panteão estabelecido pelo crítico, entre outros que vigoravam no início dos anos 1950, se manifesta a partir de Humberto Mauro, na sequência de *Favela dos meus amores*, seguido da Atlântida de *Moleque Tião* (José Carlos Burle),

Tudo azul (Moacyr Fenelon), chegando a *Rio, 40 graus* (1954-1955) e à produção independente dos anos 1950, principalmente a que circula em torno do PCB, conforme mencionado[10]. O panorama traçado por Glauber Rocha, em 1963, em *Revisão crítica do cinema brasileiro*[11] não se distingue muito disso, incluindo o mesmo pouco caso com a chanchada, embora abra espaço maior para Khouri. Também surge em Glauber, em função da data da publicação, a produção baiana do início da década de 1960 e o primeiríssimo Cinema Novo, antes da eclosão dos longas e a guinada de *Deus e o diabo na terra do sol*, em 1964. Nos textos retrospectivos da segunda metade dos anos 1960, *70 anos de cinema brasileiro*[12] e *Panorama do cinema brasileiro: 1896/1966*[13] (mesmo texto em duas versões), Paulo Emílio absorve novas pesquisas com fontes primárias (aparentemente ainda desconhecidas por Viany), desenvolvidas por Vicente de Paula Araújo em *A bela época do cinema brasileiro*[14], que permitem um mapeamento do cinema das origens no Brasil, agora com nova data do nascimento, dando um papel mais amplo para os novos pioneiros do cinema mudo (Paschoal e Afonso Segreto) e a visão consolidada de uma *belle époque* na virada dos anos 1910.

É claro o débito de Sales Gomes para com Araújo que, com sua pesquisa inédita em jornais do início do século, mapeia um quadro mais preciso do nascimento do cinema no Brasil, dando formato a ilações antes mantidas, aparentemente, com lastro quase exclusivo nos arquivos de Gonzaga. Vicente de Paula Araújo apresenta pesquisa forte, com fontes primárias inquestionáveis, que será aceita consensualmente até o final do século XX. O próprio Paulo Emílio viria a reconhecer a dívida quando da publicação da pesquisa de Araújo em livro, afirmando, com a perspicácia que sempre teve para personalidades, que "o autor possui um traço muito raro entre os pesquisadores: sempre comunicou generosamente os resultados de seu trabalhos"[15]. Em *70 anos de cinema brasileiro*, livro ilustrado que assina com Gonzaga em 1966, com uma ampla retrospectiva histórica, o Cinema Novo ainda aparece em modo quase marginal[16]. No texto de *70 Anos*, Glauber é cineasta que se projeta no cinema propriamente baiano e o Cinema Novo é "um movimento notadamente carioca". Sua atenção parece estar voltada à necessidade de o cinema brasileiro se sintonizar com a distribuição e a exibição para atingir o público, repetindo a "harmoniosa situação"[17] ocorrida na *belle époque* que o crítico acabava de descobrir. A estilística e a estética do novo cinema emergente, em 1966, com suas conquistas internacionais (mencionadas no texto) e as obras-primas de 1963, aparentemente ainda não entusiasmam Paulo Emílio.

Nesse sentido, *Introdução ao cinema brasileiro* é um livro que faz parte da transição geracional que se vê nos primeiros anos da década de 1960. Transição geracional que voltaria a se repetir com a chegada do Cinema Marginal, a partir de 1968, a qual Paulo Emílio acompanha, mas não Viany[18]. Glauber, já cineasta, acaba tragando a influência de sua época. Viany e sua geração durante a década de 1960, vindos do início dos anos

1950, ainda conseguem, com certo esforço, entrar em sintonia com o Cinema Novo, abraçando-o sem reservas, mas perdem por completo o salto para o Cinema Marginal, o que somente a singularidade da formação pessoal de Paulo Emílio permite efetivar. Outro ponto fora da curva será Nelson Pereira, que faz circunferência própria numa órbita fantástica, engolindo a seu jeito o percurso de 1968.

Na passagem geracional para os anos 1960, um ponto nodal a ser destacado é o surgimento da sensibilidade estética que permite a inédita valorização da chanchada. Patinho feio do cinema brasileiro, a chanchada é sujeita a crítica negativa, tão cerrada quanto uniforme, no início da década de 1950. Progressivamente, no entanto, é recuperada, mas sempre com desconfiança, até a redenção que vai se realizar de modo orgânico somente pela geração do Cinema Marginal, no final dos anos 1960. Com a descoberta da chave intertextual para a análise fílmica, a recuperação da chanchada cai na medida, abrindo novas potencialidades para sua interpretação. Antes disso, Viany, assim como Glauber Rocha e o primeiro Cinema Novo, ainda penam para lidar com o "abacaxi" da chanchada, apesar da nítida intensidade da figuração popular que os filmes apresentam. Mas o preconceito é grande, e o travo azedo permanece até pelo menos o final dos anos 1960. Ainda em 1968, já antenado pelo novo viés e forçando a boa vontade, Viany enxerga "o populismo falso das desleixadas comédias musicais a que se deu o nome de chanchadas"[19]. Sente necessidade, como se estivesse justificando a si mesmo, de mencionar seus "notórios defeitos" antes de poder realçar alguma contribuição da chanchada que "serviu para provar que o filme brasileiro podia ser um bom negócio"[20]. Quase dez anos antes, em 1959, no texto da *Introdução ao cinema brasileiro*[21], a visão azeda está mais presente, sendo criticada "uma enxurrada até agora ininterrupta de chanchadas musicais, sempre apressadas e quase sempre desleixadas"[22]. Quando tenta resgatar, com certa condescendência, alguns exemplares do gênero para fixar a linha evolutiva de um cinema autenticamente popular que a transcenderia ("em relação a esta enxurrada irresponsável, progressos realmente sensíveis, tanto em técnica quanto em linguagem cinematográfica, podem ser observados"[23]) é para citar produções mais tardias como o contemporâneo *De vento em popa* (1957), de Carlos Manga, ou *Absolutamente certo* (1957), que já é uma produção de Massaini, dirigida por Anselmo Duarte. Viany, na realidade, insiste no seu panteão que exclui a chanchada, comparando a "enxurrada" desqualificada das chanchadas, em sua representação do popular, com os "grandes" *Favela dos meus amores*, *João Ninguém*, *Moleque Tião* e *Tudo azul*. Se acompanha, por outro lado, um movimento da crítica do final da década que concede, em 1957, o prêmio de melhor filme brasileiro a *De vento em popa*, é significativo que, no panorama de *Introdução ao cinema brasileiro*, a figura da dupla Oscarito e Grande Otelo passe em brancas nuvens ou, ainda, que a produção Atlântida seja vista quase exclusivamente pelo viés Fenelon e pelas oportunidades perdidas no desenvolvimento de um cinema "sério".

Em outro artigo que dedica exclusivamente ao gênero, O *filme de Carnaval*, de 1959[24], a simpatia que desponta ainda sofre com a desconfiança. Novamente, o trio *Tudo azul*, *De vento em popa* e *Absolutamente certo* surge como referência maior da chanchada respeitável, com poucas exceções – a exemplo de *Banana da terra* – sendo citadas. O que Viany busca encontrar nas chanchadas – e não acha – é a base para um nacionalismo que logo perderia fôlego. Passa distante a deglutição intertextual que marcará a abordagem e a recuperação do gênero no final da década seguinte, como fica claro na avaliação de que "nem nos números musicais é cabível a imitação do que nos vem do estrangeiro"[25]. O crítico, no entanto, já está atento para o fato de que a chanchada possui "como que acidentalmente, sem querer, uma percepção espontânea de nosso modo de falar e agir", criando, quase apesar de si mesma, "um vasto acervo de imbecilidades, incompetência e acertos para o futuro nascimento do bom filme musical caboclo"[26]. A brasilidade e a força do popular transbordam de tal modo nas chanchadas que elas conseguem injetar de maneira espontânea esse referencial no cinema brasileiro, com uma intensidade difícil de ignorar. Entretanto, a consciência plena do potencial, com todas suas consequências, ainda será mais tardia. A chanchada foi uma espécie de circuito fechado, para além da crítica e da autoconsciência do cinema brasileiro – certamente além da linha evolutiva traçada por Viany e o primeiro Paulo Emílio –, que teimou em desafiar e negar as ambições mais ilustradas de uma representação da brasilidade.

A afirmação e a repercussão de *Rio, 40 graus*, em 1955, dá-se no mesmo contexto ideológico em que se desenvolve a crítica de Viany analisada. Surge no despertar para a consciência do outro-popular, em sintonia com os dilemas da brasilidade e na reação ao estrangeiro como outro imperialista. A preocupação com a temática nacional, de inspiração popular, encaixa-se na demanda de uma representação realista, em proximidade com a vida cotidiana, na órbita dos ares cinematográficos que se respiram no pós-guerra europeu. Em *Rio, 40 graus*, o modo cinematográfico de produção alternativa e a disposição não linear da narrativa trazem contribuições originais no Brasil. Produzido por meio de um sistema de cotas, demonstra ser possível a realização cinematográfica fora dos grandes estúdios e dos altos orçamentos, abrindo caminho para outras produções independentes. A ideia da feitura do filme, segundo jornal de época[27], teria surgido em 1953 após diversas conversas entre Hélio Silva e Nelson nos intervalos de filmagem de uma fita carnavalesca (*Balança mas não cai*, 1953). Hélio teria voltado para São Paulo, e Nelson, permanecido no Rio de Janeiro, "vivendo no subúrbio e em contato com as escolas de samba". A obra inicialmente chamou-se *Cidade maravilhosa*. No início de 1954, Nelson, já com o argumento na cabeça e o roteiro pincelado, inicia as articulações para o levantamento da produção. Diversos financiadores foram procurados sem nenhum sucesso aparente, até que "um advogado que já orientara Moacyr Fenelon nesse sentido explicou para Nelson o sistema de cotas, muito usado no começo do cinema e na Itália no pós-guerra"[28]. Noticia-se em 11 de abril de 1955 o final das filmagens de *Um domingo no Rio de Janeiro*, "filme de Nelson Pereira dos Santos dirigido em regime de cooperativa com os próprios atores"[29]. A câmera utilizada aparentemente veio do velho Instituto Nacional de Cinema Educativo (INCE). A velha máquina do INCE teria sido recuperada pela habilidade do fotógrafo Hélio Silva. A aquisição da película foi possível por meio de uma das conquistas dos Congressos de Cinema relativas à importação sem taxas de película virgem, como forma de incentivar a indústria nacional. Embora a permissão só tenha durado poucos meses, Nelson dela se aproveitou.

É o sistema particular de produção que dá a Nelson maior liberdade em termos estilísticos para inovar na forma narrativa cinematográfica, promovendo a disposição da trama no universo popular, por intermédio de *faits divers* que se sucedem. O filme se articula em torno de meninos vendedores de amendoim, cujas histórias não evoluem linearmente, mas são motivadas por causalidades independentes. Ao mesmo tempo, sente-se a preocupação constante da narrativa em mostrar a favela, a imagem do povo e a oposição com a burguesia abastada e mau-caráter. A imagem do popular surge em sua figuração já contemporânea, como povo da favela. É realçada para provocar o sentimento de compaixão no espectador mediante a oposição brusca com elementos emocionais inversos que cercam o universo burguês. Além da montagem segura e da condução bastante hábil para um estreante, impressiona a volúpia que a câmera sente por essa imagem do popular, fixando-se sobre um universo que não era o do diretor (que estava chegando de São Paulo) nem da equipe (predominantemente de classe média), mas que exercia sobre eles um fascínio doce e insistente. É algo inédito no cinema brasileiro e que deixará marcas profundas em nossa filmografia. Particularmente feliz é a sequência do garoto que entra escondido no zoológico, atrás de sua lagartixa, animal de estimação. A adesão da câmera ao universo popular, pelos olhos do garoto, a premência na representação do casual e do gratuito, a duração extensa do cotidiano passando livre pelo que transcorre, seguido pela tragédia ou a intervenção que rompe o sonho e o devaneio (aqui é o guarda que descobre o menino e, insensível, o retira do paraíso), traduzem toda a inspiração do horizonte neorrealista, numa recriação independente com cores nacionais. A cena de *Umberto D*, realçada pela crítica francesa, da empregada preparando o café da manhã, com a sequência demorada dos atos gratuitos decompostos em miríade e sem função dramática imediata, serve de parâmetro. *Rio, 40 graus* é obra de exaltação pioneira, deslumbramento inicial, com uma imagem ainda desconhecida do popular que virá a fascinar sucessivas gerações de cineastas brasileiros. Nesse aspecto, é pertinente considerá-lo como precursor e inspirador do que mais tarde será conhecido como Cinema Novo.

A exibição do filme foi polêmica. Já havia sido liberada pela censura para maiores de 10 anos, quando, em setembro de 1955, o chefe do Departamento de Segurança

Pública do então Distrito Federal (que respondia pelo significativo nome de Dr. Cortes) resolveu suspender a liberação. A proibição provocou reação, com diversos manifestos e abaixo-assinados contra a medida. O chefe da Segurança Pública acabou sendo surpreendido com a amplitude do movimento e, não conseguindo apresentar argumentos que a justificassem, cunhou a famosa frase que o filme denegria a imagem do Rio de Janeiro, visto que lá a temperatura nunca chegava a 40º C. Liberado, *Rio, 40 graus* acabou estreando em março de 1956, com lançamento em grande circuito exibidor. O filme obteve razoável sucesso de público.

A polêmica em torno de seu primeiro longa-metragem permitiu a Nelson iniciar em seguida (janeiro de 1957) *Rio, zona norte*, que deveria ser o segundo filme de uma trilogia que acabou incompleta[30]. Filmado em sua maior parte nos subúrbios cariocas, *Rio, zona norte* relata as desventuras de um compositor popular, Espírito (Grande Otelo), que é obrigado a vender seus sambas para sobreviver. Como em *Rio, 40 graus*, sente-se a preocupação constante com a representação do popular. Aqui, no entanto, a imagem do povo perde a espontaneidade do primeiro filme e torna-se um pouco mais carregada com a necessidade de mensagens de cunho popular. A preocupação com a contraposição ao universo burguês é um dos traços centrais do filme. O compositor popular do morro é explorado em sua inocência por um amigo "malandro", que tem bons contatos nas gravadoras. A ida do compositor do morro à casa de um colega erudito serve como contraponto para explorar os contrastes entre as duas culturas, a burguesa e a popular. A contraposição percorre diversos filmes da época, está presente em muitas chanchadas e se repete aqui, com afetos negativos carregados pela culpa. Meio sem jeito, o sambista pede ao intérprete clássico para escrever em partitura a música de um samba seu, que Ângela Maria irá gravar. O violinista e diversos outros representantes da classe média encaram Grande Otelo como coisa interessante, pois exótica. A novidade, no entanto, logo passa e os personagens do espaço burguês se absorvem em uma discussão estética, ironicamente sobre folclore e cultura popular no teatro. O próprio povo ali presente, no personagem de Otelo, não é percebido. Quando o personagem popular Espírito morre, o colega erudito, Paulo Goulart, é chamado ao hospital e lamenta não ter ajudado mais o sambista quando vivo. Agora restam apenas duas ou três músicas ("que o morro inteiro sabe de cor") para preservar sua memória: a culpa pela morte do sambista é, no fundo, do compositor burguês. Má consciência e afetos reativos permeiam o ambiente burguês, enquanto a liberação e a espontaneidade cercam o universo popular. No final, é a sequência com Grande Otelo, batucando feliz na porta do trem de subúrbio em movimento antes de sua morte trágica, que traz esse sentimento profundo de identificação com a liberdade e espontaneidade da alma popular.

Rio, zona norte, realizado e lançado em 1957, não foi sucesso de bilheteria, tendo sido mal recebido pela imprensa. Nelson, em folheto publicado na década de 1970 intitulado *Manifesto por um cinema popular*, acusa os críticos de não terem compreendido o filme: "naquela época a crítica ficou neorrealista e o filme não era neorrealista. A crítica exigia que o filme tivesse paisagens de bairros da Zona Norte, quando não era nada disso. É um filme muito mais psicológico que passa todo ele na cuca do compositor [...]"[31]. A resposta do diretor a essa crítica neorrealista é contraditória. Na realidade, o filme paira sobre a demanda de um realismo mais rasteiro e banal, quando a crítica com viés mais à esquerda (um dos alvos do comentário é certamente Viany, que foi bastante "azedo" com o filme) talvez estivesse esperando uma obra mais amarrada dramaticamente.

Ainda em 1957, logo após a conclusão de *Rio, zona norte*, Nelson Pereira dos Santos produz em São Paulo *O grande momento*, com direção de Roberto Santos, no que parece ter sido um projeto conjunto de dois jovens em sintonia plena, não só na proximidade política. *O grande momento* é outro filme no qual se nota a presença da inspiração neorrealista como horizonte novo para o cinema, conforme antevisto na geração que conviveu criticamente com os grandes estúdios. A obra tem ótima recepção de crítica, pois faz coincidir a perfeição dramatúrgica da *mise-en-scène* com ritmo e imagens bem cuidadas, articulando ainda as preocupações do realismo social. No entanto, a imagem do povo, conforme será figurada na década seguinte e pelo Nelson carioca, está ausente. O que aparece – como acontece também com o povo de *Agulha no palheiro* – é a pequena burguesia, ou baixa classe média, trazendo a influência mais nítida do espírito e das formas do realismo italiano do pós-guerra, o mesmo pelo qual Nelson ressente haver sido cobrado. As filmagens de *O grande momento*, iniciadas em 1º de julho daquele ano, sofreram diversas dificuldades. O esquema precário de produção (o mesmo dos filmes anteriores de Nelson) é significativo da ruptura com as obsessões industrialistas do cinema nacional, que setores ligados à esquerda do espectro político ainda nutriam em meados da década de 1950. A influência do neorrealismo se expressa no filme pela vida difícil da pequena burguesia, em que cada centavo conta, e na proximidade com o cotidiano banal. Também surge na presença de elementos temáticos paralelos, como o sentimentalismo forte desenvolvido em torno da perda da bicicleta ou a sensação de liberdade súbita quando o protagonista deixa o quadro social agudo para trás[32]. Igualmente podemos lembrar na influência do realismo pós-guerra a recorrência forte a locações como cenário, a presença física da cidade, a direção de atores, o esquema de produção.

A imagem do povo em *O grande momento* mostra sua singularidade em relação ao Cinema Novo e aos dois primeiros longas de Nelson Pereira realizados no Rio. O tipo dominante que caracterizará o popular (o malandro de vários matizes, o povo sofrido e humilde), sua cultura (futebol, samba, religiões afro-americanas) e espaço físico (a favela, o sertão), está ausente em *O grande momento*. O filme aborda a vida dura das primeiras e segundas gerações de imigrantes instalados no

Brás, bairro que compõe um ambiente e tradições no qual se movem com naturalidade tanto Nelson Pereira quanto Roberto Santos, ambos com ascendência italiana e nascidos nessa região da cidade de São Paulo. Talvez venha daí a impressão de integração plena que a obra produz, tendo ainda nessa conta o também ítalo-brasileiro Gianfrancesco Guarnieri como protagonista. Com boa parte dos atores pertencendo ao Teatro de Arena, *O grande momento* desenvolve uma linha de abordagem simples e direta de uma realidade também banal. Na São Paulo dos imigrantes europeus parece não haver a atração que o "outro", denominado povo, ainda exercerá sobre a geração cinemanovista. Não há sinal daquela tradição cultural popular que Nelson foi buscar no Rio de Janeiro, densa e potente em termos de brasilidade, e que dois anos mais tarde começará a emergir em toda sua força de novo cinema, na Bahia.

O PRIMEIRO CINEMA NOVO

A partir de meados da década começa a se reunir esporadicamente no Rio de Janeiro o grupo que mais tarde comporia o núcleo duro do Cinema Novo. Em 1957, Glauber Rocha filma na Bahia seu primeiro curta-metragem, *O pátio*, com estética mais formalista, influenciado pela vanguarda com sensibilidade concretista. Anteriormente já havia colaborado em *Um dia na rampa*, curta baiano de Luís Paulino dos Santos, de quem irá, alguns anos mais tarde, retirar a direção de *Barravento* depois das filmagens iniciadas. Também em 1957, Glauber sai da Bahia em uma viagem que deixou marcas em sua personalidade. Vai ao Rio de Janeiro, após contatos em Minas Gerais com o grupo de críticos que publicava a *Revista de Cinema* (Maurício Gomes Leite, Frederico de Moraes, Fritz Teixeira Salles, Cyro Siqueira e Heitor Martins). Os contatos iniciais cariocas foram assim descritos em *Revolução do Cinema Novo*, com viés egocêntrico focando o jovem rapaz ainda imberbe, com seus mal completados 18 anos: "Em 1959[33] passo em Belo Horizonte onde proponho àqueles intelectuais [da *Revista de Cinema*] o lançamento do *cinema novo*, mas sou considerado visionário e expulso de Belo Horizonte, vou ao Rio e levo o projeto a Nelson Pereira dos Santos que estava filmando *Rio, Zona Norte*"[34]. Segue no livro a descrição do primeiro encontro entre duas figuras maiores do novo cinema na segunda metade do século XX, o garoto Glauber e Nelson, que estava começando as filmagens de seu segundo longa:

Nelson estava filmando uma sequência de *Rio, Zona Norte* na Rádio Mayrink Veiga e me aproximei mais ou menos às nove da manhã do jovem pequeno, bonito, elegante, charmoso, [...] e ele me disse muito prazer, viva a Bahia, se quiser trabalhar tá legal vá pegando aqueles cabos ali para dar uma mão pro eletricista e depois eu estava figurando detrás de Ângela Maria e Grande Otelo[35].

Ainda sobre essa visita ao Rio em 1957, Glauber explicita outro "fio da meada" que o levou até o núcleo dos jovens cariocas, principalmente Joaquim Pedro de Andrade e Paulo César Saraceni, com os quais teria vínculo forte nos anos seguintes: "Em 1957, tendo feito vestibular pra direito na Universidade da Bahia, vim ao Rio sozinho pela primeira vez a fim de conseguir produção pro filme *Bahia de Todos os Santos*, projeto do Grupo Mapa/Jogralesca, inspirado por *Rio, 40 graus*"[36]. *Bahia de todos os santos* foi um projeto imberbe de um grupo ainda muito jovem que se reunia para declamar poesia (as Jogralescas), com o sonho de realizar o primeiro longa na Bahia – não tem, portanto, relação com o posterior *Bahia de todos os santos* (1959-1960) de Trigueirinho Neto. Glauber então, com "um artigo de apresentação de 'Jorjamado'" e "cartas introdutórias a Alex Viany e Salvyano Cavalcanti de Paiva, assinadas por Walter Silveira"[37], estabelece contatos com Alípio Resende, pessoa que acreditava ser diretor de produção de *Rio, zona norte*. Alípio aparentemente abriu caminho junto a Nelson e o "Centro Cinematográfico Revolucionário, situado à Rua Álvaro Alvim, Décimo Primeiro Andar, onde se reunim Sérgio Montana, Gérson Tavares, por vezes Joaquim Pedro de Andrade e Mário Carneiro com Cláudio Mello e Sousa, a eles associados em produções de curta-metragem culturais, e Paulo César Saraceni, através de Joaquim, Cláudio e outras transas [...]"[38].

Pelas descrições de *Revolução do Cinema Novo*, com redação última no final de sua vida, podemos vislumbrar um jovem provinciano de Vitória da Conquista, Bahia, já morando em Salvador, que chega à capital do país com olhar atento e deslumbrado ao que lhe circunda. Os contatos com Nelson Pereira e, principalmente, as primeiras tentativas de aproximação de colegas de geração, como Saraceni e Joaquim Pedro, são estabelecidas nesse momento. Saraceni, Joaquim Pedro, Mário Carneiro e outros já possuíam trânsito, que não seja por vínculos familiares, em cineclubes e gerações anteriores do cinema nacional, assim como na elite da administração cultural do Estado brasileiro (Instituto Nacional do Livro, Serviço do Patrimônio Histórico e Artístico Nacional etc.). São todos muito jovens, mas quem chega de fora e quer se enturmar é Glauber Rocha, trazendo na bagagem o horizonte cultural baiano que já começa a ferver nessa época e estava pronto para engatar um ciclo de fortes produções cinematográficas. Em outro bloco de recordação[39], Glauber relata uma segunda viagem ao Rio, no final de 1958 (aparentemente quando montou *Pátio*), fazendo parte de um "1958 morno, estéril nos conflitos da adolescência":

Em 1957-1958, eu, Miguel Borges, Cacá Diegues, David Neves, Mário Carneiro, Paulo Saraceni, Leon Hirszman, Marcos Farias e Joaquim Pedro (todos mal saídos da casa dos vinte) nos reuníamos em bares de Copacabana e do Catete para discutir os problemas do cinema brasileiro. Havia uma revolução no teatro, o concretismo agitava a literatura e as artes plásticas [...] Eu realizara *O pátio* e Luís Paulino *Rampa*. No Rio, Paulo Saraceni terminava *Caminhos* e Marcos Farias preparava as filmagens de *O maquinista*. Joaquim Pedro estava com os planos de O *Poeta do castelo*[40], Leon e Marcos faziam projetos e Miguel iniciara um filme [...] Sabíamos que na Paraíba havia um jovem chamado Linduarte Noronha e o nome de Roberto Pires ainda era dúvida inédita: *Redenção*[41].

Esse é, portanto, o panorama do jovem cinema, ainda no final dos anos 1950, segundo aquele que seria seu principal articulador, antes dos primeiros sucessos e dos curtas que dariam fôlego ao grupo: *Arraial do Cabo* e, logo depois, *Couro de gato*, seguidos dos primeiros longas *Porto das Caixas* e *Barravento*. Glauber, Saraceni e depois Joaquim Pedro são, portanto, os mais ágeis do grupo nessa produção inicial.

As discussões parecem ter sido intensas como em todo grupo jovem que se afirma com predileções e gostos definitivos:

[...] eu era eisensteiniano, como todos os outros, menos Saraceni e Joaquim Pedro que defendiam Bergman, Fellini, Rossellini e me lembro do ódio que o resto da turma devotava a estes cineastas. Detestávamos Rubem Biáfora, achávamos Alex Viany sectário e Paulo Emílio Sales Gomes alienado. Xingávamos Jean-Claude Bernardet e a crítica mineira era colocada na categoria dos reacionários e traidores do cinema brasileiro[42].

O quadro é sugestivo e mostra o neorrealismo de Rossellini e do primeiro Fellini mais próximo dos cariocas Saraceni e Joaquim Pedro e Glauber ainda construtivista, tenso na montagem, estruturas que, genericamente, se refletem em *Porto das Caixas*, *O padre e a moça*, *Barravento* e depois *Deus e o diabo na terra do sol*.

Sobre gostos juvenis e encontros, o clima dos primeiros contatos entre Glauber e o futuro grupo cinemanovista, em 1958, são descritos da seguinte forma, agora com Saraceni no outro polo da relação à Fellini:

[...] conheci Sarra no Alcazar. Estava em uma mesa com Leon Hirszman, Miguel Borges, Cláudio Bueno Rocha e Carlos Peres quando se aproximou e foi se apresentando. [...] quando saiu alguém comentou: "é um babaca que não gosta de Fellini". [...] Sarra pensava estudar no Centro Experimental de Cinema Italiano, frequentava o Cineclube ou Cinemateca do Museu de Arte Moderna, onde via Leon, Cacá [Diegues], David [Neves], Sérgio Augusto, Paulo Perdigão, Mário Jacques, Joaquim [Pedro de Andrade] e outros que curtiam cinema.

Glauber afirma gostar de todos os citados, mas na época tinha predileção especial por "Sarra" e "seu lado boêmio que me levava para as noites festivas de Copacabana e Ipanema"[43].

As noites festivas do Rio de Janeiro é a maneira pela qual Glauber descreve a realidade urbana da capital do país, na qual ele, baiano do sertão, vem se inserir, com sua personalidade forte e agregadora. O encontro com o vulcão Glauber é narrado de outro ponto de vista por Saraceni, em sua autobiografia, mencionando o mesmo Alcazar:

> Quando estava em fase de finalização de *Caminhos*, encontrei-me com Glauber Rocha. Foi numa noite em que eu e Ana Letícia passávamos pelo Alcazar para encontrar Aluísio Magalhães e Albino Pinheiro. Ouvi os chamados meio debochados de dentro do bar, numa mesa de fundo, e vi Miguel Borges e Carlos Pérez que conversavam com um jovem desconhecido. Fui até lá e me apresentaram a Glauber Rocha, eu nunca tinha ouvido falar dele... Ele me disse que era cineasta baiano e pediu meu telefone[44].

Saraceni segue narrando que Glauber lhe telefonou e eles imediatamente se entenderam em torno do fato comum que os unia naquela época: ambos já haviam "dado o salto da teoria para a prática"[45]. Ele, Saraceni, finalizando *Caminhos*, e Glauber, *O pátio*: "os dois filmes, o meu e o dele, estavam montando o negativo com o Sousa, que tinha uma moviola 16 mm, numa vila ao lado da Líder em Botafogo"[46]. Saraceni descreve o encontro como acontecido em 1958.

O motor Glauber acelera e deslancha o Cinema Novo sobretudo a partir de 1961, e definitivamente após 1963. Mas o primeiro momento do Cinema Novo é carioca e respira nas "noites festivas de Ipanema e Copacabana". É ele, Glauber, que vem de fora e faz esforço para se apresentar e inserir. O ambiente cultural no qual se ergue o Cinema Novo é o do Rio de Janeiro da segunda metade dos anos 1950, permeado pela bossa nova, pela arquitetura modernista, pelo neoconcretismo emergente e uma nova ideologia de esquerda ascendente que, na cultura, desembocaria na experiência dos CPCs[47]. Em São Paulo, o Teatro Arena emerge com força, com Guarnieri e Vianinha. Reflete Saraceni, com razão: "vivia-se na zona sul do Rio como se fosse Montmartre no século passado"[48]. "Sarra" circulava nesse ambiente como peixe na água e certamente foi um dos mestres de cerimônia que introduziu Glauber ao burburinho cultural carioca e às noites festivas. Saraceni, nascido na Gávea, é neto de imigrantes italianos, família de classe média, com o pai nascido em São Paulo, mas "inteiramente carioca", segundo o próprio. Podemos distinguir o momento inicial do Cinema Novo evoluindo a partir do grupo no qual se afirmam Saraceni e Joaquim Pedro de Andrade, secundados por Glauber, já ativo, mas isolado, em função da distância, na Bahia, trazendo de lá as repercussões de um ambiente cultural que começa a entrar em plena ebulição, com largo espaço de aceitação para a produção cinematográfica. A Bahia já possuía, no final dos anos 1950, força de gravidade e ímpeto para a forte produção própria que vai estourar no início da década seguinte, mas não é lá que se finca o núcleo cinemanovista.

O núcleo carioca do Cinema Novo tem, portanto, seu grupo originário formado por Saraceni, que inaugura propriamente a produção fílmica da geração com *Caminhos* (1957), no que é secundado em proximidade por Joaquim Pedro com *O mestre de Apipucos e o poeta de Castelo* (1959). Em seguida a *Caminhos*, e antes de sua partida para a Itália, para estudar com uma bolsa no Centro Sperimentale di Cinematografia, Saraceni filma, em 1959, o documentário *Arraial do Cabo*. Deixa o documentário incompleto no Brasil, mas já montado, para Mário Carneiro (fotógrafo e correalizador do filme) finalizar. Saraceni só verá o filme pela primeira vez em Roma, com quase um ano de estadia no exterior. Em *Por dentro do cinema novo – minha viagem*, relata a espera angustiante para finalmente conseguir ver a cópia pronta de seu filme e começar a fazê-la circular pelos festivais europeus.

Saraceni sai do Brasil para a Itália de navio no início de 1960, com escala na Bahia em março do mesmo ano, onde permanece por alguns dias visitando Glauber e circulando intensamente por uma Salvador já mergulhada em cinema. Em Roma, finalmente recebe *Arraial do Cabo*, que acaba funcionando como a primeira obra mais acabada do Cinema Novo que consegue circular em festivais. Também em Roma e Paris, durante 1960 e início de 1961, encontra com Joaquim Pedro, que está em Paris, às voltas com a conclusão de *Couro de gato*. Com *Couro de gato* já pronto, são dois os curtas mais elaborados do Cinema Novo, ambos com potencial para percorrer os festivais da época, isso antes que o primeiro longa dos jovens, *Barravento*, entre no circuito em 1961 e comece a ser exibido. Saraceni ficará em Roma, de onde só retorna no segundo semestre de 1961. Lá também conhece Gustavo Dahl, que se junta a ele na estadia italiana, compondo o núcleo gravitacional do primeiro Cinema Novo que circula no exterior, antes da eclosão efetiva do movimento com os primeiros longas. A situação nos anos de 1960 e 1961, capitais para a formação do Cinema Novo, é a seguinte: Joaquim Pedro terminando *Couro de gato* em Paris e se preparando para ir à Nova York dos irmãos Mayles; Saraceni em

Roma, já circulando e mostrando *Arraial* (e sendo premiado); Gustavo Dahl também em Roma com Saraceni; e Glauber findando *Barravento*, primeiro longa, com produção baiana, do jovem cinema, se comunicando com ambos (Joaquim e Saraceni) através de longas cartas.

Com a finalização de *Barravento* o quadro se altera. Em 1962, o contexto já é outro daquele de 1960–1961, pois o movimento começa a repercutir com consistência cada vez maior no Brasil, o que fica claro a partir dos episódios da VI Bienal de São Paulo, em outubro de 1961. Todos já estão por aqui outra vez (excetuando Dahl, que fica no exterior um pouco mais). Glauber irá pela primeira vez à Europa em 1961 (sem coincidir com a estadia de Saraceni e de Joaquim Pedro) para levar *Barravento*, que passa em Karlovy Vary. Joaquim Pedro já está de volta ao Brasil em 1962, iniciando o projeto *Garrincha*. Saraceni, também no Rio, volta às "noites festivas" querendo filmar *Crônica da casa assassina*, de Lúcio Cardoso, e terminar *Porto das Caixas* (Cardoso assina o argumento do filme). Em 1961, o Festival de Santa Margherita já faz uma retrospectiva ampla do cinema brasileiro, incluindo a jovem geração, antes da conclusão de *Barravento* e dos primeiros longas do Cinema Novo. Nessa época, os papéis se invertem na América do Sul. A Argentina ainda podia estampar algum protagonismo no novo cinema, herança dos fortes anos 1940/1950, mas havia perdido o *élan*. A tocha do protagonismo havia passado de mãos[49]. Saraceni vem de Roma com Gustavo Dahl para Santa Margherita. Em sua autobiografia, relata ter ficado com imagens fortes do Festival em 1961, "lembrando o discurso de Gustavo, com toda a crítica internacional falando de *Arraial*, anunciando *Couro de gato* e *Barravento* e um movimento cinematográfico que iria revolucionar o cinema, principalmente por ser um movimento de país subdesenvolvido, terceiro-mundista"[50]. Continuando o retrato da eclosão efetiva do movimento em 1961, Saraceni nomeia seus protagonistas:

> No SDJB (Suplemento Dominical do Jornal do Brasil), no Rio, Glauber aproveita os prêmios de *Arraial* e lança o movimento, cujo nome, Cinema Novo, foi dado pelo crítico Eli Azeredo em junho de 1961. [...] Vamos mudar a face cultural do país que tem Glauber, Joaquim, Leon, Gustavo, Mário, e precisamos conquistar o Nélson. O pessoal da PUC e do Metropolitano, o CPC tem cacife. Façam o jogo, senhores. Vem aí o "cinema novo"[51].

Nesse panorama da emergência do Cinema Novo, devemos distinguir dois agrupamentos que se misturam e se sobrepõem. O primeiro já foi abordado, centrado em Joaquim Pedro e Saraceni, depois Glauber (trazendo o continente da produção baiana) e Dahl (que, vindo de São Paulo, se introduz por intermédio de

Saraceni, que o havia conhecido em Roma), para ficarmos nos expoentes. O segundo, um pouco mais tardio, localizaremos em torno de Cacá Diegues e o grupo do Metropolitano, seguido por Leon Hirszman e os colegas que se abrigarão nas produções cinematográficas do CPC/UNE, interrompidas pelo golpe de 1964. Joaquim e Saraceni, com quem Glauber mais se articula, são cariocas ligados à sociedade tradicional da capital da República e sua elite cultural, que mantém vínculos orgânicos com a cultura modernista do século XX e suas transformações nos anos 1940 e 1950. Circulam à vontade nas noites festivas e fazendo parte do borburinho cultural da "Montmartre carioca". Saraceni é o *bon vivant*, ombreado por Joaquim Pedro, mais sóbrio, mas com uma inserção única, para o novo cinema, nessa elite cultural. É com Joaquim Pedro que o cinema brasileiro dá as mãos à alta cultura brasileira[52]. "Quincas", em função de sua origem familiar[53], está inserido em um ambiente no qual circulam Manuel Bandeira, Vinicius de Moraes, Pedro Nava, Carlos Drummond, Alceu Amoroso Lima, entre outros. Tem também diálogo com o antigo pessoal do Chaplin Club, ligado ao cinema mudo, particularmente Otávio de Faria, parte dessa turma, e Plínio Sussekind Rocha.

Joaquim Pedro e Saraceni estão juntos na inserção, como jovens, na cultura nacional que fervilha na capital da república da segunda metade da década de 1950, contexto ainda acentuado pela relação que ambos mantêm com uma geração cinematográfica anterior, a de Faria e Sussekind, que pouco diz para o novo cinema em termos estéticos, mas significa muito em termos de passar o bastão da cinematografia que vê o cinema como arte. Refiro-me às atividades cineclubistas e, portanto, de formação cultural, através das quais ambos são debitários a Otávio de Faria e Plínio Sussekind Rocha[54]. Saraceni é consciente em relação às posições do Chaplin Club em suas diferenças com a nova geração cinemanovista, distância também sentida no núcleo das discussões mineiras do CEC/Belo Horizonte e sua *Revista de Cinema* – que, dentro do quadro da primeira fase da revista, entre 1954 e 1957, perde o ponto da discussão no novo cinema. Já vimos como Glauber se refere a esse grupo, do alto de seus 18 anos. Os debates em torno do específico fílmico, tema tão caro aos mineiros, como também as discussões bizantinas em torno do roteiro de ferro ("cenário"), são motivo de ironias dos jovens cinemanovistas[55], recapituladas em 1963 pelo Glauber de *Revisão crítica do cinema brasileiro*.

Com relação a Otávio de Faria e seus discípulos do Chaplin Club, Saraceni deixa claro a dívida, como indica a citação de uma frase de Faria, "cinema é arte", que abre seu livro de memórias[56]. Também no livro detalha a presença do grupo do Chaplin Club em sua formação e no horizonte dos jovens do novo cinema:

> [...] cito a briga do Chaplin Club em defesa do cinema mudo porque ela influenciou bastante o grupo do Cinema Novo, já que nos anos de 1953 a 1958

frequentamos bastante o cineclube da Faculdade de Filosofia cujo animador cultural era Plínio Sussekind, outro fundador do Chaplin Club (além de Otávio de Faria), juntamente com Almir de Castro e Cláudio Pinto. Logo, a influência de Otávio em mim, e de Plínio em Joaquim Pedro, Saulo Pereira de Melo, Marcos Faria, Leon Hirszman, Miguel Borges, Carlos Perez – o primeiro grupo do Rio de Janeiro a formar o cinema que iria ser chamado de Cinema Novo – era forte[57].

Com humor, Saraceni registra o débito à proximidade inicial com o grupo Chaplin Club e sua concepção estética de um "cinema puro", na dificuldade de fechar, em 1959, o famoso manifesto do Cinema Novo que nunca veio à luz, conhecido como "manifesto bola-bola". O episódio também ficaria na memória de Glauber e outros. Entre o neorrealismo, as ambições de um construtivismo/concretismo mais formal que arrefecia no horizonte, e a estética pré-sonora do "Chaplin", o discurso embatucou:

Onze horas da noite estávamos no Alcazar, esperando o texto de Miguel Borges. Havia um ar de coisa histórica. Miguel Borges começou: "Não queremos mais cinema-literatura. Não queremos mais cinema-escultura. Não queremos mais cinema-música. Não queremos mais cinema-dança. Não queremos mais cinema-teatro. Queremos cinema-cinema. Aí eu pulei – todos estávamos espantados com um começo de manifesto que pretendia reinaugurar o cinema brasileiro. Aquilo era ridículo [...] Não quero ouvir mais nada, eu disse. Isto é manifesto dos anos 1920, do cinema mudo. Pretensioso, nem Eisenstein assinaria. Parece o filho pedindo para o pai: "Quero uma bola. Não uma bola de futebol, não uma bola de basquetebol, não uma bola de vôlei, não uma bola de polo aquático, não uma bola de tênis, não um bola de bilhar, não uma bola de pingue-pongue. Quero uma bola-bola". [...] Virou piada. Ficou conhecido como o manifesto Bola-Bola. O movimento (cinema novo) nasceu em 1959 com um manifesto frustrado[58].

Nessa época, o grupo cinemanovista já estava amarrado, lutava para avançar seus primeiros filmes, mas tinha um passivo magro, embora promissor, na contabilidade[59]:

Agora tínhamos sete filmes: o do Glauber [*Pátio*], o meu [*Caminhos*], o do Joaquim [*O mestre de Apicucos...*], o do Cacá [Saraceni menciona *Domingo*, provavelmente o anterior, *Fuga*, ambos feitos com David Neves no período, em esquema amador][60], o do Marcos Faria [*O maquinista*], o do Miguel Borges[61] e *A Boneca* de Mário Carneiro. Mas nenhuma possibilidade de lançar o manifesto.

Esse é, portanto, o primeiro quadro do movimento cinemanovista antes da fornada *Arraial do Cabo* e *Couro de gato*[62].

Outros elementos podem ser realçados na turma inicial com eixo em Joaquim e Saraceni, entre eles a participação de ambos na produtora Saga Filmes, pela qual ainda passa, em fases distintas, também o outro lado do Cinema Novo. A Saga atravessa o grupo mais amplo do Cinema Novo, ficando com Leon e Eduardo Coutinho e servindo como produtora âncora de diversas produções da nova geração. Sarra e Joaquim Pedro começam juntos na Saga, cujo nome advém, segundo Saraceni, das iniciais dos dois sócios fundadores da empresa, Sérgio Montagna e Gerson Tavares, que depois se afastaram. Tavares segue carreira posterior de produtor e cineasta, mas sua obra fílmica não apresenta vínculo orgânico com o núcleo cinemanovista. Em pleno 1968, Tavares, que tem obra com força imagética, consegue dirigir um filme ágil, *Antes, o verão*, buscando densidade psicológica e ótima condução na *mise-en-scène* de Jardel Filho e Norma Bengell. Mas é filme distante das preocupações existenciais detonadas pelo outro-popular dos cinemanovistas, de quem um dia foram próximos. *Antes, o verão* tem o tom de um Khouri tardio, com marca forte de *Noite vazia* e talvez *Corpo ardente*. Tavares já habitava este planeta desde *Amor e desamor*, seu primeiro filme de 1965, que possui imagens fortes de uma Brasília ainda deserta, servindo de pano de fundo para o mergulho em dilatação existencial.

No primeiro Cinema Novo, a atração com Montagna e Tavares é mútua. Ainda segundo Saraceni, "eles tinham uma Cameflex" e um bom equipamento de filmagem: "eu e Joaquim, que andávamos muito juntos naquele tempo, partimos para a Saga com muita esperança, acreditando no projeto"[63]. A parceria continua nos projetos seguintes, particularmente *Arraial do Cabo*, filme no qual Joaquim Pedro participa com presença em Cabo Frio e depois, no exterior, na cumplicidade do período Paris/Roma. *Arraial do Cabo* é feito a partir dos esquemas de produção que Joaquim Pedro já havia utilizado em *O mestre de Apipucos e o poeta do castelo* aproveitando-se dos contatos de seu pai na burocracia cultural brasileira da época. O curta de estreia de Joaquim Pedro é feito com o Instituto Nacional do Livro. É também Joaquim que consegue para o amigo, certamente a partir de relações paternas, o esquema que permite a concretização de *Arraial do Cabo*. A articulação demonstra bem esse lado do primeiro Cinema Novo no Rio de Janeiro, ainda sem uma presença maior de Glauber, concentrado entre Joaquim, Saraceni e outros já mencionados que os circundam.

Arraial é o primeiro filme do Cinema Novo com acabamento mais elaborado e estofo para chegar a festivais. Com a conclusão de *Couro de gato* e do baiano *Barravento*, compõe a trilogia que, em 1961, afirma definitivamente a decolagem da produção dos jovens cariocas como Cinema Novo propriamente. Conforme mencionamos, a proximidade do cinema e sua ligação orgânica com gerações contemporâneas de vanguarda na poesia e na canção, nas artes plásticas e na arquitetura são inéditas no contexto cultural cinematográfico. Também é diferencial a ligação – por intermédio de Joaquim e Rodrigo (pai) – com a produção cultural brasileira moderna da primeira metade do século XX, presente no cinema de Joaquim Pedro desde seu primeiro curta. Assim descreve Saraceni os contatos feitos para a produção de Arraial:

> [Joaquim] disse que produziria o filme se saísse a tal verba do Museu Nacional [...]. Se dona Heloísa [Heloísa Alberto Torres, diretora do Museu Nacional] estava animada com a ideia do filme, ficou ainda mais quando falei de Joaquim Pedro e Mário Carneiro. Dona Heloísa era amiga e admiradora de doutor Rodrigo de Melo Franco, pai de Joaquim, diretor do Patrimônio Histórico, e de Paulo Carneiro, pai de Mário. A verba que tinha era pouca – para cinema, quase nada – mas podíamos ficar numa casa do Museu Nacional, na praia dos Anjos, em Arraial. Com o equipamento de Joaquim e Montanha [da Saga][64].

Essa é, portanto, a rede de relações que sustenta o primeiro Cinema Novo e que se estenderá em outros momentos.

O curta em que Saraceni divide (depois meio arrependido) a direção com Mário Carneiro, foi inteiramente rodado em locações. Retrata a vida social de uma comunidade de pescadores em tensão com uma indústria nas redondezas. *Arraial do Cabo* teve boa parte filmada em uma pequena vila a 25 km de Cabo Frio. O estabelecimento industrial (Fábrica Nacional de Álcalis) é apresentado inicialmente numa série de planos com angulações rebuscadas pela fotografia esteticista de Carneiro. Em seguida, a narrativa contrapõe a indústria ao universo natural da pesca, na qual os pescadores aparecem em idílio com a natureza. O hábitat dos pescadores é mostrado em detalhe com a ida ao mar, o ato de lançar e retirar a rede, e o salgamento dos peixes. A totalidade está presente aí, assim como o sentido da vida, que a atividade industrial fragmenta e nega. Os últimos planos mostram uma festa popular depois do trabalho da pesca. A alegria pura e verdadeira do povo enche os olhos da câmera e é transmitida com toda a intensidade ao espectador. Já é uma obra completa, de corte maduro, com a qual Saraceni começa sua carreira como o cartão de visitas do novo cinema brasileiro.

Um outro lado da jovem geração cinemanovista, ainda não detalhado, comporá de modo orgânico a mistura que dá travo particular ao movimento. Em sua junção é recorrente a consciência da cultura popular e sua figuração em imagem, conforme emerge no final da década de 1950. Uma vertente judaico-comunista-nordestina une Cacá Diegues e Leon Hirszman, além de evidentemente Glauber Rocha. Também aí podemos incluir o piauiense Miguel Borges, além de Marcos Farias e, posteriormente, o marxista Eduardo Coutinho e outros cineastas que circulam próximos à gravidade do CPC/UNE. Glauber parece ser um pêndulo que tudo abarca, mas sua proximidade com a primeira vertente, nas cartas e nas produções do primeiro Cinema Novo, é clara, sem nunca haver se aproximado muito dos órgãos sindicais. Traz consigo o universo da Bahia, o que lhe basta: tanto na parte cultural como no novo lastro das produções que ali se abrem, atraindo a todos. Sua proximidade com o alagoano Cacá (alagoano pela família materna e paterna) parece ser algo mais carnal, talvez pela origem regional, e é duradoura em vida e na amizade pessoal. Também nesse quesito circulará Walter Lima (futuro cunhado de Glauber), fluminense de Niterói e um pouco mais tardio (não na idade), mas sempre meio paralelo ao grupo nuclear. Lima terá papel central na vida de Glauber, pois se casará com sua irmã, depois vítima de uma tragédia. Mais tarde, num outro momento da vida, será alvo de sentimentos confusos de Glauber. Lima tem também participação essencial em *Deus e o diabo na terra do sol*, reivindicando, com seu passado de cinéfilo carioca, haver aberto a cabeça de Glauber, no exato momento de feitura de *Deus e o diabo*, para uma visão mais densa e fundamentada do cinema. Reivindica ainda para si a descoberta por Glauber de Villa-Lobos e sua presença no filme. Cacá é a figura mais jovem do grupo nuclear cinemanovista e próximo de David Neves, outro elemento central no primeiro Cinema Novo, embora mais tardio para desabrochar no longa. Certamente as duas vertentes, aqui mais marcadas para fins de exposição, são muito próximas e concretamente se sobrepõem, mas ganhamos em nitidez ao apresentá-las separadamente em seu eixo cronológico.

Cacá não será tão próximo às propostas políticas da esquerda do CPC, mas chega lá pelo Metropolitano, órgão ligado à PUC-Rio e aos grêmios estudantis. Leon Hirszman tem o perfil de militante comunista mais forte da geração, certamente a figura cinemanovista com engajamento mais nítido e consciente. Não circula com a facilidade de Saraceni e Joaquim Pedro pela alta burguesia de Ipanema e Copacabana, nem possui vínculo mais próximo, nos anos 1950, com a produção cultural que irradia da bossa nova, do neoconcretismo, da nova arquitetura brasileira, dentro da qual situavam-se seus colegas mais velhos. Joaquim Pedro chega à produção CPC/UNE de *Cinco vezes favela* (1962), mas por fora, com o curta pronto, em outro esquema. Já Cacá mantinha junto com David Neves o jornal estudantil *O Metropolitano*, no qual boa parcela do Cinema Novo escreverá. Suas recordações começam mais tardiamente, em 1959, com os primeiros curtas caseiros em 16 mm que faz junto com David Neves e depois em 1960, já no *Metropolitano*, vinculado politicamente à UME (União Municipal dos Estudantes/Rio de Janeiro) e, por conseguinte, à UNE (antes dos CPCs).

Sempre com olho bom para a análise de conjuntura, Glauber em *Revolução do Cinema Novo*, frisando a divisão arbitrária, nos conta "do cinema novo típico (Rocha, Guerra, Diegues, Hirszman)" e do "cinema novo lírico (Pedro, Saraceni, Neves, Lima Júnior)", o que acompanha, com outro recorte, o mesmo quadro traçado. O "cinema novo típico" glauberiano possui essa ligação mais forte com realismo dos anos 1950 e a linha de continuidade que Nelson Pereira representa, que Glauber sempre fez questão de realçar e preservar[65]. Glauber reflete sobre um "realismo carioca", fundado por Viany ("infiltrado de neorrealismo em *Agulha no palheiro*"[66]), que evoluiria na obra de Nelson Pereira: "considero *Couro de Gato, Aruanda, Arraial do Cabo, Barravento, Escola de Samba Alegria de Viver*, presos a esta linhagem de *Rio Zona Norte* [...] assim como *Bahia de Todos os Santos*"[67]. *O grande momento*, estranhamente, fica fora da lista e pode-se sentir uma espécie de pé atrás de Glauber com o filme (que teria uma "humildade que não permite maior densidade"), apesar dos elogios. Por ser paulista, não pode entrar no realismo carioca, e talvez o cineasta baiano se ressinta do popular "pouco brasileiro" que compõe seu universo ficcional. Não há entusiasmo, apesar de "Roberto Santos realizar melhor que Alinor Azevedo e Alex Viany um filme que esta dupla tanto ansiava no *realismo carioca*"[68]. Seria certamente um percurso crítico desafiador traçar a ligação entre os comunistas da década de 1950, em suas ambições de um cinema social, conforme podemos sentir em Viany, Nelson Pereira ou Roberto Santos, e os comunistas pré-1964 na produção CPC de Hirszman/Coutinho (em outra medida, também Cacá), seguida pelo grande momento do Cinema Novo em 1963, com *Vidas secas, Os fuzis* e, já em outro esquadro, *Deus e o diabo na terra do sol*. Certamente o romance regionalista dos anos 1930, a obra de Graciliano Ramos, José Lins do Rego, Jorge Amado, entra no contexto pela atração que exerce continuamente nessa geração, por seu viés engajado. Quem misturará as cartas e o baralho definitivamente será o próprio Glauber com *Deus e o diabo*, filme no qual os vínculos com o realismo social do pós-guerra são explodidos em uma proposta muito diferenciada daquela que, até então, se respirava.

Por enquanto, no Cinema Novo carioca, Cacá Diegues parece ter um pé noutra geração na relação com Joaquim Pedro e Saraceni, inclusive pela diferença de idade[69]. Não viveu de dentro o breve interregno apolíneo da cultura brasileira: a bossa nova e o Rio de Janeiro de meados da década de 1950, experiência que surge clara em Saraceni. Quando se entende por gente, as linhas do barquinho e o sol na tardinha, as curvas da menina de Ipanema e do oceano oscilando no concreto modernista já haviam se rompido e o vulcão das tensões sociais começava novamente a se agigantar. Cacá vangloria-se com razão: "O *Metropolitano* foi uma das primeiras publicações brasileiras a usar a expressão Cultura Popular (assim, com iniciais maiúsculas) como uma nova forma de produção artística e intelectual que tivesse a ver com o povo brasileiro, que fosse capaz de conscientizá-lo e mobilizá-lo para sua redenção"[70].

Próximo à atuação de Cacá estará Leon Hirszman no CPC/UNE. É no CPC que Leon consegue levantar o projeto, de sua iniciativa, de *Cinco vezes favela* (1962), no qual Cacá tem participação central. Os conflitos entre CPC e Cinema Novo são conhecidos, mas é inegável a importância do Centro para a vertente Cacá/Hirszman do Cinema Novo. À caixa de repercussão que *O Metropolitano* se tornou, nas mãos do jovem cinema, vem se agregar uma nova frente de produção aberta com o CPC. Ela renderá o longa *Cinco vezes favela*, com cinco episódios, abrindo caminho para a produção inicial da dupla Marcos Farias e Miguel Borges, além de bom veículo para a divulgação do curta *Couro de gato*, finalizado. Serve, igualmente, para articular as duas obras iniciais maduras de Leon e Cacá, *Pedreira de São Diogo* e *Escola de Samba Alegria de Viver*. É, na realidade, um plano magistral, servindo a todos (com exceção de Saraceni e Glauber, que já haviam decolado no caminho do longa) e articulado com engenho por Hirszman. O filme deu cara para o grupo Cinema Novo como um todo, abrindo caminho para Marco Farias (*Um favelado*) e Miguel Borges (*Zé da cachorra*), que há muito circulavam no grupo, além de colocar na vitrine Hirszman e Cacá, até então sem uma produção com maior impacto de finalização. Simultaneamente se dá a identidade singular ao grupo em torno de um tema essencialmente popular: a favela.

A proximidade CPC e *Metropolitano* é clara pelo contexto ideológico que dá sustentação aos dois organismos, certamente distintos entre si, mas ambos ligados a sindicatos estudantis (UNE e UME carioca). Apesar do papel de âncora que Leon desempenha no CPC, levando o Cinema Novo para lá, a separação entre Cinema Novo e CPC vai ficando cada vez mais forte. Cacá logo se afasta da porção mais ortodoxa cepecista, representada por Carlos Estevam Martins e suas ideias sobre as diferenças entre "cultura do povo" e "cultura popular revolucionária". Leon sempre foi mais próximo. Na progressão, na segunda metade da década de 1960, caminha, como outros, para dentro do universo da contracultura a léguas das preocupações sociais cepecistas. De todo modo, Leon, na época do CPC, era quadro do Partido Comunista Brasileiro, órgão que dominava os centros aos quais também se vinculavam, de modo mais ou menos ortodoxo, Estevam Martins e outros como Ferreira Gullar ou Vianninha. Cacá era da esquerda católica, que mais tarde desembocará na Ação Popular e que dominava um órgão de imprensa ligado a uma universidade católica (PUC) como *O Metropolitano*. O fato é que em 1962–1963, Leon dá as cartas na área de cinema dentro do CPC, articulando a produção de *Cinco vezes favela*, as filmagens das viagens da UNE Volante pelo Norte e Nordeste, além da indicação de alguém bem próximo de si, Eduardo Coutinho (também com vínculos no Partidão), para dirigir o segundo projeto de longa do CPC, *Cabra marcado para morrer* – que seria interrompido, como se sabe, pelo golpe de 1964.

Se vincularmos a formação inicial de Saraceni e Joaquim Pedro aos estetas do mudo brasileiro, Farias e Sussekind, Leon pode ser lançado junto à forte tradição da esquerda no cinema brasileiro – que já vimos se manifestar no cinema do pós-guerra e no ambiente cinematográfico da década de 1950, principalmente após o debacle dos grandes estúdios. O vínculo que a geração cinemanovista sente necessidade de estabelecer com esse recorte, para se inserir em um processo evolutivo homogêneo do cinema brasileiro, gera a eleição de Nelson Pereira dos Santos como figura maior do panteão autoral que os jovens cineastas, em particular Glauber, imaginam para a história do cinema brasileiro. A personalidade de Hirszman, no entanto, sempre foi muito autônoma, seja pela marca eisensteiniana que quer dar a seu primeiro curta, singularizando-o do realismo social com cara neorrealista; seja depois em *A falecida* (1964), seu primeiro longa, uma obra rodriguiana antes da hora, se pensarmos na pertinência dos Rodrigues da década de 1970; seja ainda em *Garota de Ipanema* (1967), filme com estratégia atrapalhada de contato com o mercado exibidor; seja, depois, no episódio *Sexta-Feira da Paixão, Sábado de Aleluia* (1969), mergulhado por inteiro na opção alternativa e marginal da contracultura.

Nos anos imediatamente anteriores ao golpe de 1964, as tensões entre os comunistas do CPC e o Cinema Novo, mesmo com a mediação de Hirszman, não tardam a se agravar. As diferenças entre o ideólogo Carlos Estevam e Saraceni se aprofundam cada vez mais. A algazarra (vaia) que um grupo ligado ao líder cepecista promove na grande noite de estreia do intimista *Porto das Caixas* deixa marcas. *Porto das Caixas* é, por assim dizer, o primeiro longa do movimento carioca. Sem dúvida *Barravento*, anterior, é um filme plenamente cinemanovista, mas sua produção se faz inteiramente dentro do contexto baiano, com produção de lá, junto ao grupo da Iglu Filmes, apesar de montado no Rio por Nelson Pereira. *Barravento* traz os dilemas característicos dos jovens baianos que chegavam finalmente a seu primeiro longa e buscavam trilhas para representar a Bahia negra e popular em sua exuberância cultural – embora esteticamente se singularize em relação a essa produção por respirar ares fora do classicismo, região na qual Roberto Pires não desemboca. O lento e exasperado *Porto das Caixas*, repleto de dilemas existenciais gerados por subjetividades densas oscilantes, é, nesse sentido, uma espécie de tapa na cara da estética popular pregada pelo CPC em 1962.

O confronto é inevitável, e o grupo cinemanovista, como em outros momentos de sua história, fecha-se em copas e faz valer o espírito de corpo. Talvez a defesa coletiva de *Porto das Caixas* tenha servido como parâmetro para o grupo como um todo, relegando o esquema de produção e as demandas cepecistas a um segundo plano. Tanto Glauber como Joaquim Pedro, e também Cacá, vêm em defesa do filme, campo em que não falta Leon. Não só defendem o ritmo e o universo ficcional de *Porto* como nos filmes seguintes de Joaquim Pedro e Leon (*O padre e a moça* e *A falecida*) dele não se distanciam muito. Pelo contrário, pode-se afirmar que dele se aproximam – tanto com relação ao contexto ficcional da ação, nos afetos subjetivos interiores ao "eu" que *Porto das Caixas* coloca em jogo, como na estilística, distante da articulação e do ritmo da narrativa clássica. O trem do CPC parece ter ficado para trás (Coutinho é o último que segura a porta aberta, para deixá-la de vez só no século XXI). Agora é o trem do Cinema Novo que tem fogo próprio e que passa em desembalada carreira.

OS PRIMEIROS LONGAS

Nos primeiros anos da década de 1960, os longa-metragens iniciais dos jovens cineastas começam a surgir. A Bahia tornou-se um polo de produção cinematográfica, fornecendo exemplo de que um cinema novo, com esquemas diferenciados e simples de produção, era possível. Ainda em 1958–1959, a finalização e o lançamento de *Redenção* de Roberto Pires, tido como primeiro longa baiano, mostra concretamente a possibilidade de se fazer cinema na Bahia. Durante sua realização, surge a Iglu Filmes, produtora também responsável pelos outros três longas-metragens baianos da época, *Barravento* (1960-1961), *A grande feira* (1961) e *Tocaia no asfalto* (1962). Ao grupo inicial da Iglu Filmes juntam-se Glauber Rocha, Luís Paulino dos Santos, Paulo Gil Soares, Orlando Senna e principalmente Rex Schindler, "médico e pintor diletante, o primeiro homem de dinheiro-cultura a compreender cinema no Brasil: *Barravento, A Grande Feira, Tocaia no Asfalto* em menos de um ano"[71]. A união de Schindler com o jovem grupo da Iglu permitiu, em termos de produção, a realização dos três longas. Na realidade, havia dois grupos iniciais nesses primórdios do ciclo baiano, a Iglu Filmes capitaneada por Roberto Pires, Oscar Santana, Élio Moreno e depois Braga Neto; e a Sociedade Cooperativa de Cultura Cinematográfica Yemanjá, vulgo Yemanjá Filmes, fundada por Glauber ainda muito jovem, um garoto, em setembro de 1956, com José Telles, Luiz Paulino dos Santos, Paulo Gil Soares e Fernando Peres. Segundo o grupo da Iglu, os jovens da Yemanjá mais discutiam e sonhavam cinema sem dimensionar concretamente a realização. Mas *Barravento* só foi possível com a junção dos grupos e por intermédio da figura de Rex Schindler – contato conseguido por Glauber e que entraria com um fator indispensável ao cinema: recursos financeiros. A equipe de técnica de *Barravento*, no entanto, tem presença forte do grupo Yemanjá, inclusive no primeiro diretor indicado, Luiz Paulino. Paulino possui certa ascendência de irmão mais velho e veterano sobre o primeiro Glauber, tendo iniciado a carreira anteriormente e passado o complicado bastão de *Barravento*, sempre mantendo a fleuma.

Já o grupo da Iglu mostra certo ressentimento da atividade crítica de Glauber, que de fato não era entusiasta do cinema que praticavam, em especial *Redenção*, filme claramente mais próximo do universo do classicismo narrativo[72]. O pessoal da Iglu e Roberto Pires não possuíam, nesse primeiro momento, ligação orgânica com os jovens do novo cinema, ponte que Glauber fazia com agilidade em seus contatos no sul do país. Frequentavam só ocasionalmente as reuniões do Clube de Cinema da Bahia, promovidas por Walter Silveira, que fizeram a cabeça cinematográfica da jovem geração, introduzindo a cinefilia na Bahia. Tinham uma visão mais prática, já tomados pelas necessidades da realização. Glauber, no entanto, a partir de determinado momento, deles se aproxima, buscando exatamente o lado realizador mais maduro da Iglu, algo que ele, sozinho na Yemanjá, não conseguiria levar adiante. Aparentemente, com a capacidade articuladora que lhe era característica, descobre o veio Rex Schindler, um contato seu, e articula então com o grupo da Iglu a realização, desatando o nó que permitiu a efetivação dos três longas baianos. O segundo longa, *A grande feira* – filmado logo após *Barravento*, porém montado e lançado antes –, conhece sucesso fenomenal para os padrões baianos, algo que *Barravento* não obteve. Roberto Pires é, portanto, figura central e pioneira nesse cinema baiano, antecedendo Glauber em alguns anos, e assumindo, além da direção de *Redenção*, "locomotiva para a eclosão do ciclo baiano", segundo o crítico André Setaro[73], a direção dos dois outros longas da trilogia, *A grande feira* e *Tocaia no asfalto*. Logo em seguida ainda faria, no mesmo fôlego, *Crime no Sacopã* (1963), com produção já carioca, destino geográfico de boa parte do grupo, mas ainda respirando ares de Bahia. Mas *Barravento* já é plenamente Cinema Novo e mostra a sintonia de Glauber com o grupo cinemanovista carioca, revelando as diferenças com o recorte mais clássico das produções de Roberto Pires, sem relação orgânica com a estilística jovem. Ponte feita, Glauber deixa para trás a Bahia para viver no Rio e virar a figura nuclear do Cinema Novo. A produção autóctone baiana, que pouco tinha dessa proposta mais radical, definha.

No início da década a Bahia torna-se, então, um centro de produção cinematográfica, abrigando também produções vindas de fora, como *Bahia de todos os santos* (1959-1960), *Mandacaru vermelho* (1960), *O pagador de promessas* (1962), *Três cabras de lampião* (1962), *Sol sobre a lama* (1962-1963), o francês *Le Tout pour tout* (1960) (do qual a Iglu Filmes parece ter apropriado, em empréstimo obscuro, parte de seus equipamentos), entre outros. Principalmente, levou adiante um sonho: as produções próprias, com completo desenvolvimento nativo. Nas produções vindas de fora pode-se destacar *Bahia de todos os santos* (1960), do paulistano Trigueirinho Neto, não só pelo pioneirismo, lançando a onda, mas também por ter sido desenvolvida inaugurando a nova estrutura de produção que se esboçava em Salvador, que articulava o apoio de grupos particulares e setores do Estado. Também merece destaque a colaboração em *Bahia de todos os santos* dos jovens baianos que queriam se iniciar no cinema, entre eles o sempre ativo e divulgador Glauber Rocha. São incorporados no esquema de produção e nas discussões das filmagens, assim como no elenco[74]. A obra não obteve o sucesso esperado, decepcionando a sociedade baiana que havia sido entusiasta das locações em Salvador, além da mídia que cobria de perto a produção e havia se mobilizado repercutindo a realização. Em críticas da época, Glauber debita a decepção do filme ao encontro da sociedade baiana com a imagem de si mesma na tela, o que possui um fundo de realidade[75]. O filme, no entanto, é descosido em diversos aspectos, revelando um diretor iniciante, Trigueirinho, que acabou não seguindo carreira.

A primeira produção nativa do jovem grupo baiano foi *Barravento*, que teve realização conturbada. As filmagens foram iniciadas no segundo semestre de 1960, sob a direção de Luís Paulino dos Santos. Destituído do cargo após duas semanas do início das filmagens, aparentemente por real incapacidade de assumir os encargos de condução de uma equipe em filmagem, foi substituído por Glauber, que já havia realizado dois curtas na época, *O pátio* (1957) e *Cruz na praça* (1959). A vivência do cotidiano dos pescadores, durante as tomadas na praia de Buraquinho[76], marcaria o diretor que assim se refere à experiência: "aquele conviver com os pescadores de xaréu, abriu um horizonte novo sobre minha visão. Foi assim que renunciei à estética, esqueci o meu mestre teórico Eisenstein, desconheci mesmo aquele cuja experiência havia me conduzido ao que considero o 'cinema absoluto'"[77].

O roteiro inicial de *Barravento* foi escrito por Luís Paulino, que o entregou a Glauber para que fechasse a produção do filme. Esta ficou a cargo de Braga Neto (da Iglu) e de Rex Schindler, tendo como produtor associado David Singer. Foram alugadas três casas de pescadores em Itapuã, onde a equipe se instalou. Glauber cuidou de toda a produção executiva necessária para o início das filmagens. Das cenas originais, tomadas nos primeiros dias por Paulino, Glauber aproveitou poucas (particularmente a sequência de Luiza Maranhão correndo nos coqueirais) na versão final do longa, considerando-as esteticistas. O termo serve também para designar o núcleo de seus conflitos, secundado por Valdemar Lima, com Toni Rabatoni, fotógrafo de formação clássica, vindo da escola Vera Cruz, previsto para o filme num momento em que a estilística do novo cinema talvez ainda não estivesse madura. O roteiro, segundo o testemunho de Glauber, foi completamente modificado, recebendo a colaboração de José Telles. Paulino ficou apenas com a menção de argumento e diálogo, conforme aparecem nos créditos do filme.

Barravento narra a história de Firmino, que retorna à aldeia natal, a poucos quilômetros de Salvador, após morar algum tempo na metrópole, encontrando seus antigos companheiros pescadores na mesma atividade de sempre, explorados pelo dono da rede a quem entregam o peixe, tendo o Mestre (habitante da aldeia) como intermediário. Revoltando-se contra a situação, Firmino debita-a à postura mística dos companheiros de aldeia e sua ligação com o candomblé, apresentado na trama como fator de alienação que impede os pescadores de perceberem sua condição social de explorados. No final, o protetor da aldeia e protegido de Iemanjá, Aruã, renega sua condição de santo para alertar o povo alienado sobre os perigos da atitude mística e decide seguir o caminho de Firmino, indo para a cidade. O filme foi terminado em 1961, no Rio de Janeiro, e contou para finalização com o apoio decisivo de Nelson Pereira dos Santos, que soube articular a montagem e dar unidade ao material denso que Glauber Rocha trazia. Após sua conclusão, Glauber foi à Europa com a fita, exibida e premiada no Festival de Karlovy Vary, na Tchecoslováquia.

A crítica à cultura popular (particularmente religiosa) como fator de "alienação" surge de modo explícito logo nos letreiros iniciais do filme, colocando a obra em sintonia com o ambiente ideológico do início da década de 1960, presente em outras criações do Cinema Novo, como *Cinco vezes favela*. Mas em *Barravento* as coisas não são simples. A *mise-en-scène* do jovem cineasta, já voleando na carga de tensão que caracterizará seu estilo, entra num corpo a corpo fascinante com o universo do transe e da cultura popular, que o roteiro em sua frieza parece desprezar. A representação do povo traz em si o significado da ideologia ainda paternalista que negava a potência das pulsões na cultura das classes "populares", negação que permeia o cinema brasileiro em 1961–1962, particularmente na produção jovem carioca que circula em torno do CPC (e também no primeiro documentário do grupo Farkas). Glauber quer marcar posição em relação ao grupo da Iglu, que classifica de imperialista na partilha da produção. Acentua então um aspecto seu no processo, no qual não era seguido pela Iglu: a questão político-social, recém-descoberta, que está ausente em *O pátio* e *Cruz na praça*. Esse recorte político, com viés alternativo e social de esquerda, vinha carregado de ideologia que analisava a cultura popular – particularmente aquela que envolvia afetos próximos ao transe – como negando uma práxis engajada. É um recorte ideológico que se apresenta claramente no roteiro e nos diálogos de *Barravento*, em sua tensão com a *mise-en-scène*. A abrangência dessa ideologia do povo alienado pelo transe continua até pelo menos o período do golpe militar de 1964, arrefecendo-se depois no modo de uma difusa má consciência na qual a jovem geração se martiriza, com culpa, por havê-la um dia sustentado. Glauber acabava de abandonar seu flerte com a sensibilidade mais formalista do concretismo presente em seus curtas do final da década de 1950, como *O pátio*, aparentemente em menor intensidade no que se antevê das descrições de *Cruz na praça*[78]. No início dos anos 1960, Glauber descobre não só a dimensão política e social da miséria e da fome, mas também a tensão da cultura popular, vista inicialmente como motor da alienação, e é sobre esse ângulo que *Barravento* inicialmente se levanta, e sua *mise-en-scène*, na praia de Buraquinho, vai se debater. *Mise-en-scène* que, aparentemente, acaba hipnotizada noutra direção, deixando para trás concepções prévias sobre alienação social, mergulhando fundo no transe do ritmo, da dança e dos rituais que se descortinavam aos olhos, aos ouvidos, e à câmera do jovem Glauber. Respira-se atração pela realidade social e cultural do outro-popular em sua imagem mais crua, já se torcendo em esgares inéditos no cinema brasileiro com essa intensidade e duração. Esse fascínio traz sua marca na distância da realidade cotidiana vivida pelo jovem produtor cultural de classe média.

De outro lado, a qualificação pejorativa da potência pulsional da cultura popular é bem concreta nessa época. A desconfiança atinge manifestações religiosas, políticas e culturais diversas do outro-povo. Existe rejeição à expressão liberada das pulsões que, quando fogem ao império da práxis pelo engajamento, são encarnação de uma vontade voltada a si própria, feliz de plenitude e exaltação. É algo que, levado adiante pelo grito e pelas convulsões na fissura do transe, é irreconciliável com o suplemento articulado na fala expositiva ou assertiva. Contra o transe, seguindo o movimento de restringência das sensações próprio ao discurso da alienação, a cultura popular, por meio do futebol, da música rítmica (samba) ou do candomblé, promoveria afetos que levariam o sujeito à alienação, impedindo uma visão global da estrutura social na qual se situaria em sua condição de explorado. O sujeito popular ficaria então alienado da consciência verdadeira da práxis histórica, no momento em que se entrega aos afetos intensos de uma cultura que se expressa no transe. No decorrer da década de 1960, a visão do outro-povo evolui para fora dessa postura em direção a uma elegia laudatória expressa em diversos filmes e manifestos. A autocrítica da postura professoral do jovem cineasta de classe média com relação ao universo do popular será feita após 1964. Não parece estar presente em *Barravento*, apesar de alguma crítica tentar recuperá-la dando espessura existencial ao estampar da dúvida[79]. O movimento crítico ao desprezo inicial da cultura popular surge somente na obra madura dos diretores cinemanovistas, como móvel nuclear para um dilema de consciência. É o caso das exasperações existenciais barrocas da produção glauberiana a partir de 1963 e, principalmente, em *Terra em transe*. Não se deve ignorar a complexidade da obra de Glauber para fazer predominar a visão de um autor linearmente progressista, desde o início de sua carreira.

A postura de superioridade que Firmino consegue ter sobre a cultura popular religiosa é significada pela posição positiva do personagem na ficção, fonte de um discurso pertinente que foge às tradições obscurantistas do candomblé. Firmino é aquele que aponta para frente, em direção a um futuro sem miséria, passando a tocha para Aruã quando este também consegue se liberar das amarras da religião. Existe, no entanto, o domínio de uma *mise-en-scène* poderosa, embora num estilo ainda imberbe, mas já em sintonia clara com o resto da carreira de Glauber, na qual os argumentos discursivos sobre a alienação acabam fora de eixo. *Barravento* é, a nosso ver, manifestação característica, embora carregada por movimento lateral de *mise-en-scène*, do discurso da cultura popular como forma de alienação da práxis política. No cartaz de divulgação do filme, está em destaque o fato de que "o folclore e a beleza contagiante dos ritos negros são formas de alienação, são impedimentos trágicos a uma tomada de consciência". Glauber, em declaração da época, afirma que *Barravento* é "um filme contra candomblé, contra misticismos, e [...] contra a permanência de mitos em uma época que exige lucidez, consciência crítica e ação objetiva"[80]. Esse pensamento – claramente em contraste ao Glauber de "Uma estética da fome"[81] – retrata a ambiência ideológica em que foi realizado *Barravento* e a concepção do universo popular presente no filme.

Glauber manifesta a mesma ideologia quando analisa outros filmes do período 1961-1962, como *Garrincha, alegria do povo*, filme centrado não nos "alienantes" afetos da religião popular, mas na "alienação" provocada pela paixão futebolística. Glauber vê *Garrincha* como uma "faca de dois gumes", pois desmitifica a figura do jogador, ao mesmo tempo que é um "documentário de bola" (campo da alienação que atrai o espectador popular). Faz assim o papel de "um cinema desmitificador que parte dos próprios mitos populares: um cinema que se indica como novo mito do povo em substituição aos mitos que ele mesmo (como filme) destrói na sua forma de revelar, conhecer, discutir e transformar"[82]. Trata-se da visão típica da cultura popular como outro-negativo presente no primeiro Cinema Novo, ao qual Glauber Rocha se adéqua sem traumas, por dela fazer parte. Surge a partir de um recorte desconfiado que se mostra ainda arredio com a autonomia dos afetos do outro-popular. Autonomia que entra em conflito com a visão social revolucionária que os jovens cineastas de classe média haviam acabado de adquirir e que acreditavam poder ministrar como lição, pelo discurso assertivo cinematográfico, à alteridade popular. O outro-povo, no entanto, falava outra língua e insistia nela. Expressava-se com emoções de intensidade distinta, muitas vezes em estados próximos ao transe místico, longe do discurso racional assertivo do engajamento. O fosso pode ser grande, e o ressentimento inicial existe.

Em *Ganga Zumba* (1963-1964), de Cacá Diegues, já é clara a evolução para realçar positivamente costumes, tradições africanas e a cultura negra popular. O diapasão é distinto. Esse traço se manteria em filmes posteriores do diretor. Rituais como o candomblé não são mais abordados pela ótica reduzida da alienação. Cantos, danças e capoeira compõem a integridade de um povo vilipendiado na condição degradante da escravidão. Como contraste significativo da própria evolução, poderíamos citar uma declaração de Cacá Diegues, de 1962, em que o cineasta ainda elogia o filme *Barravento*, a partir da visão mencionada, por se tratar "de um filme sobre a alienação" que mostra "o candomblé, tão cultivado pelos mercadores do pitoresco cultural, [...] na forma mais crua de uma forma religiosa que só funciona para saldar as necessidades de reação de um povo ainda escravo"[83]. Em 1964, a página da "cultura do povo" como cultura alienada está pronta para ser virada. Os dilemas já encontrados no *Barravento* de 1960–1961 com sua visão desconfiada, senão negativa, da "arte do povo", continuam à flor da pele em 1962 nas polêmicas que cercam o CPC e pipocam no jornal estudantil *O Metropolitano*, editado por Cacá Diegues. Progressivamente, no entanto, o grupo cinemanovista evolui para posições mais maduras. O reducionismo sociológico que ainda predomina em largas parcelas da juventude envolvida na produção artística e na práxis política parece perder espaço quando surgem os primeiros longas (já vimos o caso de *Porto das Caixas*). O afastamento se delineia com mais intensidade, inclusive antes de 1964, e acabará por se cristalizar em *Deus e o diabo na terra do sol*, filme que significa um deslocamento geológico desses dilemas em sua simplicidade crua. O grupo cinemanovista, em 1962, está cada vez mais crítico às demandas políticas do CPC próximo à esquerda mais fechada, buscando afirmar sua independência. Cacá Diegues descreve em sua biografia o progressivo afastamento nos seguintes termos:

> Membro do Partido Comunista Brasileiro, Leon se agoniava com o crescente conflito entre o CPC e o Cinema Novo, para o qual ia se tornando imprescindível. Fascinado por ele, eu o "secretariava" à frente do núcleo de cinema do CPC, ajudando-o tanto na prática da produção de *Cinco vezes favela* quanto nos debates em que enfrentava os dirigentes que, apesar das diferenças, gostavam dele, tinham-lhe respeito e admiração. Para eles, Leon era um companheiro, enquanto eu não passava de um aliado. Aos poucos, a distância entre o CPC e o Cinema Novo foi se alargando, a mútua solidariedade já não era mais automática[84].

O conflito, já mencionado, quando um grupo cepecista vaia ostensivamente a estreia de *Porto das Caixas* em 1962 é descrito assim por Cacá em sua autobiografia: "no cinema Bruni Copacabana, na rua Barata Ribeiro, na estreia do minimalista e delicado *Porto das Caixas* [...] um grupo identificado como de cepecistas começou a vaiar, falar alto e criar tumulto durante sua projeção, perturbando a recepção do primeiro longa-metragem do realizador"[85].

O padre e a moça sofre a mesma rejeição de *Porto das Caixas*, na percepção dos cinemanovistas. Embora mais tardio nesse panorama (1966), também é sentido por Cacá como relativo ao quadro do conflito entre CPC e Cinema Novo:

> [...] na semana em que *O padre e a moça*, de Joaquim Pedro, foi lançado em circuito comercial, cruzei, num bar do Arpoador [...] um grupo liderado por Vianinha que satirizava o filme com trejeitos e falsetes. Tomei-lhes satisfações e a discussão exacerbada só não chegou às vias de fato pela interferência de Thereza Aragão, mulher de Ferreira Gullar[86].

Para Cacá, rememorando essas situações já avançado nos anos,

> em todas essas ocasiões e nos debates constantes havia sempre, por parte do CPC, um culto exclusivo ao político. Era como se a nação, por subdesenvolvida e miserável, não tivesse direito à fruição, ao sonho, ao imaginário, à arte. Qualquer discurso estético que não fosse instrumento de mobilização das massas era tratado com frescura, havia sempre implícita a determinação de nos fazer sentir culpados por esse "luxo"[87].

A negação da culpa, conforme mencionada, estará no núcleo das controvérsias que mais tarde o diretor assumirá, com o veio polêmico de sempre, em torno das "patrulhas ideológicas"[88]. É a briga com o CPC, e sua visão mais ortodoxa da arte popular, que vem de novo à tona do passado, ainda com força para incomodar e ser regurgitada com ressentimento.

As paixões ou os afetos da impotência estão, portanto, no núcleo dos principais longas da geração cinemanovista no período que antecede o diálogo com a contracultura e o tropicalismo. É o caso dos primeiros longas do grupo, mais tipicamente em Paulo César Saraceni com *Porto das Caixas* (1962), filme marcado pela lentidão e por um clima depressivo que se acentua em *O desafio* (1965) e seguirá o diretor em sua carreira. Mas surge também no intimismo de autores bem mais marcados pelas demandas éticas da estética marxista, como Leon Hirszman, que mergulha nos sentimentos exasperados e na representação da subjetividade interior (bem rodriguiana) de uma personagem da baixa classe média carioca traindo o marido e planejando obsessivamente seu enterro em *A falecida* (1964). Leon segue com os dilemas existenciais, agora na burguesia *bon vivant* da zona sul, em seu longa seguinte *Garota de Ipanema* (1967), efetuando depois um encontro pleno com o "desbunde" da contracultura em 1969, no interessante e singular episódio *Sexta-Feira da Paixão, Sábado de Aleluia*, do longa *América do sexo* (1969). Somente no ascético *São Bernardo* (1971), retornaria ao centro de gravidade realista de corte seco, mas ainda carregado pela dilatação do eu interior do protagonista na experiência vazia do transcorrer, que cerca um universo social agora com tintura política. Leon encontra novamente a cartilha marxista apenas em *Eles não usam black-tie* (1981), já noutro contexto – agora mais afirmativo e solto na temática que lhe é cara. É filme que parece ter emergido, após um longo parêntesis, vindo da produção CPC, no qual ainda se respira o bom e velho realismo social lacrimoso do pós-guerra.

Também Joaquim Pedro de Andrade, no primeiro longa que dirige, mergulha fundo num intimismo distante da "arte popular revolucionária" de 1962. Nele desponta a paixão exasperada e depressiva que um padre (Paulo José) tem por uma bela moça, encarnada por Helena Ignez na flor de sua juventude. Vivendo no ambiente claustrofóbico de uma pequena cidade interiorana mineira, a moça Mariana está pronta a se agarrar a qualquer fiapo de motivo para exprimir a intensidade de uma vida interior sufocada. Cacá Diegues, embora mais político e com preocupação social, apropria-se desse clima nas paixões que ancoram o núcleo dramático de seus dois primeiros longas, *Ganga Zumba, rei dos palmares* (1963–1964) e, principalmente, *A grande cidade* (1965). O jovem Walter Lima Jr., com *Menino de engenho* (1965), caminha igualmente na direção pessoal e memorialista, compondo o que Glauber corretamente nomeia com acerto de "cinema novo lírico". Existe, no entanto, um vetor diferencial nesse panorama traçado em torno das primeiras obras pessoais e intimistas da geração cinemanovista, explorando a intensidade da experiência subjetiva de um eu mergulhado em afetos densos e sombrios. Será com a eclosão de *Deus e o diabo na terra do sol*, filmado em 1963, ainda antes do golpe, que tudo se transforma. *Deus e o diabo* é, por isso mesmo, o filme que cristaliza a abertura de um novo horizonte no Cinema Novo. É obra inaugural no novo padrão representacional do cinema brasileiro, estourando o realismo pela fenda do dialogismo brechtiano e abrindo de forma magistral uma trilha diferencial para a filmografia cinemanovista na segunda metade da década.

Outros dois filmes capitais desse início de década são *Os cafajestes* e *O pagador de promessas*, esse último com filmagens iniciadas em 1961 e trabalho de conclusão em 1962[89]. O caso de *Os cafajestes* é distinto. O moçambicano Ruy Guerra surge no movimento cinemanovista como figura singular. Iniciou sua carreira na França, onde cursou o Idhec. Antes de realizar seu primeiro longa, Guerra já havia dirigido dois curtas inacabados, *Orós* (1960) e *Cavalo de Oxumaré* (1960-1961), com roteiro escrito em colaboração com Miguel Torres – de outra geração, mas que circula próximo ao grupo baiano. Sua estreia com *Os cafajestes* (1962) foi bombástica, a partir do famoso plano-sequência na praia com Norma Bengell, primeiro nu frontal no cinema brasileiro moderno. A cena desenrola-se em um plano longo e extenso: a personagem, após ter tirado a roupa, é rodeada de carro por dois cafajestes que tomam diversas fotos para posterior chantagem. Distinguindo-se de outros primeiros filmes cinemanovistas, o longa apresenta um estilo maduro e bastante seguro de direção. É filme forte, talvez o mais acabado dessa primeira leva.

A condição de estrangeiro, no entanto, faz com que Ruy Guerra encontre alguns problemas para se integrar no grupo. Glauber Rocha, por exemplo, relata em depoimento sua resistência pessoal à aproximação de Guerra, quando da sua chegada ao Rio de Janeiro. Em 1960, Ruy Guerra foi à Bahia filmar *Cavalo de Oxumaré*, onde fez uma cena em que a filha de santo tem sua cabeça raspada. Glauber considerou o fato como "plágio", uma vez que planejava uma cena parecida em *Barravento*, a qual havia mostrado a Guerra. Ressentido com a "invasão indébita em minha tribo", pede "a expulsão do alienado franco-moçambicano-luso-colonialista"[90].

Aparentemente, a forte reação de Glauber e as acusações foram um dos motivos pelos quais o curta de Ruy não foi concluído. Em "Guerra Ruy 80" (o título tem sua ironia), texto composto já no final de sua vida sobre o companheiro diretor, percebe-se o tom carregado de amor e ódio que atravessou décadas e marcou a relação entre ambos. "Somos meio-irmãos, daí nossos contrastes e semelhanças"[91], diz Glauber, para frisar o que efetivamente se constata examinando alguns filmes-chaves da obra de ambos. Às vezes, Guerra parece vir logo atrás, bem próximo na imitação, se inspirando continuamente em Glauber nesse período (até *Os deuses e os mortos*), o que deve ter irritado o diretor baiano. Definindo precisamente a singularidade de *Os cafajestes* no horizonte do cinema brasileiro, dentro da geração cinemanovista, o cineasta baiano afirma que "*Os cafajestes* era um filme novo no Brasil da estrutura *nouvelle vague*: era mais *nouvelle vague* que Cinema Novo assim como *Rio, 40 Graus* ou O *Grande Momento, Bahia de Todos os Santos* eram mais para *neorrealismo* que pra *Cinema Novo*". As intuições de Glauber estão corretas. Apontam para um núcleo estético dos novos longas brasileiros, realçando a singularidade do movimento cinemanovista no mundo e, particularmente, na América Latina, que nesse momento ainda tentava, como um todo, digerir uma influência mal assimilada do neorrealismo italiano. O elemento diferencial e radicalmente singular do Cinema Novo no contexto latino somente adquire todas as cores com a afirmação definitiva de *Deus e o diabo na terra do sol* no panorama mundial da época. Isso mostra a evidência de que o conceito, bastante posterior, de novo cinema latino-americano, ao gosto de cubanos e de parte da academia norte-americana, deve ser relativizado se são buscadas raízes homogêneas no período que estamos abordando.

A defasagem em termos de um passado cultural comum talvez seja responsável por traços da singularidade de *Os cafajestes* no Cinema Novo. O filme não mergulha efetivamente na exasperação intimista que descrevemos nem dialoga com a vertente social do Cinema Novo (assimilada no longa seguinte de Ruy Guerra, *Os fuzis*). Possui uma amoralidade fora desse centro gravitacional, que o atravessa numa leveza sem peso ético que está ausente em outras obras do jovem cinema brasileiro. Também a articulação narrativa de *Os cafajestes* tem um domínio do classicismo narrativo que foge à estilística inovadora, canhestra, do primeiro Cinema Novo. Daí talvez a pertinência de seu vínculo com um horizonte mais *nouvelle vague*, como o quer Glauber. Seu amoralismo cruento chocou a sociedade da época, provocando seguidas interdições antes da exibição final. Liberado pela censura e já com dez dias de exibição, batendo recordes de bilheteria, recebe uma ordem de interdição do então chefe de polícia da Guanabara, o promotor Newton Marques da Cruz. O produtor Jece Valadão[92] resolve fazer cortes no filme por conta própria, para facilitar a liberação, mas é processado por Ruy Guerra para a preservação da obra. Uma liminar garante a volta do filme em cartaz, mas é cassada pelo presidente do Tribunal de Justiça, provocando um ato público na sede da Associação

Brasileira de Imprensa (ABI) pela liberdade de expressão. Forma-se, então, uma comissão de 21 membros, da qual fazem parte diversos membros do Cinema Novo, entre eles Paulo César Saraceni, Glauber Rocha, Ruy Guerra, a própria Normal Bengell, Ely Azeredo, Roberto Farias, Miguel Borges, Walter Lima Jr., David Neves, Sérgio Augusto e Paulo Perdigão. Toda a agitação, como era de se esperar, acaba sendo benéfica para divulgar o filme, que volta a ser exibido primeiramente em São Paulo, com proibição para menores de 21 anos (uma inovação jurídica provocada pelo filme), batendo recordes de público e bilheteria.

NOVO CINEMA, CINEMA DIRETO

Antes de avançar em direção ao final da década, convém expor brevemente a forte presença da produção documentária nos anos 1960, que deve bastante à descoberta e à chegada ao Brasil das novas tecnologias para o exercício da estilística do Cinema Direto. O Cinema Direto e sua tecnologia, centrada principalmente em câmeras mais leves, novas emulsões mais sensíveis e som do mundo gravado na tomada diretamente, revoluciona o novo cinema do início dos anos 1960. Sua incidência faz-se sentir tanto na ficção como no documentário. *Aruanda* (1959-1960) e *Arraial do Cabo* (1959) ainda são filmes trabalhados com estilo mais clássico, sem os componentes da nova tecnologia, embora possuam a demanda de conteúdo com fundo popular que a nova sensibilidade de época exigia. A estilística do Cinema Direto aporta mais concretamente ao Brasil com Joaquim Pedro, a partir de sua convivência com os irmãos Maysles na Nova York de 1962, seguida pelas tentativas de atualizar o estilo aqui em *Garrincha, alegria do povo*, por exemplo. Embora sem as máquinas audiovisuais (câmeras e gravadores de som) necessárias para a empreitada, é claro que um cineasta antenado como Joaquim Pedro percebeu a dimensão do novo cinema em sua convivência no exterior com os maiores protagonistas do estilo. De volta ao Brasil, apesar dos resultados dúbios de *Garrincha*, esteve envolvido em diversas tentativas para compra dos equipamentos necessários ao novo cinema, pelo Estado brasileiro. Uma delas resulta na vinda de Arne Sucksdorff. *Garrincha* já é um filme pronto para o direto, embora não possua os equipamentos e os técnicos para tal. Logo em seguida, literalmente, chegam os equipamentos e o professor que formará os novos técnicos do Direto brasileiro: o já experiente Sucksdorff, que ministra um curso no Rio de Janeiro entre o final de 1962 e o início de 1963.

Sucksdorff está longe de ser um documentarista do Cinema Direto. Já possui carreira formada e premiada, com um tipo de documentário bastante clássico, quando o Cinema Direto estoura no início da década de 1960. Mas é um cineasta sensível para seu tempo e muito interessado pelas novas tecnologias que introduzem dimensões inesperadas no modo de exercer sua arte. Desembarca no Brasil com um equipamento novíssimo, uma câmera Arriflex de 35 mm blimpada[93], uma mesa de montagem último tipo Steinbeck e um (há quem diga que sejam dois) Nagra III, objeto de grande cobiça na época. Era modelo ainda não totalmente sincrônico, sem o guia *pilotone*, mas que o *bricoleur* Saldanha e outros deram um jeito de o aproximar à sincronia, aparentemente a partir de dicas de François Reichenbach[94]. Sucksdorff assegura a formação inicial de técnicos que seriam centrais no desenvolvimento da nova fotografia, da montagem e do novo som do jovem cinema brasileiro que surgia, como Dib Lufti, Eduardo Escorel e Luiz Carlos Saldanha[95]. Também Jabor, que antes não estava no cinema propriamente, aproveitou muito dos ensinamentos de Sucksdorff, atuando como tradutor do inglês nas aulas que o sueco ministrava. Entre outros, fizeram o curso Alberto Salvá, Arnaldo Jabor, Domingos Oliveira, Flavio Migliaccio, Joel Barcelos, José Wilker, Leopoldo Serran, Lucila Bernardet, Nelson Xavier, Orlando Senna e Vladimir Herzog[96].

O grupo nuclear cinemanovista não participa do curso. Um pouco mais velho, já estava envolvido com produção cinematográfica contínua, às voltas com os primeiros longas. Mas a articulação do curso e a vinda de Sucksdorff são devidas a esse grupo do Cinema Novo, que tinha os contatos necessários para articular sua realização e bancar os altos custos envolvidos, relativos à própria viagem de Sucksdorff e os equipamentos para um inédito curso de cinema de ponta no Brasil (e na América Latina), dentro da linha da nova estilística do Direto. Além da câmera, gravador e moviola envolvidos, também foram pagas as despesas com a aquisição de negativos e revelação. O convite a Sucksdorff – escolhido de uma lista que envolvia outros como Chris Marker, Jean Rouch, Joris Ivens, François Reichenbach – e sua vinda ao Brasil envolveram, portanto, produção significativa, bancada pelos contatos já mencionados do cinemanovismo carioca-mineiro dentro do Estado brasileiro e mostram o vínculo desses jovens com a elite administrativa do Brasil, antes do golpe de 1964. Existe igualmente um clima internacional, bancado em parte pela Unesco, e reafirmado na postura do Itamarati (é importante mencionar aqui o nome de Arnaldo Carrillo), de equipar países do terceiro mundo com material de filmagem leve, de modo a possibilitar a emergência de filmografias alternativas, com estilo também diferenciado[97]. Entre outros, estiveram envolvidos na produção do curso e na aquisição dos equipamentos (alguns deles, como a moviola Steinbeck, de importância central em obras posteriores do Cinema Novo) o Itamarati, por intermédio de Lauro Escorel (pai); a Unesco, em sua representação brasileira por Paulo Carneiro (pai de Mário Carneiro); e o Iphan, por meio de Rodrigo de Andrade, pai de Joaquim Pedro de Andrade. Joaquim Pedro foi certamente um dos principais articuladores da vinda de Sucksdorff e da aquisição dos equipamentos com tecnologia de ponta. Embora não seja um arauto do novo cinema (como o seria

Rouch, por exemplo), Sucksdorff chega ao Brasil com um Oscar de documentário na bagagem e ficções premiadas. O mais importante é que é um cineasta aberto para seu tempo. Apresenta inegável domínio sobre a técnica cinematográfica documentária, tanto nova como clássica, e tem reconhecida disponibilidade para transmiti-la de modo didático, coisa não muito comum no meio. Sua presença no Brasil, junto com os novos equipamentos com tecnologia do Direto, como o Nagra, a boa câmera Arriflex, uma mesa de montagem último modelo, significa impulso inestimável para obras do novo documentário direto e do próprio Cinema Novo.

Contando com participação da equipe formada por Sucksdorff, surgem no novo estilo *Maioria absoluta*, *Integração racial*, *Bethânia bem de perto*, além da repercussão posterior, talvez um pouco mais distante, mas presente, no grupo Farkas em São Paulo[98]. O Direto tem incidência em países diversos que dominam o novo cinema, e o Brasil não é exceção. As ideias em torno do Cinema Verdade/Direto estão em voga na Europa, nos Estados Unidos e Canadá desde o final da década de 1950. Nomes como Jean Rouch, Chris Marker, Mario Ruspoli, Albert e David Maysles, Richard Leacock, Robert Drew, Michel Brault, Pierre Perrault e outros são citados em textos e entrevistas da época pelos jovens brasileiros, como autores de um novo estilo revolucionário. A nova estética – baseada em câmera na mão, negativo com emulsão que dispensa refletores, encenação não construída, uso de som direto – influencia obras-chaves do Cinema Novo (tanto na ficção como no documentário) e depois no Cinema Marginal. *Câncer* (1968) é um dos pontos altos dessa confluência, acompanhado de perto por obras de Hirszman como *Garota de Ipanema* (1967) e o episódio *Sexta-Feira da Paixão, Sábado de Aleluia* (1969), para não mencionarmos o curta *Nelson Cavaquinho*, do mesmo ano. A estilística do documentário-verdade é nítida em *O dragão da maldade contra o santo guerreiro*, realizado em seguida a *Câncer*, com a utilização do som direto dando amplitude para planos que correm soltos e longos na tomada, grudados na improvisação dos atores.

A estilística do Direto no documentário quer fazer surgir cinema na própria maneira que o mundo possui de durar. Pode então ser filme a duração do transcorrer, sem que para tanto se tenha de articulá-la *a priori*, a partir de um roteiro e/ou encenação preparada. O novo cinema quer explorar a indeterminação do acontecer e, a partir daí, delinear eventos e personalidades. Joaquim Pedro talvez tenha sido o primeiro membro da geração cinemanovista com contato mais intenso e sistemático com a estilística do Direto. Mediante a bolsa da Fundação Rockefeller, faz estágio com os irmãos Maysles em Nova York durante o primeiro semestre de 1962, em pleno apogeu do movimento. Os Maysles na época já haviam abandonado o grupo original de Robert Drew e iniciavam voo em carreira solo. Em 1962, Joaquim Pedro de Andrade, que trazia experiência inicial com o documentário *O mestre de Apipucos e o poeta do castelo* (depois lançado separadamente em dois curtas, *O mestre de Apipucos* e *O poeta do castelo*) e a ficção *Couro de gato*, filma o documentário

Garrincha, alegria do povo, sobre a vida do famoso jogador de futebol, com produção de Luís Carlos Barreto e roteiro de Armando Nogueira. O filme, lançado em 1963, apresenta dois depoimentos gravados, do médico e do próprio Garrincha, esse aparentemente tomado com transferência de material pesado de gravação para sua casa. *Garrincha, alegria do povo* não possui som direto sincrônico. Alguns depoimentos da época afirmam que o material importado pelo projeto Sucksdorff, chegado ao final das filmagens, permitiu a gravação apenas dos sons do Maracanã.

O documentário possui diversas sequências em que parece querer deslanchar na estilística do Direto (as tomadas do início com garotos jogando nas praias cariocas, Garrincha em família, as expressões em primeiro plano dos torcedores), porém a via ainda é muito desafiadora para a tecnologia (e o material humano) disponível na época no Brasil, anterior ao curso Sucksdorff. No final, a narrativa se fecha em um modo defensivo, com uma voz *over* mais tradicional e a utilização recorrente de algumas tomadas de arquivo ou tomadas para o filme e decompostas na montagem. A equação de filmar em estilo direto uma partida de futebol não é fácil, e o filme parece gastar boa parte de suas energias nesse desafio, sem resolvê-los. Sente-se em *Garrincha* o discurso crítico da cultura popular como móvel de alienação, algo que desvia o agente da práxis política, conforme já vimos anteriormente. A imagem do popular atrai, e podemos sentir nos delicados primeiros planos, raros na época, da fisionomia do povo (o povo torcedor de futebol), que chamaram a atenção de Nelson Rodrigues, sempre sensível aos assuntos da bola. No entanto, o futebol, na medida em que é parte intrínseca do universo da cultura popular e flerta simultaneamente com o transe, é visto com desconfiança e distância. A lição de moral característica da época surge com uma voz *over* que ainda consegue dar a si mesma densidade suficiente enquanto "saber" e corte educativo do documentário clássico, para explicar o fenômeno futebol. Traz um recorte de objetividade exterior que os inspiradores norte-americanos de Andrade já haviam perdido.

Em tom professoral, a voz fora de campo explica-nos qual a razão do sucesso do futebol junto à massa: "o povo usa o futebol para gastar o potencial emotivo que acumula por um processo de frustração". Em seguida, uma teoria psicanalítica de manual detalha o motivo inconsciente da paixão: talvez se deva ao fato de que "a bola seja símbolo do seio materno". A voz é carregada de autoridade para lecionar sobre como deve ser a práxis do outro-popular, num modo que é comum ao primeiro Cinema Novo. Trata-se de recorte que encontramos em *Barravento* e na produção próxima ao CPC. Depois de algumas imagens em primeiro plano de expressões de pessoas seguindo jogo de futebol[99], a voz *over* em *Garrincha* disserta sobre as consequências da paixão que aliena: "o último apito do juiz devolve o torcedor a sua realidade, aos caminhos que vão e partem da segunda-feira até que o ciclo se feche com um novo apito de um novo jogo". O caminho da alienação encontra seu combustível a cada fim de semana de campeonato em que a massa recebe seu suprimento como uma droga. A voz científica do doutor em medicina também explica, em termos eruditos, o incompreensível fenômeno Garrincha, afirmando sua posição de saber sobre o outro de classe. Colocado no microscópio, o popular e *naïf* Garrincha, impossível de acontecer segundo as leis da fisiologia, é desvendado. Trata-se de discurso que mostra desconfiança com a intensidade liberta do afeto futebolístico, em seu modo de atenção sobre si (fora do eixo gravitacional do engajamento) e a experiência da fruição como pulsão liberada (momento do gol). Embora no filme de Joaquim Pedro haja certa ambiguidade, esse discurso volta com mais intensidade na produção documentária do grupo Farkas, caso particular de *Subterrâneos do futebol*, média com direção de Maurice Capovilla.

Outros colegas de geração de Joaquim conseguem ir mais fundo na trilha do Direto que ele tentou, mas não conseguiu, nesse momento, penetrar. No ano seguinte de *Garrincha, alegria do povo*, com equipamento mais adequado e jovens cineastas já capacitados para operá-los (o curso Sucksdorff fazia seus efeitos em Saldanha, Jabor, Escorel), Leon Hirszman e Paulo César Saraceni dirigem, no início de 1964, dois documentários "verdade" de bastante densidade: *Maioria absoluta* e *Integração racial*. Ambos apresentam imagens com padrão de espontaneidade inédito no cinema brasileiro. Surgem articuladas como forma narrativa fílmica baseada em depoimentos e tomadas com encenação em direto, estruturadas para sua exploração no estilo verdade. O trabalho, praticamente sem encenação construída na *mise-en-scène*, surge num modo que o cinema brasileiro desconhecia até então, embora ainda traga a presença da voz assertiva em *over*. A repercussão das ideias sobre o Cinema Verdade dá a dimensão da intensidade com que a difusão dessas propostas marcou a geração cinemanovista. Glauber as repercute largamente em diversas passagens de *Revolução do Cinema Novo*, em especial no capítulo *Cinema Verdade 65*, escrito a partir de intervenção em debate ocorrido em 1965[100].

Maioria absoluta[101] é documentário de média metragem, inicialmente concebido para debater questões pedagógicas relacionadas ao método Paulo Freire. As questões pedagógicas, no entanto, ficam logo para trás, e o que transparece é a atração pela imagem do povo em sua espontaneidade no modo direto, algo inédito no cinema brasileiro. Também na nova estilística do Direto, surge uma velha conhecida do primeiro Cinema Novo, a burguesia depravada. *Maioria absoluta* expõe de maneira constrangedora os preconceitos e hábitos arcaicos da classe média carioca entrevistada na praia, na rua e em residências. No lado popular, a representação é distinta. O documentário possui as sensacionais primeiras imagens do povo brasileiro falando em discurso corrente, pela fala solta. Gestualidade e expressão popular correm à vontade, a intensidade é livre e embasa um discurso político convicto, num tom comovente. São as primeiras imagens do corpo do outro de classe, do corpo do povo, em sua gestualidade natural, no modo particular que este possui de estar no mundo pelo gesto e pela fala. Luiz Carlos Saldanha assina a câmera; Arnaldo Jabor, o som direto; e Nelson Pereira dos Santos, a montagem. A equipe é forte e mostra o novo cinema unido em um momento alto, logo antes do golpe militar. O filme termina com um chamado à ação engajada, pela voz *over*, que possui o saber sobre o mundo da práxis política. Definida a janela e o caminho, surge a saída contra a futilidade burguesa (apresentada nos planos iniciais da obra): "o filme termina aqui... lá fora a tua vida, como destes homens (os homens do povo), continua". A afirmação é deixada no ar, como um pedido claro de ação.

Em *Integração racial*, Saraceni experimenta de modo ainda mais radical a estilística do Direto. Também se solta no modo da encenação direta na tomada, errando com a câmera e o Nagra pelas ruas de São Paulo e outras capitais. Deixa a tomada correr mais solta do que em *Maioria absoluta*, sem a preocupação de um discurso articulador que fundamente a narrativa. O documentário explora a encarnação de personagens, abrangendo personalidades de homens e mulheres comuns por meio de depoimentos. São planos próximos ou primeiros planos, de expressões faciais e fisionomias, alçando a personalidade até a cristalização do personagem. É procedimento que o documentário brasileiro explorará bastante, décadas adiante. A novidade absoluta desse procedimento estilístico em *Integração racial* (o depoimento solto para a câmera) exerce efeito sobre os personagens figurados, permitindo a emergência de tipos marcantes, bem à vontade. Jabor também seguirá esse estilo em *Opinião pública*. É ele que manipula Nagra em *Maioria absoluta*, assim como em *Integração racial*. Depois aprofundaria essa experiência no Cinema Direto de *O circo* e *A opinião pública*, seus filmes de estreia. A presença do som direto tem desenvoltura maior em *Integração racial* do que em *Maioria absoluta*, com menos presença da voz *over*, o que confirma a agilidade na manipulação do Nagra, gravando o som na tomada e acompanhando a câmera ligeira. Saraceni parece estar mais solto nas tomadas que Hirszman, deixando a duração escorrer livremente. O documentário não se detém especificamente na questão racial, apesar de abordá-la, possuindo diversas sequências sobre migração interna e externa (nordestinos, portugueses, italianos, japoneses), além do preconceito racial propriamente. *Maioria* (curta-metragem de 18 minutos) e *Integração* (média-metragem de 44 minutos) tiveram sua finalização interrompida pelo golpe de 1964, mas puderam ser concluídos com as tomadas já realizadas.

Já o segundo longa-metragem da UNE, *Cabra marcado para morrer* – fazendo uma trinca com realização praticamente no mesmo período de *Maioria* e *Integração* – possui destino mais trágico. O documentário, cuja feitura Leon Hirszman passou para Eduardo Coutinho, estava em período de filmagens durante o golpe militar de março de 1964 e teve sua produção suspensa. Na eclosão do movimento militar, a equipe de produção localizava-se em locações no Nordeste, em Vitória de Santo Antão, no Engenho Galileia, a cinquenta quilômetros de Recife. A região servia de cenário para as encenações da vida de João Pedro Teixeira (líder camponês que morreu em Sapé, na Paraíba). As filmagens foram interrompidas pelos militares, e a equipe teve de se dispersar para fugir, tendo Elizabeth Teixeira, a protagonista do filme, permanecido escondida, protegida e acompanhada por Vladimir Carvalho. Pelo que restou dos copiões, podemos vislumbrar um futuro *Cabra* num estilo de docudrama bastante tradicional. A estilística é marcada pelo realismo do pós-guerra europeu, encenando no modo construído com habitantes locais das regiões remotas onde o drama clássico transcorreu. Isso pode parecer singular, tendo em vista a carreira posterior de Coutinho, marcada pelas grandes encenações no modo direto. A realidade é que, na época, Coutinho não circulava em proximidade ao núcleo central do Cinema Novo, tendo chegado à direção do filme por sua relação de amizade com Hirszman e a sintonia junto ao CPC, demonstrada um ano antes nas andanças dos estudantes pelo Brasil quando filmou o projeto UNE Volante. A partir do que sobrou das tomadas de *Cabra*, podemos deduzir que traria algo novo no cinema brasileiro – a presença do camponês sindicalizado como protagonista –, mas dentro de um estilo que se distancia das experiências da vanguarda documentária que já respirava o Cinema Novo. Como vimos, estas estavam sendo postas em prática por Saraceni e Hirszman, e em seguida por Farkas em São Paulo, demonstrando a rápida sintonia do novo cinema com as vanguardas mundiais em sua abertura para o Cinema Direto e Verdade.

Acrescente-se que o Brasil havia recentemente adquirido capacidade tecnológica, única na América Latina, para absorver a sensibilidade do Direto e transformá-la em narrativa fílmica. Apesar de contemporâneo aos documentários "verdade" de Hirszman e Saraceni, *Cabra* parece ser (só podemos supor, pois não foi nem montado nem mixado e teve as filmagens interrompidas) um filme de corte mais tradicional, ainda perto da tradição neorrealista, sem maiores vínculos com o novo documentário. A retomada do filme por Coutinho, no início dos anos 1980 (lançamento em 1984), ocorre em cenário inteiramente distinto, e o segundo *Cabra* irá se afirmar como marco do Cinema Verdade no panorama do documentário brasileiro. Talvez traga também para Coutinho o reencontro com um cinema documentário, pressentido na época, mas cuja prática lhe escapou nas tomadas – talvez por falta de condições técnicas (o novo aparato tecnológico estava com os jovens do Cinema Novo, não do CPC) ou de interesse. O segundo *Cabra* foi cercado por outro momento histórico, no qual o acerto de contas com o passado interrompido era motivo central. O grande embate tecnológico que envolvia a estética do Direto no início dos anos 1960 era banalidade no início dos anos 1980, inclusive pela influência da televisão. Talvez seja importante frisar que o passado de 1964, que o segundo *Cabra marcado para morrer* reencontra de modo evidente, foi também composto por uma forma de se fazer cinema. Coutinho pareceu sintonizá-la e intuí-la em 1964, mas foi só nos anos 1980, depois do aprendizado no *Globo Repórter*, que conseguiu reencontrá-la de modo efetivo, agora com maestria e já na maturidade estilística. Há um reencontro, portanto, com a história interrompida, conforme salientado pela crítica, mas também com o cinema interrompido, aquele que não era filme, mas podia ser antevisto na fresta.

Como vimos, Arnaldo Jabor teve aprendizado da manipulação do som direto, decorrente de sua participação no curso Sucksdorff, cumprindo papel de intérprete. Iniciante no cinema, começa a carreira propriamente na equipe de *Integração racial* e *Maioria absoluta*. Em 1965, obtém financiamento para fazer seu próprio filme, *O circo* (média-metragem), primeiro documentário em cores do Cinema Novo, elaborado com negativos que consegue no Itamaraty com a promessa de filmar o Nordeste brasileiro. Os percalços sofridos pela equipe de *Cabra* ainda são vivos em 1965, a situação política continua tensa, e Jabor prefere ficar mesmo no Rio de Janeiro. Transfere a temática da proposta inicial para a decadência da arte circense. Passa a acompanhar um circo itinerante na periferia do Rio durante dois meses, com câmera grudada na indeterminação do acontecer. Affonso Beato fez a câmera na mão, em uma de suas primeiras experiências de fotógrafo. O impacto dos novos meios de comunicação é o tema central do filme, que vê o circo como uma arte desaparecendo face à nova realidade midiática.

Na obra seguinte de Jabor, seu primeiro longa, o também documentário *Opinião pública* (1967), encontramos um diretor bem mais confortável no estilo direto. Constrói personagens fortes, seguindo habitantes de classe média na zona sul do Rio de Janeiro. A proposta é retratar não o povo, mas a classe média, ancorado naquilo que chama, seguindo a sociologia na moda de Stuart Mill, a opinião pública. Jabor mostra domínio da estilística do Direto, adquirido nas produções com que esteve envolvido desde 1963. Os retratos que obtém da pequena burguesia carioca não deixam de lembrar o Coutinho de *Edifício Master*, como o próprio Jabor faz questão de frisar em entrevistas dos anos 2000, embora a estilística dentro do Direto e o método de trabalho sejam por inteiro diferenciado. Boa parte dos depoimentos traz um corpo a corpo de *mise-en-scène* que exige convivência próxima com o sujeito em cena, coisa que Coutinho não pratica. A proximidade de *Opinião pública* é obtida pela permanência da equipe em edifício determinado por um período mais longo, permitindo ao diretor captar impressionantes efeitos de naturalidade em expressões e fala. O filme possui voz *over* assertiva forte, que foge ao Direto mais típico, lembrando um pouco as crônicas radiofônicas que Jabor faria décadas depois, com opiniões marcadas sobre a vida nacional.

Em *Opinião pública*, podemos encontrar a desconfiança, que já vimos no primeiro momento do Cinema Novo, dos afetos mais intensos provocados pela religião, principalmente junto às camadas populares. Afetos envolvendo paixões e estados próximos ao transe são vistos com temor e derrisão. Surgem como emoções que comprometem o distanciamento analítico e a práxis política, e o filme quer deixar isso claro. O alvo agora é a classe média que, em diversas sequências, é retratada em estado de histeria pelo modo como vibra em espetáculos midiáticos (televisão). É uma visão bastante negativa da mídia (Chacrinha e Jovem Guarda, por exemplo), distinta daquela que, logo em seguida, nutrirá a sensibilidade antropofágica do tropicalismo. Ainda entrevemos em *Opinião pública* o quadro ideológico da esquerda mais tradicional dos CPCs e dos partidos comunistas, em sua desconfiança com a mídia de espetáculo (ascendente na época) e a cultura popular aparecendo como fonte de alienação nos estados de transe. São dois eixos congruentes – a desconfiança com a mídia de espetáculo e cultura popular do transe – que acabam confluindo para a rejeição. No momento histórico seguinte, no qual *Opinião pública* esbarra, mas não faz parte, esses dois eixos serão recuperados e deglutidos na mistura do liquidificador tropicalista. É sensibilidade em direção à qual o Cinema Novo, e o próprio Jabor, se move adiante, no final da década, com bem mais facilidade. Em *Opinião pública*, ainda sentimos esse universo sob a égide negativa do manto da alienação.

Entre agosto de 1964 e março de 1965, são realizados quatro médias-metragens documentários em estilo direto, com produção centralizada por Thomas Farkas em São Paulo. Os quatro serão reunidos mais tarde, em 1968, no longa-metragem *Brasil verdade*. São eles: *Nossa escola de samba*, com direção de Manuel Horácio Gimenez; *Subterrâneos do futebol*, de Maurice Capovilla; *Viramundo*, de Geraldo Sarno, e *Memória do cangaço*, de Paulo Gil Soares. Os médias têm em seu núcleo a representação da cultura do outro-popular, figurando suas principais manifestações culturais e mitologias: o cangaço, o samba, o futebol, a migração nordestina, o candomblé, o misticismo pentecostal. Farkas possui recursos próprios para adquirir os equipamentos básicos necessários à estilística do Direto e bancar o início das produções. Tem igualmente um vínculo único, que falta ao primeiro Cinema Novo, com o cinema latino-americano. Em particular, mantém contatos ativos com a Escola de Santa Fé, na Argentina, de onde vêm Fernando Birri, Manuel Horácio Gimenez e Edgardo Pallero, antes do início da produção dos médias, no final de 1963. Birri vai logo embora com o golpe no Brasil no início de 1964, mas Gimenez fica e dirige *Nossa escola de samba*. Outro argentino do grupo, Edgardo Pallero seria responsável pela produção executiva dos quatro médias, demonstrando a experiência na produção fílmica adquirida em Santa Fé.

A relação entre o grupo Farkas e os argentinos de Santa Fé deve ser destacada como um singular momento "latino-americano" do novo cinema brasileiro. Muitas vezes é dada ênfase a um novo cinema latino-americano, que teria emergido neste momento em sua organicidade, mas o fato é que o período áureo do Cinema Novo brasileiro nada tem de latino-americano em seu modo de produção. Pode ser mencionada a precoce correspondência de Glauber com a Cuba de Alfredo Guevara, mas como um sentimento de admiração, mais do que uma colaboração ou intercâmbio efetivo, no início e meados da década. A latinidade de um "novo" cinema só começa a ser esboçada mais para o final dos anos 1960 e depois na década seguinte, quando o grupo cinemanovista já havia se dispersado em carreiras individuais. Quando surge, em 1969, o manifesto marco do novo cinema latino, *Hacia un tercer cine*, de Solanas e Getino[102], logo traduzido para o francês, o Cinema Novo havia ultrapassado o auge, entrando em fase de dispersão. Isso é claro, inclusive, no espaço que os cineastas ocupavam na mídia cinematográfica europeia, sobretudo a francesa. Ela estabelece uma maior sintonia com os latinos, predominantemente argentinos, que nesse momento surgem com um foco político mais agudo que o Cinema Novo, já virando o cabo de seu auge[103]. Não é exagero dizer que o novo cinema latino-americano surge quando o Cinema Novo acaba – apesar de ser clara a influência que esse último exerce, especialmente na linha do Glauber de *Estética da fome*. É também significativo que o momento latino do jovem cinema brasileiro dos anos 1960 acabe se efetivando, de modo concreto (envolvendo produção e intercâmbio artístico efetivo), num grupo marginal ao núcleo baiano/mineiro/carioca do Cinema Novo. O paulistano Farkas tem circulação periférica no núcleo cinemanovista, apesar da presença em *Brasil verdade* de Paulo Gil Soares (muito próximo a Glauber) e também de Geraldo Sarno. Tanto é assim que também as ondas do curso Sucksdorff, partindo do Cinema Novo no Rio de Janeiro, chegam a Farkas bastante diluídas, com poucos membros comuns ao curso e às equipes de produção dos documentários de 1964–1965[104].

O contato inicial de Farkas com o grupo argentino de Santa Fé dá-se através do conhecimento e amizade entre Fernando Birri e Rudá de Andrade. Rudá é um dos primeiros cineastas latino-americanos a seguir o curso do Centro Sperimentale di Cinematografia di Roma, logo depois de sua reabertura no pós-guerra, de 1950–1953[105], na mesma época em que o frequenta o diretor argentino. Os contatos entre ambos são atualizados em 1962, quando Birri recebe em Santa Fé, a partir de indicação de Rudá, Vladimir Herzog e Maurice Capovilla para um estágio de três meses. O fato é que a chamada Escola Documental de Santa Fé ainda trabalhava, no início da década de 1960, dentro do estilo do cinema documentário clássico, griersoniano, embora com preocupações sociais, que também nunca fugiram ao diretor inglês. Grierson possuía uma visão mais clássica do documentário, com corte educativo, roteiro fechado e fartas encenações construídas, que o novo Cinema Direto abominava. No Canadá, junto ao National Film Board, os conflitos entre diretores mais modernos (Brault, Groulx, Perrault) e os descendentes do fundador Grierson foram exaltados. Grierson, no entanto, mantém correspondência epistolar ativa e influência nos escritos do grupo argentino até pelo menos 1962. Na época da emigração para o Brasil (1963) da equipe principal de Santa Fé (por motivos políticos), eles possuíam equipamentos ainda mais precários que os brasileiros para fazer Cinema Direto e uma visão de documentário presa ao realismo do pós-guerra que não dialogava diretamente com a estilística nova. Estilística na qual o Cinema Novo já estava bem enfronhado no final de 1963, início de 1964, com os equipamentos e o *savoir-faire* de Sucksdorff inaugurando em seguida a produção dos médias de Hirszman e Sarraceni. Propostas que seriam seguidas por Farkas no segundo semestre de 1964, em produções bem similares. O fato é que a estilística do Direto agora tem força avassaladora no modo original de enunciar do novo documentário, difundida a partir de organismos internacionais como a Unesco. É rapidamente absorvida pelos jovens cineastas que querem sintonia com o mundo, independentemente de sua formação anterior.

Memória do cangaço, outro média de *Brasil verdade*, teve estrutura própria de produção com apoio do Itamarati e do Iphan (de Rodrigo Andrade), revelando o vínculo diferenciado do seu diretor, Paulo Gil Soares, com o Cinema Novo baiano e carioca. Farkas, que possuía esquema independente de produção, desvinculado da burocracia cultural da ex-capital da República, interage com a estrutura levantada por Paulo Gil, amigo de adolescência de Glauber. Em todos os quatro médias, vem à tona a questão da cultura popular como móvel para a alienação, seguindo o contexto ideológico já traçado. Em *Memória*, no entanto, o discurso da alienação está mais deslocado. Os cangaceiros são apresentados encarnando uma forma legítima de revolta social, e o professor racista Estácio de Lima, discípulo de Nina Rodrigues (na época, diretor do Museu de Antropologia da Bahia, hoje ainda chamado Museu Antropológico Estácio de Lima), é ridicularizado em seus enunciados com o tom parnasiano evolucionista de sua fala tentando explicar o fenômeno do cangaço a partir de causas lombrosianas[106]. Lima considera o cangaceiro como raça inferior e degenerada, pois cafuzo e mameluco. No caso de *Memória*, o movimento popular do cangaço não é visto com desconfiança pela voz narrativa documentária, mas afirmado em sua singularidade no desafio aos poderosos. Dois depoimentos-chave são dispostos com a mesma intensidade da espontaneidade, sem preocupação moral mais imediata, o do cangaceiro Saracura e o do matador de cangaceiros Coronel Rufino.

Subterrâneos do futebol avança a mencionada visão do futebol como fator de alienação social. Possui proximidade com conteúdos já encontrados em *Garrincha, alegria do povo*. As formulações talvez sejam aqui mais explícitas e maniqueístas. A voz do saber do cineasta/intelectual, que fala em *over* no filme, conquista espaço amplo para desconstruir e explicar os efeitos negativos provocados pelo transe futebolístico. Ao transe do torcedor é relacionada diretamente a exploração social e humana do corpo do jogador. Especialistas, com saber ilibado sobre o tema, são convocados para dar peso ao argumento asserindo verdades. A sequência no final, com o torcedor em transe gritando o nome de seu time para uma câmera hipnotizada é bem significativa desse estado. Mostra o povo em sua paixão futebolística sendo representado pelo olhar assustado e espantado do cineasta de classe média. Essa construção se destina a um público homogêneo, também desconfiado da intensidade da cultura popular. O transe aparentemente incontrolável do afeto futebolístico foge ao controle por ser autocentrado. Não consegue ser canalizado no veio da práxis política, mais imediata e aberta para o discurso da racionalidade instrumental.

Viramundo, de Geraldo Sarno, caminha na mesma direção. A representação de transes religiosos preenche largamente a segunda metade do documentário. O motivo pode parecer artificial, pois o tema central do filme é a migração interna no Brasil. Ao representar os desvios que o povo mais pobre do Nordeste encontra ao chegar à metrópole paulistana, um deles se destaca: a armadilha apresentada pela atração do transe. Particularmente, o transe religioso é realçado em sua negatividade pelo documentário. Ele surge desviando o povo de um processo de interação ativa com a grande cidade e a possibilidade de nela firmar-se através de uma ação social consciente. O povo nordestino, recém-chegado à metrópole, é representado sendo explorado, e sua consciência, alienada pelas formas da religiosidade da umbanda e do pentecostalismo. No eixo do transe alienador, a equivalência entre a convulsão da religiosidade popular e as convulsões da religião pentecostal resultou em críticas amargas a Geraldo Sarno. Para de certa forma respondê-las, ele realizou anos mais tarde *Iaô* (1976), filme em que a religiosidade popular emerge em representação distinta e mais amigável.

A visão dominante em *Viramundo* mostra um outro-popular indefeso. É sintetizado no migrante nordestino sertanejo chegando à cidade grande e sendo tragado pela perigosa força dos afetos do transe e da pulsão liberada, na forma de sentimentos religiosos exaltados e alienantes. Sentimentos religiosos que são veiculados e explorados por igrejas cristãs e entidades de religiões afrodescendentes servindo de mola para a alienação social. A montagem paralela entre o transe das religiões populares – particularmente a umbanda – e o das religiões pentecostais acaba dando motivo para crítica ao filme. Jean-Claude Bernardet, em abordagem influente[107], analisou o conjunto da primeira produção de Farkas, e principalmente *Viramundo*, a partir do que chamou *voz do poder* e *modelo sociológico*. "Modelo sociológico" é termo bem achado para *Viramundo*, que se inicia com o agradecimento à escola sociológica paulista (particularmente Octavio Ianni, Juarez Brandão Lopes e Candido Procópio), da qual o filme quer herdar o *status* de voz do saber (uma voz de saber acadêmico). A formulação das asserções sobre o povo então, por serem saber, estão carregadas de verdade objetiva, de explicação científica (a ciência sociológica, das Ciências Humanas), sobre as causas da miséria e da alienação popular que o filme mostra. Os médias de *Brasil verdade* apresentam um domínio inédito da estilística do Direto no cinema brasileiro, mas é clara a ausência de fenda aberta na subjetividade do tipo moderno (como já surge em Rouch ou Marker), na voz narrativa fílmica que enuncia. Farkas também produziria, no final da década (1969–1970), *A condição brasileira*, uma série de dezenove curtas e médias-metragens sobre a cultura e o modo de vida do sertanejo envolvendo diretores como Paulo Gil Soares, Geraldo Sarno, Sérgio Muniz e Eduardo Escorel. É produção documentária forte, mas com corte enunciativo sempre clássico.

A nova geração teria ainda experiências mais soltas com o Cinema Direto, sem a marcação do discurso *over* expositivo sobre o outro-popular. Helena Solberg, com seu curta documentário *Entrevista* (1966), é caso singular na época, estrela solitária, como mulher cineasta, nessa espécie de Clube do Bolinha que foi o Cinema Novo. Solberg possui articulação orgânica com o grupo cinemanovista desde o início. No tempo da PUC-Rio, começo dos anos 1960, foi contemporânea de Cacá, amiga de Jabor, trabalhando em O *Metropolitano*, jornal do qual participa ativamente contribuindo com entrevistas e textos. Viveu intensamente o ambiente cinematográfico pré-1964, descrito atrás. Depois trabalha em filme de Saraceni (*Capitu*), ajuda Sganzerla na produção de A *mulher de todos* e O *Bandido da Luz Vermelha*. Sganzerla monta para ela A *entrevista*, Mário Carneiro faz a fotografia do documentário, e Glauber, conforme declara Helena, abre as portas para o financiamento do curta pela recém-lançada Comissão de Auxílio à Indústria Cinematográfica (CAIC). A direção de produção é de Mair Tavares. Enfim, Solberg é integrante plena da geração cinemanovista, embora sua condição de mulher e a posterior permanência nos Estados Unidos, a partir de 1971, a tenha impedido de participar do movimento numa posição mais atuante. É difícil imaginá-la, como mulher, tendo presença nas intermináveis conversas no bar da Líder ou nas noitadas dos garotos pela cena carioca. O Cinema Novo se desenvolveu em um ambiente essencialmente masculino.

Em 1964, Solberg começa a filmar com um Nagra (provavelmente um dos dois que estavam no Rio na época, no Iphan e com Sucksdorff), entrevistando antigas colegas do Sacré-Coeur e outros colégios de freira nos quais estudou na infância. O resultado é o denso documentário A *entrevista* (1966), que se constitui em torno da temática específica da situação da mulher no Brasil de meados dos anos 1960, particularmente a mulher de classe média, trazendo para primeiro plano uma voz feminina ausente no Cinema Novo. Respira-se no filme intensamente a condição feminina, através de uma imagética própria e em um discurso narrativo inédito para a época. O discurso da mulher de classe média brasileira e seu imaginário proliferam no curta: crianças, cremes, olhar para o homem, gestos femininos, o ato de pentear o cabelo, a escola de freiras, as bruxas, o *closet* de roupas, a coleção de sapatos, o vestido de noiva, os biquínis, o tomar sol deitada na praia etc. As tomadas sonoras com Nagra são carregadas da espontaneidade do Cinema Direto, e aparecem contrapondo-se a uma noiva (cunhada de Solberg) se paramentando através de uma encenação construída previamente (ao que parece, com pouca improvisação). A voz *over* é toda em primeira pessoa com diversos depoimentos tomados no estilo direto. Enquanto a imagem é encenada, o som em *over* é direto, livre. Solberg afirma que as mulheres das quais tomou os depoimentos que surgem em *over* não quiseram se identificar por imagem, com receio. De todo modo, a temática e os assuntos que *A entrevista* traz à tona são absolutamente singulares no novo cinema brasileiro, mostrando que os dilemas da dimensão da representação do outro podem atingir não somente o outro-popular, mas também o outro-mulher. Solberg declara explicitamente, em uma entrevista posterior, não se identificar com a figura da mulher que surgia nos filmes cinemanovistas, idealizadas num universo popular que não era o seu nem de sua geração de mulheres que viveu a época[108]. Como única mulher cineasta de sua geração, temos a impressão de que Solberg se libera do contexto dos dilemas masculinos do Cinema Novo sobre a questão popular, que não são sentidos como seus. Aponta então especificamente para a questão de gênero em movimento singular. O quadro é mais marcante porque se dá em 1964-1966, antes do encontro com a contracultura no final da década, quando o retorno sobre si e as novas questões emergentes da sexualidade passam a ter presença mais orgânica e natural. Solberg se manterá no recorte feminista/feminino nos documentários com preocupações políticas que realiza nas décadas seguintes nos Estados Unidos (com foco na voz da mulher), e também em seu retorno ao Brasil nos anos 2000. Escolhe então outra figura feminina brasileira, Carmen Miranda (que, como ela, fez carreira nos Estados Unidos), para filmar nos anos 1990 *Banana is My Business*. Solberg ainda dirige no Brasil, na década de 1960, outra curta, *Meio-dia* (1969).

Em contato próximo com a produção artística brasileira contemporânea, *Bethânia bem de perto – a propósito de um show* (1966), de Júlio Bressane e Eduardo Escorel, é documentário com domínio estilístico maduro do Direto, uma decorrência clara das veredas abertas pelo curso Sucksdorff. Trabalha com equipe jovem formada aí, mas radicaliza além, nos moldes do Direto. Com o domínio do Nagra já maduro e solto pelo mundo (o Nagra III, de Saldanha, ainda com cabos) e, principalmente, uma câmera leve Éclair 16 mm lhes acompanhando, Escorel e Bressane erram pelos camarins e as casas da mais nova estrela da MPB, com uma agilidade que nada fica a dever aos documentários diretos em torno de artistas, muito em voga na época nos EUA e no Canadá. Os jovens da novíssima geração que se iniciam em *Bethânia* resolvem deixar de lado os aparelhos mais pesados que impedem um movimento ágil pelo mundo e partem decididamente para equipes pequenas com Nagra e câmera leve 16 mm. A posição é de recuo na enunciação e na tomada do mundo que transcorre. A voz *over* expositiva, o sociologismo da alienação, ficaram para trás. Esse documentário, agora distante, é documentário de "papai e mamãe", como os jovens canadenses chamavam a herança griersoniana no National Film Board.

Talvez *Bethânia* seja o primeiro documentário brasileiro que realmente penetre na estilística do Direto, extraindo todas suas consequências. Singular no nosso contexto, *Bethânia* trabalha sem perguntas ou entrevistas, com postura em recuo do sujeito da câmera, ação transcorrendo e equipe seguindo discretamente os personagens. Escorel e Bressane usaram de uma câmera que quase não fazia barulho, um espanto para a época. Isso facilitava bastante as coisas, por ter um *blimp*[109] leve. Também Farkas percebeu a vantagem desse esquema e trabalhou pioneiramente com 16 mm na tetralogia *Brasil Verdade*[110]. O problema do uso do 35 mm, que atravessa quase todo o Direto brasileiro, além da câmera pesada, eram as armaduras necessárias para o som direto sincrônico, que multiplicavam peso e volume, muitas vezes imobilizando o fotógrafo. Uma das causas da recorrente utilização do 35 mm, em obras nas quais se quer captar com agilidade o vibrar do mundo em sua indeterminação, reside na precariedade dos laboratórios brasileiros da época, ainda não equipados para trabalhar com 16 mm. Alguns diretores desenvolvem estratégias para escapar da armadilha, mas a leveza do flutuar pelo mundo e pelos sons que encontramos em *Bethânia*, principalmente no momento em que também a voz *over* educativa-assertiva é retirada, está presente em poucos documentários da época. O Direto aparece em alguns filmes da produção de Farkas, embora a preocupação sociológica e a demanda da lição política impeçam uma duração menos sincopada, mais contínua e solta.

Nelson Cavaquinho (1968), de Leon Hirszman, mesmo tardio se aproxima, nesse sentido, da estilística de *Bethania bem de perto*. Centrado em um antigo ídolo popular da MPB, entra em seu mundo com uma câmera ágil, apesar de 35 mm, expondo as entranhas da vida cotidiana, porém sem a mesma exuberância do som direto. Nelson Cavaquinho surge em sua intimidade, imerso no cotidiano de pequenos assuntos da vida, com algumas entrevistas e suas canções percorrendo ao fundo, tomadas com intensidade da vida no subúrbio. Os tipos populares e suas expressões aparecem em primeiro plano, no modo que já encontramos em *Maioria absoluta*, embora o som direto sincrônico não seja explorado. Leon sempre se sentiu atraído pela estilística do Direto na abertura para a improvisação e indeterminação da tomada, como está presente na *mise-en-scène* de seu longa *Garota de Ipanema* (1967), ainda que mais uma vez sem saber explorar o som direto sincrônico. Em *Sexta-Feira da Paixão, Sábado de Aleluia* (1969), esse traço será aprofundado mais radicalmente.

Joaquim Pedro, outro diretor do grupo nuclear cinemanovista, dedica-se, no intervalo entre O *padre e a moça* (1965) e *Macunaíma* (1969), à realização de dois médias documentários claramente debitários da estilística do Direto, sua antiga conhecida. Os documentários de média-metragem de 1966-1967 foram feitos simultaneamente ao desenvolvimento de versões do roteiro de *Macunaíma*, antes do início das articulações para a realização do longa. *Brasília: contradições de uma cidade nova* (1967) e *Cinema Novo* (*Improvisiert und Zielbewusst*, título alemão; 1966-1967) permitem a Joaquim Pedro prestar seu débito à nova estilística do Direto, agora com o domínio pleno da técnica e da tecnologia, algo que não foi possível em *Garrincha*. *Brasília: contradições de uma cidade nova* é documentário encomendado pela Olivetti (multinacional italiana de máquinas de escrever), aparentemente a partir de um contato de Edla van Steen. Versa sobre a construção de Brasília e a situação da cidade em 1967. O filme concluído foi rejeitado por seu produtor, que quis proibir a exibição para evitar maiores problemas com o governo militar. Também os arquitetos responsáveis pelo projeto de Brasília rejeitaram a fita. Consta que Niemeyer, encontrando Joaquim Pedro anos mais tarde, haveria concedido razão ao posicionamento crítico do cineasta que aparece no filme.

Brasília: contradições de uma cidade nova possui visão bastante ácida do projeto urbanístico da cidade capitaneado por Lúcio Costa, responsabilizando seu projeto urbanístico pela reprodução, na nova capital federal, da geografia excludente da população mais pobre que reina nas metrópoles brasileiras. O documentário em cores mostra, já em 1967, a futura metrópole ainda com amplos espaços vazios para serem construídos, mas com as cidades satélites em plena ebulição. Surgem claramente nas cidades satélites, a perder de vista, casas já dispostas em aglomerados no formato de favelas, sem nada lembrar a arquitetura modernista arrojada da capital. Brasília aparece no documentário como uma cidade construída sem atenção para o abrigo e a instalação definitiva daqueles que migraram para construí-la e que, uma vez finda a tarefa, não tinham para onde ir, quadro tão grave quanto previsível, ainda mais pela capital ter sido planejada dentro de um governo progressista – com projeto assinado por arquiteto que se disse comunista até ao final da vida. O filme não mostra entrevistas com os responsáveis pelo projeto, embora tenham sido gravadas horas de depoimentos, segundo informações de Jean-Claude Bernardet, que também assina o roteiro[111]. A crítica de Joaquim Pedro é contundente, ainda que empreendida com tato para preservar o trabalho dos idealizadores. A falência do projeto urbanístico de Brasília, já em sua origem, não é ocultada.

A segunda metade de *Brasília: contradições de uma cidade nova* é dedicada à filmagem não propriamente da cidade nova e da beleza de sua arquitetura – a que se dedicam os momentos iniciais do filme –, mas às cidades satélites nas quais vivem os moradores que sustentam Brasília. A voz *over* que atravessa o filme é explícita: "nascidas espontaneamente [...] estas cidades se desenvolvem horizontalmente segundo um esquema urbanístico ultrapassado, em tudo oposto ao plano de Brasília". A nova capital havia sido planejada para a elite administrativa do país, sem previsão para fixar a massa popular que para lá poderia convergir atraída por suas oportunidades. Após longos planos mostrando Brasília ainda vazia e deserta, o filme parece encontrar-se novamente consigo mesmo ao descobrir vida quando chega às cidades satélites nas quais o mundo vibra. Inicia-se o corpo a corpo do Cinema Direto, inclusive com entrevistas e imagens recorrentes da voz e da fala popular, a mesma fala que tanto atraiu o Cinema Novo. Se Leon encontrou essa figura de modo inédito em *Maioria absoluta*, se Nelson Pereira já a tem por perto desde *Rio, 40 graus*, se Glauber também a carrega a tiracolo desde *Barravento* e Cacá, desde *Ganga Zumba*, o "elitista" Quincas (o adjetivo é de Glauber) também já a percorre na figura única de Garrincha ou nos meninos de *Couro de gato*. Há o interregno de *O padre e a moça*, mas novamente *Brasília* vai em direção ao encontro marcado. Deixa a câmera correr com fascínio pelo corpo a corpo com a figura do popular, ainda mais forte no modo direto, espontâneo, de estar no mundo, entre as coisas e os seres. Esse é o verdadeiro momento, em 1967, do encontro de Joaquim Pedro com a tensão do Cinema Direto, a mesma que havia descoberto com os Maysles em Nova York no início da década e pela qual sente o fascínio que é expresso em sua correspondência epistolar da época. Ao chegar nessa parte de *Brasília*, até mesmo a voz *over* impositiva de Ferreira Gullar descansa um pouco. A câmera 16 mm consegue percorrer com calma as faces e fisionomias populares, nas feiras, nas próprias casas, nos ônibus precários, nas entrevistas sustentadas com jeito por Joaquim Pedro.

Cinema Novo (Improvisiert und Zielbewusst) é uma produção que Joaquim Pedro consegue engatar com a televisão alemã. A versão brasileira tem texto de Mauricio Gomes Leite e narração de Paulo José. O estilo é novamente o Cinema Direto, com equipe toda alemã, além dos equipamentos que são importados e manipulados por técnicos alemães. O diretor se refere, com gosto e certo regozijo, ao trabalho com "uma câmera Éclair 16 mm silenciosa e síncrona", além do mais "ligada por um cabo de pilotone a um gravador Nagra"[112]. Reclama do preciosismo com a fotografia e com o acabamento da equipe alemã, que teria prejudicado a espontaneidade de algumas cenas. O sentido do título alemão, "improvisação com objetivo determinado", dá plena repercussão ao embate que o nome aponta no filme, claramente decidido em favor da improvisação. A obra corre solta no modo direto, sem muito objetivo, e podemos sentir o prazer e a facilidade que possui Joaquim Pedro com esse estilo. Escolhe filmar alguns realizadores cinemanovistas, de sua geração, que trabalhavam no Rio, no lançamento ou na tomada de seus filmes. Acompanha as atividades com câmera na mão pelo cotidiano, como quer o novo documentário direto. As obras escolhidas dão uma ideia da intensidade da produção cinematográfica jovem no Rio de Janeiro de 1967. Com seu time, Joaquim segue as filmagens de *El justicero*, de Nelson Pereira dos Santos; a montagem de *Opinião pública*, de Arnaldo Jabor; as tomadas com Jardel Filho, José Lewgoy e Paulo Autran em *Terra em transe*, além de Glauber dirigindo o mesmo filme e a leitura do roteiro pelos atores; a dublagem de Paulo José para *Todas mulheres do mundo* e a primeira projeção do copião do filme; o jovem Cacá vigiando a contagem de público pelas salas do Rio no primeiro dia de exibição de *A grande cidade*. Além disso, Joaquim filma, em pleno Direto, algumas das noites festivas no Rio de Janeiro dos anos 1960 com a geração cinemanovista em ação, numa delas com memorável participação de Vinicius e Bethânia. As tomadas acontecem em um ambiente informal, o diretor errando à vontade entre seus colegas e amigos. Com as condições técnicas necessárias e boa equipe, os momentos de época escorrem com facilidade no filme, embora ainda se sinta ao fundo, como trava, o texto em *over* explicativo de Mauricio Gomes Leite. Do grupo cinemanovista, Joaquim Pedro e Leon parecem ser os que se sentem mais confortáveis dirigindo Cinema Direto, embora Glauber também tenha domínio forte nesse estilo, atuando nas duas faces da moeda "som direto" em 1969: *Câncer* e *Dragão da maldade*.

O CINEMA NOVO MADURO: A TRILOGIA DO SERTÃO

A intensidade do período histórico vivido pela geração cinemanovista permite distinguir, a partir de 1963, três momentos claros, três fôlegos do Cinema Novo, que possuem discursos ideológicos e obras marcantes cada um. Em termos metodológicos, podemos descortinar três momentos distintos no Cinema Novo, embora não possam ser isolados em si mesmos. Estão relacionados entre si e se sobrepõem. Não há contornos nítidos. O recorte apenas facilita a exposição do conjunto, mostrando tendências e evoluções dentro da determinação cronológica à qual está se dando ênfase. Conforme os anos avançam na década de 1960, as constelações ideológicas e a sensibilidade estética evoluem rapidamente no cinema e em outras artes, e é essa disposição que está sendo acompanhada.

Chamemos os três fôlegos do Cinema Novo nos anos 1960 de trindades, ou trilogias, mencionando filmes que os compõem, embora os trios se constituam frouxamente, podendo ser dilatados facilmente com a aproximação de outros filmes. Os nomes facilitam a exposição de tendências na produção que atravessam o conjunto como um todo em manifestações que predominam em determinado momento. O primeiro momento segue cronologicamente o panorama inicial traçado. Seria composto, no período de 1963–1964, pelos filmes *Deus e o diabo na terra do sol* (1963), de Glauber Rocha, com filmagens entre junho e setembro 1963; *Os fuzis* (1963), de Ruy Guerra; e *Vidas secas*, realizado em 1963 pelo então já veterano Nelson Pereira dos Santos, mas sempre ligado como referência ao novo cinema. A principal marca do conjunto "1963" é a representação de um Brasil remoto e ensolarado, no qual se vislumbram conflitos de cunho político, com forte presença da imagem popular e sertaneja do homem e da mulher. A segunda "trindade", posterior ao golpe de 1964, é contemporânea a um momento de forte autocrítica de classe. A visão do popular e sua cultura como fonte de "alienação" passa a pesar como má consciência por ter sido, um dia, negativa. A fissura de classe é interiorizada e adquire densidade psicológica subjetiva exasperada. Seu representante maior é *Terra em transe* (Glauber Rocha, 1967), podendo ser acompanhado por *O desafio* (Paulo César Saraceni, 1965) e *O bravo guerreiro* (Gustavo Dahl, 1968). A terceira "trindade" cinemanovista também possui traço ideológico particular no final da década. Traz filmes com tons alegóricos buscando a representação da história e avança a representação no modo agonizante. São filmes que mostram a necessidade e fornecem as condições para se estabelecerem amplos quadros figurativos, fechados na representação da sociedade brasileira e sua história. São eles: *O dragão da maldade contra o santo guerreiro* (Glauber Rocha, 1968), *Os herdeiros* (Cacá Diegues, 1968-1969) e *Os deuses e os mortos* (Ruy Guerra, 1970). *Macunaíma* (Joaquim Pedro de Andrade, 1969) pode ser aproximado em seu modo de deglutir o Brasil contemporâneo, transformando a última trindade numa tetralogia. *Macunaíma* se diferencia um pouco, conforme veremos, no vínculo mais explícito com a tradição do modernismo na cultura brasileira e um veio historicista menos marcado, com abertura para a sensibilidade tropicalista, talvez mais forte. Obras-chaves do Cinema Marginal também se constituirão em bastante proximidade com essa última tetralogia, radicalizando alguns de seus componentes estilísticos e abandonando outros (a representação do Brasil, cada vez mais fragmentária; a exasperação e o deboche, cada vez mais fundos; a presença da contracultura etc.). Cada um desses conjuntos de filmes serve, portanto, como polo de gravidade em torno do qual se articulam outras obras com características comuns. Mantêm vínculos entre si, claramente se sobrepondo e se encavalando, respondendo a contextos estilísticos e ideológicos com raízes particulares delineadas a seguir.

A trilogia de 1963 é marcada pela imagem realista do Nordeste seco, ainda distante e isolado. O povo nordestino é figura nova, surgindo na condição de explorado, representado em sua miséria. O universo ficcional é caracterizado pela ausência do "hábitat natural" dos próprios cineastas, jovens de classe média urbana, ao que corresponde um questionamento particular do universo rural distante apresentado. A situação de exploração social é introduzida por intermédio de um móvel dramático que detona a situação de instabilidade. Isso é feito através de personagem que tem como função servir de "correia transmissora" às angústias e dilemas do jovem urbano. Em *Os fuzis* e *Deus e o diabo* existe certa impaciência com a resignação e a passividade popular diante da miséria e da exploração. São filmes ainda se debatendo com os dilemas do popular alienado que vimos anteriormente. *Vidas secas*, trazendo a particularidade da figura mais velha de Nelson na geração cinemanovista, incorpora de forma mais calada, na própria estilística fílmica, a intensidade da resignação sertaneja. A análise que funda o núcleo do primeiro Cinema Novo na figura de um peão oscilante tem nesses filmes sua origem. Ela vê se expressar na própria narrativa fílmica os dilemas do jovem de classe média urbana, apesar de estar ausente como personagem[113]. Essa abordagem marcará de modo duradouro o horizonte argumentativo de boa parcela de ensaios e livros sobre o período no século XX.

VIDAS SECAS

Vidas secas, filme baseado no romance homônimo de Graciliano Ramos, era um antigo sonho de Nelson Pereira dos Santos. Segundo depoimento, surgiu numa viagem com Hélio Silva ao Nordeste, em 1958, onde filmaram e fotografaram uma grande seca. Depois veio a tentativa frustrada de *Mandacaru vermelho*, em 1960–1961, dentro do ímpeto das produções do ciclo baiano no início dos anos 1960. No ano seguinte, Nelson filma no Rio de Janeiro *Boca de ouro*, baseado em peça de Nelson Rodrigues, numa produção de 1962. Com Jece Valadão e Odete Lara no elenco, a primeira adaptação cinematográfica de Nelson Rodrigues foi um grande sucesso de público, embora não bem recebida pela crítica. Trata-se de filme dirigido com produção de encomenda de Jece Valadão, do tipo a que Nelson periodicamente se dedica em função do dinheiro curto. Nelson Pereira deve ser visto sempre de maneira singular no universo do Cinema Novo. Apesar de sua identidade com os "meninos", o diretor mantém uma produção que, se às vezes conflui no sentido do movimento como um todo, tem o traço pessoal de um cineasta de outra geração. Ao mesmo tempo, seu vínculo com o realismo do pós-guerra, que não é o mesmo dos jovens cinemanovistas, serve de boa âncora para a nova geração que tem interesse em realçar, numa linha evolutiva, o vínculo com um passado do cinema brasileiro, que firmaria tradição além deles mesmos (e do eleito Humberto Mauro). *Boca de ouro* é exemplo das oscilações não estritamente autorais de Nelson e que fogem a esse figurino, decorrentes das necessidades da vida e de oportunidades de produção.

No final de 1962, Nelson inicia as filmagens de seu projeto mais autoral, nutrido durante anos, de adaptar *Vidas secas*, de Graciliano Ramos (publicado em 1938), em sintonia com as tendências "nordestinas" (baianas) do cinema da época. Praticamente três anos antes, no final de 1959, início de 1960, havia vivido a mencionada experiência frustrante de seu projeto inicial de filmar *Vidas secas* transformar-se em *Mandacaru vermelho*, longa realizado dentro dos esquemas de produção do novo cinema baiano, na sequência do pioneiro *Bahia de todos os santos*, de Trigueirinho Neto. Em *Mandacaru*, sempre com faro bom para produção, Nelson percebeu a possibilidade de articular um esquema de produção numa Bahia fervescente para o cinema, com Luiz Paulino do Santos (que meses depois perderia *Barravento* para Glauber) na assistência de direção e fotografia, auxiliando a obtenção da parte material com o governo do Estado. Miguel Torres, que falece a seguir, faria o personagem Fabiano. Conta a lenda que começou a chover muito em Petrolina, assim que a equipe chegou, e a produção teve de ser suspensa, pois a caatinga floriu, estragando o cenário do sertão. O fato é que o esquema, desde o início, era bastante precário, e Nelson talvez tenha percebido que a realização de um filme menos ambicioso, naquele momento, era a melhor solução.

Graciliano Ramos é uma antiga referência de Nelson. Companheiros de Partido Comunista Brasileiro, o diretor menciona a posição um pouco marginal de ambos na estrutura partidária e já havido tido contato com o escritor no início dos anos 1950 para a adaptação de *São Bernardo* (Graciliano falece em 1953). A demanda de justiça social presente na obra de Graciliano, juntamente ao corte regionalista realista, está em sintonia com a sensibilidade estética da geração cinemanovista. *Vidas secas* será seu primeiro livro adaptado ao cinema. Graciliano faz parte da chamada segunda geração do modernismo literário brasileiro, a geração de 1930 (Jorge Amado, José Lins do Rego, Rachel de Queiroz, Carlos Drummond de Andrade, José Américo de Almeida, entre outros), com a qual o Cinema Novo mantém vínculos estreitos, adaptando diversas obras e tomando seu universo ficcional emprestado como inspiração em filmes-chaves do movimento. Graciliano, José Lins do Rego e Jorge Amado são as principais figuras nesse percurso intertextual, e o encontro entre Nelson e Graciliano em *Vidas secas* abrirá uma senda ampla a ser percorrida por diversos outros diretores.

De retorno ao Nordeste, no final de 1962, para a segunda tentativa de *Vidas secas* (depois do interregno de *Boca de ouro*), Nelson parece estar mais preparado e com domínio pleno das variáveis de uma locação e um universo ficcional com que tinha tido contato, em 1960, lidando com tipos humanos e motivações que não eram absolutamente os seus. "Carcamano" do Brás, de ascendência italiana, tendo abandonado a metrópole paulistana para morar no Rio somente adulto (em 1952, com 24 anos), Nelson Pereira dos Santos aproveita bem o intervalo desse filme em dois fôlegos que é *Vidas secas*. Consegue absorver de modo efetivo a pulsação do sertão, unindo a estilística do novo cinema, aberta pela modernidade realista, e o tema político-social da miséria. Pelo afeto da compaixão compartilhada, que lhe abre o universo e a estilística literária de Graciliano (que evolui no mesmo diapasão), consegue transferir a verve seca e realista do romancista para a matéria imagético-sonora do cinema, numa particular estilística que busca escandir o tempo. Diferencia-se assim de outras produções paulistanas, a exemplo de *O cangaceiro* e *Bahia de todos os santos*, que se encostaram no universo nordestino sem penetrá-lo com a mesma organicidade de Nelson, autor que já traz radicalidade estilística aberta no sopro da modernidade. Nesse sentido, *O cangaceiro* (1952), de Lima Barreto, descobre o tema do cangaço e o universo do sertanejo, mas o transfere de locações em Vargem Grande, São Paulo, região natal do diretor. *Bahia de todos os santos* (1959-1960), de Trigueirinho Neto, talvez seja mais orgânico em sua relação com a comunidade soteropolitana que descobria o cinema no início dos anos 1960, mas se ressente claramente de um brilho de ordem folclórica na representação da vida e dos costumes populares na Salvador da época. São obras que vicejam no classicismo narrativo, criticadas por seu artificialismo, sem a ligação mais densa com a geografia e o universo dos afetos e das fisionomias que Nelson consegue obter.

As locações de *Vidas secas* foram feitas em Palmeira dos Índios, no interior de Alagoas, cidade na qual Graciliano Ramos, nordestino de nascença, habitou diversos anos, chegando a ser prefeito. De maneira figurada, para frisar o ponto, podemos dizer que Nelson filmou *Vidas secas* no mesmo local em que Graciliano escreveu o livro. O escritor nasceu em Quebrangulo, a vinte quilômetros de Palmeiras dos Índios, onde grande parte das tomadas do filme foi feita. Em sua biografia, Helena Salem nos informa que as locações ficavam, em sua maioria, "cerca de uma a duas horas de Palmeiras dos Índios", na região da fazenda de Clóvis Ramos, irmão de Graciliano, que a emprestou para a produção[114]. A região que surge com a plena intensidade de sua geografia no filme é, portanto, composta da natureza que cercou Graciliano Ramos nos primeiros anos de sua vida. A identidade, ou sobreposição, é essencial para obter a tensão que as imagens do filme possuem, na qual sentimos o peso da escritura do livro que lhes serviu de lastro inicial. A saga do retirante Fabiano (Átila Iório) e sua mulher Sinhá Vitória (Maria Ribeiro), acompanhados de seus dois filhos (Gilvan Lima, menino mais novo, e Genivaldo Lima, menino mais velho), além da cativante cachorra Baleia, é representada na sintonia com a escritura seca e realista do romance, reproduzida em termos audiovisuais em um universo sensorial – pois luz e som – e imagético, que tem de transcorrer para existir e manipula esse transcorrer – o passar medido do filme – em sua arte.

O universo que Graciliano Ramos tão bem constrói, curvando a língua pela escritura, encontra no filme um padrão de experimentação audiovisual conforme, no formato fílmico. É importante ponderar a dimensão do ineditismo de *Vidas secas* na estilística da modernidade no nosso cinema, não só por sua anterioridade, ainda que de meses, a *Deus e o diabo* (e a *Os fuzis*, mais tradicional em termos narrativos), mas igualmente por ser o ponto culminante na busca do cinema brasileiro contemporâneo que se vislumbrou no imediato pós-guerra e se delineou como objetivo pelo menos desde os Congressos de Cinema do início dos anos 1950. O ano de 1963 é, nesse sentido, um momento capital, com *Vidas secas* ainda olhando para trás, configurando uma espécie de coroamento da trilha moderna realista, e *Deus e o diabo* já apontando para frente, iniciando outra vereda – aquela da modernidade fragmentária, reflexiva e intertextual, que se configura no Brasil e no mundo, seja no cinema, seja em outras artes, a partir da segunda metade dos anos 1960. *Vidas secas* está aquém desse salto e não sofre sua influência (pois anterior), o que já não acontece com o filme seguinte autoral de Nelson, *Fome de amor* (1968).

Vidas secas é um filme agudo dentro da estética e da estilística na qual ainda se respiram ondas do neorrealismo italiano e particularmente Rossellini. É obra dentro da sensibilidade que vislumbrou e advogou André Bazin. É um filme que pertence a esse universo e deve receber o mérito de esticar a corda até onde o laço permite, mas sem rompê-la, amarrando o mundo na tomada com a precisão e a secura que o tema e a inflexão social lhe deve, e isso dentro de uma experiência que se articula de modo orgânico com o horizonte cultural brasileiro, a começar por sua inspiração num dos clássicos da literatura brasileira do período, marca do modernismo literário em seu segundo fôlego após 1922. Mais ainda, caracteriza-se pela maneira com que transfere a sensibilidade do primeiro modernismo organicamente cinematográfico[115], aquele do pós-guerra, para as formas do homem brasileiro e sua condição social, através da ligação que possui com a denúncia da exploração e da miséria. Esse traço do universo ficcional surge em sua forma particular de obra de arte fílmica, acoplada verdadeiramente com a geografia nacional particular, a caatinga, que circunda a formação social denunciada. É essa forma que é torcida, pelo modo de duração talhado na afecção dilatada, tão autoral e particular da narrativa fílmica de *Vidas secas*. É essa geografia e seu espaço físico que trazem o sopro do mundo do sertão, natureza e gente, para a carne do filme quando esse se configura passando.

David Neves, numa intuitiva crítica sobre *Vidas secas*[116], aponta com razão a desglamourização do Nordeste realizada por Nelson Pereira, expressão com endereço certo para atingir obras de perfil mais clássico e trama catártica como *O cangaceiro* ou *O pagador de promessas* (1962). Neves defende que *Vidas secas* tem cheiro de terra, com uma visão que acentua o tipo de imagem-sensação que estamos realçando. Sensitividade que destaca o realismo pelo "cheiro" da imagem que monta, rompendo com a "mera esquematização da realidade", bom termo de Neves para designar a gramática do classicismo narrativo, articulado com foco exclusivo em torno do esquema sensório da ação-reação na trama. A esse classicismo ele também vincula o realismo crítico, referência ao horizonte marxista que explora a mesma armadura trama-personalidade, definida como a "intenção de aplicar o realismo crítico sob o disfarce dos processos ultrapassados do realismo 'psicossociológico'". Vê-se que a crítica do jovem cinema acompanha, *pari passu*, a nova produção, traço que distingue claramente a geração cinemanovista, forte não só na produção, mas também na reflexão sobre o cinema que faziam, como no precoce *Revisão crítica do cinema brasileiro*.

É, portanto, da articulação fílmica pela ação e a psicologia da motivação que foge *Vidas secas*. Assim inaugura o que estamos chamando de ultrapassagem da imagem-ação no cinema brasileiro, abrindo-se para a representação da duração articulada pela expressão, na aderência ao mundo dos seres e das coisas. Pode-se dizer que *Vidas secas* se vincula, como realização maior, a determinada modernidade no cinema brasileiro, aquela que tem sua genealogia na trilha que vem do pós-guerra, de certo cinema popular carioca que Viany gostava de realçar no cinema independente dos anos 1950 – trilha que *Deus e o diabo* terá a primazia de estourar. As chamadas situações sensório-motoras, sensações reduzidas à reação física, surgem inteiramente descoladas do eixo central do filme *Vidas secas*, que se articula em blocos extensos na representação da afecção, da expressão e das fisionomias, na respiração longa da imagem colada na duração, num modo que desafia a amarração narrativa estreita na trama. Se a trama existe, e ela está clara, não é por ela que a narrativa fílmica respira e sustenta. Os personagens são duros, não falam e parecem estar lá como uma parte antiga do mundo, ainda integrante do cosmos que lhes antecede, como outra coisa dele, entre tantas. Daí a sua luta para ser "gente", para ser homem ou mulher, motivo constante das falas de Sinhá Vitória em sua reivindicação de ter uma cama de couro, sapato de verniz ou lugar para pousar.

Os personagens de *Vidas secas* não falam e, quando o fazem, há um claro deslocamento ao modo narrativo descrito. O filme transfere literalmente diversas falas do livro, mas que soam apenas recitadas na boca dos cariocas Átilo Iório e Maria Ribeiro. Mais do que soarem artificiais na boca dos atores – talvez um problema que pudesse ser resolvido no roteiro –, é a própria fala que parece não ter lugar, não ter necessidade, no mundo não humano das coisas e da natureza que impera em *Vidas secas*. Tem-se a impressão de que poderia ser ainda mais reduzida a veiculação da expressão pela fala, que já é pequena. Não há praticamente diálogos engatados no filme. No momento em que Fabiano vai travar seu primeiro diálogo contínuo, já na casa na qual se abrigam da seca, ambos falam simultaneamente em fluxo, sem a necessidade do sentido da fala para réplica. Tudo está no mundo para expressão no filme – a fala é suplemento desnecessário. A exceção talvez fosse a sequência final, com Fabiano e Vitória comentando perspectivas para o futuro com troca de argumentos, mas também aí o diálogo é breve e logo finda, abrindo-se para o que efetivamente interessa: a imensidão do sertão e a família diminuindo vagarosamente no horizonte, num extremo plano longo. A narrativa se cristaliza na representação da afecção e no tempo das coisas, ao largo da psicologia e da ação/motivação, o que torna os diálogos desnecessários, e mesmo os transforma em corpo estranho, no realismo radical que o filme atinge.

Ao grudar o homem nas coisas a ponto de fazê-lo desaparecer, como desaparece a família retirante no horizonte do sertão, certamente o homem perde sua humanidade. Para mostrar, a narrativa de *Vidas secas* dilata as coisas e a natureza num tempo que, no limite, quer extinguir a duração e grudar nele o humano diminuído, representação adequada para a humanidade negada, acobertada pela miséria e fome. Assim, cobre com manto aqueles homens e mulheres, quase não humanos, que querem, lutam, mas não conseguem "ser gente". Querer ser gente é a demanda principal, recorrente, de Sinhá Vitória, que passa o filme insistindo, pedindo. Por isso, a humanidade de Baleia como ponto de apoio e comparação é tão comovente, com as repercussões conhecidas que sua aparente morte real provocou em Cannes. Quando morre o cachorro, parece ser demais a desgraça e a negação da humanidade. Toda a tristeza do filme, que carrega em si a tristeza aguda dos filmes neorrealistas, parece desabar de uma só vez sobre o espectador. Este, no limite, desconta sua revolta sobre o martírio do animal – e não do homem. E é para acentuar ainda mais a humanidade negada de Fabiano e Vitória, engolidos na miséria que os reduz a bicho, que a reivindicação de ser gente, de ser humano, retorna constantemente como um grito de revolta no filme. É o grito típico do humanismo do pós-guerra. No fundo, é o mesmo reclame de Primo Levi na pergunta "É isto um homem?", síntese de seu relato para sobreviver no complexo de campos de concentração nazistas de Auschwitz[117]. A luta pela afirmação do ser homem na negação da humanidade que impera no horror dos campos é o insistente pedido do livro, publicado logo em seguida à liberação, em 1947. A miséria do sertão nega, igualmente, a humanidade. A questão da dimensão do humano, sua afirmação como necessidade, própria ao humanismo do pós-guerra, percorre o contexto ideológico no qual *Vidas secas*, o filme, ainda se insere e certamente já se respira no livro de 1938, como no monólogo interior de Fabiano, que vem à tona em solitário murmúrio: "Fabiano, você é um homem, exclamou em voz alta", evoluindo em seguida para "Você é um bicho, Fabiano [...] Um bicho, Fabiano"[118], após reflexão sobre a precária condição social que cerca sua existência. O reclame de humanidade, então, também volta sempre no filme, mas agora sob a forma cinematográfica da imagem longa, durando na natureza e no sol abrasante da fotografia estourada construída por Luiz Carlos Barreto. A cinematografia explora de modo radical, em seu modo de dar as mãos à escritura literária, a humanidade quase animal de Fabiano, voltada a si, interior, cabeçuda, que surge distanciada no mormaço. Não estoura para a empatia do público, como em *Os fuzis*, mas leva adiante uma lógica: a da absorção na resistência, afirmando o humano no limite do mundo que lhe quer engolir pelo calor, pelos urubus, pelos outros humanos que lhe oprimem a afirmação como homem (o Coronel/Jofre Soares e o soldado/Orlando Macedo).

É interessante mencionar a utilização do mesmo ator (Átila Iório) para papéis centrais em *Vidas secas* e *Os fuzis*, retratando posições-chaves do universo ficcional que marca esse encontro do cinema brasileiro com o sertão em 1963. O caminhoneiro de *Os fuzis* (Gaúcho/Iório) encarna a ação, dentro de uma narrativa que marca seu tempo de modo diferenciado, mas ainda com articulação fílmica clássica. Em *Vidas secas*, Fabiano (Iório) recusa a ação, embora esboce revolta, mas não é propriamente nesse vetor que a modernidade de *Vidas secas* eclode. Está na adesão de seu corpo à pele do mundo e sua luz intensa, para além da imagem-ação e de um roteiro tragado por trama e personalidades. É nesse sentido que o filme é acusado pela crítica da época de ser um documentário, caracterização que demonstra o choque promovido pela diluição da trama e os personagens sendo deglutidos em bloco, sem nuance, pela geografia da caatinga.

Nelson Pereira, assim como Glauber a seguir em *Deus e o diabo*, trabalhará com atores "naturais", que encarnam o tipo pelo físico. O que se busca realmente é o tipo e a expressão natural a ser mantida na circunstância da tomada, e não as nuances de uma interpretação construída. É o caso de Maria Ribeiro, originalmente secretária do laboratório Líder no Rio de Janeiro, sem experiência como atriz, que é cooptada por Nelson Pereira para o filme, assim como o de Jofre Soares, que em seguida desenvolve densa carreira de ator no cinema brasileiro, depois de se destacar em *Vidas secas* na produção, com sua parca experiência em circos e teatros amadores locais, antes de ser escolhido para o filme pela expressão marcada, dura e brusca, na medida para o personagem do Coronel, que desempenharia. Na realidade, o único ator profissional do elenco é o carioca Átila Iório, que já tinha carreira na chanchada. É também o que apresenta mais problema nas locações, por sua inadaptação às filmagens difíceis no sertão árido. De todo modo, com a exceção das falas, que apresentam a dificuldade já mencionada de caber no filme, Iório consegue construir o tipo para o qual o leva a direção de Nelson. Nisso certamente ajudam sua constituição física e a expressão natural de uma fisionomia carregada, com olhar baixo e introvertido, que busca pouco as palavras.

A força das coisas e da natureza abrasante é, portanto, construída plástica e sonoramente em *Vidas secas*. Emerge no coração da estilística do filme. Para isso, Nelson Pereira trabalha a imagem para encostá-la, em termos sensoriais, na realidade física do sertão. A fotografia e o som do filme são os exemplos mais claros desse movimento, na base do próprio deslocamento da equipe às locações em Alagoas. *Vidas secas*, nesse sentido, é um filme de sensações, marcado pelo som e pela luz do sertão, em seu modo de serem incorporados artisticamente na forma cinematográfica. A luz forte das imagens foi um grande achado original de Luiz Carlos Barreto, que concebeu a proposta de fotografia com o apoio de Nelson. É uma luz que machuca os olhos. A luz estourada ao fundo, como bem nota Nelson Pereira[119], faz com que a composição fotográfica tenha que ser feita nos rostos – é o que sobra como matéria na intensidade do branco do céu, que inunda a imagem e impregna a natureza. *Vidas secas* foi todo feito com luz natural forte sem filtros ou com a luz entrando por janelas e frestas nos interiores – com a "luz de Deus", diz o diretor. O som estridente do carro de boi, na construção do sonoplasta Geraldo José explorando a tomada do som direto, também machuca os ouvidos e dá o tom de uma totalidade, em sintonia com a luz. A ausência de fundo musical para flexionar afetos e a identificação espectatorial compõe de modo radical o realismo duro de *Vidas secas*[120]. Serve para Nelson incorporar o mutismo dos personagens de Graciliano que no livro pouco falam, expressando-se mais em monólogo interior. É o tempo da espera e do silêncio, figurado em luz (sol) e som (ruídos), que o filme se dedica a explorar. Traz assim a coincidência entre natureza implacável e natureza humana, a primeira carregada pelo abrasante passar do calor que se transforma em seca e então em miséria – e já dentro do universo do humano que pode querer ser negado ou afirmado.

Vidas secas foi lançado em agosto de 1963 no Rio de Janeiro e obteve parco sucesso de público, como aprovação parcial da crítica nacional. Algumas das vozes destoantes impressionam por passarem de tal modo fora do alvo, como Moniz Vianna, Pedro Lima e Carlos Heitor Cony[121]. A crítica internacional certamente foi mais favorável e atenta. O filme repercutiu com força em Cannes, em 1964, quando foi exibido, fazendo companhia a *Deus e o diabo na terra do sol* em um momento privilegiado do cinema nacional.

OS FUZIS

Já no final de 1962, em simultaneidade com a aventura de Nelson em *Palmeira dos Índios*, Ruy Guerra, acompanhado por Miguel Torres, inicia no interior da Bahia a busca de locações para seu filme *Os fuzis*. O começo da produção foi traumático, em razão da morte de Miguel Torres – figura de outra geração, mas importante para o primeiro Cinema Novo. Torres faleceu em dezembro, num acidente de jipe durante os preparativos iniciais do filme. Ruy Guerra descreve o acidente: "estávamos procurando uma locação mais ao norte de Milagres, tínhamos inclusive passado por Palmeira dos Índios, em Alagoas, onde Nelson Pereira dos Santos preparava *Vidas secas*, com Luís Carlos Barreto. Nelson veio de Palmeira dos Índios para o funeral de Miguel"[122]. A descrição aponta a proximidade entre as duas produções realizadas com um semestre de distância[123], junto com *Deus e o diabo*, inspiradas num mesmo contexto ideológico. Glauber também menciona com amargura o acidente, em *Revolução do Cinema Novo*: "Miguel Torres, cineasta sertanejo que me foi apresentado por Alex Viany, não sabe se aceita interpretar Fabiano em *Vidas Secas* ou ser argumentista/assistente de Ruy em *Os Fuzis*. Digo-lhe na praia: 'Vá com Ruy...'. Ano Bom Senhor dos Navegantes Salvador 1963: Acidente no sertão, Ruy Guerra dirige o jipe que vira, morre Miguel"[124]. Torres fazia a função de uma espécie de guia para Guerra que, sendo estrangeiro, precisava de apoio para se movimentar pela região e interagir de modo mais natural com os usos e costumes do povo sertanejo. A fusão tem sucesso, e os personagens evoluem bem, parecem existir de modo próprio, com naturalidade, ao serem encenados no filme. Existe uma ponta de artificialidade na *mise-en-scène*, mais forte do que em *Vidas secas* ou *Deus e o diabo*, mas Torres certamente contribuiu para a evolução. É também de Miguel Torres o roteiro de *Três cabras de Lampião*, que elaborou após longas pesquisas pelo sertão, inclusive de locações. A obra acabou dirigida por Aurélio Teixeira, diretor paulista que andou pelas chanchadas e a Maristela, entrando na onda de produções baianas no início da década. Torres é de geração mais velha – a mesma de Teixeira –, mas Glauber reconhece a dívida com o conhecimento que ele possuía do sertão e particularmente do cangaço, do mesmo modo que Ruy Guerra o agradecia. Também o Paulo Gil Soares de *Memória do cangaço* lhe tem débito.

As filmagens de *Os fuzis* iniciaram-se em julho de 1963, em Milagres, no interior da Bahia. O filme narra a história de um agrupamento de soldados e um motorista de caminhão que se veem frente a uma população de famintos que tenta saquear um armazém. No final, o motorista, impaciente com a passividade do povo, incita-os à revolta e acaba sendo morto pelas costas por um dos soldados. A irritação do motorista e seu clamor para uma ação que não se configura (talvez com exceção da morte do boi sagrado, na sequência final) pode ser analisada dentro do recorte de distanciamento e estranheza em relação ao povo próprio ao primeiro Cinema

Novo. Existe a fissura com os afetos e a cultura do outro-popular, em seu modo de ser, já mencionada. No conjunto da trilogia "1963", o recorte é delineado com pinceladas claras, e em Guerra se estabelece com uma insatisfação aguda e pouco flexível. Em Nelson Pereira, surge no outro lado do espectro, espécie de espanto e admiração pela espessura indecifrável da passividade do "outro" – que se mantém na posição de recuo para quem olha e filma. Já em Glauber, é dilema cada vez mais exasperado. Conforme a década avança, vira enigma para o diretor baiano. Enigma que ele quer contornar por todos os lados como equação e que mexe como pedra quente em sua mão, até que chegue a conclusão, impaciente, que transmite aos interessados apontando o dedo. É o dedo do profeta Glauber mostrando em linha reta onde está o caminho para fora da alienação até a chegada no sertão/mar.

Em seu ensaio sobre *Os fuzis*[125], Roberto Schwarz avança uma interessante análise sobre a passividade do outro-popular cinemanovista. Surgiria representada no filme pela imagem realista do povo, com a câmera explorando suas fisionomias. O povo seria uma espécie de fantasma, figura de fundo para a trama do filme que se desenvolve *ailleurs*. Do outro lado da figuração passiva da massa estaria o universo da ação, o universo dos personagens protagonistas, todos exteriores à massa popular, dotados de personalidade densa e capacidade de ação. A ação e a personalidade no universo ficcional de *Os fuzis* seriam, portanto, exteriores ao campo popular, reduzido a uma espécie de massa amorfa figurativa, em relação à qual o "mesmo" de classe média estabelece uma relação mista de estranheza, distanciamento e irritação com a passividade do "outro".

Schwarz analisa bem o que define como uma "dialética inócua"[126] entre o "conflito central" (do caminheiro e dos soldados) e um "desenvolvimento dramático" que parece estar "fora do centro". O "conflito sangrento", assim, "não empolga a massa faminta"[127]. Ela está fora do centro, não incidindo diretamente sobre a questão capital do filme: a ameaça da revolta popular que quer pilhar um armazém repleto de mantimentos mantido junto a uma população em extremo flagelo da fome, provocada por uma seca prolongada. É como se a trama, analisa Schwarz, passasse ao largo de seus protagonistas. É nessa dicotomia que o enredo do filme avança: a ação está ao lado dos protagonistas citadinos ou de classe média (para usarmos o recorte de Bernardet); a passividade, ou ausência de ação, fica no lado popular. Essa dicotomia estirada é vista de modo positivo por Schwarz dentro de uma análise com recorte brechtiano. Valoriza o fato de que "não se está estabelecendo relação de continuidade ou proporção" entre as duas violências, não há um emissário nosso (a ideia do personagem emissário é do texto) para restabelecer "uma ordem de coisas". Não há espaço para a compaixão, afeto da mimese que essa análise, com corte em Brecht, quer manter a distância: "A simpatia humana que sinto barra a minha compreensão, pois cancela a natureza política do problema [...] saio do cinema arrasado, mas não saio responsável, vi sofrimento, mas não sou culpado"[128]. Pela dicotomia, em campos estanques, Schwarz isola os dois lados na linha dramática: um que incorpora os personagens não populares com personalidade densa e agentes da ação; no outro fica a massa popular, objeto da ação e dos afetos dos personagens que agem e sentem, mas representada de modo achatado e passivo (só expressões faciais e movimentos de corpo). Assim, se a contraposição é estanque entre os campos, o plasmar da compaixão não se efetiva e o distanciamento crítico brechtiano pode se estabelecer. A bipolaridade é vista positivamente, pois não busca "compreender a miséria", intento que se configuraria se a ação dos personagens não populares conseguisse atingir a passiva paisagem humana (o povo). Na medida em que não há contato entre a instância da ação e a do "fundo paisagem", a miséria surge como uma aberração, e a compaixão pela identificação não se instaura. O filme, então, "dessa distância tira sua força [...] é como se de cena em cena alternassem duas fitas incompatíveis: um documentário da seca e da pobreza, e um filme de enredo"[129].

Esse achatamento da compaixão, no entanto, pode ser discutível dentro do resultado esperado pelo crítico. Na realidade, a compaixão acaba se constelando não no abismo que estabelece entre o povo passivo e os agentes sociais de classe média, mas no meio mesmo da ação desses agentes sociais, entre os próprios personagens pequeno-burgueses (caminhoneiros, pequenos proprietários, dono de armazém) ou funcionários do Estado (soldados). São eles que, entre si, estabelecem gradações que atraem como imã as identificações positivas ou negativas do afeto espectatorial. É nesse espaço que a compaixão, da qual Schwarz tenta escapar, figura-se como afeto predominante. É a compaixão, pelo meio social do personagem positivo pequeno-burguês, o caminhoneiro em seu impulso para ação, que permite à identificação atingir seu ápice, plasmando-se sobre a representação do popular passivo, servindo de paisagem humana para o exercício da catarse. Em outras palavras, é a vitória sobre a passividade que o caminhoneiro encarna, a indignação contra a forma passiva pela qual o outro-popular lida com a miséria e a alienação, que leva o motorista Gaúcho (Átila Iório) à revolta e o espectador à identificação com esse personagem. A catarse da piedade e da compaixão é obtida na demanda satisfeita da ação gloriosa sobre a passividade popular. Esse é o núcleo da redenção espectatorial, principalmente para o espectador de classe média que se identifica com os personagens que encarnam a ação de revolta na ficção, negando a passividade do "popular-paisagem" e sua incapacidade de compreender, ou empreender, a ação (sua alienação).

O perfil, portanto, está em plena sintonia com o quadro que já traçamos do primeiro Cinema Novo. A relação de estranhamento com a cultura popular emerge como temática nuclear estirada entre os extremos dos afetos do transe alienante (religioso ou de exaltação no samba/carnaval/futebol) e a passividade alienada. *Os fuzis* percorre minuciosamente a representação da passividade, abrindo espaço pela redenção na catarse da compaixão, num movimento que, na realidade, vai em direção oposta àquela prevista por Schwarz. Se a passividade popular é representada de modo exemplar em *Os fuzis*, é somente em *Deus e o diabo* que ela consegue oscilar, em seu modo já um pouco barroco, caminhando entre extremos até a exasperação e a eclosão na redenção.

É significativo, no caminho para a catarse da compaixão, que a viragem do personagem Gaúcho em direção à ação se dê em momento extremo do filme, o único em que um dos personagens zumbis populares é representado por um ator profissional (Joel Barcelos). Nesse momento, o popular, encarnado numa fisionomia de ator, deixa de ser só paisagem e expressão para exploração fotográfica do filme. Barcelos entra no bar em busca de um caixote para caixão mortuário, carregando o cadáver de seu filho. O potencial para a catarse é intenso e direcionado diretamente para a ação de Gaúcho, que explode com a passividade popular quando, mesmo com a morte do próprio filho, não se revolta. É o momento em que o caminhoneiro adere à visão da práxis pelo engajamento na ação social ("seu filho morreu de fome e você não fez nada... e eles estão levando toda a comida, seu covarde, covarde", diz Gaúcho/Iório para o popular/Joel Barcelos). A alienação e a passividade popular são aqui levadas ao extremo, até o final da linha, para permitir o estouro da ação irracional de Gaúcho que, impregnado da compaixão pela criança, pega no rifle e começa a atirar a esmo nos soldados, incorporando o desejo da práxis popular pelo qual fervilha o espectador de classe média. A compaixão se configura premente, no modo catártico, nessa sequência na qual o povo deixa de ser paisagem, encarnado pela singularidade do ator Barcelos. A estrutura dual, bem localizada por Schwarz, vem abaixo nesse momento capital do filme, marcando o tipo de afeto predominante, no qual o espectador escorrega para garantir a si, como emoção na mimese, o resgate da compaixão. Não há distância brechtiana aqui. O fundo documentário, ou o povo-paisagem, reserva como cenário a compaixão no regozijo com a ação do mesmo de classe. É ele que rompe com a passividade e ensina – a quem deve aprender – o método de agir que tem o poder de romper com o universo da alienação popular fechado em sua redoma. Ele é enunciado a partir de um sujeito do discurso que detém um saber cristalino sobre o outro-social, o outro de classe, outro-povo. No momento seguinte à emissão desse discurso fechado em sujeito que sabe e pensa, o povo finalmente esboça uma ação, mas que será paralela e muito breve, sacrificando o boi sagrado. Parece ser uma prévia da emergência das potências pulsionais mais livres da exasperação, nas quais o próprio Ruy Guerra se verá mergulhado em *Os deuses e os mortos*. Mas isso será num momento seguinte, próximo do final da década.

Inicialmente previsto para ser rodado na Grécia, o roteiro original de *Os fuzis* substituía o povo faminto por uma matilha de lobos que ameaçava a população de uma cidade isolada. Ruy Guerra utilizou, durante as filmagens, métodos de "laboratório" para a direção de atores, apresentados na época como grande novidade.

A intenção era aproveitar as ilações da realidade local (a caatinga) "mais forte e mais rica do que os esquemas que a gente traz". Os atores, mediante o trabalho de laboratório, absorveriam o ambiente da região, intensificando o realismo do filme. A preocupação estava em incutir a percepção da realidade singular do Nordeste na interpretação, transformando-a em matéria do filme. *Os fuzis* foi exibido no Festival de Berlim em 1964, conquistando o prêmio máximo para direção, o Urso de Prata. Repercute na imprensa da época que o lançamento se tornou problemático em decorrência das pressões dos produtores, em especial Jarbas Barbosa, que consideravam a fita demasiado lenta para exibição comercial, exigindo cortes. Cinco meses após a premiação em Berlim, o dilema não havia sido resolvido e o filme continuava inédito. Os cortes acabaram sendo realizados, à revelia de Ruy Guerra, que recusou a autoria do filme. As cópias iniciais exibidas são as manipuladas pelos produtores.

Apesar dos percalços finais, Guerra não possui motivos para reclamações mais fortes. Em livro retrospectivo organizado por Silva Oroz, *30 anos de Cinema Novo*[130], Jarbas Barbosa recorda sua atividade intensa como produtor no segundo semestre de 1963, produzindo simultaneamente *Os fuzis* e *Deus e o diabo na terra do sol*[131]. Em seu testemunho, fica claro que concentrou suas atenções em *Os fuzis*, ficando o filme de Glauber com o mínimo necessário para tocar o barco. Barbosa talvez exagere um pouco seu papel como produtor associado de *Deus e o diabo*, pois o principal produtor do filme, quem bancava o projeto, era o baiano Luiz Augusto Mendes. Mas a visão do produtor reflete de modo geral o ambiente cinematográfico da época: Ruy Guerra já era um diretor conhecido, de currículo, com um grande sucesso em *Os cafajestes*; Glauber era um menino que iniciava a carreira e que havia realizado o forte, mas ainda desajeitado, *Barravento*. "Eu me considero meio padrasto de *Deus e o Diabo*", diz Barbosa, "porque eles foram filmados paralelamente e eu acabava indo muito mais a Milagres do que a Monte Santo. Eu deixava que o Gugu se arranjasse com a comida e o transporte e eu produzia aqui (no Rio), controlando os copiões e os equipamentos"[132]. Barbosa, na entrevista a Oroz, detalha a diferença de tratamento entre a produção de *Os fuzis* e a precariedade de *Deus e o diabo*:

> *Deus e o Diabo* foi feito com uma equipe de apenas seis pessoas, enquanto que *Os Fuzis* tinha mais de vinte, além de uma grande figuração. *Deus e o Diabo* deve-se à genialidade de Glauber. Ele conseguiu trabalhar com uma equipe mínima e com um diretor de fotografia estreante, o Waldemar. Quando a câmera Arriflex quebrou, eu mandei a única disponível no Rio. Estava amarrada com arame...

Barbosa explicita ainda mais as diferenças entre a superprodução *Os fuzis* e os filmes dos "meninos" que "tinham casa e comida e eram idealistas"[133]: "eu não imaginava que o Cacá (*Ganga Zumba*) ou o Glauber pudessem fazer grande coisa. Dos três, como produtor, apostei no Ruy e dei a melhor equipe de atores e assistentes. Tinha até o Ricardo Aronovich como diretor de fotografia com dois assistentes de câmera"[134]. Efetivamente, percebe-se em *Os fuzis* a qualidade do material do fotógrafo argentino já com carreira consolidada e seus dois assistentes, o que acaba resultando numa fotografia mais clássica, destoante da pobreza cheia de significados explorada na luz "nacional" inventada pela foto do primeiro Cinema Novo, seja em *Vidas secas*, seja em *Deus e o diabo na terra do sol*.

Jarbas Barbosa, com sua visão de produtor, proporciona uma perspectiva interessante do Cinema Novo, antes da decolagem do grupo nos primeiros longas de sucesso. Frisa corretamente o papel de Roberto Pires e, sem notar o corte estilístico diferencial, dá destaque à produção baiana no final dos anos 1950, início dos 1960: "para mim o Cinema Novo nasce na Bahia e o grande nome do movimento foi Roberto Pires". Apesar de distorcida no foco limitado, a visão tem razão de ser e responde a uma vivência concreta. A importância da produção baiana no pré-Cinema Novo é inegável, inclusive como referência. Vimos que quando Glauber vem para o Rio, nas primeiras e segundas visitas, é esse cartão de visitas que apresenta, o da Bahia e das produções cinematográficas nacionais e internacionais que começavam a fervilhar por lá. Fora do grupo mais fechado dos jovens cinemanovistas e da crítica em sintonia com o novo cinema, o Glauber de antes de *Deus e o diabo* era apenas um cineasta baiano em segundo plano, face ao mais experiente Roberto Pires, que tinha no currículo um filme com bom sucesso de público como *A grande feira*. O fato de o ator baiano Adriano Lisboa ter preferido um papel no obscuro quarto longa de Roberto Pires, *Crime do Sacopã* (1963), ao protagonismo como Corisco em *Deus e o diabo*, é significativo desse contexto. Jarbas Barbosa mostra, então, naturalmente, não haver percebido a potencialidade de *Deus e o diabo* até a projeção do filme:

> Naquele momento todo mundo respeitava o Ruy Guerra. Ninguém conhecia o Glauber, ele era apenas o "Glauberzinho", um desconhecido [...] Mas, quando foi exibida na Líder a primeira cópia (de *Deus e o Diabo*), foi uma coisa maravilhosa, uma festa. O público chegou à loucura. Era inesperado porque o Glauber já vinha com aquilo de não respeitar o roteiro e só resolver na montagem.

Jarbas conclui elogiando o papel do montador Rafael Justo no filme: "Ele (Rafael) falava para mim: 'Jarbas, esse copião é uma loucura, esse material não vai montar!'"[135]. O depoimento deixa claro o papel que cumpriu *Deus e o diabo* para o público, inclusive no meio cinematográfico. Forjou a identidade da geração, marcando definitivamente a liderança de Glauber e a dimensão do grupo nuclear, se afirmando ao largo dos estrangeiros Ruy Guerra e Nelson Pereira (mais velho). Liderança que se afirmaria definitivamente com um segundo golpe de talento no patamar do primeiro, *Terra em transe*. É com *Deus e o diabo na terra do sol*, portanto, que Glauber dá o pulo do gato e assume o papel de destaque que não mais abandonaria não só no grupo cinemanovista, mas em um amplo setor do cinema brasileiro. Papel que desempenharia até o final da vida, sendo ainda ampliado com sua morte.

DEUS E O DIABO NA TERRA DO SOL

Em 1963, Glauber Rocha inicia a realização de *Deus e o diabo na terra do sol*, rodado no interior da Bahia, cidade de Monte Santo, onde a equipe se hospedou, com tomadas em Canudos, no deserto de Cocorobó, Feira de Santana e Salvador (cenas internas). Iniciadas em 18 de junho de 1963, as filmagens foram concluídas em 2 de setembro do mesmo ano. Em maio de 1964, o filme participa do Festival de Cannes, ao lado de *Vidas secas*, provocando intensa repercussão na imprensa europeia, com opiniões em geral positivas sobre os méritos do filme. Perdeu a Palma de Ouro para o lírico musical de Jacques Demy, *Os guarda-chuvas do amor*, em ambiente de polêmica, consagrando seu diretor internacionalmente. A recepção crítica de *Deus e o diabo na terra do sol*, já em março de 1964, foi bastante favorável em todo o mundo, inclusive no Brasil. O filme relata a peregrinação de um casal de camponeses (Manuel e Rosa) que, após ter matado um fazendeiro, erra entre duas formações marginais do sertão, ambas de origem popular: um grupo místico liderado por um beato, Sebastião (segundo Glauber, composição sincrética "do beato do Caldeirão, do Ceará e do beato Sebastião, da Pedra Bonita, em Pernambuco"[136]), e um bando de cangaceiros liderados pela figura histórica do parceiro de Lampião, Corisco (Cristino Gomes da Silva Cleto). Acompanhando-os, surge o personagem de Antônio das Mortes, composto a partir de outra figura histórica, José Rufino, famoso matador de cangaceiros.

Rufino relatou a morte de Corisco pessoalmente ao jovem Glauber Rocha, que viajou horas no sertão para encontrá-lo quando ainda era repórter do *Diário de Notícias*, de Salvador. Em artigo publicado no jornal em 21 e 22 de maio de 1960, logo depois do encontro, Glauber narra assim na reportagem, já com forte veio fabular, a morte de Corisco:

> Estou ferida meu velho – gritou Dadá pulando no ar, baleada na perna. Mais fortes são os poderes de Deus – respondeu Corisco e fez fogo feroz contra o Major Rufino. O Major continuava correndo e disparava seguidamente no

diabo louro que fugia para o horizonte. Uma bala rompeu os intestinos, as tripas de Corisco saltaram. O Major se aproximou, viu o homem no chão, calmo, sem medo, sem dores: – Por que você não se entregou Corisco? – Sou homem de morrer, num nasci pra ser preso. Cumé seu nome? – José Rufino. Então o rosto do Capitão se contorceu e ele mordeu os lábios com fúria. Eram 5 da tarde em ponto, no mês de maio, 1939[137].

Vê-se claramente, nesse texto de 1960, o peso que o encontro com a pessoa histórica de José Rufino teve para a composição do personagem Antônio das Mortes. Alguns traços de Antônio das Mortes já estavam delineados antes do *tête-à-tête* com o matador de cangaceiro[138]. No encontro com Rufino no sertão nordestino também estavam presentes o paulista Trigueirinho Neto, na época às voltas com as filmagens de *Bahia de todos os santos* em Salvador (iniciadas em novembro de 1959 e findas em fevereiro de 1960) e Geraldo del Rey, que depois interpretaria o protagonista Manuel em *Deus e o diabo*, na época um ator iniciante participando do filme de Trigueirinho. Ambos viajaram com Glauber, partindo de Salvador.

Na continuidade da trama do filme, Manuel e Rosa escapam com vida da chacina promovida por Antônio das Mortes e voltam a errar pelo sertão, levados por um cantador cego, Júlio. Aderem então ao cangaço e passam a acompanhar Corisco, comparsa de Lampião, antes de sua morte. Novamente o destino faz com que Antônio das Mortes cruze o caminho de Manuel. O matador de cangaceiros mais uma vez poupa ele e sua mulher, matando apenas Corisco. Uma voz narrativa fora de campo incorpora, na forma de canções, o relato do filme, resumindo os principais eventos e fazendo a transição entre as sequências. Mistura de cordel e canto, as canções têm música de Sérgio Ricardo e letra do próprio Glauber, unindo os episódios num modo épico e recitativo, inspirado na poesia popular nordestina.

Apesar dos diversos roteiros, amadurecendo durante anos personagens e universo ficcional, *Deus e o diabo* é um filme levado pela intensidade da circunstância das tomadas, aberto para a indeterminação das filmagens e seus imprevistos. Em sua primeira parte, até o aparecimento de Corisco (Othon Bastos), possui um estilo mais realista, detendo-se sobre a paisagem do sertão, o trabalho do sertanejo (as cenas da moagem e do pilar da mandioca), o mercado de gado (em estilo direto), o explorar da fisionomia popular nas sequências de Monte Santo. A câmera possui uma nítida atração pela face do outro-popular, demorando-se sobre fisionomias que contrastam com a expressão e os gestos de Rosa (Yoná Magalhães) – pele branca, com contornos de rosto que trazem expressão urbana. Na segunda metade, a partir da cena do massacre na escadaria de Monte Santo, de clara inspiração eisensteiniana, a narrativa evolui noutra direção. O estilo parece dar uma guinada, caminhando resoluto para o espaço e as formas de uma encenação épica de cores brechtianas. O ator Othon Bastos encarna esse vetor. O tipo de interpretação que consegue sustentar, originário da cena teatral, é essencial para a figuração épico-brechtiana de seu personagem (Corisco). Embora Bastos pareça estar intrinsicamente ligado ao planejamento e estruturação da *mise-en-scène* da obra, fora escolhido às vésperas do início das filmagens, em substituição à opção original, que seria outro ator baiano, Adriano Lisboa.

A leitura do material que sustenta a produção de *Deus e o diabo na terra do sol* nos mostra um recorte inicial mais clássico, talvez transformado pelas circunstâncias que cercam a entrada de Bastos no projeto e as realidades de uma *mise-en-scène* com produção precária e equipe reduzida. Othon Bastos nos descreve, em depoimentos, uma longa viagem de ônibus, entre Salvador e Monte Santo, depois que Glauber foi a Salvador buscá-lo para substituir Adriano Lisboa, na qual teria flexionado o projeto original do filme, enfatizando sua experiência cênica na Escola de Teatro da Bahia, de Martim Gonçalves. A sensibilidade forte de Glauber, aberta para a improvisação e os estímulos nas tomadas do período de filmagem, aproveita o que já estava no horizonte e pende em direção ao novo potencial. Algo que se delineia essencialmente na segunda metade do filme, nitidamente articulado, dramaturgicamente, em torno da pessoa e da interpretação de um Bastos que, descoberto, descobre também a si mesmo, num modo que aparentemente desconhecia. O fato é que uma nova dramaturgia estava no ar da Bahia, e Glauber a sintoniza no laço, amarrando um modo narrativo cinematográfico por inteiro inovador, tanto no Brasil como no mundo naquela época. Algo que talvez nem ele mesmo antevisse claramente ao iniciar o filme, depois cristalizado e lapidado na mesa de montagem. Já mencionamos a surpresa do montador Rafael Justo Valverde com o material que lhe chegou às mãos. É curioso que a montagem propriamente não é atribuída a Valverde em diversos originais de créditos do filme, mas apenas a edição, de modo talvez a deixar explícito o largo espaço que a mão criadora de Glauber ocupou no processo. Nos créditos, quando surge como montador, o nome de Valverde sempre traz o de Glauber a seu lado. De toda maneira, Valverde não foi chamado à toa. Já possuía larga experiência na chanchada, além de ter trabalhado com Nelson Pereira (*Vidas secas* e outros) e Alex Viany. Quando chegou a *Deus e o diabo*, tinha mais de vinte filmes montados. Corretamente pode ser debitado à sua técnica o ritmo ágil do filme mantido constante, sem se afundar muito nas *longueurs* que lhe são intrínsecas.

A câmera do fotógrafo Valdemar Lima é solta e sustentada em boa parte na mão, acompanhando de perto a ação, como é característico do jovem cinema. A luz é quase sempre estourada e sem filtros, no estilo *Vidas secas*, sem preocupação rebuscada em criar contrastes e sombras artificiais. A preocupação é abrir passagem a uma *mise-en-scène* livre, prioridade na tomada. Nada deve barrar seu desenrolar e o embate com os atores: essa parece ser a palavra de ordem de

Glauber, e Valdemar a segue. Valdemar é o homem de confiança de Glauber, tendo sido responsável pela imagem de seus dois curtas iniciais (*O pátio* e *Cruz na praça*) e a assistência de direção em *Barravento*. Apesar de ainda inexperiente, sem um grande trabalho como fotógrafo no currículo, está pronto a fazer valer a fotografia que quer o jovem Cinema Novo e, principalmente, levar adiante a aventura de filmar em condições precárias com câmeras velhas e negativos defasados, servindo de para-raios à ideia de uma imagem nova, chamada de "brasileira". O branco é forte, apesar de algumas cenas (como na capela em Monte Santo) serem exploradas com sombras em contraste. É central que a nova luz esteja em sintonia com parca infraestrutura disponível da produção e não atravanque o filme com preciosismos. Vêm a calhar a coincidência entre a luz estourada, desleixada, a recusa do acabamento rebuscado, e as características do sol e céu nordestinos. Passa longe o academicismo de fotógrafos consagrados que certamente bloquearia a *mise-en-scène* solta de Glauber em *Deus e o diabo*. Barreto fotografou *Vidas secas* mais de um semestre antes de *Deus e o diabo*, do final de 1962 a início de 1963, e certamente serviu como ponto de repercussão a Waldemar Lima. Repercussão, mas muito provavelmente não o visionamento da fotografia do filme, que estreou no Rio em agosto de 1963, sendo as tomadas de *Deus e o diabo* iniciadas desde junho do mesmo ano.

Em artigo publicado em 1965[139], Waldemar Lima recorda as discussões no final de 1960, durante as filmagens de *Barravento*, de Glauber com o fotógrafo de *Barravento*, Toni Rabatoni (não citado nominalmente), de formação mais clássica na Vera Cruz, "digno discípulo de uma escola cinematográfica estrangeira estabelecida em São Paulo onde pontificavam alguns chamados mestres brasileiros, totalmente afastados da realidade nacional". Waldemar Lima avança na descoberta da nova fotografia, conversando com Glauber durante *Barravento*, chamando-a pelo termo de "refilmagens":

> Compreendemos a inutilidade dos rebatedores com sua luz feia e chapada, um verdadeiro entulho na mise-en-scène da câmara na mão. Descobrimos a luz dura e a fotografia participante. Nossas conversas, durante esse tempo, giravam sobre futuros filmes, sobre o que poderíamos ter feito se eu conhecesse o mecanismo de filmagem, que até então havia sido um mistério para mim[140].

Depois que aprende o "mecanismo de filmagem" com Rabatoni, Waldemar se sente capaz de utilizá-lo a seu contento na nova fotografia e assumir, ainda como iniciante, a grande empreitada de *Deus e o diabo*, da qual dá conta com inegável talento. A nova fotografia é participante e quer castigar o espectador com a força da luz original da locação no sertão, mas ainda sofre restrições dos laboratórios que insistem em seguir padrões clássicos. A decalagem dos técnicos com a ideologia da nova geração é evidente. Waldemar lembra o que aconteceu a um céu deixado "branco" no filme, estourado, fotografado branco por vontade explícita (como os céus de *Vidas secas*): "um céu que em todos os copiões estava de um branco quase puro [...] proposital para não atrair com a extravagante beleza da caatinga, a atenção do espectador para uma contemplação estética gratuita", sobre o qual o laboratório havia estabelecido "uma correção de luz tão bem-feita que até nuvem apareceu no céu"[141].

Com a câmera na mão solta na tomada, seguindo na duração a interpretação livre dos atores, não há trabalho de construção que amarre ou imobilize a *mise-en-scène*. Não são planejados em profusão contracampos, ou planos de composição propriamente, *raccords*, para costurar futuras sequências. Em outras palavras, a *mise-en-scène* é predominantemente composta por largos blocos de tomadas, posteriormente decompostas em planos, não previstos como tais nas próprias tomadas. Essas foram filmadas tendo como norte soltar e dar fluxo à interpretação intensa dos atores, em blocos inteiros, sem interrupção, interagindo com a direção (o corpo, a voz e a expressão de Glauber). Isso é particularmente forte na interpretação em formato épico-brechtiana de Bastos, marcada, como já mencionado, pelo teatro baiano do início dos anos 1960, conforme desenvolvido por Martim Gonçalves e outros na Escola de Teatro da Universidade da Bahia. A interpretação cindida de Othon Bastos, no formato épico narrativo, incorpora simultaneamente dois personagens em diálogo (Corisco e Lampião). Bastos ainda interpretaria um terceiro personagem, só na dublagem, fazendo a voz do beato Sebastião (Lídio Silva). Centraliza, portanto, em seu corpo e voz, as duas vertentes que marcam o imaginário popular nordestino retratado no filme: a místico-messiânica e o banditismo social.

O modo reflexivo da narrativa é voltado para a instauração de densidade no espaço cênico. Os personagens têm personalidade ou psicologia mais rala. Ganham espessura como polos de forças sociais que os extrapolam. Essa forma narrativa está na origem do choque que a obra provoca em seu lançamento. Concretiza, particularmente na América Latina, o abandono mais radical do realismo do pós-guerra que ainda notamos em *Vidas secas* e também em *Os fuzis*, filmes com dramaturgia mais tradicional. Nesse sentido, *Deus e o diabo* inaugura no Brasil a modernidade dos anos 1960, em seu modo de afirmar uma nova estética que passa ao largo da sensibilidade já esgotada do novo cinema do pós-guerra. O ponto claro de ruptura está não só na interpretação épica de Bastos, mas também na montagem de Glauber incorporando um conjunto de procedimentos não realistas de falso *raccord* – já experimentados por Godard e outros na *nouvelle vague* francesa, desde pelo menos *O acossado*, montagem também marcada pela inspiração eisensteiniana já mencionada, na sequência do massacre dos beatos no Monte Santo.

Na narrativa cinematográfica, o conjunto dos elementos formais de articulação fílmica (montagem), convive com a abertura para as determinações espaciais do mundo e da duração na vida. Assim, a vida é explorada na circunstância da tomada através de planos longos e um estilo de fotografia com câmera na mão, que nos remete à agilidade do Cinema Direto. O vínculo que enraíza a tomada na duração do mundo – câmera na mão, tomadas longas explorando fisionomias e fotografia sem filtros realçando a luz forte e a geografia – é torcido no modo épico. Os efeitos de contraste são remarcáveis. *Faux raccords* e planos-sequências surgem integrados. É o que mostra a transformação do deserto da caatinga em cena aberta, sem cenário, onde circulam livremente os personagens. Ao mesmo tempo, a narrativa instaura uma montagem aguda, que não hesita em fazer vibrar metralhadoras de planos fora de eixo, abandonando qualquer ilusão de demanda realista. A famosa sequência do beijo entre Rosa e Corisco, com fundo musical da Bachianas nº 5 de Villa-Lobos, por exemplo, é recortada por pelo menos meia dezena de cortes bruscos, fazendo saltar o movimento da câmera, embora a descrição de Bastos das filmagens[142] faça supor uma tomada única ou quase isso, com movimento circular de câmera na mão.

Deus e o diabo é, portanto, um filme marcadamente autoral nos parâmetros inovadores que instaura. Mistura, no modo que lhe convém, inspirações que encontra à mão, indo de Welles à Eisenstein, passando pelo *western* (sempre uma referência para Glauber), Ford, Visconti, Buñuel, Bertolt Brecht, Guimarães Rosa, William Faulkner, literatura de 1930 etc. A lista das grandes influências nessa obra de ruptura costuma seguir o gosto do freguês, tanto nas críticas de época como nas atuais. O movimento do filme obedece a uma sucessiva negação das opções de identificação sustentadas pelo personagem Manuel/Geraldo del Rey, progressivamente estabelecida através da onipotente presença de Antônio das Mortes que, no final, afirma ter feito o que fez (a extinção do messianismo/Sebastião e do cangaço/Corisco) para o "bem" do próprio Manuel. No centro da obra, como nos outros longas da trindade 1963, percebe-se a inquietação e a hesitação da classe média urbana, de onde são oriundos os cineastas, com a percepção que o povo tem da própria realidade social. *Deus e o diabo* é o resultado mais claro dessa tensão, possuindo uma narrativa que flutua sobre os eventos descritos, multiplicando razões para explicar os móveis da identificação popular com formações ideológicas retrógradas. Motivos que fazem o povo mergulhar na passividade e na opacidade da consciência. São alvos a passividade do transe místico e a impulsividade da potência exacerbada do banditismo social, ambas diluídas na violência gratuita, sem alvo. Nas duas formações sociais populares, misticismo e cangaço, o povo é literalmente agredido e humilhado. É o que acontece na sequência do beato atormentando o povo "pecador" e as prostitutas de uma vila invadida; ou na cena inicial da segunda parte da obra, que se introduz por Corisco massacrando ao longe um grupo de camponeses.

A insegurança na representação do outro-popular existe, pois surge como algo que vem de fora. Não entende as formas de expressão do outro-povo como "de si", "de-dentro" de quem enuncia. Não lhe é próprio, inerente a quem já está lá e flui o mergulho na experiência do transe e da potência como seus. O transe dos beatos e o êxtase na violência do cangaço são vistos de olhos arregalados. É algo que está lá quando chego, e que busco como suplemento para saciar minha consciência (minha má consciência), no percurso de um fosso que dela me separa e progressivamente se agiganta conforme a expressão toma intensidade. Persiste em *Deus e o diabo*, embora numa constelação mais complexa, a desconfiança do primeiro Glauber de *Barravento* com o universo da cultura popular, como expressão de experiência da potência e da vontade. Junto, caminha certa impaciência com a alienação da práxis política – tão importante para a geração cinemanovista – e sua passividade. É impaciência que já vimos em *Barravento* e voltará novamente à tona, para um acerto de contas ainda mais radical, em *Terra em transe*. A visão mais simplista de que a cultura popular possui inevitavelmente uma forma alienada de perceber a práxis política vai ficando para trás, ao menos em sua versão mais crua. É evidente, no entanto, que em *Deus e o diabo* ainda predomina a sensação de estranheza com a cultura e os poderes do outro-popular. O estranhamento se condensa em torno dessa espécie de correia de transmissão que é o personagem de Antônio das Mortes. Ele é o personagem julgador por excelência, árbitro sem piedade da passividade e da alienação, seja do misticismo do beato Sebastião, seja do banditismo e da violência gratuita de Corisco. Encarna um misto de desprezo por seu alvo de atenção, nutrido por compaixão, sentimento que, coerentemente, escorregará até o individualismo final, do tipo burguês, *cowboy-western*, em *Dragão da maldade contra o santo guerreiro*. Antônio das Mortes é provedor, anjo da história que encarna o saber sobre a lerdeza do outro-povo e lhe estende a mão, fazendo com que este, que ainda caminha a passos dúbios, encontre a redenção do sertão-mar. É ele que vai poder, com uma mistura de enfado e má consciência, fazer que o caminhar se efetive por senda mais curta.

Dos dois universos populares retratados em *Deus e o diabo* (cangaço e o misticismo), sente-se em relação ao beato uma postura crítica mais forte, uma mão mais pesada, talvez herdeira da formação religiosa protestante mais tradicional de Glauber, distante do pietismo e próxima do ascetismo moral que o calvinismo carrega implicitamente. Não é exagero colocar no âmago do vulcão Glauber, no motor de sua personalidade artística, o choque entre o transe barroco exacerbado que perpassa a cultura baiana e a educação ascética protestante e, mais do que isso, batista calvinista, que tem em seu núcleo valores de retenção, a que foi submetido em seu primeiro ambiente de vida. Na metade inicial do filme, na representação do transe religioso das cerimônias de Monte Santo, fica clara a dimensão do incomensurável que repentinamente toma o universo místico, a partir do momento em que é instaurado. Parece voar com velocidade, sem freios ou medidas. Transborda e não consegue mais se situar nas medidas do patamar contido da ética protestante para a religiosidade, no qual, evidentemente, desde o início, não cabe. Solto o demônio da garrafa, tudo parece ser possível no além-medida. A reiterada desconfiança que a personagem de Rosa nutre em relação ao beato incorpora esse mal-estar. As expressões de desgosto e decepção de Rosa com a adesão de Manuel aos delírios de Sebastião são a face da desconfiança do jovem Glauber com os extremos do êxtase e do transe, nos quais facilmente mergulha o misticismo popular representado. Extremos com os quais conviveu contraditoriamente em Vitória da Conquista nos primeiros anos de vida. Glauber costuma falar com intensidade dessa sua experiência de origem com relatos orais de beatos e cangaceiros míticos. Em entrevista concedida a Raquel Gerber, Rogério Duarte, companheiro de juventude de Glauber em Salvador, define-o como "misterioso, vindo lá das brenhas de onde veio" – ou seja, do sertão profundo na experiência de vida em Vitória da Conquista –, contando que o amigo "é uma força bruta da natureza ligada a Vitória da Conquista e seus mitos. É o negócio do menino que viu a violência em Conquista e que a alquimizou, que transubstanciou em consciência febril e comunicou isso aos outros deixando que se inflamasse ao contato de outras visões"[143].

A personagem de Rosa (Yoná Magalhães) talvez seja a personagem feminina mais forte desse primeiro Cinema Novo. Em *Deus e o diabo*, ela estabelece uma espécie de correia de transmissão subterrânea, na contramão, restringindo a potência desenfreada do êxtase, ao interagir com Sebastião e Corisco. Serve de contraponto à pasmaceira oscilante de Manuel, mostrando a firmeza e a ponderação do polo popular na negação absoluta do beato, até ser a mão de seu assassinato (para Glauber, a conciliação não é possível nesse ponto). Também há seu compromisso com o banditismo e a ética da violência, mesmo à custa da traição a Manuel, traição que é, no fundo, a liberação que lhe permite o abandono da posição dependente. No final, Rosa tomará a decisão telúrica de procriar e gerar história de família sobre o destino desvairado de Manuel. Por isso é que fica atrás na sequência final, não acompanhando o marido na direção de seu delírio de redenção, no mar místico que fecha o filme. A cumplicidade feminina que mantém, desde o início, com Dadá (Sônia dos Humildes) caminha ao lado da sensualidade, no campo da atração sexual entre mulheres, algo que não é raro no universo ficcional cinemanovista, não tendo correspondência paralela no lado masculino. De toda maneira, a cumplicidade entre Dadá e Rosa é plena, e ambas encarnam o que Barthélémy Amengual chama, em Glauber, de *femmes-Histoire*[144]: personagens femininas independentes que, em seus primeiros longas, encarnam o peso da história com "h" minúsculo, pelo lado telúrico da preocupação com a continuidade da vida e a preservação. São independentes e circulam entre os pares masculinos, articulando, como moeda de troca entre homens, a tessitura necessária para a preservação da vida além da exacerbação dionisíaca[145]. Ambas, Rosa e Dadá, desejam que seus maridos abandonem a morte como perspectiva de êxtase e expressão desmedida da potência, para se fixarem na duração da vida e na continuidade do cotidiano. Manuel ouve os desejos de Rosa ("viver e ter filhos"). Explicitamente transfere a ela a decisão de seguir ou não Corisco no sacrifício final. Corisco prefere a morte, apesar dos apelos da mulher Dadá, que insiste também sobre esse ponto em outros momentos do filme. Corisco, inclusive, encontra a morte ao estender a mão para preservar a vida de Dadá, tentando resgatá-la quando é ferida. "As mulheres possuem consciência do que acontece, uma consciência da história", afirma Glauber em entrevista de janeiro de 1968 à revista *Positif*[146], e é essa dimensão da história que elas encarnam no filme.

Surdamente, a personagem de Rosa corporifica essa história que consegue perdurar no corpo que gera. Erra alienada, mas sempre centrada e voltada para si e seu corpo, autossuficiente por ter a centelha da vida. É assim que percorre o mundo do transe e da violência dos homens que lhe é alheio. Segundo Glauber, "[Rosa] tem aquele senso de realidade da mulher, que quer a segurança"[147]. Na violência extática do banditismo, Rosa conta com a clara cumplicidade de Dadá (não há rivalidade, apesar da traição). A posição de ambas é um misto de recuo no mundo e companheirismo cúmplice. Há aceitação do fato consumado da ação masculina, mas ambas estão longe de compartilhar essa ação no universo da exacerbação da vontade e da potência. Quando Rosa age é retroativamente, costurando a vida atrás de Manuel e por ele – seja no assassinato de Sebastião ou na traição com Corisco. Rosa pertence ao universo da ação retroativa, reativa, que faz a trama, e a história, por detrás. É grande seu papel: provoca a morte de Sebastião e afirma sua vontade ao possuir Corisco, de certa forma liberando-o para a morte. Mas não é pela potência do transe e da exacerbação na pulsão que exerce sua força. Em termos do horizonte conceitual mais simplista, que cerca a crítica dos anos 1960, lidando com os conceitos de racionalidade e irracionalidade, a ação de Rosa é caracterizada por alguns como "racional" em contraposição às exacerbações no transe ("irracionais") dos personagens masculinos. No entanto, essa caracterização provoca a discordância de Glauber, que também quer reivindicar a potência do irracional para a personagem feminina:

> Eu pus no filme dois tipos de manifestações brutais e violentas de uma mulher: o beato ela mata, o cangaceiro ela ama. Eu acho que é um negócio simples, dois pilares simplíssimos. São duas manifestações dela: uma, aquele crime; a outra, o amor. São dois pilares claros, lógicos; são duas manifestações totais, humanas. Acho que não é necessário dar uma explicação racional [...][148].

No entanto, a exasperação na violência e no êxtase não é própria do universo de Rosa e Dadá. Elas flutuam pelo transe com leveza, plenas de outra força, assistindo com complacência e recuo, envoltas na bruma, o espetáculo da vontade e da potência que lhes é descortinado. Na figuração do transe religioso em Monte Santo, Rosa está completamente só no recuo. Sua oposição ao beato delineia-se no início, acabando por se configurar no pomo de discórdia entre este e Manuel. É o beato que percebe e pede a Manuel Vaqueiro explicitamente o sacrifício de sua mulher, juntamente com o da criança, dizendo ela estar possuída. É o beato que vê a frieza racional de Rosa como manifestação de um transe absoluto, pois fechado em si, sem possibilidade de cooptação para sua pregação na exacerbação comum. Por conseguir fechar em si o pensamento, sem atração pela exacerbação, Rosa surge como obra de um outro demoníaco, que não ele próprio, beato. Rosa, então, é talhada para satisfazer uma demanda do próprio beato quando esse se oferece em martírio, virando as costas para que ela o assassine de modo frio e sem emoção, com a faca que tem nas mãos. É quase com desdém, como a uma obrigação que se cumpre com enfado, que comete o ato.

A expressão de Rosa ao examinar com o olhar, sempre em posição superior, o transe das beatas, confirma o distanciamento com seu marido Manuel. Aqui não há cumplicidade entre mulheres, como no caso do cangaço, com Dadá. A posição com relação às beatas de Monte Santo é de alteridade absoluta, altivez soberba, desprezo. A própria constituição física da atriz Yoná Magalhães marca a heterogeneidade da personagem para o universo das beatas[149]. Em diversos planos da sequência de Monte Santo, a câmera na mão de Waldemar, guiada por Glauber, se atém em explorar com intensidade a fisionomia popular do sertanejo e das sertanejas. São imagens novas no cinema brasileiro, e o filme as figura em profusão. O Cinema Direto da época se deslumbra com a novidade que é a atração por fisionomias anônimas, marcadas, filmadas em primeiríssimo plano. É algo que também sentimos em Glauber e outros diretores do Cinema Novo, como Leon Hirszman ou Joaquim Pedro, perscrutando os traços fisionômicos e as expressões do outro-popular.

Rosa (Yoná Magalhães), no entanto, tem um rosto destoante das faces populares das beatas, que a circunda e submerge. O contraste é patente e só faz realçar o distanciamento entre a atriz e a expressão popular das beatas. Com típico rosto de classe média – recém-chegada ao sertão diretamente das praias cariocas (ou de Salvador), em parte pelas mãos de seu marido baiano, Luiz Augusto Mendes, principal produtor do filme –, Yoná, ao contracenar com as beatas anônimas, exibe o talento de atriz que lhe é próprio. Mas é evidente a heterogeneidade da moça de fino trato, linhas de face e mãos delicadas, com o rosto calejado de expressões duras das sertanejas, também tomados em primeiro plano. As sertanejas parecem à vontade junto ao personagem do beato Sebastião (Lídio Silva), que também claramente possui o tipo físico e fisionômico popular. Lídio é um ator natural, figura ligada às tradições religiosas baianas, segundo o historiador Jaime Sodré, mas também foi carpinteiro na equipe de *Menino de engenho*, segundo Walter Lima. Já havia trabalhado com Glauber em *Barravento*, como o Mestre da comunidade de pescadores, mas não era ator propriamente. Também o rapaz que faz o cego Júlio não era ator profissional e parece ter sido motorista da equipe. Glauber aproveita o físico e a fisionomia para construir o tipo, a partir do horizonte da personalidade – procedimento adotado com sucesso em outros filmes do Cinema Novo. "O beato não foi propriamente dirigido", explica Glauber, "foi sugestionado violentamente para que fizesse as coisas"[150]. Os primeiros planos dos rostos das beatas se encaixam ao de Lídio de modo homogêneo. Já as expressões de Yoná só podem mesmo denotar espanto e distância. A ponta de desdém irônico nos lábios é facilmente atingida. É esse tom, precisamente, que a narrativa parece querer levar para significar de modo oscilante o universo do misticismo exaltado, incorporando a sensibilidade do jovem Glauber.

Yoná Magalhães é basicamente uma atriz de televisão e teatro, e a participação em *Deus e o diabo* destoa em sua carreira. Na interpretação que faz de Rosa sentimos a distância e o espanto da moça de classe média urbana com o universo beato do sertanejo, com o qual tem contato maior somente quando na imersão das locações em Monte Santo. Maurício do Vale também é chamado para o filme por seu tipo físico, sendo posteriormente dublado. No entanto, este é o papel que definirá sua carreira posteriormente. É descoberta intuitiva de Glauber para um ator que não existia antes como tal. Sônia dos Humildes e Othon Bastos chegam da mesma origem, direto da Escola de Teatro da Universidade da Bahia para a estreia no cinema, como protagonistas[151]. Geraldo del Rey é, portanto, o único ator mais experiente do grupo, no qual Glauber parece repousar para construir uma *mise-en-scène* arriscada, desenvolvida no calor da hora, com diversas versões de roteiro deixadas para trás ou misturadas entre si, servindo como base de inspiração para lidar com os tipos humanos que tem às mãos.

O desprezo de Rosa pelo transe místico traz a posição reticente do jovem Glauber com esse universo móvel da alienação política. Reticência que é misturada ao forte fascínio, ou deslumbre, que lhe atrai como imã para o núcleo de um rodamoinho com o qual passará o resto de sua obra a acertar contas. É movimento para o transbordamento que surge em *Deus e o diabo* de modo ainda mais intenso que *Barravento*, por estar mais solta a dramaturgia. Barthélemy Amengual delineia uma "ascese paradoxalmente luxuriante" em Glauber[152], definição que possui fundo efetivo. A contraposição do didatismo brechtiano é necessária para a práxis engajada não soçobrar ao caos e à exaltação dos transbordamentos. É também moeda de troca, posta em conta do racionalismo e da contenção, numa ética pautada pelo espírito protestante da retenção dos afetos. Nunca se chega tão rapidamente ao núcleo dos motivos que cercam as obras dos jovens cinemanovistas, como quando se toma o atalho das preocupações político-didáticas que a obra de arte (cinematográfica) deve fornecer às demandas da práxis política. O gaúcho

Luiz Carlos Maciel, guru da contracultura carioca no final dos anos 1960, mas, no início da década, ator de *Cruz na praça* e companheiro próximo de Glauber na Bahia, deixa claro esse sentido, no livro de memórias que narra sua convivência de juventude com Glauber: "Se alguém me pedisse para dizer a principal crença da juventude da minha geração, eu diria sem titubear: a atribuição à arte de uma função transformadora da sociedade. Acreditava-se realmente que a arte poderia modificar a maneira das pessoas viverem"[153]. A arte, portanto, serve como instrumento, ferramenta, para uma inserção na sociedade. Traz consigo a justificativa ética de agir em favor do outro-povo deserdado e, junto com ela, no desencontro de expectativas e na incomunicabilidade (outro tema caro à época), a decepção por esse outro não estar à altura, sintonizado no mesmo tipo de sensibilidade ou pensamento daqueles que agem e se engajam por eles, povo, para além de si mesmos. No sentido da ética do engajamento, a fala e os modos extáticos de Sebastião podem fazer parecer que o messianismo dá cabo da injustiça social. Trata-se de emprestar paralelo entre a violência do transe e a práxis da liberação popular. Entretanto, esse é um veio que Glauber não leva adiante. Quem se introduz clarividente, no núcleo ideológico do filme, é o personagem de Antônio das Mortes. Incorpora a correia de transmissão do jovem de classe média (cineasta e público) em suas hesitações e demandas sobre a função política da arte. Antônio das Mortes ainda ecoa o novo cinema do início da década de 1960, com as preocupações sociais mais cruas do CPC/UNE. Mas agora o momento é outro e cada vez mais preenchido de nuances. O Glauber que havia abandonado as preocupações formalistas de *O pátio* e *Cruz na praça*, para mergulhar entusiasmado na descoberta da práxis política e seu saber sobre a consciência do outro-povo em *Barravento*, agora já sente o baque da dúvida. A voz *over* do canto e das canções (e também do cego Júlio), escritas por ele mesmo, com melodia de Sérgio Ricardo, ainda introduzem e explicam a ação alienada do misticismo e do banditismo social em termos mais explícitos, conforme são caros à juventude engajada ("dividido esse mundo anda errado, a terra é do homem, num é de Deus, nem do diabo").

É o personagem Antônio das Mortes que incorpora o móvel da estética na posição da práxis, dentro do universo ficcional, mas o incorpora certamente de modo mais denso e oscilante do que desejariam essas camadas engajadas da juventude. Paulo Martins ainda levará ao paroxismo esses dilemas, provocando as reações conhecidas a *Terra em transe*, quando de seu lançamento. Em *Deus e o diabo*, a posição de Antônio das Mortes está em ruptura com as elites predatórias que mandam matar Sebastião e Corisco. Apesar de aceitar o dinheiro e cumprir a missão como destino inexorável a que se vê obrigado, é clara sua repugnância à origem das ordens. Porém, o ponto de inflexão, nesse momento, é outro. Não há grande drama de consciência em sua posição de matador de líderes populares como Sebastião e Corisco (assim como também Firmino, em *Barravento*, não hesita em tentar assassinar o líder alienado Aruã, para o bem da revolução e o fim da alienação no candomblé). Encontraremos a exasperação com a negação do povo delineada de modo bem mais claro no segundo Antônio das Mortes de *O dragão da maldade*, já como má consciência, e, mais ainda, em Paulo Martins, quando despreza o povo e suas lideranças. É Paulo Martins que encarna por excelência o contato maldito com as elites antagônicas às forças populares. O primeiro Antônio das Mortes ainda traz em si, contraditório, raiva e desprezo em relação ao universo da alienação popular que antevê no banditismo e no messianismo. É similar ao que já encontramos em *Barravento*, pela figura de Firmino, mas que em *Deus e o diabo* se abre sobre uma fenda no sujeito que cada vez mais mostrará sua potência.

Antônio das Mortes toca num ponto nevrálgico. Existe uma carga mista de identificação e rejeição entre criador e criatura que se multiplica em abismo, partindo do personagem e atingindo, em espelho, a relação do artista (e sua geração) consigo mesmo. O próprio Glauber comenta, no frescor do lançamento do filme, em março de 1964, a sincrética inspiração do personagem na figura histórica de José Rufino[154], conhecida, como vimos, em maio de 1960. Ao Rufino histórico diz ter acrescido uma "capa colonial" característica da região onde nasceu, Vitória da Conquista, um pouco mais fresca pela altitude, na proximidade com Minas: "em garoto, eu vi muito jagunço daquele tipo, que usava capa, que serve inclusive para proteger o fuzil de repetição que fica embaixo. No filme, ele deveria andar com a arma escondida, mas por um problema de movimentação do ator, a arma ficou do lado de fora"[155]. O personagem da infância de Glauber é então levado pelo artista quando jovem para o centro da representação do Brasil de sua época, às voltas, em 1963, com os dilemas da práxis engajada pela arte como núcleo de uma nova estética. Antônio das Mortes é, exemplarmente, um sincretismo glauberiano condensando em seu espírito influências diversas que viveu o diretor. O personagem Antônio das Mortes, segundo Glauber, é "mítico", ou seja, se conforma no mesmo patamar da ação alienada do misticismo/Sebastião ou do cangaço/Corisco. Ao mesmo tempo, ainda segundo o diretor, Antônio das Mortes é "crítico", capaz de mostrar as roldanas da história girando às claras e o efeito da práxis engajada para além da névoa do mito que encarna:

[Antônio das Mortes] tem essa categoria de personagem que elimina as coisas, mas também está numa zona mitológica. Só que ele está do outro lado. Ele é crítico [...]. É difícil para mim explicar. Ele é mítico, mas não é mítico. Antônio das Mortes é realmente uma personagem deflagradora, uma personagem pré-revolucionária. Ele quer acabar com aquilo. Tem uns pontos de vista que são meus, pessoais, e outros que são do jagunço propriamente[156].

As partes pessoais glauberianas de Antônio das Mortes são aquelas que permitem enfeixar a potência pulsional na práxis engajada. São aquelas que ainda ensinam e pregam, conscientizam, quando o personagem decide empreender a eliminação, pela força, da potência dionisíaca dos líderes populares alienados, para ficar em sintonia com as forças "maiores" da história social.

A divisão não está clara, e o próprio Glauber nela se embaralha ao dizer que "não pode explicar". A ação radical da violência sempre exerceu atração sobre o diretor, como se pode verificar desde o Firmino de *Barravento*, sendo largamente tematizada em *A estética da fome*. Não se pode explicar o que não se quer como parte de si. Existe na obra de Glauber atração e repulsa pelo lado popular, por sua mistura da passividade, lerdeza triste e exacerbação dionisíaca. Há também, em sua produção, até *O dragão da maldade*, uma espécie de último suspiro que ainda quer crer na posição de saber sobre o povo, na lição de história que a classe média engajada pode fornecer. É essa ação didática que o braço do Antônio das Mortes de *Deus e o diabo* faz cair sobre o outro-popular. Cai como um raio, carregado pela necessidade histórica que justifica o massacre e o terror, como móvel da consciência: "matei (os beatos) porque não posso viver descansado com essa miséria", confessa o personagem, sem remorso. É para livrar (desalienar) o povo que ele mata. O cego Júlio, encarnando a compaixão que Antônio das Mortes não possui, pois é potência, e querendo poupar os fracos, ainda tenta argumentar com a frase-chave da obra de Glauber, que aqui aparece pela primeira vez: "mas a culpa não é do povo, Antônio, a culpa não é do povo". Todavia, o matador é inflexível em seu método cruel – a morte como forma extrema da desalienação – e fixa o ponto que faz Glauber oscilar em sua identificação com o personagem: "para que essa guerra ["a guerra da liberação sem a cegueira de Deus e do Diabo"] comece logo eu, que já matei Sebastião, vou matar também Corisco e depois morrer de vez, que nós somos tudo a mesma coisa".

Antonio das Mortes empreende a ação de morte sem pensamento, por sina, apesar de si. "Foi contra minha vontade, mas teve de ser"; "Num quero que ninguém entenda nada de minha pessoa"; "Eu não queria, mas precisava [matar os beatos]" são frases que definem sua personalidade no decorrer do filme. Sintetizando os dilemas: "Fui condenado nesse destino e tenho de cumprir sem pena e pensamento". Mais uma vez o horizonte da irracionalidade e do impulso, da pulsão que atropela o pensamento e a ponderação, faz-se presente em *Deus e o diabo*. Não só no beato (Sebastião) e no cangaceiro (Corisco) como também em Antônio das Mortes. Corisco também não age pelo pensamento, está além do pensamento, suplemento da razão. Ao valer o impulso de matar para liberar, deixa claro seu dilema numa sequência-chave do filme: "O espírito que está aqui no meu corpo juntou os dois... cangaceiro de *duas cabeça*, uma por fora e outra por dentro, uma matando e outro pensando". E conclui: "Tá aqui o meu fuzil para não deixar pobre morrer de fome". O percurso se mantém, portanto, e vai de Corisco a Antônio das Mortes, esboçando-se também em Sebastião. É a força irracional da história, a potência da vontade como impulso e exasperação, violência e também transe, que pode e deve mover o povo, quando este se atarda na lerdeza da alienação. "Destino sem pena ou pensamento", para Antônio das Mortes, ou "duas cabeças, uma pensando outra matando", em Corisco, ambas são forças do "de-dentro" que explode em exacerbação da potência, para além do pensamento, impacientes com a passividade popular. Gerando seu movimento está o motor da contradição glauberiana que, para fazê-lo emergir, abre qualquer caminho, abandonando a verossimilhança realista, diluindo as complexas tramas com causalidade e motivação mais clássica, que progressivamente vemos desbastadas nas cinco versões do roteiro de *Deus e o diabo*, escritas a partir de 1959. Corisco insiste que "mais forte são os poderes do povo", frase derradeira que grita ao morrer, ou que "homem nessa terra só tem validade quando pega *nas arma* pra mudar o destino", mas não tem paciência de esperar que o fraco e impulsivo Manuel-povo, errando entre a revolta que o leva a matar o patrão e o misticismo de Sebastião, tome nas mãos as rédeas do destino. Corisco, então, também soçobra no reino do impulso irracional, potência que liberta.

Há na violência gratuita de Corisco e na ação com mais pensamento de Antônio das Mortes um esboço da visão, cara a Glauber, que tomará forma conceitual, por escrito e por extenso (como pensamento), dois anos mais tarde (1965), em "A estética da fome": a ideia de que a violência é motor necessário e legítimo da história, dimensão inevitável da ação para fazê-la bater asas. Em *Deus e o diabo*, Corisco pertence ao universo da exacerbação gratuita e dispersiva, o que permite a promoção de Antônio das Mortes a agente da história. Em seu papel de guardião libertador faz, com pés pesados, jorrar a fonte do motor dessa história – papel que acabará desmontado parcialmente em *Dragão da maldade*. Por isso, o cego Júlio se dirige a ele, clamando pela compaixão, querendo reduzir o fosso da dualidade, dizendo que "a culpa não é do povo". A frase é repetida três vezes em sequência, com seu nome no meio (Antônio...) para *amolecer* o coração. É a mesma formulação que será utilizada por Sara (Glauce Rocha) ao se dirigir a Paulo Martins (Jardel Filho) em *Terra em transe*, num de seus momentos de desordem e rodopio em má consciência. Paulo Martins responde diretamente, logo em seguida, numa referência que parece ser explícita a *Deus e o diabo*, complementando a frase sobre a culpa do povo com a frieza de uma lâmina que não deixa espaço para a compaixão: "mas ele [o povo] sai correndo atrás do primeiro que lhes acena com uma espada ou uma cruz".

O silêncio comovido de Antônio das Mortes ainda é tocado pela compaixão com o povo que o cego quer promover. Naquele momento, que não é o mesmo que vive Paulo Martins, é necessário deixar claro ao anjo da história, Antônio das Mortes, que ele deve assoprar com jeito a brasa dormida da consciência popular, sem ser muito agressivo com a lerdeza ou muito ansioso. Não é outro o caminho que Antônio das Mortes cumpre, mesmo repleto de crueldade assassina, ao deixar "os que não têm culpa", Manuel e Rosa, serem guiados pelo sertão até a viragem prometida para o mar. Se na maturidade Glauber mergulhará fundo no universo da potência extática popular, extraindo todas as suas consequências, aqui ainda anda com o freio de mão puxado pelo engajamento e pelo didatismo. Na juventude, ainda lhe provoca certo engulho essa potência liberada no modo dionisíaco. Fica claro, no entanto, um espanto com a intensidade da dimensão extática a que facilmente chega o outro-popular, espanto que oscila entre a aderência que faísca na *mise-en-scène*, e a desconfiança, ou mesmo a melancolia, do pensamento que a circunda. São elementos que aparecem como cruciais num segundo momento do Cinema Novo, ainda durante a década de 1960.

PAULO EMÍLIO: DO CINEMA NOVO AO CINEMA MARGINAL

Paulo Emílio pagou seu tributo ao Cinema Novo, apesar de criticado por não haver assumido parcela de liderança. No retrospecto, talvez fique lhe faltando uma avaliação mais ampla do grande filme do movimento, *Deus e o diabo na terra do sol*, realizado no momento em que está mais enfronhado com os jovens. Aparentemente escreveu vários rascunhos, mas nunca publicou. É o que parecia ser natural em 1963-1964, embora já estivesse escrevendo menos no *Suplemento Literário* nesses anos, envolvido com outros interesses. Deve-se frisar, no entanto, que Paulo Emílio foi um crítico antenado com os suspiros da nova produção, desde seus primeiros lampejos. Destaca-se, nessa sintonia, em relação a outros críticos contemporâneos, como Alex Viany, mais tardio em aderir de corpo e alma, ou mesmo a crítica mineira da *Revista de Cinema* (com exceção de Maurício Gomes Leite) que, para o espanto de Glauber, ainda discute o roteiro e o específico fílmico no final dos anos 1950[157]. Paulo Emílio, evoluindo desde o "mestre" Sussekind (como o chamava), consegue percorrer com agilidade a ponte na relação com o novo cinema – o que não é algo evidente –, saltando entre gerações. É importante destacá-lo, pois alguns críticos com raízes mais fortes nos anos 1940-1950 demoraram a se sintonizar.

De uma geração logo posterior ao grupo do Chaplin Club, Paulo Emílio foi, segundo próprio testemunho, levado ao cinema pelas mãos do amigo Plínio Sussekind, na Paris de antes da guerra. É notável, portanto, a facilidade com que se desvincula das amarras do mudo. Isso talvez ocorra em função de outra estadia na capital francesa, a partir de 1946, quando tem contato com a crítica realista da revista *Cahiers du Cinéma* (fundada em abril de 1951), particularmente com André Bazin, que reencontrará no Brasil por ocasião do Festival Internacional de São

Paulo em 1954. É também da primeira estadia em Paris e do convívio com Henri Langlois que herda (e traz para cá, em meados dos anos 1950) a ideia do cinema como arte merecedora de preservação, canalizando sua inegável capacidade de articulação para a criação da Cinemateca Brasileira. Quando estoura o Cinema Novo, Paulo Emílio estará em seu *front* já como crítico maduro, com espaço de reflexão único – pela extensão e repercussão – em um jornal de grande circulação no país, o caderno Suplemento Literário de *O Estado de S. Paulo*, para o qual escreve entre outubro de 1956 e dezembro de 1965.

Coloca seu peso em abrigar os jovens na coluna, flexionando a crítica nessa direção (daí seu estranhamento com outro crítico do jornal, Rubem Biáfora), recebendo rapidamente o reconhecimento desses cineastas, inclusive Glauber Rocha. Também é de si, ainda influenciado pela cinefilia francesa do realismo baziniano (e o faro cinematográfico de Georges Sadoul), a redescoberta de Humberto Mauro. Paulo Emílio está na base do movimento que levou, culminando na *Revisão crítica do cinema brasileiro* (livro de 1963 do jovem Glauber), à colocação do diretor mineiro em destaque no panteão do cinema brasileiro, erguido pela nova geração em busca de parâmetros e raízes. Mauro faz satisfatoriamente a ponte entre o cinema mudo, o início do sonoro nos anos 1930 e o cinema do final dos anos 1950 marcado pelo realismo pós-guerra, no qual o primeiro Cinema Novo vem se inserir. Paulo Emílio teve olho para descobrir no esquecido Humberto Mauro força motriz para fazer girar a linha evolutiva. Seu "mestre" Sussekind não consegue segui-lo na mesma precisão, embora mantivesse, junto com Otávio de Faria, contato com os passos dos jovens em meados dos anos 1950 (na atividade cineclubista de Joaquim Pedro e Paulo César Saraceni). Da iniciação com Sussekind ainda sentimos, na primeira crítica de Paulo Emílio, a busca da velha geração pelo "absoluto" cinematográfico no "sublime" inefável da imagem muda. A proximidade revela o fascínio que exerce sobre Paulo Emílio, como na geração de Bazin, que é a sua, a figura e o cinema de Charles Chaplin, mito integral das potencialidades maiores da nova arte.

A sensibilidade de Sales Gomes com seu tempo, no entanto, irá além desse primeiro salto pelo realismo que seus mestres do Chaplin Club não dão. Seu último fôlego crítico aparece sintetizado em *Cinema: trajetória no subdesenvolvimento* (1980)[158]. Avança pelo cinema pós-1968, encontrando ferramentas para abordar a vereda que o levará até próximo do tropicalismo, convivendo à vontade com o veio mais denso que deriva do Cinema Novo e adentra o Cinema Marginal, pela estética do lixo e a exasperação. Para reproduzir esse caminho, devemos nos ater aos eventos que circundam a Primeira Convenção Nacional da Crítica Cinematográfica, entre 12 e 15 de novembro de 1960, marcando a emergência de um novo cinema no Brasil. O encontro é narrado em duas crônicas de sua coluna semanal no Suplemento Literário do jornal *O Estado de S. Paulo*: "Antes da primeira convenção", de 5 de novembro de 1960[159], e, principalmente, "Uma situação colonial?"[160], publicado no mesmo período, em 19 de novembro. *Uma situação colonial?* foi apresentado inicialmente como tese, na forma de uma comunicação/palestra na convenção de críticos.

Nesses debates do início dos anos 1960, contemporâneos ao surgimento do Cinema Novo, a participação de Paulo Emílio é intensa. Mantém com diversos cineastas, em especial com Glauber Rocha, diálogo criativo. As atividades cinematográficas na São Paulo do começo da década de 1960 giram em torno do grupo reunido no embrião da Cinemateca Brasileira, que tem sintonia com as reivindicações dos jovens cineastas cariocas e baianos. Críticos como Paulo Emílio Sales Gomes, Almeida Sales, Rudá de Andrade, Jean-Claude Bernardet e Gustavo Dahl (que ainda não dirigia) deram apoio ao cinema emergente nas páginas do Suplemento Literário, abertas na coluna de Paulo Emílio e em outros órgãos de imprensa. Além da realização da Primeira Convenção da Crítica em 1960, na qual se fermentaram ideias soltas, Paulo Emílio esteve envolvido, aparentemente em menor grau, na Homenagem ao Cinema Brasileiro, ocorrida durante a Bienal de São Paulo de 1961, quando o novo cinema brasileiro é colocado em evidência, às vésperas da eclosão madura da trilogia de 1963 (*Vidas secas*, *Os fuzis* e *Deus e o diabo na terra do sol*), e também às vésperas do sucesso inesperado de Massaini e Anselmo Duarte em Cannes, com *O pagador de promessas*. Nas recordações Saracenia[161], ficaram marcadas as discussões acaloradas dessa mostra de 1961 (para a qual também veio Glauber), principalmente nos debates com a dupla César Mêmolo e Carlos Alberto de Souza Barros, da velha geração paulista que viveu os estúdios. Testemunhos convergem no entendimento de que essa "Homenagem ao Cinema Brasileiro" ocorre sob o guarda-chuva de Paulo Emílio (figura sênior que se preserva das discussões mais acirradas), numa espécie de lançamento oficial do Cinema Novo. É o reconhecimento público definitivo do movimento, que envolve igualmente uma autodefinição mais restrita do grupo, demonstrando a ligação do crítico com os primeiros balbucios dos jovens do novo cinema, antes dos primeiros longas. Jean-Claude Bernardet – que parece haver sido responsável pela concepção e realização efetiva da mostra –, em artigo publicado no Suplemento Literário[162] em agosto de 1961, compara *Aruanda* e *Arraial do Cabo*, esse último a primeira produção mais acabada do grupo nuclear cinemanovista. Segue-se em 14 de outubro do mesmo ano uma página inteira no Suplemento Literário, que ocupa espaço bem além do habitual, anunciando explicitamente a Homenagem ao Cinema Brasileiro da Bienal e detalhando as exibições. A leitura dos artigos e declarações de época permitem a impressão de que, a partir desse momento, o que estava no ar se cristalizou e o Cinema Novo passou a enxergar a si próprio dentro da medida que seria a sua nos anos seguintes.

Se antes de *Uma situação colonial?* os textos de Paulo Emílio possuíam perfil enciclopédico, lidando com grandes retrospectivas planejadas e autores clássicos do cinema mundial, agora podem se concentrar de modo mais detido no cinema nacional. Estabelecem-se em um sistema no qual a arte do cinema passa a dialogar de modo orgânico com a produção de seu tempo e seu país, e com outros críticos de sua geração, como Antonio Cândido ou Décio de Almeida Prado. Inicia-se o caminho que desembocará, doze anos depois, 1973, em *Cinema: trajetória no subdesenvolvimento*, fechando a carreira de Paulo Emílio na crítica e na teoria. Esse é o momento no qual as ferramentas já estão fora da caixa, mas ainda não se dão a elas todas as utilidades que a forma permite. Em *Uma situação colonial?*, Paulo Emílio estabelece claras posições que fecham a direção de seu pensamento e o focam na descrição de um estado de aflição que vive o cinema brasileiro, do qual seria logo resgatado pela afirmação cinemanovista, ainda não antevista nesse texto publicado em novembro de 1960, mas pressentida através do sentimento negativo e tom depressivo que percorre a tese.

O caminho para fora da depressão fechada de *Uma situação colonial?* se dará pela descoberta da dimensão de *sintoma* que possui o "filme ruim" nacional, ideia que se esboça inicialmente nesse texto. O corte economicista, com marcas do desenvolvimentismo de cores isebianas, faz sua estreia em grande estilo no pensamento de Paulo Emílio. Ficam delineados os parâmetros da visão que se seguirá nos anos seguintes, no modo de trabalhar e valorar o cinema brasileiro. *Uma situação colonial?* marca o já esboçado encontro do crítico com o cinema brasileiro, que parece, contudo, vir sendo evitado há anos (ao menos na intensidade com que agora se coloca), seja em função dos longos períodos no exterior, seja pela falta efetiva de um interesse contínuo. Os dilemas do cinema brasileiro do início e meados dos anos 1950 não comoveram o crítico, na mesma medida que comoveram outros participantes marginais da aventura industrial paulista (como Alex Viany, Nelson Pereira e outros), quando tentaram enveredar pelo realismo de esquerda depois dos congressos do início da década. O encontro de Paulo Emílio com o cinema brasileiro do qual *Uma situação colonial?* é testemunho foi posterior. Dá-se na forma e na intensidade da força das paixões que estouram na maturidade. A partir da descoberta, abandonará todas as outras amantes e só terá olhos para a jovem escolhida. A correspondência é mútua e também se retroalimenta. O cinema brasileiro efetivamente desponta com brilho diferenciado a partir de 1961 e encontra em Paulo Emílio um ancião (como é visto o quarentão avançado em meados do século XX) de braços abertos para recebê-lo. A nova paixão pede exclusividade, e ele não hesitará em concedê-la, inclusive porque a beleza juvenil que se revela chama a atenção de todos. O mais interessante, e que de certo modo justifica as posteriores reclamações da nova amante, é que Paulo Emílio findará por abandoná-la meio ao pé do altar, no auge de seu esplendor, para escolher sua prima mais pobre, a rejeitada pornochanchada, ou, mais especificamente, o "filme ruim" nacional.

Paulo Emílio é inconstante, e Glauber, em alguns momentos, será amargo sobre esse ponto, acusando-o em *Revolução do Cinema Novo* de haver aderido à "intentona udigrudista" e não assumir quem chama para liderar: "Paulo Emílio não consegue, como John Reed, criticar o fenômeno com quem convive e o chama para liderar. Recusa a coroa várias vezes, deixa o grupo sem o Comando Imperial [...] e quando da intentona udigrudista de 1968 apoia os insurrectos como se o cinema novo fosse o Politburo"[163].

Quando o Cinema Novo e os jovens, a que tanto havia estimulado em 1960-1961, se afirmam definitivamente[164], Paulo Emílio estará às voltas com problemas pessoais. Entre Brasília e São Paulo, dá a impressão de não estar tão concentrado na crítica de cinema ou aberto para se entusiasmar com o reconhecimento estrondoso da geração que, pioneiramente, havia pressentido e apostado. Também o projeto da Cinemateca continua a absorver seu tempo e suas preocupações. Quando retorna e se debruça sobre o assunto, já estamos mais para o final da década de 1960, início dos anos 1970, e o contexto é outro. O *momentum* havia passado e novamente Paulo Emílio mostra sua personalidade radical que assume sem receio as rupturas e o choque, algo que traz desde a juventude. Encontra agora terreno para manter a posição desafiadora noutro lugar. O Cinema Novo sai do primeiro plano, e a estética do Cinema Marginal aparece mais próxima. É claro o destaque dado em *Trajetória* para a novíssima geração Marginal.

Paulo Emílio aceita na maturidade, num modo recomposto, a influência da sensibilidade estética de seu primeiro mestre de juventude, Oswald de Andrade, não mais como "piolho da revolução" (termo que Oswald criou para responder a uma resenha crítica que escrevera). Ou ainda "potro", que dá coices sem ser cavalo para machucar, outro adjetivo de Oswald que qualifica o jovem rebelde ("Oswald, feliz, explicava para seus amigos que minha forma vital de expressão era o coice, mas que não houvesse engano, não se tratava de um cavalo, mas sim de um potro"[165]). Paulo Emílio parece nutrir, conforme avançam os anos 1960, uma proximidade renovada com aquele a quem chamou de seu primeiro "mestre", certamente influenciada pela retomada da reavaliação da obra oswaldiana, proporcionada pelo ambiente ideológico do final da década, na onda da contracultura e do tropicalismo *pop*. Sales Gomes segue os ventos ideológicos do momento, abandonando progressivamente o realismo do pós-guerra e as ilusões desenvolvimentistas inauguradas em *Uma situação colonial?* (mas que ainda se respiram em *Trajetória*). Caminha cada vez mais na direção contemporânea, descobrindo que é possível afirmar a nacionalidade, no avesso da indústria cultural e do filme ruim, desde que haja movimento de deglutição movido por apetite antropofágico.

A postura oswaldiana volta no Paulo Emílio do final da vida, ainda que o jovem potro só tenha conhecido o poeta já na sua meia-idade. Paulo Emílio fazia parte do grupo dos "chato-boys", definição de Oswald para os jovens que o procuravam, influenciados pelo pensamento acadêmico que emergia nos primeiros anos do projeto da Universidade de São Paulo. Era um Oswald já mais marcado pela influência do comunismo dos anos 1930. Paulo Emílio esteve próximo, ainda que de modo travesso, pois tardio, com o que existiu de mais radical no modernismo dos anos 1920, não só dentro da corrente oswaldiana, mas também nas experiências políticas extremas, lado aventuroso que marcou sua juventude. É nesse *background* que Paulo Emílio encontra inicialmente o Oswald de Andrade dos anos 1930, marcado pelo esgotamento de 1922 e a ascensão da preocupação social regionalista – mas ainda mordendo com a verve sarcástica. É o quadro que traça Décio de Almeida Prado em *Paulo Emílio quando jovem*[166], mencionando a sensibilidade do crítico para O *moleque Ricardo*, romance social de José Lins do Rego, e a leitura a contrapelo, com má vontade e pronta para o coice, de *O homem e o cavalo*, obra que Oswald tentava emplacar na época. A influência do modernismo radical dos anos 1920, no entanto, permanece, como fica claro ainda antes de 1935 – fim dos anos dourados de Paulo Emílio – e também no retorno de seu exílio político, na década de 1940, nas articulações da revista *Clima*, já agora como "chato-boy".

No final dos anos 1960, quando a sensibilidade de 1922 retorna a todo vapor no veio tropicalista, Paulo Emílio não tem dificuldade em antenar-se nos tempos correntes. Pela contracultura, oscilando entre curtição e horror, o pulso antropofágico é incorporado no segundo fôlego do Cinema Novo – desde *Terra em transe* até *Macunaíma*, *O dragão da maldade* e *Brasil ano 2000* –, sendo radicalizado em seu extremo pelo Cinema Marginal. O mesmo vendaval chega em Paulo Emílio num radicalismo que pode parecer estranho para quem olha de fora o velho crítico. A postura iconoclasta do jovem "piolho da revolução" é acordada, novamente em sintonia com seu tempo, o que talvez explique a sensação de distanciamento que os cinemanovistas (exceção talvez para Saraceni) manifestam, seguindo-se a série de artigos atenciosos que Paulo Emílio direciona, no início da década de 1970, aos muito jovens expoentes do Cinema Marginal.

Essa é a guinada que respiramos no âmago do ensaio-chave da maturidade de sua carreira, *Cinema: trajetória no subdesenvolvimento*, guinada que dá personalidade diferencial à sua última escritura. A relação da *rive droite*, do núcleo turco da *nouvelle vague*, com o filme de gênero e a produção B norte-americana não chega a Paulo Emílio, embora próxima dos jovens diretores que começam a circular na Boca. Trata-se, no entanto, de descompasso que não impede a surpreendente incorporação valorativa do outro-lixo em sua crítica. No caso dos Marginais, esse outro-lixo é o cinema descartável, a chanchada, o terror, o *western*, o filme *noir* B ou a ficção científica. Surge dentro da nova sensibilidade cinematográfica intertextual que emerge no final dos anos 1960. Seguindo os jovens Marginais da Boca, Paulo Emílio também vai além e, a seu modo, consegue engolir não só a chanchada como também a pornochanchada, uma vez aberta a porta do "filme ruim" (a chanchada seria o filme ruim para os anos 1950/1960, assim como a pornochanchada o é para o início da década de 1970). Nesse sentido, o crítico afirma, como sendo prejudicial, a ausência do viés deglutidor "brega" no Cinema Novo: "o fato de querer se distanciar da chanchada inteiramente, foi algo que, eu penso, não ter feito bem ao Cinema Novo"[167]. No deslocamento, Paulo Emílio consegue se aproximar da sensibilidade antropofágica, agora reciclada na década de 1960, abrindo-se para a deglutição do filme ruim nacional, seja através do filme ruim chanchada ou, ainda mais chocante, a pornochanchada. Podemos dizer que a pornochanchada é o bispo Sardinha do Paulo Emílio: engoli-la funda a nova nação (e o novo nacional) inaugurando uma brasilidade contemporânea.

Para um crítico que viveu o ambiente cinematográfico nacional dos anos 1950, o passo é largo. A novidade de *Cinema: trajetória no subdesenvolvimento* está no abandono progressivo – embora sempre presente no horizonte – do contexto ideológico de corte isebiano desenvolvimentista, sustentado pelas marcas da consciência (e da má consciência) no engajamento pela práxis política para lidar com o outro-popular. Isso embora Paulo Emílio traga consigo entranhado esse outro-popular, agora se transformando em outro-ocupado. *Trajetória* apresenta, como descoberta, uma estratégia para superar o quadro dicotômico de alienação e depauperação descrito em *Uma situação colonial?*. O tom de *Trajetória* continua sombrio, inclusive em função do momento agudo de sua publicação (1973). Paulo Emílio sofria perseguição política e profissional que atingia também os que lhe eram próximos. Mas a diferença entre os contextos de *Situação colonial* e *Trajetória* é evidente. Saímos de um ensaio em 1960 – uma "tese", como se dizia na época – que mostra um crítico cansado, à beira de um ataque de nervos, parecendo desistir justamente quando o dia está para raiar. Doze anos depois, quando escreve *Trajetória*, o autor já experimentou e vivenciou de dentro o grande cinema brasileiro de 1963-1964 e da segunda metade da década de 1960, numa constelação de obras-primas e amplo reconhecimento internacional.

Detalhando o hiato, existe em *Uma situação colonial?* uma frustração retrospectiva de quem, em 1960, olha para trás e vê resultados pífios no cinema brasileiro e em sua estrutura de produção, apesar das esperanças que surgiram na primeira metade da década de 1950. Mas Paulo Emílio já sente que é o filme nacional que pode quebrar a posição de conforto da crítica e dos cineastas. Deve ser encarado como sintoma, texto que revela, no espelho, um significado na raiz da depressão e do pessimismo reinantes: "o filme nacional é um elemento perturbador para o mundo, artificial, mas coerente, de ideias e sensações cinematográficas que o crítico criou para si mesmo"[168]. Elemento perturbador, pois revela o reflexo. Por isso, a crítica acirrada que o filme nacional recebe é excessiva e não corresponde às características intrínsecas de sua expressão como objeto cultural. Ou seja, o ambiente depressivo no meio cinematográfico de 1960 deve aceitar o filme nacional como parte de si e saber digeri-lo como significado. É nesta aceitação, pelo meio do sintoma, que Paulo Emílio constrói o conceito de "filme ruim", central em sua crítica posterior.

A alienação do crítico de cinema dá ensejo à visão de que filme nacional é *outra coisa* (significado de) e não coisa mesma (Paulo Emílio grifa explicitamente a expressão "outra coisa"[169]). Outra coisa que revela, pois, além de ruim e depressivo, é também identidade. Desvela a redoma que o crítico brasileiro construiu para si. Redoma carregada da "marca cruel do subdesenvolvimento", de "alienação", "depauperação", "insatisfação", "amargura", "atmosfera envenenada", "mesquinharias", "capital dilapidado", "certa secura", "mal-estar", "humilhação". São todas expressões que constam da pena em que o crítico carrega nos tons em *Uma situação colonial?* para a descrição de ambiente no qual "a amargura envenena a atmosfera, e a energia e o tempo gastos em mesquinharias é um precioso capital dilapidado"[170]. É no intervalo do choque entre o que se pretende ser e o que se é que se levanta o sentimento de humilhação. O diagnóstico é agudo ao relacionar a posição de humilhação (e o sentimento vira-lata de inferioridade do nacional), ao sarcasmo demolidor. Esse autossarcasmo demolidor é traço central para a compreensão das figuras da brasilidade no cinema nacional vindouro e já surge pressentido aqui em Paulo Emílio. Será reencontrado, em outra constelação, no período da Retomada (que Paulo Emílio não viveu).

O caminho da elegia do "filme ruim" parte daí, do mal-estar como *sintoma* que *significa*, apontando na direção inédita de uma análise que vai além da constatação. Os escritos de Paulo Emílio possuem uma dose de humor fino e corrosivo que se descola facilmente de um primeiro nível literal, tornando-o muitas vezes incompreensível para a análise compenetrada na responsabilidade da missão social do crítico. Por isso o choque que exercem até o fim e a dificuldade em cercá-los num modo reducionista. Quando não é mais beco sem saída para ser descartado, o filme ruim nacional abre-se em Paulo Emílio como sintoma para a incorporação intertextual. O realismo do pós-guerra não respira esse veio citacional nem certamente sua incorporação avacalhada. Já vimos como as duas grandes visões panorâmicas do cinema brasileiro, escritas ainda sob a influência do contexto da modernidade neorrealista dos anos 1950, *Introdução ao cinema brasileiro*, de Alex Viany (1959), e *Revisão crítica do cinema brasileiro*, de Glauber Rocha (1963), passam ao largo desse horizonte. No caso de Glauber Rocha, a chanchada é o grande ausente da *Revisão crítica*. O panorama que o diretor traça em 1963 é ainda marcado pela geração anterior de Viany, acrescido das ambições do jovem cinema em erguer um panteão autoral.

O estímulo ao espírito tropicalista, aberto para o *pop* e a absorção criativa da cultura de massa, chegando até a pornochanchada, mostra uma postura radical em Paulo Emílio, em sintonia com o novíssimo Cinema Marginal. Seu posicionamento deixa espaço para a incorporação do dialogismo intertextual debochado, que se abre a partir de uma obra como *O bandido da luz vermelha* (1968) ou, mais ainda, *A mulher de todos* (1969). A chanchada em *Trajetória* é vista como "marco"[171], pois tem "produção ininterrupta durante cerca de vinte anos" e "se processou desvinculada do gosto do ocupante e contrária ao interesse estrangeiro"[172]. Paulo Emílio se estende nessa reflexão num longo parágrafo de elegia no qual já se percebe a recuperação contemporânea do gênero, deixando definitivamente para trás a visão do Viany de 1959: "uma enxurrada até agora ininterrupta de chanchadas musicais, sempre apressadas e quase sempre desleixadas"[173].

Mas, no fim, a descrição cronológica de *Cinema: trajetória no subdesenvolvimento* vai um ponto além. Não termina no beco sem saída em que o Cinema Novo se meteu. Partimos da Bela Época, passamos pelas antológicas chanchadas, pela grandiosa Vera Cruz, pelo realismo no horizonte do comunismo político dos anos 1950, e desembocamos no Cinema Novo desintegrado. A análise continua até a máxima contemporaneidade. Chega às últimas marolas da onda cinemanovista contemporânea, denominadas por Paulo Emílio de "Cinema do Lixo". A linha de chegada do trem da *Trajetória* está aí. Segue de perto a crise que vive o cinema brasileiro no auge dos anos de chumbo, em pleno vigor do período mais violento da ditadura militar. O Cinema Novo, impedido de se mover mais livremente, agora está "órfão de público catalisador". Seus principais participantes "se dispersaram em carreiras individuais norteadas por temperamento e gosto de cada um"[174]. Os desenvolvimentos individuais, nesse ponto, embora próximos entre si, não possuem, para Paulo Emílio, a organicidade que adquire o cinema realizado pela geração que lhe segue, a do "Cinema do Lixo": "Nenhum deles [dos cineastas cinemanovistas], porém, se instalou na falta de esperança que cercou a agonia desse cinema. A linha do desespero foi retomada por uma corrente que se opôs frontalmente ao que tinha sido o cinemanovismo e que se autodenominou, pelo menos em São Paulo, Cinema do Lixo"[175].

A linha do desespero, tão bem pressentida ao finalizar, em 1973, a trajetória do cinema brasileiro, vem na crista da onda gerada por um movimento que ele já vislumbrava se sobrepondo ao Cinema Novo, na sequência direta de uma sensibilidade geracional diferenciada.

A intuição do crítico localiza, em 1973, dois eixos predominantes do Cinema Marginal: a exasperação e o diálogo intertextual com o brega, ou o lixo/objeto-ruim. A descrição que faz é adjetivada. Os jovens, que "poderiam, em outras circunstâncias, ter prolongado e rejuvenescido a ação do Cinema Novo cujo universo e tema retomam em parte", agudizam esse universo "em termos de aviltamento, sarcasmo e uma crueldade que nas melhores obras se torna quase insuportável pela neutra indiferença"[176]. É o velho crítico formado por uma estética nutrida em outras gerações, espantado com a representação extrema ("quase insuportável") do abjeto e do horror, levada a cabo pelo Cinema Marginal. O conjunto de filmes é percebido em sua unidade, algo que muitos, até os dias de hoje, insistem em negar. Sua exposição segue a descrição sem entusiasmo do Cinema Novo. O Cinema

Marginal faz-se presente como grande novidade na trajetória. Ao tocá-lo sentimos a pena animada de Paulo Emílio e as belas figuras de seu estilo de maturidade:

> Conglomerado heterogêneo de artistas nervosos da cidade e de artesãos do subúrbio [certamente aqui se refere à Boca] o Lixo propõe um anarquismo sem qualquer rigor ou cultura anárquica e tende a transformar a plebe em ralé, o ocupado em lixo. Esse submundo degradado percorrido por cortejos grotescos, condenado ao absurdo, mutilado pelo crime, pelo sexo e pelo trabalho escravo, sem esperança ou contaminado pela falácia, é, porém, animado e remido por uma inarticulada cólera. O Lixo teve tempo, antes de perfazer sua vocação suicida, de produzir um timbre humano único no cinema nacional[177].

E é a esse "timbre humano único" do lixo, resíduo válido como manifestação de "inarticulada cólera", que Paulo Emílio dedicará parte de seus últimos textos voltados ao cinema.

No final da carreira, em críticas publicadas principalmente em 1973 e também 1974–1975, na sequência de *Trajetória*, Paulo Emílio reafirma a sua diretriz de incorporar o "ruim", realçada agora como posição espectatorial ativa. Não só afirma "morreu em mim o espectador estimulado pelo produto estrangeiro"[178], mas, o que provoca mais comoção, elege o "cinema brasileiro de má qualidade" como forma de arte que se abre para a percepção do mesmo em si: "o subdesenvolvimento é fastidioso, mas sua consciência é criativa"[179]. O entusiasmo com a nova posição recém-descoberta é patente nas críticas de 1974 e 1975, as últimas publicadas antes de sua morte: "emana da análise de um mau filme brasileiro uma alegria de entendimento que o consumo da Arte de um Bergman, por exemplo, não proporciona a um espectador brasileiro"[180]. É a "alegria de entendimento" carregada de plenitude na empatia com um objeto artístico, que só o domínio completo das referências culturais pode proporcionar (às quais se junta a singularidade da identidade na expressão da fala, tema a que sempre retorna Paulo Emílio):

> [...] a gente encontra tanto de nós num mau filme que pode ser revelador em tanta coisa da nossa problemática, de nossa cultura, do nosso subdesenvolvimento, da nossa boçalidade inseparável da nossa humanidade, que em última análise é muito mais estimulante para o espírito e para a cultura cuidar dessas coisas ruins do que ficar consumindo no maior conforto intelectual e na maior satisfação estética os produtos estrangeiros[181].

A elegia do mau filme, do filme boçal nacional, encaixa-se como luva no momento e não é surpresa constatar sua confluência na discussão da estética que cerca o Cinema Marginal.

A formulação sobre os predicados superiores do "filme ruim" brasileiro por Paulo Emílio está longe de ser pensamento isolado de um texto, mas é repetido em artigos e entrevistas, além de desenvolvida em sala de aula, conforme testemunhos de amigos e alunos. É eixo de congruência, ponto final na linha evolutiva que ele, em vida, vislumbrou para o cinema nacional. Ao sintonizar-se com o veio intertextual que vem junto à incorporação do filme ruim, atrai a admiração dos jovens da parcela da Boca que estava fazendo cinema do "lixo". Sua defesa do filme ruim como "boçalidade inseparável de nossa humanidade" caminha, nessa linha, próxima ao "cinema boçal" do "Manifesto do Cinema Cafajeste", escrito por João Callegaro, Carlos Reichenbach, Antônio Lima e turma, ou da defesa que faz do personagem do prólogo de *Audácia!*, do "filme péssimo". Nessa órbita circulam também Rogério Sganzerla e Jairo Ferreira e, um pouco mais distante, Andrea Tonacci.

Não é à toa, portanto, o tom polêmico em torno do cinema brasileiro cafajeste, boçal, que Paulo Emílio assume na entrevista que concedeu a membros dessa geração (Carlos Reichenbach, Eder Mazini e Inácio Araújo), publicada no número solitário da revista *Cinegrafia* em 1974[182]. A sintonia com a sensibilidade do Cinema Marginal da Boca parece ficar mais intensa face à presença da trinca entrevistadora, tomando tonalidades agudas em momentos. São deixados explícitos os argumentos que encontramos nuançados em *Trajetória* e também em críticas de jornal entre 1974 e 1975. O resultado final talvez tenha assustado Paulo Emílio, a ponto de classificar o conjunto, em nota enviada posteriormente aos editores, como "um aglomerado caótico de palavras e frases", "caos" do qual acabam "emergindo ideias que reconheço, me são caras e talvez sejam minhas"[183]. As declarações na entrevista se direcionam no sentido de afirmar onde se localiza, naquele instante, a linha progressiva do cinema brasileiro vislumbrada em *Trajetória*. Ela aparece na geração que, no início dos anos 1970, pegou o bastão deixado pelo Cinema Novo. Críticas do *Jornal da Tarde* seguem na mesma direção. Trata-se da produção mais tardia de Paulo Emílio que ainda daria a guinada conhecida para a produção ficcional literária, antes de falecer.

A defesa do nacional, passando pelo viés da valoração afirmativa do filme ruim, do lixo e da boçalidade (do produto da indústria cultural, finalmente), é polêmica. Na época produz a reação de intelectuais com visão mais tradicional. Em longa carta datada de 3 de outubro de 1974, dirigida ao próprio Paulo Emílio e depois publicada, em 1978, em *Ensaios de Opinião*[184], Maurício Segall manifesta sérias reservas sobre a nova visão que Paulo Emílio amadurecia do cinema brasileiro. O tom da missiva beira a indignação e mostra uma reação comum do campo ideológico da esquerda mais tradicional às estrepolias do Cinema Marginal e à sensibilidade tropicalista, próximas a um tipo de atitude que se convencionou chamar de "desbunde". Haveria Paulo Emílio "desbundado"?, parece perguntar o missivista. Essa é a cobrança que podemos sentir por detrás da carta de Segall. Em sua biografia de Paulo Emílio, José Inácio de Melo Souza tem razão em afirmar que "Maurício Segall alinha-se entre os adeptos do nacional-popular na cultura"[185], embora efetivamente não seja justo colocá-lo como membro de carteirinha no clube. O fato é que o tom de sua carta é forte, chegando a acusar Paulo Emílio de tendências fascistas. Sente-se que a abertura do crítico paulista para a deglutição antropofágica da indústria cultural, afirmando o filme ruim, toca uma corda íntima do missivista que provoca uma sobrerreação. Na posição exposta, Segall quer resgatar o nacional a partir de um eixo que pode ser remetido à sensibilidade cepecista do início da década, por inteiro desligada ou em franca oposição às nuances do universo cultural *pop* de incorporação intertextual múltipla, direção para a qual Paulo Emílio pisca os olhos sem vergonha em sua última crítica.

Trata-se de uma elegia que, para Segall, não passa de "nacionalismo pessimista e desesperado": pessimista porque valoriza o que não é bom (o filme ruim) em um momento político delicado, em direção ao qual não levanta a voz da esperança ideológica reciclada que idealiza o popular; e desesperado, pois vai ao encontro da representação da exasperação e do deboche, se sobrepõe à demanda do engajamento político racional e responsável, podendo então ser classificado como "alienado". Outro conceito usado para designar o contexto é o de "irracionalidade", forma acusativa muito comum no discurso crítico da época – e não somente no cinema. Esta é, portanto, a demanda que ecoa por toda a missiva de Segall. O campo no qual ele habita quer exercer uma espécie de má consciência difusa sobre o desvio do colega na direção das águas turvas da irracionalidade – expressão do "de-dentro" por fora do pensamento, desbunde propriamente.

A cobrança pela práxis responsável que atravessa a carta é tentativa de puxar a orelha de Paulo Emílio, acusado, além do mais, de levar não só a si para o mau caminho, mas também os jovens que influencia como crítico e professor. Como já notamos, no final da vida, Paulo Emílio parece de alguma forma ter acordado o espírito anárquico que nutriu na juventude. Apesar de declarar explicitamente que não se considera moderno – no sentido que a expressão teve para os jovens da década de 1920 e 1930 – ou não compartilhar, em sua época de juventude, a sensibilidade dos modernos, como a compartilharam, no cinema, Sussekind ou Otávio de Faria, agora no final da vida a reencontra naquilo que a descoberta da voragem modernista antropofágica significou para os jovens cineastas das décadas de 1960 e 1970. O tributo final ao filme "ruim", "boçal", e a sintonia com seu significado para a novíssima geração no final da década de 1960 mostra que a verve mais ácida e criativa de Paulo Emílio permaneceu com intensidade até o final da vida.

NOTAS

1. Nelson Pereira dos Santos, "O problema do conteúdo no cinema brasileiro", abr. 1952, disponível no Acervo Cinemateca Brasileira.
2. *Ibidem*.
3. *Ibidem*.
4. *Ibidem*.
5. O Congresso Paulista do Cinema Brasileiro foi realizado em abril de 1952, seguido pelo I Congresso do Cinema Nacional de setembro de 1952, no Rio de Janeiro. O II Congresso Nacional do Cinema Brasileiro foi feito no ano seguinte, em dezembro de 1953, em São Paulo.
6. Paulo Emílio Sales Gomes, *Cinema: trajetória no subdesenvolvimento*, Rio de Janeiro: Paz e Terra, 1980.
7. Jean-Claude Bernardet, *Historiografia clássica do cinema brasileiro*, São Paulo: Annablume, 1995.
8. Cf. panorama da evolução de Viany, antes da *Introdução ao cinema brasileiro*, em Arthur Autran, *Alex Viany: crítico e historiador*, São Paulo: Perspectiva, 2003.
9. Alex Viany, *Introdução ao cinema brasileiro*, Rio de Janeiro: Revan, 1993, p. 127.
10. Autran cita crítica de Viany na *Para Todos...* (primeira quinzena, set. 1957), atentando para o personagem protagonista, com característica popular, no vindouro Rio zona norte: "filão que partiu de Favela dos meus amores, passando por João Ninguém, Moleque Tião e Tudo azul veio dar em Agulha no palheiro [...]" (Arthur Autran, *op. cit.*, p. 98).
11. Glauber Rocha, *Revisão crítica do cinema brasileiro*, São Paulo: Cosac Naify, 2003.
12. Paulo Emílio Sales Gomes e Adhemar Gonzaga, *70 anos de cinema brasileiro*, Rio de Janeiro: Expressão e Cultura, 1966.
13. Paulo Emílio Sales Gomes, "Panorama do cinema brasileiro: 1896/1966", em: *Cinema: trajetória no subdesenvolvimento, op. cit.*
14. Vicente de Paula Araújo, *A bela época do cinema brasileiro*, São Paulo: Perspectiva, 1976.
15. *Ibidem*, p. 11. Detalhando o reconhecimento da dívida, que acontece somente em 1976: "Ele [Vicente de Paula Araújo] teve o mérito de esclarecer definitivamente – uma verdadeira descoberta – o nascimento do cinema, em 1898; os primeiros passos; a infância brilhante entre 1908 e 1911, e seu prematuro sufocamento por um comércio cinematográfico local que, desde então, vinculou o próprio destino aos interesses estrangeiros".
16. Paulo Emílio Sales Gomes e Adhemar Gonzaga, *70 anos de cinema brasileiro, op. cit.*
17. *Ibidem*, p. 118.
18. Cf. quadro "Paulo Emílio: do Cinema Novo ao Cinema Marginal" nas pp. 98-109.
19. Alex Viany, "Cinema do Brasil: o velho e o novo", em: *Introdução ao cinema brasileiro, op. cit.*, p. 136. No prefácio da primeira edição dessa obra, Viany nos informa que conseguiu "por um ponto final – provisório! – no último capítulo deste livro às 5:30 da manhã de 30 janeiro de 1958. Os originais ainda ficariam um ano nas prateleiras de um editor [...]". A última data do prefácio, antes da edição, é de janeiro de 1959. O texto "Cinema do Brasil: o velho e o novo" é datado de maio de 1968 e foi adicionado nas edições mais tardias de *Introdução ao cinema brasileiro* (como a de 1993, aqui utilizada), não fazendo parte da edição original.
20. *Ibidem*, p. 140.
21. Alex Viany, *Introdução ao cinema brasileiro, op. cit.*, p. 121.
22. *Ibidem*.
23. *Ibidem*.
24. Alex Viany, "O filme de Carnaval", *Revista Coletânea*, jul. 1959, ano VIII, n. 94, pp. 85-92.
25. *Ibidem*, p. 89.
26. *Ibidem*, p. 88.
27. "Rio, 40° – como nasceu e se realizou a narrativa de Nelson Pereira dos Santos", *O Diário de Notícias*, Rio de Janeiro: s. d., disponível no Antigo Arquivo da Embrafilme.
28. *Ibidem*.
29. Helena Salem fornece a data de 29 de março de 1955: "Em 29 de março de 1955, no 96° dia de filmagem e pouco mais de um ano após o início, rodou-se o último plano no gramado do Maracanã" (Helena Salem, *Nelson Pereira dos Santos – o sonho possível do cinema brasileiro*, Rio de Janeiro: Nova Fronteira, 1987, p. 92).

30 O terceiro filme, *Rio, zona sul*, não chegou a ser realizado.

31 Nelson Pereira dos Santos, "Manifesto por um cinema popular", 1975, disponível no Centro de Documentação e Pesquisa da Cinemateca Brasileira.

32 Tem-se aí a bela sequência em que o jovem Gianfrancesco Guarnieri dá a última volta em sua bicicleta.

33 Na verdade, 1957, data que pode ser precisada pela realização de *Rio, zona norte* e pela *Revista de Cinema*.

34 Glauber Rocha, *Revolução do Cinema Novo*, São Paulo: Cosac Naify, 2004, p. 274.

35 *Ibidem*, p. 423.

36 *Ibidem*, p. 422.

37 *Ibidem*.

38 *Ibidem*.

39 Intitulado "Cinema Novo 62" em *Revolução do Cinema Novo*.

40 Aparece como *Manuel Bandeira* na primeira edição de *Revolução do Cinema Novo*.

41 Glauber Rocha, *Revolução do Cinema Novo*, *op. cit.*, p. 50. Ainda descrevendo o jovem grupo do Cinema Novo: "O cinema novo não nasceu de repente. Paulo César Saraceni e Gustavo Dahl estavam na Europa. Eu e Roberto Pires na Bahia. Os outros no Rio. Nelson e Ruy correndo por fora. Joaquim, um mistério. O grupo cinecrítico mineiro da Revista de Cinema numa posição idealista. Concretismo idem. Bossa Nova? Ficção em Crise. Teatro de Arena! Grupo baiano Mapa/Jogralesca do qual fazia parte! Com Marcos Farias, Miguel Borges, Sarra, Cacá e David discutíamos montagem de atrações, intelectual e tonal e em quarta dimensão. Afonso Beato, Fernando Duarte e Mário Carneiro, luz e cenografia. Não existiam montadores" (*Ibidem*, p. 412).

42 *Ibidem*, p. 15.

43 *Ibidem*, pp. 409-10.

44 Paulo César Saraceni, *Por dentro do Cinema Novo – minha viagem*, Rio de Janeiro: Nova Fronteira, 1993, p. 43.

45 *Ibidem*.

46 *Ibidem*.

47 Centros populares de cultura ligados à União Nacional do Estudantes (UNE).

48 Paulo César Saraceni, *op. cit.*, p. 45.

49 "Os argentinos estavam fazendo um bom cinema, mas não parecia que estivessem começando um movimento, pareciam estar no fim de um movimento, sem muito fôlego" (Paulo César Saraceni, *op. cit.*, p. 107).

50 *Ibidem*, p. 108.

51 *Ibidem*, p. 109.

52 Paulo Emílio tem um pouco o mesmo papel em São Paulo.

53 Rodrigo Melo Franco de Andrade, longevo diretor do Serviço do Patrimônio Histórico e Artístico Nacional (Iphan), é seu pai.

54 Saraceni é mais debitário a Otávio de Faria, e Joaquim Pedro o é com relação a Plínio Sussekind. Sobre presença de Joaquim Pedro e outros cinemanovistas no cineclube do Centro de Estudos Cinematográficos (CEC) do discípulo de Plínio, Saulo Pereira de Mello, cf. Luciana Corrêa Araújo, *Joaquim Pedro de Andrade – primeiros tempos*, São Paulo: Alameda, 2013.

55 "'o específico fílmico era mulher!' teria escrito Glauber Rocha" (referência de Paulo César Saraceni, *op. cit.*, p. 48).

56 *Ibidem*, s. p.

57 *Ibidem*, p. 11.

58 *Ibidem*, p. 48.

59 *Ibidem*, p. 49. A citação dos filmes que se segue é deduzida pelo autor deste capítulo, não está no texto original.

60 Cacá Diegues os debita à Paillard-Bolex 16 mm, presente do "coronel Neves", pai de David. Fez também, em 1959, com a mesma câmera, *Brasília*, em uma viagem acompanhando seu pai à nova capital ainda em construção. Cf. Cacá Diegues, *Vida de cinema: antes, durante e depois do Cinema Novo*, Rio de Janeiro: Objetiva, 2014.

61 Saraceni fornece esta referência: "um pequeno filme mudo sobre café, que era vigoroso e revelava um diretor de cinema".

62 A data citada por Saraceni é 1959, mas pelos filmes mencionados não tem precisão.

63 Paulo César Saraceni, *op. cit.*, p. 28.

64 *Ibidem*, p. 51.

65 Isso fica claro no capítulo "Independentes", em: Glauber Rocha, *Revisão crítica do cinema brasileiro*, *op. cit*.

66 Ibidem, p. 101.

67 Ibidem, p. 110.

68 Ibidem, p. 115, grifo no original.

69 Cacá é sete anos mais jovem que Saraceni e oito anos em relação a Joaquim Pedro.

70 Cacá Diegues, *Vida de cinema: antes, durante e depois do Cinema Novo*, op. cit, p. 88.

71 Glauber Rocha, *Revisão crítica do cinema brasileiro*, op. cit., p. 131.

72 Depoimento recente de Oscar Santana, sobre a posição diferencial do grupo da Iglu com o novo cinema, especifica particularidades: "O Glauber era crítico na época, ele escrevia, mas não fazia cinema. Como a gente realizava um cinema certinho, ele descia o cacete. Ele integrava a Iemanjá Filmes, surgida depois de Redenção... Nós éramos um pouco desacreditados porque não frequentávamos muito o Clube de Cinema. Raramente íamos lá. Eu [...] e o Roberto achávamos que as pessoas imitavam muito os filmes russos, franceses, italianos. Queríamos fazer um cinema permanente e víamos os filmes de Antonioni passarem e sumirem das salas. A gente lia que mendigavam toda vez que queriam filmar novamente. Desejávamos uma produção que não fosse propriamente uma indústria, mas, pelo menos, autossustentável" (em: "Entrevista: Oscar Santana", *Revista de Cinema da UFRB*, 2016, ano VI, n. 9, disponível em: <https://goo.gl/Pq8YwW>, acesso em: 10 jan. 2017.

73 André Setaro, "Roberto Pires", em: Fernão Pessoa Ramos e Luiz Felipe Miranda (orgs.), *Enciclopédia do cinema brasileiro*, São Paulo: Edições Sesc São Paulo; Editora Senac, 2012, p. 554.

74 Antonio Pitanga, por exemplo, herda seu codinome do personagem que desempenhou nesse seu filme de estreia.

75 Cf. um preciso panorama em Maria do Socorro Silva Carvalho, *A nova onda baiana – cinema na Bahia 1958/1962*, Salvador: Editora da Universidade Federal da Bahia, 2003, pp. 99-115.

76 Situada próximo a Itapuã, Salvador.

77 Glauber Rocha, "Experiência Barravento: confissão sem moldura", *Diário de Notícias*, Salvador: 25 e 26 dez. 1960.

78 Cf. livro de memórias de Luiz Carlos Maciel, que participa como protagonista do filme *Cruz na praça*: Luiz Carlos Maciel, *Geração em transe – memórias do tempo do tropicalismo*, Rio de Janeiro: Nova Fronteira, 1996, pp. 57-65.

79 Em *Sertão mar – Glauber Rocha e a estética da fome*, Xavier quer deslocar essa visão negativa da cultura popular através de análise fílmica descritiva da sequência do Barravento. Encontra-se outra análise de Barravento nessa direção em: José Gatti, *Barravento: a estreia de Glauber*, Florianópolis: Editora da Universidade de Santa Catarina, 1987. Renato Silveira encaminha uma abordagem diversa em "O jovem Glauber e a ira do orixá", *Revista da USP*, São Paulo: set.-nov. 1998, n. 39, pp. 88-115. Em "O Barravento de Luiz Paulino dos Santos" (*Revista Brasileira de História das Religiões*, ano 2, n. 5, set. 2009), Raquel Pereira Nunes apresenta uma interessante compilação de três depoimentos recentes de Luiz Paulino. No último deles, Paulino critica Glauber Rocha pelo viés de época (com corte no conceito de alienação), por meio do qual o diretor teria flexionado o primeiro roteiro e a visão da cultura popular mais positiva que Paulino havia originalmente previsto para Barravento.

80 *Correio da Manhã*, 17 abr. 1962, disponível no Centro de Documentação e Pesquisa da Cinemateca Brasileira.

81 Publicado inicialmente em G. Rocha, *Revista Civilização Brasileira*, Rio de Janeiro: jul. 1965, n. 3.

82 Glauber Rocha, *Revolução do Cinema Novo*, op. cit., p. 150.

83 Cacá Diegues, "Barravento: mudança violenta na terra e no mar", 1962, disponível no antigo Acervo Embrafilme, sem fonte especificada.

84 Cacá Diegues, *Vida de cinema: antes, durante e depois do Cinema Novo*, op. cit.

85 Ibidem, p. 121.

86 Ibidem.

87 Ibidem.

88 A expressão "patrulha ideológica" foi criada por Diegues, no final dos anos 1970, quando do lançamento de *Xica da Silva* e *Chuvas de verão*, para acusar uma forma reciclada da cobrança que havia sofrido no pré-1964 e que avança no ambiente de 1968 com os adjetivos de "irracionalismo" e "desbunde". Sobre o tema, cf. ainda Carlos Alberto Pereira e Heloísa Buarque de Hollanda (orgs.), *Patrulhas ideológicas, marca registrada: arte e engajamento em debate*, São Paulo: Brasiliense, 1980.

89 A produção e a carreira de *O pagador de promessas* são abordadas com mais detalhes em: Luciano Ramos, *Oswaldo Massaini: um produtor na história do cinema brasileiro*, tese (doutorado em Multimeios), Instituto de Artes, Universidade Estadual de Campinas, Campinas: 2014 e, igualmente, no texto "Massaini, produtor e distribuidor (1935-1992): um lado pouco conhecido do cinema brasileiro", também de Luciano Ramos e presente exclusivamente na versão digital de *Nova história do cinema brasileiro*, v. 1.

90 Glauber Rocha, *Revolução do Cinema Novo*, op. cit., p. 400.

91 *Ibidem*, p. 428.

92 O esquema de produção também é distinto dos cinemanovistas.

93 Isolamento sonoro para tomadas com som direto.

94 Cf. entrevista de Luiz Carlos Saldanha na boa dissertação sobre o tema de Clotilde Borges Guimarães, *A introdução do som direto no cinema documentário brasileiro na década de 1960*, dissertação (mestrado em Ciências da Comunicação), Universidade de São Paulo, São Paulo: 2008, pp. 167-77.

95 Luiz Saldanha era uma espécie de faz-tudo do grupo cinemanovista, com capacidade de improvisação tecnológica tão invejável quanto indispensável. Deve-se a ele, segundo as más línguas, além da fotografia, o som direto fora de rotação em *Câncer*.

96 Herzog dirigiria o único filme produzido pelo curso, o curta *Marimbás*, com câmera de Dib Lufti e Luiz Carlos Saldanha e montagem de Lucila Bernardet.

97 Cf. Louis Marcorelles, *Éléments pour un nouveau cinéma*, Paris: Unesco, 1970.

98 Sobre Cinema Direto no Brasil, cf. Fernão Pessoa Ramos, "O documentário novo (1961/1965): Cinema Direto no Brasil", em: *Mas afinal... o que é mesmo documentário?*, São Paulo: Senac, 2013, p. 242.

99 O estilo lembra o Direto norte-americano, em sua atração pela fisionomia e a expressão facial.

100 Glauber Rocha, *Revolução do Cinema Novo*, op. cit., pp. 71-7.

101 Segundo filme de Hirszman, realizado a seguir de *Pedreira de São Diogo*.

102 Fernando Solanas e Octavio Getino, "Hacia un tercer cine – apuntes y experiências para el desarrollo de un cine de liberación en el Tercer Mundo", *Revista Tricontinental*: OSPAAL, out. 1969, n. 13.

103 Cf. o acompanhamento da recepção na França do Cinema Novo em Alexandre Figueiroa, *Cinema Novo – a onda do novo cinema e sua recepção na França*, Campinas: Papirus, 2004. Sobre Solanas, cf. capítulo "Cinema Novo/Cinema Marginal, entre curtição e exasperação" nas pp. 116-201.

104 Vladimir Herzog é uma das exceções.

105 Cf. Fernão Pessoa Ramos, "O documentário novo (1961/1965): Cinema Direto no Brasil", op. cit., pp. 380-381.

106 Com base em teorias racistas de Cesare Lombroso.

107 Jean-Claude Bernardet, *Cineastas e imagens do povo*, São Paulo: Companhia das Letras, 2003.

108 Cf. "Helena Solberg", em *Memória do cinema documentário brasileiro: histórias de vida*, Fundação Getúlio Vargas/CPDOC: 2015, disponível em: <https://goo.gl/qZTbMP>, acesso em: maio 2017.

109 Caixa de isolamento acústico.

110 16mm nos médias *Nossa escola de samba* e *Viramundo* e o 35mm, mais estorvante, em *Memória do cangaço* e *Subterrâneos do futebol*.

111 Cf. Jean-Claude Bernardet, "Brasília – contradições de uma cidade nova", disponível em: <https://goo.gl/4ZEW8M>, acesso em: maio 2017.

112 "Cinema Novo", texto datilografado de Joaquim Pedro de Andrade, Arquivo Filmes do Serro, s.d., disponível em: <https://goo.gl/1WyaVK>, acesso em: maio de 2017.

113 Cf. Jean-Claude Bernardet, *Brasil em tempo de cinema*, Rio de Janeiro: Paz e Terra, 1967.

114 Helena Salem, *Nelson Pereira dos Santos – o sonho possível do cinema brasileiro*, op. cit., p. 167.

115 Sobre modernidades no cinema, cf. Jacques Aumont, *Moderno? Por que o cinema se tornou a mais singular das artes*, Campinas: Papirus, 2008.

116 David Neves, "A verdade do nordeste", *O Estado de S. Paulo*, São Paulo: 21 dez. 1963, Suplemento Literário, p. 5.

117 Primo Levi, *É isto um homem?*, Rio de Janeiro: Rocco, 1988.

118 Graciliano Ramos, *Vidas secas*, Rio de Janeiro: Martins Fontes, 1973, p. 55.

119 Cf. entrevista a Gerald O'Grady em: Darlene Sadlier, *Nelson Pereira dos Santos*, Campinas: Papirus, 2003, p. 136.

120 "Em *Vidas Secas* – que possuía alguma dublagem – era som direto, mas havia uns poucos diálogos que foram dublados, ainda que todo o som ambiente, dos sertões, tivesse sido gravado. Eu nunca pensei sobre música para *Vidas Secas*. Para sua música, eu utilizei o som de um carro de boi, que é um som que se integra à imagem. Eu não pensei em música para esse filme" (entrevista a Gerald O'Grady em: Darlene Sadlier, *op. cit.*, p. 137).

121 Cf. Helena Salem, *op. cit.*, pp. 176-7.

122 Ruy Guerra, "Folheto promocional de Os fuzis", *Mostra Nosso Cinema 80 anos*, Embrafilme, 1977.

123 Primeiro *Vidas secas*, depois *Os fuzis*.

124 Glauber Rocha, *Revolução do Cinema Novo*, *op. cit.*, p. 428.

125 Roberto Schwarz, "O cinema e Os Fuzis", em: *O pai de família e outros ensaios*, Rio de Janeiro: Paz e Terra, 1978.

126 *Ibidem*, p. 32.

127 *Ibidem*.

128 *Ibidem*, pp. 27-8.

129 *Ibidem*, p. 28.

130 Silvia Oroz, *30 anos de Cinema Novo: Jarbas Barbosa – entrevista à Silvia Oroz*, Rio de Janeiro: Imprensa da Cidade, 1993.

131 No mesmo período ainda produziria *Ganga Zumba*, misturando o Banco Nacional e José Luiz Magalhães na fórmula final do financiamento dos três longas.

132 Silvia Oroz, *op. cit.*, p. 17.

133 *Ibidem*, p. 19.

134 *Ibidem*, p. 18.

135 *Ibidem*, p. 20.

136 Cf. Glauber Rocha, *Deus e o diabo na terra do sol*, Rio de Janeiro: Civilização Brasileira, 1965, p. 126. O debate sobre o filme coordenado por Alex Viany também se encontra reproduzido em Alex Viany, *O processo do Cinema Novo*, *op. cit.*, pp. 51-84.

137 *Apud* Josette Monzani, "Glauber e a cultura do povo", *Revista USP*, São Paulo: jun.-ago. 1996, n. 30, p. 293. Cf. também Josette Monzani, *Gênese de Deus e o diabo na terra do sol*, São Paulo: Annablume, 2006.

138 Josette Monzani analisa com metodologia comparativa a evolução das cinco versões do roteiro de *Deus e o diabo* (desde a *A ira de Deus/Corisco*, de julho de 1959, até o último e quinto roteiro que serviu para as filmagens, intitulado *Viva a terra/Deus e Diabo na terra do sol*), localizando, nesta entrevista e no encontro com José Rufino, uma inflexão e a definição mais clara do personagem. Cf. Josette Monzani, *Gênese de Deus e o diabo na terra do sol*, *op. cit.*, p. 158.

139 Cf. Valdemar Lima, "Em busca de uma fotografia participante", em: Glauber Rocha, *Deus e o diabo na terra do sol*, *op. cit.*, pp. 16-7.

140 *Ibidem*, p. 17.

141 *Ibidem*, p. 23.

142 Cf. depoimento do ator em bônus do DVD do filme *Deus e o diabo na terra do sol*.

143 Rogério Duarte, depoimento a Raquel Gerber, dez. 1974, "Glauber Rocha e a experiência inacabada do Cinema Novo", em: Raquel Gerber *et al.*, *Glauber Rocha*, Rio de Janeiro: Paz e Terra, 1977, p. 24.

144 Barthélémy Amengual, "Glauber Rocha ou les chemins de la liberté", em: Michel Ciment (org.), *Le Cinéma Novo brésilien – Glauber Rocha*, Paris: Minard/Lettres Modernes, 1973, p. 68.

145 Podem ser também as "Histoire-femmes inconstantes" ou "Histoire-putains". *Ibidem*, p. 82.

146 Michel Ciment e Piero Arlorio, "Entretien avec Glauber Rocha", *Revista Positif*, jan. 1968, n. 91 *apud* Barthélémy Amengual, "Glauber Rocha ou les chemins de la liberté", *op. cit.*, pp. 51-2.

147 Glauber Rocha, *Deus e o diabo na terra do sol*, Rio de Janeiro: Civilização Brasileira, 1965, p. 132.

148 *Ibidem*, p. 134.

149 Aparentemente Regina Rosemburgo era a atriz originalmente prevista para o papel (o que não mudaria muito o perfil), previsão alterada em função do produtor. Regina teria, durante anos, nutrido mágoa com Glauber pela alteração.

150 *Ibidem*, p. 131.

151 Sônia tem *Deus e o diabo* como seu primeiro e praticamente único trabalho no cinema.

152 Barthélémy Amengual, "Glauber Rocha ou les chemins de la liberté", *op. cit.*, p. 78.

153 Luiz Carlos Maciel, *Geração em transe – memórias do tempo do tropicalismo, op. cit.*

154 Depois filmado em estilo direto/verdade por Paulo Gil Soares, em *Memória do cangaço*.

155 Glauber Rocha, *Deus e o diabo na terra do sol, op. cit.*, p. 125.

156 *Ibidem*, p. 132.

157 Na segunda fase da revista, a sintonia com o jovem cinema é mais forte.

158 Paulo Emílio Sales Gomes, "Cinema: trajetória no subdesenvolvimento", em: *Cinema: trajetória no subdesenvolvimento*, Rio de Janeiro: Paz e Terra / Embrafilme, 1980.

159 Cf. Paulo Emílio Sales Gomes, *Crítica de cinema no Suplemento Literário*, Rio de Janeiro: Paz e Terra / Embrafilme: 1981, v. II, p. 282-5.

160 *Ibidem*, p. 286-91.

161 Paulo César Saraceni, *Por dentro do cinema novo – minha viagem*, Rio de Janeiro: Nova Fronteira, 1993.

162 Jean-Claude Bernardet, "Dois documentários", *O Estado de S. Paulo*, São Paulo: 12 ago. 1961, Suplemento Literário, p. 5.

163 Glauber Rocha, *Revolução do Cinema Novo*, São Paulo: Cosac Naify, 2004, 462.

164 Além dos filmes de 1963 mencionados, todo o grupo é muito consistente ao chegar ao longa: Hirszman, Joaquim Pedro, Cacá, Saraceni, Dahl e Walter Lima Jr.

165 Paulo Emílio Sales Gomes, "Um discípulo de Oswald em 1935", em: *Crítica de cinema no Suplemento Literário*, v. 2, *op. cit.*, p. 443.

166 Décio de Almeida Prado, "Paulo Emílio quando jovem", em: Carlos Augusto Calil e Maria Teresa Machado (orgs.), *Paulo Emílio – um intelectual na linha de frente*, São Paulo: Brasiliense, 1986.

167 Entrevista a Carlos Reichenbach, Eder Mazini e Inácio Araújo, "Paulo Emílio – eu só gostava de cinema estrangeiro", *Revista Cinegrafia*, 1974, n. 1. Reproduzida em Maria do Rosário Caetano (org.), *Paulo Emílio Sales Gomes – o homem que amava o cinema e nós que o amávamos tanto*, Brasília: 2012, Festival de Brasília do Cinema Brasileiro, p. 81.

168 Paulo Emílio Sales Gomes, "Um discípulo de Oswald em 1935", *op. cit.*, p. 291.

169 *Ibidem*.

170 Paulo Emílio Sales Gomes, "Uma situação colonial?", *op. cit.*, p. 288.

171 "Fenômeno cinematográfico que se desenvolveu no Rio de Janeiro a partir dos anos 40 é um marco" (Paulo Emílio Sales Gomes, *Cinema: trajetória no subdesenvolvimento, op. cit.*, p. 79).

172 *Ibidem*, p. 79-80.

173 Alex Viany, *Introdução ao cinema brasileiro*, Rio de Janeiro: Revan, 1993, p. 121.

174 Paulo Emílio Sales Gomes, *Cinema: trajetória no subdesenvolvimento, op. cit.*, p. 84.

175 *Ibidem*.

176 *Ibidem*.

177 *Ibidem*.

178 Paulo Emílio Sales Gomes, "Explicapresenta", em: Carlos Augusto Calil e Maria Teresa Machado (orgs.), *op. cit.*, p. 262.

179 *Ibidem*, p. 263

180 "Cinema brasileiro na universidade: a alegria do mau filme brasileiro", *Movimento*, 1º set. 1975, em: Carlos Augusto Calil e Maria Teresa Machado (orgs.), *op. cit.*, p. 308.

181 Entrevista a Carlos Reichenbach, Eder Mazini e Inácio Araújo, "Paulo Emílio – eu só gostava de cinema estrangeiro", *op. cit.*, p. 79.

182 *Ibidem*.

183 Bilhete reproduzido em: Maria do Rosário Caetano (org.), *op. cit.*

184 Maurício Segall, "Cinema brasileiro x cinema estrangeiro", *Ensaios de opinião*, São Paulo: 1978, v. 6, p. 30-6.

185 José Inácio de Melo Souza, *Paulo Emílio no paraíso*, Rio de Janeiro: Record, p. 508.

CINEMA NOVO / CINEMA MARGINAL, ENTRE CURTIÇÃO E EXASPERAÇÃO

FERNÃO PESSOA RAMOS

O grupo cinemanovista tem a singularidade de atuar de modo efetivo nas estruturas de produção que o cinema exige mediante suas diversas produtoras e a inédita visão de uma empresa, a Difilm, para atuar na distribuição. Já nos primeiros anos podemos notar a preocupação com aspectos do mercado necessários para a arte cinematográfica, movimento que ficará mais claro na década de 1970, com o domínio sobre a produtora e distribuidora Embrafilme. Luiz Carlos Barreto, um dos talentos da geração no setor da produção, talvez o principal responsável pela articulação da Difilm, afirma com razão "que a Embrafilme no fundo foi uma continuidade da Difilm"[1]. Glauber, Zelito (com a Mapa Filmes), Saraceni, Barreto, Walter Lima Jr., Joaquim Pedro, Hirszman, Diegues e os próximos Marcos Farias, Roberto Farias, Rivanides Farias compõem o grupo inicial que funda a Difilm, não sem contradições entre si, como ficará claro nos conflitos com as produções Roberto Farias, particularmente depois do sucesso de *Toda donzela tem um pai que é uma fera* (1966) e, em seguida, *Roberto Carlos em ritmo de aventura* (1967), filmes que acabam desequilibrando a balança na repartição de lucros na distribuidora[2]. A verve glauberiana em "O Cinema Novo e a aventura da criação"[3], justificando, ombro a ombro, a criação da Difilm, traz a concepção bem concreta e realista que acompanha o entendimento de colegas mais ágeis no assunto, como Gustavo Dahl, sobre as condições infraestruturais necessárias para se fazer cinema com produções de investimento mais alto, exigindo retorno financeiro e público (caso de *Os herdeiros, O dragão da maldade contra o santo guerreiro, Macunaíma, Os deuses e os mortos* e *Pindorama*).

Por outro lado, o Cinema Novo quer manter porta aberta para o caráter "alternativo", algo que nunca sai do horizonte e é defendido, em suas oscilações, pela principal liderança do grupo, Glauber Rocha. Significativo dessas oscilações é o texto de Gustavo Dahl, "Cinema Novo e estruturas econômicas tradicionais"[4], publicado em março de 1966, praticamente um ano após "Uma estética da fome", de Glauber Rocha. Estética que, num tom bastante distinto, pregava a estilística radical "maldita", contra o "sabor da miséria" e a "linguagem de lágrimas" do classicismo narrativo – alvo em que cabiam filmes como O *pagador de promessas*. Gustavo Dahl foi aquele que, desde o início, fez o personagem preocupado com aspectos práticos da produção, ainda quando esse lado coercitivo da atividade cinematográfica batia de frente com postulados ideológicos caros ao primeiro Cinema Novo. O argumento inicial é atingir o mercado por intermédio de uma linguagem cinematográfica popular, a linguagem dos cordéis e das representações dramáticas espontâneas, que não seria clássica. É essa esperança que sustenta os altos investimentos no cinema do final da década. É também o caso do discurso de Glauber sustentando, em 1969, dois caminhos: o do Cinema Marginal, da produção alternativa em 16 mm no qual ele vê *Câncer* avançar; e o outro, do grande cinema, que deve chegar ao circuito exibidor e a um público maior, no qual enxerga a trilha que percorre em *Dragão da maldade*. Ou, ainda, na mesma entrevista, seguindo a visão pragmática de Dahl, um pouco em contradição com sua produção a seguir: "se [o cineasta] quiser fazer testemunhos pessoais, experiências estéticas ou políticas, que rode em 16 mm; porque se quiser entrar no mercado de 35 mm, tem que sofrer os prejuízos inevitáveis disto [...] O cineasta tem que ser homem prático, produtor distribuidor, não pode ser somente intelectual"[5].

Já em meados dos anos 1960, o grupo cinemanovista consegue se infiltrar e torna-se tendência dominante no principal órgão financiador do cinema brasileiro do momento, a CAIC (Comissão de Auxílio à Indústria Cinematográfica). Criada em 1963 pelo governador Carlos Lacerda no antigo Estado da Guanabara, a CAIC recebia uma influência dominante do Cinema Novo através de Sérgio Lacerda, colega de Cacá Diegues[6]. A CAIC e os banqueiros liberais constituem as duas principais fontes de financiamento do jovem cinema nos anos 1960. Quem conduziu a implementação desse órgão foi Raphael de Almeida Magalhães, figura forte no governo carioca da época, responsável pela implementação do Aterro do Flamengo, no Rio de Janeiro. A novidade do esquema de financiamento da CAIC era uma espécie de adiantamento sobre receitas na forma de prêmios, adiantamento esse concedido a filmes como *Vidas secas, Deus e o diabo* e *O padre e a moça* (Instituto Nacional do Cinema). Esse adiantamento ocorria também a partir do desenvolvimento do roteiro, como ocorreu com *Terra em transe*. Na criação do Instituto Nacional do Cinema (INC), em 1966, capitaneada por Flávio Tambellini, a inserção do Cinema Novo será mais problemática, embora o grupo acabe predominando na evolução para a Embrafilme (inicialmente uma espécie de seção do INC). A particularidade do Cinema Novo vai além do funcionamento bastante coeso de seu grupo, que se mantém durante décadas no exercício da mútua defesa. A interação também evolui nos laços corporativos necessários para se produzir cinema com traços estilísticos razoavelmente homogêneos durante mais de quinze anos.

É importante lembrar que o jovem cinema sofre, durante a década de 1960, fortes cobranças ideológicas por suas opções estilísticas (a "linguagem maldita" e o intimismo psicológico do início). Diversos cineastas se endividam nos anos 1970, e produtoras abrem falência (caso da Saga Filmes, por exemplo). A atuação agressiva e predatória da censura, suspendendo lançamentos e imobilizando a exibição, agudiza a questão e introduz outra variável no processo: cinema custa dinheiro, e os mecanismos de apoio estatal da década de 1960 não apresentavam as alternativas de investimento sem risco do Brasil contemporâneo. No caso dos bancos, é ilustrativa a relação do Cinema Novo com o setor financeiro liberal. O primeiro Cinema Novo tem plena entrada no Banco Nacional, banco na época assessorado por intelectuais liberais como Jânio de Freitas, citado como pessoa de influência nesse meio. O principal mecenas do Banco Nacional[7] era o banqueiro José Luiz de Magalhães Lins, responsável pelo financiamento de mais de dezena de filmes do grupo. Ainda, segundo Cacá Diegues,

> embora fosse o principal responsável pelo financiamento de nossos primeiros filmes, o Nacional não era o único banco a que recorríamos. Paulo Mello Ourívio, meu colega de Santo Inácio, emprestou-nos dinheiro para alguns filmes, através do Banco Irmãos Guimarães. Assim como o Banco Mineiro do Oeste financiou outras produções, graças ao banqueiro João Pires, conhecido pelo apropriado apelido de Joãozinho Mamãe[8].

Mas esse primeiro esquema de financiamento do Cinema Novo não exercia diretamente pressão sobre a questão do público, no modo como ocorrerá a partir do final dos anos 1960. Sente-se na trajetória da geração cinemanovista na década de 1970 um mal-estar difuso por ter abandonado as intenções estilísticas radicais do início, fazendo supostas concessões ao mercado. Escritos e entrevistas de época, nas décadas de 1960 e 1970, de Gustavo Dahl, Cacá Diegues, Glauber Rocha, Joaquim Pedro e outros, trazem à flor da pele os dilemas e oscilações que envolveram a articulação de um discurso para sustentar a produção artística de custos elevados – os filmes-espetáculo –, e a contradição que abre a guarda para cobranças de sucesso de público. A crítica à fruição clássica e ao envolvimento emocional catártico do espectador que estava no centro da defesa da linguagem maldita do Cinema Novo radical permanece, no entanto, ambiguamente no núcleo duro do movimento. Em texto de 1965, denominado "Para um cinema dinâmico"[9], Jean-Claude Bernardet desenvolve com clareza a concepção crítica de corte brechtiano que embasa parte do Cinema Novo na época, em particular Glauber Rocha, com relação à fruição ligada aos afetos da catarse espectatorial. Bernardet prega que "O ato de assistir a um filme" não seja mais "caracterizado pela contemplação e assimilação, mas, ao contrário, por uma atitude ativa"[10]. A "emoção", segundo o crítico, seria "umas das grandes inimigas de nossa época", pois "é o meio de conduzir a gente sem que percebamos, é o instrumento da propaganda, não da liberdade"[11]. Roberto Schwarz encaminha, como vimos, análise sobre *Os fuzis*[12] na mesma direção, trilha que tem suas consequências desenvolvidas em outro artigo do autor, *Cultura e política, 1964-69*[13]. Glauber segue também nessa linha, explicitamente azedo com o que chama de "linguagem de lágrimas": "o paternalismo é o método de compreensão para uma linguagem de lágrimas ou de mudo sofrimento"[14].

A abordagem desenvolvida pelos três autores – Glauber, Bernardet e Schwarz –, em suas particularidades, encontra ressonância nas artes brasileiras como um todo durante a segunda metade da década de 1960, desembocando, na virada da década, pelo moto próprio que radicaliza alternativas de representação, nas propostas diversas do Cinema Marginal. A menina de olhos verdes do mercado, no entanto, faz com que muitas dessas teorias sejam reformuladas ou deixadas na calçada – principalmente a partir de 1966-1967. Se o espetáculo de corte épico aparece como uma solução de compromisso entre a linguagem maldita e o "cinema de atrações", que quer chamar o grande público, há outras tentativas mais confusas de conciliação. A produção de filmes "leves" como *Garota de Ipanema* (1967) ou *Todas as mulheres do mundo* (1967) surge nessa linha, como veremos a seguir, do mesmo modo que a trilha do cangaço para a qual evolui a produção da Saga Filmes (*Faustão*; *A vingança dos doze*), depois atropelada pelo *boom* do cinema erótico e da pornochanchada. O Cinema Novo nunca confluiu para o erótico, na forma pela qual um Neville desembarca do Cinema Marginal, por exemplo, em *A dama da lotação*. Mas a atração é nítida como no episódio "Vereda tropical" (1976) do filme *Contos eróticos*, de Joaquim Pedro, acompanhado pelo encontro com o Dalton Trevisan de *Guerra conjugal* (1974). São duas obras que se seguem, como alternativa, à radical e marginal linguagem de *Os inconfidentes* (1971). O Leon de *Sexta-Feira da Paixão, Sábado de Aleluia* faz um filme na onda contracultural de 1969, sem veio erótico explícito, com linguagem próxima ao Cinema Marginal, mas o média-metragem surge como episódio numa produção de Antonio Polo Galante, da primeira Boca do Lixo, que tem o título significativo de *América do sexo*. O encontro de Jabor com Nelson Rodrigues nos anos 1970 (*O casamento*, 1975; *Toda nudez será castigada*, 1973) também segue esse caminho. *Garota de Ipanema* é uma concessão ampla na direção do mercado, opção que na década seguinte seria inteiramente abandonada por Leon, mas não por outros, como Cacá, por exemplo, que é mais aberto para as demandas de mercado e investe nas tonalidades eróticas de um *Xica da Silva* (1975-1976).

A PERSONAGEM BOVARYANA NO CINEMA NOVO

Seria exagero negar o eixo forte que existe na defesa da "linguagem maldita" pelo primeiro Cinema Novo. *Porto das Caixas* (1962), *A falecida* (1964), *O padre e a moça* (1965) e ainda *A grande cidade* (1965) possuem a densidade do mergulho lírico subjetivo que *O desafio* (1965), *Terra em transe* (1966) e também *O bravo guerreiro* (1968) ancoram na mediação da práxis política. *A grande cidade*, *A falecida* e *O padre e a moça*, apesar de se situarem no frigir da ruptura institucional de 1964, parecem divergir do quadro traçado anteriormente para a primeira trindade de 1963–1964 (*Vidas secas*, *Os fuzis* e *Deus e o diabo*), mostrando a diversidade da criação geracional cinemanovista dentro do corte moderno. Fogem da tensão da alteridade do outro-popular como móvel dramático, para mergulhar nos rodamoinhos dos afetos íntimos e pessoais, expressos pelo eu lírico feminino. *Porto das Caixas*, um pouco mais precoce, compõe esse quadro do Cinema Novo com inspiração literária. São filmes que expressam afetos carregados pela experiência do amor, da morte, dos preconceitos e também da infância distante (como também em *Menino de engenho* [Walter Lima Jr., 1965]). Com efeito, os primeiros longas dos jovens cinemanovistas Saraceni, Leon, Joaquim Pedro e Walter Lima são obras voltadas para dentro, explorando uma forma narrativa alongada com planos lentos e grudados na duração da tomada (principalmente em Andrade e Saraceni), com imagens em primeiro plano de expressões e fisionomias carregadas de conflitos subjetivos. Ancoram-se no mundo pela visão interior dos protagonistas e, a partir desse olhar, parecem querer flexionar o cosmos pelo desejo ou pela expressão insistente da alma.

O Cinema Novo lírico e subjetivo dos primeiros filmes (no caso de Cacá Diegues, o segundo filme) destoa do quadro das três trindades, que fizemos evoluir, pelo fio da navalha, da alienação do outro-popular. Há dois campos de olhar em *O padre e a moça*, um deles é o povo fazendo figura de fundo, compondo inerte o cenário, assim como a natureza. Fica lá do outro lado, quieto, aquiescente ao espetáculo, espectador propriamente do desejo feminino sufocado, exasperado, que transborda, e dos dilemas do padre ao ver-se face a ele. O Cinema Novo carregado pelo universo lírico do olhar feminino tem fôlego para o mergulho em um *eu-mesmo* imaginado, a mulher, também um outro, que se configura além das demandas da práxis do outro-popular, podendo ser encontrado à grande vela nos primeiros filmes do trio nuclear da geração (Joaquim, Leon e Saraceni), em *O padre e a moça*, *A falecida* e *Porto das Caixas*, como certamente também em *A grande cidade*, de Cacá. Este é filme com ritmo mais solto no mundo e um singular mergulho na estilística do Cinema Direto, mas traz também com a facilidade da época esse olhar livre e lírico partindo do corpo feminino. Leon Hirszman caminha numa trilha próxima. Logo após 1964, é convidado (herdando um filme pensado para Glauber) para trabalhar com Nelson Rodrigues (inicialmente seria com *Senhora dos afogados*). Escolhe se debruçar no veio mórbido de Nelson em *A falecida*, obra em que a ideia fixa com a morte da protagonista feminina turva o mundo masculino dos vivos e assim adquire poder de lhes sugar, retirando gravidade. A protagonista, voltada de modo intenso para seu próprio eu e seu fantasma, carrega consigo o desprezo pelo marido. Sente nojo dele, desde as primeiras noites na lua de mel. O filme trava batalhas em dilemas rodriguianos nos quais a liberação é conquistada pela morte, numa última inarredável vingança, ainda que ao custo de uma vitória masoquista suicida. A narrativa consegue explorar com intensidade o campo para expressão desses afetos interiores, abertos pela forte atuação de Fernanda Montenegro em sua estreia no cinema. Existe um claro degrau com o sindicalismo atuante e a vibração com a luta de classes que respiramos em *Pedreira de São Diogo*. Também Joaquim Pedro havia se debruçado, e depois abandonado, o burburinho da vida nas favelas em *Couro de gato* para mergulhar nas profundezas do outro feminino bovaryano, tão recluso e insatisfeito quanto afirmativo. No entanto, Solberg, a única mulher diretora do grupo, diz explicitamente, em depoimento contemporâneo à Fundação Getúlio Vargas, que não se reconhecia nesse olhar masculino de seus colegas de geração, nem se identificava com o outro-mulher que emerge desses filmes[15].

Talvez tenha o clima mais depressivo que se segue ao golpe militar de 1964 que inspirou Joaquim Pedro a fazer um filme sobre os dilemas existenciais de um jovem padre e uma moça que se apaixonam em uma cidade perdida do interior de Minas Gerais. Do poema-ação de Drummond "O Padre, a moça" resulta um filme-poesia, *O padre e a moça*, carregado de lirismo e *longueurs*, buscando inspiração dramatúrgica nas superfícies ásperas das pedras mineiras. A figura do popular continua com presença forte em *O padre e a moça*, embora seja deslocada do palco para as coxias. Tem papel equivalente às pedras frias, exploradas com talento pela fotografia contrastante, puxada para a gravura, de Mário Carneiro. O povo tem a heterogeneidade de paisagem para os jovens cariocas e mineiros que ocupam, nas filmagens, a pequena cidade isolada de São Gonçalo nas montanhas de Minas, sem luz e água corrente.

Helena Ignez era a única mulher do grupo (com exceção da mais velha, Rosa Sandrini), o que gera o clima perfeito para a densidade dramática pretendida em *O padre e a moça*: uma mulher viva no meio de uma aldeia de homens mortos ou vazios, cercada pelas sombras indistintas do outro-popular, sem rosto de sexo ou desejo. O personagem vem a calhar a Ignez, que parece ter sido escolhida a dedo por Joaquim, embora a direção com rédea curta, claramente "bressoniana", impeça que decole (há fôlego para isso em determinados momentos) para além da contida "mulher de padre", cabisbaixa e culpada. A personagem Mariana vibra pelos olhos vivos de Helena numa tensão arrebatadora, contida por um freio que mal a segura. Vislumbramos na irrequieta, mas sempre mineira, "mulher do padre", a futura Helena "mulher de todos" do Cinema Marginal, descoberta por Sganzerla cinco anos depois, quando o seu talento aflora com outro potencial. Helena Ignez, efetivamente, não combina com Bresson; esse talvez seja um ponto que se descobre no filme. O mesmo não se aplica na escolha para a retumbante estreia de Paulo José no cinema, num de seus papéis mais bem-sucedidos. Segunda opção de Joaquim, que mais tarde também relutaria em escolhê-lo para *Macunaíma*, Paulo José é o tipo ideal para o jovem padre *cabeçudo*, idealista e enamorado a contragosto. É um dos papéis mais densos desenvolvidos pelo ator, que se enquadra perfeitamente na equipe, apesar de haver chegado só de última hora, com as filmagens já começando.

As protagonistas femininas de *Porto das Caixas*, *O padre e moça* e *A falecida* possuem, portanto, o traço lírico que se afirma pela negação do universo masculino e se afunda na feminilidade exasperada, melancólica, triste e alucinada, voltada para si: seja na negação do desejo do padrasto por Mariana (e sua descoberta no homem que não pode tê-la sexualmente, o padre); seja no desejo de autoaniquilação que tudo abarca em *A Falecida*; seja na ação pérfida, mas liberadora e afirmativa do ego feminino pelo assassinato do marido em *Porto das Caixas*. Em *A grande cidade* também a personagem feminina é a mais livre do filme. É a única que deseja se liberar do passado nordestino, dos vínculos com a tradição. É também a única dos personagens que vieram de longe[16], que vieram do Brasil remoto, que recebe no rosto com prazer o vento do mar carioca. É a única que cogita, com timidez feminina, mas com firmeza, topar o enfrentamento e se entregar à liberdade e às provocações da cidade grande – movimento que acaba por não se realizar. Ela é presa novamente ao gancho do passado machista, com os dilemas de vida e morte masculinos, que fogem à sua compreensão e interesse. No entanto, o arco de seu desejo, para além da prisão no mundo de Jasão/Leonardo Vilar ou no de Inácio/Joel Barcellos, fica claro e brilha com intensidade até a última cena do filme.

Nos longas iniciais de Saraceni, Joaquim Pedro, Cacá e Leon, portanto, a questão do desejo feminino talvez seja o modo de abertura possível para um lirismo subjetivo fechado e pesado, que a época queria negar ao cobrar uma demanda social premente. É um corte bovaryano que permite expressar a sensibilidade que, posta em recuo, carregada de exasperação e *ennui*, atravessa as personagens. No momento, essa dificuldade teria barreiras para ser expressa por um personagem masculino, como fica claro na "fornada" seguinte da geração, começando com *O desafio* (1965). Nesse filme o recuo bovaryano sobre si da protagonista feminina Ada (Isabella) é visto como alienação burguesa. Nesses primeiros longas mencionados do Cinema Novo, a questão do outro-popular ficou para trás por um breve momento. A tensão social que cerca sua representação e que marca seu ponto habitual na trilogia *Os fuzis, Vidas secas* e *Deus e o diabo* está ausente. A personagem feminina, nos primeiros filmes, tem liberdade para mergulhar em seus fantasmas e neles encontrar seu domínio de realização, sua potência, ainda que na instabilidade. É o que se manifesta pela própria morte como forma de predominar em *A falecida*; na ação que é conquistada na trama do assassinato do marido fraco em *Porto das Caixas*; na liberdade que Mariana encontra, em *O padre e a moça*, destruindo no final as figuras sombrias e retroativas do padrasto, do amante indesejado e, mesmo depois, a do padre; no jeito livre que Luzia, em *A grande cidade*, consegue flutuar pelo Rio de Janeiro das praias, carregando como traste, como peso, seus "três amigos chegados de longe".

No caso dos primeiros longas *Porto das Caixas*, *O padre e a moça* e *A falecida*, há uma torção das coisas e seres pela narrativa. O que é o futebol, o trem, o que são as pedras mineiras ou o desejo de um velho padrasto, face à intensidade dos afetos dessas Bovarys brasileiras que o primeiro Cinema Novo libera colocando em cena? A necrofilia mórbida em *A falecida* é afirmativa da vontade. Saraceni já delineia a experiência do interior feminino nessa linha em *Porto das Caixas*, antes do golpe, e abandona o universo quando os outros estavam chegando. Esse mesmo movimento de dobrar-se para dentro da protagonista feminina em *O desafio* lança agonia sobre o protagonista engajado masculino Marcelo, no momento em que duvida da ação no "tempo de guerra". Resta à personagem feminina Ana (desempenhada pela atriz Isabella), de *O desafio*, nesse novo "tempo de guerra", a depressão do lar burguês. Também em *Terra em transe*, a personagem feminina mais central, Sara (Glauce Rocha), é esfarelada pelo movimento da história, sendo puxada pelas mãos por seu homem, fascinada no turbilhão em que Paulo Martins mergulha, mas sem conseguir estabelecer um espaço seu. No caso de *O desafio*, Ana (Isabella) chega a olhar, em longa sequência, para as máquinas do marido burguês e para os operários, mas o olhar é carregado de metafísica. Os seres humanos que habitam essa fábrica de *O desafio* parecem ter descido de outro planeta. Ana lembra então a Ingrid Bergman rosselliniana de *Europa 51*, na crise existencial em que mergulha depois da morte do filho, quando também vai parar em uma indústria, embora à Isabella não seja concedida a mesma espessura existencial de Bergman. As alterações e oscilações de *O desafio* já apontam direção ao dilaceramento do tecido social que segue no final da década, dialogando de frente, em outra sintonia, com o novo tempo. O momento bovaryano havia passado e um novo personagem entra em cena.

A CRISE ÉTICA

Existe uma "crise ética" em filmes-chaves marcantes deste período, expressa em *Terra em transe* (1966), *O desafio* (1965) e *O bravo guerreiro* (1968). São obras que trazem o drama do rapaz de classe média enfrentando um contexto ideológico que lhe foi caro e se esvaiu repentinamente em 1964. Possuem o diálogo franco e sincero da própria geração cinemanovista com o universo que a cerca, jovens pós-púberes de classe média urbana, com suas dúvidas e culpas. Ao contrário dos filmes de concepção anterior a 1964, o universo ficcional aparece próximo ou colado ao cotidiano dos cineastas. O personagem central não é mais o caminhoneiro, o retirante ou o matador de cangaceiro, que se exaspera diante da passividade popular, mas o próprio jovem enfronhado em dilemas existenciais que envolvem a ação política que clama o agudo momento histórico. O universo cultural do outro-povo é vista agora de prisma diverso. A crítica ao conceito de alienação é direta e rebate dúvidas existenciais. O conceito de "alienação" parece haver crescido na época. Depois dos dilemas provocados pela constatação de que o povo e sua cultura são "alienados", agora se descobre que também a classe média pode ser alcançada pelo mesmo conceito. O "si-mesmo" alienado, nas dúvidas entre ser ou não engajado, está no centro motriz da crise de consciência que cerca os filmes dessa segunda trindade, desse segundo momento do Cinema Novo. O dilema interior volta-se à própria subjetividade do jovem protagonista, em um recorte existencialista que busca eco, mas não encontra, tentando se firmar na ação.

Em 1966, Glauber Rocha inicia a produção de *Terra em transe*, após haver filmado o curta *Maranhão 66*, sobre a eleição de José Sarney para o governo do Maranhão. O diretor declara ter gastado seis meses entre o início das filmagens de *Terra em transe* e a primeira cópia. Muitas das dificuldades devem-se à necessidade de se criar um novo país – o "Eldorado" – em cenários no Rio de Janeiro. O país onde se ambienta a ficção é uma ilha tropical. Sua capital (Eldorado) liga-se a uma única província no interior, chamada "Alecrim". A trama "se desenvolve entre idas e vindas dos personagens de Eldorado a Alecrim"[17]. O filme é narrado em *flashback* a partir da morte de Paulo Martins (Jardel Filho), que rememora em delírio sua existência passada. Poeta e militante político, Paulo hesita entre as forças políticas de Eldorado que disputam seu apoio. De um lado temos Porfírio Diaz (Paulo Autran), líder de direita com o qual Paulo esteve ligado na juventude; de outro, Felipe Vieira (José Lewgoy), líder populista com tonalidades esquerdistas ao qual Paulo é atraído por Sara, militante comunista. Após a decepção política com Vieira (governador de Alecrim), Paulo retorna a Eldorado, onde se entrega a uma vida devassa e aos "prazeres da carne". Chamado de volta ao universo político para fazer um pacto com Júlio Fuentes (interpretado por Paulo Gracindo), dono de um império no ramo das comunicações, Paulo trai o populismo de direita de Diaz preparando um documentário que ridiculariza seu antigo ídolo e aliado. No entanto, Fuentes acaba unindo-se a Diaz, fazendo fracassar a experiência esquerdista de Vieira, a quem Paulo se ligou pela segunda vez. Na tentativa de fuga, Paulo é morto pela guarda, depois de longa agonia que aparece como o motivo que detona a narrativa em *flashback*. O filme é um retrato das oscilações de Paulo e suas dúvidas interiores de consciência, descritas em letreiro no final, a partir do poema "Balada", de Mario Faustino, como a tentativa frustrada de "firmar o nobre pacto entre o cosmo sangrento e a alma pura".

Terra em transe pode ser visto como momento de síntese dos dilemas da geração cinemanovista. É seu grande instante, quando o fôlego da nova geração tem densidade para atingir o tom operístico de exaltação dramática e nele penetrar com desenvoltura e naturalidade. As oscilações existenciais que antes engatinhavam adquirem densidade para um salto qualitativo e conseguem sua figuração em tragédia. Paulo Martins é a cristalização direta desse salto, personagem raro em nossa filmografia pela facilidade com que cresce e ganha densidade para pular, sem artificialidade, do corriqueiro cotidiano para o momento único e extremo da grande história – "o cosmos sangrento". Depois de *Terra em transe*, outros tentarão imitar o trânsito, mas poucos farão o caminho com sucesso. Nos anos seguintes, o cinema brasileiro parece ser inundado de pequenos "Paulo Martins" se debatendo para sair da vida e entrar na história, mas o pulo é frágil e fica aparente a artificialidade do movimento. A questão do transe, que surge logo no início da abertura com trilha de atabaques e cânticos de uma cerimônia de candomblé, é chave para a compreensão do filme. Também é evidente metáfora do momento político turbulento. Por meio do transe, temos uma visão da cultura popular que está no âmago dos dilemas existenciais que atormentam o protagonista e que farão com que rodopie em agonia barroca.

Paulo Martins tem um grande tormento, uma grande culpa que carrega nas costas e atravessa o filme: ele despreza o povo e sua passividade, a sua servilidade, "seu sangue sem vigor", como diz a determinada altura. É um desprezo que já surge em sequência no início do filme, quando conflita com o líder camponês, recriminando-o de ser "tão covarde, tão servil", e define o outro-popular como "gente fraca sempre, gente fraca e com medo". A fissura da consciência abre-se em abismo nesse momento e situa a obra de Glauber em seu núcleo dramático. O dilema torna-se mais agudo pelo assassinato, em seguida, do camponês que havia provocado desprezo pela fraqueza e passividade. Paulo sente-se culpado e não consegue lidar com o sentimento, criando um clímax de exasperação. O resultado é que abandona Vieira, o líder populista de esquerda da província, e retorna para as noites de orgias e prazeres na capital urbana de Alecrim. A forma da má consciência que lhe persegue tem uma figura: a do povo. É ela que faz com que oscile entre os leques possíveis da ação política que o filme retrata, remetendo à situação política do Brasil de 1966–1967. Por outro lado, como âncora que lhe arrasta para além, está a amarga experiência existencial interior, coberta por insatisfação e náusea. É sensação recorrente no cinema brasileiro da segunda metade do século XX e início do XXI, que segue evoluindo para uma exasperação cada vez mais dilacerada face à realidade social, e aparece em *Terra em transe* configurada, senão em modo pioneiro, em nitidez cristalina. Esse é o momento em que eclode o que estamos chamando de segundo fôlego do Cinema Novo, marcado pela má consciência, um contexto que se segue ao dos primeiros filmes analisados, já antevisto claramente em *O desafio*, e que atravessará o cinema brasileiro de final de século.

A sequência-chave do filme na qual os dilemas do engajamento e da náusea são delineados é isolada do fluxo na narrativa por um letreiro com os dizeres "Encontro de um líder com o povo". Centra-se na relação do protagonista Paulo Martins (Jardel Filho) com o outro-popular, o homem do povo, a partir do seu retorno ao líder populista de esquerda Vieira (Lewgoy). O motivo do destaque é sintetizar nessa sequência, com certa ironia ("Encontro de um líder com o povo"), o que se vai mostrar: o dilaceramento e o autoflagelamento de Paulo Martins ao não conseguir congregar, em sua experiência interior, a empatia com o outro-popular que sua consciência e a sociedade demandam. Oscilando sempre, Paulo não tem sucesso em fazer vibrar a subjetividade de seus afetos e sensações num modo que se acople, como admiração, ao transe de exaltação do outro-popular. O transe emana do povo na sequência "Encontro de um líder popular", na forma de uma espécie de marcha carnavalesca, com políticos e passistas evoluindo juntos, um ritmo musical constante e envolvente, cercado por uma miríade de vozes simultâneas que transbordam em enunciados relâmpagos e contraditórios. Sara (Glauce Rocha), a militante engajada, representando a esquerda partidária tradicional, quer se contrapor ao atormentado Paulo Martins, que vê o transe do povo pelo lado negativo da alienação, rodopiando com sua agonia em frases cortantes de ironia e expressões de angústia. Sara se dirige em desespero para o Paulo Martins atormentado pelo desprezo e pelo mal-estar, querendo fisgá-lo das dúvidas e do *ennui*: "por que, por que você mergulha nessa desordem?", afirma ela nesse momento-chave do filme.

Sara quer escapar da visão do povo como alienado no transe e provar algo diferente a Paulo Martins. Ela retira então um líder sindical do meio da confusão, Jerônimo (José Marinho), pedindo-lhe com insistência para que "fale". Um militante comunista, companheiro de Sara, abre espaço para o pronunciamento de Jerônimo metralhando os ares. Nesse momento, o transe popular e a balbúrdia cessam. O silêncio se faz para escutar Jerônimo. A liderança popular autêntica, o outro-povo, o personagem popular, começa seu discurso: "[estou] na luta das classes [...] está tudo errado, eu não sei mesmo o que fazer, o melhor é aguardar a ordem do presidente". A situação é constrangedora, a imagem do povo submisso e covarde, da qual Sara quis escapar ao dar a palavra a Jerônimo, se evidencia.

A representação que o filme fornece do povo sindicalizado é caricata. Os demônios interiores de Paulo Martins novamente afloram. Não suportando a exibição da submissão, ele avança em direção a Jerômino e lhe tapa a boca com a mão. Olhando fixo para a câmera, dirige-se diretamente ao espectador (furando o universo diegético da ficção), para pronunciar a frase-chave do filme e que causou muita repercussão na época: "vocês estão vendo o que é o povo, um imbecil, um analfabeto, um despolitizado – já pensaram Jerônimo no poder?". Sua voz é pausada e grave, a última frase é pronunciada de modo gutural.

Imediatamente, o transe com o batuque em alto som e o povo sambando volta a toda e cerca os personagens. Outra figura popular desponta, ascendendo em uma montagem rápida que leva o novo personagem popular de baixo para cima em três planos sucessivos. Um autêntico "homem do povo" (interpretado por Flávio Migliaccio) consegue se afirmar na confusão e manifesta querer falar. Destapa a boca do líder sindical, tirando a mão de Paulo Martins, e pede "licença dos doutores". Diz então, com rosto tímido, que "seu Jerônimo faz a política da gente, mas não é o povo, o povo sou eu que tenho sete filhos e não tenho onde morar". Todos se calam, então, para ouvir esse segundo homem do povo, mas assim que ele termina a reação é imediata. É acusado de "extremista" aos berros. O homem do povo simples, que não é sindicalizado, mas tem carne, voz e corpo de povo, acaba morto logo em seguida, com um revólver figurado em sua boca e os olhos fechados. A reação à manifestação desse segundo homem do povo humilde, ignorante e passivo, leva a narrativa de volta a Paulo Martins, que se afunda noutro de seus "mergulhos na desordem" existencial, olhando exasperado para os lados. Questiona-se sobre o "transe dos místicos" e é cercado pelos gritos agressivos dos militantes, próximos de Sara, que querem mais atitude de sua parte. Os gritos de "sua irresponsabilidade política" e "seu anarquismo", ou ainda "suas teorias reacionárias", lhe cercam, emitidos pelos militantes políticos da esquerda engajada. Resumem o tipo de cobrança que dilacera a consciência de Paulo, entre náusea, indiferença e culpa – síntese de um contexto ideológico no qual está mergulhada toda uma geração.

A morte do homem do povo/Flávio Migliaccio pode novamente ser debitada a Paulo Martins. É a segunda morte de um homem do povo que cai em sua conta, em sua culpa. É lastro pesado, que faz ancorar o motor da má consciência. Está numa linha não distante dos parâmetros sartrianos, com forte presença no pós-guerra até a primeira metade da década de 1960, que têm foco nos dilemas existenciais do engajamento, seguindo-se a náusea e desprezo que provoca em Paulo Martins a passividade e a subserviência popular, levada ao paroxismo dentro do transe que cerca suas manifestações culturais. Existe nele, Paulo Martins, uma espécie de recuo fenomenológico do qual olha e se estabelece sobre a balbúrdia que aparece distante, num modo que limita e congela suas sensações e afetos. Ele não consegue – nem quer – ultrapassar a distância que o mantém avesso ao universo cultural do povo e seu modo de ser. Não o compreende, não vê desafio em querer compreendê-lo, nem se permite um retorno egoico para ter compaixão com o outro. Quer exercer sua potência, sua vontade de ação, mas a passividade do outro o trava, na mesma medida em que dele, povo, necessariamente necessita e pela demanda de sua ação deve passar para satisfazer sua consciência. Por isso a agonia. Por outro lado, também antevê a falácia dos dilemas mais simples presentes nas demandas da práxis, nas cobranças do militante (aqueles que acusam sua "irresponsabilidade política" e "seu anarquismo"), que repercutem de modo cada vez mais evanescente em sua alma. As dúvidas existencialistas de Paulo Martins para fazer desabrochar a ação, para fazer valer sua "liberdade" na "situação", acabam não repercutindo nas demandas de Sara e seus companheiros, abrindo espaço para a náusea e o *ennui*, a melancolia exasperada. Essas dificuldades ainda se agigantam em sua teimosia em afirmar a alienação do povo engajado/sindicalizado e querer pairar por cima da cultura do transe, negando também o povo espontâneo, o povo comum, que o personagem de Migliaccio representa.

A negação do povo por Martins tem um fundo de culpa, equivalente àquela que nutre a negação cristã do filho ao Pai, na cruz. É o vórtice de um rodamoinho existencial que impede a experiência de plenitude na ação política. Abre a fenda para o autoflagelo na acusação de irresponsabilidade, ao qual se segue a qualificação "política". Da acusação de "irresponsabilidade política" à de "irracionalidade" há o passo que Glauber dá em 1971, no caminho que faz na direção do manifesto conhecido como "Eztetyka do sonho"[18]. Nesse texto temos o Glauber de um momento posterior, que manda às favas as demandas de "responsabilidade" que cercam a ideologia do "povo alienado", carregadas pela razão instrumental do engajamento esclarecido, para assumir definitivamente, sem remorsos e sem culpa, a potência das pulsões e o transbordamento irracional em busca do que chama de "integração cósmica": "(na) existência contínua da *arte revolucionária* no Terceiro Mundo [...] O *Povo é o mito da burguesia*. A razão do povo se converte na razão da burguesia sobre o povo"[19]. A formulação é clara e, para o Glauber de 1971, a racionalidade não emerge *no* povo ou *do* povo, mas é uma forma (o discurso racionalista) da burguesia exercer seu poder *sobre* o povo. É o destino da culpa da classe média ao eleger o povo como alvo da compaixão e motivo para seu autodesprezo. O novo foco positivo na força pulsional do transe que encontramos em "Eztetyka", agora valorado em si mesmo, como não havia sido (nem poderia ter sido) em *Barravento*, é mais nítido. A distância com as desconfianças e a visão negativa da cultura do transe no candomblé de *Barravento* estão longe em "Eztetyka do sonho", mostrando como evolui nesse ponto central a sensibilidade dominante na obra glauberiana. *Terra em transe* é um momento de passagem chave em que as "descontinuidades" de uma arte revolucionária passam a poder ser debatidas "às repressões do racionalismo"[20], embora nesse filme o caminho não seja percorrido na forma radical que encontramos nos longas de 1970 (particularmente, *Cabeças cortadas*) e depois no manifesto de 1971. A "razão da burguesia sobre o povo", como a define Glauber, é a mesma razão iluminista que fundamenta o didatismo da "arte popular revolucionária", conforme já vimos presente em manifestos dos Centros Populares de Cultura (CPCs). A verdadeira ordem da "razão do povo" toma uma nova configuração em "Eztetyka do sonho", sem percalços e dúvidas existenciais, sem culpa, para adentrar afirmativa os modos do transe místico do candomblé, do futebol, da música fortemente rítmica (samba) e outras formas de manifestação da cultura popular às quais o primeiro Cinema Novo nutria desconfiança. É posição que Glauber respirará plenamente somente nos longas do exílio e que tematizou em texto escrito, de modo mais límpido, somente em janeiro de 1971, quando, em visita à Universidade Columbia, em Nova York, faz a comunicação "Eztetyka do Sonho". Em *Terra em transe*, os dilemas do protagonista com a ordem do discurso burguês de esquerda ainda tem massa crítica para provocar ebulição sob a pele e produzir divagações barrocas. As irrupções dessa ebulição são os "mergulhos na desordem" tão próprios a Paulo Martins, como modos de exasperação existencial.

As acusações de "irresponsabilidade política" e "anarquismo" repercutem também no dilema central de *O desafio* (1965), embora no filme de Saraceni o protagonista Marcelo (Vianninha) consiga deixar para trás a náusea e o enfado para mover-se pelos afetos exaltativos, plasmados nas idealizações da alteridade popular. Não se atola no impasse existencial do engajamento e preserva a razão revolucionária, girando em seu ego um movimento afirmativo. Marcelo tem força motriz independente para adentrar confiante "um tempo de guerra, um tempo sem sol", que ainda antevê luminoso como opção para o exercício da liberdade. Em *Terra em transe*, assim como também com o protagonista Miguel Horta (Paulo César Pereio) de *O bravo guerreiro* (1968), a ação plena de certezas de Marcelo em *O desafio* perdeu substância e não consegue mais se manter na superfície. Não existe mais a razão linear que leva da consciência da ação ao "tempo de guerra", com peito aberto e alma tranquila. É significativo que, após todas as polêmicas com o CPC no lançamento de *Porto das Caixas*, Saraceni venha escolher Vianninha para desempenhar o protagonista de *O desafio*. A opção traz para a ficção a personalidade de Oduvaldo Vianna Filho, que aparentemente também a encarna no cotidiano, assumindo no filme o aspecto da personagem protagonista que é o "jovem engajado", sintonizado com o discurso de práxis política premente. Saraceni, com ironia, mas falando sério, informa que esse foi o motivo para a escolha do ator e dramaturgo para protagonista do filme. O contraste de Marcelo (Vianninha) com Paulo Martins é nítido e não passa despercebido para os dois diretores na época – Saraceni também menciona em sua biografia que *Desafio* não foi muito bem aceito por Glauber. São dois filmes realizados com um intervalo de menos de dois anos, sendo *Terra em transe* posterior, filmado no segundo semestre de 1966. Do mesmo modo, o personagem Miguel (Paulo César Pereio) de *O bravo guerreiro*, um pouco mais tardio, caminha ladeira abaixo, sem travas, para uma resolução existencial ainda mais depressiva e fechada nas alternativas que desembocam no suicídio. A descrença com a falta de horizonte na saída pelo engajamento não deixa mais dúvidas.

O universo ficcional de *O bravo guerreiro* é aquele do jovem de classe média urbana que não encontra horizontes em seu meio social e não consegue mais olhar afirmativamente, com a consciência tranquila, para a utopia popular. Retrata a vida do jovem político Miguel, que hesita entre seus compromissos populares e os conchavos com um partido de centro-direita, no qual progressivamente se envolve através de pequenas concessões que se avolumam e o envolvem em uma trama contra sua vontade. Os conflitos de Miguel lembram bastante as oscilações e dúvidas que atormentam Paulo Martins. "Para se fazer alguma coisa é preciso sujar as mãos", diz o personagem a certa altura do filme, resumindo em tons sartrianos seu dilema. O outro-popular, como em *Terra em transe*, é colocado sem peias no centro dos dilemas, mediante um criticismo que detona a má consciência que leva ao suicídio do personagem. É significativa a longa sequência no final com os debates no sindicato e a incompreensão dos trabalhadores, sua exterioridade ao interminável discurso explicativo do mundo de Miguel. Ela corre no mesmo movimento da cisão subjetiva glauberiana com o outro-popular, inaugurada com *Deus e o diabo* e que continua repercutindo com intensidade no âmago do Cinema Novo. Em *O bravo guerreiro*, a formulação é distinta de *Terra em transe*, mas ecoa o quadro. Miguel, manifestando sua desconfiança com relação ao povo, usa palavras que pertencem a Antônio das Mortes: "eu me pergunto se o povo também não tem medo de que as coisas mudem, tanto medo que acaba ficando do lado de seus adversários ou, o que é pior, indiferente, aceitando o que der e vier". O líder sindical prossegue repetindo novamente a frase que atravessa e sempre retorna no cinema desse período: "o povo não é culpado".

Com efeito, o conjunto de filmes analisados possui a particularidade de figurar a culpa como afeto nuclear, querendo trazê-la para os personagens a partir dos quais a fissura subjetiva, ao não cicatrizar, se instaura em agonia ou exasperação. E a crosta dessa fissura é aberta a partir do momento em que se instaura a alteridade do outro-popular. É na dicotomia do "eu", oscilando entre "mim" e o outro-povo, que a culpa ganha lugar e a má consciência tira combustível para queimar em exasperação.

SÃO PAULO

São Paulo S/A (1965) possui a particularidade de se inserir no rodamoinho temático e existencial que atinge o novo cinema brasileiro no pós-1964. Dialoga de modo frontal com esse contexto, mesmo situando-se na exterioridade do grupo cinemanovista. Luiz Sérgio Person tem a origem de sua carreira nos quadros que sobreviveram isolados ao desmonte dos grandes estúdios como Mojica e Candeias. No início da carreira, será próximo de José Mojica Marins, participando como roteirista não creditado de seu primeiro longa (*A sina do aventureiro*, 1957), e de outros (*Casei-me com um Xavante*, 1957). Depois evolui bem à vontade no primeiro respiro da produção Boca do Lixo, com o episódio "Procissão dos Mortos" em *Trilogia do terror* (1968). É personagem central na história da Boca inicial, conforme registram os levantamentos fotográficos que Ozualdo Candeias realizou na região. Possui trânsito pelo cinema publicitário, algo que é estranho ao Cinema Novo carioca. Chega sem dificuldades à comédia erótica com *Cassy Jones, o magnífico sedutor* (1972). Esse longa, que encerra sua breve carreira, causou-lhe problemas com o público político e mais isolamento com os cinemanovistas, como fica claro numa polêmica entrevista concedida ao Pasquim em 1973, intitulada significativamente "Cassy Person Jones Picha todo mundo"[21]. São críticas azedas partindo para todos os lados, sem economia.

Person, portanto, vem do quadro do cinema paulista da segunda metade dos anos 1950, apesar de suas fortes ligações com a cena teatral e uma passagem pelo Centro Sperimentale di Cinematografia, em Roma, entre 1961 e 1963, na época em que Paulo César Saraceni e Gustavo Dahl estiveram por lá. É significativo que não se vincule de modo mais orgânico ao grupo comunista/realista que evolui dos Congressos, no qual circulam bem Nelson Pereira dos Santos, no início da década, e depois Roberto Santos, com *O grande momento* (1957) até *A hora e a vez de Augusto Matraga* (1965), que é contemporâneo a *O desafio* e *São Paulo S/A*, mas fica preso a um recorte que não é aquele da subjetividade cindida que vimos analisando, conforme inaugurada por *Deus e o diabo*. *Matraga* retoma, talvez fora de época, mas com inegável talento, o carregado realismo dos anos 1950 que os cinemanovistas ultrapassavam nesse momento. É feito antes de Roberto Santos partir para experiências mais abertas, como o terceiro episódio de *As cariocas* (1966), no qual se mostra em sintonia com o contexto da segunda metade dos anos 1960, e *O homem nu* (1967), feito a seguir, no qual já enverada mais à vontade para a comédia.

Ao recorte realista mais marcado, Person, com sua personalidade eclética, dedicará o pesado *O caso dos irmãos Naves* (1967), configurando-se um pouco à parte em sua carreira. *Naves* parece ser uma espécie de dívida de si com um cinema que sempre teve por perto, o do realismo do pós-guerra, mas em direção ao qual nunca enveredou realmente. Na cronologia de sua obra, é significativo notar que, ao realismo histórico presente no filme dos Naves, segue o episódio fantasista de *Trilogia do terror* (1968), em uma Boca do Lixo ainda balbuciando nos seus primórdios, mas já em flerte firme com o cinema de gênero. É a esse grupo que Person se liga, tendo entre seus expoentes José Mojica Marins. Embora "Procissão dos mortos", seu episódio na trilogia, seja o média mais comprometido com as demandas e referências ao engajamento, caminha de mãos dadas com o gênero terror. O longa é uma das primeiras produções mais significativas da Boca que tem nesse momento nos calcanhares o Cinema Marginal, já querendo abrir espaço e prestes a emergir em toda sua intensidade.

São Paulo S/A é o filme de produção paulista que dialoga de modo mais ativo e geracional com o momento histórico que vive o Cinema Novo depois do golpe de 1964. O Person de *São Paulo S/A* mostra de modo precoce, ainda em 1965, a intensidade da autocrítica que exerce a classe média brasileira sobre si mesma, tão bem analisada e expressa por Bernardet na tese central de seu livro *Brasil em tempo de cinema*[22]. O longa é contemporâneo à eclosão da segunda trindade cinemanovista, com filmagens em época muito próxima ao primeiro filme do grupo, *O desafio*. A particularidade de *São Paulo S/A* está em não recair sobre o cinema dos anos 1950 de corte realista, que evoluiu da Vera Cruz com preocupações sociais – do qual o primeiro Nelson Pereira e o primeiro Roberto Santos são os maiores herdeiros. Também não vai bater na direção das abstrações existenciais de Walter Hugo Khouri, despregadas de qualquer tensão com o eixo da má consciência que a posição sobre o outro-popular provoca.

A tensão com o outro-popular se mantém, embora tênue, no horizonte de *São Paulo S/A*. Confere tinturas ao enfado com o mundo do protagonista Carlos (Walmor Chagas). Cercado pela insuperável sensação de vazio em seu cotidiano, o personagem erra pelas ruas da metrópole sem conseguir dar gravidade à vida familiar ou aos desafios financeiros que se abrem para seus pares, em uma São Paulo pujante levada pelo desenvolvimentismo da indústria automobilística nos anos 1960. O quadro é paradoxal. À melancolia depressiva recorrente do protagonista se contrapõe o entusiasmo capitalista e o brilho das novas mercadorias. Também os dilemas do compromisso com a práxis popular estão distantes na obra. É difícil, assim, aproximar seu universo de inação e introversão do campo cinemanovista que vive a crise ética. O protagonista Carlos tem consciência social da exploração e da miséria, mas não é isso que o atormenta ou o move. A bruma do vazio está mais embaixo. Ela reduz a velocidade do seu ser no mundo, fixando-a ao espectro da melancolia em meio a uma metrópole pujante que vibra. A inutilidade e o desinteresse tudo empastela, até desembocar na inutilidade da vida e no horizonte do suicídio. No cotidiano de seu parceiro de negócios Arturo (Otelo Zeloni) ou de sua esposa Luciana (Eva Wilma), Carlos introduz um fosso que é o da dilatação do afeto pela imobilidade e a suspensão da ação na qual o filme se fixa e abre intervalo.

Na fresta, a narrativa respira livre e toma impulso para oscilar sem um núcleo de motivo, distinguindo-se das articulações fílmicas mais realistas de um Roberto Santos, por exemplo, ou mesmo no Cinema Novo, mais oscilante, mas ainda acional, de *O desafio*. *São Paulo S/A* é filme que mostra a sensibilidade multifacetada de Person: embora seja cronologicamente da geração cinemanovista e incorpore a fissura moderna, traz a experiência diversificada de um contexto que não é o mesmo.

Sempre com jeito de quem chega de uma esfera astral superior à de Person, que circulava nos baixios de Mojica, Candeias e outros mais humildes, Walter Hugo Khouri tem em sua obra opções claras. Não há tinturas sociais que pressionem um deslocamento no eixo que gira a má consciência do cinema brasileiro. O mal-estar em Khouri se fixa em uma espécie de *spleen*, ou seja, de desinteresse no mundo, que os personagens – principalmente os masculinos – parecem ter necessidade de estampar para outros, como se a qualidade deles fosse medida pela propaganda do deslocamento. Há narcisismo na necessidade de mostrar-se a si mesmo permeado pela existência esgarçada. Khouri situa-se bem no universo da elite, a partir do qual cria a diegese de seus filmes, sem ser atingido, mesmo na periferia, pela balbúrdia da ordem social bárbara que volteia seu redor. Nos dois longas de Khouri pós-1964, *Noites vazias* (1964) e *O corpo ardente* (1965), o quadro é esse e por aí ele caminha à vontade. Na trilogia de época que formam com *As amorosas*, apenas nesse, em pleno 1967-1968, sentimos um clima mais "meia-oito" conseguindo perfurar a redoma na qual seu cinema respira. Surge em *As amorosas* uma temática um pouco mais contemporânea e leve, aberta na ideologia da contracultura, embora os dilemas de predação sexual se mantenham. Há igualmente o elenco sintonizado no jovem cinema (Paulo José, Lilian Lemmertz, Anecy Rocha) e participações que trazem repercussões da época (Os Mutantes/Rita Lee). É pouco para um diretor que pulsa com a intensidade que Khouri sempre prometeu.

Em *Noite vazia* (1964), dois amigos pertencentes à alta burguesia, Luizinho (Mário Benvenutti), um grande herdeiro, e Nelson (Grabriele Tinti), não tão rico, erram pela noite paulistana até encontrarem duas garotas de programa, Cristina (Odete Lara) e Mara (Norma Bengell). Entediados em um restaurante japonês, eles as convidam para passar a madrugada na *garçonière* de Luizinho. O filme gira em torno do vazio existencial desses personagens numa noite da vida que demora a passar, carregada de enfado, girando em torno de uma insatisfação constante. A saída do vazio existencial existe e é pela satisfação sexual. Ela está sempre no horizonte, calibrando o mergulho na angústia e no fastio. Sente-se a inclinação do diretor para o cinema de Bergman e, principalmente, do novo Antonioni de *A aventura* (1960), *A noite* (1961), *O eclipse* (1962), que marca época no Brasil, mas evidentemente sem a radicalização de *Deserto vermelho* (1964). Khouri, no entanto, não consegue aprofundar o desafio existencialista que marca a geração que vem do pós-guerra e tem a angústia do vazio e do nada no vórtice do estar no mundo.

Existe um fundo falso que faz o universo khouriano rodar e escapar do enfrentamento, impedindo que a busca se finque para valer e se esvaia no ralo da existência. Algo que impede que a náusea grude na indiferença e a melancolia se estenda.

Nos filmes de Khouri dos anos 1960, o polo da satisfação sexual e sua afirmação, principalmente a masculina, surge como saída num modo de preponderância que desloca a busca para o lado mais fácil. Não há dificuldades em afirmar o ego do protagonista masculino, exercendo a demanda sexual sobre a submissão da mulher. Os personagens masculinos em *Noite vazia* (Luizinho e Nelson) sempre predominam quando a noite perigosamente resvala para o vácuo completo do *spleen*. Há sempre um "programa" que ainda pode ser feito, uma ação, uma posição, em que se colocam as garotas servindo de parâmetro para medir a profundidade do vazio. A constatação desse vazio é a medida para um narcisismo da experiência, nada mais. A noite é vazia, mas ela pode ser preenchida pela afirmação da masculinidade que se impõe e faz valer a vontade que preenche o ego. O vazio não fica oscilando, boiando no mundo, como nas referências europeias de Khouri, mas logo se condensa, adquire uma mira: o outro-mulher. Então nele se fixa para não desabar. Na interseção de subjetividades que se estabelece, faz assim valer seu regime de satisfação que é o do predomínio. O fato de a interação social ser entre desiguais (em *Noite Vazia* são garotas de programa) acentua o dispositivo, já preparado para o sequestro da libido. O vazio existencial khouriano, a "incomunicabilidade" (tema caro à época, para falar de Antonioni e outros), que se assume no desapego com o outro e na indiferença, se efetiva, em *Noite vazia*, num jogo em que as posições estão postas de antemão.

Em *Noite vazia*, Khouri também se mostra o grande diretor de atrizes que sempre foi. Odete Lara e Norma Bengell apresentam desempenhos memoráveis, dos mais expressivos em suas carreiras. Bengell tem a personagem-tipo mais depressiva e atravessa a noite mergulhada numa melancolia que nada preenche. Lara é forte, misturando sua personalidade agressiva na personagem khouriana, nitidamente mais estreita que sua atuação permite, com personalidade mal cabendo no desempenho. Mas Khouri é um *gentleman*, solta o laço para o desempenho marcante de Lara, que atropela o filme pela borda com o seu humor irascível e a potência de encenação que a acompanha, fazendo valer a *persona* sobre a personagem. Atores mais restritos, ou sóbrios, como Mário Benvenutti, que deveriam dominá-la, acabam engolidos. Pela encenação, a postura feminina (e Norma Bengell acompanha Lara bem à vontade, acentuando o contraste) faz-se valer sobre as tentativas de sequestro da vontade, e a humilhação, que parte do protagonista masculino. Enquanto nos mestres europeus de Khouri as noites vazias efetivamente surgem para empastelar a existência na angústia e na melancolia, no diretor brasileiro a porta de saída fica logo ali, na afirmação do ego masculino pela sexualidade. Trata-se de um caminho pelo qual sua filmografia irá enveredar, quase como um cacoete, principalmente a partir dos anos 1970 e 1980, quando entra na sintonia com o gênero pornochanchada.

Também *O corpo ardente* (1965) oscila nessa lógica do desejo sexual como âncora do enfado, agora no lado feminino. Estratégias de traições e recompensa em conquistas de amantes servem a teia de suplementos que fecham o desejo e dão retorno, suporte da libido no ego. Em *O corpo ardente*, a protagonista feminina Márcia (Barbara Laage) é forte e sua depressão melancólica tudo envolve, conseguindo sobreviver com certa autonomia no esquema masculino. Mas não vai longe. A figura do sexo e da conquista heterossexual, com dominância masculina, logo bate na porta da melancolia da personagem – que crê conseguir escapar, mas ainda fica na superfície, presa na âncora dos dilemas sexuais enquanto jogo de poder. Como de hábito no universo khouriano, os momentos do mergulho em si da personagem feminina não perduram. Não há espaço para a autonomia do reflexo masculino. Em *O corpo ardente*, a saída para o contato com a natureza, supostamente campo oportuno para um mergulho introspectivo em si, também desemboca na ordem do desejo do outro. Quando Márcia vai para os altos de Itatiaia e crê ter deixado para trás o mundo fútil das festas e dos amantes cruzados, depara-se com o dilema de um garanhão extraviado, cavalo de raça indomável, domado pelo desejo sexual de uma fêmea usada como armadilha para aprisioná-lo. Símbolo da liberdade, errando pelos campos e longe da ordem das conveniências, o garanhão cede ao desejo que exerce sobre si a atração da fêmea e cai na cilada montada para localizá-lo. É metáfora perfeita para o universo khouriano que nela se aprofunda, extraindo combustível para ilustrar os dilemas que vive a protagonista Márcia (Barbara Laage). O filme se demora bastante nas imagens da fêmea-égua e no garanhão cavalgando livre. É até onde o universo existencial de Khouri consegue ir, novamente aprisionado nos limites da libido, sempre buscando um retorno à mão para o ego narcisista.

Khouri se concede o deleite de dirigir uma atriz fetiche, a francesa Barbara Laage, como ser de outro planeta, pairando sobre a natureza das altas montanhas e névoas da Serra da Mantiqueira. O filme ainda tem Dina Sfat e Lilian Lemmertz, ambas em início de carreira, com as interpretações femininas sempre fortes e diferenciadas que marcam sua direção, embora em papéis pequenos. Nesses dois filmes, *Noite vazia* e *O corpo ardente*, entre 1964 e 1966, com intervalo de pouco mais de um ano na produção, Khouri conseguiu dirigir, com mão marcada, Odete Lara, Norma Bengell, Dina Sfat e Lilian Lemmertz, quatro atrizes centrais na filmografia nacional presente e futura, adicionando ainda Anecy Rocha em *As amorosas* (1968), o que mostra, além do mencionado talento como diretor de atrizes, uma intuição forte para *casting*. Em muitos casos introduz também padrões de interpretação que marcaram longamente as atrizes na carreira posterior.

É importante observar tanto em *Noite vazia* quanto em *O corpo ardente* ou *As amorosas* a ausência de qualquer traço da figura do outro-popular – seja em termos de expressão cultural, seja mesmo como figuração, elemento cenográfico de fundo. É ausência que dá a medida da particularidade do cinema de Khouri. Tanto *Noite vazia* como *O corpo ardente* possuem abertura para o cinema com corte moderno e de vanguarda que se pratica na Europa e em outros lugares do mundo. Mas são filmes que estão isolados da manifestação brasileira do novo cinema, conforme encontramos de modo orgânico na produção contemporânea, principalmente aquela do Rio de Janeiro. O sujeito dilacerado, coberto pelo degustar um pouco masoquista da culpa na impossível conciliação da alteridade popular, tem no Brasil uma forma que passa ao largo do cinema khouriano. Quando este tenta girar na gravidade moderna, encontra apenas dilemas existenciais deslocados que forçam um *ennui* artificial, regado à sexualidade da conquista. Está ausente o rosto exposto ao vento das forças sociais em comoção que, no Cinema Novo, acaba levando à exasperação e ao vazio de si. O lado da grande sinfonia da História na qual a época encontra a grandiosidade e a pertinência que lhe são próprias estão ausentes do cinema de Khouri.

A MOSCA AZUL DO MERCADO

Após 1964, o grupo cinemanovista é obrigado a realizar progressivas correções de rumo, impelido por circunstâncias alheias à sua vontade. À crise ética analisada em filmes como *Terra em transe*, *O bravo guerreiro* e *O desafio*, sobrepõe-se uma realidade econômica com custos de produção cada vez maiores, que se choca com os anseios anti-industrialistas de um cinema que escapava facilmente dos estúdios, com produção na rua e câmera na mão. Cacá Diegues resume bem o tripé que sustenta essa produção, ainda de baixo custo, na primeira metade dos anos 1960: a leve câmera Arriflex que permite que seja sustentada na mão; os novos negativos Tri-X 35 mm com maior sensibilidade, abrindo espaço para filmagens com luz natural, numa intensidade antes não explorada; e o Nagra, com sua abertura para a exploração do som direto. Cacá ainda acrescenta a esse tripé uma quarta perna, que é a agilidade de Dib Lufti, verdadeiro "tripé humano", mão que está por detrás da "câmera na mão" de alguns dos principais filmes cinemanovistas (*Terra em transe*, *Fome de amor*, *A falecida*, *Como era gostoso meu francês*, *A opinião pública*, *Os herdeiros*, *Os deuses e os mortos*, *Tudo bem*, *A lira do delírio* e outros). Nesse tripé, o som direto sincrônico não foi tão explorado, mas a câmera na mão marca a estilística do novo cinema juntamente com as filmagens nas ruas, nos sertões e nos ambientes fechados, trabalhando com luz natural e as condições de luminosidade da própria locação. É o que gera o discurso da famosa "luz nacional" do Cinema Novo, que buscaria tons e nuances dos trópicos, e não dos climas temperados. Temos luz estourada e forte *versus* sombras alongadas e *dégradés* outonais. Na base da estilística cinemanovista, e do novo cinema no mundo, está a demanda material e financeira para as produções baixas, girando com o orçamento concretamente disponível, mesmo que longe do ideal. A noção de que são necessários estúdios e equipamentos pesados para iluminação e filmagem foi historicamente deixada para trás.

Se o levantamento de recursos das pequenas produções do primeiro Cinema Novo é improvisado, fazendo-se mediante economias pessoais e grupais, banqueiros benevolentes, "papagaios", e alguns organismos governamentais culturais periféricos (em modalidades de coprodução, como o Iphan ou o Itamaraty), paulatinamente o grupo adentra com sucesso o núcleo do aparelho de Estado brasileiro, abrindo mais espaço para financiamento da arte cinematográfica. É mordido pela mosca azul das produções maiores, com necessidade de retorno no mercado exibidor – ou um baque forte quando isso não ocorre. Gustavo Dahl resume bem em 1967 as dificuldades para "vencer a contradição entre um cinema responsável no nível do pensamento e da linguagem e sua aceitação pelo público"[23]. Trata-se da abertura progressiva para a grande produção, inclusive com concessões relativas à "linguagem maldita" do novo cinema.

Em fevereiro de 1968, Glauber publica texto-chave para entender os dilemas do período, intitulado "O Cinema Novo e a aventura da criação"[24], no qual é nítida a consciência da importância da inserção no setor de distribuição (Difilm, depois Embrafilme), mantendo as rédeas nas mãos do grupo e não as entregando para estranhos. Glauber argumenta a favor da necessidade de uma organização industrial, de mercado, mas que permita, simultaneamente, a expressão autoral. As concessões que faz em termos da expressão cinematográfica propriamente ("a linguagem maldita"), no entanto, são poucas. O texto nitidamente oscila, em sintonia com posições que tomava, na mesma época, na imprensa internacional (principalmente a francesa) em defesa da "linguagem maldita" e de um Cinema Novo mais radical em suas opções. Sua participação em *Le Vent d'est* (1970), de Jean-Luc Godard, com as famosas frases sobre o destino do cinema no Terceiro Mundo, efetiva-se nesse contexto. Na encruzilhada, presente fisicamente como imagem no universo ficcional do filme, quando é questionado sobre "a direção do cinema político" contemporâneo, aponta dois rumos. Um deles parece mais próximo do cinema clássico, de aventura, mas desconhecido (o que seria uma qualidade), na qual certamente fica o estilo do político Costa-Gravas e, provavelmente, seguindo colocações de *Eztetyka do sonho* (do mesmo período), também o terceiro cinema de Solanas; no outro, está seu cinema e o do terceiro mundo, o cinema da aventura estilística radical, um cinema "divino maravilhoso", "perigoso", o "cinema bola-bola de Miguel Borges" – ainda aquele primeiro Cinema Novo antes dos longas, entre o realismo pós-guerra e o "específico" fílmico. No entanto, na definição desse cinema radical do terceiro mundo, o cinema da Eztetyka, junto a Godard/Morin em um momento-chave para si, Glauber faz questão de mencionar, na encruzilhada do *Le Vent de l'est*, a necessidade da "técnica, as casas de projeção, a distribuição, os técnicos, os trezentos cineastas por ano para fazer 600 filmes para todo o terceiro mundo".

É a visão pragmática do cinema que Glauber sempre nutriu, sua visão do produtor que sempre foi enquanto líder. Reflete a concepção forte da realidade de mercado na geração cinemanovista, explicitada justamente no momento em que coloca a especificidade de seu cinema e de seu país (o terceiro mundo) junto ao arauto do cinema de vanguarda, numa época de opções extremas (o grupo Dziga Vertov) na carreira de Godard. Este lhe promove e abre espaço para a fala, sugerindo sua opinião de especialista e habitante do terceiro mundo. A resposta é aquela do cinema radical, mas frisando o diferencial terceiro mundista. O degrau com o outro-popular, a miséria terceiro-mundista, implica numa linguagem de compromisso em alguma forma (e essa é a questão "bola-bola") relacionada com a preocupação da "distribuição", com as "casas de projeção", a formação dos "trezentos cineastas" etc. São demandas que depois ficariam para trás na produção de exílio de Glauber, quando a estilística mais radical emerge aos borbulhões, a começar por *Der Leone have sept cabeças* (*O leão de sete cabeças*, 1969) e avançando mais freneticamente em *Cabeças cortadas* (1970) até *Claro* (1975), já noutra sintonia. E continuaria depois na volta ao Brasil em *A idade da Terra* (1978-1980). Entretanto, nesse momento, o principal desafio glauberiano está em "como conquistar o público sem usar as formas *americanas*, hoje já diluídas, e outras subformas *europeias*?"[25].

Nesse quadro, a produção em 1967-1968 de *Garota de Ipanema*, com direção de Leon Hirszman é motivo de polêmica e mostra as contradições abertas. É ponta de um *iceberg* ao qual podem ser adicionadas, além das oscilações de Glauber e Dahl, as complexas circunvoluções de Joaquim Pedro para justificar a estilística mais áspera, e fechada à fruição popular, de *O padre e a moça*[26]. Apesar das tentativas de recuperação da linguagem radical, tentando casá-la com um sucesso de público que não houve, *Garota de Ipanema* aponta a direção de um universo ficcional e uma forma narrativa nova para o Cinema Novo. Forma que também começa a emergir em outros colegas de geração, como Domingos Oliveira com *Todas as mulheres do mundo* (1966). É o caso igualmente da abertura para a sensibilidade, sempre mais lírica, de um David Neves (*Memória de Helena*, 1969), talvez por isso mesmo mais tardio em sua obra, embora com presença forte no movimento cinemanovista desde o início, nos tempos do jornal *O Metropolitano*. Neves, amadurecido, parece poder agora respirar mais livremente seu universo e chega ao primeiro longa.

O que se percebe em *Garota de Ipanema* é o desejo lúdico de lidar com o universo "burguês" que cerca a duração do cotidiano dos cineastas cariocas, mantendo a distância o tal "complexo de culpa dos artistas da burguesia". O primeiro ponto a causar espanto, em se tratando de um filme do núcleo central do Cinema Novo em

1967, é que a imagem do outro-popular desaparece do horizonte. O filme explora a beleza de Márcia Rodrigues e a vida "misteriosa" de uma adolescente, com todos os conflitos da idade. Sente-se a forte presença de Vinícius de Moraes na elaboração do roteiro e de sua poesia em torno da mulher e do amor. Declara o poeta a respeito do filme: "inspirados nessa aura que a canção deixou e no próprio mito de Ipanema, quisemos mostrar um verão de garota da Zona Sul, justamente no momento em que ela está querendo ir pra frente, querendo viver [...] é o processo da crisálida, o momento que ela quer bater asas"[27]. Sobre a feitura do filme, no mesmo depoimento, Vinicius explica como ele foi gerado:

> [...] queríamos uma história que não parecesse uma história, que realmente refletisse a vida de uma menina abastada: primeiros encontros de amor, namoradinhos, clima de festinhas, música, etc. Quando empacamos na história pedimos auxílio a Glauber, que deu algumas boas sugestões. E incorporamos Coutinho à equipe. O argumento só ficou pronto depois de um estágio que fizemos em Friburgo – Leon, Coutinho e eu – juntamente com Márcia Rodrigues, pela necessidade de conhecê-la, já que o filme gira em torno dela. Em fins de 1966, os atores já estavam quase todos escolhidos, bem como a equipe e passamos ao planejamento da produção[28].

A abertura de *Garota de Ipanema* significa para o Cinema Novo, e mais ainda para o comunista Leon Hirszman, a aceitação do filme "leve", voltado ao público de classe média, assumindo a busca da bilheteria. O grupo, como um todo, ainda demonstra evidentes sinais de suscetibilidade em assumir frontalmente o diálogo com o mercado, como já vimos em Glauber, dificuldade que retornará periodicamente em teorizações confusas entre forma e conteúdo, inclusive em torno de *Garota de Ipanema*. São contradições de um discurso que serve para saciar a consciência política e a demanda ética de época por engajamento, oscilando para uma prática mais condescendente que emerge juntamente com a contracultura. A ruptura dessa geração com os Marginais deixa-se flagrar nesse contexto, embaralhando o desbunde com acusações mútuas de adesão ao "cinemão". A proximidade com o INC "retrógado" é a acusação que os Marginais recebem do Cinema Novo. As acusações de concessão ao mercado em superproduções nababescas é o que sobra para o Cinema Novo, partindo dos Marginais.

Na realidade, o Cinema Novo, não só na retórica mas também na prática, elaborará estratégia refinada para encarar a realidade da distribuição que envolve uma produção cinematográfica de alto custo sem abandonar a "linguagem maldita" ou a "ênfase nacional" em oposição ao clássico hollywoodiano. Os cinemanovistas querem, no arrepio do classicismo narrativo, introduzir o cinema de "espetáculo", de corte épico, dando mais ênfase à dimensão cênica recitativa em detrimento do modo dramático dialógico e a intriga evoluindo linearmente puxada por diálogos. A ideia é desconstruir o modo dramático pelo épico, envolvendo-o pelo recitativo para desmontar a expressão dialógica. Assim, aproveitando-se de formas culturais autenticamente populares, como o cordel ou as manifestações circenses, o intuito é desembocar em um cinema de atrações (a referência eisensteiniana não está longe), no qual o grande espetáculo enraizado em tradições com raízes folclóricas ou reconstruções históricas sirva de anzol para atrair o grande público, sem concessões aos esquemas de motivação acional com personagens de densidade psicológica, próprias ao classicismo narrativo. Isso deixa espaço para as produções caras das quais o Cinema Novo cada vez mais se aproxima, sem precisar abrir mão do radicalismo da "linguagem maldita". O plano é cativar um público "popular" no sentido de ser amplo e não mais definido na periferia social pelo fator "consciência de classe", como ocorre no primeiro Cinema Novo. A fuga do drama clássico causa estranheza, embora seja correto afirmar que a arte popular mais tradicional se casa facilmente com a estrutura épica. O desígnio parece bem colocado, mas sua realização, na prática, ficará a uma grande distância. O encontro com o grande público, que ainda se dará, ocorrerá em outras modalidades.

A TERCEIRA TRILOGIA

Os filmes do terceiro momento do Cinema Novo, pós-1968, respiram na alta atmosfera, têm fôlego grande para representar forças sociais e períodos históricos nacionais. A representação do Brasil e sua história, e a disposição da trama dramática no modo recitativo épico, com endereçamento direto e frontal ao espectador, formam a base dos amplos quadros que percorrem filmes-chaves da produção do Cinema Novo pós-1968. Alguns são espetaculares com grandes encenações, outros mais modestos. Alguns carregam na dimensão simbólica, embora na maior parte das vezes possuam simplesmente um universo diegético localizado na encruzilhada da história. São filmes característicos do que chamamos "terceira trilogia", ou terceiro momento do Cinema Novo: *O dragão da maldade contra o santo guerreiro* (Glauber Rocha, 1968), *Os herdeiros* (Cacá Diegues, 1968-1969) e *Os deuses e os mortos* (Ruy Guerra, 1970). A eles poderíamos acrescer *Pindorama* (Arnaldo Jabor, 1970), *Brasil ano 2000* (Walter Lima Jr., 1967-1968), *Macunaíma* (Joaquim Pedro de Andrade, 1969). *Fome de amor* (1968) será analisado a seguir em proximidade ao conjunto. Junto a esse núcleo, com maior ou menor distância do Cinema Marginal que o bordeja, podemos mencionar obras como *Viagem ao fim do mundo* (Fernando Cony Campos, 1967); *A vida provisória* (Maurício Gomes Leite, 1968); *Desesperato* (Sérgio Bernardes Filho, 1968). *Matei por amor* (Miguel Faria Jr., 1971) e *Vida de artista* (Haroldo Marinho Barbosa, 1972) também se aproximam, mas numa gravidade própria.

O grupo de filmes é amplo, e a trilogia designa um horizonte que vai além dela, embora seu interesse maior esteja na borda cinemanovista, centrando-se na representação da história e das forças sociais já voltadas para o beco sem saída e a crise de opções que o fechamento político pós-1968 aponta no Brasil. Nesse caso, são obras com traços estruturais, cuja produção foi realizada em pequeno intervalo, de dois a três anos. Sente-se a forte preocupação de representar o Brasil – presente, passado ou futuro. Há acúmulo de elementos que conotam a brasilidade e sua cultura, em quadros mais ou menos simbólicos. Os dramas pessoais inter-relacionam-se com extrema facilidade à História, motivo tênue para a representação historiográfica. Os personagens oscilam muito na personalidade ou se tipificam rapidamente, cristalizando-se sem motivações psicológicas. Constelam-se facilmente em tipos históricos, representando forças sociais ou classes.

Nesse terceiro momento do Cinema Novo, a agonia dos sonhos de uma geração provocada pela instauração do AI-5 em 1968 impera como pano de fundo de uma grande exasperação. Estão presentes o terror da perseguição política, a paranoia, a violência e a tortura. Personagens erram sem destino, aos berros, tateando o ar. Mantém-se em alguns filmes o personagem oscilante entre o outro-popular e os "poderosos", já visto no Cinema Novo da segunda trilogia. Mas agora ele se lança no mergulho do banho de sangue que sobra para todos (*Os deuses e os mortos*) ou na opção individualista, fora de jogo, lembrando o *cowboy* americano (Antônio das Mortes em *O dragão da maldade contra o santo guerreiro*). A oscilação vira exasperação ou crueldade dionisíaca (*Pindorama*) ou apenas a constatação hilariante de um projeto social em que se acreditou um dia (*Fome de amor*). Em *Macunaíma*, *Os herdeiros* e *Brasil ano 2000*, as cores e figuras do tropicalismo estão presentes, servindo de base para a proposta de se representar o Brasil trazendo em seu âmago o motor das contradições entre o arcaico folclórico e o moderno *pop* da sociedade de consumo. A tentativa do Cinema Novo de atingir o público com o grande espetáculo fracassa, talvez com a grande exceção de *Macunaíma*. A rejeição ao cinema-espetáculo épico, que o Cinema Novo oferece na bandeja do mercado, é um fato. Foi experimentado com frustração por não atingir seu destinatário maior, o povo, sempre almejado e distante.

HERDEIROS DA HISTÓRIA

Os herdeiros, de Cacá Diegues, é um filme mais tardio que ainda se fixa no horizonte da segunda trilogia. Possui referência a *Terra em transe*, mas já está mergulhado no clima pós-1968 e pós-AI 5. Diegues sempre gostou de se colocar como caçula no grupo nuclear cinemanovista, definição que tem seu fundo de verdade. Numa das discussões do grupo, relatadas em sua biografia, Saraceni, um grande fazedor de frases, dizia ironicamente, para defender seu ponto de vista sobre um filme polêmico, que Cacá ainda não tinha idade para ir sozinho ao cinema, ou seja, se não estivesse acompanhado nas sessões, no início dos anos 1960, poderia formar impressões particulares perigosamente divergentes do grupo, difíceis de serem alteradas mais tarde. O fato é que Cacá é um pouco mais jovem no grupo formado por Joaquim, Saraceni, Leon e Glauber. É próximo de David Neves (mais velho), porém a intensidade de sua obra e o modo pelo qual logo se coloca como elemento central também o distingue da segunda geração cinemanovista que chega num segundo momento ao longa (composta por Jabor, Walter Lima e mesmo David Neves ou Eduardo Escorel). A relação entre Glauber e o caçula Cacá é intensa e se situa dentro do universo da amizade pessoal e da influência estética recíproca. Ambos tiveram sua formação sentimental no Nordeste, embora Cacá somente nas férias passasse longos períodos em Alagoas, origem primeira de sua família. A origem nordestina comum os aproxima e permite uma relação de trocas sem conflitos maiores e com confiança. A confluência entre *Terra em transe* e *Os herdeiros* é visível, mostrando a convergência pontual entre dois autores-chaves do Cinema Novo, que mais tarde não se reproduziria com tanta intensidade. Glauber acaba desenvolvendo um estilo narrativo mais radical, sempre respeitado por Cacá. O inverso também foi verdadeiro, mesmo nas polêmicas mais tensas em que ambos estiveram envolvidos, como na questão das "patrulhas ideológicas" ou na guinada de Glauber em direção ao autoritarismo militar nacionalista, quando declara apoio à figura de Golbery como "gênio da raça".

Em função da proximidade dos diretores e a distância temporal de quase três anos entre os dois filmes (*Os herdeiros* teve filmagens em 1969 e *Terra em transe*, no segundo semestre de 1966), *Os herdeiros* pode ser considerado uma espécie de *Terra em transe* amadurecido para o lado da decepção e da agonia fechada em si, com o protagonista Jorge Ramos (Sérgio Cardoso) fazendo um pouco o papel de um Paulo Martins (Jardel Filho) turbinado horizontalmente no tempo pelos ventos da história. O personagem Jorge Ramos corre o filme carregando o peso da destruição da ética que traz em si, cristalizando na derrota um panorama que, em *Terra em transe*, ainda se respirava como exercício da potência travada, de arma em punho em sua queda (a sequência final de *Terra em transe*). Em *Os herdeiros*, nada parece sobrar, a não ser a conciliação infame que o último plano do filme retrata entre a esperança do novo (o filho progressista de Jorge Ramos) e as forças sociais mais retrógradas e sórdidas, na conciliação que vigora sob a melodia tema "Invocação em defesa da pátria", de Heitor Villa-Lobos. Se Glauber declara haver filmado *Deus e o diabo* e a cena do beijo entre Rosa (Yoná Magalhães) e Corisco (Othon Bastos) com Villa-Lobos e a Bachiana nº 5 na cabeça, é claro o modo pelo qual "Invocação em defesa da pátria" pontua *Os herdeiros* de ponta a ponta, concedendo ao filme a densidade épica que a ação demanda. A linha do canto orfeônico de Villa-Lobos e seu berço no congraçamento pela exaltação das massas trabalhistas do getulismo chega galopando através das décadas para desembocar no cenário de horror que, em 1969, se condensa no Brasil. É o que faz soprar o vento da história mais forte, em proximidade, permitindo sua representação assumida de modo mais direto para que daí possa se abrir com fôlego para o panorama didaticamente horizontal da história do Brasil, disposto em períodos pelos letreiros que organizam a narrativa. *Os herdeiros* é o grande afresco histórico do Cinema Novo, com força motriz satisfatória para levantar voo, plainar no ar e depois aterrissar, fazendo as circunvoluções necessárias. Acompanha o movimento das principais forças sociais no "pequeno século XX brasileiro", partindo da Revolução de 1930, passando pela superação do Brasil agrário, a afirmação do getulismo com suas duas faces (a autoritária e a populista), o suicídio do ditador eleito, a grandeza sonhada e antevista no momento de Brasília (num modo que depois ainda voltaremos a encontrar no Glauber de *Idade da Terra*), as forças brutais da ditadura no horror e, finalmente, o dilaceramento das esperanças no outro-popular, até o desembocar na contracultura lisérgica e na digestão *pop*. O quadro tropicalista já surge maduro em *Os Herdeiros*, na forte sequência com Caetano Veloso e Jean-Pierre Léaud.

O afresco histórico de *Os herdeiros* é, portanto, potente. Podemos sentir que um filme com tal ambição e liberdade de voo só poderia ser feito no impulso tomado pelos eventos de 1968. A má consciência com o outro-popular está lá sem dúvida, em modo similar àquele percorrido pela segunda trilogia e a produção pós-1964. Mas o vento da história, tão forte nesses anos, já havia mudado de direção. O "povo" é pensado em diversos momentos do filme, todavia a falta de resposta já não provoca a mesma comoção e dilaceramento. "O que o povo entende de poder?", pergunta Jorge Ramos à determinada altura para, em outra sequência, afirmar ao líder esquerdista que, envergonhado, lhe fornece apoio: "eu sou a história e vocês vivem de rastros atrás dela". A resposta do líder político é contorcer-se em um urro, para depois afirmar: "Você está certo, Jorge Ramos. Mas o povo, o povo...", deixando a frase no vazio do descampado no qual, às escondidas, tramam uma aliança espúria. O povo, em 1969, parece ter sumido do horizonte e agora é um motivo balbuciado sem convicção, moeda de troca no tráfico político. Talvez *Fome de amor*, com filmagens a partir de julho de 1967, do sempre precoce e com sensibilidade camaleônica Nelson Pereira dos Santos, tenha sido o primeiro a constatar, em todas as suas consequências, esse deslocamento súbito e cada vez mais cavado a fundo, deixando alguns agentes mais envolvidos pendurados, sem escada, com o pincel na mão. A geração cinemanovista volta-se para si própria e ainda caminhará em direções diversas. No entanto, o que sopra mais forte agora é o vento da história, e sob seus pés a sensação de superfície foge. Forças maiores se articulam numa espécie de grande ópera configurada como um anjo da história batendo suas asas, conforme o vê Walter Benjamin a partir do quadro de Paul Klee *Angelus Novus*: com os "olhos esbugalhados, a boca escancarada e as asas abertas". É quando ele "volta o rosto para o passado e a cadeia de fatos que aparece diante de nossos olhos é uma catástrofe sem fim que incessantemente acumula ruínas sobre ruínas e as lança a seus pés".

Em *Os herdeiros* e nos filmes da terceira trilogia respira-se esse bater de asas benjaminiano da história. Ela está próxima, roça o rosto de quem a vive, e é logo alcançada pelas mãos ao se fazer um gesto. Sua representação e das forças que a movem parece ser natural como a respiração do ar e a alimentação do corpo. Os personagens se movem e a atravessam, como se entrassem e saíssem do banheiro, do quarto ou circulassem pela mesa na sala de jantar. No entanto, assim como está próxima, ela escapa à familiaridade, pois seu vento pode ser forte e queimar. E sua forma agora é trágica, regada a sangue e a exasperação. O momento é agudo e as forças sociais do Brasil estão diláceradas em 1969. Ainda estão ligadas formando um todo nessa representação, mas, a seguir, sua fragmentação será explodida e os fios acabarão soltos para circularem livremente no dilaceramento, que desemboca na representação da abjeção. Embora o Cinema Novo não entre fundo nessa via, a nova geração do Cinema Marginal saberá tirar todas as consequências do movimento da história com a boca escancarada e a asa levantada para o horror da catástrofe. Construirá um cinema único na representação do disforme, do grotesco e do animalesco.

Nos filmes que se aproximam da sensibilidade tropicalista (*Dragão da maldade*, *Os herdeiros*, *Terra em transe* – pioneiro na trilha –, *Brasil ano 2000* e *Macunaíma*), as encenações do Brasil anacrônico e ultramoderno são contrapostas numa mistura exótica. As formas da cultura de massa contemporânea são exploradas em sua veia mais *kitsch* pelas mercadorias que proliferam nas prateleiras da indústria cultural. As logomarcas do imperialismo multinacional norte-americano (Shell, Esso, Coca-Cola etc.) misturam-se aos discursos políticos grandiloquentes que soam como desafinados, motivo para "alegria e preguiça", no espetáculo midiático da novidade televisiva e das "bancas de revistas", como diz a música hino de Caetano Veloso ("Alegria, alegria"), mencionando, em cascata, a fome, a televisão, o fuzil, espaçonaves, guerrilhas, Brigitte Bardot, Coca-Cola. Além disso, as formas da nova música eletrônica, originária na mídia tecnológica – o *rock*, por exemplo –, fazem contraste e distância atraente com o samba que acabara de se firmar para a classe média como expressão pura do popular e já surgia como matéria para ser deglutida no modo *pop*. As próprias mercadorias e suas embalagens, cuja proliferação nos recantos mais remotos do país ainda choca, surgem em motivo cenográfico. A logomarca Shell, que brilha nos postos de gasolina do sertão remoto, em choque com o folclórico, aparece na mesma inspiração em *Os deuses e os mortos* e *O dragão da maldade*, embora no primeiro caso seja uma figura isolada no filme, e no segundo, parte orgânica. A produção cinematográfica do último fôlego cinemanovista da década de 1960 repercute esse caleidoscópio social e sente-se à vontade para abrir-se na direção daquilo que surgiu como mais agudo no tropicalismo.

O CÂNCER DO DRAGÃO

A abertura do Cinema Novo para construir expressão cinematográfica na trilha do mercado com produções elevadas resulta, como vimos, em fracasso. *Câncer* surge como resultado desses dilemas. Quando *O dragão da maldade contra o santo guerreiro* sofre atraso para começar em 1968, Glauber aproveita alguns atores e negativos em preto e branco, 16 mm, que tem à disposição, para fazer um "filme experimental". *Câncer* se aproxima de maneira significativa da produção marginal que teve seu ápice entre 1969 e 1972. A ruptura com a linguagem clássica é feita a seco, sem nenhuma "retaguarda" que busque escudo na "forma popular", como ocorre em *O dragão da maldade contra o santo guerreiro*. A temática de *Câncer* é essencialmente urbana, de classe média. Os personagens discutem de modo muito fragmentado os problemas existenciais de um casal, drogas, violência, misticismo, atividades políticas clandestinas. O popular está em primeiro plano no personagem de Antonio Pitanga, que atravessa o filme sendo humilhado, agredido, e no final se revolta, assassinando o arrogante jovem burguês (Rogério Duarte) que o maltrata. Hélio Oiticica a tudo assiste, atendendo o jovem e se opondo ao popular negro. A figura do negro e do preconceito racial tem destaque. O personagem é motivo de rejeição e paixão e dá ensejo ao belo plano-sequência do filme, em que Pitanga e uma atriz amadora, também negra, são filmados apaixonados em primeiro plano, com ágil movimento dos corpos em cena e movimentação de câmera. A questão social aparece em função das minorias (o negro) ou na questão do gênero (expectativas e direito da mulher), o que também é singular no enfoque cinemanovista. O esquema de produção é "familiar" e de baixo custo: "O Câncer era filme que não tinha sentido fazer em cor ou em 35 mm. Não é filme comercial, não o fiz para ser exibido em circuito. É a obra que me diverti com amigos. Decidi fazer o filme em 16 mm, chamei meus atores, meus amigos, e lhes disse: 'vamos fazer um filme'"[29].

A forma narrativa de *Câncer* é de vanguarda e pioneira em 1968. Dialoga com experiências extremas, como as que Jean-Marie Straub começava a desenvolver nessa época, início de sua carreira, explorando o realismo como bloco de mundo em duração na tomada: "eu havia conversado muito com Straub em Berlim sobre o tema do plano/sequência e resolvi fazer experiências a partir das quais Straub está fazendo [...] o que Straub está procurando conseguir é uma tensão, um sentido novo do plano/sequência"[30]. Mais uma vez impressiona a clarividência que possui Glauber das principais tendências estéticas de sua época e a visão cristalina do significado da estilística que busca em *Câncer* e *O dragão da maldade*, assim como a diferença entre ambas: "como eu sabia que a Éclair tem um chassi que dá de 11 a 12 min., resolvi fazer um filme em que cada plano durasse um chassi, e estudar a quase eliminação da montagem quando existe uma ação verbal e psicológica constante dentro da mesma tomada"[31]. Ainda segundo Glauber, *Câncer* teria esta estrutura: "27 planos longos e três atores improvisando situações cujo tema – que eu lhes dava – era da violência"[32]. Um estudo recente sobre o filme, de Theo Costa Duarte, mostra que isso acabou não ocorrendo, com diversos planos perdendo a duração original na montagem: "apesar da afirmação categórica do diretor um ano após a filmagem, contam-se na montagem final 59 planos"[33]. O fato é que *Câncer* trabalha com longos planos-sequências, entremeados com alguns planos mais curtos, numa experiência radical na época do cinema com planos de longa duração. A interpretação na cena de *Câncer* é aberta para a improvisação e a dilatação da duração na tomada, através de longos planos-sequências. Respira-se a aderência da encenação ao transcorrer da tomada, se posicionando em indeterminação radical. Isso permite o tipo particular de interpretação mesclando atores e "personalidades" a que estamos nos referindo. Trata-se de um modo de interpretação inaugurado historicamente no cinema pela estilística do Cinema Direto e que *Câncer* eleva ao paroxismo, ao retirá-lo do campo documentário e explorar seus efeitos sobre personagens ficcionais.

Glauber mistura de forma provocativa as interpretações de atores e não atores fazendo todos ficarem presos, pela fala longa, numa espécie de geleia que gruda e estira o presente, tendendo inevitavelmente para a improvisação e a expressão do "si-mesmo" do ator. Esses representam o personagem-tipo, mas também dão "carne", vida, ao contexto cultural social em que se inserem, como pessoas que vivem o cotidiano. No campo das "personalidades" não atores, além de Eduardo Coutinho, que encarna o intelectual, militante comunista, temos a presença de figuras-chaves do tropicalismo, como Hélio Oiticica e Rogério Duarte, mostrando a interação e o diálogo da obra de Glauber com esse horizonte. Os atores-tipo interagem com os personagens-tipo: Pitanga, o homem do povo; Odete Lara, a mulher de classe média; Hugo Carvana, o malandro boçal etc. No presente estendido dos planos-sequências, o próprio som se arrasta fora de rotação (as vozes engrossam lentamente), querendo marcar a extensão dilatada e a escansão do presente, pela qual a expressão jorra, para além do pensamento e da articulação propositiva. O procedimento do *ralentir* sonoro (espécie de câmera lenta do som), bastante raro no cinema, aparentemente foi decorrência de um problema técnico involuntário na sincronia do som. Dizem as más línguas ter sido uma barbeiragem de Luiz Carlos Saldanha no som direto, ainda de difícil manipulação na época, que muito irritou Glauber e o fez esculhambar o amigo. Isso apesar de, no filme, Saldanha assinar a foto e José Ventura, o som. Mais tarde, no entanto, provavelmente durante a montagem do filme em Cuba, em 1972[34], o problema foi acolhido pelo diretor com criatividade, transformando-se em solução para questões de montagem e incorporado como procedimento estético-estilístico significativo. O *ralentir* (o vagar) sonoro da fala casa bem com a extensão longa dos planos que estouram a duração, trazendo-a do tempo fílmico para grudá-lo no tempo (lerdo) da experiência espectatorial. A voz grossa esvazia o corpo e parece querer estirá-lo para fora do tempo, numa espécie de longo plano-sequência do nada. Glauber também lidará de modo inovador com o som direto em *O dragão da maldade contra o santo guerreiro*. *Câncer* permite a experiência radical, em termos de abertura da expressão do "de-dentro" pelo corpo no presente dilatado, e o faz pela duração, puxada no plano longo na mediação do corpo do ator/pessoa, oscilando perigosamente, no fio da navalha, entre personagem e personalidade de si.

O dragão da maldade contra o santo guerreiro aparece em contraste com o contexto de *Câncer*. Historicamente anterior, *Câncer* sinaliza sintonia com o modo narrativo do Cinema Marginal e sua estrutura de produção, mesclando experiência pessoal e comunitária na tomada, numa maneira que os filmes da Belair sustentariam depois em modelo exemplar. Já *O dragão* possui assumidamente tentativa de atingir público amplo, numa produção cara que se justifica em termos do mercado exibidor. O filme foi realizado entre o segundo semestre de 1968 e o início de 1969, com exibição no Festival de Cannes de 1969, no qual Glauber ganhou o prêmio de melhor diretor. Narra a continuidade da história de Antônio das Mortes, personagem central de *Deus e o diabo na terra do sol*, que agora se vê enfrentando o "último" dos cangaceiros, a quem novamente hesita em matar. O Antônio das Mortes de *O dragão da maldade* é o matador de *Deus e o diabo*, reciclado para o Brasil "moderno" de 1968–1969. Exorciza, em luta íntima, sua consciência e as críticas que recebeu por sua oscilação original em 1963. O diálogo escrito por Glauber bem exemplifica a evolução: "há muito tempo eu estou procurando um lugar para ficar, agora vou ficar do lado de lá, do lado da santa. Eu já estou entendendo quem são os inimigos".

O Antônio das Mortes de 1963 ainda pode se assumir como sendo a mão forte do destino que poupa da morte e leva com cuidado, em sua palma, o povo (Rosa e Manuel), através dos desvios da alienação que vigora no transe dos beatos e no banditismo social do cangaço. O primeiro Antônio das Mortes caminha em direção à liberação pela práxis, acreditando numa esperança de afirmação futura da vontade de potência popular que se deixará vislumbrar quando "o sertão virar mar e o mar virar sertão". A mensagem final de *Deus e o diabo* é positiva e esperançosa. Aponta a proximidade da transformação e o caminho para ela na trilha do sertão-mar. Com sua consciência, agora cristalina, o segundo Antônio das Mortes é mais sombrio. O filme termina com sua figura *sola*, remoendo a vida em interioridade pessoal, com um peso nas costas solitárias, imagem do *cowboy* individualista, tipo do *western* americano que Glauber tanto cita em suas entrevistas. O individualismo é de escala diferente daquele da civilização liberal norte-americana. Mas se um (o *cowboy*) deixa a família e a cidade para trás; o outro (o sertanejo) também tem sua opção solitária, aparentemente cansado de tudo e todos: dos conflitos, do povo, dos beatos, da luta com os cangaceiros, dos coronéis. O personagem arquetípico Antônio das Mortes (Maurício do Vale), sintetiza tipos sociais marcados e é bem apontado em sua forma de viés mitológico pela crítica de época, no Brasil e no exterior. Possui também, no entanto, uma carga psicológica forte, com personalidade densa e introvertida. Não faz só o personagem-tipo ralo que encarna forças sociais, característico em outras obras do contexto da terceira trilogia (*Os deuses e os mortos*, *Brasil ano 2000*, *Pindorama*).

Em *O dragão da maldade contra o santo guerreiro*, a cultura popular parece explodir em ritmo frenético, tudo levando de roldão quando vibra seu canto afirmativo de transe, potência e vontade. Existe um tom dionisíaco nas danças e nas tradições representadas que embutem força. As posições dos personagens estão definidas como um mapa que já está no bolso, um percurso dado previamente para ser cumprido, que avança como uma flecha para o final simbólico. Esse é figurado no antes e no depois, como imagem-mito já configurada. É a imagem do beato Antão/Santo Guerreiro enfiando, montado a cavalo, a lança vingadora no peito do coronel Horácio/Dragão da Maldade, que jaz por terra. A imagem iconográfica de São Jorge/Ogum contra o Dragão inicia e finaliza o filme, conforme se pode verificar na versão disponível feita a partir de internegativo tirado de cópia original francesa[35]. A relação de *Deus e o diabo* com a iconografia candomblé/católica de Ogum/São Jorge é evidente. O filme é construído para desembocar nesse tema, ilustrando a imagem popular do santo no cavalo afundando a lança na boca do dragão. Por aí certamente se busca contato com o universo do público popular. Glauber está à vontade na *mise-en--scène* de seu primeiro longa colorido. As cores explodem na tela com intensidade e beleza compositiva: no roxo do vestido de Laura (Odete Lara) contrastando com a aridez do sertão ou nas flores multicoloridas que carrega para velar em céu aberto da caatinga o corpo de seu amante, o burguês Matos (Hugo Carvana); no forte vermelho das vestes de Antão negro (Mário Gusmão); no branco imaculado da santa (Rosa Maria Penna) e do padre (Emmanuel Cavalcanti); no tom preto da veste de Antônio das Mortes; ou nas cores desbotadas e bem definidas das pedras e plantas do cerrado, compostas pela fotografia de excepcional qualidade de Affonso Beato.

Antônio das Mortes, agora, escolhe seu lado no início e não termina o serviço encomendado pelos poderosos. Deixa o cangaceiro Coirana (Lorival Pariz) como cadáver insepulto, em torno do qual se aglomeram, teimosos, povo e beatos, clamando de modo dionisíaco por justiça e comida, com a revolta se avolumando. Antônio sente-se em paz consigo quando não mata imediatamente o último cangaceiro. Depois assume a tarefa de preservar o corpo que feriu e sepultá-lo, acabando por dispô-lo em cruz, como Cristo, no cerrado. Fica exposto para que a grande culpa que ele, matador de cangaceiros, carrega, seja purgada e sorvida lentamente como penitência. É a culpa que Antônio das Mortes carrega desde *Deus e o diabo na terra do sol*. A imagem cristã do martírio na cruz reflete bem a amargura ética que carrega a geração, conforme já apontamos na segunda trilogia. É na forma do corpo do povo revoltado, definhando na cruz, que acabam por assimilá-la. Glauber é o que mais quer representá-la, pois é no delírio dionisíaco que tentará escapar de sua sombra, que carrega como manto. É também o que mais pode, pois desde o início sente a gravidade da potência das pulsões – como aparece no surdo batuque de *Dragão* –, para chegar maduro nas afirmações que encontramos em "Eztetyka".

O peso que Antônio das Mortes carrega nas costas é a chave do personagem, ainda quando se dispõe a atuar (agora sem dúvidas), "do outro lado", o lado popular. Embora de origem humilde, o personagem se distingue e claramente não faz parte do *habitus* popular na sua pureza, composto pelos beatos e os cangaceiros. Mas fica menos longe do popular que o caminhoneiro de *Os fuzis* e assim vai adquirindo a possibilidade de deslocamento, coisa que para o Gaúcho do filme de Ruy Guerra não existia. Antônio das Mortes tem o que comer no cotidiano e não depende da farinha doada pelo coronel. Tem com que se vestir, tem independência e recursos para sobreviver acima dos miseráveis que o rodeiam e por isso compõe, a seu modo, o amplo leque dos personagens oscilantes de classe média, baixa e alta, entre a práxis política e a opção existencial individualista, que percorrem os filmes do Cinema Novo no período.

A figura oscilante do intelectual/professor (Othon Bastos), que se sobrepõe e mistura às oscilações do matador Antônio das Mortes arrependido, é personagem que compôs de modo central o núcleo temático dos filmes da segunda trindade, conforme vimos no pós-1964. Aqui faz linha de continuidade, mas é apagada (pois fraca no universo ficcional) do momento que caracterizamos atrás como "crise ética". Não é mais protagonista: a tragédia o ultrapassa na intensidade, pronta para se abrir na fissura da convulsão que os rituais populares levantam. É o mesmo caminho que tomará Ruy Guerra em *Os deuses e os mortos*, utilizando-se, inclusive, do mesmo ator. O professor passa o filme afundado na bebida e só acorda na sequência final de *O dragão da maldade* para pregar e assumir a ação e o engajamento político clássico que Antônio das Mortes no fundo desdenha. Ele é introduzido à práxis pelas mãos de Antônio das Mortes em frente ao cadáver crucificado do cangaceiro de quem retira as armas que passam a ser suas. Mas o ímpeto da ação é breve, cai do céu e, no final, soa falso. Na hora da última batalha (sequência de Antônio das Mortes exterminando, como num *western* tarantinesco, o enxame de jagunços liderados por Mata-Vaca), o professor/intelectual está lá e se alista com coragem, mas logo depois duvida, ou se acovarda, dizendo que lutará protegido na sombra de Antônio das Mortes: "você briga com sua valentia e eu brigo na sua sombra". O matador Antônio das Mortes insiste na opção individualista que fechará o filme. Deixa claro ao intelectual (agora poderoso, com as armas que recebeu de Coirana defunto) que a liberdade vem antes do engajamento. Explica que ele, Antônio das Mortes, não deve contas à lógica existencialista e às demandas da práxis política que o professor representa. "Os negócios de política é com o senhor [professor]", diz o cangaceiro, "meus negócios é só com Deus". Os dilemas existenciais do professor são como um pires ralo frente ao poço sem fundo de um Paulo Martins em *Terra em transe*. Também Antônio das Mortes não se comove com eles e se descola das dúvidas que percorrem a primeira versão do personagem em *Deus e o diabo na terra do sol*. O professor, num rebatimento claro da juventude urbana de esquerda, assustada com a demanda para a luta armada e suas consequências extremas (a morte, a tortura), é posto de escanteio. Termina decadente, aos beijos com o corpo ensanguentado da amante do coronel (Odete Lara).

Agora nada mais desperta ou provoca a potência que Antônio das Mortes traz em seu cajado/espingarda: nem o abismo do desespero das elites, que nas últimas cenas predomina na trilogia dos personagens Horácio (Jofre Soares), Matos (Hugo Carvana) e Laura (Odete Lara); tampouco a trilogia "popular" do final, com Santa e Antão sendo puxados passivamente pelo cabresto, em círculo repetido pelo padre (nesse momento também armado). Há cansaço no olhar que Antônio das Mortes dirige ao trio que o padre lidera e que parece querer envolvê-lo. Perdeu-se a intensidade dionisíaca da encenação popular ritmada em seus cantos da primeira metade do filme. Santa e Antão parecem ter sido cooptados. O fato de os líderes da força pulsional andarem em círculos, puxados por um padre, soa deprimente e é a esse espírito que Antônio das Mortes é reduzido depois de sua missão. A exasperação e o mergulho na subjetividade dilacerada que marcam a carreira final de Glauber já se vislumbra, como também nos colegas da própria geração e nos jovens marginais. Aqui são sentimentos ainda escovados na superfície, apesar de sentirmos sua batida latente, seja na exasperação, seja quando saltam dela para a exaltação vazia. O movimento narrativo de *O Dragão da maldade contra o santo guerreiro* quer trazer para o sertanejo matador Antônio das Mortes o foco da encruzilhada e nele se fechar, numa espécie de amargura individualista. É como se lá ficassem cristalizados o resultado dos sonhos de uma geração e o destino final do primeiro Antônio das Mortes, ainda enfático em seus sonhos e de certo modo confiante nos caminhos que apontava para o povo-casal Manuel e Rosa. Agora, cinco anos depois[36], cumprindo um pouco o percurso da geração da qual Glauber foi líder, Antônio das Mortes parece estar farto de tudo e da responsabilidade social que insistem em colocar sobre seus ombros humildes, como se dele dependesse o destino da ação e da nação. Talvez o personagem já siga aqui antevendo, ou pressentindo, os passos de seu criador, que estará em breve caminhando para um longo exílio.

OS DEUSES MORTOS

Há outro personagem que dialoga proximamente com o segundo Antônio das Mortes, compondo unidade na terceira trilogia cinemanovista: o revolucionário de perfil incendiário desempenhado por Othon Bastos em *Os deuses e os mortos* (1970), de Ruy Guerra. Bastos interpreta o protagonista do filme, sem nome, que erra pela elite cacaueira do sul da Bahia na década de 1930, acirrando conflitos políticos e provocando disputas armadas. Espécie de motor da história, não possui a densidade interior nem a indiferença saciada na qual acaba desembocando Antônio das Mortes. Na realidade, assemelha-se mais a uma espécie de Paulo Martins desvairado ao quadrado, ainda mais exacerbado, rodopiando no vazio e atirando contra tudo e todos. O personagem incendiário de Othon Bastos incorpora na essência aquela figura de classe média, insatisfeita consigo mesma, em crise ética que caracteriza a época. Possui o "querer" de fazer girar o motor da história a todo custo, que encontramos no âmago dos filmes da segunda trindade. Mas aqui sua impotência é ainda mais profunda e na medida da violência se esvai pelo ralo. Ele veio não se sabe de onde, vai para lugar não definido, não possui objetivos (móveis dramáticos) que não sejam o acirramento e a expressão do exasperado. Ao contrário de Martins (Jardel Filho) de *Terra em transe*, Marcelo (Vianninha) de *Desafio* ou Miguel (Pereio) de *Bravo guerreiro*, perdeu inteiramente a bússola e o eixo de gravidade. Erra pelo universo ficcional explodindo ao mínimo contato com outrem, exibindo as chagas do corpo adquiridas em batalhas perdidas ("sete vezes baleado, sete balas no corpo"). Não tem nada a adicionar que não seja uma conta negativa, pronto para incitar a luta fratricida, exaurindo ódio e ressentimento. O personagem de Othon Bastos em *Os deuses e os mortos* quer ser essa espécie de motor da história tão acelerado, ou exagerado, na radiação de sua potência, que seus giros rodam no vazio. Sobra ansiedade com tudo e todos. O horizonte que enxerga é o que se seguiu à calmaria depois de 1964 e à agonia do pós-1968: o de um grande quadro plácido submerso em raiva. É o que lhe provoca a ira indistinta. Então erra aos gritos e urros, lacerado na carne do rosto e na pele do corpo, clamando aos céus e aos corpos por ação, por uma luta qualquer que tenta pregar impotente ao seu redor, mesmo em meio à destruição total.

Como pano de fundo do quadro em que atua, trazendo a vivência internacional de Ruy Guerra, surge o imperialismo britânico e o capital financeiro sem fronteiras, que determinam mais ainda a inutilidade da ação política e social. O filme mostra o predomínio de um movimento exterior às forças sociais, que escapa da práxis no âmbito nacional. Daí a inutilidade da ação frenética, conforme se revela ao final. Tudo é controlado do exterior, rochas inamovíveis e inatingíveis, fazendo fantoches e transformando nossa exasperação em encenação vazia. Sua revolta termina do modo que começou, que é a maneira como o personagem entra em cena no filme: amarrado e derrotado, agachado com as cordas expostas sobre as costas. Tanto esforço, ação, tanta conclamação à luta, para nada – apenas o barulho das moscas varejeiras sobre seu corpo, pois nem nome possui. Após passar com a força de um raio pela elite cacaueira e dominá-la com a intensidade de sua ação, descobre-se apenas "dono de um império oco dentro de um império maior". É figura fantoche. Esse é o significado, para a trama, da canção "Bodas", de Milton Nascimento e Ruy Guerra, entoada por inteiro no filme pela personagem Jura (Vera Bocayuva), concedida como noiva a Bastos por uma das famílias da elite cacaueira que derrotou. A música tematiza de forma poética o domínio inglês pela chegada de uma canhoneira que leva "cacau e sangue" numa "bandeja de prata" com "sua pólvora e seu canhão".

A ação lacerante do protagonista (Othon Bastos) girando no vazio de sua intensidade é, portanto, o degrau seguinte no qual desembocam os personagens atormentados do pós-1964, já agora na sequência de 1968. Traz a constatação da derrapagem que levou essa geração a desacreditar o engajamento político através de uma práxis que um dia foi centrada em si e pôde ter voz didática sobre o outro, criticando a alienação. Uma vez constatada a inutilidade – na realidade, a impossibilidade – desse saber, descortina-se também a via para a agonia e a expressão do afeto de si dilatado pela dor lacerada da decepção. É horizonte que só será aprofundado em toda consequência pela geração seguinte, a dos Marginais, que já não precisam mais do suplemento da práxis como molde para canalizar a expressão, o que ainda não acontece com Ruy Guerra, que irá voltar à boa medida no seu filme seguinte, *A queda* (1976). Mas não é o que se vê nesse momento. *Os deuses e os mortos* é obra que se aproxima do trabalho radical dos filmes Marginais que lhe são contemporâneos.

A FOME DE NELSON PEREIRA

Fome de amor (1968) é também filme-chave para entendermos a entrada da nova sensibilidade de época no cinema brasileiro. Aponta a passagem do segundo para o terceiro fôlego do Cinema Novo num contexto ideológico original, o da contracultura mesclada à radicalização política na luta armada. É curioso que seja Nelson Pereira dos Santos a fazer a passagem nesse longa, de filmagens iniciadas em julho de 1967. Afinal, foi ele quem puxou o fio da meada do novo realismo do pós-guerra em *Rio, 40 graus* e agora é também ele que sente o esgotamento final daquela trilha que desbastou e estirou até lacerar o limite em *Vidas secas*. O caminho estreito pelo outro-popular de repente ficou curto, assim como seu foco na esperança e na elegia do congraçamento. Em *Fome de amor*, emerge certo fastio, uma descrença, um deboche mesmo, com os dilemas mais sérios do engajamento e sua consciência, e isso ocorre sem que Nelson precise passar pelos dilemas da crise ética da segunda trindade, no modo da má consciência. Nelson Pereira tem seu caminho próprio. Ele vai diretamente de *Vidas secas* a *Fome de amor*, com uma breve escala, sem consequências, mas como aprendizado, em *El Justicero* (1966). Passa na comédia e chega logo ao desmonte da arquitetura da práxis engajada.

Fome de amor já sinalizará com leveza a liberdade ideológica que iremos respirar no outro lado da margem. O contexto da contracultura e da curtição começa a despontar e atrai. Nesse sentido, a frase-chave de *Fome de amor*, pronunciada pela protagonista Mariana (Irene Stefânia), durante a festa-desbunde no final do filme é: "eu crucifiquei o marxismo-leninismo em minha cabeça". Partindo de Nelson Pereira, que diz ter trabalhado praticamente sem roteiro, improvisando conforme as filmagens avançavam, a frase é particularmente significativa, principalmente levando-se em consideração seus vínculos – mais ou menos fortes de acordo com a época, mas sempre presentes – com o universo marxista partidário, de corte leninista, a partir do início dos anos 1950.

Fome de amor (*Você nunca tomou banho de sol inteiramente nua?*) parece definir o momento em que Nelson decide romper com esse universo e suas expectativas, adiantando, em pelo menos dois anos, o movimento mais generalizado de "desbunde" que, no pós-1968, leva de roldão o conjunto da geração cinemanovista. É momento que foi radicalizado para além da medida que Nelson aponta pela geração Marginal. A crítica ao universo clássico dos mitos da esquerda, inclusive com precoces citações a Mao Tsé-Tung, é clara em *Fome de amor*. Surge no modo de uma constante e surda avacalhação que desemboca na curtição generalizada das cenas finais. O personagem Alfredo (Paulo Porto), antigo mercador de armas para grupos revolucionários, sintomaticamente cego, surdo e mudo, está fantasiado na grande festa final como guerrilheiro cubano, sendo mencionado "papai-noel das Américas". Na sequência, a personagem feminina, que rompe com o grupo do deboche e quer fugir da ilha (Mariana/Irene Stefânia), leva o antigo líder guerrilheiro pela mão. A câmera de Dib Lufti a filma ao longe no horizonte, a partir do ponto de vista do grupo debochado, que ri muito e faz piadas sobre o que vê dali: uma frágil e desorientada mulher, guiando um herói da guerrilha cego, mudo e surdo pelas mãos, com seu cachorro, em direção a lugar nenhum. As gargalhadas são altas e tomam a trilha sonora. Dirigem-se a um discurso em castelhano dito ao fundo, em tom muito sério, sobre as obrigações da luta revolucionária latino-americana que se avizinha. A câmera foca no grupo que ri, e quando o cego Alfredo e Mariana saem de cena o grupo continua rindo muito, agora apenas da fala revolucionária que se mantém em tom imponente, fora de época e sem pertinência, em *over*. Helena Salem, em sua biografia de Nelson Pereira dos Santos, nos informa que a fala é "a voz emocionada, aflita, de Mariana [que] diz em espanhol trechos de uma carta de Che Guevara e da Declaração [Organização Latino-Americana de Solidariedade] – 'O dever de todo revolucionário é fazer a revolução'"[37].

A sequência final tem, portanto, a tensão de um discurso que quer ser tomado a sério, mas não consegue mais sê-lo. Versa sobre a necessidade da revolução e os deveres do revolucionário. A curtição agora tem potência para corroer os mandamentos assertivos que o engajamento possuiu um dia na primeira metade dos anos 1960. O saber da ação revolucionária sobre as massas populares ficou de repente deslocado no Cinema Novo. É ridicularizado pelo deboche que atravessa a narrativa em sua extensão. A enunciação sobre o outro-popular se cindiu em sua certeza e na unidade da posição de sujeito de saber em que era emitida. Novas opções se abrem nesse momento para a geração. O mergulho nos devaneios de experiências inéditas, alucinógenas ou não, descritas na época como "irracionais" ou "irresponsáveis" será percorrido por muitos. É o caminho para o qual aponta *Fome de amor*, embora o movimento esteja longe de ser coercitivo ou expresso de modo assertivo em lição de moral. A personagem Mariana repete uma menção que é recorrente nos filmes do período, dirigindo-se ao outro-popular que há pouco (*Vidas secas* – no caso de Nelson) monopolizava a atenção e os afetos, com respeito e empatia. E o povo, esse "outro-ausente", surge evocado na fala de Mariana em termos parecidos àqueles que encontramos em *Terra em transe*, *Os herdeiros* e *O bravo guerreiro*: "o povo, onde está o povo?", murmura a personagem, resumindo as aflições da época, enquanto passa de barco por um grupo de crianças de origem popular, acenando ao longe, da margem. Depois de certo tempo e hesitação, ela também responde com um gesto, um aceno tímido no vazio.

Por ser um pouco o pai de todos, mas sem pertencer propriamente ao grupo, as oscilações na obra de Nelson Pereira dos Santos nos permitem situar com precisão a evolução do conjunto cinemanovista. A última palavra pronunciada no filme *El Justicero* é um "eu" dito em alto e bom som pelo personagem El Justicero (Arduino Colasanti), palavra significativa desse movimento – na tensão com o outro-popular –, que desemboca nos dilemas de *Fome de amor* e, em seguida, na produção dos longas de Parati, com mais intensidade no último filme dessa fase, *Quem é Beta* (1972), já dentro da abertura para o universo da contracultura e do desbunde. Nelson mantém a guia na direção, e depois marca em sua obra o que vai ser uma meia-volta para o campo do popular. Ocorre numa espécie de retorno, que atinge igualmente toda a geração, num encontro mais doce com o universo do transe e da mitologia popular, principalmente a partir de *O amuleto de Ogum* (1974). É comovente a proximidade leve que Nelson estabelece nesse reencontro com o outro-popular em *O amuleto*, descobrindo a umbanda e a religiosidade do povo sem a desconfiança da lente da alienação. Ele declara, em entrevistas da época, já haver antes se aproximado desse universo, mas sempre pelo recorte do engajamento que delineamos no contexto pré-1964, uma proximidade feita de um jeito que descobre ter sido preconceituosa. O reencontro voltado para o congraçamento com o popular é efusivo, traz a possibilidade da identificação sem a necessidade de passar pela lição de moral (ou pela lição sociológica)[38]. Segue-se a *O amuleto de Ogum* o longa *Tenda dos milagres* (1977), no qual a trilha permanece, com a mesma descoberta explorada em outras direções, embora em obra não tão bem amarrada.

Também Hirszman faz a meia-volta, indo de desbundado episódio de *América do sexo* ("Sexta-Feira da Paixão, Sábado de Aleluia", 1969) a seu filme seguinte, *São Bernardo* (1971), já bem carregado nos dilemas da responsabilidade, aprofundados no reencontro a seguir com o realismo de *Eles não usam black-tie* (1981). É uma espécie de continuidade na trilha realista comunista similar à de Nelson, que também desemboca por lá no segundo encontro com seu autor guia, o Graciliano do realismo social dos anos 1930, em *Memórias do cárcere* (1983). Oscilação similar à de Leon/Nelson encontramos, evidentemente com particularidades, no Jabor entre *Pindorama* (1970) e *Tudo bem* (1978), ou no Ruy Guerra entre *Os deuses e os mortos* (1970) e *A queda* (1976). O desbunde foi fundo na virada dos anos 1960, mas a volta à superfície da razão foi rápida e a duração não teve a extensão de outros, como é o caso de Glauber Rocha, que mantém até o final da vida a veia aberta para a encenação da expressão como enunciação dilacerada.

Cacá Diegues também abandona o clima de exasperação na experiência da história. No biênio 1975-1976, dirige *Xica da Silva*, filme que atinge público amplo, retratando desafio do povo à ordem colonial, todavia trabalhando com a história articulada em trama leve, de modo brincalhão. Mas já havia encontrado sua veia mais lírica, sempre aberta para a força da canção, com *Quando o Carnaval chegar* (1972), obra que marca a saída de seu mergulho nas águas sombrias do final dos anos 1960, conforme já analisamos em *O herdeiro*. Mergulho que, em Cacá, nunca teve a profundidade dos abismos mais escuros. Saraceni é o diretor que se sente mais à vontade no ambiente das densidades psicológicas e o desenvolve, desde o início da carreira, com cores pessoais. Apesar de mais fechado em sua proposta, tanto *Porto das Caixas* como *O desafio* demonstram ligação e diálogo com a obra conjunta que o grupo cinemanovista delineia. A partir dos anos 1970, e de certo modo já com *Capitu* (1967), delineia proposta pessoal marcando a relação com a literatura seja mediante o que chamou de "trilogia Lúcio Cardoso" (*Porto das Caixas*; *A casa assassinada*, 1970; e

O viajante, 1998), seja quando outros, como Paulo Emílio (*Ao sul de meu corpo*, 1981; *Capitu*, 1967), lhe dão guarida e inspiração para um veio próprio, mergulhado em dilemas existenciais que não trazem o outro-popular.

Resumindo a breve retrospectiva, pode-se dizer que *Fome de amor* inicia um período na obra de Nelson, e de certo modo na geração cinemanovista, findo com *Amuleto de Ogum*, que marca um retorno e um reencontro, em outros parâmetros, com o reconforto do horizonte popular numa narrativa de formato mais realista (*A queda*; *Eles não usam black-tie*; *Memórias do cárcere* etc.). No caso de Nelson, é *Fome de amor* que dá ensejo aos anos de desbunde e a sintonia com a contracultura, chamado por ele de "exílio" em Parati, que renderiam três longas, *Azyllo muito louco* (1969), *Como era gostoso meu francês* (1970) e o mais sintomático deles, *Quem é Beta? – Pas de violence entre nous* (1972), esse último realizado com financiamento francês e ampla liberdade para o mergulho no universo da curtição.

Em *Quem é Beta?* a ruptura com o outro-popular é extrema. O povo surge reduzido a zumbis errantes, que vagam em torno dos bem pensantes e privilegiados garotões e garotonas da contracultura, entrincheirados em residências modernistas, que são na realidade pequenos fortes dotados de barricadas e alarmes para se defender da massa popular que os assola constantemente, como fantasmas mortos-vivos. Em um movimento reincidente, teimam em tentar invadi-las e são assassinados a tiros, com brutalidade e sem remorsos. Agora se representa, literalmente, o assassinato da massa popular como esporte, de uma maneira *clean* – sem sangue e cadáveres putrefatos. Não há sombra de culpa no horizonte. Impressiona o paralelo com os atuais filmes de zumbi, os cadáveres avançando em movimento de agressão, seguidos da facilidade – e da inutilidade – da destruição do corpo. Os habitantes no mundo de *Quem é Beta?* praticam o esporte particular de atirar para matar os zumbis-povo que, nessa espécie de ficção científica cataclísmica, erram sem destino por campos, estradas, cidades, cerimônias oficiais ou festas populares do Brasil. Nelson parece dizer que é a esse preço que a cultura do prazer e da curtição ainda consegue prevalecer em Parati. A má consciência ronda, e o preço para mantê-la fechada na "paz e amor", na curtição das drogas e *rock'n'roll*, é alto: a redução do antigo povo – aquele do realismo que ficou para trás e vai surgir mais à frente – a zumbis errantes alvejados como animais sem piedade. Sua morte é constituída sem consequências, sem dor nem sangue. Parecem estar todos anestesiados, tanto os zumbis como quem neles atira.

Fome de amor marcou a entrada no caminho que levou a *Quem é Beta?*. Agora esse caminho extrai as últimas consequências do movimento ousado, mostrando os limites da opção alternativa que retorna sobre si como um pesadelo ao ver que deixou para trás algo muito importante: o povo. É significativo que o beco sem saída que *Fome de amor* já apontava com nuances desemboque em *Quem é Beta?*. Está em sintonia com o quadro fechado da exasperação, contraface da liberação dionisíacas das festas de *Fome de amor*. "Você já tomou banho de sol inteiramente nua?" é a frase dita pela descolada Ula (Leila Diniz) em *Fome de amor* para a mais certinha, Mariana. A expressão é quase um mantra da contracultura e, colocado como subtítulo de *Fome de amor*, resume bem a fronteira ideológica com a qual o filme já se depara em 1967 ao inaugurar um "banho de sol" bem diferente daquele do sertão de *Vidas secas*.

O CINEMA NOVO SEM NENHUM CARÁTER

Macunaíma é ponto extremo a que chega o Cinema Novo nesse contexto, mas o caminho se dá por outra trilha, diferente daquela traçada por *Fome de amor*, *O dragão da maldade*, *Os herdeiros* e *Os deuses e os mortos*. Desemboca, no entanto, no mesmo ponto de diálogo com o horizonte que se esboçou em 1968. Joaquim Pedro é diretor que possui particularidades, a começar por sua origem, vinculada, através do pai, à tradição cultural brasileira modernista da literatura e das artes na primeira metade do século. É originário de família que se sente à vontade dentro da alta cultura brasileira. Joaquim Pedro acompanha Paulo Emílio nessa ponte, outro que circula bem junto a intelectuais próximos à vanguarda moderna e tem os pés no cinema, fazendo sem receio a ligação com a cultura popular – quando tal eixo se coloca no horizonte da arte contemporânea. É eixo que atrai diversos artistas e intelectuais no campo da literatura, das artes plásticas, da música, desde a década de 1930. A singularidade é que, no início, o cinema ainda estava fora. Nutriu durante a primeira metade do século XX certo complexo de inferioridade, certo fatalismo que bebia numa suposta incapacidade inata do brasileiro em lidar com a tecnologia avançada necessária para o exercício de sua arte. Incapacidade que representaria a incompetência nacional sobre a qual se cultiva no Brasil o prazer da constatação, com certo prazer perverso. O cinema, por ser arte difícil e cara, veio caber como luva nesse complexo. Paulo Emílio Sales Gomes já percebia o mecanismo com precisão. Com o Cinema Novo, o complexo desaparece do horizonte e a arte do cinema passa a integrar de modo pleno a cultura brasileira dos anos 1960, em sintonia com suas tendências de vanguarda. Joaquim Pedro é pedra de Roseta nessa ponte, ligando a tradição do primeiro modernismo ao novo polo de criação.

Macunaíma, o filme, deve ser interpretado com esse quadro no pano de fundo. Afinal, quem mais para fazer o filme sobre o romance ícone do modernismo brasileiro do que o filho de Rodrigo Melo Franco de Andrade, espécie de curinga da geração modernista – curinga pela proximidade com expoentes do primeiro modernismo, a começar pelo próprio Mário de Andrade. Nascido em 1893, Mário foi próximo e é da mesma geração de Rodrigo, nascido em 1898. Rodrigo de Andrade circulava à vontade no grupo modernista. Manuel Bandeira era padrinho de Joaquim Pedro (e foi objeto de seu primeiro curta), Drummond (inspiração do primeiro longa) era amigo pessoal e outros modernistas mais tardios, como Niemeyer, Lúcio Costa, Pedro Nava, Gilberto Freyre e Sérgio Buarque de Holanda, também eram próximos do pai. Com o apoio de Gustavo Capanema, Mário de Andrade, junto com Paulo Duarte, foi um dos principais articuladores da criação, em 1937, do Serviço do Patrimônio Histórico e Artístico Nacional (Sphan), depois Iphan, sendo o projeto original parcialmente de sua lavra, a partir de empreendimento similar no período de sua administração no Departamento de Cultura da Prefeitura de São Paulo, da qual foi diretor. O novo órgão, o Sphan, é entregue a Rodrigo de Andrade, que seria seu diretor durante as décadas seguintes. A atividade contínua no organismo do Estado brasileiro que simboliza o reconhecimento do patrimônio artístico nacional coloca-o como espécie de guarda-chuva do grupo modernista. Rodrigo de Andrade faleceu em 11 de maio de 1969, meses antes do lançamento do filme do filho, mas após concluídas suas filmagens, que se iniciaram em setembro de 1968.

Joaquim Pedro diz ter escrito duas versões do roteiro do filme, ainda em vida do pai, em 1968. Pai e filho moravam na mesma casa, em andares com independência, sendo, portanto, natural o diálogo. É correto afirmar, como fazem Ivana Bentes[39] e Meire Oliveira[40] que a feitura do filme e talvez também as filmagens tenham sido feitas sob o espectro ou a sombra da morte do pai por doença cancerígena. É forte a relação de Rodrigo de Andrade com a obra maior do amigo pessoal Mário de Andrade e é concreto o intercâmbio que mantém com o filho, a quem admira, na elaboração do roteiro para adaptação de um clássico da literatura brasileira que conhecia na intimidade. A perda do pai, próximo e conselheiro, durante a adaptação para o cinema de um livro que fazia parte do imaginário paterno certamente marcou o diretor.

Também é tema atraente para especulação a relação entre o espectro da morte do pai durante a realização de *Macunaíma* e o tom iconoclasta do filme. Nem sempre, no entanto, coincidências lineares são significativas. O efeito parece ter sido liberador, se olhamos para trás na obra de Joaquim, mas devemos analisar *Macunaíma* também em sua sintonia com o clima libertário, da curtição e avacalho, já mencionados, que a cultura pós-1968 faz vigorar no Brasil. O próprio Joaquim Pedro, no entanto, nutre reservas quanto a esses aspectos e busca, em entrevistas, puxar a interpretação do filme para um recanto mais conservador. É certo que a figura paterna pode ser coincidente com a sua sisudez. A entrada natural que Rodrigo de Andrade possuiu na alta cultura brasileira talvez tenha tornado a liberação da influência mais delicada. Mas não se tratou de um pai padrasto, e assim os limites da individualidade entre pai e filho, se traçados na diferença, podem ficar foscos. A obra anterior do diretor, *O padre e a moça* (1966), tem narrativa mais presa, estilo mais pesado, como reconhece o próprio Joaquim, em entrevista a Sylvia Bahiense[41], manifestando-se insatisfeito com a forma contida do longa de estreia em 1966:

> o padre que me interessava era um padre inibido, amarrado, eu usava a figura do padre com a batina como se fosse um manto de inibição, uma prisão. Então era um filme aprisionado, era um filme um pouco a meu respeito porque naquele tempo eu sofri um pouco desse problema de amarramento eterno. [...] *O Padre e a Moça*, que era um filme que me irritava desde o princípio, desde o roteiro, que era uma espécie de compulsão que me irritava muito, me angustiava. Mas eu fui caminhando para fazer aquilo e o próprio filme foi feito assim. A própria forma reflete isso, com pouco movimento, com os enquadramentos presos.

De certo modo, *O padre e a moça* parece responder mais à alma mineira de Joaquim, duro como o ferro de Itabira que descreve o poeta[42]. *Macunaíma* respira a liberdade que Joaquim Pedro confessa ter alcançado na segunda versão do roteiro, redigida com o pai ainda vivo:

> Escrevi duas adaptações que me consumiram quatro meses, mais ou menos de fevereiro a junho de 1968. Na primeira eu tentava racionalizar, de certa forma domar o livro. Mas as coisas colidiam. Iam em várias direções e não se completavam. Já na segunda, quando entendi que *Macunaíma* era a história de um brasileiro que foi comido pelo Brasil, as coisas ficaram mais coerentes e os problemas começaram a ser resolvidos uns atrás dos outros[43].

A menção de Joaquim Pedro à descoberta de Macunaíma como o "brasileiro que foi comido pelo Brasil" enquanto forma de resolver a primeira versão do roteiro, encalhado numa tentativa de "racionalizar", introduz o veio "deglutidor", antropófago, como solução, e nele o *Macunaíma* filme respira mais à vontade. Mas existe também a posição passiva do "comido", da vítima social, nesse depoimento do diretor. É a posição do Macunaíma vítima de classe que faz o vínculo, ao menos na cabeça de Joaquim Pedro, com as obrigações ligadas à culpa em relação ao povo que nutre sua geração, conforme vimos na segunda trindade. Nesse sentido, *Macunaíma* é um filme de transição. Já está aberto para o desbunde e a curtição pós-1968, mas ainda está preso, pela "mineirice", pelo peso do pai e pela responsabilidade social. Está ligado ao quadro ideológico do pré-1964 e ao que logo se segue ao golpe, mas às vezes parece querer ir contra seu autor, principalmente quando aponta de modo intenso para sua época, 1968-1969.

Há em *Macunaíma* um encontro de modernismos, por assim dizer: do primeiro fôlego moderno dos anos 1920, ainda incorporando como narrativa reciclada, o relato do mito e da oralidade arcaica caminha para o segundo modernismo, com a eclosão da sensibilidade oswaldiana na década de 1960, detonada pelo tropicalismo no qual o apetite para a comida textual aumenta. A tentativa de "racionalizar" que Joaquim Pedro menciona como característica do primeiro roteiro designa uma abordagem estruturada mais linear, menos aberta para a voracidade intertextual. A "racionalização" se faz no horizonte da ação e reação ficcionais, interligadas por motivo dramático. Não é o que surge na versão final do filme, no qual a ligação racional é estourada quando a dialética do comer e do comido passa a vigorar. Macunaíma é comida do Brasil, mas ele também come o Brasil. Isso acontece literalmente, se lembrarmos que o personagem passa o filme comendo terra do Brasil e formigas. Come o Brasil grande, o Brasil cafona, brega, consumista, autoritário, anacrônico, mistura de mercadoria cultural e folclore. Quando Joaquim Pedro consegue se colocar de modo afirmativo no grande rocambole nacional, descobre que, para além do argumento racional, existe a expressão do "de-dentro" irracional, daquilo sem palavra que emerge como expressão na dialética entre comida e comedor. Serve então comida sem gramática – ou fala popular –, elemento que Mário de Andrade também quis explorar, estourando a língua escrita e acadêmica. É nesse momento que se configura a solução para o *Macunaíma* como filme contemporâneo e é a isso que Joaquim Pedro se refere ao mencionar o movimento entre os dois roteiros e a solução encontrada. O *Macunaíma* filme está em sintonia com o segundo fôlego do modernismo no século XX, aquele que viceja no final dos anos 1960 e no qual o cinema cumprirá papel tão radical quanto central.

Existe uma metáfora conhecida quando se fala do filme *Macunaíma*: a do rocambole. Ela é precisa para descrever até onde vai Joaquim Pedro em sua ousada adaptação do romance, apesar do freio de mão puxado com relação à sensibilidade *pop* caleidoscópica. O "rocambole" que Joaquim Pedro ousa em *Macunaíma* permite-lhe atingir a contemporaneidade. É aberto para a devoração pantagruélica da cultura de massas e das formas do anacrônico na cultura brasileira. Formas que extrapolam o campo do folclore mitológico, no qual também ele se move com flexibilidade similar a que teve Mário de Andrade, ainda nos quadros do primeiro modernismo da década de 1920. A história do rocambole foi relatada pioneiramente por Mário Carneiro a Claudio Bojunga, que editou seu relato em página especial do "Caderno B", do *Jornal do Brasil*, publicada em 18 de setembro de 1988, dedicada ao Joaquim Pedro de Andrade recém-falecido, uma semana após sua morte em 10 de setembro de 1988. Diz Mário Carneiro que Rodrigo de Andrade, depois da leitura de versão do *work in progress* do roteiro de *Macunaíma*, havia escrito em vermelho, no roteiro, "cuidado com o rocambole", como comentário crítico ao trabalho do filho. Entre recordações, Carneiro, antigo companheiro de Joaquim desde os primórdios do Cinema Novo, descreve assim o processo de elaboração do roteiro de *Macunaíma* com os "pitacos" do pai:

> Joaquim começou a escrever o roteiro de *Macunaíma* de noite. Rodrigo, seu pai, lia de manhã. O Tropicalismo estava no ar. Um dia, Rodrigo deixou um recado na máquina: "Cuidado com o rocambole". E Joaquim passava dois dias inibido. Rodrigo, afinal, era o guardião do tesouro modernista – os manuscritos de Mário de Andrade estavam com ele. *Macunaíma* foi o livro que desafiou nossa geração, todos nós queríamos filmá-lo. Joaquim conseguiu – ele tinha as qualidades de humor requeridas. Ele já tinha tirado a batina do filme anterior. Estava pronto para a irreverência. [...] Talvez este filme tenha dado coragem a José Celso para montar *O Rei da Vela*. Afinal, qual dos dois Andrades era o rei dessa loucura, Mário ou Oswald? Isso foi uma grande discussão na época[44].

A solução da adaptação se faz quando Joaquim consegue entrar no "de-dentro" do rocambole tropicalista, se misturar no movimento liquidificador do "rocambole" que seu pai havia aconselhado evitar. Desobedecer conselhos paternos pode dar ensejo a poderosas obras de artes, e o filme *Macunaíma* talvez seja exemplo disso. Mas Joaquim, conforme afirmamos, tem um pé atrás nesse caminho. É um pé curupira, pé que fica claro em declarações suas sobre a obra. Caminha numa interpretação mais fechada da iconoclastia tropicalista, numa crítica ao lado deglutidor-debochado do herói, como se pudesse ainda se fixar numa valoração ética que insiste em colocar, último fôlego, no parâmetro normativo da práxis política do quadro pré-1964. O "irracionalismo" macunaímico ou a expressão pantagruélica e rabelesiana inerentes ao deboche do herói "sem caráter", são nuançadas em entrevistas de Joaquim Pedro por um veio mais conservador. Existiria certa desconfiança do diretor com o filme que acabou de produzir e o personagem que saiu de si? É o que se vislumbra.

A autoconsciência de Joaquim Pedro ao praticar a radicalidade da proposta antropofágica ainda está distante do aprofundamento estabelecido pela geração seguinte, a do Cinema Marginal. Joaquim quer um personagem Macunaíma que seja líder social, engajado na ação, mas, contradizendo o autor, não é isso que encontramos em seu filme e menos ainda no romance marioandradiano. Joaquim reclama que "falta ao personagem Macunaíma uma visão mais geral, mais ambiciosa e mais consciente. Ele dá sempre os seus golpes com objetivo limitado, pessoal, individualista. É um estágio vencido – mas importante – do que seria o caminho para o herói moderno brasileiro. Macunaíma é o herói derrotado, que acaba comido pela Iara, abandonado e traído"[45]. A visão que Joaquim Pedro possui da modernidade, ou ao menos do "herói moderno", não é aquela que avançará (inclusive dentro de sua geração) no pós-1968. Estamos no momento em que se aprofunda a fragmentação do saber sobre o outro-popular até o limite da irracionalidade. O Macunaíma sem caráter não seria um "estágio vencido" no caminho para o herói moderno, como o quer Joaquim: glorioso e positivo (com caráter, portanto), conquistando sua identidade com o popular. A modernidade contemporânea do final da década caminha em direção diversa, adentrando sem peias a exasperação e a traição – o sentimento da história como derrota – para, no dilaceramento e na representação do grotesco, conseguir encarar seu tempo.

O deslocamento de Joaquim Pedro em relação a esse quadro surge na demanda – ou esperança – de um herói com caráter, um "herói moderno brasileiro" que não seja "derrotado", "comido pela Iara, abandonado e traído". Separa-se assim do personagem que pariu e que no filme surge com mais sintonia na nova sensibilidade de época. Está lá o Brasil grandioso ou a "ética social" e a "consciência coletiva" misturados, sem escala, ao individualismo brega e ao egoísmo da personalidade desprezível que marca nosso herói. Por isso, Macunaíma não será "um herói moderno" no sentido que Joaquim Pedro deseja, talvez para seu desgosto:

> o herói moderno, para mim, é uma espécie de encarnação nacional, cujo destino se confunde com o próprio destino de seu povo. Uma das suas características fundamentais é a consciência coletiva. Ao contrário de Macunaíma ele terá de encarnar um ser moral, no sentido de estar possuído por toda uma ética social. Ainda não apareceu o herói moderno simplesmente porque ele terá de ser um vencedor, ao contrário do herói romântico, que era o herói vencido, triste. Em suma, o herói moderno terá de ser uma superação de Macunaíma, embora conservando algumas características dele[46].

Está claro, nesse trecho, a visão de modernidade do diretor, ainda marcada pelo quadro pré-1964, anterior à fissura e à fragmentação do que chama "herói moderno" que, no cinema brasileiro, é introduzido claramente pela cissura inaugurada em *Deus e o diabo na terra do sol*. Nesse depoimento, posterior ao lançamento do filme, tenta resgatar para o campo do engajamento uma experiência de mundo, a experiência baixa do herói, que já está sintonizada *ailleurs* e que surge na antropofagia nutrida pela não ética do herói sem caráter. É assim também que podemos entender o argumento de Joaquim Pedro, que conseguiu acertar seu filme quando entendeu que "era a história de um brasileiro que foi comido pelo Brasil". O Brasil comendo Macunaíma era o Macunaíma explorado, a vítima social, sem enfatizar nessa "sacada" o inverso da moeda, o lado que realmente instaura a voracidade antropófaga: o Macunaíma comedor, devorador ativo da sociedade de massas e seus produtos, o Macunaíma comendo o Brasil por inteiro. O mais interessante é que o filme se inclina para esse aspecto ativo, introduzindo, no modo da potência e sem a culpa, a sensibilidade tropicalista no cinema brasileiro. No entanto, como já dissemos, na interpretação de sua própria obra, Joaquim Pedro corre com o pé atrás, curupira, mais próximo à visão desconfiada do tropicalismo que vigora, por exemplo, em algumas análises derivadas da visão crítica de Roberto Schwarz sobre o tema[47].

Ao representar o Macunaíma devorador, Joaquim Pedro parece não só desobedecer à máxima paterna de "tomar cuidado com o rocambole", mas literalmente se afunda nele, ainda que tenha mantido a linha mestra e a elegância contida que lhe é peculiar. A estrutura narrativa de *Macunaíma* possui uma economia própria e tem o rumo claro da trama que o diretor, com lucidez, consegue distinguir no livro *Macunaíma, o herói sem nenhum caráter*. Evita *longueurs* e transbordamentos desnecessários, mas o rocambole antropofágico tropicalista está lá, explodindo por todos os lados, no deboche pantagruélico e na incorporação iconoclasta das relíquias do Brasil. É o Macunaíma dos anos 1960 que Joaquim Pedro consegue trazer para seu tempo a partir de um livro escrito em outra época e para o qual acha um cordão umbilical forte, não distante daquele que também sustentou o *Manifesto Antropófago* oswaldiano[48]. Quando a sensibilidade antropofágica volta com toda corda no tropicalismo da década de 1960, "Macunaíma, o herói sem nenhum caráter", o romance-rapsódia, está lá como fonte de inspiração. Massa enunciativa, fluxo discursivo já originalmente uma proposta de flexão oral sobre o Brasil profundo, *Macunaíma*, quando vira filme, mantém o vínculo com as formas de expressão popular: seja no falar do herói, mantido em seus sintagmas (ditos, expressões), seja no movimento incorporador que vai do folclore à cultura popular de massas da indústria cultural. Caminha para frente e para trás, da chanchada às modinhas de Carnaval, da jovem guarda à miséria do Macunaíma retirante, o Macunaíma índio, negro e nordestino. Há também o racismo do Macunaíma branco, do qual a narrativa talvez não se distancie o suficiente para a consciência crítica contemporânea. No lado das relíquias, fica o verde-amarelismo, a retórica empolada, o novo rico imigrante.

O oficialismo militarista repercute na trilha sonora e cerca as atividades de Ci que, de amazona, líder indígena, vira guerrilheira. A retórica empolada do Brasil grande, do Brasil que ecoa na "voz das cascatas bravias, dos ventos e mares vibrando no azul", o Brasil "terra feliz do Cruzeiro do Sul", surge no hino "Desfile aos heróis do Brasil", a música de Villa-Lobos que abre e fecha o filme. É o Brasil "grande" dos militares nacionalistas, puxado desde as cerimônias de massa da ditadura varguista no ouvido de Villa-Lobos. O nacionalismo do primeiro modernismo de Mário não é o da pátria grandiosa do "cruzeiro do sul", mas aquele do Macunaíma pivete, abusado, índio escuro, "preto retinto filho do medo da noite", comedor de terra e formigas, com gosto inveterado e sem censura para "brincar", malandro, que finge estar dormindo, mas olha pelo canto do olho, preguiçoso ("ai que preguiça..."), além de mentiroso ("eu menti..."), egoísta e doente como o povo brasileiro, pronto para se situar no universo da lábia e do discurso retórico, levar vantagem, trapacear, se esconder na enrolação, na malandragem (se lubridiado, sabe, mas não reconhece).

No filme, a formação nacional baixa do "herói de nossa gente" quebra com a ética alta da "glória aos homens, heróis desta pátria", presente como verso central do hino. Faz contraste, choque de opostos no arcaico nacional, no modo que gosta de figurar o tropicalismo. O herói sem caráter macunaímico já nasce velho (Grande Otelo aos 53 anos), debochado na primeira expressão de rosto, de ponta-cabeça em parto de cócoras, de uma mãe travesti, encenada pelo jovem Paulo José, desempenhando uma velha índia. Quando o hino "Desfile aos heróis da pátria" volta no filme, Paulo José, agora Macunaíma, é comido pela Uiara. A "glória" do hino, que se quer "fulgurosa" na morte, serve só de comida de Uiara no fim. Esta é, em suma, a característica do "nacional", que no filme de Joaquim Pedro sobra para um "herói de nossa gente" fincado no baixo, no sem caráter, no amável traiçoeiro que sabe o que quer, mas não nos altos sentimentos da "ética social" ou da "consciência coletiva". No filme, as contraposições com "Desfile aos heróis do Brasil" funcionam perfeitamente no liquidificador tropicalista para acionar o movimento desconstrutivo pelo contraste. É fundo musical ufanista sobreposto ao palavrório caipira matuto do herói. A letra exaltando a pátria e outras figuras do arcaico nacional, tão ao gosto tropicalista, fica pendurada no varal, no mesmo nível do grotesco que lhe cerca.

Esse discurso-hino nacionalista mesclado de militarismo autoritário, que fulgura um herói de caráter (aquele que, contraditoriamente, pressente Joaquim Pedro), é explorado, então, para instaurar retrospectivamente o choque tropicalista. É a configuração do atraso, a retórica parnasiana, contraposta a formas ultramodernas do consumo. O nacionalismo verde-amarelo dos militares é relíquia do Brasil e brilha junto com a mercadoria brega na figura tropical. Convivem o discurso anacrônico (o terno verde-amarelo de Macunaíma na festa antropofágica, com direito a faixa presidencial), com a última mercadoria eletrônica, as roupas de *cowboy* do protagonista, as transparências em *nylon* da princesa, que parte com os "manos". E quando o Macunaíma retinto, ainda criança, se transforma no belo príncipe branco que vai trair o irmão, é Dalva de Oliveira, cantando uma música brega sobre a obra maior do romântico José de Alencar que ouvimos (trata-se da canção "Ceci e Peri", na referência a *O Guarani*). A deglutição autenticamente demolidora do primeiro modernismo, sentindo, no início do século, o nacionalismo autoritário verde-amarelo que um dia desembocou no integralismo, novamente é figura deslocada. Surge servida como comida noutro texto, o do nacionalismo militarista que cerca a exaltação do Brasil grande, característico da ditadura nos anos 1960. A particularidade, nesse ponto, é que a nova figura do "nacional" só encontre no final dos anos 1960, quarenta anos após a década de 1920, campo para repercutir a antiga posição deglutidora-debochada – depois de um longo intervalo em que imperaram os heróis varguistas, os heróis militaristas e os heróis comunistas. No choque *pop*-tropicalista, as relíquias do país são "novos-velhos" paradigmas da sociedade e funcionam ainda azeitadas, mas agora já misturadas à universalização da mercadoria de consumo, com seu brilho midiático.

No tropicalismo, há impacto dessas novas figuras ecléticas na mistura do ultramoderno. Há curtição, exasperação, mas não culpa. Macunaíma agora é *hippie* e no filme aparece de óculos, cabelos longos, blusa florida aberta e calça roxa, encostado num coqueiro curtindo a fossa pela morte da Ci amazona-guerrilheira, antes de ser resgatado por um bando de mulheres feministas (como a própria Ci), bastante ativas e que querem mandar nele. O veio contemporâneo a 1968 respira à vontade no Macunaíma reciclado. É por onde mostra que sua força de meio século pôde ser renovada e vibra forte, junto com os manifestos de Oswald, no âmago desse segundo fôlego modernista do século XX. Podemos dizer que o tropicalismo é o grande rocambole de Joaquim Pedro – aquele que Rodrigo-pai já distinguiu no roteiro do filme futuro, temendo por sua sorte. No entanto, se o passo dado a partir do original da década de 1920 é grande, é também pertinente e coerente. *Macunaíma* filme enfrenta o desafio, sustentado pelo momento histórico-chave que se abre sobre si. A resposta que Joaquim Pedro pôde dar ao pai, que infelizmente morre antes da finalização do filme, é largamente positiva, principalmente quando passa a misturar, no rocambole, sem perder o ponto, a retórica arcaica do militarismo, a militância política, a tradição e o folclore do Brasil profundo e a modernidade *pop* eletrônica da nova sociedade de massas.

O que Joaquim Pedro faz é deslocar o fluxo textual do *Macunaíma* original para a deglutição intertextual da modernidade *pop* dos anos 1960. Pode assim engolir, além dos enunciados mítico-populares originais, também as diversas vozes e figuras da mercadoria, cenários (uma vez que trabalhamos com uma narrativa audiovisual) que surgem na esfera da influência *pop*-tropicalista. Se o universo moderno das máquinas, da metrópole, das mercadorias nascentes, já pode ser vislumbrado no primeiro Macunaíma, agora são regurgitadas em unidades autônomas prontas para serem absorvidas no imenso liquidificador da narrativa fílmica que a tudo engole, confortavelmente no modo de citação. O deslocamento vai do "foxtrote" dos anos 1920 à "garota papo firme" da jovem guarda; da "máquina" do elevador à garagem que sobe e desce carros; da ideia de "brincar" com máquinas urbanas (ainda "bichos" no romance) ao desespero de não conseguir mais distinguir o que é máquina e o que é gente, se lembrarmos de Macunaíma olhando deprimido para os faróis de carro, passando embaixo do viaduto. É a linha evolutiva que vai dos "fordes hupmobiles chevrolés dodges mármons" no original ao domínio horizontal dos automóveis, mercadoria sem marca. Uma das vozes que dá tom ao corpo do filme, além da já mencionada Dalva de Oliveira, é a voz do representante maior da indústria cultural brasileira, Roberto Carlos. Mais uma vez o diálogo de curtição com a indústria cultural está presente. Rebate a "Baby" tropicalista de Caetano Veloso ("você precisa ouvir aquela canção do Roberto... baby"). O mesmo movimento migra das máquinas-mercadorias com nome "caminhões bondes autobondes anúncios-luminosos relógios faróis rádios motocicletas telefones gorjetas postes chaminés" do romance ao império horizontal da massa dos eletrodomésticos, televisão e guitarra elétrica, mercadorias que o Macunaíma do filme separa e empilha para levar em sua volta ao sertão. As coisas-mercadorias (antigas máquinas no livro de Mário) ilustram o caleidoscópio tropicalista. São apenas montagem, pois não há utilidade para elas no mato-virgem do Brasil rural profundo, a não ser fazer figura. Nos campos perdidos do Uraricoera não há eletricidade. *Macunaíma* – personagem e narrativa fílmica – flutua com agilidade sobre o arcaico, depois de encontrar seu ponto de locomoção. Esgueira-se no novo mundo do consumo que eclode na década de 1960, indo lá e cá, se deixando levar ao sabor da nova sociedade de massas na qual imperam as mercadorias, e não mais as "máquinas", em que os enunciados e as figuras do anacrônico ainda possuem brilho em sua estranheza, num contraste que comove.

A pedra que concede poder e bom agouro ao herói, o muiraquitã, também é deslocada. Findará, pela ordem do destino, depois de passar pela barriga de uma tartaruga/peixe, nas mãos de um "regatão peruano", Venceslau Pietro Pietra (Jardel Filho), na realidade o gigante Piaimã, de uma família de antropófagos que quase devora o herói sem caráter. No filme, Pietro Pietra será o anfitrião de um grande banquete, a conhecida feijoada antropofágica no Parque Lage, na qual acaba sendo sacrificado ao cair flechado traiçoeiramente por Macunaíma, como só um índio sabe flechar. Cai na própria pajelança em que a comida é preparada com corpos humanos em um grande caldeirão/piscina antropofágico. Venceslau Pietro Pietra, no filme, também é, pelas conotações evidentes do nome e do sotaque da fala, figura dos imigrantes italianos, os novos ricos que dominaram a São Paulo de Macunaíma e que construíram a Vera Cruz, referência fortemente negativa ao Cinema Novo. Povo estranho na formação cultural autóctone, entre Minas profunda e o Rio de Janeiro, que embalou Joaquim Pedro desde o berço, num veio mais prolífico e orgânico da cultura nacional do que a artificial Vera Cruz e o clássico TBC do Brasil arcaico. Pietro Pietra faz a imagem desse imigrante carcamano, novo rico e importador cultural, que possui a pedra mais preciosa vinda das camadas profundas de nosso subsolo, a muiraquitã, mas é usurpador, não sabe a dimensão do bem que possui. Ele é a fonte de enunciação mais prolixa – embora haja outras bocas – do discurso do verde-amarelismo que o liquidificador *pop*-tropicalista de *Macunaíma* bate e lança em posições diversas. O brega profundo, criado pelas exóticas figuras com cores intensas do cenógrafo Anísio Medeiros, submerge a mansão do gigante. São testemunhas do arcaico que Pietro Pietra representa e devora sem se incomodar, fazendo par com a frase final que grita no ar ao perceber que vai ser comido caindo na piscina/caldeirão da feijoada antropofágica, que é uma festa-casamento num bingo mortal: "lém, lém, lém... si desta eu escapar, nunca mais como ninguém!". Parece não haver saciado sua fome deglutidora nem no suspiro final. As últimas palavras do gigante são "falta sal", e não "falta queijo", como no original de Mário de Andrade (no livro, Piaimã mergulha para morrer numa macarronada).

O filme, portanto, abre a bocarra para tudo mastigar, digerir, devorar e regurgitar. O movimento não é estranho ao original, mas a versão fílmica sabe encontrar a densidade pertinente em nova escala. Agora, a absorção do "outro" se efetiva num modo mais agudo, sofrendo não só o impacto recente da multiplicação exponencial do universo da mercadoria, mas também insere o da exclusão social (ausente como móvel no original). Existe também uma nova escala na internacionalização dos bens culturais, aberta pela comunicação de massa. O filme é contemporâneo dessa escala e sabe apontá-la. O diálogo nacional/estrangeiro é um âmago ideológico no qual *Macunaíma*, filme e livro, se debatem, sendo que o filme fornece novas configurações criativas, mostrando que a velha equação modernista ganhou fôlego na atualidade contemporânea de 1968[49]. A originalidade do *Macunaíma* filme está em direcionar o movimento da deglutição antropofágica da internacionalização para a mercadoria cultural, mostrando a cara da nova dialética entre o ser nacional (o "ser mesmo") e o "ser outro", como bem o localiza Paulo Emílio. Uma boca insaciável e um estômago a toda prova mostram como pode funcionar a nova posição na abertura para as vozes múltiplas da sociedade de massas. O movimento de abertura adquirirá um grau de dilatação qualitativamente distinto em *O Bandido da Luz Vermelha* (Rogério Sganzerla, 1968) e, a partir dele, em toda a geração Marginal, mas já em *Macunaíma*, e de modo inovador no Cinema Novo, sentimos essa demanda narrativa que a tudo pode e quer tragar, com a disposição cândida de que a prova dos nove é a possibilidade do apetite (além do deboche). É a certeza antropofágica que a devoração do outro nos une na posição periférica, agora chamada de subdesenvolvida. É a possibilidade, com sintonia pauloemiliana, de navegar à vontade na posição do "nada nos é estrangeiro, pois tudo o é", posição que se espraia na "dialética rarefeita entre o não ser e o ser outro". É modo de tragar o "ser outro" pela abertura do "nada ser" estrangeiro (que equivale a ser tudo).

Paulo Emílio parece ter se inspirado nos prefácios de Macunaíma para definir a "penosa construção de nós mesmos" como a "dialética rarefeita" de *Cinema: trajetória no subdesenvolvimento*[50]. A "entidade nacional dos brasileiros" que Mário diz buscar no 1º Prefácio de "Macunaíma, o herói sem nenhum caráter" (não publicado originalmente), foi estabelecida, segundo o escritor, "pra não iludir nem desiludir os outros"[51]. A formulação é próxima ao filme. Para Mário, a dimensão do nacional não surge quando se espera. Confessa o escritor: "o que me interessou por Macunaíma foi [...] descobrir o mais que possa a entidade nacional dos brasileiros. Ora, depois de pelejar muito, verifiquei uma coisa me parece que certa: o brasileiro não tem caráter"[52]. Não há então caráter brasileiro para defini-lo, pois "o brasileiro", diz Mário no 1º Prefácio, refletindo sobre a questão da particularidade do nacional na personalidade do herói, "não tem caráter porque não possui nem civilização própria nem consciência tradicional. Os franceses têm caráter e assim os jorubas (iorubás) e os mexicanos. Seja porque civilização própria, perigo iminente ou consciência de séculos tenha auxiliado, o certo é que esses uns têm caráter. Brasileiro, não"[53].

Macunaíma é, por isso, herói sem caráter, pois não há medula no que seria chamado pelos tropicalistas de "geleia geral brasileira". Não há herói moderno no âmago do nacional, no sentido que gostaria Joaquim Pedro ("vencedor, ao contrário do herói romântico, que era o herói vencido, triste"[54]). Não chegaremos lá porque passamos o ponto. Além de mostrar a personalidade chula, que nega a idealidade, a falta de caráter nacional vai mais fundo e afirma a negação da pureza na origem, nega uma raiz nacional primeva, isolada. "É bumba-yê-yê-boi", continua a canção-manifesto "Geleia geral", hino tropicalista de Gilberto Gil (1968), descrevendo a cultura nacional, mistura de "Bumba meu boi" e o *rock* de massa "yê-yê-yê" (corruptela de "yes, yes, yes" no ouvido da fala popular). É pela falta de caráter autêntico e originário, e não pela "encarnação nacional"[55] do herói, que a particularidade da "brasilidade" se constitui no filme *Macunaíma* em sua sintonia com o tropicalismo, pois a brasilidade afinal existe, embora se defina na "contribuição milionária de todos os erros" criados pela deglutição ativa do que vem de fora, incluindo o brega (o nacional-arcaico) aqui de dentro. No segundo modernismo da década de 1960, a brasilidade sem caráter se manifesta pelo tropicalismo que o *Macunaíma* filme bordeja, apesar da desconfiança de seu diretor. A afirmação do brasileiro sem caráter por Mário em seu prefácio, mostrando a particularidade na distinção com outros povos, aproxima-se do sentimento de geleia geral na qual conseguimos ser definidos só na posição da devoração criativa. O "nada nos é estrangeiro pois tudo o é" pauloemiliano surge como insígnia que sustenta a ação no "só me interessa o que não é meu", primeira "lei do antropófago" oswaldiano. É o "instinto caraíba" no qual a obra de Joaquim Pedro adentra com intensidade, legítimo herdeiro que é, descendente direto daquele que foi o fiel depositário do manuscrito primeiro de *Macunaíma*.

O SONHO ACABOU

A coesão mais forte do Cinema Novo como grupo termina no início dos anos 1970, com a debandada meio geral que segue o período de intensa repressão política no Brasil. Quando a situação se ameniza, em meados da década, o contexto já é outro. Em termos estéticos, os diferentes estilos e as preocupações temáticas se diversificam e tem-se a impressão de que o grupo cinemanovista não interage mais com tanta intensidade. De toda maneira, a tomada de poder na Embrafilme, principalmente a partir de meados da década de 1970, com a chegada de Roberto Farias, mantém o grupo coeso nas reivindicações corporativas. O fato alivia as agruras dos cinemanovistas, boa parte deles (Leon, Cacá, Joaquim Pedro, Nelson) atolados em dívidas, com bens penhorados ou inadimplentes. A utilização dos recursos da distribuidora para financiamento e a presença de recursos diretos do Estado na produção estabelecem um novo marco no modo de se fazer cinema no Brasil, assemelhado ao que permanecerá até a década seguinte. Nesse ponto, o Cinema Novo continua unido, com Nelson Pereira, Gustavo Dahl, Cacá Diegues e outros mostrando capacidade de articulação face ao regime militar, do qual se mantêm ideologicamente distantes, mas próximos na articulação pelo aparelho do Estado. A Embrafilme se torna, na segunda metade dos anos 1970, a maior distribuidora da América Latina, chegando a enfrentar as *majors* norte-americanas com uma agressividade inédita que não se baseia somente em discurso ideológico.

Arnaldo Jabor consegue se mover bem nesse campo, com grandes sucessos de público na década de 1970 e 1980. O interessante em seu cinema na época é que a má consciência na distância com o "outro" da cultura popular é substituída pela representação do universo "de-si" (o universo burguês), que agora vira espaço social do abjeto. Nelson Rodrigues cai como uma luva nesse ponto, com a vantagem de atrair o grande público não só pela temática, mas também pelo inevitável horizonte erótico. É desse modo que Jabor sai da curtição e da exasperação característica dos anos 1970 em *Pindorama*, filme que dialoga em proximidade com o eixo *Dragão da maldade/Os deuses e os mortos*, para chegar em *Tudo bem* (1978). O protagonista de *Pindorama* é ainda o mesmo personagem atormentado por sua posição social que Glauber instituiu em *Deus e o diabo/Dragão da maldade*, oscilando em agonia entre povo, poderosos e o espetáculo da história, com forças sociais desencadeadas em turbilhão. É filme típico do horizonte da terceira trindade. Apesar de grande produção, *Pindorama* é fracasso de público com uma narrativa obscura e sem desenvolvimento claro. O diretor, ainda neófito no longa de ficção, luta para dominar os recursos fartos de uma produção alta colocados à sua disposição[56]. Cerca de três anos após, em 1973, com *Toda nudez será castigada*, enfrenta uma produção enxuta na qual domina com mais facilidade as variáveis e encontra bom veio para abandonar o beco sem saída de *Pindorama*, mantendo as opções estilísticas e ideológicas da década de 1960. Jabor, nascido em 1940, como Cacá, é o diretor mais jovem do núcleo duro da geração cinemanovista e, por isso mesmo, passa um pouco ao largo, como acontece também com Walter Lima Jr. É também mais tardio ao chegar no longa de ficção, apesar de circular em muita proximidade com os mais velhos. Com *Toda nudez*, desloca a exaltação dos afetos do fosso em que se encontravam. Em vez de girar na má consciência pela responsabilidade, na fissura na alteridade com o popular, agora se satisfaz no veio da "burguesia depravada"[57]. Descortina, desse modo, uma forma de se expressar para além do acabrunhamento e da imobilidade na culpa que vem junto à constatação de distância para o modo de ser do outro-popular. Ao descobrir, pela medida rodriguiana, o veio da representação escatológica da burguesia, sacia uma demanda de consciência com a qual o espectador engajado também se satisfaz. Conquista ainda o público popular por meio de um universo ficcional caro ao gosto nacional, carregado de erotismo desembestado e tramas sórdidas que se abrem em cascatas de profanações. A descoberta será explorada em direção similar por outros diretores brasileiros que flertaram com a experiência do horror e da curtição[58].

Com *Tudo bem* (1978), que se segue às duas experiências de Jabor com Rodrigues (*Toda nudez* e *O casamento*, de 1975) esse campo, o da burguesia depravada, adquire gravidade própria e decola por si, sem o escudo rodriguiano. A verve de Jabor está à vontade na representação da mentalidade pequeno-burguesa sendo circundada e finalmente engolida pelo vigor da potência popular que assola o espaço vital burguês, atropelando a fraqueza mediana dos funcionários públicos e pequenos proprietários. O povo que invade o apartamento burguês em *Tudo bem* tem potência e vigor, sua cultura é viva. A cultura burguesa é anacrônica, cultura de mortos, que respira o verde-amarelismo autoritário e decadente dos anos 1930. *Tudo bem* representa o veio do Cinema Novo que evoluiu da opressão da consciência culpada para a liberação da acusação, conseguindo com isso levar o congraçamento do público que ri da própria miséria. A intensidade e a extensão da presença do popular ao fervilhar em torno da família burguesa acuada é um sentimento novo, mostrando um embate que não é mais resolvido pela lição de moral na posição de saber sobre o povo. Nos filmes que se sucedem nos anos 1980 (*Eu te amo* e, principalmente, *Eu sei que vou te amar*), Jabor parece abandonar de vez esse horizonte, permitindo-se mergulhar na subjetividade dos fantasmas existenciais dessa mesma burguesia. É a nova sensibilidade pós-moderna da década de 1980 que atinge em cheio seu cinema. É interessante notar como os dois caçulas da geração cinemanovista, Cacá e Jabor, foram também aqueles mais sensíveis à estética do novo contexto ideológico da pós-modernidade, que se descortina no final de século.

Se *Pindorama* reflete o lado mais obscuro do embate com a consciência da história e o mal-estar na posição que designa, *Brasil ano 2000* (1968) mostra o campo mais lisérgico e *pop*, o lado do amor e da flor, da curtição e da cor. A obra de Walter Lima não está propriamente engatada no centro de evolução do Cinema Novo, mas o contorna pelo lado. Já vimos a participação de Lima em *Deus e o diabo* e depois no intimismo de *Menino de engenho*. Agora adquire outra dimensão no tardio *Brasil ano 2000*, um filme com tom próprio. Possui uma proximidade singular com a sensibilidade e a canção tropicalista, com a qual interage no ápice de seu *momentum* histórico. O que sintoniza o filme no conjunto da produção que designamos como terceira trindade é sua proximidade com a soleira da grande história. *Brasil ano 2000* está num futuro distante, enquanto os outros se debatem com o passado. Mas a história continua à altura da mão e basta esticar os dedos para adentrar o turbilhão das forças sociais que movem as grandes roldanas do tempo. É só piscar os olhos para ver no cristalino as circunvoluções das forças sociais, debatendo seus interesses no palco da brasilidade. *Brasil ano 2000* é o lado solar desse encontro, numa sintonia que não deixa de lembrar *Macunaíma*. É brincalhão, suave lírico, aberto para a curtição e o deslumbre *pop* das mil vozes da nova sociedade de massas e suas mercadorias, no conflito entre o arcaico (o índio/popular, os militares, a burocracia, a igreja barroca) e o ultramoderno (o nuclear, os computadores, o foguete). Em *Os deuses e os mortos* e *Pindorama*, o encontro com a história é no passado, na representação grotesca de um Brasil derrotado e cruel. *Brasil ano 2000* possui, sem dúvida, seu lado de crueldade, todavia foi realizado num breve momento de respiro, uma janela de oportunidade aberta para um futuro que não vingou – na qual a brasilidade tem tons sombrios militaristas, mas também a leveza dos *hippies* e dos índios, carregando na cristaleira (no final, destruída) o peso de seu passado.

Sente-se em *Brasil ano 2000* o tropicalismo efervescente e vigoroso que emerge na estruturação conflitante do arcaico/ultramoderno, com suas figuras e encenações permeadas pelo universo da canção MPB, campo artístico em clara ascensão na época, representando a nova vanguarda. A trilha musical tem a assinatura de Rogério Duprat, com canções inéditas de Gilberto Gil, Capinam e Caetano Veloso. Na biografia de Walter Lima Jr. de Carlos Alberto Mattos, é detalhada a feitura de *Brasil ano 2000* sob o signo da influência tropicalista, carregada na convivência do diretor principalmente com Gilberto Gil, Capinam e também Caetano Veloso[59]. O casamento de Walter Lima com Anecy Rocha, irmã de Glauber, contribui para a proximidade do fluminense de Niterói com a turma dos baianos na década de 1970. Glauber Rocha assume a coprodução do filme com o francês Claude-Antoine e, apesar de não estar presente no *set* em Parati, envolve-se pessoalmente no desenvolvimento e na concretização do projeto. O veio "representação do Brasil" que atravessa esse último e terceiro fôlego de Cinema Novo, continua forte e se situa no núcleo da narrativa fílmica. *Brasil ano 2000* aproxima-se do que seria um filme musical tropicalista, se esse fosse um projeto de época.

Brasil ano 2000 teve suas filmagens realizadas no primeiro semestre de 1968 e foi montado em seguida, em meados do ano, antes do AI-5, recebendo de frente os ventos do delicado momento histórico que representa. É contemporâneo de outros dois filmes, O bravo guerreiro, também filmado no mesmo semestre, e O Bandido da Luz Vermelha, com filmagem na mesma época. O filme de Gustavo Dahl (O bravo guerreiro), no entanto, se vira para trás e olha a história no modo que descrevemos na segunda trindade, fechando-se nos dilemas do compromisso, com a luta política e sindical no horizonte. É levado de roldão pela má consciência que ainda brilha forte. Brasil ano 2000 já é filme de encruzilhada, no qual se sente o movimento da história batendo noutra direção. Tem impulso para um futuro novo que quer se abrir e já se pode vislumbrar em 1968, o do Brasil ultramoderno (mas ainda antigo) do ano 2000, que fulgura brevemente com leveza e graça, e depois se fecha. Daí talvez a instabilidade e os fios soltos da obra, dando a impressão de algo que cresceu muito e não conseguiu mais ser amarrado ao final, sendo atropelado pela própria história do país. Também o dilatado prazo entre a realização do filme e sua exibição comercial contribui para a impressão de defasagem histórica em seu lançamento.

Já O Bandido da Luz Vermelha está num degrau fora do Cinema Novo, pelo viés da velocidade caleidoscópica em que gira em volta da sociedade de massas. Circula num patamar de deglutição intertextual com aceleração distinta daquela a que chegam Macunaíma e Brasil ano 2000. Velocidade que imprime um modo de curtição inédita, inclusive interagindo com o cinema de gênero e a narrativa clássica "B", ponto até onde o Cinema Novo não vai. O universo da má consciência do engajamento também some do horizonte. Em O Bandido, a figura do cafajeste se desloca para entrar fundo no brega e na chanchada, que consegue ser finalmente engolida e digerida no cinema brasileiro. No último Cinema Novo (aquele que roça o tropicalismo), a chanchada aparece – mas não é posta goela abaixo com gosto, como fazem com volúpia inaudita obras-chaves do Cinema Marginal. Quem reencontra a chanchada e a incorpora na linha histórica do cinema brasileiro é o Cinema Marginal, e não o Cinema Novo, que até tardiamente nutre desconfiança com a estética baixa das chanchadas e tem dificuldade nas operações intertextuais. Além disso, O Bandido é produção da Boca, respirando Boca por todos os poros, certamente um ambiente que o Cinema Novo nunca penetrou.

Brasil ano 2000 mostra, dentro do Cinema Novo, o movimento mais agudo da sensibilidade tropicalista e sua experiência fragmentada da história. Faz face ao novo degrau em que gira a multiplicidade de vozes na sociedade de massas. É clara a proximidade de Walter Lima com o grupo tropicalista baiano e também, na direção inversa, a atração destes pela possibilidade de expressão pelo meio fílmico. Caetano Veloso, em particular, desde o início de sua carreira, como crítico, sempre foi muito atraído pelo cinema e mais tarde, em 1972, se envolveria a fundo em um projeto conjunto com Walter Lima, intitulado "Salve o prazer", nunca realizado[60]. O contorno *pop* de algumas figuras de Brasil ano 2000 é nítido – os talheres gigantes, as placas de trânsito, as roupas de plástico, cocares, o *pop* foguete espacial.

A temática espacial/ficção científica, a própria questão do ano 2000 e o imaginário hipermoderno do disco voador percorrem com intensidade outros filmes e também canções, poemas e obras plásticas da época, atraídas na gravidade tropicalista. A figuração do Brasil arcaico em contraposição à modernidade translúcida, já vista em *Macunaíma*, surge aqui novamente. É mistura de ironia, às vezes desilusão, postura agressiva ao grotesco que ainda quer se impor ou desencanto com o que já foi chamado, no horizonte crítico da sensibilidade tropicalista, de "modernização conservadora". Mas em *Brasil ano 2000* a preocupação com a representação da história se faz no futuro, e não no passado, como em outros filmes do Cinema Novo. Isso gera a impressão da "colagem" e do "disparate" trabalhados "sem referência a um percurso histórico do país, a uma identidade pensada na escala do processo de colonização"[61], conforme se refere Xavier, notando a singularidade do filme numa "dominante regressiva"[62]. O fato é que o próprio tropicalismo como um todo possui a linha dominante para frente e para o futuro, principalmente se o encararmos destoando da posição que demanda evolução e sentido teleológico na história para justificar a boa consciência.

Brasil ano 2000 é filme de composição irregular, prejudicado pelos desafios de uma produção pesada e cara que teve dificuldades para se sustentar durante as filmagens. As tomadas foram feitas em local de acesso remoto para uma produção cinematográfica de maior porte, a Parati ainda bastante isolada dos anos 1960. Apresenta sintonia em sua época com sensibilidade estética mais forte do momento (1966–1968), aquela que acabava de se constelar no *pop* e no tropicalismo. Também a afirmação da experiência lisérgica e a liberação sexual compõem o contexto histórico. É testemunho do vigor da contracultura que chega ao Brasil e vai perdurar como franja de vanguarda até pelo menos meados dos anos 1970. Funciona dentro do contexto nomeado como desbunde, que inclui o abandono da responsabilidade na liberdade das opções existenciais. Se a opção da luta armada agudiza o leque, inclusive por se deslocar do horizonte mais clássico apresentado até 1964, outra trilha se vislumbra no desbunde e, em *Brasil ano 2000*, já a sentimos (como também em *Fome de amor*). O modo extremo, clandestino, pelo qual o engajamento radical armado se configura, e sua trágica e rápida derrocada ainda no início da década de 1970, abre espaço para as opções alternativas da marginalidade social na qual fulguram a ideologia do desbunde/curtição e da vida comunitária alternativa. É o horizonte ideológico da experiência *hippie* como tentativa de se estabelecer um cotidiano ao largo das demandas materiais e ideológicas do todo social capitalista.

Brasil ano 2000 representa o breve momento, a breve janela de oportunidade – ainda no primeiro semestre de 1968, antes da reviravolta política aguda no final do ano com o AI-5 – para se experimentar esse caminho novo. Caminho que se perdeu, mas nesse momento ainda está escancarado e parece poder vingar.

Uma trilha que chama para ser adentrada e estabelecer a fantasia com o novo material que acaba de surgir e está à disposição: a alegre mistura *pop* tropicalista. É um filme de peito aberto para o novo mundo, o futuro do ano 2000, que respira fascinação com suas eventuais contradições em todos os poros. Um novo mundo e uma nova disponibilidade para sua experiência, algo que acabou se figurando forte no céu (como o foguete do universo ficcional do filme), mas que, em seguida, não eclodiu no espaço com o brilho e a potência esperada. Houve uma espécie de "chabu", e a experiência encruou no final de 1968. No entanto, no breve momento que fulgurou, lançou-se em "estilhaços sobre Copacabana", "espinafre biotônico" ou "avanço eletrônico". O mundo de 2000 que não houve teve o dom de "explodir longe, muito longe", no "sol, nos cinco sentidos", com as migalhas caindo sobre Copacabana, conforme descrevem as figuras *pop* da canção "Superbacana" de Caetano Veloso.

Brasil ano 2000 reflete essa explosão caleidoscópica dos cinco sentidos em 1967–1968, mas finca seus pés em um intervalo que logo se fecha – e de maneira violenta. Com a guinada brusca no Brasil a partir do final de 1968, com a proclamação do AI-5 e o fechamento do regime militar, acentua-se a dicotomia horror/curtição na qual o Cinema Marginal se afundará[63]. Mas Walter Lima tem essa coisa lírica em sua obra e não pressente o abismo. Em *Brasil ano 2000*, é a sensibilidade esticada até o lisérgico que perdura – a batalha do garfo e da faca –, fazendo girar uma espécie de grande liquidificador que ao mesmo tempo quer engolir o Brasil e curtir sua modernidade de foguetes e computadores, incorrigivelmente atraente quando misturada em seu arcaísmo (generais, índios, discursos grandiloquentes, canções suaves e líricas, bandinhas, a família popular humilde, a cristaleira). Mattos aponta bem em seu livro o descompasso entre o momento de feitura/planejamento do filme, em 1967–1968, e seu lançamento com o Brasil no pior período dos anos de chumbo, em 1970, com o governo Médici em pleno vigor. Prisões e torturas são praticadas à larga nos porões da ditadura, e boa parte da classe artística vai para o exílio, voluntariamente ou não (Caetano, Gil, Glauber, Bressane, Sganzerla, Cacá, Nara, Chico e tantos outros). O clima de época vira em 180 graus. Depois da prisão de seu irmão Umberto, o próprio Walter Lima, simpatizante do grupo guerrilheiro VPR, embora sem envolvimento militante, acaba preso por alguns meses no início de 1970 e é na prisão que fica sabendo do lançamento de seu filme. O contexto em 1970 é efetivamente outro. A história novamente bateu suas asas e, como é comum nesses momentos de violência, o vento forte derrubou quem não esperava, de um modo que o artista não podia supor. O mundo das figuras *pop*-caleidoscópicas do tropicalismo, respirando deslumbre com os estilhaços "biotônicos" de uma sociedade ultramoderna rebatida sobre o obsoleto, ficou para trás numa posição que agora surge como inacreditavelmente *naïf*. Era difícil acreditar que, há pouco, houvera um contexto em que as imagens e as figuras mais estrambólicas de *Brasil ano 2000*, com seus musicais inocentes e amorosos, ainda pudessem ser curtidas como experiência deslumbrante, num universo que despontava como novidade. O próprio tropicalista José Celso Martinez sentiu o fosso da decalagem e declarou na época ter tido "ânsias de vômito" ao assistir o filme em seu lançamento[64]. *Brasil ano 2000*, com sua sincrética e humorística representação do Brasil das calendas, indigenista e futurista, militar e popular (a família humilde que vira índio), posto em cena pelo eterno mestre de cerimônias na época – o personagem de classe média na mídia (o repórter/fotográfico) que circula como *Deus ex machina* pelo universo ficcional – ficou irremediavelmente para trás, extemporâneo. Quando esse filme de curtição finalmente pôde chegar ao público, no auge da ditadura e com a repressão cruenta à solta, seu colorido e leveza, seus devaneios com as forças do Brasil, soaram ridículos. A crítica negativa que recebeu rebate o contexto subitamente deslocado. Perdeu-se no tempo de apenas dois anos a galáxia a que seu universo futurista quis pertencer.

Walter Lima ainda segue nos primeiros anos da década de 1970 na trilha da cultura alternativa e da contracultura, mantendo contato próximo com os baianos do tropicalismo que voltaram ao Brasil em 1972. Lima pode ser visto um pouco à margem do grupo nuclear cinemanovista no vínculo mais forte que tem com a contracultura, principalmente pela canção e a música, arte de que sempre esteve próximo. Ainda filma, em 1970, uma obra de baixa produção, em 16mm, feita em dois dias: *Boca da noite*. O original é uma peça, *O assalto*, de José Vicente. O filme, que tem foco psicológico predominante, retrata um funcionário de classe média exasperado com seu cotidiano face ao outro-popular, um faxineiro humilde. A estrutura que cerca o conflito, o desprezo misturado ao mal-estar da presença do outro de classe, tem um travo de filmes posteriores do autor sobre o tema nos anos 1990.

Mas é em *A lira do delírio*, seu longa seguinte, que Lima irá fundo no ambiente de depressão e delírio que cerca o início da década de 1970. Ambiente que é tornado agudo pela morte trágica de Anecy Rocha, em 1977, sua esposa e também estrela do filme, antes que ele fosse finalizado. A obra mostra um mergulho na trilha da contracultura e do desbunde na qual também respirou a geração cinemanovista, antes que a opção de corte mais realista tenha voltado à cena na década de 1970. *Lira do delírio* é o filme cinemanovista que, juntamente a alguns momentos do Nelson Pereira de Parati, vai mais fundo na trilha do desbunde dentro do Cinema Novo, incorporando a experiência lisérgica (ou etílica). Teve as primeiras cenas tomadas no Carnaval de 1973. O material ficou parado e foi retomado em 1976, com novo roteiro, novas filmagens e apoio da Embrafilme. A montagem final foi realizada por Mair Tavares juntamente com o diretor, meses depois da morte de Anecy em 1977. A grande estrela do filme é Anecy Rocha e o Carnaval de Niterói em 1973[65]. É o Carnaval que serve de palco para um filme extremo em termos de soltura e experiência na intensidade da circunstância da tomada. A indeterminação flui sem rédeas na expressão dos afetos carnavalescos, com Anecy mostrando um talento de interpretação particularmente favorável à proposta do filme em se abrir na interação com a potência e indeterminação da intensidade da tomada. É talento que a atriz reparte com o irmão Glauber, embora ele o exerça de outro modo. Aqui o crédito deve ser reservado também a Walter Lima, que se mostra à vontade na direção de cena, aberta para a rua e o imprevisto.

Os corpos oscilando na multidão carnavalesca são seguidos pela câmera única de Dib Lufti que os acompanha como uma espécie de casca de noz flutuando em oceano bravio. O Carnaval é forte em sensações, e Anecy se entrega a elas, seguida de perto por Lufti. Só depois é que Walter Lima pensará em um filme para aproveitar o material, se esforçando para coser a trama. Mas a narrativa final de *Lira do delírio* sustenta-se como um todo, aproveitando, numa história com tons detetivescos, o tom fantasista e de sonho que embalou as tomadas originais. Há homogeneidade no conjunto final. O filme torna-se uma grande homenagem e um testemunho ao talento único de Anecy Rocha, que domina uma obra inteiramente à sua mercê, erigida em sua homenagem – mostrando-se além do irmão (que nunca a dirigiu) e do marido (que lhe abre as portas). Ela contracena com seu filho ainda bebê, que faz o personagem da criança raptada (Guri-Guri). A mistura de improvisação e experiência de vida pessoal na circunstância da tomada assegura esse tom único que possui *A lira do delírio* e que caminha de mãos dadas com outro filme da mesma época, *Iracema* (1974), de Jorge Bodanzky, ousando em trilhas similares. A morte de Anecy e a ruptura paranoica de Glauber com o cunhado, acusando-o pela morte da irmã, foi delicada e traumática para todos. Muitos pontuam nesse fato o final do momento de brilho pulsante e da coletividade "Cinema Novo". O casal e o laço de parentesco concedia uma união particular ao grupo como um todo, que certamente o extrapolava, mas que sem ele ficou esgarçado. Declarações de época mostram que a morte de Anecy foi um golpe fatal na saúde mental de Glauber. Também Walter Lima sofreu, mas, numa medida diferente do cunhado, conseguiu sobreviver e refazer a vida. A tragédia foi uma espécie de manto final colocado sobre o período mais juvenil do Cinema Novo, aberto de modo intenso, naturalmente, às experiências e à convivência grupal.

CINEMA MARGINAL

A partir de meados da década de 1960, um conjunto de jovens diretores, próximos inicialmente ao grupo cinemanovista, acentua e radicaliza a linha da opção narrativa alternativa. Abandonam os dilemas do engajamento e incrustam-se na exasperação, no deboche e na curtição. Progressivamente se acentua a ruptura com a geração anterior, na qual diversos diretores tiveram raízes. É o chamado Cinema Marginal, nome que os cineastas receberam à sua revelia, mas que os define bem, mostrando opções estilísticas e de produção alternativas que escolheram conscientemente, além da sintonia com outros grupos de vanguarda da época que receberam a mesma denominação, como a poesia marginal. Hélio Oiticica, numa de suas obras mais conhecidas do período, estampou a frase "seja marginal, seja herói". O grupo Marginal possui unidade bem mais dispersa que o Cinema Novo e nunca se constituiu como um todo, envolvendo relações de amizade e estratégias de produção perdurando por décadas. Elas existiram, mas em períodos mais restritos e com relações pessoais mais focadas. O conjunto de obras do Cinema Marginal, no entanto, se apresenta de modo bastante orgânico e estrutural. Ao examinarmos as condições de produção e o intervalo histórico em que se constituem, delineia-se um conjunto com unidade razoável. Há, portanto, uma "geração marginal" mais próxima da contracultura que o Cinema Novo, também enfronhada nos horrores da repressão e da luta armada, como opção não seguida. Essa parcela mais jovem da "geração 1968" rompe com os precursores cinemanovistas por uma questão de espaço no mercado cinematográfico e recursos para produção, ou para assumir opções estilísticas mais radicais.

É importante mencionar que houve proximidade, em determinado momento, com o Cinema Novo, seguindo-se um maior ou menor ressentimento no afastamento. Afastamento que podemos encontrar testemunhado, em termos cinematográficos, no curta tardio, *Horror Palace Hotel* (1978), de Jairo Ferreira. Dentro dos Marginais que circularam pelo Cinema Novo, estão diretores que mais tarde terão um papel central no cinema da nova geração, como Júlio Bressane, Rogério Sganzerla, Neville d'Almeida, Geraldo Veloso, Luiz Rosemberg, Eliseu Visconti e outros. A produção dos primeiros filmes de Rogério Sganzerla em São Paulo, longe da guarida do Cinema Novo, é sintoma desse distanciamento progressivo. Ainda, Rogério participa solitário do Festival Internacional de Cinema no Rio de Janeiro, patrocinado pelo INC e boicotado pelo Cinema Novo. Essa participação só faz aumentar ressentimentos mútuos. Em 1969, Júlio Bressane e Rogério Sganzerla publicam artigos e fazem declarações ironizando o Cinema Novo e suas propostas, o que provoca reações ressentidas da geração mais velha. A polêmica atinge o ápice com a publicação, em dezembro de 1970, de uma entrevista conjunta de Rogério Sganzerla e Helena Ignez ao jornal *O Pasquim*[66], em que ambos criticam agressivamente o Cinema Novo, chamando-o de "conservador de direita", "paternalizador" e representante da "antivanguarda". Glauber Rocha não deixa esses ataques sem resposta, em observações que, aparentemente, guardou para si: "Caiu a ponte de gentilezas. O udigrúdi é um aborto restaurador do formalismo decadente do amante de Anastacya. O primeiro e único filme underground 68 é Câncer, made by Glauber Rocha"[67]. Um pouco depois, não é surpreendente encontrarmos Glauber também definindo o caráter "regressivo" dos Marginais em 1975 (na contemporaneidade de seu longa bem "marginal", *Claro*), no artigo "Udigrúdi: uma velha novidade". O tom do artigo destoa do espírito contracultural "irracionalista" de "Eztetyka do Sonho", em 1971. Está próximo, outra vez, às demandas de uma "progressão" (e não regressão) racional na "crítica da história" pela obra de arte, para combater o "caos social" (retornamos aos dilemas da segunda metade da década de 1960). Descobre então que: "os filmes udigrúdi são ideologicamente reacionários porque psicologistas e porque incorporam o caos social sem assumir a crítica da história e formalmente, por isso mesmo, regressivos"[68]. Glauber mostra-se ainda ressentido com os desdobramentos Helena/Sganzerla: "os jovens cineastas Tonacci, Sganzerla, Bressane, Neville e outros de menor talento levantaram-se contra o Cinema Novo, anunciando uma velha novidade: cinema barato, de câmara na mão e ideia na cabeça"[69].

Na geração Marginal, podemos destacar o grupo sediado no Rio de Janeiro e, particularmente, Júlio Bressane como mais próximo à tradição cinemanovista, embora o diálogo e a convivência sejam intermitentes. Em São Paulo, onde o Cinema Novo nunca chegou de verdade, a distância é mais fácil e aguda. Já dentro de uma linha de contato direto com o mercado e ruptura maior com o que chamam de linguagem "europeia e elitista" do Cinema Novo, Carlos Reichenbach, João Callegaro, Antônio Lima, Jairo Ferreira, tendo muito próximo Rogério Sganzerla, iniciam a produção de uma série de filmes marcados pela absorção sem culpa da narrativa clássica hollywoodiana, horizonte ausente do Cinema Novo. A questão do público e da forma como atingi-lo aparece em primeiro plano. A geração dos "novíssimos" emerge em sintonia com a primeira Boca do Lixo e circula com agilidade por seus produtores (que também iniciavam carreira), entre os quais reinava o comercialismo mais selvagem. A ele se adaptam dentro do recorte do avacalho, sem contradição com as demandas do contexto ideológico da contracultura.

Existe ainda outra face do Marginal paulista que fica mais próxima da vanguarda literária e teatral, que dialoga com as experiências do grupo Oficina e os tropicalistas baianos, que nesse momento moram em São Paulo. João Silvério Trevisan (*Orgia ou o homem que deu cria*, 1970), Júlio Calasso (*O longo caminho da morte*, 1971), José Agripino de Paula (com o precoce *Hitler no III Mundo*, 1968) e Carlos Albert Ebert (*República da traição*, 1969) circulam com agilidade nesse ambiente. Ainda mais ligado ao Oficina, André Faria Jr. dirigiria, em 1971, *Prata Palomares*, e José Celso Martinez começa também nesse ano o longo e acidentado trajeto de *O rei da vela*, produção especificamente ligada ao Oficina que só terminaria na década de 1980, tendo certificado de censura emitido em 1982. São cineastas que também circulam pela Boca, já em plena ebulição e onde tudo acontece no início da década, mas sua interação com os produtores não possui a sintonia de um Carlão, do primeiro Sganzerla, de um Callegaro. Andrea Tonacci faz parte do grupo, inclusive por sua proximidade, desde os primeiros curtas, com Rogério Sganzerla, mas articulará a produção de seu *Bang bang* por fora da Boca, com o pessoal de Minas no Rio de Janeiro, particularmente Lanna e Veloso.

Com participação orgânica na geração Marginal, Júlio Calasso e Carlos Ebert são dois diretores que têm proximidade com o grupo Oficina, e inserção simultânea no mundo do cinema e na Boca. Calasso fez parte do elenco de *Galileu Galilei*, participa intensamente de atividades diversas nos meios artísticos da época, com espírito livre e aberto para experiências que não se restringem ao cinema. Terá depois carreira independente e variada. Com recursos mínimos, realiza *O longo caminho da morte* (1971), no qual se sente fortes pitadas do "espírito" marginal, embora partindo de uma temática histórica com corte fora do marginal-cafajeste. Ebert é figura tradicional no meio cinematográfico, com posterior carreira ampla de fotógrafo e vínculos claros com a geração cinéfila do Marginal paulista que remonta a Escola Superior de Cinema São Luiz. Fez câmera em *O Bandido da Luz Vermelha* e fotografou *Prata Palomares*. Dirige *República da traição*, contemporâneo na realização de *Gamal* (1969), contando com Júlio Calasso na direção de produção e contatos com o grupo Oficina. É filme bem típico da estética Marginal com exaltação expressa em gritos guturais, vômito, sangue. Sente-se o peso da dramaturgia do Oficina da época. A explosão de cores de *República da traição* brilha com força única nos filmes Marginais, boa parte em preto e branco e fotografia precária (faz par com o cinerama de *Copacabana mon amour*). Revela o cuidado que o talentoso fotógrafo Ebert teve com a luz e a revelação do negativo, em seu único longa. André Faria também circula no grupo teatral e dirigiria *Prata Palomares*, filme marcado por uma espécie de cruzamento entre "tropicalismo/Oficina/Cinema Novo-Marginal", respirando o clima político da época. Em troca da assistência de câmera em *República da traição*, Ebert fotografou *Prata Palomares*. Esse recorte do Marginal paulista evolui com certa independência da Boca do Lixo e nunca possui a intimidade, inclusive em termos de produção, dos "cafajestes".

No trabalho de João Silvério Trevisan, *Orgia ou o homem que deu cria* (1970), como também no de João Batista de Andrade, em *Gamal, o delírio do sexo* (1969), nota-se traços de apelo ao público (o título erótico, por exemplo) que revelam a presença de uma preocupação de atingir o mercado exibidor. *Orgia*, no entanto, é um filme ainda fortemente marcado pela estética da representação do Brasil, sua história e suas forças sociais, características da última fase do Cinema Novo. Na composição dos quadros que simbolizam o Brasil, sente-se igualmente a presença de traços tropicalistas. Trevisan se afirmaria em seguida como uma espécie de teórico do Cinema Marginal, na ruptura com os cinemanovistas. Mantém polêmica acesa com Glauber, tanto nos debates estéticos como na valoração da questão de gênero/sexualidade, no horizonte da contracultura. Possui análise lúcida sobre o Cinema Marginal e seu significado para a época. João Batista de Andrade é companheiro de época dos Marginais, depois seguindo carreira própria. Em *Gamal* dirige um longa meio fora de esquadro em sua obra, um dos filmes da geração que vai mais fundo na fragmentação narrativa: nele só se respira agonia e exasperação, e a expressão é sintonizada no modo gutural. O fato de João Batista, com carreira posterior diversa, haver sido cooptado na órbita Marginal é significativo da intensidade que esse núcleo estético e ideológico exerce de modo horizontal na época. Maurice Capovilla com seu *O profeta da fome* (1969) pode ser analisado na mesma linha de atração. Tomadas de *O profeta da fome* aparecem em *Audácia!*, filme manifesto do cinema cafajeste.

Em 1968, Rogério Sganzerla dirige em São Paulo *O Bandido da Luz Vermelha*, que marca o ponto de transição entre a geração cinemanovista e a ruptura Marginal. A narrativa tem giro numa intertextualidade centrifugada em velocidade que o Cinema Novo não acompanha. Traz para junto de si o universo de referências cinematográficas da nova cinefilia, indo do brega sem complexos (incluindo a trilha sonora) ao *kitsch* reiterado dos cenários, a mídia sensacionalista, o estilo radiofônico fora de sua gravidade, a presença recorrente dos quadrinhos, da ficção científica, das citações de filmes de gênero, tudo trabalhado em um modo citacional, intertextual, fundado na consciência reflexiva, marca desse momento de ruptura no cinema brasileiro. Embora filmado na Boca do Lixo, com produção própria e da Boca (em seus primeiros tempos), aparentemente teve apoio do Cinema Novo antes da ruptura, se acreditarmos nas declarações de Glauber à revista *Hablemos de Cine* concedidas, no Rio de Janeiro, em abril de 1969. Glauber acusaria Sganzerla de ser ingrato ("um oportunista que quer obter patrocínio do INC") e não reconhecer em seus vínculos iniciais com o Cinema Novo: "[Rogério Sganzerla] não conta que fez seu filme [*O Bandido da Luz Vermelha*] em São Paulo e enviou todas as contas à Difilm para que as pagasse, causando-lhe um prejuízo de Cr$ 9 milhões". Rocha menciona também na entrevista adiantamentos da Dilfilm e, portanto, do Cinema Novo, aos filmes iniciais de Bressane, *Cara a cara*, e Neville, *Jardim de guerra*[70].

Bandido evolui dentro de um estilo em "transe", que não deixa de lembrar figuras glauberianas. Possui ainda rastro de origem na produção do Cinema Novo, como mostra a demanda premente pela representação do Brasil e de sua história, mas já está em outro patamar, fechando-se na agonia do deboche e do avacalho, sem que a dimensão da má consciência ou os dilemas existencialistas sobre a liberdade no compromisso político deixem a mais leve marca. Nesse sentido, a ruptura é bem resumida pela frase-chave do filme, que virou lema dos Marginais, em seu circuito fechado no desbunde: "quando a gente não pode fazer nada, a gente avacalha – avacalha e se esculhamba". Efetivamente, o que restava a fazer, a partir do fechamento agudo da sociedade brasileira em 1970, era se esculhambar, no sentido de uma volta ao próprio ego dilacerado: mergulhar no "dentro-de-si mesmo", esculhambando os afetos até o desbunde – ao mesmo tempo que se avacalhava expectativas movidas à razoabilidade que ainda traziam a dimensão da práxis no horizonte. O fato é que *O Bandido da Luz Vermelha* é um filme de ruptura, fora do esquadro cinemanovista, e foi recebido com forçada indiferença pelo grupo. Geraldo Veloso descreve bem a recepção pelo Cinema Novo de *O Bandido*, aprofundando a fissura já esboçada em um caminho sem volta:

> O filme [*O Bandido*] cai com enorme impacto sobre a comunidade cinematográfica. A inesquecível sessão na cabina de Líder, com todo o Cinema Novo presente, vai desencadear uma série de reservas mais ou menos veladas a meu ver causadas pelos ciúmes dos resultados fantasticamente criativos alcançados por Rogério em seu filme. Ferido, Rogério se recolhe [...][71].

Já no filme seguinte de Sganzerla, *A mulher de todos*, de 1969, também produção plenamente integrada na Boca, o estilhaçamento do espelho é mais agudo e o Brasil voa pelos ares com a figuração livre das referências múltiplas da cultura de massa, misturando-se às imagens da pequena burguesia depravada e cafajeste em seu lazer praiano. Se em *O Bandido*, a presença do universo urbano, da sociedade de consumo e do lixo industrial marca a particularidade numa composição que ainda respira história, agora o universo fantasista das mercadorias e seu agentes sociais esculhambados transfere-se para a baixa classe média na praia, em seu momento de consumo e lazer. O abandono da ética cinemanovista se acentua, com o aproveitamento ativo (no modo da citação não valorativa) do *kitsch* (brega). Em um modo livre, a degradação dos personagens pode ser "curtida" na própria estatura baixa e repugnante de sua constituição. Nesse sentido, *A mulher de todos* possui um papel de ruptura similar ao de *O Bandido da Luz Vermelha*, acentuando e aprofundando os traços mais agudos e firmando de vez a estética Marginal.

O Marginal-cafajeste caracteriza-se por possuir linha de contato forte com o mercado e o cinema emergente na Boca paulistana. Segundo Carlos Reichenbach, um grupo de jovens cineastas cansados de tentar conseguir financiamento para um filme "sério" resolve "fazer um filme sacana no momento em que todos os colegas sonhavam com o filme político"[72]. *As libertinas* inicia o processo, sendo produzido a partir de esquemas alternativos da Boca do Lixo, já em seu primeiro momento, em 1968. Tem como objetivo imediato o lançamento do filme no mercado e consequente retorno financeiro, mas é impregnado pela cinefilia com corte reflexivo, marcando a modernidade do jovem cinema. Seu cartaz o define como um "sexo-filme". Seus diretores, Carlos Reichenbach, Antônio Lima e João Callegaro, aparecem como "sexo-diretores", e seus episódios (*Alice; Ana; Angélica*), "sexo-estórias". É clara a postura lúdica e autorreferente com relação ao universo representado, explorando o eixo erótico. Não contradiz a demanda dos produtores, mas sintoniza suas necessidades para poder debochar. A convergência, enquanto dura, singulariza a produção "cafajeste" na Boca, fazendo a ponte com um cinema de narrativa moderna, já no corte cinéfilo. Mulheres bonitas, pitadas de comédia e cenas sensuais integram-se numa obra que se aproxima da futura produção pornochanchada.

Em 1970, no folheto promocional de *O pornógrafo*, distribuído no lançamento do filme, intitulado "Manifesto do cinema cafajeste", João Callegaro define alguns pontos da estratégia do Cinema Marginal que convive de modo mais íntimo com a Boca e seus produtores. Trata-se de abandonar as "elucubrações intelectuais, responsáveis por filmes ininteligíveis", e atingir uma comunicação ativa com o grande público, aproveitando os "50 anos de mau cinema norte-americano devidamente absorvido pelo espectador". Vamos nomeá-lo aqui de Cinema Marginal-cafajeste. Mantém um relacionamento estreito com os produtores da Boca, onde consegue o financiamento para produções precárias, feitas a toque de caixa, com óbvios apelos ao grande público (sexo, aventura) e retorno comercial satisfatório. O diferencial do Cinema Marginal-cafajeste da Boca é o diálogo ativo com certa vanguarda do novo cinema europeu da primeira metade da década de 1960 que possui a ruptura da modernidade, mas é carregada pela cinefilia, incorporando, inclusive, pelo viés autoral, do lixo do cinema, o filme B de gênero. É um cinema jovem que, principalmente em Sganzerla, mas também em Reichenbach, sabe onde colocar os pés e em que lugar se situar na história do cinema. No Cinema Marginal desloca-se o quadro valorativo. A linguagem que os jovens cineastas marginais da Boca buscavam permite o "deglutir" de objetos estéticos intragáveis ao estômago cinemanovista, bem mais delicado. Trata-se da descoberta intertextual atraída pelo verniz clássico que incorpora, numa inspiração *nouvelle vague*, desde o filme B autoral hollywoodiano mais precário (ou cafajeste), o *western*, o musical e o policial *noir*, até as próprias chanchadas, agora glorificadas exatamente na precariedade que antes tanto incomodava e no deboche, que lhes é inerente. Uma vez abandonada a tábua valorativa e a ética da verdade que o primeiro Cinema Novo ainda sustenta, a proximidade com o universo da sociedade de consumo e da cultura de massa é incorporado pela narrativa Marginal de forma ativa. Ao incluirmos também os restos bregas e degradantes da cultura de massa, teremos uma das chaves para o que foi definido[73] como Estética do Lixo.

A evolução do grupo "cafajeste" em direção a filmes como *Audácia!* (1970) enfatiza a presença da autorreferência pela avacalhação. *Audácia* é longa-metragem com prólogo e dois episódios[74], com direção de Carlos Reichenbach e Antônio Lima, explorando o mesmo veio de *As libertinas*. Conta com a participação de Jairo Ferreira como assistente de direção. Parece mais uma brincadeira com cinema do que um filme comercial propriamente, talvez em razão das cenas eróticas enxertadas. *Audácia!* (que tem o subtítulo *A fúria dos desejos*) chega a ser lançado e é tido por seus diretores como um filme que não decepcionou em termos de público. O prólogo é uma espécie de pesquisa, bem em família, sobre a Boca do Lixo em 1969 e seus habitantes, com as referências cinéfilas nacionais dos Marginais-cafajestes. Uma entrevista de Sganzerla com José Mojica surge no final, e a defesa do "filme ruim" de Paulo Emílio também está lá ("o negócio é fazer filmes péssimos", diz uma personagem na discussão de bar que finaliza o episódio). O "filme péssimo" de *Audácia!* é o filme B no discurso dos Marginais, "curtido" na intertextualidade cinéfila, louvado pela agilidade na produção, contra o esteticismo caro e vazio da geração mais velha. Há também a sequência em que a turma Sganzerla, Carlão e Lima aparece junto de Candeias, na época uma referência, como Mojica, para o grupo. No episódio de Reichenbach, num ambiente de total descaso e deboche da realização, vislumbra-se, na ironia, a prática do elogiado "filme péssimo". A narrativa traz a marca da modernidade e da cinefilia meio *nouvelle vague*, na qual os mais antenados do grupo – Carlão, Jairo e Sganzerla – sintonizam. Na mesma linha, João Callegaro, que já havia dirigido um episódio de *As libertinas*, faz, em 1970, *O pornógrafo*, obra na qual se sente um trabalho autoral mais desenvolvido. Há o diálogo com o classicismo de gênero norte-americano na fotografia, cenários e no universo ficcional, trazendo a marca do Marginal paulista. Numa atmosfera de filme policial, são narradas as desventuras de um produtor de revistinhas pornográficas (os antigos "catecismos").

Jairo Ferreira deve ser destacado nesse grupo. Um pouco mais tardio e mais tímido que o necessário para se firmar como diretor, sua obra cinematográfica é consistente. Ficou um pouco ao largo na geração, por se utilizar basicamente do suporte Super-8. Obtém resultados impressionantes para a bitola, mas ela impede uma maior circulação cinematográfica de sua obra. Jairo é o grande cronista do grupo Marginal no período, acompanhando as andanças do grupo cafajeste e de outros pela Boca. É também um cinéfilo de mão-cheia – como o são Carlão e Sganzerla –, dominando um campo de referências com personalidade que ultrapassa a lista de citações. Sua atitude sempre aberta para a vanguarda radical e sua personalidade retraída sem interesses financeiros de produção imediatos permitem que estabeleça vínculos também com o grupo do Rio de Janeiro: Bressane, Geraldo Veloso, Visconti, Lanna, Neville, Ivan Cardoso e outros. Enquanto os jovens que chegavam a seu primeiro longa tinham obrigações com a estrutura de produção, Jairo circulava com mais liberdade, podendo cumprir essa função de cronista, seja nas críticas que publicava no *São Paulo Shinbum* entre 1966 e 1973, seja nos longas mais tardios, e por isso mesmo retrospectivos dos anos áureos, como *O vampiro da Cinemateca* (1975-1977) e o memorialista *O insigne ficante* (1980). *O vampiro da Cinemateca* é uma espécie de súmula crítica de Jairo Ferreira e do Cinema Marginal na Boca. É o manifesto audiovisual da geração, escrito em matéria fílmica no formato longa-metragem.

Conforme mencionado, em *A mulher de todos* (1969), Sganzerla acentua os aspectos da intertextualidade cafajeste, num modo que evolui radicalmente com relação a *O bandido*, em termos de fragmentação narrativa e exacerbação dramática. Estamos num patamar que já dá o passo e se integra aos filmes seguintes que o diretor fará na produtora Belair. Sganzerla é ponto-chave para compreender a ligação do Cinema Novo com o Cinema Marginal, principalmente por sua vivência, inicialmente na produção marginal paulista (incluindo Tonacci), e sua posterior liderança, com Júlio Bressane, no Rio de Janeiro, do ciclo de produção Belair. Em meados da década de 1960 (no início, com sua atividade de crítico), Sganzerla esteve perto de franjas do Cinema Novo, incluindo o próprio Glauber, num modo único no Marginal paulista. Por isso *A mulher de todos* é filme-chave. Marca a completa ruptura com o universo cinemanovista que, de algum modo, ainda se respira no *Bandido*. Escancara a janela em direção aos filmes e ao clima do universo ficcional da Belair. Junto com *O anjo nasceu* (com o qual concorre no Festival de Brasília de 1969) e *Matou a família e foi ao cinema*, compõe a corrente de ar que estoura as margens estreitas do Cinema Novo, desembarcando no Marginal maduro e autossuficiente da Belair.

Bressane, inicialmente, também foi próximo da geração cinemanovista, circulando bem em seu meio. Seu primeiro longa, *Cara a cara*, teve participação concreta da Difilm. Consta sua presença como assistente de eletricista em *Menino de engenho* (algumas fontes referem-se a assistência de direção) e dirige com Eduardo Escorel o documentário direto *Bethânia bem de perto* (1966). Seu primeiro curta solo, do mesmo ano, *Lima Barreto: trajetória*, tem a participação de David Neves, além de Escorel e Affonso Beato. Ainda em 1967–1968, logo antes da ruptura mais forte Marginal/Cinema Novo, entra como produtor associado em *Brasil ano 2000*. É de dentro do Cinema Novo, portanto, que Bressane emerge, puxado com mais força para fora por Sganzerla, a partir de 1969.

A proximidade de Bressane com a estética Marginal pode ser sentida nos dois filmes de 1969, *O anjo nasceu* e *Matou a família e foi ao cinema*. É neles que o estilo de Bressane dá o salto. É claro um inédito dilaceramento da narrativa na escansão temporal (particularmente em *O anjo nasceu*), abrindo-se para uma representação liberta da teleologia histórica que, no modo cinemanovista, ainda se respira em *Cara a cara* (1967). É de Bressane o passo que introduz no cinema brasileiro, nesse modo radical, a liberdade narrativa da imagem-tempo, deixando ao largo a amarração causal no modo estilístico audiovisual fílmico. Em *O anjo nasceu,* existe uma independência da amarração sensório-motora da ação que não se via na grande produção cinematográfica brasileira desde *Limite*. Sente-se essa liberdade ancorada não só na escansão temporal vazia, mas também no modo em que evolui para o ritmo sincopado e repetitivo, espécie de disco riscado que basta a si mesmo no risco, pois não tem objetivo de fechar significância. Permanece como fissura na estrutura narrativa só pelo fato de permanecer, sem outras contas a prestar. Em *Matou a família*, pouco posterior a *O anjo*, essa disposição já amadurece no modo em que seria radicalizada noutros longas da carreira do diretor. Encontramos nesse filme igualmente o diálogo maduro da contracultura com a cultura de massa, a mídia sensacionalista, o universo de gênero flertando com o terror e o policial – além do conflito geracional dilacerado dentro da família. As cenas de horror e agonia tem o clima persecutório do pós-1968.

É Sganzerla, já mais estabelecido e com dois longas redondos, de sucesso, que migra para o Rio e encontra Julinho, tirando-o definitivamente da gravidade cinemanovista. O encontro tem seu momento paradigmático no Festival de Brasília de 1969. Como passo definitivo na passagem de Bressane para fora do Cinema Novo pode ser citado esse Festival, quando Sganzerla concorre com *A mulher de todos* e Bressane com *O anjo nasceu*. Conta a lenda que Sganzerla teria ido ao quarto de Bressane altas horas e durante longa conversa selaram um entendimento, até então implícito, mas evidente em termos geracionais e estilísticos, que resulta na produtora e no jorro criativo da Belair que se segue alguns meses depois, no primeiro semestre de 1970. Queriam fazer um novo cinema, que não era Cinema Novo, e agora tinham as condições práticas para tal, dentro da estrutura da produção Marginal. A Belair nasce dessa constatação, usando os recursos de Sganzerla com o sucesso de *A mulher de todos* e uma produção meio atrapalhada que Bressane havia conseguido junto a Severiano Ribeiro. São cinco longas (um deles não finalizado) mais o inconcluso *A miss e o dinossauro* (8 mm), realizados em três meses. Há um ritmo de produção alucinante de quem, no auge da juventude, tem inspiração e capacidade de criação saindo pelos poros. Por mais precário e de baixa produção que tenha sido o esquema Belair, são sempre altos os investimentos e preparações exigidas pela arte do cinema. A Belair, com todo o desvario da geração, dá conta do recado, produzindo obras-chaves, pequenas joias da cinematografia brasileira. É na Belair que a geração Marginal se afirma, na confluência entre o grupo mineiro/paulista (Lanna, Veloso, Tonacci, Jairo, Carlão e Sganzerla) e carioca (Bressane, Visconti, Ivan Cardoso e Neville), todos circulando, de um modo ou de outro, pelas produções em andamento nos primeiros meses de 1970: alguns assistindo às filmagens dirigidas por Bressane e Sganzerla, outros passando para vê-las e ajudando ocasionalmente ou, ainda, só sintonizados em sua existência e em seus resultados (caso dos Marginais paulistas).

Entre os que circulam em proximidade com a Belair, interagindo com o grupo, pode-se destacar o carioca Eliseu Visconti, que acabou ficando com os negativos/ copiões parciais do último longa da Belair, *Carnaval na lama*, para uma finalização que nunca ocorreu. Visconti possui obra própria que bate no coração da estilística Marginal. Seu vínculo demonstra a força de atração que a sensibilidade Marginal exerce em toda a sua geração. Isso fica claro na guinada que há entre seus dois longas no período, *Os monstros de Babaloo* (1970) e *Lobisomem, o terror da meia-noite* (1971) e sua produção posterior, ligada a documentários etnográficos. O Marginal atrai, e Visconti está preso em seu foco de gravidade. Além dos dois longas e da presença na Belair, Visconti também acompanha a turma no exílio, com passagens por Londres. Em *Os monstros de Babaloo* vivemos por inteiro a estilística Marginal, com quatro atrizes que têm potencial para sintetizar bem o movimento em suas diversas facetas: Helena Ignez, Wilza Carla, Zezé Macedo e ainda Betty Faria, bem à vontade no estilo de interpretação Marginal. Faria carrega no improviso, com naturalidade impressionante, desenvolvendo um tipo meio sensual que cai para a avacalhação. Faz companhia perfeita a Zezé Macedo (e seu tipo construído na chanchada) e Wilza Carla com seu corpo acentuando as dimensões do grotesco e do abjeto, que tanto atraem os Marginais. Helena, em *Babaloo*, está arquetípica, incorporando o deboche que define a estilística Marginal e que ela encarna como ninguém desde *A mulher de todos*. Aqui ainda escorrega mais para baixo e adiciona a bobice e a irritação infantil débil mental. É estado de espírito que o Cinema Marginal gosta e que outros personagens repetem em seu universo ficcional. *Lobisomem, o terror da meia-noite*, segundo longa de Visconti, caminha na mesma trilha, misturando horror e avacalho, com larga representação do escatológico. O diálogo com o gênero em *Lobisomem*, no modo que Ivan Cardoso retomará mais tarde, está presente à larga. Paulo Villaça está bem confortável na encenação Marginal no modo bem esculhambado, com berros e uivos, fazendo o Satanás. Villaça é o lado masculino da encenação Marginal, compondo com Ignez duas faces da moeda perfeita que tão bem ilustra o estilo com um todo, e que teria ainda Gladys e Guará, se quisermos completar um quadrado. Wilson Grey, unindo os gêneros chanchada e horror, faz o vampiro atraído pela escatologia putrefata, com fundo musical que vai do lisérgico Hendrix às modinhas populares no contato com o samba do morro.

Existe no Marginal carioca um veio mineiro forte que pode ser sintetizado nas obras de Neville d'Almeida e Geraldo Veloso. Neville tem voo próprio nos contatos que estabelece com a Belair. A atuação com Hélio Oiticica, que marca ambos os artistas no intercâmbio, define sua particularidade na vanguarda da época. *Jardim de guerra* (1968) é filme anterior a esse encontro[75] e pode ser situado na transição entre o Marginal e o Cinema Novo. É obra ainda marcada pelo Brasil cinemanovista, suas figuras e seus dilemas, mesmo que radicalizados. Mas é com *Mangue bangue*, filmado em 1971, que Neville dá o pulo do gato e adentra sem peias as profundidades da representação no modo pulsional, indo até os contornos mais extremos da escatologia e do desbunde presentes na geração Marginal. E carrega-os com uma intensidade recorrente. *Mangue bangue* é filme de produção pequena, articulada em baixo orçamento e ambições narrativas fechadas na expressão da intensidade e na curtição debochada, soltas em tomadas feitas em comunidade (comunidade na vida e comunidade no filme). Sente-se em *Mangue bangue* o mesmo clima no qual vibra a vida comunitária que cerca os longas da Belair, e nessa vibração está sua potência. A articulação fílmica posterior às tomadas é tênue. Há trabalho de sonorização mínimo, mas que se articula organicamente na proposta do filme.

A narrativa flui numa espécie de pequena sonata da exasperação e da curtição, sem deixar a peteca do ritmo cair, agarrada no transcorrer solto e livre na tomada. Não há falas nem som sincrônico. A ausência da sintaxe marca a encenação da expressão, abrindo caminho para a figuração do indizível gutural em suas formas fisionômicas ou gestuais. O filme é pós-sincronizado com trilha sonora que vai dos sambas/modinhas a Hendrix/Led Zeppelin, numa faixa de distensão estilística típica do gosto musical dos Marginais. Paulo Villaça e Maria Gladys estão em momentos altos da encenação Marginal, entrando sem medo nos meandros da interpretação que esse tipo de encarnação das pulsões demanda. Os desenvolvimentos extremos da segunda parte do filme culminam numa experiência escatológica de regressão, plena na incorporação da animalidade.

Geraldo Veloso escreve uma das recapitulações mais interessantes das experiências da geração Marginal carioca/mineira, dando um preciso panorama do ambiente no Rio de Janeiro em "Por uma arqueologia do 'outro' cinema"[76]. Seu filme-chave para a compreensão do período é *Perdidos e malditos*, também realizado em Minas, como *Bang bang* e *Sagrada família*, no ano capital de 1970. A representação da escatologia também é aguda, com a conhecida cena de Villaça com a cabeça na privada e os costumeiros berros reincidentes em planos longos. O personagem de Villaça assassina a mulher e o cotidiano que ela representa em busca de um "caos paradisíaco" (a curtição) que deve se instaurar sobre a terra. No estilo Marginal, a busca pessoal se configura no poço sem fundo da exasperação, deixando a sociabilidade para trás num beco sem saída. No final, Villaça aparece defecando – cena que desempenha em pelo menos dois outros filmes Marginais –, trazendo a *afirmação* antropofágica "o homem é o que ele come", que resume bem o horizonte ideológico do esculhambar a si próprio, modelo para a subjetividade desarticulada do ego Marginal. A deglutição intertextual desse cinema, depois de tudo haver citado e devorado, dirige sua necessidade libertária para explorar sem peias éticas ou ideológicas a devoração do outro e de si. Adentra assim o beco escatológico de *Perdidos e malditos* e *Mangue bangue*.

Próximo ao grupo "cafajeste" em termos estéticos – mas distante do esquema de produção da Boca e também com independência da Belair – está o cineasta Andrea Tonacci e seu filme *Bang bang*. É obra-chave no período ao incorporar a cinefilia de gênero mais paulistana e casar com a radicalidade estilística dos mineiros. Tonacci sempre foi próximo de Luiz Rosemberg, outro que tem voo independente, mas circula à vontade junto à nova geração. Carioca, com acesso ao Cinema Novo, Rosemberg radicalizou no caminho Marginal mais típico, deixando os eflúvios da geração mais velha para trás. Como Tonacci, manteve sempre uma carreira com características pessoais. É dele o radical *Jardim das espumas* (1971), marco da estilística Marginal mais característica, nos pontos altos da dicotomia exasperação/curtição. *Jardim* possui a particularidade de pensar o momento do cinema no mundo da contracultura, expresso numa longa sequência em que o próprio diretor surge num descampado, discutindo longamente em grupo o assunto. Depois voltamos ao regime habitual, regado a gritos fortes e som lisérgico modulando a poesia. Aos momentos de forte curtição e sensibilidade, abertos a um paradisíaco pleno, se contrapõe a presença militarista, encarnando a brutalidade e o esgarçamento corporal, na dilaceração da carne pela violência da tortura. A singularidade de Rosemberg no grupo Marginal e sua sintonia ao radicalismo estilístico abre espaço para a valorização de seu trabalho por Glauber, de quem foi mais próximo e que talvez veja nele uma espécie de *alter ego* Marginal. A veia crítica glauberiana costuma poupar-lhe nas diatribes que lança contra o grupo Marginal e deixa-lhe elogios na escrita de Revolução do Cinema Novo, feita logo antes de falecer.

Tonacci aproxima-se do grupo mineiro Marginal que, na realidade, é mineiro-carioca pois, na virada dos anos 1960 para 1970, já estão fixados no Rio de Janeiro. Filma *Bang bang* numa espécie de desdobramento, em termos de produção, de *Sagrada família* de Sylvio Lanna. A falta de contato com os produtores da Boca na feitura de *Bang bang* é significativa das opções que faz e permite a ausência da temática erótica nesse filme, realizado a partir de um empréstimo concedido pela Secretaria de Cultura do Estado de São Paulo e lançado de maneira precária, permanecendo menos de uma semana em cartaz. *Sagrada família* e *Bang bang* possuem estrutura narrativa parecida, com a articulação livre dos planos relacionada à disposição da trilha sonora, veio explorado com particular intensidade em *Bang bang*. Como o próprio nome indica, *Bang bang* possui vínculo marcado pela intertextualidade com a narrativa clássica norte-americana, no modo da citação, o qual incorpora e retorce. É algo que está ausente em *Sagrada família*, filme que flui livre narrativamente, tendo como polo de atração mais estreito a composição visual imagética. São dois filmes parentes, filmados paralelamente, quase irmãos gêmeos, singulares no panorama do cinema brasileiro da época. Em ambos, a ação fílmica desvincula-se do esquema ação-reação/sensória-motora que tradicionalmente dá forma à intriga e compõe personagens pela ordem psicológica na forma narrativa clássica. A ação patina, patina, não sai do lugar, fragmenta-se, evolui aos soluços de modo sincopado, cristalizada em sintagmas isolados. *Sagrada família* é radical na direção do estender e do dilatar, levando o tempo do intervalo a perdurar até a escansão e a ruptura pelas dilatações. Longe da consequência do movimento, o intervalo parece ficar boiando no tempo do filme, carregado por espectros de personagens e tipos que mal se delineiam. São blocos que evoluem em suspensão como se tudo se passasse numa bruma audiovisual do tempo. É nessa suspensão que se configura então a mencionada dialética entre curtição e exasperação, talvez menos aguda em *Sagrada Família* que em *Bang bang*. Temos nesses dois filmes distância absoluta em relação ao universo cinemanovista, ao qual Tonacci ainda presta claro débito em seu média-metragem *Blá, blá, blá*, de 1968.

Bang bang é articulado em torno de sequências, sintagmas fixos, que se repetem no modo tipificado da ação, isolando para destacar e simultaneamente desconstruir sua forma clássica. É um estilo reflexivo que aparece no que podemos chamar de "sintagmas de ação", na fotografia marcada, na trilha sonora, nos cenários, na encenação dos atores, nos diálogos, no ritmo das sequências e nas citações da cinematografia da cinefilia. O referencial a partir do qual se marca a imagem é criado por traços que, já em si mesmo, são cinema, carregados na origem pelo modo clássico narrativo. A presença do classicismo como referência é incisiva, refletindo o vínculo com os Marginais paulistas e o Sganzerla inicial. Conforme mencionado, Tonacci possui estreita convivência no Marginal paulista a partir da juventude de cinéfilo nos cinemas da capital, repartida com Sganzerla (a experiência de cinefilia de ambos é representada no primeiro curta de Rogério, *Documentário*). É essa atitude de "curtir" a imagem que já foi imagem (o filme de gênero) – transformando-a em figura de segunda mão carregada até o *kitsch* de traços de estilo – que caracteriza diversos filmes da produção Marginal e tem em *Bang bang* uma realização ao mesmo tempo elaborada e radical. O cinema clássico respira junto ao ombro, sente-se seu hálito, mas é para ser batido e retorcido. Está vazio e boia jogado para lá e cá, na centrifugação de uma espécie de máquina de lavar, representação alucinada de ação e mais ação. A razão de tal é que o vínculo sensório-motor foi rompido, fraturado, dilatado, adiado indefinidamente em sua consequência. No intervalo entram as repetições que, ainda no modo da citação, dilatam as sequências na suspensão da ação, permitindo o tempo correr livremente. As sequências são troços soltos de motivação, plenos de caracteres (música, figurinos, cenários) que, com a ação dilatada, passam a existir por si e derrapam. *Sagrada Família* parece ser um filme que se passa em câmera lenta. *Bang bang* flui no acelerado, tem a particularidade de grudar mais próximo no mundo, já transtornado pelo cinema na circunstância da tomada, ousando inserir a escansão narrativa onde ela é mais cerrada. *Bang bang* ainda faz esse movimento lidando com as figuras arquetípicas do Cinema Marginal, que são a animalidade, a escatologia, o berro demorado, a gargalhada, o disforme, o pantagruélico, em mistura às vezes aguda com o sublime ou elevação sensorial na qual chega a curtição pelo prazer.

Destacam-se ainda na geração Marginal dois filmes baianos que carregam com talento, em plena sintonia na estilística Marginal, o último sopro da intensidade da produção que marcou, conforme vimos, a Bahia do início da década de 1960. *Meteorango Kid – herói intergaláctico* (1969), de André Luiz Oliveira, filme marginal precoce, está inteiramente inserido no radicalismo do novo cinema. Traz foco no conflito geracional. O cabeludo e *underground* protagonista Lula (Antônio Luiz Martins) erra pela Salvador do final dos anos 1960, vivendo no quarto, consumindo maconha na frente dos pais e em reuniões familiares na sala de jantar. Com música dos Novos Baianos e *rock* lisérgico ao fundo, o universo da contracultura e dos quadrinhos da cultura de massa está a pleno vapor. Riso solto na curtição, Lula é crucificado numa agonia que dura. O filme é dedicado a seus cabelos longos e desafiadores. Também está lá o Caetano Veloso de "É proibido proibir". O posterior *Caveira My Friend*, ainda do ano auge do movimento, 1970, de Álvaro Guimarães, vai também fundo na violência armada que se sente próxima e no banditismo adolescente, com um clima de deslumbramento e curtição. Percebe-se certa influência de *O Bandido* no retrato do bando assaltante do protagonista Caveirinha. A fragmentação narrativa é acentuada, e a narrativa parece avançar sem maiores preocupações além da curtição da tomada. Os planos deixam-se levar por certo desleixo oriundo dessa disposição. O diálogo com o outro-popular do cinema baiano de oito anos antes efetivamente sumiu do horizonte – apesar de o Departamento de Teatro da Universidade Federal da Bahia constar nos créditos. Sobraram alguns membros da geração anterior, como Orlando Senna, mas agora são os Novos Baianos que dominam as referências culturais, com Baby Consuelo aparecendo recorrentemente na trilha e também no filme, além de Paulinho Boca de Cantor e Gal Costa. O clima astral é o desbunde da contracultura e a trilha sonora com as canções exotéricas do grupo o acentua, marcando o tom que a narrativa cola no universo ficcional violento. No final, Caveirinha e seu bando são mortos pela polícia nas dunas das águas escuras da Lagoa de Abaeté.

Um elemento-chave para pensarmos essa passagem de bastão na vanguarda do cinema brasileiro, motivo para ruptura definitiva entre os grupos Marginal e Novo, é o modo como evolui a baiana Helena Ignez. Musa maior dos Marginais, sintetiza em sua encenação não só a estilística, mas a ideologia da curtição que o grupo encarna. Helena representa igualmente a ruptura pessoal que separou os grupos Marginal/Cinema Novo, ao encarar, sucessivamente, um casamento com o líder dos novíssimos cineastas, Rogério Sganzerla, depois de se divorciar da figura mítica de Glauber Rocha, de quem foi a primeira esposa. É a "mulher de todos" em seu poder de desafiar a ordem patriarcal apontando na direção do avacalho – como estampa, em manchete provocadora, a turma misógina do *Pasquim* na já referida entrevista com o casal Ignez/Sganzerla[77]. Parece não haver mais campo comum a se partilhar na discordância, agora que a mulher do pai Glauber também foi deglutida. Helena Ignez encarna com a própria encenação de seu corpo a passagem do bastão. Fixa o tipo "avacalho Marginal" definitivamente em *Mulher de todos*, seguindo o que já havia esboçado em *O Bandido*. Torna mais aguda a proposta na produção seguinte da Belair, marcando, como matriarca do deboche, o fim do domínio do horizonte ideológico do Cinema Novo até onde se pode enxergar. Existe agora um novo desafio que foge aos dilemas da consciência da geração anterior e ele se faz pela trilha da expressão pura e da potência desbragada, no modo desenfreado do esculhambo, no qual as pulsões irracionais (o berro, o desespero, a escatologia, a debilidade) dão vazão aos afetos.

A dimensão do trabalho de Helena Ignez como personalidade forte central no grupo Marginal fica claro por sua presença onipresente em todos os longas da Belair, dando com sua atuação o tom final que predomina nos filmes da produtora. Foi no início de 1970 que Rogério Sganzerla, após o sucesso de suas duas produções na Boca paulista (*O Bandido da Luz Vermelha* e *A mulher de todos*), fundou com Júlio Bressane, no Rio de Janeiro, a Belair – produtora de vida efêmera, mas braço longo no cinema brasileiro. No período de fevereiro a maio de 1970, os dois diretores realizaram seis longas-metragens (na realidade, cinco, pois, *Carnaval na lama* ficou incompleto, sem conclusão da montagem/mixagem) e ainda um filme em Super-8, também sem acabamento. Na Belair, Sganzerla dirigiu *Betty Bomba, a exibicionista* (mais tarde, *Carnaval na lama*), *Copacabana mon amour* e *Sem essa aranha*. E Bressane dirigiu *Barão Olavo, o horrível*; *Cuidado, madame* e *A família do barulho*. O Super-8 chamado *A miss e o dinossauro* teria sido feito a quatro mãos.

Sganzerla realiza efetivamente dois longas no período Belair: *Sem essa aranha* e *Copacabana mon amour*. Ambos são próximos entre si, sendo *Sem essa aranha* o mais elaborado, talvez dando o tom final à proposta pela qual os dois filmes respondem – embora *Copacabana* seja o primeiro e carregue mais próximo o pique da produção anterior, *A mulher de todos*, em continuidade. *Sem essa aranha* coloca no chão a representação do Brasil e do Terceiro Mundo/América Latina, para estraçalhá-la. *Copacabana* possui sua personalidade no conjunto, ao abrir a fenda ainda sem o compasso, radicalizando a partir do ponto de partida debochado e livre de *A mulher de todos*. A narrativa funciona num modo mais solto, com os cortes sendo esticados e puxados pelo seguimento contínuo e longo da duração. *Sem essa aranha* aprofunda e elabora com mais tranquilidade e segurança, já com domínio da medida para fechar o círculo. Em *Sem essa aranha*, Sganzerla mostra-se no auge de sua criatividade e domínio da estilística cinematográfica, uma das mais apuradas no cinema brasileiro. Agora já sabe com o que está lidando, enquanto em *Copacabana*, com sua criatividade pululante e sideral, está apenas tateando. É uma linha que deve ser caracterizada na evolução, sem grandes solavancos, pois é norteada pela intuição cristalina que se vislumbra na primeira fase da carreira de Sganzerla, no modo que ela parte de *O Bandido* e avança por *A mulher de todos*, depois *Copacabana* e *Sem essa aranha*, até o retorno ao Brasil com *Abismu* (1977), talvez sem o mesmo *punch*.

Bressane também agudiza e matura seu estilo de representação mais *cool* na Belair, abrindo a composição do quadro planejado e mais fixo, sustentado no modo serial compulsivo da estrutura narrativa, como já apontamos em *Matou a família* e *O anjo nasceu*, e que irá se tornar arquetípica na produção do exílio com *Memórias de um estrangulador de loiras* (1971). Está claro que é nessa senda que evolui a produção Belair de Bressane, nos assassinatos seriais de *Cuidado, madame* e *Barão Olavo, o horrível* e nas tramas recorrentes, ainda em serialidade de *A família do barulho*. É o tema do "essa é violenta" ou "cala a boca, babaca" que não para de se repetir na contraposição Kléber Santos e Guará desse último filme, por exemplo. A narrativa bressaniana da época também gosta do disco riscado para perfurar o mundo das coisas e da carne. Coloca a câmera sem âncora para pairar sobre eles e tentar encontrar o buraco no ser que transcorre. É a repetição que traz a fissura possível. Então ela aproveita e entra, pois é a única entrada e ela fica por lá mesmo – não há outra. A evidência é de que as coisas passam no ritmo pastoso da duração, os corpos se movendo, durando. Na medida – e principalmente na desmedida (a exasperação, a debilidade) – em que não se acha o buraco ou não se acha o sentido, começa-se tudo de novo, e é esse movimento que satisfaz o artista.

O universo ficcional esboçado nos filmes da Belair segue o padrão Marginal da convulsão expressiva, com berros e longas cenas expressando o horror que perpassa de ponta a ponta seus filmes. A imagem do abjeto (baba, vômitos, sangue, excrementos, lixo etc.), constitui um traço característico do Cinema Marginal e também aqui encontra significação reiterada na narrativa. Tem-se a impressão de que existe algo incomensuravelmente ignóbil que necessita, para poder ser expresso, dilacerar a textura da linguagem, já que ela, em si mesma, pelo simples fato de existir, é necessariamente motivo de falseamento dos sentimentos exacerbados. Podemos então falar de uma atividade da "representação" que lida com um universo ficcional, mas é estourada, dilacerada. A linguagem só consegue roçar a superfície quando a pulsão impera nessa intensidade. A expressão do extremo dramático funciona em torno de um "si-mesmo" absoluto, que parece acreditar ser possível romper o circuito da representação pela exacerbação do "de-dentro" e significar, nesse estouro, em estado bruto, a coisa concreta do mundo.

Outro traço preponderante dos filmes da Belair é o retorno da narrativa sobre si mesma e a "curtição" do ato de filmar como circunstância da tomada. A curtição da tomada é elemento intrínseco à encenação e à *mise-en-scène* Marginal. Apesar disso, os filmes são sempre de ficção, com um universo ficcional carregado e fantasista. Não há propriamente documentários na produção Marginal, um ponto a ser levado em consideração. Os longas são feitos com baixo orçamento e com escassas possibilidades de exibição. Contam com a participação de pessoas conhecidas entre si, muitas vezes vivendo em comunidade, que fazem com que o ato de filmar seja considerado uma atividade essencialmente lúdica. É comum, nessas fitas, a sensação de que a cena se desenvolve de acordo com um ambiente de momento, no qual todos – atores e cineastas – podem liberar suas potencialidades pessoais para além de roteiros ou objetivos predeterminados em termos de uma obra final. O horizonte da encenação está na convivência grupal comunitária. É também o esquema de produção "familiar" que viabiliza os filmes no sentido financeiro, visto não haver possibilidade de retorno a partir de uma exibição no mercado.

A geração do Cinema Marginal teve, em quase sua totalidade, uma vivência bem marcada de exílio. A partir de 1970, a maior parte desses cineastas foi obrigada a deixar o país, alguns ameaçados de prisão. O ambiente cultural tornara-se demasiadamente pesado para que surgisse algum tipo de criação cultural mais radical. O exílio dos "marginais" centrou-se principalmente em Londres, com viagens diversas aos pontos mais longínquos do planeta (principalmente África, Ásia e Extremo Oriente). No exterior, acentua-se o esquema de produção familiar. Em Londres estiveram, às vezes, em épocas distintas, Júlio Bressane, Rogério Sganzerla, Geraldo Veloso, Neville d'Almeida, Andrea Tonacci, Sylvio Lanna, Eliseu Visconti e outros.

Bressane realiza no seu período fora do Brasil filmes com graus distintos de elaboração final, como *A fada do Oriente* (1972), em uma passagem pelo Marrocos, *Lágrima pantera* (1972), sem sonorização e montagem final, e os longas *Amor louco* (1971) e *Memórias de um estrangulador de loiras* (1971). Sganzerla busca finalizar e montar *Carnaval na lama*, longa iniciado na Belair, e *Fora do baralho*, com imagens rodadas na África (Saara). Em 1972, com Andrea Tonacci, realiza uma viagem de carro ao Extremo Oriente, atravessando parte da Ásia. Cenas dessa viagem podem ser vistas em *O monstro caraíba*. Ainda em Londres, Neville tenta finalizar *Night Cats*, longa-metragem incompleto ou perdido. Sylvio Lanna, em 1972, faz em Londres, em Super-8, *Way Out* e, no ano seguinte, *Forofina*, na África. Rosemberg, na época em Paris, realiza filmagens esporádicas. Maria Gladys, musa, com Helena Ignez, dos filmes marginais, tomou coragem e dirigiu *The First Odalisca* (com som de Sylvio Lanna), longa-metragem que diz ter deixado inacabado depois de uma projeção frustrante para Caetano Veloso, ainda em Londres. A volta ao Brasil se dá aos poucos, em 1972-1973. Ivan Cardoso ainda dirige, em 1971-1972, no Brasil, diversos filmes em Super-8, dentro da linha bem característica do Cinema Marginal, com um pé mais firme na referência de gênero: *Nosferatu no Brasil* (1971), *Sentença de Deus* (1972) e *A múmia volta a atacar* (1972). Pode-se vislumbrar o arrefecimento da produção Marginal após a volta do exílio, embora a continuidade do estilo siga nítida em carreiras pessoais.

ENFIM UM CINEMA POPULAR

Há dois diretores paulistanos, Ozualdo Candeias e José Mojica Marins, que costumam ter sua obra confundida na geração Marginal, diagnóstico válido se levarmos em consideração a dimensão da influência exercida. Mais conhecido pelo personagem que criou e interpretou, Zé do Caixão, Mojica iniciou a carreira na década de 1950 e circulou com agilidade nos rescaldos dos grandes estúdios, evoluindo para as produções da Boca do Lixo como boa parcela de sua geração. Para um panorama de sua filmografia, devemos mencionar não só os filmes feitos antes do personagem Zé do Caixão (*A sina do aventureiro*, 1958; e *Meu destino em suas mãos*, 1962), mas a vasta produção da década de 1970, com média de mais de um longa-metragem por ano, em boa medida passando ao largo do personagem. Em seguida, nos anos 1980, ainda faz quatro longas com sexo explícito (*A 5ª dimensão do sexo*, 1983; *24 horas de sexo ardente*, 1984; *Dr. Frank na clínica das taras*, 1986; e *48 horas de sexo alucinante*, 1985) e seu último filme em 2007-2008 – depois de vinte anos sem dirigir longas–, a *Encarnação do demônio*, obra que aparentemente encerra sua carreira. A produção do "além Zé do Caixão" se concentra na década de 1970, apresentando filmes diversos, como os da dupla *Finnis hominis* (1971) e *Quando os deuses adormecem* (1972), ambos dialogando com o fantasma morto de Zé do Caixão; comédias eróticas, como *A virgem e o machão* (1973), *Como consolar viúvas* (1975), *A mulher que põe a pomba no ar* (1977); filmes de aventura inteiramente descolados do terror, como *Sexo e sangue na trilha do tesouro* (1970) ou *D'Gajão mata para vingar* (1971); ou mais próximos do gênero, mas sem o personagem Zé do Caixão, como *A estranha hospedaria dos prazeres* (1975), *Inferno carnal* (1976); ou somente amargos, como *Perversão-estupro* (1978) ou *Mundo mercado do sexo: manchete de jornal* (1978). Os títulos estrambólicos em sua maioria podem ser debitados aos produtores da Boca que, com sua visão curta, sempre cercaram Mojica.

Mojica criou dois personagens na vida (e na *performance* da vida propriamente, seus filmes e suas "aparições"): o humilde, racional e bem-comportado Mojica e o aloprado convulsivo Zé do Caixão. Tentou estabelecer um terceiro, o profeta do bem Finnis Hominis, que não vingou. É companheiro de Candeias desde os primórdios da Boca, cineasta que ocupa posição similar na atração sobre os jovens Marginais e também com eles não se confunde. Mas se o cinema de Candeias pode pensar sem falar para expressar a intensidade, Mojica é o cineasta do discurso solto, da fala, embora nem sempre de sua escrita. Suas obras pensam. Mojica é o cineasta do pensamento no cinema brasileiro. Nas modalidades da expressão carregada pela fala, traz para a imagem as figuras do horror e da abjeção que lhes são caras. No cinema de Mojica, o abjeto não emerge de per si, mas se ergue por meio de um discurso explicativo, uma grande teoria do mundo e do universo, teoria que carrega consigo o Mojica pensador. É ela que permite e justifica a ação e a encenação da crueldade, em seu modo agudo de potência. Possui um objetivo mais nobre, o de pensar a crueldade, que surge de modo mais enfático e em sua formulação mais pura, nos dois primeiros filmes com Zé do Caixão (*À meia-noite levarei sua alma*, 1964; *Esta noite encarnarei no teu cadáver*, 1966). É neles que está o veio do pensamento da potência, conforme sintetizado de modo brilhante pela fala expositiva de Zé do Caixão na surpreendente consistência de um pensamento bastante coerente. Numa espécie de jorro inicial, entre 1963-1964, formula, com clareza, as entranhas da vontade e seus dilemas, incorporando-as no personagem nietzschiano que viria a encarnar como autor. Em seu vigor mais puro, em seu modo cristalino de figurar a potência e as pulsões, esse pensamento atrai intensamente tanto os cineastas Marginais, que se espelham na expressão exacerbada, como o diretor cinemanovista que flerta mais proximamente com os abismos da potência da vontade e da exasperação e também tenta elaborá-los: Glauber Rocha.

A intensidade única do cinema de Mojica fulgura principalmente antes do encontro com o roteirista Rubens Lucchetti, descrito por seus biógrafos em 1966[78]. A influência de Luchetti se efetiva progressivamente a partir do episódio "Pesadelo macabro" de *Trilogia do terror* (1968), no qual ainda sentimos o Mojica inicial. É influência que se aprofunda, conforme os anos avançam, nos outros filmes "Zé do Caixão", como o média/episódio "Ideologia" em *O estranho mundo do Zé do Caixão* (1967), e em *Ritual dos sádicos* (1969), para não mencionarmos as diluições mais extremas do personagem em *Exorcismo negro* (1974) ou mesmo as sobreposições em soluço de *Delírios de um anormal* (1977-1978). Se por um lado Lucchetti permite uma articulação desenvolta ao personagem, claramente o reduz. Dilui a potência inicial de Mojica a dicotomias simplistas que acabam por sufocar Zé do Caixão em dilemas de manual de gênero, longe da representação do horror dilacerado e da vontade de potência original.

Já Candeias é o poeta da sensibilidade lírica popular da Boca. Espécie de flor no lodo, como surge essa figura própria da metáfora candeiana em seus filmes. Candeias cresceu e sobreviveu em meio aos produtores mais comercialistas e sexistas da produção Boca do Lixo. Fez diversas concessões às demandas desse cinema e seu circuito exibidor, mas manteve o viés torto (como o anjo de Drummond) que marca, na insistência, o corte diferenciado de sua obra. Voz do povo, que veio de suas camadas mais humildes (caminhoneiro e brevemente operário), não possui integração orgânica com a geração jovem de classe média mergulhada na vanguarda contracultural do final dos anos 1960, mas é figura muito próxima deles, sempre uma referência. Candeias estava na estrada há anos quando os jovens paulistas marginais descobrem a cinefilia, e dela não compartilha. Como Mojica, também chega ao cinema pelos rescaldos dos grandes estúdios que articularam a produção inicial da Boca. Seu primeiro filme, o radical e surpreendente *A margem* (1967), serviu como retaguarda inspiradora e de produção para os jovens marginais paulistas (os "cafajestes" Carlão, Jairo, Callegaro, Lima e Sganzerla), que logo o descobrem quando estão começando a pipocar na Boca da época (já encontramos Candeias presente como citação em *Audácia!*). O cinema de Candeias pode afetar, sem falar, para expressar a intensidade, em contraste com o cinema-pensamento de Mojica. São como água e óleo, que não se misturam, mas mostram em singularidade absoluta a sensibilidade lírica do outro-popular no cinema brasileiro (sensibilidade do outro-popular que o Cinema Novo tanto buscou sem conseguir sintonizar).

Candeias e Mojica são os dois diretores de ascendência popular, classe média baixa, com universo ideológico não erudito, que se aproximam e conseguem manter um diálogo ativo com o contexto de ruptura aberto pela contracultura.

É horizonte ideológico que, importado, para surpresa de ambos, acaba envolvendo o período mais criativo de suas carreiras. Lidam com suas demandas de modo desajeitado, contudo nunca agressivo. *A margem* supera *Terra em transe* como grande filme de 1967 (ano em que foi filmado), se formos colocar na mesa o talento inegável dos dois diretores, embora Glauber já esteja maduro e com horizonte ideológico menos *naïf*. É uma briga que comprou a geração de críticos mais antiga – adversária do Cinema Novo e na época ainda dominando o INC –, ao conceder ao longa *A margem* o prêmio de melhor filme do ano, preterindo *Terra em transe*. Com sua sensibilidade, Glauber deve ter computado o desaforo e nunca se aproximou de Candeias, ao contrário das efusões conhecidas com Mojica.

Precoce na constituição da geração Marginal, inclusive por vir de fora dela, *A margem* surge no horizonte em 1967 como uma espécie de óvni que desembarca no cinema brasileiro. É filme de forte extensão lírica carregado de particularidades e talento que salta aos olhos. A barca da morte que atravessa a narrativa em *A margem*, caçando seus protagonistas, parece uma espécie reciclada da personificação bergmaniana do espectro em *O sétimo selo*. Serve também de ponto de referência para localizarmos as especificidades do filme em relação à produção Marginal. Está lá para levar para melhor os puros e altivos desse mundo baixo, aqueles que, de algum modo, não se imiscuíram nas baixezas do lixo e da "margem", do mundo baixo no qual o universo ficcional é mergulhado por uma ação exterior heterogênea (a ação maldosa). A barca e seu personagem da morte levam embora pelo lado do horrível, do terror, do fim da vida. Mas os protagonistas de *A margem* buscam e, em algum momento, conseguem achar espaço para compartilhar o imaculado na gravidade da morte. Não há pavor, ou terror, por parte deles no olhar para a morte, há grandeza. O filme é voltado para a composição do sublime por oposição à baixeza e ao lixo, em preparação para a elevação do espírito até a barca. A flor que percorre a narrativa como motivo central é compartilhada pelos personagens como símbolo da pureza, incorporando esse elemento. Há postura altaneira nos puros que se congregam na barca da morte, exatamente por haverem se preservado do sujo da margem, no imaculado. Do bobo preservado em sua inocência à prostituta que almeja o branco imaculado e virginal da noiva, assim como o cavaleiro que lhe concede a confiança na sua pureza, há no filme de Candeias esse movimento ascendente que busca resgatar um sublime que insiste em cair. É movimento que demonstra as particularidades de *A margem* no universo baixo e dionisíaco das pulsões que domina a estética Marginal. No Marginal mais típico, os afetos não são ultrapassados pela altivez, mas representados em convulsão exatamente para escandir o fechamento em uma subjetividade que ainda pode tentar se mostrar composta, mas não resiste. *A margem* passa ao largo da fissura do horror, pois não faz parte do horizonte ideológico de Candeias, nesse momento, valorizar – sem culpa ou peias – as emoções "cruéis" da exasperação e do abjeto, do dilaceramento, do riso grotesco.

Embora parte da crítica queira ver Candeias como par nesse universo da estética Marginal, para poder lhe entregar a bandeira de uma representação de mundo que não lhe pertence, sua obra inicial circula com facilidade no polo da representação do positivo/bom, do sublime/belo/puro. Na balança das dicotomias que atravessam os filmes contemporâneos ao Cinema Marginal, ele fica fora, apesar de inspirar pela potência de sua narrativa singular, retorcida pelo império do afeto. Grudada na intensidade muda do mundo, a estilística de Candeias estoura as articulações da amarra clássica, estampando outro tipo de poesia. Deve-se admitir que sua narrativa bate nesse patamar do grotesco e do disforme com facilidade, pois o cinema de Candeias é um cinema da tomada, um cinema do mundo, no qual a vida pulsa e as coisas vibram com intensidade muito natural, mas torta, no universo que lhes cerca. Quando vira sua câmera, é no disforme e no exagerado o primeiro ponto em que estaciona. Mas a articulação fílmica parece se incomodar com tal e a lição de moral também está à mão, numa espécie de resgate. Sua produção posterior segue na linha da busca do sublime inicial como em *Meu nome é Tonho* (1969) e *A herança* (1971), ou mesmo no compassivo *Candinho* (1976). Em sua carreira, como um todo, progressivamente, descamba para outro lado, principalmente em *A opção ou as rosas da estrada* (1981) e também no significativo média *Zézero* (1974), filme do início, no qual consegue trabalhar mais livremente, sem a canga dos produtores da Boca. Talvez no final da vida, a descoberta da representação estirada nos abismos da escatologia e do horror adquira mais espessura, refletindo a progressiva confluência da radicalidade de sua narrativa com o espírito da época. Ainda que sempre vicejando dentro (e contra) o ambiente restringente a voos mais soltos da Boca do Lixo, Candeias tem liderança na classe e voo próprio, sabendo como impor seu cinema a seus pares. É importante frisar que a obra cinematográfica de Candeias, na singularidade que possui pela sensibilidade fílmica advinda das camadas populares da população brasileira, foi sempre, em seus momentos capitais, ignorada pelos mecanismos de fomento à produção do Estado brasileiro. A marginalidade de sua produção certamente reflete os dilemas que essa geração viveu ao estender sua mão ao outro-popular.

NOTAS

1. Cf. entrevista no documentário *O mundo de um filme*, de Clara Linhardt, Camila Maroja e Daniel Caetano, Filmes do Serro e Departamento de Cinema e Vídeo – UFF, 2012.

2. Cf. André Gatti, "Difilm", em: Fernão Pessoa Ramos e Luiz Felipe Miranda (orgs.), *Enciclopédia do cinema brasileiro*, São Paulo: Edições Sesc São Paulo; Editora Senac, 2012.

3. Glauber Rocha, "O Cinema Novo e a aventura da criação", *Visão*, 2 fev. 1968, p. 44. Cf. também Glauber Rocha, *Revolução do Cinema Novo*, São Paulo: Cosac Naify, 2004, pp. 127-50.

4. Gustavo Dahl, "Cinema Novo e estruturas econômicas tradicionais", *Revista Civilização Brasileira*, Rio de Janeiro: mar. 1966, n. 5-6.

5. Cf. entrevista de Glauber Rocha em: Federico de Cárdenas e René Capriles, "Glauber: el 'transe' da América Latina", *Hablemos de Cine*, Lima: maio-jun. 1969, n. 47, p. 34-8, *apud* Glauber Rocha. *Revolução do Cinema Novo*, *op. cit.*, p. 189.

6. Governador de Minas Gerais que foi um dos líderes civis do golpe de 1964. Cacá Diegues, *Vida de cinema: antes, durante e após o Cinema Novo*, p. 198.

7. *Ibidem*.

8. *Ibidem*, p. 148.

9. Jean-Claude Bernardet, "Para um cinema dinâmico", *Revista Civilização Brasileira*, Rio de Janeiro: maio 1965, n. 2.

10. *Ibidem*.

11. Jean-Claude Bernardet, "Apelo, um documentário", *O Estado de S. Paulo*, São Paulo: 30 set. 1961, Suplemento Literário.

12. Roberto Schwarz, "O cinema e Os fuzis", *Revista Civilização Brasileira*, Rio de Janeiro: set.-nov. 1966, n. 9-10.

13. Idem, "Cultura e Política, 1964-1969", em: *O pai de família e outros estudos*, Rio de Janeiro: Paz e Terra, 1978.

14. Glauber Rocha, "Eztetyka da fome 65", Revolução do Cinema Novo, São Paulo: Cosac Naify, 2004.

15. Cf. "Helena Solberg", em: *Memória do cinema documentário brasileiro: histórias de vida*, Fundação Getúlio Vargas/CPDOC: 2015, disponível em: <goo.gl/qZTbMP>, acesso em: maio 2017.

16. O subtítulo do filme já enuncia: "aventuras e desventuras de Luzia e seus 3 amigos chegados de longe".

17. Glauber Rocha, "Como e por que realizei Terra em Transe", *Estado de Minas*, Belo Horizonte: 18 set. 1982.

18. Glauber Rocha, *Revolução do Cinema Novo*, *op. cit.*, pp. 248-51.

19. *Idem*, "Eztetyka do sonho", em: *Revolução do Cinema Novo*, *op. cit.*, p. 249, grifos do original.

20. *Ibidem*, p. 249.

21. Cf. entrevista em: "Cassy Person Jones picha todo mundo", *Jornal Pasquim*, Rio de Janeiro: 5-11 jun. 1973, ano v, n. 205.

22. Jean-Claude Bernardet, *Brasil em tempo de cinema*, Rio de Janeiro: Paz e Terra, 1967.

23. Gustavo Dahl, "O Cinema Novo e seu público", *Revista Civilização Brasileira*, Rio de Janeiro: 12 mar. 1967, n. 11.

24. O texto tem origem em comunicação apresentada em Pesaro, no tradicional festival de cinema. Cf. Glauber Rocha, "O Cinema Novo e a aventura da criação", *op. cit.*, p. 44. Cf. também: Glauber Rocha, *Revolução do Cinema Novo*, *op. cit.*, pp. 127-50.

25. *Ibidem*, p. 130.

26. Joaquim Pedro de Andrade, "Crítica e autocrítica: O Padre e a Moça", *Revista Civilização Brasileira*, Rio de Janeiro: maio 1966, n. 7.

27. Vinicius de Moraes, *Vinicius fala de sua garota*, disponível no Acervo Cinemateca do Museu de Arte Moderna (MAM).

28. *Ibidem*.

29. Cf. entrevista de Glauber Rocha em: Federico de Cárdenas e René Capriles, "Glauber: el 'transe' da América Latina", *op. cit.*, pp. 179-80.

30. *Ibidem*, p. 181.

31. *Ibidem*, p. 180.

32. *Ibidem*.

33. Cf. Theo Costa Duarte, *Marcas do experimental no cinema: um estudo sobre Câncer*, tese (doutorado em Comunicação), Universidade Federal Fluminense, Rio de Janeiro: 2012, p. 16. O autor menciona ainda, nesse bom estudo sobre o filme, a possibilidade, sem

comprovação, de que "tivessem sido realizadas 27 tomadas que então seriam decompostas nos 59 planos finais".

34 Glauber também se refere à finalização do filme em 1971, em carta a Jairo Ferreira.

35 Em DVD do Tempo Glauber, na cópia em 4K, essa imagem inicial é percorrida por legendas em francês. Também as canções ficaram com legendas em francês, em função do negativo original perdido.

36 As filmagens de *Deus e o diabo* são do segundo semestre de 1963, e as de *Dragão da maldade*, do segundo semestre de 1968.

37 Helena Salem, *Nelson Pereira dos Santos – o sonho possível do cinema brasileiro*, Rio de Janeiro: Nova Fronteira, 1987, p. 215.

38 Cf. Nelson Pereira dos Santos, *Manifesto por um cinema popular*, 1975, Acervo da Cinemateca Brasileira.

39 Ivana Bentes, *Joaquim Pedro de Andrade: a revolução intimista*, Rio de Janeiro: Relume Dumará, 1996.

40 Meire Oliveira, *Liturgia da pedra: negro amor de rendas brancas*, São Paulo: Alameda, 2016.

41 Cf. entrevista em: "Programa Luzes", Câmera nº 31, TV Cultura, 8 jun. 1976, disponível em: <https://goo.gl/x1W189>, acesso em: maio 2017. A entrevista encontra-se reproduzida também no catálogo da mostra *Vida en movimiento: Joaquim Pedro de Andrade*, Buenos Aires: Museu Malba, 2007, p. 54.

42 Cf. o poema de Carlos Drummond de Andrade "Confidência do itabirano". Sobre a relação entre Minas e Joaquim Pedro com foco na literatura, cf. Meire Oliveira, *Liturgia da pedra: negro amor de rendas brancas, op. cit.*

43 Cf. "Com a palavra Joaquim Pedro de Andrade", disponível em: < https://goo.gl/NkS4er>, acesso em: maio 2017. O texto foi publicado no primeiro *press-book* do filme em 1969.

44 Mário Carneiro, depoimento concedido a Claudio Bojunga, "O rigor e o risco", *Jornal do Brasil*, Rio de Janeiro, 18 set. 1988, Caderno B Especial, p. 7. Já com mais idade, em entrevistas da década de 1990 e 2000, Mário Carneiro cita outras vezes o episódio do rocambole, relacionando-o também a críticas que Rodrigo de Andrade teria feito ao roteiro de *O padre e a moça* (e não *Macunaíma*). Parece ser mais verossímil, no entanto, a versão estabelecida no depolmento a Bojunga, em 1988. Em sua biografia de Joaquim Pedro de Andrade, Ivana Bentes cita o episódio usando a versão do depoimento de Mário Carneiro a Claudio Bojunga.

45 Joaquim Pedro *apud* Heloísa Buarque de Hollanda, *Macunaíma, da literatura ao cinema*, Rio de Janeiro: José Olympio, 1978, p. 115. No último capítulo desse livro, intitulado "Joaquim Pedro", Heloísa Buarque de Hollanda constrói, conforme detalha na Introdução ("Explicação", p. 19), uma espécie de montagem segundo a qual "Joaquim avalia, numa colagem de recortes de jornais, o projeto e o momento do filme; e onde a presença exagerada de imagens oferece uma 4ª voz". Não são citadas pela autora as fontes primárias dos originais da "colagem", embora alguns trechos possam ser localizados em entrevistas da época.

46 Heloísa Buarque Hollanda, *Macunaíma, da literatura ao cinema, op. cit.*, p. 115.

47 Roberto Schwarz, "Cultura e política, 1964-1969", *op. cit.*

48 *Macunaíma* é um ano e meio anterior ao *Manifesto*, que é de maio de 1928.

49 Haroldo de Campos percebe bem o movimento textual, em camadas sobrepostas do livro, embora sua análise tenha marca de época. Sente-se em Campos a tentativa, talvez um pouco desajeitada, de carregar Mário de Andrade para o panteão concretista, com Mallarmé no topo. O método, puxado pelas orelhas, tem o mérito de apontar no corpo de "Macunaíma, o herói sem nenhum caráter" diversas camadas textuais e retirá-las, de modo inédito, da tabela valorativa do símbolo. Mário sempre foi muito claro, inclusive nos Prefácios não publicados, que Macunaíma não era símbolo de nada. Cf. Haroldo de Campos, *Morfologia do Macunaíma*, São Paulo: Perspectiva, 1973.

50 Paulo Emílio Sales Gomes, *Cinema: trajetória no subdesenvolvimento*, São Paulo: Paz e Terra, 1980, p. 77.

51 Mário de Andrade, *Macunaíma: o herói sem nenhum caráter*, Rio de Janeiro: Nova Fronteira, 2015. Cf. apresentação e estabelecimento de texto por Telê Porto Ancona Lopez e Tatiana Longo Figueiredo, p. 191.

52 *Ibidem*, p. 91.

53 *Ibidem*, pp. 191-2.

54. Heloísa Buarque de Hollanda, *Macunaíma, da literatura ao cinema, op. cit.*, p. 115. O "sem-caratismo" macunaímico, tão atraente para a sensibilidade contemporânea, é mistura que acha o ponto entre o deslumbramento eufórico no vira-latismo por tudo que é estrangeiro e os períodos de profunda depressão que o país, e Macunaíma periodicamente, se afundam. É a "tristeza de Brasil", traço do caráter nacional que atravessa a obra e a personalidade de Macunaíma (talvez descendendo das próprias depressões periódicas de Mário). O livro é dedicado a Paulo Prado, que lança, no mesmo ano de *Macunaíma, o herói sem nenhum caráter* (1928), o seu *Retrato do Brasil*, com o subtítulo significativo: *Ensaio sobre a tristeza brasileira*, obra que começa com frase que caberia no romance pelo tom: "Numa terra radiosa vive um povo triste". Prado foi o grande financiador e mecenas dos modernistas, e ambas as obras já estavam prontas em 1928, mas sua convergência é significativa. Joaquim Pedro tem razão ao pressentir em Macunaíma um herói triste.

55. *Ibidem*, p. 115.

56. Jabor aproveita-se da captação de remessas de lucros da Columbia Pictures.

57. Veio já vislumbrado, noutra dimensão, em *A opinião pública*, documentário realizado na estilística do cinema verdade.

58. É o caso de Neville D'Almeida, por exemplo.

59. Carlos Alberto Mattos, *Walter Lima Júnior: viver cinema*, Rio de Janeiro: Casa da Palavra, 2002, pp. 133-43.

60. Cf. Carlos Alberto Mattos, *Walter Lima Júnior: viver cinema, op. cit.*, pp. 181-3.

61. Ismail Xavier, *Alegorias do subdesenvolvimento: Cinema Novo, tropicalismo, Cinema Marginal*, São Paulo: Cosac Naify, 2014, p. 233.

62. *Ibidem*, p. 234.

63. Em *O Bandido da Luz Vermelha*, filme de Sganzerla do mesmo ano, conforme já vimos, o fosso da agonia desmedida se faz bem mais presente e próximo.

64. Carlos Alberto Mattos, *Walter Lima Júnior: viver cinema*, p. 152.

65. Lima esteve na Bahia no famoso Carnaval de 1972, que marcou a volta dos exilados Caetano e Gil e que talvez seja inspiração para a obra.

66. Cf. entrevista em: Rogério Sganzerla e Helena Ignez, "A mulher de todos e seu homem", *O Pasquim*, Rio de Janeiro: 5-11 dez. 1970.

67. Pelas referências no texto, o artigo foi provavelmente escrito por Glauber em 1970. Sua publicação, no entanto, com o título "O cinema foi a sétima arte", ocorre na primeira edição de *Revolução do Cinema Novo*, em 1981. Cf. Glauber Rocha, *Revolução do Cinema Novo, op. cit.*, p. 245.

68. Glauber Rocha, "Udigrúdi: uma velha novidade", *Revista Crítica*, 1-7 set. 1975. As citações seguem reprodução do artigo em *Arte em Revista*, maio 1981, ano 3, n. 5, p. 80.

69. *Ibidem*, p. 80.

70. Cf. entrevista de Glauber Rocha em: Federico de Cárdenas e René Capriles, "Glauber: el 'transe' da América Latina", *op. cit.*, p. 189. A referência à data e ao local da entrevista consta no índice do livro, p. 528.

71. Geraldo Veloso, "Por uma arqueologia do 'outro' cinema", *Estado de Minas*, Belo Horizonte: 17 maio 1983-14 jun. 1983.

72. Carlos Reichenbach, s. d. Parte inicial de texto datilografado para a Universidade Federal Fluminense (arquivo pessoal). Acervo Multimeios, Centro Cultural São Paulo, Prefeitura Municipal de São Paulo.

73. Cf. o Paulo Emílio de *Cinema: trajetória no subdesenvolvimento, op. cit.*, p. 84 ou o Robert Stam de "On the Margins: Brazilian Avant-Garde Cinema", em: Robert Stam e Randal Johnson, *Brazilian Cinema*, New Jersey: Associated University Press, 1982, p. 312.

74. "A badaladíssima dos trópicos x os picaretas do sexo" e "Amor 69".

75. O encontro com Oiticica se dá, na verdade, numa projeção de *Jardim de guerra*.

76. Geraldo Veloso, "Por uma arqueologia do 'outro' cinema", *op. cit.*

77. Rogério Sganzerla e Helena Ignez, "A mulher de todos e seu homem", *op. cit.*

78. André Barcinski e Ivan Finotti, *Zé do Caixão – maldito: a biografia*, Rio de Janeiro: DarkSide Books, 2015, pp. 218-21.

O CINEMA BRASILEIRO DAS DÉCADAS DE 1970 E 1980

JOSÉ MARIO ORTIZ
& ARTHUR AUTRAN

ESTADO, PORNOCHANCHADA
E REDEFINIÇÕES (1970-1974)

Dissolvidos os criativos movimentos artístico-culturais que vitalizaram a década de 1960, um quadro com outras cores começa rapidamente a ganhar forma. Surge uma conjugação de elementos que alteram o campo cultural, ocasionando mudanças também no cinema brasileiro. É sob a vigência do AI-5 e da violência do governo Garrastazu Médici, vivenciando ainda os impactos estéticos do Cinema Novo, Cinema Marginal, teatros de Arena e Oficina e do tropicalismo, que o país adentrará numa aguda modernização. Nessa realidade de contornos ainda obscuros para os criadores da época, com transformações nas formas de produção da arte e nos comportamentos cotidianos, veremos o cinema acertar contas com seu passado.

Pressões de mercado e de um Estado ditatorial serão balizas estreitas para o cinema dali para frente. O desenrolar da cultura brasileira pós-1968 está assentado em bases complexas, decorrentes de uma gradativa industrialização da produção cultural. Nesse sombrio panorama, também o Estado acionará mecanismos mais sofisticados, ultrapassando a simples utilização da força repressiva representada especialmente pela censura – que também foi brutal no período[1].

A década de 1970 explicitará uma nova situação para a cultura, com a esfera de mercado assumindo proporções surpreendentes. Em todos os setores ocorrem expansões da produção e consumo de bens simbólicos. Na música, a indústria do disco atravessa notável fase de crescimento, atingindo o final da década como o sexto mercado do mundo. São expressivas também a expansão e a diversificação das edições de livros e revistas. E, no caso da televisão, ocorrem a implementação das redes nacionais, a decisiva implantação da cor e um vertiginoso aumento do número de aparelhos. O cinema brasileiro acompanhará o processo, dobrando sua presença no mercado e ampliando sua produção. Uma arena de grandes dimensões estava sendo armada, e é nela que os cineastas executarão seus novos movimentos.

As alterações na produção de cultura serão implacáveis, forçando a tomada de atitudes que já estavam latentes no cinema da década anterior. Haveria que se enfrentar a tensa vinculação entre o cinema de pretensões autorais e as pressões políticas e de mercado. Enterrados os sonhos de radicalidade do Cinema Marginal – que, assentado em imagens muitas vezes abjetas e chocantes e na fragmentação narrativa, colidia com o público e a censura – e perdidas as bases políticas do Cinema Novo com a devastação das propostas nacionalistas e libertadoras, uma guinada deveria ocorrer para possibilitar a continuidade da produção.

Se o Cinema Marginal levara ao extremo formas de produção e propostas estéticas que permearam o ideário da década de 1960, o Cinema Novo já vinha há algum tempo tentando um relacionamento com o público. Sinal importante das mudanças de posição entre os cinemanovistas são os textos publicados por Gustavo Dahl. No artigo intitulado "Cinema Novo e estruturas econômicas tradicionais", o cineasta critica a postura inicial do movimento em relação ao mercado, pois ela seria desligada dos agentes tradicionais da distribuição e da exibição, levando os produtores a uma situação econômica difícil. Urgia, portanto, montar uma "estrutura verdadeiramente industrial, através da difusão de uma mentalidade empresarial"[2].

Outrossim, *Garota de Ipanema* (Leon Hirszman, 1967) concentra as contradições intensas daquele momento, pois, como o próprio diretor identificou posteriormente, o filme era para "ser a base de um possível caminho industrial do cinema brasileiro, mas atacava a alienação quando justamente se destinava a um público alienado"[3]. Não por acaso o filme fracassou nas bilheterias. Finalmente, com o grande sucesso de *Macunaíma* (Joaquim Pedro de Andrade, 1969), a questão do mercado se coloca com toda a força para o Cinema Novo.

O grupo prossegue, no início da década de 1970, oscilando entre obras que mantêm forte núcleo direcionado para grandes discussões sobre o país e componentes reveladores do desejo de atingir o público mais incisivamente. É esse o caso de filmes como *Como era gostoso o meu francês* (Nelson Pereira dos Santos, 1970), *Quando o Carnaval chegar* (Cacá Diegues, 1972) e *Joanna francesa* (Cacá Diegues, 1973).

Os dois últimos filmes, de Cacá Diegues, quando articulados com declarações da época, iluminam as indecisões e as preocupações com mudanças que assolavam os cinemanovistas. Trabalhando em *Quando o Carnaval chegar* com cantores famosos da música popular, como Chico Buarque, Nara Leão e Maria Bethânia, o diretor recupera o legado da Atlântida e o funde a inquietações políticas, como a do papel do intelectual numa conjuntura política desfavorável. O aspecto lúdico das chanchadas é injetado num tipo de cinema herdado do período anterior, em que a veiculação de mensagem através da obra ocupa importante lugar. Glauber Rocha, com seu estilo, define esse filme de Cacá Diegues como "a refilmagem de *Cantando na chuva*, com um roteiro cepecista de Brecht e o estilo 'corte e costura' do Cinema Novo"[4].

Mas com *Joanna francesa* o diretor retorna a um cinema em que a seriedade e as discussões mais amplas moldam e dominam a narrativa. A força ficcional desse filme, a narração descontraída de uma história, está em tensão constante com uma dupla preocupação: localizar em termos sociais e políticos a situação do país no início da década de 1930 e colocar, não explicitamente, a questão da "colonização cultural". O percurso da prostituta francesa, saltando do bordel paulistano para o ensolarado sertão das Alagoas e levando a desagregação para a família e a fazenda de Aureliano (Carlos Kroeber), recebe um tratamento cinematográfico ancorado na literatura social dessa década, uma antiga paixão cinemanovista, agora temperada com elementos do chamado realismo mágico, principalmente de García Márquez. E, mesmo partindo de forte referência cinematográfica – a musa francesa Jeanne Moreau, escolhida para o papel principal –, o filme carrega um tom literário, presente nas falas dos personagens, extravasando para os enquadramentos, movimentos de câmara e posicionamento dos atores, tudo de forma a assumir certa postura solene. Diegues também não resiste à tentação de inserir personagens diretamente associados à época de realização do filme, como os filhos mais jovens de Aureliano, que encarnam a rebeldia e a loucura juvenis alusivas ao universo contracultural, e os filhos mais velhos, que preferem dedicar-se à política tradicional ou a movimentos de esquerda. *Joanna francesa* persegue, então, os pontos de contato com o espetáculo, narrando com competência uma história e utilizando uma grande estrela internacional, mas ainda trazendo embutidas as grandes temáticas e inquietações do Cinema Novo.

Dois cortes são visíveis no discurso que envolve o filme. O primeiro é uma tematização cada vez mais insistente da questão do mercado. Cacá frisa, na época, que "o cinema brasileiro deixou o mercado de ideias e não conseguiu chegar ao mercado de consumo"[5], minimizando com raiva o aumento de público que em alguns anos será irrefutável. São ideias, aliás, também presentes no "Manifesto luz & ação: de 1963 a 1973", em que os cinemanovistas recusavam "o cinema burocrático das estatísticas e dos mitos pseudoindustriais"[6]. Num segundo nível, surge a necessidade do balanço das ideias políticas que norteavam esse segmento de cineastas, ganhando força um enfoque mais cultural, de temperatura política mais baixa. Esse tom faz constantes referências à antropologia, ao choque de culturas, à antropofagia.

Dos três filmes citados, o de Nelson Pereira dos Santos é o mais bem-sucedido. Numa coprodução de Luiz Carlos Barreto com a distribuidora Condor Filmes, Nelson concretiza um projeto que amadurecia desde 1965-1966 e que se inspira nas aventuras do alemão Hans Staden – no filme com nacionalidade transmutada –, aprisionado pelos tupinambás no século XVI. Retornam, portanto, as questões do colonialismo e do choque de culturas (o filme, com diálogos em tupi, contou com a assessoria de Humberto Mauro), mas incorporadas numa narrativa recheada de aventura, ironia e do romance da charmosa Seboipep (Ana Maria Magalhães) com o francês Jean (Arduíno Colassanti). O resultado é – além de uma ridícula proibição da censura, que não admitia atores nus – o sucesso de bilheteria depois de o filme ser liberado com alguns cortes. *Como era gostoso o meu francês* ficou entre as 25 maiores bilheterias de filmes lançados entre 1969-1972, com mais de 800 mil espectadores[7]. O filme de Nelson torna então mais visível, por sua clareza na concepção, a tendência cinemanovista. E o diretor também se refere a uma "visão mais aberta, que é a visão antropológica", ao mesmo tempo que enfatiza a necessidade de conciliação entre arte e indústria[8].

Mas um exame da filmografia do período mostra que os redirecionamentos não são fáceis após a marcante década anterior. O próprio Nelson, de forma desconcertante, realiza logo em seguida *Quem é Beta? – Pas de violence entre nous* (1972), estranho coquetel de ficção científica e experimentalismo. Há ainda as indefinições, aliadas a um total afastamento do público, rondando filmes como *Os deuses e os mortos* (Ruy Guerra, 1970), *Pindorama* (Arnaldo Jabor, 1970), *Uirá, o índio em busca de Deus* (Gustavo Dahl, 1972) e *A noite do espantalho* (Sérgio Ricardo, 1974).

O rompimento mais radical, ao enfocarmos o momento sob os ângulos do diálogo com o mercado e das relações com o nacionalismo das décadas de 1950 e 1960, vem com um filme de Arnaldo Jabor. O cineasta parecia recém-chegado de uma viagem interplanetária – a da realização de *Pindorama* – e pousa para filmar *Toda nudez será castigada* (1973). Em artigos e entrevistas, Jabor passa a falar em utilização dos mitos da indústria cultural para ir contra ela, usa da ironia e humor para saldar dívidas com o CPC, dispara contra os concretistas e o Super-8 e até mesmo aponta a influência da psicanálise no avanço de Bernardo Bertollucci em *O último tango em Paris*[9]. A revisão é total, e a ênfase na subjetividade, que será uma característica da obra posterior do cineasta, já penetra suas concepções.

Toda nudez será castigada é uma explosão de público, não deixando ninguém indiferente diante da exuberante e sofrida Geni (Darlene Glória). Mergulhando sem medo no universo de Nelson Rodrigues, Jabor carrega nas cores quentes de cenários e fotografia, derrama uma trilha sonora que vai da força de Astor Piazzola ao romantismo de Roberto Carlos e, principalmente, consegue extrair de Darlene uma visceral e antológica interpretação. O filme causa impacto, no mínimo por abordar sem pudores os loucos desejos do viúvo Herculano (Paulo Porto) pela prostituta, e provoca a costumeira ação da censura, que o interdita juntamente com outros nove filmes em junho de 1973.

Essa obra de Jabor marca uma posição bem diferenciada no interior dos domínios cinemanovistas, quando os cineastas ainda tentavam uma entrada no mercado com obras de tom sério, atadas a grandes discussões sobre a cultura brasileira. Jabor elegeu outra trilha, não se intimidando em efetuar a explosiva mistura de sexo, melodrama, grotesco, tangos e bolerões em um trabalho cinematográfico que faz de uma deslumbrante atriz o centro de atrações do filme. Se era para fisgar o espectador, essa retomada de Nelson Rodrigues – eterna reserva erótica e de choque do cinema brasileiro – saiu com potência e talento, enterrando fantasmas, colocando os demônios para fora. Os cinemanovistas começavam a encontrar caminhos, efetuando balanços que só ficarão mais claros na segunda metade da década. É nesse sentido que *Toda nudez será castigada* tem efeito catártico, num setor estigmatizado por generosas e grandiloquentes discussões sobre questões nacionais.

No momento em que os primeiros sinais de estruturação de produção e mercado começam a ser detectados, decorrentes dos mecanismos criados pela ação estatal e do próprio processo de modernização do país, surge uma nova vertente no campo cinematográfico. Na passagem da década, um cinema calcado no erotismo começa a ocupar espaço e, a despeito das críticas e antipatias, terá vida bem mais longa do que a inicialmente prevista.

Uma confluência de fatores, econômicos e culturais, ocasiona o aparecimento do "gênero" (na verdade, um conjunto de filmes com formas de produção aparentadas e temáticas diversas), que ficará rotulado como "pornochanchada". Influências de filmes italianos em episódios, retomada dos títulos chamativos e do erotismo já presentes em filmes paulistas do final da década de 1960, reatualização da tradição carioca na comédia popular urbana, tudo foi acionado para uma produção que, com poucos recursos, consegue um feliz relacionamento com o grande público.

E os filmes vão surgindo. De início, as comédias eróticas contidas, quase inocentes, expondo a nudez das atrizes dentro dos limites da época. Uma galeria de figuras, como o paquerador e o *playboy*, o marido traído, a virgem, o homossexual e a viúva disponível e fonte de secreta sexualidade perambulam pelas produções. Combinados com títulos de duplo sentido, com piadas maliciosas, *gags* pensadas, esses filmes solidificam um imaginário que atinge com precisão amplas parcelas do mercado.

Um primeiro bloco da produção, entre 1969 e 1972, mostra a entrada em cena de produtores e diretores mais tarimbados, numa espécie de recrutamento de certa competência para dar a arrancada inicial. Pedro Carlos Rovai realiza, por exemplo, um filme contendo três histórias, *Adultério à brasileira* (1969), com produção relativamente bem cuidada e narrando com sensibilidade, no episódio "O telhado", as desventuras de um operário (Sérgio Hingst) dilacerado pela traição da mulher. Rovai será personagem importante do período, pois, em seguida, no Rio de Janeiro, implanta a atuante Sincro Filmes. Aparecem com sucesso naquele momento as produções cariocas como *Os paqueras* (1968), primeiro longa de Reginaldo Faria com o apoio da RF Farias Produções Cinematográficas, produtora dos irmãos Reginaldo, Roberto e Rivanides, e *Memórias de um gigolô* (1970), do veterano Alberto Pieralisi, diretor desde a década de 1940, trabalhando agora para a Magnus Filmes de Jece Valadão. A tradicional Cinedistri, de Oswaldo Massaini, também adere ao ciclo e produz *Lua de mel e amendoim* (Pedro Carlos Rovai e Fernando de Barros, 1971). Os três últimos filmes são típicos exemplares das primeiras comédias eróticas, caracterizadas por certos cuidados na elaboração de roteiro, na escolha do elenco e no trabalho de direção. São também êxitos comerciais, superando a marca de 1 milhão de espectadores.

Dali em diante o gênero vai decolar, consolidando um tipo de produção que logo se diversificará, não se limitando à combinação de comédia e pitadas eróticas. No entanto, até 1975 é a fórmula centralizada no humor que comanda a atração do espectador e, ao percorrermos as 25 maiores bilheterias entre 1970-1975, detectam-se nove pornochanchadas, capitaneadas pela recordista *A viúva virgem* (Pedro Carlos Rovai, 1972)[10].

Comprovada a eficácia dos filmes, começam a se cristalizar produtores e diretores novos, com o grosso da produção centralizado na Boca do Lixo paulista[11]. É nesse processo que cresce a Servicine, de Alfredo Palácios e Antônio Polo Galante, com um leque diversificado de filmes. Surgem também diretores como Roberto Mauro, de *As mulheres amam por conveniência* (1972) e *As cangaceiras eróticas* (1974); Fauzi Mansur, que fez *A ilha dos paqueras* (1970), com Renato Aragão, mas logo abandona a comédia e consegue sucesso com o confuso e estranho policial-erótico *Sinal vermelho, as fêmeas* (1972), que lança Vera Fischer; David Cardoso, que inicialmente produz *Caçada sangrenta* (Ozualdo Candeias, 1973) e *A ilha do desejo* (Jean Garrett, 1974); Cláudio Cunha, com *Clube das infiéis* (1974); e, no Rio de Janeiro, Victor di Mello, de *Quando as mulheres paqueram* (1971). São ex-atores ou profissionais secundários do cinema e da TV que rapidamente se projetam como figuras principais da produção em processo de crescimento. O setor destila então filmes a toque de caixa, já que inexistiam empresas sedimentadas para ocupar todo o mercado. Será inevitável, assim, um semiamadorismo, uma baixa qualidade, enfim, uma fraqueza técnica e artística desse incipiente polo produtor.

A diferenciação, portanto, atravessa o cinema erótico desde sua fundação. Um polo mais poderoso e, digamos, "erudito" agrega a Cinedistri (*A super fêmea* [Aníbal Massaini, 1973] conta até com Lauro César Muniz como elaborador de argumento), a Sincro Filmes de Pedro Rovai e também o renomado Luiz Sérgio Person, que estreia no gênero com *Cassy Jones, o magnífico sedutor* (1972). Numa outra ponta concentra-se um grupo de novos, que iniciam trajetória exatamente nesse momento específico do processo cinematográfico brasileiro.

A comédia erótica sempre estabeleceu relações cheias de atritos no interior do campo cultural da década de 1970. Criticada pelos cinemanovistas, repreendida pela censura e por políticos moralistas, vista com reservas pelos órgãos estatais (pois conseguia a almejada conquista do mercado, mas com modos mal-educados para o gosto oficial), foi uma presença incômoda naqueles tempos de repressão e indefinições. Em consequência, pouco se refletiu e debateu então sobre o indesejado estranho que invadia o cinema. Todas as atenções permaneciam voltadas para os remanescentes dos movimentos culturais legitimados, como o Cinema Novo e, em menor grau, o Cinema Marginal.

Mas sua aproximação com o público trazia embutida a questão do popular, um dos catalisadores da discussão politizada de cultura. Um artigo de 1974 de Jean--Claude Bernardet lança a bomba: uma pornochanchada típica como *Ainda agarro esta vizinha* (Pedro Carlos Rovai, 1974), cheia de *gags* grossas, não seria muito mais interessante culturalmente que os produtos bem-acabados, finos, "sofisticados" como *As moças daquela hora* (Paulo Porto, 1973)? E ainda: não seria muito mais instigante para o debate cultural o filme de Rovai do que certos mastodontes literários como *Os condenados* (Zelito Viana, 1973) ou *Sagarana* (Paulo Thiago, 1973)[12]? O crítico tocava em dois pontos nevrálgicos: primeiro, o da linguagem adotada, o tratamento formal, que geralmente baliza a condenação da temática sexual, com a eterna e moralista oposição entre erotismo e pornografia; e, segundo, captava também a força e o magnetismo de alguns filmes de Rovai. Esse diretor já havia trabalhado em *A viúva virgem* com roteiristas integrantes do politizado movimento teatral da década de 1960, como Armando Costa. Em *Ainda agarro esta vizinha*, reforça a equipe com Oduvaldo Vianna Filho, expoente do CPC. É inevitável que seus filmes articulem os ingredientes da pornochanchada, como o deboche, a piada picante, a profusão de mulheres, com componentes da vida cotidiana que carregam uma pretensão crítica ou resíduos da concepção de "popular" dessa engajada geração. Já havia sido assim em *A viúva virgem*, ao relacionar o papel da mulher e a especulação da bolsa financeira, e retorna à mesma coloração em *Ainda agarro esta vizinha*, ao focalizar a dura vida nos apartamentos da classe média carioca.

Esse texto polêmico atingia os frágeis flancos cinemanovistas: o da problemática penetração dos filmes, que sempre trazia embutidos as ambiguidades e deslizamentos das noções de "popular" e "público", e o da entrada de alguns cineastas no terreno "culto" das adaptações literárias, contando com o respaldo oficial. Era também uma tentativa de inserir uma produção que começava a se fortalecer num debate característico do período anterior e que sempre unia arte-cultura com a política.

Mas a pornochanchada tinha objetivos mais pragmáticos, imediatos, pretendendo fixar suas divisas, mesmo que com armas toscas, na expansão da indústria cultural, que abrangia todos os setores da produção artístico-cultural. E, nesse território, em que números e lucros são indicadores determinantes da produção, a comédia erótica reinava, mesmo cercada de ironia, desprezo e raiva.

O conflituoso romance do cinema brasileiro com o Estado é antigo. A relação sempre foi turbulenta, atribulada, mas também fundamental para a organização e o desenvolvimento do mercado e da produção. Vamos percorrer, aqui, alguns momentos decisivos da ação estatal no campo cinematográfico, apontando medidas que direcionaram significativamente tanto a economia como o posicionamento dos cineastas, com as inevitáveis repercussões em suas obras.

Desde meados dos anos 1920, o meio cinematográfico brasileiro reivindica junto ao Estado medidas que pudessem alavancar a produção num mercado dominado pelo filme norte-americano. Na campanha pelo cinema brasileiro organizada por Adhemar Gonzaga e Pedro Lima entre 1924 e 1930, nas páginas das revistas *Para Todos...*, *Selecta* e *Cinearte*, clamava-se pela isenção alfandegária para o filme virgem importado e pela obrigatoriedade de exibição do longa-metragem brasileiro[13]. A campanha não obteve resultado imediato, mas, em 1932, no contexto das mudanças nas relações entre Estado e sociedade trazidas no bojo do Governo Provisório de Getúlio Vargas, foi promulgado o decreto nº 21.240, que, entre outras medidas, diminuía o imposto alfandegário sobre o filme virgem e tornava obrigatória a exibição de um curta-metragem brasileiro de viés educativo antes do longa estrangeiro[14]. Essa foi a primeira legislação protecionista do cinema brasileiro e foi por meio da obrigatoriedade de exibição que, por bem ou por mal, a produção conseguiu algum espaço no mercado exibidor. É de se assinalar ainda que em 1936 foi criado o INCE (Instituto Nacional de Cinema Educativo), primeiro órgão federal brasileiro dedicado à produção de cinema, embora ele fosse restrito ao plano educativo-cultural. Sua direção coube inicialmente ao eminente antropólogo Edgard Roquette Pinto e contou com a presença marcante do cineasta Humberto Mauro[15].

A década de 1950 é marcada pelo advento dos congressos de cinema e pela formação das comissões de cinema, os quais foram importantes no entendimento da problemática do cinema nacional e caracterizados pelo grito emblemático "cinema é problema de governo!". Nesse sentido, destacam-se o I Congresso Paulista do Cinema Brasileiro, em 1952, e os I e II Congressos Nacionais do Cinema Brasileiro, em 1952 e 1953, respectivamente[16], além da Comissão Municipal de Cinema paulistana e da Comissão Estadual de Cinema paulista, ambas criadas em 1955. Não se concebe mais o desenvolvimento do cinema, em bases minimamente industriais, fora da órbita do Estado, sendo sempre levantada a argumentação da forte presença estrangeira no mercado brasileiro. A amarga experiência da Vera Cruz havia indicado claramente que não havia como concorrer com o filme norte-americano em condições minimamente equitativas diante da situação de açambarcamento do mercado.

O cinema conseguiu adentrar na atmosfera desenvolvimentista do governo de Juscelino Kubitschek, quando foram sucessivamente criados: a Comissão

Federal de Cinema, em 1956, o Geic (Grupo de Estudos da Indústria Cinematográfica), 1958, e o Geicine (Grupo Executivo da Indústria Cinematográfica), em 1961. Este último órgão surge já no curto governo de Jânio Quadros e está inserido em um período de crescente crise política. Os primeiros resultados não são muito significativos, mas duas medidas devem ser assinaladas: a que faz avançar a obrigatoriedade de exibição do filme brasileiro, que passa do frágil mecanismo de um produto nacional para oito estrangeiros a um sistema de número fixo de dias por ano, primeiramente determinado como 42 pelo Geic e depois 56 pelo Geicine; a segunda, mais importante, era uma inclusão do cinema na Lei da Remessa de Lucros, de 1962. Essa medida, modificada posteriormente, constituiu grande parte da receita da Embrafilme, tendo sua fonte no imposto de renda da exibição de filmes estrangeiros.

O passo mais firme rumo à estruturação da economia cinematográfica seria dado já sob a ditadura, no governo de Castelo Branco. O surgimento, em novembro de 1966, do INC (Instituto Nacional de Cinema)[17] concretizava aspiração antiga dos meios cinematográficos, presente nas discussões desde o início da década de 1950. Porém, ironicamente, só era implantado quando o bloco nacionalista e cinemanovista via suas bases políticas dissiparem-se com o golpe de 1964. Houve repúdios irados de cineastas como Nelson Pereira dos Santos, além de divisões e adesões em outros setores, mas o INC vinha para ficar. O Estado tinha resolvido iniciar seu jogo nos campos da cultura e do cinema.

Comandado inicialmente por Flávio Tambellini, que já tinha estado à frente do Geicine, o INC vai parar primeiro nas mãos de um grupo opositor dos cinemanovistas. Será gerido depois por administradores, destilando medidas que apontavam para a imersão do cinema brasileiro no mercado, apontando enfim para uma incipiente industrialização. Altera-se a Lei da Remessa de Lucros, há forte indução a coproduções com distribuidoras de filmes estrangeiros (*Macunaíma* [Joaquim Pedro de Andrade, 1969], *Os herdeiros* [Carlos Diegues, 1968-1969] e *As amorosas* [Walter Hugo Khouri, 1968], são produzidos assim), além de se instituir uma premiação por renda e qualidade que procurava reforçar e sedimentar produtores. A obrigatoriedade de exibição é aumentada para 63 dias em 1969, caminhando até os 112 dias em 1975, ano de extinção do órgão. Foi também implantado um sistema mecanizado de venda de ingressos para controlar a rentabilidade das bilheterias.

Enfim, implementam-se medidas que apontam em duplo sentido: forçar a produção, principalmente aquela marcada pelo nacionalismo, a entrar em contato com empresas distribuidoras estrangeiras; procurar, ainda que timidamente, aquecer a dinâmica de mercado. O Cinema Novo esperneia, sem o controle da situação, pois vê seu projeto cinematográfico concretamente atacado. Mas é inapelavelmente atraído pelo polo estatal, em que as cartas seriam dadas pelo veredicto do mercado e por certas condicionantes ideológicas que logo começam a despontar.

Daí para frente, veremos o crescimento e a sofisticação da presença estatal no cinema. Em 1969, é criada a Embrafilme (Empresa Brasileira de Filmes). Em seguida, realiza-se o I Congresso da Indústria Cinematográfica, em 1972. Apresentando a novidade de embalar questões econômicas com um invólucro ideológico, o discurso estatal lentamente passa a coincidir com o de alguns cineastas egressos do politizado período anterior.

Na gestão do ministro Jarbas Passarinho e depois na de Ney Braga no Ministério da Educação e Cultura, vemos o ideário de setores do meio cinematográfico mais "culto" retrabalhar constantemente as noções de "alienação", "colonialismo cultural", "ser brasileiro", "valores nacionais", "memória cultural". Essa postura caracteriza, em conjunto com os órgãos estatais de cultura, um nacionalismo de fachada, restrito ao plano discursivo e válido somente para um segmento da população artística como o cinema – já que o país se encontrava em plena internacionalização econômica. E tal era o discurso apropriado, atrativo, para o ramo débil da indústria cultural, com forte tradição nacionalista. Os sonhos cinematográficos dos cinemanovistas encontravam novamente um solo, mas agora melancolicamente falso. Os tempos eram de repressão, censura, ascensão da comédia erótica e de um pensamento mercadológico cada vez mais sólido. A situação era tentadora, e alguns cinemanovistas – quase sempre alegando os imperativos da tática – entraram para valer na nova realidade, visando fazer deslanchar a produção.

Articuladas com as transformações mais amplas que o Estado efetuava no campo da cultura, principalmente com a preparação e publicação de uma Política Nacional de Cultura em 1975, são efetuadas profundas alterações nos órgãos estatais de cinema. Extingue-se o INC, aumenta-se o capital social da Embrafilme e alteram-se suas atribuições, cria-se o Concine (Conselho Nacional de Cinema) em 1976, responsável por normas e fiscalização. Nesse enxugamento, ampliação e centralização de órgãos, caberia à Embrafilme o papel de financiadora, coprodutora e distribuidora de filmes brasileiros. Foi o passo definitivo do Estado em direção ao cinema, assumindo a direção da Embrafilme o cineasta Roberto Farias, apoiado por produtores culturais fortes como Luiz Carlos Barreto e Nelson Pereira dos Santos.

Serão inequívocos, a partir da crescente ação estatal desde a segunda metade da década de 1960, os incrementos de produção e mercado do cinema brasileiro. Pelas informações estatísticas pode-se visualizar esse crescimento, após as implantações do INC e da Embrafilme, e a relação entre o cinema nacional e estrangeiro na ocupação do mercado.

Mas a entrada do cinema brasileiro, com a ajuda estatal, no processo de industrialização da produção cultural da década de 1970 será concretizada numa caminhada conjunta de solidificação de produção e de mercado com certas condicionantes ideológicas.

O Estado buscara injetar, logo no início da década, uma espécie de antídoto contra os perigos da expansão indiscriminada da produção, que começava a gravitar em torno da comédia erótica. Esta era criticada por setores mais moralistas do aparelho de Estado, mas servia sem dúvida aos propósitos industrialistas e mercadológicos de INC/Embrafilme. Seguindo certa concepção "educativa", uma espécie de profilaxia cultural misturada com ufanismo, o ministro Jarbas Passarinho vai sugerir as filmagens das vidas de "homens como Borba Gato, Anhanguera, Paes Leme e outros bandeirantes paulistas [...] para que nosso povo tome conhecimento dos heróis e episódios que fizeram o país". As sugestões de Passarinho são extensas, indo de Santos Dumont a Delmiro Gouveia, sempre com o objetivo de resgate esclarecedor da "realidade nacional". O INC deveria então atrair os produtores para o terreno dos superespetáculos históricos, e Walter Graciosa, ao discursar na sua posse de diretor-geral da Embrafilme em 1972, retoma as palavras do ministro com um veredicto no tom da época: "Quem não gosta do Brasil não me interessa"[18].

São essas as primeiras incursões mais agressivas do Estado no campo temático das produções, depois aprofundadas e sofisticadas. E medidas como premiação, depois entrada na produção e subvenção para elaboração de roteiros, são acionadas para privilegiar os temas históricos. Mas os resultados não são relevantes, como talvez se esperasse, e curiosamente os filmes que respondem diretamente a essa interlocução estatal utilizam um sistema de produção independente, caso de *Independência ou morte* (Carlos Coimbra, 1972) e *O caçador de esmeraldas* (Osvaldo Oliveira, 1978), ambos da Cinedistri/Massaini, bem como *Batalha dos Guararapes* (Paulo Thiago, 1978). Mais: *Anchieta, José do Brasil* (1976-1977), produzido pelo mecanismo estatal, acaba por ser uma visão pessoal do diretor Paulo César Saraceni, afastando-se do esperado espetáculo histórico. Fracasso total dos objetivos estatais? Não, pois cineastas e produtores foram atraídos para um campo discursivo que terá importantes desdobramentos na segunda metade da década, caracterizando um novo "nacionalismo cultural". E restou ainda o êxito do emblemático *Independência ou morte*.

Esse filme é uma produção de Oswaldo Massaini, dono da Cinedistri, que sob o comando do filho Aníbal havia enveredado pelas trilhas da comédia erótica. Agora chegava o momento da legitimidade cultural, por meio de um filme que não desse margem às críticas ao incentivo do "baixo nível" e, para isso, nada melhor que festejar os 150 anos da Independência, aproveitando também as facilidades de divulgação do momento. São reunidos veteranos como Abílio Pereira de Almeida (argumento), Rudolf Icsey (fotografia) e Carlos Coimbra (roteiro e direção) num filme que carrega os traços do cinema clássico hollywoodiano. Narrativa em *flashback*, tendo como ponto de partida a crise da abdicação vivida por dom Pedro I; o delineamento do personagem principal como figura intempestiva, produto da conturbada vinda da família real para o Brasil; utilização de recursos tradicionais, como desfocamento, montagem em paralelo, letreiros explicativos, música, tudo isso procurando sempre clareza e fluidez. Assim, é um filme que alinha fatos históricos, com quebras de monotonia pelo enfoque no romance entre dom Pedro I e Domitila, a marquesa de Santos. Para a dupla principal, nada menos que o casal de telenovelas Tarcísio Meira e Glória Menezes.

Com todos esses ingredientes, a produção, que parecia ter saído de uma Vera Cruz ressuscitada e "modernizada", foi sucesso imediato. *Independência ou morte* detém o posto de segunda maior bilheteria entre 1970-1975, com quase 3 milhões de espectadores e só perdendo para O *jeca macumbeiro* (Pio Zamuner, 1974) do popular Mazzaropi. Um telegrama elogioso do presidente Médici sela a receptividade oficial do filme. A fita de Coimbra fica como único representante do oficialismo bruto do período, que sonha com a possibilidade de aliar indústria de cinema com um ideário ainda restrito (naquele momento) a formulações canhestras como "divulgação de grandes vultos", "conhecimento de fatos da nossa história" e por aí afora.

O diálogo dos cinemanovistas com essas proposições foi imediato. *Os inconfidentes* (Joaquim Pedro de Andrade, 1971), por exemplo, faz absoluta questão de discordar. Subversão temporal, diálogos literários retirados dos autos da devassa da Inconfidência e da poesia de Cecília Meireles estão presentes numa narrativa centrada não em Tiradentes, mas nos intelectuais do movimento. Uma obra sofisticada, colocando em cena a discussão histórica, mas extrapolando para um questionamento do papel dos intelectuais e também da própria linguagem cinematográfica[19]. O Cinema Novo respondia pesado ao oficialismo histórico do momento, radicalizava e patinava junto ao público. *Os inconfidentes* é um filme ousado e amargo, indicador de uma época difícil em que mudanças eram inevitáveis, arrastando em sua esteira os que se opunham a uma incipiente, mas potencialmente forte, expansão cinematográfica. Estado e mercado pareciam prestes a emparedar a vitalidade cinemanovista.

Algumas obras merecem destaque na primeira metade da década de 1970. São filmes que, mesmo que se movimentem em campo minado, em que predominava a visão do lucro rápido e um nacionalismo incipiente de origem governamental, conseguiram evidência pela preservação da integridade autoral, avançando nos planos da temática e da linguagem. Entre eles poderíamos citar *A casa assassinada* (Paulo César Saraceni, 1970). Apesar do discurso do cineasta na época[20], endossando os rumos do cinema brasileiro pela vereda comercial e querendo com seu filme rápida resposta de público, sua criação bate asas e recusa esse enquadramento. A própria escolha de Lúcio Cardoso, escritor denso, que fundiu desde a década de 1930 influências do surrealismo com a atmosfera provinciana, criando forte tom de pesadelo, de onirismo, com alta voltagem poética, já fazia o diretor afastar-se tanto das imersões antropológicas na cultura brasileira como do relacionamento fácil com o público[21].

Saraceni utiliza então o Cinemascope e a cor, retrabalha a narrativa do romance, tornando-a mais linear, busca o apoio da música de Antônio Carlos Jobim.

E tudo deságua num filme de clima passional e triste, com a personagem Nina (Norma Bengell) detonando um processo de corrosão no mundo de tradições dos interioranos Meneses. Um tema próximo de *Joana francesa*, mas desprovido de qualquer coloração nacionalista, longe dos choques de culturas com inevitáveis desdobramentos políticos. Saraceni prefere o terreno dos turbilhões íntimos e sublinha a morbidez, o sobrenatural, tanto pela utilização de rebuscada fotografia (Mário Carneiro) como na construção de determinadas sequências, como a de Nina morta, em que exagero e tom operístico são acionados para imprimir a emoção desejada.

Num outro sentido, mas também marcando sua diferença, avança Leon Hirszman com *São Bernardo* (1971). Nele, a matriz é o realismo de Graciliano Ramos, tendo o diretor conseguido construir um filme incômodo e magnético. Problemas com a censura e debate estético cercam o filme. Hirszman opta por politizar e estetizar a discussão criando primorosa narrativa cinematográfica em torno da figura de Paulo Honório (Othon Bastos). O fazendeiro atormentado, preso nas malhas da coisificação capitalista, incapaz de absorver o progressismo de Madalena (Isabel Ribeiro), procurando uma via redentora pela literatura, recebe da câmera de Leon Hirszman um tratamento que homenageia o realismo de Graciliano. A narrativa na primeira pessoa recebe inventivas soluções cinematográficas, com o espectador embalado pelo contraponto entre a interioridade de Paulo Honório e as determinações mais amplas que o movem. O filme alcança perfeito equilíbrio entre o enfoque mais amplo da alienação capitalista e o movimento das subjetividades dos personagens. Enquadramentos rigorosos; planos longos, mas cronometrados em suas funções na narrativa; a trilha de Caetano Veloso partindo de um canto camponês; tudo contribui para o enriquecimento do realismo, que, tratado diversamente, poderia resultar em secura e contenção. O cineasta, caminhando na floresta de empecilhos do cinema brasileiro, conseguiu um momento de admirável criação cinematográfica[22].

Esses dois cinemanovistas disseram "sim" à adaptação literária, mas à sua maneira, distante do ideário que os tentava atrair, seja para estéticas digestivas, seja para um estreito corredor culturalista e nacionalista.

No que tange ao documentário de viés autoral, a virada dos anos 1960 para os 1970 foi marcada por algumas mudanças importantes quanto à perspectiva geral dos filmes. É de se notar que, se até o final da década de 1950 houve poucos documentários brasileiros importantes em termos estéticos, essa situação se altera rapidamente com os primeiros curtas-metragens que marcaram o surgimento do Cinema Novo. Películas como *O mestre de Apipucos e o poeta do castelo* (Joaquim Pedro de Andrade, 1959), *Arraial do Cabo* (Paulo César Saraceni e Mário Carneiro, 1959) e *Aruanda* (Linduarte Noronha, 1959-1960) chamaram muita atenção da crítica e anunciavam grandes mudanças no quadro do cinema brasileiro.

Um conjunto expressivo de documentários foi realizado ao longo da década de 1960, tendo como principal aspecto ideológico a denúncia das estruturas sociais brasileiras, tidas como subdesenvolvidas, pois caracterizadas pelo latifúndio e pela ação do imperialismo. Segundo a concepção da esquerda da época, caberia aos intelectuais denunciar tais estruturas visando conscientizar o povo. Nesse passo, a função dos cineastas de esquerda seria fazer filmes que expusessem o nosso subdesenvolvimento e suas causas, objetivando levar o povo-público a entender as razões do atraso do país e a se posicionar contra essa situação. São representativos dessa postura os seguintes documentários: *Garrincha, alegria do povo* (Joaquim Pedro de Andrade, 1962), *Maioria absoluta* (Leon Hirszman, 1964), *Viramundo* (Geraldo Sarno, 1965), *Memória do cangaço* (Paulo Gil Soares, 1965), *Subterrâneos do futebol* (Maurice Capovilla, 1965) e *A opinião pública* (Arnaldo Jabor, 1966). Em termos estilísticos, os filmes foram influenciados pelo *cinéma verité*, sendo marcante o recurso às entrevistas[23].

No entanto, o golpe militar de 1964 e o endurecimento do regime com o decreto do AI-5 em 1968 levam os documentaristas ligados ao Cinema Novo a modificar a postura dos filmes. Isso ocorre não apenas pelo recrudescimento da censura e da perseguição política mas também pela crise da função do cineasta-intelectual, pois o papel de demiurgo dos interesses das classes populares passa a ser questionado. Em relação aos documentários dos cinemanovistas, o resultado é uma perspectiva menos voltada para a crítica das relações sociais e/ou econômicas e mais centrada na descrição de aspectos da cultura, do trabalho e do cotidiano do povo. O curta-metragem *Nelson Cavaquinho* (Leon Hirszman, 1968), marcado pelo depoimento do compositor e pelo registro do seu cotidiano em casa e nas ruas do morro no qual residia, é representativo do início desse novo momento.

Também merece destaque o conjunto de filmes realizados no contexto do que Eduardo Escorel denominou "Caravana Farkas"[24]. Trata-se de um conjunto de 19 documentários de curta metragem produzidos entre 1969 e 1971 por Thomaz Farkas – que também foi o produtor dos já mencionados *Viramundo*, *Memória do cangaço* e *Subterrâneos do futebol*. Os filmes foram realizados no Nordeste e registram a cultura do sertão que se julgava em vias de desaparecimento, devido às transformações pelas quais passava o país. A equipe foi formada por profissionais radicados no Rio de Janeiro ou em São Paulo que viajam àquela região do país com financiamento de Farkas. Assim foram produzidos: *Vitalino Lampião* (Geraldo Sarno, 1970), *A cantoria* (Geraldo Sarno, 1970), *O engenho* (Geraldo Sarno, 1970), *Casa de farinha* (Geraldo Sarno, 1970), *Os imaginários* (Geraldo Sarno, 1970), *Jornal do sertão* (Geraldo Sarno, 1970), *Viva Cariri* (Geraldo Sarno, 1970), *A morte do boi* (Paulo Gil Soares, 1970), *Vaquejada* (Paulo Gil Soares, 1970), *Frei Damião: trombeta dos aflitos, martelo dos hereges* (Paulo Gil Soares, 1970), *Erva bruxa* (Paulo Gil Soares, 1970), *O homem de couro* (Paulo Gil Soares, 1970), *A mão do homem* (Paulo Gil Soares, 1970), *Jaramataia* (Paulo Gil Soares, 1970), *Região Cariri* (Geraldo Sarno, 1970), *Rastejador* (Sérgio Muniz, 1970),

Beste (Sérgio Muniz, 1970), *Visão de Juazeiro* (Eduardo Escorel, 1970) e *Padre Cícero* (Geraldo Sarno, 1971). Embora haja uma postura crítica nos filmes, com destaque para *Frei Damião: trombeta dos aflitos, martelo dos hereges* e *Beste*, ela em geral não ocupa o centro do discurso dos filmes, os quais têm como foco em geral o registro de manifestações culturais, de formas de trabalho e da religiosidade. Predomina um tom expositivo marcado pela utilização da locução combinada com entrevistas.

Para além dos filmes da Caravana Farkas, outro documentário importante do período é *O país de São Saruê* (Vladimir Carvalho, 1967-1971). Por meio da abordagem dos diferentes ciclos econômicos do Nordeste, a película constrói uma análise crítica a respeito da situação do homem no sertão, a qual é marcada pela seca, pelo latifúndio e pela miséria. Em termos estilísticos, chama atenção a relação construída na banda sonora por depoimentos e pela tradicional locução em *off* com finalidade explicativa, contrastando com músicas de diversos tipos e um poderoso texto poético declamado também em *off*. As imagens possuem um tom que se poderia classificar de cru, mas, ao mesmo tempo, são em geral bastante trabalhadas no enquadramento – sem recair em qualquer tipo de estilização da pobreza. O filme foi interditado pela censura e só foi liberado em 1979, constituindo-se um marco na luta pela liberdade de expressão no país.

A virada da década de 1960 para a de 1970 é o momento em que o documentarismo brasileiro passa a se interrogar mais intensamente sobre as relações entre forma e o que se pretende registrar, de maneira a levar a uma crise da crença na transparência do documentário como relato sobre o real. Nesse sentido, destaca-se o trabalho de realizadores como Aloysio Raulino e Arthur Omar, entre outros[25].

Em relação a Raulino, cabe destacar os curtas-metragens *Lacrimosa* (1970), em codireção com Luna Alkalay, e *Jardim Nova Bahia* (1971). O primeiro é constituído basicamente por um longo *travelling* feito de dentro de um carro que percorre uma grande via paulistana, mas sem a presença da locução explicativa ou de entrevistas. Já o segundo é marcante porque o migrante que é o objeto do filme faz diversas tomadas que foram aproveitadas na montagem final, assinalando, segundo afirma Jean-Claude Bernardet, "um ponto-limite", pois *Jardim Nova Bahia* representa "provavelmente o ponto de tensão máxima a que chega a problemática relação cineastas/outro de classe na filmografia que estudamos"[26]. Não se trataria mais de falar sobre o outro como em *Viramundo*, *Nelson Cavaquinho* ou *A morte do boi*, mas de problematizar essa relação. Isso não quer dizer que haja a partir daí uma representação de si mesmo por parte do outro de classe, afinal foi Raulino que montou a fita e detinha os meios de produção, mas se coloca em evidência a construção discursiva do objeto representado no filme.

Já Arthur Omar dirigiu o emblemático *Congo* (1972), filme que radicaliza a discussão em torno da questão da representação do outro, pois, segundo Jean-Claude Bernardet, ele "sonega radicalmente seu referente, ou aparente referente", ao não apresentar nenhuma imagem da congada, mas apenas letreiros com pouca articulação entre eles e o texto da locução, cuja voz é a de uma criança[27]. A experiência de Arthur Omar que aprofunda o que se poderia chamar de crise de representação no documentário brasileiro é o longa-metragem *Triste trópico* (1974), marcado por uma longa e grave locução de um texto em torno da vida do dr. Arthur Alves Nogueira, apesar de esse assunto pouco se relacionar com as imagens – muitas delas são de arquivo, mas também há material sobre o Carnaval carioca dos anos 1970 filmado pelo próprio Arthur Omar. Em algum ponto, o espectador constata, além disso, contradições e absurdos no texto, de maneira a desconstruir completamente a expectativa quanto ao documentário[28].

No cinema paulista voltado para a ficção, vivendo naquele momento a ascensão da produção da Boca do Lixo e as últimas repercussões do Cinema Marginal, despontam pelo menos duas obras marcantes: *Zézero* (Ozualdo Candeias, 1974) e *Lilian M: relatório confidencial* (Carlos Reichenbach, 1974), filmes produzidos pelos próprios diretores. *Zézero* é uma média-metragem, em branco e preto, exibida em cineclubes e universidades. Um jovem trabalhador do campo vem para a cidade, atraído logo na sequência inicial por uma jovem enrodilhada por filme cinematográfico, carregando revistas e jornais. Na metrópole, é acompanhado no seu cotidiano de trabalho e sexo pela câmera crua e criativa do diretor Ozualdo Candeias. A cultura urbana modernizada é visitada pelo avesso e, nos alojamentos de operários da construção civil ou em terrenos da periferia, vemos desenrolar-se a dura existência desse "Zé-Ninguém", sendo sua violenta sexualidade exposta no relacionamento com prostitutas pobres. No fim, mais uma dose de virulência: acontece a volta para o campo, após o protagonista ter ganhado na loteria esportiva, mas ali só há o desalento de encontrar a família morta, restando o gesto obsceno endereçado ao personagem que subiu na vida (e quem sabe à plateia), feito pela mesma moça do início do filme[29].

Candeias, diretor de filmes elogiados pela crítica e com circulação no mercado (como *Meu nome é Tonho* [1969]), resolve radicalizar, realizando um filme de baixo custo e criando assim condições para a experimentação e ousadia totais[30]. O tratamento dado à temática e às cenas de sexo revelam a liberdade de um filme que desconsiderava censura, mercado e sugestões estatais para o resgate da cultura brasileira. *Zézero*, apesar da divulgação limitada, dispara violentos torpedos no clima cultural acomodado do momento. Questiona com virulência o cinema brasileiro que tenta desesperadamente dialogar com o público e o Estado, valendo-se do erotismo, da história e da literatura para sair de uma fraqueza estrutural. Apresentando o lado brutal da modernização conservadora no que se refere aos mais pobres, o filme escapa de uma dicotomia tradicional do cinema brasileiro, que tende, de maneira pendular, a apresentar a cidade ou o campo como espaços de redenção. Na fita de Candeias, ambos os espaços estão ligados pelo personagem central e por sua miséria, de maneira que não há nenhuma salvação.

Lilian M: relatório confidencial transita em via paralela a *Zézero*, com o diretor Carlos Reichenbach procurando manter a independência, mas não desprezando o mercado. Trata-se de uma produção bem cuidada, lançada normalmente após problemas com a censura que resultaram em cortes. Na verdade, o diretor, participante do Cinema Marginal, faz uma alteração de rota, mantendo traços do movimento, mas pensando na sobrevivência artística dentro de um cinema em transição. Novamente ressurge no cinema brasileiro a trajetória campo-cidade, percorrida pela carismática personagem feminina que vai cruzar vários segmentos de uma sociedade modernizada. Lilian (Célia Olga Benvenutti) muda vertiginosamente de parceiros e ambientes, transmutando-se a cada bloco de um filme cuja estrutura acompanha as oscilações dessa heroína moderna de múltiplas faces. Narrado em *flashback*, porém inovador ao apresentar não uma história linear, e sim uma imersão da personagem em várias situações e temáticas com tratamento cinematográfico diferenciado, o filme conduz por uma série de gêneros e influências retirados do próprio cinema. Viajamos assim com Lilian, simultaneamente, pelo cotidiano de uma cidade grande e pelos meandros do imaginário cinematográfico. E o espectador tem à disposição uma carga crítica, social e política, com saborosos momentos inspirados na chanchada, no cinema policial, nas atmosferas do cinema japonês, nas referências irônicas ao próprio cinema brasileiro em seu tratamento do meio rural.

Carlos Reichenbach realiza nesse sentido um filme paradoxalmente terminal, em termos da sua trajetória anterior, e iniciador de sua carreira nas décadas de 1970 e 1980. *Lilian M*, juntamente com *Zézero*, condensa as energias de um cinema que, paralelamente aos movimentos do Cinema Novo, também tentava caminhar naquele difícil período. Como exemplo disso, há as incursões pelo Cinemascope e pela cor, bem como as alterações da narrativa, em filmes malditos como *O longo caminho da morte* (Júlio Colasso, 1970-1971) e *O capitão Bandeira contra o dr. Moura Brasil* (Antônio Calmon, 1970). *Lilian M* consegue encontrar um ponto médio entre experimentação, posicionamento autoral e um mínimo relacionamento com o público. Afastado do campo nacionalista, o filme faz questão de exibir uma profusão de influências musicais e cinematográficas internacionais, mantendo também distância da comédia erótica. O cineasta consegue dessa forma apontar mais um caminho, uma outra forma de conciliar autonomia artística e pressões de uma cinematografia em mutação. Seu trajeto posterior será balizado pela atitude de *Lilian M*, sempre com o centro de referência no prazer de ver e fazer cinema.

O quadro feito por esse conjunto de filmes explicita um estágio intermediário do cinema brasileiro. Daí para frente as estruturas se solidificarão, ocasionando inevitáveis enrijecimentos da produção e tornando alguns dos filmes comentados exemplares quase em extinção, resíduos de uma época plena de esperanças e concretas utopias.

MAIORES RENDAS DE FILMES BRASILEIROS (1970-1990)[31]

FILMES NACIONAIS	LANÇAMENTO	ESPECTADORES
Dona Flor e seus dois maridos	nov. 1976	10.735.524
A dama do lotação	abr. 1978	6.509.134
O Trapalhão nas minas do rei Salomão	ago. 1977	5.786.226
Lúcio Flávio, o passageiro da agonia	nov. 1977	5.401.325
Os saltimbancos trapalhões	dez. 1981	5.218.478
Os Trapalhões na Guerra dos Planetas	dez. 1978	5.089.970
Os Trapalhões na serra Pelada	dez. 1982	5.043.350
O cinderelo trapalhão	jun. 1979	5.028.893
O casamento dos Trapalhões	dez. 1988	4.779.027
Coisas eróticas	jul. 1982	4.729.484
Os vagabundos trapalhões	jun. 1982	4.631.914
O Trapalhão no planalto dos macacos	dez. 1976	4.565.267
Simbad, o marujo trapalhão	jun. 1976	4.406.200
O rei e os Trapalhões	jan. 1980	4.240.757
Os três mosquiteiros trapalhões	jun. 1980	4.221.062
O incrível monstro trapalhão	jan. 1981	4.212.244
Lua de cristal	jun. 1990	4.178.165
A princesa Xuxa e os Trapalhões	jun. 1989	4.018.764
O cangaceiro trapalhão	jun. 1983	3.831.443
Os Trapalhões e o rei do futebol	jun. 1986	3.616.696
O jeca macumbeiro	fev. 1975	3.468.728
Eu te amo	abr. 1981	3.457.154
Jeca contra o capeta	fev. 1976	3.428.860
O Trapalhão na ilha do Tesouro	jun. 1975	3.375.090
Jecão, um fofoqueiro no céu	jun. 1977	3.306.926

MERCADO E POSSIBILIDADES AUTORAIS (1974-1980)

Nos primeiros quatro anos da década de 1970, o cinema brasileiro emitiu sinais iniciais de ordenamento da produção e do mercado, aliados a sofridas oscilações no campo cultural e estético. Já nessa nova fase haverá mudanças mais profundas, resultando num perfil mais definitivo de cinema, com a ação dos criadores culturais se processando em situação mais complexa.

A expansão do mercado torna-se significativa – o cinema nacional pulando da casa dos 30 para a dos 50-60 milhões de espectadores por ano – e avança sobre o histórico domínio do filme estrangeiro, que sofre também uma brusca queda em termos de filmes lançados. As medidas econômico-legislativas surtem efeito, paralelamente a uma definição mais clara do Estado para a questão da cultura. Ultrapassadas as sugestões anteriores, localizadas na figura de um ministro, é elaborada uma Política Nacional de Cultura em 1975, que rearticula traços do nacionalismo da década de 1960 com extrema competência. Emergem as concepções de "homem brasileiro", de respeito às "diversidades regionais", de "identidade nacional", intervindo no ideário nacional-popular de forma menos brutal que no início da década de 1970, quando imperava o binômio segurança-desenvolvimento. Nesse segundo momento, o Estado destila um discurso mais sofisticado, assentado em certas noções antropológicas, atrativas para os produtores culturais do campo cinematográfico[32].

A modernização intensa da sociedade brasileira particulariza-se então no cinema através de uma articulação entre expansão da produção, mercado e propostas culturais estatais. Essas propostas, embora presentes em outros setores, encontram nesse segmento da indústria cultural um solo extremamente favorável. Mas é preciso muito cuidado ao adentrar o período, pois manifestações poéticas, posturas autorais e tratamentos elaborados de linguagem despontarão aqui e ali no interior de uma crescente diversificação das atividades cinematográficas.

Nesse período de decolagem do mercado, alguns filmes catalisaram a discussão sobre o contato dos cinemanovistas com a esfera estatal. São obras de diretores já legitimados culturalmente e que obtêm resposta de imprensa e público no lançamento de seus filmes, ocasionando o retorno do debate sobre o nacional-popular com outros matizes. Mesmo não seguindo à risca as diretivas estatais, esses diretores e seus filmes acabam por misturar-se à atmosfera da época, conseguindo facilidades nos canais de difusão, recebendo os ônus e benefícios decorrentes da opção político-cultural.

É Nelson Pereira dos Santos quem dá a partida, realizando *O amuleto de Ogum* (1974) no mesmo ano em que participa de uma comissão do MEC para propor alterações na estrutura cinematográfica. Críticas e adesões cercarão polemicamente o lançamento do filme, oscilando da acusação ao cineasta, por incorporar acriticamente o universo da religiosidade popular, às louvações que viam surgir uma nova era no cinema brasileiro, longe dos paternalismos e sociologismos que permearam o Cinema Novo e a década de 1960. As apreciações positivas, em maior volume e tom mais alto, expressavam na verdade a crítica necessária e já tardia a certas posturas nacionalistas e conscientizadoras em relação à cultura popular. Nelson passa a colocar essa inquietação de forma incisiva, pregando uma aproximação mais direta, respeitosa e despida de qualquer visão científica, com as práticas culturais populares[33].

O cineasta apenas aprofunda a postura "antropológica" que rondava há anos os cinemanovistas. Num momento em que esse movimento cultural via sumir no horizonte sua sustentação política, adota uma concepção do "popular" despida das conotações politizadas que carregava desde a década de 1950.

Essa imersão em águas fortemente ideologizadas pelo Estado não impede que *O amuleto de Ogum* seja um filme inspirado, sedutor, com sequências que ficam gravadas na memória de quem gosta de cinema. Através da história de Gabriel (Ney Sant'Anna), jovem de corpo fechado, Nelson conseguiu uma mistura bem dosada da umbanda com o filme policial, tendo como cenário a ebulição da Baixada Fluminense. O almoço na casa da família de Eneida (Anecy Rocha), num bairro pobre de São Paulo, com forró e tudo, revela a sinceridade do cineasta, carregando a energia do momento de filmagem impressa em cada fotograma. Da mesma forma que o salto na piscina de Gabriel "morto", ao fim do filme, é um momento de ficção desvairada fundindo-se com mitologia popular, revelando o quanto Nelson investiu na proposta de ver o popular com outros olhos.

E, se com esse filme foram detonadas importantes discussões, dois anos depois *Xica da Silva* (Cacá Diegues, 1975-1976) levantará nova onda de acusações. No entanto, a polêmica toma outras colorações nesse caso, aflorando elementos ausentes na obra de Nelson. Aparece um cinema preocupado com o espetáculo, empenhado em ter o grande público nas mãos e utilizando para isso recursos da comédia e do erotismo. *Xica da Silva* acaba por vencer comercialmente – totaliza mais de 3 milhões de espectadores até 1984 –, marcando a definitiva aproximação de um importante autor cinemanovista com o mercado.

Mas emerge então certo mal-estar geral com relação a esse filme, próximo das concepções estatais, centrado na questão racial e ainda por cima configurando um estouro de bilheteria. Casamento do Cinema Novo com a pornochanchada, tratamento equivocado das relações raciais, folclorização e espetacularização da história – chovem tentativas de enquadramento do filme. Reações normais, já que determinados comportamentos eram esperados dos cinemanovistas. O que não se via, na época, era a mudança que estava em gestação havia alguns anos. E a escrava sensual (Zezé Motta) chegava para abafar, arrasando não só o fidalgo João Fernandes (Walmor Chagas) mas todos os que nas salas de cinema entravam em contato com seu feitiço.

A habilidade no debate dos cineastas egressos da década de 1960 evidencia-se no lançamento de *Xica da Silva*, quando Cacá fala de uma segunda dentição do movimento do Cinema Novo, com "o povo nas telas e nas salas"[34]. Mas é Gustavo Dahl quem expressa melhor os posicionamentos dos cinemanovistas naquele momento, em um texto significativamente intitulado "Mercado é cultura"[35], bastante representativo das mudanças ideológicas que se processaram entre aqueles cineastas desde a segunda metade dos anos 1960.

> O espectador quer ver-se na tela de seus cinemas, reencontrar-se, decifrar-se. A imagem que surge é a imagem do mito de Narciso, que, vendo seu reflexo nas águas, descobre sua identidade. A ligação entre uma tela de cinema – na qual é projetada uma luz, que se reflete sobre o rosto do espectador – à ideia de espelho, espelho das águas, espelho de uma nacionalidade, é uma ideia que está implícita num conceito de cinema nacional[36].

O cinema surge aí como importante elemento de afirmação da identidade nacional e, para que cada espectador possa "decifrá-la", é necessário ter acesso aos filmes. Nesse passo, o mercado é compreendido como o lugar no qual a linguagem cinematográfica de um país se realiza, possibilitando assim o encontro com o público. Não por acaso, Gustavo relata a experiência de Cacá Diegues acompanhando uma sessão de *Xica da Silva* na zona norte carioca, definida pelo diretor do filme como uma "festa bárbara" e que para o autor do artigo era a ruptura da "barreira entre consumo e cultura" levando a uma "cerimônia antropológica", pois ali haveria "lazer amalgamado à informação cultural decorrente da produção industrial"[37]. Desenvolver a indústria do cinema brasileiro corresponderia a reafirmar a cultura do povo, pois o público, ao ver os filmes, "reencontraria" a sua identidade nacional. Indústria, entretenimento, mercado, cultura e identidade nacional vinculavam-se dessa forma sem nenhum problema[38].

Com *Xica da Silva*, Cacá Diegues liberta-se das amarras claramente visíveis em *Joanna francesa*. O tom literário e solene cede lugar a uma narrativa pontilhada de momentos alegres, coloridos, embalados pela música contagiante de Jorge Ben. Zezé Motta exibe a plástica perfeita, mas também cria uma Xica que canta, dança e cativa na sua safada aproximação com os poderosos. O diretor entra na folia, ou no "mercado de consumo", como dizia alguns anos antes. Quem quis encontrou até mesmo características progressistas no filme, vendo na personagem sinais da estratégia dos submissos em relação ao poder. Mas o que importava era a brusca alteração de tratamento cinematográfico – a forma fílmica possibilitando o mergulho no mercado.

Outros filmes circularão a partir de então em torno do "respeito" ao popular e da "espetacularização" do nacional. Ocorre uma reatualização da concepção de "nacional-popular", sob os influxos da ação estatal na cultura e do crescimento da indústria cultural. É, sem dúvida, uma retomada da noção de forma despolitizada, sem forças de sustentação, vagando apenas na dimensão discursiva[39].

Bruno Barreto realiza no mesmo clima *Dona Flor e seus dois maridos* (1976), obtendo, com a química de Jorge Amado e a exuberância de Sônia Braga, a maior renda do cinema brasileiro até 2010[40] e a marca de mais de 10 milhões de espectadores. Mais tarde, outra vez o escritor, com suas concepções de brasilidade, miscigenação e espontaneidade do povo, vai inspirar Nelson Pereira dos Santos em *Tenda dos milagres* (1977). Enfim, o próprio Cacá Diegues se incumbe de fechar a década com um filme exemplar, *Bye bye Brasil* (1979).

Bye bye Brasil é o ponto de chegada de um processo de discussões deflagradas a partir desse conjunto de filmes. Em 1978, ao lançar *Chuvas de verão* (1977), uma crônica da vida nos subúrbios, Cacá faz aumentar a ebulição do campo cultural com a entrevista sobre as "patrulhas ideológicas"[41]. O cineasta partia para o ataque, tentando encurralar seus opositores mais à esquerda, que ainda continuavam exigindo dos cinemanovistas a sustentação de um projeto já desmontado. O tom de suas declarações, depois repetidas com *Bye bye Brasil*, era de afastamento das antigas posições assumidas enquanto intelectual politizado da década de 1960, dando lugar a um aprofundamento da reverência ao popular e uma defesa intransigente da dimensão mercadológica do cinema, particularizado no seu caso pela explosão de *Xica da Silva* e as subsequentes críticas que sofreu. O recado era claríssimo: os antigos projetos totalizantes, com pretensões conscientizadoras, estavam enterrados, tinham perdido atualidade.

Apesar do discurso inspirado, a perspectiva globalizante não abandona o cineasta tão facilmente. *Bye bye Brasil* é um vasto painel das consequências da modernização, mexendo com o fantasma da televisão que tudo homogeneizaria, preocupando-se com a oposição entre diversidade cultural e uniformização. Nas pegadas da Caravana Rolidei, Cacá continuava atrás de uma grande interpretação do país. Diversidades regionais, pluralidade, resgate do popular passaram a ser elementos presentes no filme de Cacá e na política de cultura estatal, em processo de mutação com o enfraquecimento do regime ditatorial. Mas *Bye bye Brasil*, como *O amuleto de Ogum*, também supera o enquadramento ideológico, sendo extremamente feliz na combinação de análise, humor e trabalho de atores. É impossível não gostar de Lord Cigano (José Wilker), Salomé (Betty Faria) e Dasdô (Zaira Zambelli), não se deixar seduzir pela neve no Nordeste e pelas sequências na Transamazônica e em Altamira. Ultrapassando as coerções do meio cultural daquele fim de década, procurando se desvencilhar das malhas que enredavam os filmes situados no campo das preocupações com a cultura brasileira, *Bye bye Brasil* acaba por ser um momento de afirmação do cineasta e de todo um setor de tradições e lutas, que travou perigosas relações com o Estado.

A circulação obsessiva em torno da literatura e da história intensifica-se neste momento de cifras mais favoráveis para o cinema brasileiro. O pós-74 é pródigo em adaptações literárias, em retomadas de momentos da história e cultura brasileiras. Os filmes aqui agrupados conseguem diferenciadas repercussões junto à crítica e ao público, mas afastam-se do conjunto anterior por não conseguirem alcançar o mesmo patamar de legitimação cultural, de debate e polêmica ou mesmo de força junto às estruturas de produção e mercado.

Podemos organizar as obras seguindo três linhas de força. Notamos, de imediato, que mesmo um setor como a Boca do Lixo, paraíso do erotismo, adere ao clima "culto". Numa via contrária, temos a injeção de ingredientes eróticos em adaptações literárias de outros setores da produção. Surgem, assim, curiosos hibridismos. A Servicine de Galante produz *Lucíola* (Alfredo Sternheim, 1975), Fauzi Mansur dirige *O guarani* (1978), com David Cardoso, e Carlos Coimbra realiza *Iracema, a virgem dos lábios de mel* (1978), com Helena Ramos, estrela máxima da rua do Triunfo, em São Paulo. Uma paixão violenta por José de Alencar parece assolar o setor na aproximação com o oficialismo cultural. E o clima erótico penetra em produções como *Um homem célebre* (Miguel Faria Jr., 1974), a partir de Machado de Assis, ou *O cortiço* (Francisco Ramalho Jr., 1977), com astros de telenovela como Betty Faria e Mário Gomes. São todos filmes que trazem na sua estrutura os germes do oportunismo e da voracidade comercial, cristalizando o que podemos chamar de "cultura de ocasião", num namoro simultâneo com mercado e Estado.

Uma outra opção é pela "seriedade", pela impostação intelectualista, numa atitude que determina escolha de temas, autores e elenco. Aparece então uma série de filmes mornos, com propostas estéticas difusas, atingidos pelo rolo compressor governamental, que aciona verbas e lança um discurso que, segundo alguns cineastas, é passível de ser incorporado na sua prática criativa sem maiores consequências. É uma longa fila de obras inexpressivas: *Sagarana, o duelo* (Paulo Thiago, 1973), *Soledade* (Paulo Thiago, 1976), *Os condenados* (Zelito Viana, 1973), *O seminarista* (Geraldo Santos Pereira, 1976), *Fogo morto* (Marcos Farias, 1976). Podemos incluir nesse filão até mesmo o bem intencionado *Coronel Delmiro Gouveia* (Geraldo Sarno, 1977).

O filme que expressa as possibilidades máximas desse bloco é *Lição de amor* (Eduardo Escorel, 1975). Nele, ao filmar *Amar, verbo intransitivo*, romance instigante de Mário de Andrade de 1927, Escorel consegue um filme rigoroso, de cuidadosa concepção plástica, mas principalmente preocupado com uma narrativa correta, sem tensões. Penetrando no mundo familiar burguês, na preocupação com a "boa" educação sexual imune à permissividade externa, o diretor está, sem dúvida, tentando ironizar a situação dos próprios cinema e cultura da época, quando a comédia erótica com seus traços de barbárie fechava o cerco. Mas o filme se leva demasiadamente a sério, terminando por dissolver a pretendida ironia. Escorel conseguiu uma boa receptividade para seu filme, emergindo de um conjunto de obras pálidas com um competente trabalho de imagens e segurança narrativa. No entanto, fica também como o paradigma de um tipo de cinema condicionado pela busca da competência artesanal, aliada à suavidade no tratamento de uma obra literária de cáusticos contornos, resultando num inevitável esfriamento artístico[42].

Três outros diretores, não se conformando com o apertado figurino ofertado, procuram uma movimentação mais solta, insistindo em bater na tecla do aspecto político com maior agressividade. João Batista de Andrade filma *Doramundo* (1976), adaptação do livro homônimo de Geraldo Ferraz, o paranaense Sílvio Back coloca nas telas *Aleluia, Gretchen* (1975-1976) e Fernando Coni Campos realiza o inventivo *Ladrões de cinema* (1977).

João Batista volta ao longa-metragem de ficção após uma temporada no documentário e na televisão[43]. Mesmo recorrendo à literatura, acaba por levar para o universo ficcional uma carga crítica resultante da sua quase militância no campo do jornalismo televisivo. Névoa, pouca luz e asfixia dão os contornos da vida de ferroviários numa cidade pequena, em ritmo e contexto de Estado Novo. Clima adverso tanto atmosférico como político, mortes e opressão fazem de *Doramundo* um produto misto dos desejos de discussão política por meio do cinema – um selo do cineasta, com a entrada na literatura seguindo o fluxo da época.

A tematização do Estado autoritário aflora também por vias transversas em *Aleluia, Gretchen*. Estranho filme que envereda pelo mesmo período histórico que ambienta *Doramundo*, traz, por sua vez, o colorido das tradições alemãs fundidas num trabalho ficcional do próprio diretor, condimentado com ingredientes políticos do integralismo e do nazismo. A saga da família Kranz realizada por Sílvio Back é de uma incrível e louvável ousadia. Ficção e história foram utilizadas com tal liberdade que a discussão em torno do filme girou atônita, não conseguindo enquadrá-lo. A imersão do diretor num denso universo de recordações, de memórias, de elementos culturais que o mobilizam afetivamente, junto ao salto político pretendido, fizeram de *Aleluia, Gretchen* um grito contra a mesmice artística. É uma obra de positiva ambiguidade, oscilante, tão surpreendente – e, às vezes, banal – como "A cavalgada das Valquírias", da ópera *A Valquíria* de Richard Wagner, em ritmo de um *rock* que emoldura provocativamente o filme.

Ladrões de cinema, por sua vez, dá continuidade à carreira de Fernando Coni Campos, que havia dirigido o experimental *Viagem ao fim do mundo* (1968). De teor alegórico e visando discutir a política do cinema, *Ladrões de cinema* narra a história de um grupo de pessoas da favela que consegue equipamento cinematográfico roubado de uma equipe norte-americana e decide filmar de maneira carnavalizada a história de Tiradentes. O filme apresenta as contradições do criador cinematográfico brasileiro, pois ele ocupa um espaço periférico em seu próprio mercado e tem de deglutir a tecnologia vinda de fora para se expressar em imagens e sons. O fato de os homens do povo serem alegorias dos cineastas dos anos 1970 na sua luta pelo mercado e por constituir uma expressão autônoma da cultura brasileira, embora fosse algo questionável por elidir as diferenças de classe, é eloquente como expressão ideológica[44].

Outros setores cinematográficos, não marcados pela discussão cultural ou política, tentarão a consolidação nesses anos. São produtores e cineastas que, vendo o cinema como atividade comercial e potencialmente industrial, não necessitam de grandes malabarismos discursivos para embasar sua atividade. Às vezes pipocam vozes afirmando a condição de "artistas", mas a tônica é dar pouca importância para discussões mais amplas e buscar a legitimidade nos números da bilheteria, o fortalecimento no mercado.

Dois setores podem ser vislumbrados com essa perspectiva. Ambos, é bom frisar, com extrema diversificação de filmes, mas com certas características próprias nas formas de produção e nas concepções cinematográficas, que permitem as aglutinações. De um lado, uma produção com mais recursos, utilizando roteiristas pinçados da literatura, teatro e TV, além de elenco também já consagrado. É um setor que procura sedimentar estruturas de produção com reforço de áreas mais fortes[45]. De outro, situam-se os produtores culturais que germinaram com o surgimento da comédia erótica.

Assim, ocorre no primeiro grupo a aproximação de Luiz Carlos Barreto com Walter Clark, profissional bem-sucedido da televisão, tendo participado inclusive da estruturação da TV Globo. Clark cria as bases para a produção de filmes como *A estrela sobe* (1974) e *Amor bandido* (1978), de Bruno Barreto, bem como de *O crime de Zé Bigorna* (Anselmo Duarte, 1977). Roteiristas passam a ter destaque nessa produção, caso de Leopoldo Serran, com passagens pelo CPC (Centro Popular de Cultura) e pelos filmes iniciais de Cacá Diegues e com participação efetiva nos filmes de Bruno Barreto, inclusive em *Dona Flor*, tornando-se modelo de profissional de textos para cinema. Outros também vão chegando, como José Louzeiro, presente em *O caso Cláudia* (Miguel Borges, 1978) e *Lúcio Flávio, o passageiro da agonia* (Hector Babenco, 1977), ou Aguinaldo Silva, que escreve *República dos assassinos* (Miguel Faria Jr., 1979).

O importante é ressaltar que são filmes produzidos com certos requintes, dentro da realidade do cinema nacional, por produtores culturais que visam, através do apuro técnico e do domínio da linguagem cinematográfica clássica, atingir certo nível de qualidade. Bruno Barreto é claro ao falar de seu segundo filme: "Não gosto de fitas requintadas formalmente. Mas procuro observar todo cuidado e rigor técnico em meu trabalho. A *découpage* de *A estrela sobe* está bem elaborada. Curto o cinema bem feito, à semelhança de Stanley Donen e George Cukor"[46].

Vão surgindo nas telas filmes que assumem certos gêneros ficcionais (como o cinema policial), procurando limpar a narrativa, facilitando assim a recepção.

Os resultados logo são sentidos, e os filmes variam de um público médio a grandes sucessos como *Lúcio Flávio*, que atrai mais de 5 milhões de espectadores. Apesar de ainda carregar intenções de denúncia – da corrupção da polícia até as alusões de tortura política –, Babenco tem plena consciência do espetáculo que realizou[47], quando se refere à atração exercida por um Lúcio (Reginaldo Faria) de olhos azuis, sem camisa, besuntado de óleo, numa pensada construção que amalgamava herói-bandido e astro.

A competência desse filme anuncia um diretor talentoso e que se destacou com o emocionante *Pixote: a lei do mais fraco* (1980), obra que denuncia a situação extremamente degradante a que estão submetidos os jovens infratores no Brasil e sua formação – sentimental e "profissional" – no mundo do crime. A atuação de Fernando Ramos da Silva no papel-título, ele mesmo um garoto pobre e que acabou depois do filme envolvido no crime e assassinado, é marcante, assim como a de Marília Pêra. Mas o filme tem uma proposição estética algo clássica na sua estrutura narrativa linear e no tipo de identificação construída entre personagens e público – nada das experiências formais que caracterizaram o Cinema Novo e o Cinema Marginal. *Pixote* teve uma ótima repercussão de público e crítica, inclusive fora do Brasil, alavancando a carreira de Hector Babenco para outros voos.

Mas, nesse jogo mercadológico pesado, ninguém consegue se aproximar do êxito dos Trapalhões, grupo de cômicos com grande sucesso na TV. O percurso dos Trapalhões (Renato Aragão, Dedé Santana, Mussum e Zacarias) começa em meados da década de 1960, quando eram apenas Renato Aragão e Dedé Santana, com *Na onda do iê-iê-iê* (Aurélio Teixeira, 1966). Prossegue com filmes como *A ilha dos paqueras* (Fauzi Mansur, 1970), *Bonga, o vagabundo* (Victor Lima, 1971), *Aladim e a lâmpada maravilhosa* (J. B. Tanko, 1973) e chegando à formação do quarteto com *Os Trapalhões nas minas do rei Salomão* (1977). Foi nessa época que o próprio grupo assumiu o comando da produção, com realizações sucessivas: *O Trapalhão no planalto dos macacos* (J. B. Tanko, 1976), *O cinderelo trapalhão* (Adriano Stuart, 1978), *Os saltimbancos trapalhões* (J. B. Tanko, 1981), entre outros. É assustadora a *performance* dos Trapalhões entre 1975 e 1990, conseguindo 16 filmes entre as 25 maiores bilheterias, com números altos de público, variando entre 3 e 6 milhões de espectadores. Filmando regularmente, dirigindo-se sobretudo às crianças com temáticas retiradas do imaginário cinematográfico, das histórias infantis ou de conteúdos nacionais já testados – *O cangaceiro trapalhão* (1983), por exemplo –, esses comediantes sedimentaram o segmento mais próximo de um cinema com feições nitidamente industriais.

Numa linha paralela, embora em ritmo decrescente, mantém-se na década de 1970 a produção de Amácio Mazzaropi, agora como diretor em *Betão Ronca Ferro* (1970), uma codireção com Geraldo Miranda e Pio Zamuner; as produções em codireção com Pio Zamuner *Um caipira em Bariloche* (1972), *Portugal... minha saudade* (1973), *O jeca macumbeiro* (1974) e *Jeca contra o capeta* (1975); além de *O grande xerife* (1971), em que só atua, sob a direção de Pio Zamuner.

Outro veio do cinema comercial brasileiro tão desprezado pela crítica quanto os filmes dos Trapalhões ou de Mazzaropi é aquele voltado para o público juvenil. As fitas são marcadas por números de *rock* e *pop*, bem como por situações que, em um tom leve, destacam esportes, aventuras e amores diversos, além da reiterada presença de astros e estrelas da música. Na segunda metade da década de 1960, são realizadas diversas produções com artistas da Jovem Guarda, destacando-se o já citado *Na onda do iê-iê-iê*, cuja publicidade afirmava ser "um filme da Jovem Guarda" e que tinha a participação de Wanderley Cardoso, Wilson Simonal e The Fevers, entre muitos outros[48]. Jerry Adriani estrela *Essa gatinha é minha* (Jece Valadão, 1966), *Em busca do tesouro* (Carlos Alberto de Souza Barros, 1967) e *Jerry, a grande parada* (Carlos Alberto de Souza Barros, 1967), e até Primo Carbonari entra na dança ao produzir *Os Incríveis neste mundo louco* (Brancato Jr., 1966), veículo para o grupo Os Incríveis. Mas são as produções de Roberto Farias estreladas pelo "rei" Roberto Carlos que melhor sintetizam essa corrente do cinema nacional. *Roberto Carlos em ritmo de aventura* (1967), *Roberto Carlos e o diamante cor de rosa* (1968) e *Roberto Carlos a trezentos quilômetros por hora* (1971) possuem um acabamento bem superior ao dos filmes citados anteriormente, além de contar com a experiência e o talento de Roberto Farias na direção[49].

Até mesmo diretores ligados ao Cinema Novo entram na onda do filme voltado aos jovens, tendo como esteio astros da música. É o caso de Domingos Oliveira ao dirigir *É Simonal* (1970), estrelado por Wilson Simonal, e Fernando Coni Campos ao realizar *Uma nega chamada Tereza* (1970), desta feita tendo Jorge Ben como atração principal.

O experiente J. B. Tanko, diretor de diversas chanchadas nos anos 1950 e 1960 e de filmes dos Trapalhões anteriormente mencionados, também fez algumas fitas musicais voltadas para o público jovem, tais como *Som, amor e curtição* (1972), com o cantor Antônio Marcos, e *Vamos cantar disco, baby?* (1979), com o grupo As Melindrosas.

Ao longo da década de 1980, a qualidade técnica dos filmes juvenis aumenta. Há mais urdidura dramática no roteiro de alguns deles, bem como a incorporação a modernas técnicas de *marketing* e *merchandising*[50]. É de se observar ainda que os cantores não interpretam mais os papéis principais, mas a música continua a embalar as narrativas. Um filme que se destaca nesse período é *Bete Balanço* (Lael Rodrigues, 1984), o qual retoma a estrutura clássica sempre utilizada para narrar a ascensão de uma artista no campo da indústria cultural da música. No caso, trata-se da jovem interiorana Maria da Glória (Débora Bloch), que deixa os estudos e a pacata Governador Valadares, em Minas Gerais, para cavar um espaço no Rio de Janeiro, entre astros como Lobão e Barão Vermelho. Sob medida para seduzir a garotada, com ritmo rápido e recheado de músicas tocadas no rádio continuamente, a fita foi apenas um oportuno modelo visando ocupar o mercado com rapidez, e alcança ótima bilheteria. Mesmo com certo cacoete de crítica social, presente no episódio do trombadinha assassinado, o filme de Lael Rodrigues é descartável como a maioria das músicas da sua trilha sonora. O mesmo diretor fez *Rádio pirata* (1987), fita de êxito menor que a primeira.

Além de Lael Rodrigues, outro cineasta a apostar no cinema juvenil e a obter ótimos resultados de público foi Antônio Calmon com *Menino do Rio* (1981) e *Garota dourada* (1982-1983), ambos filmes centrados no surfista Valente (André de Biase). Também merece destaque *Tropclip* (Luiz Fernando Goulart, 1984), com a presença do já mencionado grupo Barão Vermelho, e *Areias escaldantes* (Francisco de Paula, 1984), com participação especial dos Titãs e de Lobão e Seus Ronaldos.

O cinema brasileiro chega aos anos 1978-1979 com mercado e produção economicamente aquecidos. Além da própria realidade econômica do país, as medidas adotadas pela Embrafilme e Concine, que assumem coproduções e estabelecem obrigatoriedades de exibição e copiagem, entre outras, criam novas possibilidades para o filme nacional. Essa situação será aproveitada também nos domínios da comédia erótica.

No Rio de Janeiro, assistimos à continuidade da Sincro Filmes, que produzirá os significativos filmes de Antônio Calmon, bem como à proliferação de diretores e produtores como Carlos Mossy – *Com as calças na mão* (1975), *Manicures a domicílio* (1977), entre outros – e Victor di Mello – *Um varão entre as mulheres* (1975) e *A mulata que queria pecar* (1977). Até a multinacional CIC (Cinema International Corporation) resolve entrar na coprodução de comédias eróticas, com *Motel* (Alcino Diniz, 1975) e *Tangarela, a tanga de cristal* (Lula Campelo, 1975), sendo alvo de violenta crítica de setores nacionalistas, talvez já sonhando com o lema "o erotismo é nosso".

É na Boca paulista que a diversificação toma maiores dimensões, configurando um polo produtor na euforia da expansão. Permanecem os personagens tradicionais do meio cinematográfico, como Galante e Massaini, mas principalmente acumulam forças produtores e diretores novos. Deslancham assim as carreiras de cineastas como Jean Garrett, Ody Fraga, Cláudio Cunha e David Cardoso. É também significativa a entrada de exibidores na produção. Entre eles, a cadeia Haway, que realiza, com J. Marreco, filmes como *A carne* (1975) e *Emmanuelle tropical* (1977) e, com Antônio Calmon, *Paranoia* (1975), um policial violento e irregular, com bom elenco (Lucélia Santos e Ana Maria Magalhães, entre outros).

São diretores que vinham de outras experiências na produção cultural e levam para o cinema da Boca uma concepção centrada no impacto comercial, buscando para isso uma nem sempre bem-sucedida confecção artesanal cuidadosa, além da montagem de um sistema de estrelismo. David Cardoso é o modelo dessa fixação em construir estrelas e astros, caminhando para um cinema que coloca sua figura como o centro das atenções. O diretor-ator-produtor tenta, no sistema precário da Boca, explorar o gênero do filme de aventuras, perseguindo o espetáculo no Pantanal de Mato Grosso, preocupado com o corpo, que modela com exercícios diários, e cercado por belas mulheres, de Helena Ramos à nobre Ira de Furstemberg, de *19 mulheres e um homem* (1977) e *Desejo selvagem* (1979)[51].

Já Cláudio Cunha, que parece ciente da fragilidade do campo, busca constantemente a ajuda de roteiristas mais experimentados, combinando a preocupação de elaborar o texto com a utilização de atores consagrados ou em evidência na TV. Assim, trabalha com o escritor de novelas Benedito Ruy Barbosa em *O dia em que o santo pecou* (1975) e *Amada amante* (1978), um sucesso com a presença de Sandra Bréa.

Finalmente, temos Ody Fraga e Jean Garrett, que encarnam o papel de trabalhadores culturais, produzem incessantemente, vendem roteiros e são contratados para dirigir por salários fixos. Realizando filmes de baixo orçamento e rodagem rápida, os dois deixam seu selo na produção da Boca. Ody é o diretor eficiente, sempre com uma ideia para vender, responsável por filmes como *Reformatório das depravadas* (1978) e *A dama da zona* (1979). Garrett é o cineasta mais preocupado com as imagens e construtor de rebuscados movimentos de câmara, tendo dirigido produções como *Mulher, mulher* (1977) e *A força dos sentidos* (1978).

Esse processo de pequenas empresas, com produtores pulverizados e de poucos recursos, prossegue num crescendo de aperfeiçoamento do grupo aqui destacado – já que na mesma Boca se desenvolvem produções bem mais maltrapilhas. O resultado são maiores cuidados na elaboração dos filmes e, sobretudo, pitadas sucessivamente mais audaciosas de erotismo. Procurando ocupar terreno no violento mercado de bens simbólicos que atingia o campo cinematográfico, o setor fechará a década adequando seus filmes às alterações da modernizada sociedade brasileira. São visíveis os esforços de Cláudio Cunha para diversificar roteiristas, trabalhando com Inácio Araújo em *O gosto do pecado* (1980) e com a escritora Márcia Denser em *Profissão mulher* (1982). O mesmo ocorre com Jean Garrett, filmando *A mulher que inventou o amor* (1979) a partir do sensível roteiro de João Silvério Trevisan. Este, aliás, é um filme que se destaca no panorama, pois o diretor consegue criar um estranho mundo por onde circula uma personagem feminina, Doralice/Talulah (Aldine Müller), desenhada com elaborados traços, distante do imaginário padrão desses filmes.

Se notamos que no Rio de Janeiro e em São Paulo esses movimentos visam consolidar estruturas por parte de novos agentes dentro do campo cinematográfico, veremos também que a fatia mais gorda do mercado não deixa de ficar nas mãos de produtores com certo lastro e tradição. *A dama do lotação* (1975), do ex-marginal Neville d'Almeida, costura, numa produção de alta voltagem erótica, a Embrafilme e a Regina Filmes de Nelson Pereira dos Santos. Novamente Nelson Rodrigues redimia mercadologicamente um desgarrado da década de 1960. Acompanhado de Sônia Braga e da música com inspiração psicanalítica de Caetano Veloso, o maldito Neville de *Jardim de guerra* (1968) realiza um filme que ainda hoje ocupa o posto de quarta bilheteria do cinema brasileiro – pelo jeito, ao contrário de sua personagem, sabendo muito bem onde colocar o desejo. Enquanto Solange (Sônia Braga) enfrenta seus traumas com indiscriminados ataques sexuais aos homens e idas ao psicanalista, em São Paulo, Regina (Helena Ramos) também segue a via da análise para superar problemas de infância em *Mulher objeto* (Sílvio de Abreu, 1980), produzido por Aníbal Massaini. Sexo, psicanálise e estrelas máximas do erotismo atravessam os dois polos de produção, num cinema que vai sem pudores para os braços do mercado.

Os mesmos ingredientes são acionados com maior empenho num terceiro filme, *Eu te amo* (Arnaldo Jabor, 1980). Depois de duas adaptações de Nelson Rodrigues, a saber, *Toda nudez será castigada* (1973) e *O casamento* (1975), e de *Tudo bem* (1978), um drama que pretendia sintetizar num apartamento em obras as contradições do país, o diretor resolve remexer a fundo as dificuldades amorosas e descaminhos afetivos das vivências modernas. Utiliza para isso um esquema de produção e lançamento com requintes empresariais, comandado por Walter Clark.

Em *Eu te amo*, novamente a ação vai para o interior de um apartamento carioca, mas dessa vez os caminhos e motivações são outros. Paulo (Paulo César Pereio), um industrial falido – anacrônico fabricante de sutiãs na década da "revolução" feminista –, está terminando um caso amoroso com a médica Bárbara (Vera Fischer), buscando socorro afetivo em Maria (Sônia Braga). Mas nada é simples nesse mundo de imagens e aparências, em que o vídeo e a TV se misturam de forma indissolúvel aos momentos mais íntimos das pessoas, em que a grande cidade se reflete ameaçadoramente nas imensas vidraças de um apartamento de frente para a lagoa Rodrigo de Freitas. Maria (ou Mônica?) é ambivalente, indefinida (uma prostituta ou bacharela em letras?), foi apaixonada por um aviador maluco e, pior ainda, casado (Tarcísio Meira, em marcante desempenho). Maria e Paulo iniciam uma relação em que os fantasmas, medos e resistências dão o tom inicial, mas que logo avança para o desregramento, entrega e finalmente para uma dança feliz na rua molhada e repleta de vitrines.

O filme de Jabor procura combinar a sofrida investigação dos interiores dos personagens, com comentários irônicos da publicidade e da televisão – a sequência inicial é uma brincadeira de Paulo com o *Jornal Nacional* –, perseguindo uma crítica dessa modernidade brasileira de fim do "milagre econômico". Paródias, um leve toque nacionalista logo no início do filme e cenas de sexo com uma Sônia Braga *glamourizada*, cintilante, tornam *Eu te amo* uma obra bem-sucedida na fusão da herança "culta" da década de 1960 com o espetáculo e o planejado jogo de mercado. Com elevados gastos de lançamento, utilizando televisão, rádio e até a moda, por meio de uma etiqueta com o nome do filme promovida por Sônia Braga, o produtor Walter Clark conseguiu ótimos resultados, quase chegando aos 3,5 milhões de espectadores e, depois, comercializando a obra nos Estados Unidos.

Assim, ao pensar os três filmes em conjunto, os cineastas e produtores estavam com mais recursos, prática mercadológica e capital cultural para criarem e divulgarem com maior competência e eficácia as imagens desejadas nesse final de década.

A produção volumosa possibilitará também a continuidade de trajetória de alguns autores e o surgimento de obras com agudo desejo de liberdade. Os produtores culturais, órfãos de movimentos-projetos políticos e estéticos, vão conduzir agora suas propostas num jogo perigoso de aproximação e afastamento com o cinema de objetivos claramente comerciais. Alguns optam por trabalhar com produções que visam retornos rápidos, enquanto outros optam por uma posição quase isolacionista.

O já mencionado Antônio Calmon é um cineasta situado na posição-limite da postura, pois decide entrar na voracidade comercial mantendo traços de autoria, trabalhando, portanto, no interior do conflito que percorre toda a produção cultural modernizada. Calmon, como tantos outros, vem de uma prática junto ao Cinema Novo e de um inquieto primeiro longa, O *capitão Bandeira contra o dr. Moura Brasil* (1970), de traços contraculturais e marginais. O diretor só volta a filmar em 1976, com *Paranoia*, e a partir daí realiza três filmes com Rovai/Sincro Filmes: *Gente fina é outra coisa* (1976), *O bom marido* (1977) e *Nos embalos de Ipanema* (1978). São obras que possuem uma força estranha, com uma carga crítica que as diferencia das pornochanchadas e, principalmente, revelam por trás das câmeras um diretor com forte personalidade. Calmon leva a extremos o confronto com um cinema mais apegado a tradições culturais e, expondo uma formação repleta de ingredientes urbanos e internacionalizados, provocativamente realiza um contraponto com o filme de Babenco em *Eu matei Lúcio Flávio* (1979). Acompanhado do "homem mau" Jece Valadão, cuja missão o diretor diz ser a de expulsar o "homem mau" Clint Eastwood, Calmon constrói com positividade e fascínio a imagem cinematográfica do policial Mariel Mariscot, corrupto integrante do Esquadrão da Morte. Foi quando o realizador abandonou de vez os resquícios de seu passado cultural e declarou-se "pistoleiro de aluguel e a serviço dos latifundiários do cinema nacional"[52]. Declaração bombástica, lúcida, da transformação ocorrida na produção de cinema.

Eu matei Lúcio Flávio é perturbador. Sequências e enquadramentos unindo beleza e perversidade – um, pelo menos, é inesquecível: a prostituta viciada (Monique Lafond) na cama vermelha, indefesa como Marilyn Monroe, implorando afeto e sexo de Mariel (Jece Valadão) – com uma trilha sonora criativa, que recorre a Roberto Carlos para alguns insólitos momentos. Talento exuberante para endeusar uma abjeta personagem: é essa a fórmula acionada por um agressivo Calmon. Depois desse pico de ousadia, o diretor desce para as águas tranquilas dos filmes juvenis e ingressa no mundo dos surfistas e curtidores de asa-delta em *Menino do Rio* (1981) e *Garota dourada* (1982-1983). A aposta era alta; a missão, perigosa. E Calmon na Globo, dirigindo a equipe da série *Armação ilimitada*, mostra sintomaticamente o terminal de chegada de um cineasta que resolveu penetrar com radicalidade na produção cultural da década de 1970. Após *Armação ilimitada*, a carreira de Calmon tem uma continuidade de sucesso na TV Globo como autor de telenovelas voltadas ao público jovem, tais como *Top Model* em 1989 e *Vamp* em 1991.

Outros filmes e diretores que trazem propostas diametralmente opostas às dos filmes juvenis são surpreendentes numa cinematografia que segue os rumos aqui descritos. É o caso de *Iracema, uma transa amazônica* (1974), de Jorge Bodanzky e Orlando Senna, que tem problemas para receber o certificado de censura até 1980 e que realiza amarga incursão pela prostituição e pela Amazônia, fundindo documentário e ficção. Esse mesmo tom, captando o lado indesejável da modernização, em que pobreza e acúmulo de detritos convivem com o espetáculo, reaparece em *A opção ou as rosas da estrada* (Ozualdo Candeias, 1979-1981). Esse filme, a partir da trajetória de mulheres que se prostituem à beira das estradas e buscam migrar para a metrópole paulistana, constrói uma representação de um país estilhaçado e cuja contrapartida ao "milagre econômico" é a miséria presente em todos os quadrantes. *Perdida* (Carlos Alberto Prates Correia, 1975) também aborda as transformações do país pelo foco na história de uma mulher que abandona o trabalho como empregada doméstica e se torna prostituta. Mais tarde, seu diretor voltará a ousar, com *Cabaré mineiro* (1979).

Contudo, um filme sintetiza melhor os anseios de experimentação, autonomia e não padronização comercial que rondam essas obras: *A lira do delírio* (Walter Lima Jr., 1973-1977). Nesse projeto, que se iniciou em 1973 e documentou cenas de Carnaval em 16 mm, com os atores no meio dos blocos de rua, os personagens só foram desenvolvidos posteriormente. Com uma estrutura maleável (trabalhando com módulos e brincando com o tempo e a continuidade), Walter Lima Jr. conseguiu compor um painel moderno, por onde circulam uma "táxi-*girl*" (Anecy Rocha), um jornalista (Paulo César Pereio), um executivo envolvido com marginais (Cláudio Marzo) e até um traficante de bebês para o exterior (Antônio Pedro). É uma obra com múltiplas referências, do *thriller* norte-americano ao cinema brasileiro, eventualmente lembrando *Bang bang* (Andrea Tonacci, 1971), estabelecendo relações com a ficção-realidade de *Iracema*, trazendo os germes de um cinema centrado no afetivo que vai florescer posteriormente. Divertido e irônico, *A lira do delírio* foi um instante de respiração para a criatividade, não se deixando abater e respondendo às coerções com a alegria de fazer cinema. Walter Lima Jr. voltaria a mostrar o mesmo compromisso com o fazer cinematográfico em *Inocência* (1982).

De outra parte, tom destoante, busca incessante do novo e repúdio às concessões são traços predeterminantes da obra de Júlio Bressane nos anos 1975-1980.

O que surpreende e garante lugar de destaque para o cineasta é a regularidade da produção, combinada com a deliberada postura de permanecer de costas para plateias maiores. Filmagens rápidas, utilização de material filmado em 16 mm e um cinema com tendências artesanais é o que faz Bressane.

Após o período mais agudo do Cinema Marginal, o diretor realiza: *O rei do baralho* (1973), preto e branco, rodado nos estúdios da Cinédia; *O monstro caraíba* (1975), 16 mm, colorido, com material de viagem ao Oriente e México; *Agonia* (1977), colorido; *O gigante da América* (1978), colorido, numa coprodução com a Embrafilme; *Cinema inocente* (1979), 16 mm e colorido. Bressane atinge então um ponto culminante com *Tabu* (1982), realizado em dez dias, *Brás Cubas* (1985) e *Sermões: a história de Antônio Vieira* (1989) – esses três coloridos e com a participação da Embrafilme.

São obras que mostram um relacionamento com a prática cinematográfica equivalente ao mais livre trabalho poético de outras áreas artísticas, colocando como centrais a inventividade e o questionamento da linguagem. O cinema como moderno jogo de sombras, as aproximações da imagem cinematográfica com a pintura e a poesia, a revelação incessante do processo de filmagem, a dissolução completa da estrutura narrativa clássica, tudo isso permeia o cinema de Bressane[53].

Em *Tabu*, presenciaremos a maturidade de um criador que não recuou um milímetro em suas concepções estéticas, mesmo produzindo com recursos do Estado. Bressane volta a demonstrar infatigável disposição para retrabalhar a magia do cinema, lançando mão de recursos que já utilizara anteriormente – como cortes desconcertantes ou a exposição do diretor batendo claquete –, mas revela também um aprofundamento plástico, obtido com movimentos de câmera e com a fotografia elaboradíssima de Murilo Salles. Uma sinfonia de imagens e sons, do clássico de Flaherty e Murnau à música de Lamartine Babo. O trio formado por Oswald de Andrade, João do Rio e Lamartine, bem como as interpretações de Colé, José Lewgoy e Caetano Veloso, nos conduz a um carrossel de atrações culturais com vertiginosas significações. Incisão precisa na cultura brasileira, que permite a inclusão do cinema numa ampla discussão artística, fazem de *Tabu* uma obra completa, caracterizando um cinema que insiste em só ouvir as vozes dos criadores. *Brás Cubas* e *Sermões*, por sua vez, sem abrir mão de um alto grau de experimentalismo, aprofundam as relações construídas por Bressane entre cinema e literatura, constituindo-se em dois dos filmes mais instigantes da década de 1980.

Dois outros diretores prosseguem viagem, sedimentando suas filmografias no interior de um cinema que persegue a industrialização. São cineastas com práticas fílmicas e projetos estéticos divergentes. O ponto que os identifica é a paixão pelas formas modernizadas de vida e, como consequência, a ausência de medo ao recorrer a certas estruturas de produção para não interromper a aventura de filmar. Walter Hugo Khouri e Carlos Reichenbach continuaram ativos e transitaram pelo polo produtor da Boca do Lixo.

Khouri é um cineasta de exemplar trajetória na década de 1970. Utilizando diversificadas formas de produção, desenvolve preocupações diferenciadas, deixa fluir inquietações estéticas permeadas pelo erotismo, pelo cinema fantástico e pela constante obsessão plástica na construção de suas imagens. Entre 1970 e 1990, Khouri roda 14 longas-metragens, trabalhando com produtores como Alfredo Palácios e Antônio Polo Galante, da Servicine, com quem realiza *As deusas* (1972) e *O último êxtase* (1973). Também trabalhou com os produtores Enzo Barone, em *Eros, o deus do amor* (1981), e Aníbal Massaini, em *Amor estranho amor* (1982) e *Eu* (1986). Se às vezes ele parece um diretor atraído por fenômenos parapsicológicos, criando, por exemplo, o estranho e fantasmagórico na sulina Gramado em *As filhas do fogo* (1978), é possível também defrontar-se com o artista passeando pela metrópole enrijecida e gélida, fazendo desfilar mulheres que seduzem o espectador e entediam o personagem Marcelo (Roberto Maia) em *Eros, o deus do amor*. Khouri não hesitou em trabalhar na Boca em pleno auge do erotismo, realizando com o produtor Galante um filme memorável, *Convite ao prazer* (1980). É quase uma refilmagem de seu próprio filme *Noite vazia* (1964), numa expansão desmedida das cenas de sexo, multiplicando o número de mulheres e situações em torno dos dois amigos com posições sociais contrastantes. Saiu uma obra ousada, instigante, com ambientações e atmosferas que oscilam entre o forte apelo sexual e o aterrorizante vazio, com cada sequência trazendo embutida a combinação de animalidade e angústia. O filme é modelar para o cinema erótico e permite extrapolações, como a do crítico Jairo Ferreira, que vislumbra na personagem do dentista (Serafim Gonzales) "o algoz [que] executa sensual e sadicamente uma paciente (Aldine Müller) como se fosse um dr. Caligari Erótico, declarada homenagem de Khouri ao expressionismo de Robert Wiene (*O gabinete do dr. Caligari*, 1920)"[54]. Além dos filmes citados, Khouri ainda realizou: *O palácio dos anjos* (1970), *O anjo da noite* (1974), *O desejo* (1975), *Paixão e sombras* (1976-1977), *O prisioneiro do sexo* (1979), *Amor voraz* (1984) e *Forever* (1988).

Reichenbach também vai recorrer às estruturas da rua do Triunfo paulista para prosseguir filmando após *Lilian M*. O filme que abre sua nova fase é *A ilha dos prazeres proibidos* (1977), um sucesso produzido por A. P. Galante que possibilitará a autonomia do diretor e a realização de outras obras, como *Império do desejo* (1978), *Paraíso proibido* (1980) e *Amor, palavra prostituta* (1979)[55].

Reichenbach despeja nas telas um vasto repertório, acumulado com sua paixão cinematográfica e com inúmeros influxos literários, políticos, filosóficos. Tudo é tingido com as cores vivas de uma ideologia libertária radical, resultante da sua atração pelo anarquismo. São filmes que possuem amplo referencial da cultura moderna: histórias em quadrinhos, filmes classe B de puro divertimento, cinema "erudito" (Godard, principalmente) e japonês, melodrama, surrealismo e poesia, geração *beat*, músicas marcantes, da clássica ao *rock*, passando supreendentemente pelo regionalismo de Almir Sater, podendo essa lista continuar até a exaustão. O cineasta é um autor-símbolo da modernização avassaladora, que deglute e retrabalha uma avalanche de cacos culturais, sempre ligado no processo estético e político mais amplo.

Reichenbach esteve presente na fotografia e câmera de inúmeros filmes de outros cineastas, como *A força dos sentidos* (1978), de Jean Garrett; cedeu roteiros e ideias; lutou por aglutinações no interior da Boca. Nas suas obras delineia-se uma galeria de personagens, compondo um quadro inquietante de procuras afetivas, sexuais e políticas de toda uma época. No centro, permanece um filme manifesto: *Império do desejo*. Verdadeira caixa de surpresas, brilhando no meio de uma produção de voo rasante, apresenta as ruínas soterradas por um processo perverso: personagens remanescentes da contracultura, o Cinema Marginal e o cinema internacional triturados numa narrativa que equilibra uma história e notável liberdade, um poeta louco executando como justiceiro os boçais de um país ensandecido. Em *Império do desejo*, a câmera, em constante mobilidade, busca angulações e movimentos preciosos, com uma trilha sonora permeada pela música norte-americana da década de 1920. Destaca-se, no filme, a transformação de uma atriz estigmatizada pela pornochanchada (Meire Vieira) em imponente figura, confluindo para fazer de *Império do desejo* o momento de emergência de um cinema abafado. Misto de homenagem e vingança, a fita cristaliza a redenção de toda uma geração cinematográfica quase dizimada pelos rumos surpreendentes da moderna cultura brasileira.

Já acompanhar os passos de Glauber Rocha durante a década ocasiona um inevitável assombro, mas permite também uma iluminada leitura dos percalços do Cinema Novo, sintetizados na figura do mais radical de seus autores. Correndo mundo e perigo após a realização de *O dragão da maldade contra o santo guerreiro* (1968), o cineasta será um ponto de convergência da dura realidade do exílio, das relações tensas com a censura, do esfacelamento das utopias, da aproximação dos produtores culturais com o Estado. E Glauber parece movido por uma fé que o torna incansável, dirigindo em vários países, escrevendo, procurando intervir na cultura e na política.

Sua primeira parada é no Congo, onde radicalizará o discurso político num filme de denúncia do colonialismo, *O leão de sete cabeças* (*Der leone have sept cabeças*, França/Itália, 1969). Guerrilheiros africanos e latino-americanos, uma deusa loira e colonialista chamada Marlene (Rada Rassimov), um padre (Jean-Pierre Léaud), portugueses e norte-americanos rodopiam num grito terceiro-mundista de um diretor que aproveita o pico de sua fama internacional para enveredar, liberto de amarras, no seio do cinema político.

Logo em seguida, ele filma em Barcelona *Cabeças cortadas* (1970), a filtragem da política pelo sonho, pelo onírico, acompanhando os delírios de Díaz II

(Francisco Rabal), um ditador que remete à realidade latino-americana, mas supera esse primeiro registro e lança o espectador para o território do maravilhoso. Obra com aguçado sentido plástico, com cores arrebatadoras, é mais uma vez a demonstração do inequívoco talento glauberiano. O filme ficará retido pela censura no Brasil, que curiosamente o libera mais tarde, em 1978, sob o argumento de que o filme contém "mensagem bastante simbólica que não será entendida pelo povão"[56].

E Glauber não para. Logo depois estará no Chile e em Cuba, onde realizará com Marcos Medeiros *História do Brazyl* (1972-1974). É um trabalho pretensioso, na linha de audácia do diretor, procurando sintetizar em imagens e sons toda a teoria e a história do país.

Nova ruptura ocorre quando da realização de *Claro* (1975), na Itália. Mais uma polêmica, críticas conflitantes e o cineasta marcando que: "*Claro* é o meu filme mais livre, no qual eu mesmo me desmitifico. É um filme político e psicopolítico: não existe divisão entre cinema e política"[57]. Glauber entra agora no coração de seu tempo e, através da personagem Moça (Juliet Berto), revolve fantasmas políticos e existenciais.

Estava se aproximando a hora de voltar. Em 1974, Glauber envia para a revista *Visão* um depoimento sobre os dez anos do golpe, fazendo declarações de impacto que lhe custarão caro:

> Eu acho que Geisel tem tudo na mão para fazer do Brasil um país forte, justo e livre. Estou certo inclusive que os militares são os legítimos representantes do povo. Chegou a hora de reconhecer sem mistificações, moralismos bobocas, a evidência: Costa era quente, frias eram as consciências em transe que não viram pintar as contradições no espelho da história. [...] Não existe arte revolucionária sem poder revolucionário. Não interessa discutir as flores do estilo: quero ver o tutano da raiz. [...] Chega de mistificação. Para surpresa geral, li, entendi e acho o general Golbery um gênio – o mais alto da raça ao lado do professor Darci. [...] Sou um homem do povo, intermediário do cujo, e a serviço. Força total para a Embrafilme. Ordem e Progresso[58].

O cineasta entrava na política com a mesma impetuosidade com que agia no campo da arte e desconcertava a todos que combatiam o Estado autoritário. E essa será uma constante de Glauber após sua volta em 1976: a crença de poder interferir no jogo de forças políticas com a mesma potência que detém no cinema, como um dos maiores cineastas de todos os tempos. Defendendo determinadas posições, interferindo nos embates em torno da Embrafilme, o diretor terá uma atuação que parece ser apenas a manifestação de um extremo desejo de pragmatismo e que caminha em rota de colisão direta com sua prática artística caracterizada por fortes intenções revolucionárias. Essas declarações serão fonte de inesgotáveis rancores e críticas em relação a tudo que Glauber fará dali em diante, mesmo após a brilhante intervenção de Paulo Emílio salientando que: "Glauber é Profeta alado. Restaria lembrar que Profeta não tem obrigação de acertar, sua função é profetizar. Através de filme, escrita, fala e vida, Glauber tornou-se uma personagem mágica de quem não é fácil ser contemporâneo e conterrâneo. Ele é uma das nossas forças e nós, Brasil, a sua fragilidade"[59].

As respostas do artista não tardariam, dentro do terreno onde extravasa genialidade, isto é, do trabalho envolvente que realiza com uma câmera de cinema. Logo de início, um curta e um média-metragem sobre figuras-chaves da cultura brasileira: *Di Cavalcanti* (1976) e *Jorjamado no cinema* (1977), o último realizado para o Setor de Rádio e Televisão da Embrafilme. Nos dois filmes, surpreendentes visões de artistas consagrados, longe de oficialismos culturais, produtos diretos das transfigurações operadas pela linguagem cinematográfica por meio de Glauber. Em *Di Cavalcanti*, a partir do velório do pintor no Museu de Arte Moderna no Rio, o diretor arma um nervoso e alegre mosaico de viés experimental no qual celebra a vida do pintor. O filme ocasiona choques com a família de Di Cavalcanti, que consegue posteriormente impedir por decisão judicial a exibição da obra.

Também instigantes são as participações de Glauber Rocha no programa de televisão *Abertura*, com direção geral de Fernando Barbosa Lima e levado ao ar pela TV Tupi entre 1979 e 1980. Levantando polêmicas à esquerda e à direita, defendendo a redemocratização do país conduzida pelos militares, divulgando sua própria obra, entrevistando populares ou personalidades como o psicanalista Eduardo Mascarenhas – o quadro feito por Glauber Rocha para o *Abertura* possuía grande liberdade formal e inovou na televisão brasileira da época[60]. É de se notar que, desde o seu retorno ao Brasil, Glauber Rocha manteve-se constantemente na imprensa, por meio de entrevistas ou artigos, discutindo com seu estilo convulsivo os rumos do cinema brasileiro e a conjuntura política nacional.

O fecho de ouro glauberiano, para a década e também para uma concepção cinematográfica que imperou na década de 1960, viria com a produção que começa a preparar em 1977 e na qual investirá todo o seu potencial. *A idade da terra* (1978-1980) – resultado de trinta horas de filme rodadas em Salvador, Brasília e Rio de Janeiro, com som direto, improvisações e imponente Cinemascope – é o que Glauber oferece no fim de um longo e dolorido percurso. Poética e grandiosa visão do país, o filme condensa em imagens o vulcão de ideias que consome o diretor. As reações foram ácidas, da parte da crítica e do público: muitos não conseguindo fruir nem mesmo o delirante plano inicial, o sol nascente dourando o Palácio da Alvorada ao som de ruídos da natureza e de múltiplos motivos musicais. Assistiu-se a um jorro de raiva acumulada caindo sobre Glauber. Mas não faz mal, vozes mais respeitadas logo se fizeram ouvir, como a de Jean-Claude Bernardet:

> E *A idade da terra* tem muitas raízes: o trabalho sobre a perspectiva e a luz no cinema moderno, a teatralização do espaço, já explorada no cinema brasileiro dos anos 1960, em particular em *O dragão da maldade contra o santo guerreiro*; e raízes nas artes plásticas, cujas pesquisas foram muito além do que o cinema está fazendo atualmente. Assume também o risco de nos fazer viver e vislumbrar algo que não sabemos ainda o que é. Glauber assumiu este risco. Eu, como espectador, assumo o risco de me deixar fascinar por este espaço que desconhecia no cinema e que não sei aonde está me levando. Este risco só pode ser vivido na alegria e na angústia simultaneamente[61].

Ou ainda no enfoque mais abrangente de Ismail Xavier:

> *A idade da terra* é a busca mais ousada de síntese e, simultaneamente, mergulho mais ousado na fragmentação e na multiplicidade de uma vivência do país. Combinação de espaços: Brasília, interiores, Rio, Salvador; mistura de gênero: documentário, representação alegórica, filme experimental que lembra os procedimentos do udigrúdi; forma sincrética de pensar o Brasil como país periférico na decadência do imperialismo, formação social dotada de uma energia concentrada na religião, nas concentrações de massa, no Carnaval, porém sufocada pela anemia de sua classe dirigente e pela dominação externa. Em sua acumulação de elementos, Glauber espelha a crise, vale-se de uma recapitulação histórica que, de forma mais delirante, procura situar o Brasil na idade da terra, numa tonalidade de reflexão messiânica que esboça esperança, mas não consegue dar contornos nítidos à sua visão do presente[62].

A década estava se esvaindo, legando uma nova realidade para a produção cultural. Glauber não precisava ofertar um presente tão majestoso como *A idade da terra* para um cinema que perdera muito da sua antiga integridade. Não precisava também ter partido tão cedo e tão tragicamente naquele fatídico 22 de agosto de 1981. Como sempre, viajando.

PORNÔ, NOVAS TENDÊNCIAS E CRISE (1980-1990)

Mais uma vez, veremos o oscilante cinema brasileiro abalado por incertezas. Pressões políticas que ocasionam o fim do regime militar, afrouxamento da censura e crise da economia encontram um cinema com tradições na abordagem de grandes questões nacionais e com um segmento marcado pelo erotismo. Os elementos compõem um quadro explosivo, sendo inevitáveis as fraturas numa cinematografia em processo de montagem institucional e de decantação cultural.

Depois de um decênio promissor, ao menos sob o prisma econômico, emerge a crise com a diminuição vertiginosa de público. O mercado total de cinema no país sofre violenta retração entre 1979-1990, numa queda livre que atinge tanto o filme nacional como o estrangeiro. Se em 1975 foram vendidos no Brasil 275,4 milhões de ingressos, em 1984 o número cai para 89,9 milhões, havendo alguma recuperação a seguir, de maneira que em 1990 essa quantidade é de 95,1 milhões. Em relação ao cinema brasileiro, especificamente, no ano de 1978 foram vendidos 61,8 milhões de ingressos, caindo para 10,0 milhões em 1990. A produção nacional ainda consegue manter a faixa de 30% do mercado até 1984, mas a partir do ano seguinte a sua participação diminui e chega em 1990 a apenas 10,5%. O número de cinemas também decresce, principalmente no interior do país, e se em 1975 há 3.276 salas, em 1986 há apenas 1.372.

Essa crise no mercado cinematográfico como um todo possui três causas centrais. A primeira delas tem relação com a crise econômica atravessada pelo país a partir do fim dos anos 1970, mas que se acentua e se faz sentir, sobretudo, no decênio seguinte; não por acaso os anos 1980 são conhecidos como "a década perdida" devido ao crescimento irrisório do PIB, alta descontrolada da inflação, desemprego e crise na indústria. Evidentemente, essa situação acarreta menor disponibilidade das pessoas para gastos com diversões tais como o cinema. A segunda causa é ligada à consolidação da televisão aberta brasileira nos anos 1970, levando grande parte do público a progressivamente afastar-se das salas de cinema. Isso sem esquecer que, ao longo da década de 1980, também o videocassete se afirma como opção para o consumo doméstico de filmes. Por fim, a crise do mercado também se relaciona com o crescimento exponencial da violência urbana e a deterioração dos centros das grandes cidades, onde se localizavam muitas salas. Em resumo, boa parte do público encontrava-se empobrecido, possuía opções mais baratas para assistir a filmes e a outros produtos audiovisuais e, ademais, vivia uma sensação de insegurança que incrementava uma situação bastante negativa[63].

Ao contrário do que ocorre nos Estados Unidos, na França e na Itália, países nos quais a televisão é uma parceira importante da produção cinematográfica, tal quadro não se configurou no Brasil e por aqui não havia, até os anos 1990, estruturas econômicas que articulassem ambas as atividades.

A situação econômica do país se refletirá também na crise do Estado brasileiro. A partir da década de 1980, atolado no pagamento da dívida externa, o Estado reflui seus investimentos, e a Embrafilme passa por um longo processo de esvaziamento que atravessará todo esse período. Se Roberto Farias fica por cinco anos à frente da Empresa, só saindo em 1979, o mesmo não ocorre com seus sucessores, cujos períodos como dirigentes serão progressivamente mais curtos: Celso Amorim, de 1979 a 1982; Roberto Parreira, de 1982 a 1984; Carlos Augusto Calil, de 1985 a 1986; Fernando Guignone, de 1986 a 1987; Fábio Magalhães, por alguns meses em 1988; e Moacir de Oliveira, de 1988 a 1990[64]. Além da diminuição de aportes do Estado, a crise da Embrafilme tem relação com o encolhimento do mercado cinematográfico, pois a arrecadação dos filmes brasileiros que ela coproduz e/ou distribui se reduz substancialmente, assim como há menor recolhimento de imposto das distribuidoras de filmes estrangeiros – que também viam diminuir o seu mercado.

Ao mesmo tempo, a Embrafilme passa a ser atacada por parte do meio cinematográfico brasileiro descontente com a política da empresa, a qual não lograva atender a todos e possuía aspectos inegavelmente clientelistas. Note-se ainda que parte da grande imprensa questiona de forma agressiva as atividades da Embrafilme em reportagens e editoriais, gerando forte desgaste na opinião pública. Finalmente, o Concine – o outro braço da política cinematográfica brasileira – enfrenta uma verdadeira guerra nos tribunais provocada por empresas distribuidoras de filmes estrangeiros e por exibidores visando não cumprir a cota de tela, que a partir de 1980 era de 140 dias por ano. As mudanças conduzidas pelo ministro da Cultura Celso Furtado[65] em 1987 dividem as operações da Embrafilme, de maneira que a parte comercial fica concentrada na Embrafilme Distribuidora de Filmes S. A. e a parte relativa ao chamado cinema não comercial é de responsabilidade da Fundação do Cinema Brasileiro[66]. Essas medidas, bem como o fortalecimento institucional do Concine, não resultaram em uma alteração da situação de decadência da Embrafilme, e o cinema brasileiro entrou em crise aguda nos últimos anos da década de 1980[67].

Em março de 1990, o presidente da República Fernando Collor de Mello, em uma das primeiras ações do seu malogrado governo, extingue a Embrafilme, o Concine e a Fundação do Cinema Brasileiro por meio da medida provisória 151, que também concernia a diversos outros órgãos do Governo Federal. Era uma pá de cal sobre um modelo de relação entre Estado e cinema que começara a ser gestado ainda nos anos 1950 nos congressos de cinema, iniciou-se efetivamente em 1966 com o INC, atingindo o auge com a Embrafilme durante a gestão de Roberto Farias na segunda metade dos anos 1970, e foi marcado por uma longa agonia. Tratava-se agora de o meio cinematográfico recompor-se e lutar por novas formas de amparo por parte do poder público, afinal, a infeliz ideia de uma cinematografia sem apoio do Estado mostrou-se inviável nos anos seguintes, quando a produção ficou à míngua e com uma participação irrisória no mercado[68].

O fim da Embrafilme e o colapso do modelo que ela representa não significa que a experiência dessa estatal tenha deixado de marcar profundamente o cinema brasileiro. A criação da Ancine (Agência Nacional do Cinema), pouco mais de dez anos depois, demonstra isso. No que pesem as diversas diferenças entre Embrafilme e Ancine – e elas são muitas –, há entre os dois órgãos traços homólogos, dos quais o mais saliente parece ser que ambas são instituições fortes e centralizadoras ligadas ao Governo Federal e em cuja órbita gravita a produção cinematográfica brasileira[69].

Essa é a paisagem mais ampla. Vamos procurar agora lançar luz nas tendências culturais formadoras da produção cinematográfica.

O conjunto de filmes que podem ser englobados sob o rótulo de "eróticos" apresentam contornos gradativamente mais ousados no início da década de 1980. Um deles esticará ao limite o fio preso na mão de uma censura que já dá sinais de recuo, *A noite das taras* (1980). Em três episódios, de Ody Fraga, de John Doo e do próprio produtor David Cardoso, combinam-se com habilidade a linguagem pesada, os enquadramentos da nudez das atrizes (Matilde Mastrangi era a grande atração) e mesmo o tom da fotografia, entrando por uma via que só poderia chegar, logo em seguida, ao domínio do sexo explícito, das cenas não simuladas. *A noite das taras* se aproxima o máximo possível do *hardcore*, e a resposta do público foi imediata. Lotando os cinemas, o filme atrai 1,5 milhão de espectadores.

A caminhada em direção ao pornô explícito é rápida. Ody Fraga dirige *Fome de sexo* (1981), ainda equilibrando um fio narrativo razoavelmente bem construído com cenas de sexo explícito que só não mostravam o momento da ejaculação – quebrando, portanto, uma regra do *hardcore* e criando um curioso pornô "contido", talvez pensando em driblar a censura. Mas o rompimento da barreira da censura acabou ficando com *Coisas eróticas* (Raffaele Rossi, 1981), primeiro pornográfico concebido conforme as regras do gênero e também um campeão de bilheteria.

O sexo explícito é uma temática cuja produção vai proliferar rapidamente, em paralelo com a entrada dos pornôs estrangeiros no circuito exibidor, contornando a censura com um artifício jurídico. Realizando filmes com custos ainda mais baixos que os da pornochanchada, o explícito ocupará vasta fatia do mercado. Encurrala e atrai o setor da Boca que tentava uma melhoria de qualidade por meio da produção média. São os novos bárbaros que chegam vorazes ao mercado. Produtores como Galante e diretores como Cláudio Cunha, Jean Garrett e Fauzi Mansur sentirão o golpe, afastando-se da atividade cinematográfica ou entrando no gênero. Mansur, por exemplo, redireciona sua Virgínia Filmes para esse tipo de produção e nos brinda com filmes abaixo de qualquer possibilidade de diálogo. Cláudio Cunha procura sofisticar o baixo nível de produção do pornô, com *Oh! Rebuceteio* (1984), mas logo desiste da tarefa, recolhendo-se à produção teatral.

O vendaval é forte, arrastando obras que não conseguiram ser lançadas no ano de sua produção e logo se tornaram antigas em termos de atrativo erótico, como *Estranho desejo* (Jean Garrett, 1983). O frágil equilíbrio do cinema da Boca é rompido com a saída das trevas do pornô explícito, e melancolicamente ocorrerá uma deterioração rápida da produção, inviabilizando-se também filmes de dupla leitura de diretores como Khouri e Reichenbach.

O cinema pornô – que prossegue impávido, conseguindo contornar a censura com mandados judiciais e diversificando temas – apresenta certa hierarquia das formas de produção. São sensíveis as diferenças de filmes como *Viciado em c...* (1985), com direção de Roberto Fedegoso, pseudônimo de David Cardoso, ou *A b... profunda* (1983), dirigido por Gerard Dominó, pseudônimo de Álvaro Moya, com a maioria da produção da Boca. Estes são filmes mais bem cuidados e também mais atrevidos, dirigidos com habilidade. A imaginação pornográfica corre solta e é veloz. Há o ciclo dos cavalos, com títulos como *A menina e o cavalo* (Conrado Sanchez, 1983) e *Meu marido, meu cavalo* (Juan Bajon, 1986), animal que, aliás, parece uma fixação na produção da Boca desde o sucesso de *Mulher, mulher* (Jean Garrett, 1977). Mas outros animais não são esquecidos, como se pode notar com *Meu cachorro, meu amante* (Custódio Gomes, 1987) ou *Emoções sexuais de um jegue* (Sady Baby, 1987). A perversão conflui para um filme que parece fixar os limites máximos do pornô, *Mulheres taradas por animais* (1986), dirigido por Johanes Dryes, aliás, Ody Fraga. Já numa situação em que o gênero começa a apresentar sinais de esgotamento, surge essa produção, que investe muitos recursos para conseguir rodar inimagináveis sequências, configurando o mais perfeito retrato do caminho sem volta desse tipo de cinema.

Abalada a produção média, há uma corrida de produtores e diretores para os braços da Embrafilme, que obviamente não possui estrutura, recursos e maleabilidade nos mecanismos de produção para assumir uma tarefa tão grandiosa. É um momento em que o Estado já não está tão interessando em intervir na produção cultural e no qual a crise econômica atravessada pelo país gera uma situação de recuo dos investimentos de recursos públicos, como vimos, acarretando o progressivo desgaste da empresa.

Paralelamente à miserabilidade pornográfica, surgem também algumas obras com estatuto, ou pretensões, de "grande produção". Os números só se agigantaram na comparação com os investimentos do cinema produzido no país. É o caso de *Quilombo* (Cacá Diegues, 1983), recaída do diretor na temática histórica e grandiloquente, consumindo um cobiçado 1,5 milhão de dólares, e do louvável *O beijo da mulher aranha* (Hector Babenco, 1984), obra nascida do infatigável desejo de fazer um cinema de qualidade. Até mesmo *Memórias do cárcere* (Nelson Pereira dos Santos, 1983) entra no rol dos "primos ricos" de um cinema imerso em crise, apesar de só ter consumido 550 mil dólares. São filmes, às vezes injustamente criticados por essa característica, que na verdade exibem a outra face de um processo cinematográfico agudamente cindido. Mas, mesmo em tempos difíceis, a efervescência do cinema brasileiro não se resumirá a essa polaridade.

Um significativo número de filmes que abordam a questão política pontilha a passagem da década. Tanto no plano do documentário – voltado em grande parte para as lutas e greves dos trabalhadores, revelando alterações na relação entre cineastas e sindicatos – como no âmbito ficcional, desfilam as obras que tematizam traços abafados nos anos anteriores. Greves, luta armada, tortura e depois manifestações pelas eleições diretas seguidas da transição democrática permeiam essa série de filmes.

É com o peso da tradição e do questionamento de equívocos do passado que o cinema se aproxima do surto grevista do final da década. No campo do documentário, destaca-se o longa-metragem de dois jovens cineastas, Roberto Gervitz e Sérgio Toledo, que sentem as ricas possibilidades do momento e partem para a realização do bem-sucedido *Braços cruzados, máquinas paradas* (1978), conseguindo articular a emergência dos movimentos reivindicatórios com o processo de eleições e o controle da máquina sindical em São Paulo. Da mesma situação de efervescência saem os curtas documentários *Greve!* (João Batista de Andrade, 1979), *Trabalhadores: presente!* (João Batista de Andrade, 1979) e *Greve de março* (Renato Tapajós, 1979). Renato Tapajós prosseguirá inclusive realizando filmes junto ao Sindicato dos Metalúrgicos de São Bernardo e Diadema; depois ainda rodará os médias-metragens *Em nome da segurança nacional* (1984) e *Nada será como antes. Nada?* (1985), preocupado com a relação entre movimentos populares e participação política mais ampla[70]. Em outra linha, merece destaque especial *Chapeleiros* (Adrian Cooper, 1983). Penetração sensível e cuidadosa no cotidiano de uma antiga fábrica de chapéus em Campinas, o curta-metragem de Adrian Cooper possibilita uma inovadora visita ao interior do mundo do trabalho registrado por meio de imagens bastante compostas e sem nenhuma locução, apenas com som ambiente.

Mas vamos aos ecos dessa conjuntura no cinema ficcional, centrado em outros objetivos, sujeito a coerções diferentes. Repressão e tortura logo invadem a produção, diante dos primeiros sinais de relaxamento da censura. As primeiras investidas no tema tabu vieram de dois polos do cinema paulista, um mais próximo do Estado e outro de um tradicional produtor da Boca: *Paula, a história de uma subversiva* (Francisco Ramalho, 1979), uma coprodução com a Embrafilme, e *E agora, José?* (Ody Fraga, 1979), incursão inesperada de David Cardoso num estranho "pornô-político", misturando rudeza sexual e tortura. *Paula* segue a via mais elaborada, contrapondo um arquiteto com posições de esquerda moderada (Armando Bogus) a uma militante da luta armada (Carina Cooper). Uma paixão do passado do arquiteto ressurge num momento de crise familiar e envolvimento com a polícia. Mas o tema espinhoso não consegue do diretor Francisco Ramalho o tratamento esperado, e *Paula* naufraga numa narrativa débil, perdido em clichês, pobre em discussão política. O assunto revelava a dificuldade de assimilação, logo na tentativa inicial, de um terreno repleto de fantasmas que deveriam ser superados pela transmutação em imagens e sons. Além disso, o subtítulo de *Paula* mostrava as garras do mercado prontas para a neutralização do indesejado, as malhas comerciais rondando e enredando essa entrada na política, utilizando o jargão conservador: *Paula: a história de uma subversiva*.

O confronto dilacerante com a ditadura voltaria em outros filmes. Travestida, diluída na ficção policial, acabou por gerar obras mornas, num estilo que Ismail Xavier chamou de "naturalismo da abertura"[71], presente em filmes como *Pra frente, Brasil* (Roberto Farias, 1981) e *O bom burguês* (Oswaldo Caldeira, 1982).

Inventividade cinematográfica só apareceria em obras que investigaram com nova visão estética as danosas consequências do período, lendo no mapa das subjetividades os traços dos descaminhos políticos. É o caso do primoroso *Nunca fomos tão felizes* (Murilo Salles, 1984) e de *Extremos do prazer* (Carlos Reichenbach, 1983). No primeiro, Murilo Salles opta por ler o governo Médici pelo prisma do filho abandonado (Roberto Battaglin) de um militante clandestino (Cláudio Marzo), contando a busca pela esfacelada figura paterna. Partindo de um conto do escritor João Gilberto Noll, o diretor constrói um filme denso, carregado de simbolismo, esquadrinhando o espaço cinematográfico e o interior da personagem com incrível maturidade para uma obra de estreia. Já em *Extremos do prazer*, Carlos Reichenbach continua seu trabalho e, num filme que marca o encerramento de certa fase de possibilidades da Boca, consegue concentrar num fim de semana em uma casa de campo a política recente, a sexualidade, a mediocridade da modernização, os jovens e os sonhos da década de 1960. A figura central, catalisadora, é um professor cassado e viúvo de uma combatente da resistência armada. Partindo de condições mínimas de produção, Reichenbach executa um radicalizado e surpreendente exercício de liberdade artística. Brincando com a linguagem, entrando de repente com sua voz pela boca de um personagem e explicitando seu fazer cinematográfico, oferece ainda movimentos de câmera deslumbrantes e uma grua antológica. São dois filmes que resgatam, com dignidade e talento, sonhos e práticas políticas heroicos, constantemente criticados e mesmo vilipendiados.

O relacionamento cinema-política continuou intenso na primeira metade da década, tendendo a decair na segunda metade. Houve também uma circulação entre o documental e a ficção, com influências mútuas. Leon Hirszman, por exemplo, volta à direção com um filme que recorre a uma peça de Gianfrancesco Guarnieri do final da década de 1950, *Eles não usam black-tie* (1981), para chegar perto da ebulição grevista em um filme forte na sua proposta realista. Não por acaso o diretor havia filmado vasto material documentando as greves de 1979 na região do ABC, mas não finalizou a produção, que só seria lançada postumamente com o título de *ABC da greve* (1980-1989).

João Batista de Andrade é outro que transita entre os dois domínios, rodando um ágil policial-político, *A próxima vítima* (1982), um coquetel onde entram a campanha para governador de São Paulo em 1982 e a presença aterradora de um estuprador de prostitutas nos becos da capital. João Batista ainda acompanhará o processo político no documentário *Céu aberto* (1985), procurando captar a esperada transição, mas principalmente aprisionando em imagens a sofrida fase final do presidente Tancredo Neves. Ficção e realidade tensionam também em *Patriamada* (1984), de Tizuka Yamasaki, filme estirado por muitos fios, do nacionalismo à campanha das diretas, da crítica à adesão política ao bloco dominante – mais uma obra indicativa das dificuldades de penetrar num terreno que exige coragem e autonomia redobradas.

O público, talvez ansioso por bons tratamentos do passado recente, respondeu com inesperada receptividade a três obras carregadas de sinceridade e emoção: *Os anos JK: uma trajetória política* (Silvio Tendler, 1976-1980), *Jango* (Silvio Tendler, 1981-1984) e *Cabra marcado para morrer* (Eduardo Coutinho, 1981-1984). A volta efetuada pelos três filmes ao período gerador dos anos de chumbo da década de 1970 transbordava de sentimentos, remexia no fundo dos ricos depósitos da memória. *Os anos JK* e *Jango* são marcados pela rica utilização de material de arquivo, sensibilizando profundamente a memória da esquerda brasileira, mas a partir de procedimentos clássicos do cinema de não ficção. *Cabra* é um achado no cruzamento de vivências, memórias e política, voltando ao criticado CPC com extrema habilidade, fugindo de velhos esquemas, marcado pela contemporaneidade. A justaposição de uma família desagregada pelo golpe e de um filme interrompido ocasionou a criativa colisão de arte e vida, mostrando uma obstinada luta contra o esquecimento. Elisabeth (viúva de Pedro Teixeira, líder camponês assassinado) e Eduardo Coutinho reatualizaram de peito aberto um momento mágico em que cinema e política caminhavam juntos, errando e acertando, mas principalmente distribuindo uma esquecida generosidade.

Caberia a Nelson Pereira dos Santos a palavra final no meio dos ventos da abertura. *Memórias do cárcere* (1983) é um filme de chegada do cineasta-símbolo de uma geração que pensava em outros caminhos para o cinema. Mas Nelson merece um comentário mais detido.

Parati é um ponto de referência importante na obra de Nelson Pereira dos Santos. Ali, numa hora difícil, com a política radicalizada e travada, com a cultura atravessada pelo desespero e por alegres impulsos contraculturais, o cineasta vai rodar três filmes. Repensa também sua atitude diante do cinema, burilando certas noções constantes de seu ideário.

Tudo começa com uma adaptação do conto "O alienista", de Machado de Assis, iniciada em 1969, logo após o abalo do AI-5. Primeiro filme a cores de Nelson,

Azyllo muito louco (1969) condensa, na forma de produção e no resultado final, influxos culturais e políticos da época[72]. O cotidiano da equipe revela que o cineasta comandou em Parati um trabalho em que o prazer de filmar e conviver com amigos fundiram-se de forma indissolúvel, numa espécie de círculo de proteção afetiva contra a miséria político-cultural. A saudosa Leila Diniz transmite os fluidos que cercaram a produção:

> A gente foi fazer esse filme em Parati e eu nem sei quanto eu vou ganhar. Ainda nem fiz o contrato. O filme já acabou e nós vamos dublar agora. Mas a gente estava em Parati. Era Nelson dirigindo, Arduíno, Bigode, Aninha [Ana Maria Magalhães], Isabel [Ribeiro], cachaça, peixe, aquela zona, andar descalça, não pentear o cabelo, fazer cena do jeito que a gente resolve... Meu papel não existia, não é? Nelson inventou: ele inventa sempre um papel para mim. Ele diz que agora eu vou estar sempre nos filmes dele porque ele gosta muito do meu estouro[73].

Azyllo muito louco transita pela loucura e desmando, através da figura do psiquiatra Simão Bacamarte (Nildo Parente), que a todos deseja internar. É produto típico de anos em que mensagens eram passadas nas entrelinhas, de mirabolantes voltas para contornar um assunto, de críticas injetadas em situações ficcionais "distanciadas". Nelson prossegue na busca de "um melhor caminho capaz de interpretar a realidade brasileira", mas já insere uma relativização que só veremos aparecer mais elaborada na redefinição do popular em 1975. Ele faz questão de frisar: "Já não é mais a minha ideologia que eu ponho em questão, mas todas as ideologias que afrontam uma realidade com a ilusão de aprisioná-la inteiramente, sem qualquer abertura"[74].

O visgo de Parati se revelará poderoso. Nelson prossegue. Em 1970, filma também na cidade *Como era gostoso meu francês* e, dois anos depois, *Quem é Beta? – Pas de violence entre nous*, cuja ação transcorre após uma hecatombe atômica. Obra mal recebida, geradora de polêmica, foi defendida por poucos, como Cacá Diegues, que a considera uma experimentação, expressão de um cinema moderno[75].

Esgotado o ciclo de Parati, com sinais de mudanças políticas, há o contato do cineasta com o Estado, sua relação com uma política cultural e cinematográfica em gestação, e a realização de mais um bloco de três filmes agora imantados pela preocupação com o nacional e o popular em ritmo de década de 1970. O diretor então roda na ocasião *O amuleto de Ogum* (1974), *Tenda dos milagres* (1977) e *Estrada da vida* (1980). Da religiosidade popular à música sertaneja, vemos o cineasta apostar num projeto e numa visão de mundo que considera os mais corretos tanto politicamente quanto em relação à estratégia de aproximação com o grande público. *Estrada da vida*, filme em que Nelson penetra no universo da poderosa e industrializada música sertaneja por meio da vida e da carreira de Milionário e Zé Rico sem se colocar criticamente, alcança massivamente os espectadores, ultrapassando a marca de 1 milhão de ingressos em 1981 – num ano já de crise para o cinema.

Superados os entraves colocados pela década de 1970, Nelson parte para um filme há muito tempo sonhado, *Memórias do cárcere*. Tratava-se da volta a Graciliano vinte anos depois e a utilização de toda a legitimidade e a experiência acumuladas numa obra que rememora um período repressivo, mas celebra ao mesmo tempo o esboço de democracia em processo de construção.

Memórias do cárcere é uma produção elaborada com cuidado, tecida pouco a pouco, desde os vários tratamentos do roteiro até a escolha da música que fecha o filme – "A grande fantasia triunfal sobre o hino brasileiro", de autoria de Louis Moreau Gottschalk, revela todo o empenho de Nelson Pereira dos Santos na retomada de um escritor que marcara sua carreira. Apesar de não consumir altos recursos, o produtor Luiz Carlos Barreto conseguiu armar um esquema de produção que sustentou os momentos grandiosos do filme. O cineasta pôde então dar vazão a certas concepções com talento e sem sufocantes pressões externas, construindo um filme arrebatador, límpido, costurando com seriedade a discussão da relação arte-política.

É, sem dúvida, emocionante ver um diretor com o passado de Nelson inserir uma obra norteadora, com intensa luz própria, num conjunto de filmes que optaram pelos temas da política. Tinha que ser dele a mais lúcida e bem estruturada construção estética num momento de maior liberdade para a circulação de ideias políticas no cinema. Nelson realizará logo em seguida, na esteira do sucesso de *Memórias*, um filme coproduzido com a França, *Jubiabá* (1987), baseado no livro homônimo de Jorge Amado.

A presença jovem ou de novas gerações no cinema brasileiro dos anos 1980 foi crescente. De início, apenas alguns longas-metragens destacados, como *O sonho não acabou* (Sérgio Resende, 1981) ou *O olho mágico do amor* (Ícaro Martins e José Antônio Garcia, 1981). Depois, uma segmentação em núcleos sem projetos claros, com produção contínua de filmes, caracterizando uma geração em que os ecos de movimentos políticos e culturais do passado já não se propagavam com tanta força.

Em São Paulo, esses cineastas integram majoritariamente o que foi apelidado de "grupo da Vila Madalena", referência a um bairro habitado por intelectuais e estudantes, com um modo de vida pleno de resíduos das movimentações políticas estudantis do passado e também da contracultura. Mas existem outros também, como Guilherme de Almeida Prado, que trabalhou na Boca com Ody Fraga antes de dirigir os significativos *As taras de todos nós* (1981), *Flor do desejo* (1984) e *A dama do Cine Shangai* (1987). E mesmo Zé Antônio e Ícaro, de *O olho mágico do amor*, que também iniciaram trabalhando criticamente no interior do "cinema erótico".

No caso do "cinema da Vila", há um leque diversificado de curtas e longas, prioritariamente amparados pelos órgãos estatais. Jean-Claude Bernardet realizou uma primeira abordagem desse cinema, procurando constantes nos estilos e temáticas[76]. Uma certa tensão entre linearidade e fragmentação; a preocupação com uma narrativa que interesse ao espectador, mas que também é sempre atravessada pela ironia e ambiguidade; uma irresistível atração pela metrópole modernizada; o desprezo por grandes sonhos e utopias; a questão da identidade; todos são aspectos que atravessam filmes díspares como *Asa branca, um sonho brasileiro* (Djalma Limongi Batista, 1979-1981), *Noites paraguaias* (Aloysio Raulino, 1981-1982) e *Marvada carne* (André Klotzel, 1984-1985).

José A. Garcia e Ícaro Martins fixaram certa tonalidade nos seus filmes, delimitando um campo de inquietações presente nas três fitas que dirigiram. São obras que circundam um setor da juventude urbana, com impulsos de transgressão vivencial, rondando às vezes a marginalidade. Em *O olho mágico do amor*, o criativo achado foi a inserção de uma adolescente que se inicia no mundo do trabalho, arrumando emprego numa sociedade de ornitologia em plena Boca do Lixo, e passa a conviver, por um providencial furo na parede, com o cotidiano de uma prostituta. Vera Gata (Carla Camurati, uma fixação dos jovens cineastas) vê Penélope (Tânia Alves), fica siderada por um mundo desconhecido e mantém com a prostituta uma silenciosa e oculta aproximação, deixando fluir seus fantasmas sexuais femininos. O filme nos lança, por meio da relação entre as duas mulheres, para o próprio cinema, para a aproximação dos dois cineastas com o campo perigoso da pornochanchada, universo que seduz, mas que traz também o perigo da dissolução.

A mesma juventude à beira do abismo retorna em *Onda nova* (1983), filme mais arriscado dos dois diretores, pois esfacela personagens e narrativa, e ressurgirá em *Estrela nua* (1984) com as projeções e medos de uma dubladora de cinema (outra vez Carla Camurati). A dupla de realizadores é marcada e diferenciada pelo fascínio em relação aos marginais, pela reflexão sobre o fazer cinematográfico, pelas preocupações em utilizar elementos da "música alternativa" paulista, representada por nomes como Arrigo Barnabé e Cida Moreira e procurando assim contato com outros núcleos da produção cultural.

A presença de Arrigo nessa produção é significativa e indica uma vontade latente de articulação mais sistemática. Isso, no entanto, não ocorre, e a ideia de movimento está ausente do grupo. Chico Botelho, por sua vez, consegue com *Cidade oculta* (1986) – que conta, aliás, com a contribuição de Arrigo no roteiro, elenco e música – expor sem subterfúgios a atração magnética exercida pelas formas de vida e cultura modernas sobre essa geração. Policial com momentos de *show* musical, calcado em elementos retirados do imaginário cinematográfico e das histórias em quadrinhos,

Cidade oculta procura enredar o espectador nas aventuras de Anjo (Arrigo) e Shirley Sombra (Carla Camurati). O filma alcança rebuscada plasticidade na contemplação da metrópole à noite, não conseguindo, entretanto, decolar. Expõe personagens débeis, e a narrativa não acompanha a virulência exigida pela temática centrada em gangues, policiais corruptos, drogas e cabarés de fim do século. A fita, no entanto, fica como um primeiro manifesto visual e musical de uma geração.

O mesmo sentimento de adoração e crítica da vida cotidiana na metrópole encontra talentosa solução estética nos filmes de Wilson Barros. Em *Diversões solitárias* (1983), o diretor consegue captar em 11 minutos de filme as luzes e espelhos dos fliperamas e *shopping centers*, a solidão e mediação de relações pelos aparatos eletrônicos, a fugacidade feminina e a dificuldade do amor numa cidade moderna. A marca do autor está também no caleidoscópio de *Disaster movie* (1979). Mas é no seu primeiro e único longa, *Anjos da noite* (1986), que encontramos uma das expressões mais bem acabadas dos sentimentos de amor e ódio pela grande metrópole. Articulando personagens tão díspares entre si como uma ex-modelo, uma atriz decadente, um diretor de teatro, um travesti, um garoto de programa e uma estudante de sociologia, entre outros, o filme compõe um painel fragmentado e pós-moderno de São Paulo, no qual se destacam as diversas referências cinematográficas e a fotografia muito elaborada. Se em alguns momentos o filme brinca com a crença na transparência da representação naturalista do cinema, como nos assassinatos apresentados logo nos seus primeiros minutos, por outro há momentos densos, como no exasperado discurso feito por Mauro (Chiquinho Brandão) numa noite chuvosa, em que a solidão, o medo e a incompreensão surgem de maneira vigorosa[77].

Contudo, um filme salta à frente nesse verdadeiro enfrentamento dos construtores do imaginário com experiências da vida moderna. É *Vera* (1986), de Sérgio Toledo Segall, inesperada mudança de rumo do diretor que havia rodado, com Roberto Gervitz, *Braços cruzados, máquinas paradas*. *Vera* é refinado, envolvente, um depósito de imagens primorosas resultante de um trabalho com a fotografia, que privilegia certos tons para criar uma estranha e mágica ambientação. A São Paulo por onde perambula a menina de orfanato (Ana Beatriz Nogueira), procurando um lugar para sua incômoda masculinidade, é antípoda da sedutora cidade que vemos em outros filmes dessa geração e nos remete para um frio e enigmático futuro. Toledo fez um trajeto do mundo operário para uma modernidade asfixiante. A tensão estabelecida entre seu filme e o restante da produção jovem é reveladora da complexidade que espreita os cineastas ansiosos por apreender a situação vivencial contemporânea.

Se em São Paulo assistimos a essa perseguição da condição moderna, em outros estados também despontam jovens na frente e atrás das câmeras. No Rio de Janeiro, além do já mencionado Lael Rodrigues, destaca-se Sérgio Rezende, que estreou com o promissor *O sonho não acabou*, mas não resistiu aos apelos do espetáculo e abandonou a temática dos jovens, a qual era abordada com certa consistência. Seu filme seguinte é um policial com restrita pretensão política intitulado *O homem da capa preta* (1985), uma fantasiosa e comportada visão do lendário político Tenório Cavalcanti. O filme posterior de Rezende, *Doida demais* (1988-1989), parece confirmar a tendência de um diretor afeito às narrações convencionais. Nada feliz também é a estreia de Lui Farias (da família de Roberto e Reginaldo Faria) em *Com licença, eu vou à luta* (1985), exemplo de anacronismo e falta de vitalidade cinematográfica.

Ainda no Rio de Janeiro, cabe ressaltar as estreias como diretores de longa de alguns cineastas com grande currículo profissional. Lauro Escorel já havia se firmado como um dos principais diretores de fotografia do cinema brasileiro, tendo em sua filmografia obras importantes, tais como *São Bernardo*, *Toda nudez será castigada*, *Bye bye Brasil* e *Eles não usam black-tie*. Dirige então o sensível *Sonho sem fim* (1985), ficcionalização da vida aventureira do pioneiro do cinema brasileiro Eduardo Abelim (interpretado com sensibilidade por Carlos Alberto Riccelli).

Outro profissional experiente que lança seu primeiro longa é Jorge Durán, nascido no Chile, país em que iniciou sua carreira. Com a ditadura de Pinochet, se exila no Brasil e aqui se torna o roteirista de filmes destacados como *Lúcio Flávio, o passageiro da agonia*; *Gaijin, caminhos da liberdade* (1980); *Nunca fomos tão felizes*; e *O beijo da mulher aranha*. Então, realiza com segurança e vigor *A cor do seu destino* (1986), incursão permeada de devaneios e poesia na vida de uma família de exilados chilenos no Brasil.

Finalmente, merece destaque a obra de Ivan Cardoso, ligado na juventude ao Cinema Marginal e ao tropicalismo e que desenvolve nos anos 1970 ampla atividade no campo da fotografia fixa, tendo feito o *still* de filmes de Júlio Bressane e fotos das capas de discos de Caetano Veloso ou Waly Salomão, bem como de livros de Augusto e Haroldo de Campos. Nesse período, Ivan dirige filmes experimentais rodados em Super-8, dos quais se destaca *Nosferatu no Brasil* (1971). Após algumas experiências com curtas documentários, tais como *O universo de Mojica Marins* (1976), *Doutor Dyonélio* (1978)[78] e *HO* (1979)[79], Ivan parte para a realização do seu primeiro longa-metragem: *O segredo da múmia* (1977-1981). A fita narra de forma paródica as experiências do professor Expedito Vitus (Wilson Grey), que pretende fazer reviver uma múmia. Com toques de erotismo e articulando referências ao terror, aos filmes B de aventura e à chanchada, *O segredo da múmia* é uma obra que injeta ideias e formas renovadoras no quadro do cinema brasileiro da época, conseguindo, inclusive, dialogar bem com o público. A seguir, Ivan dirige *As sete vampiras* (1986) e *O escorpião escarlate* (1991), trabalhos que releem e reciclam elementos do cinema nacional e internacional, HQs, radionovelas e músicas de diversos tipos, misturados em uma divertida geleia geral.

Temos, portanto, processos bem diferenciados nos dois principais polos de produção do país. Enquanto em São Paulo há alguma ligação minimamente orgânica entre os jovens que surgem no campo da realização de longas de ficção, no Rio de Janeiro o processo é mais disperso.

No Rio Grande do Sul, surge também um esboço de polo produtor comandado por jovens. Vindos de experiências com o Super-8, começam a pipocar longas nessa bitola, como *Deu pra ti, anos 70* (Giba Assis Brasil e Nelson Nadotti, 1981), que atinge sucesso de público no estado, *Coisa na roda* (Werner Schünemann, 1982) e *Inverno* (Carlos Gerbase, 1982). Buscando maior viabilidade comercial, os cineastas locais passam para o 35mm com *Verdes anos* (Carlos Gerbase e Giba Assis Brasil, 1983) e *Me beija* (Werner Schünemann, 1983). Rememorações da década de 1970, dificuldades da adolescência, escolas e professoras, personagens marcados pelos desmandos ditatoriais, entre outros aspectos, constituem um painel da vida sulina sob a ótica de novos produtores culturais. Os filmes também deixam transparecer uma preocupação excessiva com a narrativa e a composição de personagens bem articuladas. O diretor Werner Schünemann, por sinal, tem plena clareza do tipo de produção tocada pelo grupo que integra e diz ser um objetivo fazer "filmes vinculados estritamente ao mercado", inclusive por uma necessidade de sobrevivência. A falta de uma atitude mais arriscada e de experimentação com a linguagem são então propositais e visariam a uma consolidação que permitisse ao grupo continuar filmando[80]. Essa espécie de pragmatismo está clara em *O mentiroso* (Werner Schünemann, 1987), uma comédia passada na estrada. No entanto, diante do quadro geral de crise do cinema brasileiro, também o polo gaúcho logo deixa de produzir longas.

Ainda assim, os filmes sulinos deixam entrever novas luzes da criação cinematográfica fora do eixo dominante, como, por exemplo, no curta *O dia em que Dorival encarou a guarda* (1986), de José Pedro Goulart e Jorge Furtado. Trata-se da insólita e engraçada luta de um presidiário pelo direito a seu banho num dia de calor, numa narrativa que funde representação realista e divertidas inserções de filmes norte-americanos, como *King Kong* (1933). Esse filme consegue um tom irônico e um bom resultado em termos de curta ficcional, em função da montagem e do trabalho de direção. Mais tarde, Jorge Furtado dá sequência a sua brilhante carreira de cineasta com dois outros curtas, *Barbosa* (1988), em codireção com Ana Luiza Azevedo, e *Ilha das flores* (1989). O primeiro é uma ficção científica melancólica em que um homem (Antônio Fagundes) volta no tempo para advertir o goleiro Barbosa no momento do segundo gol do Uruguai naquela fatídica partida contra o Brasil em 1950. O segundo é um documentário que se tornou um clássico do cinema nacional, partindo do que parece ser uma descrição algo banal sobre um arrabalde de Porto Alegre, mas extraindo da sua articulada narrativa uma denúncia extremamente forte da miséria. E há curtas expressivos feitos por outros diretores, como as ficções *A voz da felicidade* (Nelson Nadotti, 1987), *O corpo de Flávia* (Carlos Gerbase, 1990) e *Au revoir, Shirley* (Gilberto Peron, 1990) ou o documentário *Memória* (Roberto Henkin, 1990).

A partir de meados da década, são repensadas as relações com o Estado devido à conjuntura já descrita anteriormente. As turbulências econômicas convivem com a vitalidade e a maturidade dos cineastas. A geração formada nas décadas de 1960 e 1970 sustenta, ao longo dos anos 1980, as bases da cinematografia brasileira, tornando-a conhecida no exterior e procurando competir internamente por um público que oscila entre exigência e voracidade.

Declarações dos cineastas naquela conjuntura revelam a busca pela superação das posturas mais rígidas e ambiciosas do passado. Cacá Diegues fala[81] no prazer de filmar, na importância do cinema em seu cotidiano e penetra nos conflitos da juventude com *Um trem para as estrelas* (1987). Um cineasta ainda mais politizado, João Batista de Andrade surpreende ao ressaltar que seu filme *O país dos tenentes* (1987) poderá romper com o que chama de "lado naturalista da produção", salientando o enfoque poético da obra e minimizando suas preocupações ideológicas[82]. São posturas renovadas no território dos veteranos que poderiam ter ocasionado uma oxigenação de ricas discussões em torno de cinema, arte e política.

Nesse período, assistimos à continuidade de atuação de alguns diretores, mostrando uma positiva canalização das reflexões e experiências do passado. É o caso de Hector Babenco e sua penetração internacional, filmando *Ironweed* (1987) nos Estados Unidos, com Jack Nicholson e Meryl Streep; do diálogo de Arnaldo Jabor com os jovens em *Eu sei que vou te amar* (1984); do perfeito controle de direção de Ruy Guerra, num gênero difícil como o musical, em *Ópera do malandro* (1985); de Alberto Salvá, que realiza com muito frescor *A menina do lado* (1987), filme com uma benfazeja influência de François Truffaut. É certo que o ímã mercadológico às vezes desequilibra as obras, como no caso de *Eu* (1986), um filme com a marca de Khouri, mas inevitavelmente diluído, com menor energia autoral, de olho nas grandes plateias.

Paralelamente ao trabalho desses diretores mais consolidados, despontaram estreias maduras no campo do longa-metragem, como a de Suzana Amaral com *A hora da estrela* (1985), uma adaptação da novela homônima de Clarice Lispector. Nela, a realizadora consegue um delicado equilíbrio entre a perspectiva social e o tom intimista ao delinear Macabéa (Marcélia Cartaxo), a nordestina que luta por decifrar a grande metrópole. Foi um resgate com tempero contemporâneo de uma temática já presente em filmes como *O homem que virou suco* (João Batista de Andrade, 1979) e *Baiano fantasma* (Denoy de Oliveira, 1982-1984) – ambos filmes marcantes na forma como discutem a presença do migrante nordestino em São Paulo. Num setor cheio de dificuldades, como o do desenho animado – em que estão os precursores *Sinfonia amazônica* (Anélio Latini Filho, 1947-1952), que foi o primeiro longa-metragem brasileiro no gênero, e *Piconzé* (Ypê Nakashima, 1970-1972), primeiro longa em cores –, a época é caracterizada pela continuidade de produção com os filmes de Mauricio de Sousa. O desenhista iniciou sua trajetória no cinema infantil de longa-metragem dirigindo *As aventuras da turma da Mônica* (1982), com o qual consegue quase 1 milhão de espectadores. Até 1990, totaliza cinco longas lançados comercialmente nas salas de cinema, além de ter trabalhado com Os Trapalhões em *Os Trapalhões no rabo do cometa* (Dedé Santana, 1985).

Há ainda quatro conhecidos personagens marcando presença, procurando abrir espaços. Carlos Reichenbach realiza *Filme demência* (1985), relendo o *Fausto* de Goethe sob o impacto da metrópole paulista de fim de século, e *Anjos do arrabalde* (1986), uma viagem pela periferia da cidade e pelos meandros da alma feminina, combinando realismo e inventividade. Rogério Sganzerla retornou com um longa, *Nem tudo é verdade* (1980-1986), cuja brilhante ideia é colocar a arte, o cinema e a cultura brasileiros para dialogar a partir da presença de Orson Welles no país em 1942, projeto que infelizmente não atingiu as alturas que todos esperavam. David Neves dedicou-se à crônica do Rio de Janeiro nos delicados *Fulaninha* (1984-1985) e *Jardim de Alah* (1988). Finalmente, Ozualdo Candeias realiza *As bellas da Billings* (1987), novamente apresentando o estranho, o deformado, o abjeto pulsando no interior de uma realidade da qual sempre só se costuma ver as pontas mais brilhantes.

Nessa segunda metade da década de 1980, alguns diretores com certa experiência fazem filmes que se destacam por diferentes motivos. Sérgio Bianchi, que vinha do irônico documentário de média metragem sobre a questão indígena *Mato eles?* (1983), apresenta uma densa reflexão sobre as contradições dos intelectuais nos anos 1980 com *Romance* (1986-1987). Já Roberto Gervitz tem uma boa recepção do público jovem com *Feliz ano velho* (1987), adaptação do *best-seller* de Marcelo Rubens Paiva. Luiz Carlos Lacerda, por sua vez, obtém boa bilheteria com *Leila Diniz* (1987), uma cinebiografia em torno da conhecida atriz morta precocemente. No final da década, Murilo Salles dirigiu o interessante filme policial *Faca de dois gumes* (1988-1989), rara incursão brasileira com vigor nesse gênero. Enfim, Ugo Giorgetti, diretor com longa trajetória na publicidade, realiza *Festa* (1988), comédia de tom amargo que disseca as relações sociais e cujo desenrolar transcorre em apenas um ambiente.

Cabe ainda destacar no final do período *Beijo 2348/72* (Walter Rogério, 1987-1992), comédia encabeçada por Chiquinho Brandão no papel de um romântico e atrapalhado operário que é demitido por beijar uma colega na fábrica. Apesar de premiada em festivais e bem recebida pela crítica, a fita foi finalizada já no governo de Collor e só foi lançada comercialmente em 1994. Assim, é um símbolo da crise em que o cinema brasileiro imergia.

NOVAS VOZES CINEMATOGRÁFICAS (1970-1990)

Ainda que de forma embrionária, uma das modificações que começam a se processar nos anos 1970 é o aparecimento de diretores que fogem ao padrão étnico-racial e de gênero predominante ao longo da história do cinema brasileiro, que é o do homem branco. Aos poucos, mulheres e afrodescendentes passam a ocupar o lugar de diretor e deixam de ser tão somente objeto dos filmes, expressando muitas vezes novas concepções cinematográficas do mundo.

Evidentemente, há precursores. No caso das mulheres, devem-se destacar entre as pioneiras Carmen Santos, Cléo de Verberena, Gilda de Abreu e Carla Civelli. Santos dirigiu o épico histórico *Inconfidência mineira* (1939-1943), filme também produzido e estrelado por ela no papel de Bárbara Heliodora; Verberena é a realizadora de *O mistério do dominó preto* (1930); Abreu faz o melodrama *O ébrio* (1946), um dos maiores sucessos de público do cinema brasileiro; e Civelli, enfim, é a diretora de *E é um caso de polícia!* (1959).

Apesar de o Cinema Novo ter sido um movimento dominado por homens, uma importante exceção é a de Helena Solberg. O seu primeiro curta-metragem, *A entrevista* (1967), é um documentário no qual são ouvidas mulheres a respeito de temas como casamento e trabalho, em uma abordagem sobre a condição da mulher de classe média na sociedade brasileira. A seguir, Helena ainda realiza o curta de ficção *Meio-dia* (1969), partindo depois para os Estados Unidos, país no qual desenvolverá carreira como documentarista.

O feminismo e o novo lugar que a mulher passa a ocupar na sociedade a partir dos anos 1960 certamente têm relação com o aparecimento de uma série de diretoras na década seguinte. Além disso, segundo as pesquisadoras Ana Pessoa e Ana Rita Mendonça, o surgimento de cursos de cinema na UFF, na UnB e na USP "contribuiu para um quadro de condições favoráveis à aproximação das mulheres com a realização cinematográfica"[83].

Entre as cineastas egressas das escolas, é possível citar as curta-metragistas formadas na ECA-USP Tânia Savietto, que dirigiu os documentários *Comunidade* (1971), *São Caetano, imigração italiana* (1975) e *O melhor amigo do homem* (1982), e Olga Futema, realizadora dos documentários *Trabalhadoras metalúrgicas* (1978), codirigido por Renato Tapajós, e *Retrato de Hideko* (1981), além da ficção *Chá verde e arroz* (1989), sensível abordagem da imigração japonesa a partir do fenômeno do cinema ambulante. Outro caso de cineasta formada na ECA-USP é o de Suzana Amaral, que fez diversos curtas, tais como os documentários *A semana de 22* (1970) e *Sua majestade, Piolin* (1971), antes de dirigir o já mencionado longa *A hora da estrela*, obra que obteve ótima repercussão de crítica.

Formada em cinema pela UFF, Tizuka Yamasaki desenvolve uma consistente carreira como diretora de longas-metragens, cuja estreia ocorre com o autoral

Gaijin, caminhos da liberdade, em que aborda o cotidiano de trabalho duro dos imigrantes japoneses no Brasil. Dirige ainda o drama histórico *Parahyba, mulher macho* (1982) e *Patriamada* (1984), antes de se voltar para um filme abertamente comercial como *Lua de cristal* (1990) – direcionado para o público infantil, estrelado por Xuxa e sucesso de bilheteria.

Também merece destaque a obra marcadamente pessoal de Ana Carolina, que estudou no curso de cinema da Faculdade São Luis[84]. Fez alguns curtas documentários com viés experimental tais como *Lavra-dor* (1967), codirigido por Paulo Rufino, e *Indústria* (1968). Depois, partiu para o longa com o documentário feito com base em material de arquivo *Getúlio Vargas* (1973-1974) e estreou no longa ficcional com *Mar de rosas* (1977), obra na qual emerge a conturbada subjetividade da cineasta. Como coloca Ismail Xavier, o filme "tem como alvo o clima tempestuoso das relações entre homem e mulher, adulto e adolescente, sexualidade e afeto, na vida da classe média que percorre a via Dutra"[85]. A seguir, Ana Carolina ainda dirige *Das tripas coração* (1982) e *Sonho de valsa* (1986-1987), nos quais dá continuidade, de maneira original e perturbadora, à discussão das relações entre homens e mulheres.

Mas, obviamente, nem todas as diretoras com carreira nos anos 1970-1980 tiveram passagem por curso universitário de cinema. É o caso de Tereza Trautman. Ela estreia na direção com o episódio denominado "A curtição", que integra *Fantasticon, os deuses do sexo* (1970), codirigido por José Marreco, para logo depois realizar *Os homens que eu tive* (1973), filme com Darlene Glória no papel principal e cuja perspectiva chamou a atenção da crítica já na época do seu lançamento. Ely Azeredo entende que Tereza Trautman é "a primeira realizadora a filmar entre nós com um ponto de vista nitidamente feminino"[86]. A forma aberta como as relações amorosas são tratadas em *Os homens que eu tive* levou a censura federal a proibi-lo por muito tempo. Alguns anos depois, a diretora volta ao trabalho solo com *Sonhos de uma menina-moça* (1987).

Realizadora que também procurou expressar questões ligadas à condição contemporânea da mulher foi Vera de Figueiredo com o longa de ficção *Feminino plural* (1976). Fez logo depois *Samba da criação do mundo* (1977), película que, a partir do desfile da escola de samba Beija-Flor, aborda os mitos da tradição nagô. Esse filme foi baseado no livro *Os nagô e a morte*, de autoria da antropóloga Juana Elbein dos Santos, ela mesma diretora do documentário de média metragem *Iya-Mi-Agbá: mito e metamorfoses das mães nagô* (1981). Outro média que aborda a religiosidade afro-brasileira é *Ylê Xoroquê* (1981), de Raquel Gerber, que também dirigiu o longa *Orí* (1977-1988), documentário pungente que discorre a respeito da trajetória de resistência dos afrodescendentes no Brasil, com especial atenção para com o movimento negro dos anos 1970.

Ao longo da década de 1970 são lançados ainda outros longas de ficção dirigidos por mulheres: *Mestiça, a escrava indomável* (Lenita Perroy, 1973), *Noiva da noite*:

o desejo de sete homens (Lenita Perroy, 1974), *O segredo da rosa* (Vanja Orico, 1973-1974) e *Marcados para viver* (Maria do Rosário, 1976).

No campo do curta-metragem, nesse mesmo período, alguns filmes que se podem destacar são obras experimentais dirigidas pela artista plástica Lygia Pape, como *Eat me* (1975), ou os documentários de Regina Jehá, por exemplo, *Bexiga, ano zero* (1971) e *Curumins e cunhantãs* (1979). Dando continuidade ao seu trabalho, Regina ainda dirige no decênio posterior o curta *Pantanal: a última fronteira* (1983) e o média *Encanto – Catehe* (1986), este a respeito de um ritual religioso dos indígenas ianomamis.

Nos anos 1980, a questão da resistência à ditadura militar também foi abordada pelas cineastas. Nesse sentido, destaca-se o curta *Frei Tito* (Marlene França, 1983), documentário que aborda a vida do frade dominicano brutalmente torturado por agentes da ditadura militar. Note-se que o filme foi lançado ainda durante o período do arbítrio e em um momento no qual a questão da violência do regime começava a ser conhecida publicamente em toda a sua extensão. Já *Que bom te ver viva* (1988) é a estreia de Lúcia Murat na direção de longas-metragens. É um filme que trata de maneira tocante por meio de entrevistas a resistência política das militantes de esquerda, as torturas pelas quais passaram e como continuaram suas vidas. Além da função de denunciar a violência praticada pela ditadura, o filme aponta como aquelas mulheres que passaram por experiências terríveis buscaram recompor a sua existência.

Há também a estreia no curta de diretoras cujas carreiras no campo do longa-metragem deslancham posteriormente. É o caso de Anna Muylaert com *Rock paulista* (1988), documentário tão pulsante quanto a cena musical que retrata, de Sandra Werneck com *Pena prisão* (1983), sobre a vida de presidiárias, e *Geleia geral* (1986), documentário em torno do mundo cultural do Rio. Ou ainda de Tata Amaral com *Poema: cidade* (1986), ensaio sobre a urbe paulistana a partir dos poemas de Augusto de Campos, e *Queremos as ondas do ar* (1986), documentário que aborda o fenômeno das rádios livres. Ambas as produções de Amaral são codirigidas por Francisco César Filho. Destacam-se finalmente os curtas de ficção de Betse de Paula *S.O.S Brunet* (1986) e *Por dúvida das vias* (1988), bem como *O nariz* (1988), de Eliane Caffé.

Em relação aos cineastas afrodescendentes, existem pelo menos dois precursores que merecem atenção: José Cajado Filho e Haroldo Costa. Cajado Filho foi cenógrafo e roteirista de dezenas de filmes, tendo dirigido *Estou aí* (1948) e *O falso detetive* (1951), entre outros títulos. Costa era ator e realizou *Um desconhecido bate à porta*[87] (1958).

A partir dos anos 1970, enfim surge uma primeira geração de diretores afrodescendentes que discutem a condição do negro no Brasil, perpassando questões como preconceito, relações amorosas, religião e produção artística. Robert Stam entende que isso se tornou possível devido ao seguinte contexto.

Apesar da continuação da ditadura, os anos 1970 foram uma época de crescente consciência e militância negra. Inspiradas tanto nos movimentos de independência das colônias portuguesas na África quanto nos movimentos *black power* pelos direitos civis nos Estados Unidos, sem falar na inspiração das poderosas tradições brasileiras de resistência e afirmação cultural, várias organizações de ativistas culturais, como a escola de samba alternativa Quilombo, o Instituto Senghor, de Porto Alegre, o Grupo Consciência Negra e Unidade e a *troupe* de dança Olurum Baba Mim, foram fundadas durante essa década. Uma importante organização política, o Movimento Negro Unificado, foi fundada em 1978. Na Bahia, grupos de afoxé como o Ilê Ayiê (fundado em 1974) e o Olodum (fundado em 1979) trabalharam para organizar os negros cultural e politicamente. Foi também nos anos 1970 que a onda de orgulho negro, que havia tempos varrera os Estados Unidos, começou a se espalhar pelo Rio de Janeiro e outras cidades[88].

O filme *Um é pouco, dois é bom* (1970), composto por dois episódios e dirigido por Odilon Lopez, em pelo menos uma de suas partes problematiza a questão do negro no Brasil. Isso se dá ao tratar, em "Vida nova por acaso", das desventuras de dois punguistas que atuam no centro da cidade de Porto Alegre – um deles afro-brasileiro. O pesquisador João Carlos Rodrigues entende que Odilon Lopez "Foi o primeiro negro cineasta a abordar os problemas de sua raça"[89]. A fita foi produzida no Rio Grande do Sul e infelizmente alcançou público reduzido, sendo até hoje mal conhecida pelos historiadores do cinema.

Filme também pouco discutido pela historiografia, embora extremamente instigante, é *As aventuras amorosas de um padeiro* (1975), dirigido por Waldyr Onofre. A fita tem elementos da comédia erótica, mas não se restringe às limitações temáticas e ideológicas que por vezes marcam a pornochanchada. Nela, o diretor recria de maneira muito rica a vida suburbana do Rio de Janeiro (Campo Grande, no caso), com destaque para o personagem negro Saul (Haroldo de Oliveira), um misto de poeta e artista plástico que possui consciência da sua negritude. Ele se envolve amorosamente com Rita (Maria do Rosário), uma bela mulher de classe média, branca e casada, o que gera vários quiproquós em tom cômico relacionados com Mário (Ivan Setta), o marido enganado que só se preocupa em ganhar dinheiro e sair de Campo Grande para morar na zona sul, ou Marques (Paulo César Pereio), o padeiro do título, que fora amante de Rita. Saul difere dos protótipos dos personagens negros do cinema brasileiro até então: fosse o malandro que Grande Otelo interpretou em tantas chanchadas, fossem os escravos oprimidos e servis de filmes como *Sinhá Moça* (Tom Payne e Osvaldo Sampaio, 1952-1953) ou ainda o negro revoltado e heroico de *Barravento* (Glauber Rocha, 1960-1961) e *Ganga Zumba* (Cacá

Diegues, 1963-1964). Saul é um artista que deseja uma mulher, sofre o preconceito racial – por exemplo, na sequência em que vai transar com Rita na praia, e jovens brancos de classe média hostilizam-nos – e possui seus sonhos: interpretar Hamlet, entre outros. A análise de José Carlos Avellar sobre o filme afigura-se reveladora, pois, segundo o crítico, Waldyr Onofre, mais do que discutir a vida do afrodescendente no subúrbio, busca "falar indiretamente do quadro estreito de oportunidades para o intelectual negro no quadro artístico"[90]. Ou seja, para além do racismo, o negro intelectualizado tem de enfrentar uma situação estrutural que lhe proporciona pouquíssima margem de ação.

Outro longa significativo produzido nos anos 1970 é *Na boca do mundo* (1978), dirigido e interpretado por Antônio Pitanga, ator já então com uma respeitável carreira que inclui a participação em filmes-chaves do cinema brasileiro, tais como *Barravento*, *A grande cidade* (Cacá Diegues, 1965) ou *A mulher de todos* (Rogério Sganzerla, 1969). A película transcorre em uma vila de pescadores e narra a história do triângulo amoroso entre um trabalhador pobre chamado Antônio (Pitanga), sua namorada também afrodescendente Teresinha (Sibele Rúbia) e a dondoca branca vinda da grande cidade Clarisse (Norma Bengell). *Na boca do mundo* apresenta relações complexas de raça, gênero e classe, muitas vezes imbricando essas relações[91].

É também nesse período que são realizados os curtas-metragens daquele que se tornou o diretor afrodescendente com discurso mais contundente sobre o racismo na sociedade e no cinema brasileiros: Zózimo Bulbul. Tal como Antônio Pitanga, também desenvolveu carreira de ator, participando de obras como *Ganga Zumba*, *Terra em transe* (Glauber Rocha, 1966) e *Compasso de espera* (Antunes Filho, 1969-1973) – filme no qual é o protagonista e que narra de forma densa o drama do negro intelectualizado de classe média no Brasil. Dirige ainda o filme experimental *Alma no olho* (1974), do qual também participa como ator e que alegoriza, em pouco mais de 11 minutos, a história dos africanos e seus descendentes desde a vida naquele continente, passando pela diáspora e pela escravidão, até a opressão na atualidade, sem esquecer a esperança de redenção e igualdade. A forte expressão corporal de Zózimo articulada à música de John Coltrane produz um filme original, que expressa com vigor a experiência histórica e existencial dos negros.

Zózimo Bulbul ainda lança outro curta, desta feita um documentário, *Dia de alforria* (1982)[92], que gira em torno da história do fundador da escola de samba Império Serrano, Aniceto do Império. São componentes do filme o depoimento do personagem, suas músicas e imagens dele na comunidade, no cais do porto e em *shows*. Mais tarde, o diretor lança o longa documentário *Abolição* (1988), no qual analisa a trajetória de lutas do negro no Brasil, em uma ampla reflexão cinematográfica com foco na farsa da abolição da escravatura – que naquele ano completava cem anos –, mas sem deixar de lado os mais importantes marcos políticos do século XX no país.

A virada dos anos 1980 para os 1990 foi decerto um período contraditório. Se, de um lado, toda uma forma de a atividade relacionar-se com o Estado entrou em fase terminal e esboroou-se, de outro a crise obriga os cineastas a imaginarem como restabelecer, em bases sociais mais modernas, os vínculos com o poder público – já não sob o tacão de uma ditadura, mas diante da ideologia neoliberal que tomou conta da administração do país. Também se dissipa a participação do produto brasileiro no mercado cinematográfico, conquistada a duras penas. Por outro lado, começam a surgir manifestações mais consistentes que percebem os motivos das mudanças no mercado e a necessidade premente de aproximação com a televisão. Finalmente, se boa parte da política cinematográfica continuava dominada por nomes egressos do Cinema Novo, também se registrava o aparecimento de uma nova geração de cineastas com preocupações marcadamente diferentes do viés nacional-popular que então ainda caracteriza parte da produção, além do surgimento de novos atores sociais por trás das câmeras – como as mulheres e os afrodescendentes.

NOTAS

1. Para um bom panorama sobre a censura cinematográfica no Brasil, cf.: Inimá Simões, *Roteiro da intolerância: a censura cinematográfica no Brasil*, São Paulo: Editora Senac, 1999.

2. Gustavo Dahl, "Cinema novo e estruturas econômicas tradicionais", *Revista Civilização Brasileira*, Rio de Janeiro: mar. 1966, v. 1, n. 5/6.

3. Leon Hirszman, *É bom falar*, Rio de Janeiro: Centro Cultural Banco do Brasil, 1995, p. 34.

4. Glauber Rocha, "Xyka da Sylva 76", em: *Revolução do Cinema Novo*, Rio de Janeiro: Alhambra/Embrafilme, 1981, p. 323.

5. Cf. depoimento de Cacá Diegues em: "Dez anos de cinema nacional", *Opinião*, Rio de Janeiro: 1973, n. 32.

6. "Manifesto Luz & Ação: de 1963 a 1973", *Arte em Revista*, São Paulo: jan.-mar. 1979, n. 1.

7. *Informativo SIP (Setor do Ingresso Padronizado)*, Rio de Janeiro: INC, 1973.

8. Helena Salem, *Nelson Pereira dos Santos: o sonho possível do cinema brasileiro*, Rio de Janeiro: Nova Fronteira, 1987, p. 267. Cf. também: "Nelson, em busca do filme nacional", *Jornal do Brasil*, Rio de Janeiro: 14 out. 1973.

9. Cf. depoimento de Arnaldo Jabor em: "Dez anos de cinema nacional", *Opinião*, Rio de Janeiro: 1973, n. 32. Cf. também: "Debaixo da terra", *Pasquim*, Rio de Janeiro: 4 jan. 1972.

10. *Informações sobre a indústria cinematográfica*, Rio de Janeiro: Embrafilme, 1975. Os dados sobre as maiores bilheterias entre 1970 e 1975 foram todos retirados dessa publicação.

11. Para uma pesquisa sobre a trajetória do cinema produzido na Boca do Lixo, cf.: Nuno César Abreu, *Boca do Lixo: cinema e classes populares*, Campinas: Editora da Unicamp, 2006.

12. Jean-Claude Bernardet, "A pornochanchada contra a 'cultura culta'", *Opinião*, Rio de Janeiro: 27 set. 1974. Esse texto foi reproduzido em: *Trajetória crítica*, São Paulo: Polis, 1978, pp. 178-81; *Cinema brasileiro: propostas para uma história*, São Paulo: Companhia das Letras, 2009, pp. 210-5.

13. Para uma detalhada análise da campanha pelo cinema brasileiro, cf.: Paulo Emílio Sales Gomes, *Humberto Mauro, Cataguases, Cinearte*, São Paulo: Perspectiva/Edusp, 1974, pp. 295-366. Cf. também: Arthur Autran, "Pedro Lima em *Selecta*", *Cinemais*, Rio de Janeiro: set.-out. 1997, n. 7.

14. Sobre a lei nº 21.240/32, bem como a respeito da política de Getúlio Vargas para o cinema brasileiro, cf.: Anita Simis, *Estado e cinema no Brasil*, São Paulo: Annablume/Fapesp/Itaú Cultural, 2008, pp. 92-130.

15. Sobre o INCE, cf.: Sheila Schvarzman, *Humberto Mauro e as imagens do Brasil*, São Paulo: Editora da Unesp, 2004, pp. 195-243.

16. Para um amplo estudo sobre os congressos, cf.: José Inácio de Melo Souza, *Congressos, patriotas e ilusões e outros ensaios de cinema*, São Paulo: Linear B, 2005.

17. A respeito da criação do INC, cf.: Anita Simis, *op. cit.*, pp. 249-59.

18. *Filme Cultura*, Rio de Janeiro: jan.-fev. 1971, ano 4, n. 18; *Filme Cultura*, Rio de Janeiro: nov.-dez. 1972, ano 5, n. 22. Cf. também: Jean-Claude Bernardet, "Qual é a história?", em: *Piranhas no mar de rosas*, São Paulo: Nobel, 1982, pp. 57-68.

19. Jean-Claude Bernardet, "O caso Tiradentes, notas", em: *Piranhas no mar de rosas*, *op. cit.*, pp. 69-84.

20. Cf. entrevista de Saraceni em: *Filme Cultura*, Rio de Janeiro: maio-jun. 1972, ano 4, n. 20.

21. Sobre Lúcio Cardoso, cf.: Alfredo Bosi, *História concisa da literatura brasileira*, São Paulo: Cultrix, 1982, pp. 466-9.

22. Para uma análise de *São Bernardo*, cf.: Ismail Xavier, "O olhar e a voz: a narração multifocal do cinema e a cifra da história em *São Bernardo*", em: *Literatura e Sociedade*, São Paulo: 1997, n. 2.

23. Cf.: Fernão Pessoa Ramos, "Cinema verdade no Brasil", em: Francisco Elinaldo Teixeira (org.), *Documentário no Brasil: tradição e transformação*, São Paulo: Summus, 2004, pp. 81-96; *Idem*, "O documentário novo (1961-1965): Cinema Direto no Brasil", em: *Mas afinal... o que é mesmo documentário?*, São Paulo: Editora Senac, 2008, pp. 269-419.

24. Sérgio Muniz (org.), *A Caravana Farkas: documentários – 1964-1980*, Rio de Janeiro: Centro Cultural Banco do Brasil, 1997, p. 12.

25. Para uma análise fundamental do documentarismo brasileiro dos anos 1960 e

1970, cf.: Jean-Claude Bernardet, *Cineastas e imagens do povo*, São Paulo: Companhia das Letras, 2003.

26 Jean-Claude Bernardet, *Cineastas e imagens do povo*, *op. cit.*, p. 128.

27 *Ibidem*, p. 110.

28 Para uma análise de *Triste trópico*, cf.: Guiomar Ramos, *Um cinema brasileiro antropofágico? (1970-1974)*, São Paulo: Annablume / Fapesp, 2008, pp. 49-66.

29 Sobre *Zézero*, cf.: Paulo Emílio Sales Gomes, "Zézero", em: Carlos A. Calil; Maria T. Machado (orgs.), *Paulo Emílio: um intelectual na linha de frente*, São Paulo: Brasiliense, 1986, pp. 300-2.

30 Para um panorama sobre a obra de Ozualdo Candeias, cf.: Heloísa C. Albuquerque (org.), *Ozualdo R. Candeias*, São Paulo: Heco Produções, 2002.

31 Embrafilme, *Cinejornal/Embrafilme*, Rio de Janeiro: 1986, n. 6; Concine, *Relatório de atividades: segundo semestre de 1988*, Rio de Janeiro: 1989; Ancine, "Filmes brasileiros com mais de 500 mil espectadores: 1970 a 2013", *Observatório Brasileiro do Cinema e do Audiovisual*, disponível em: <https://oca.ancine.gov.br/sites/default/files/cinema/pdf/2105_1.pdf>, acesso em: set. 2017.

32 Para uma discussão mais aprofundada a respeito da PNC e da sua relação com o campo cinematográfico, cf.: José Mário Ortiz Ramos, *Cinema, Estado e lutas culturais: anos 1950/1960/1970*, Rio de Janeiro: Paz e Terra, 1983, pp. 117-58.

33 Cf. entrevista de Nelson Pereira dos Santos em: Jean-Claude Bernardet, "Caxias, para mim, é a capital cultural do país", *Opinião*, Rio de Janeiro: 14 fev. 1975, n. 119. A entrevista encontra-se reproduzida também em: Jean-Claude Bernardet, *Cinema brasileiro: propostas para uma história*, *op. cit.*, pp. 238-50; "Depoimento de Nelson Pereira dos Santos", em: *Manifesto por um cinema popular*, Rio de Janeiro: Federação dos Cineclubes do Rio de Janeiro/Cineclube G. Rocha/Cineclube Macunaíma, mar. 1975; Helena Salem, *op. cit.*, pp. 285-305.

34 Cacá Diegues, "Liberdade pelo amor", *Filme Cultura*, Rio de Janeiro: maio 1978, n. 29. Quanto à polêmica, cf.: Carlos Frederico *et al.*, "Xica da Silva: genial, racista, digna de Oscar, abacaxi?", *Opinião*, Rio de Janeiro: 15 out. 1976, n. 206.

35 Gustavo Dahl, "Mercado é cultura", *Cultura*, Brasília: jan.-mar. 1977, ano 6, n. 24.

36 *Ibidem*.

37 *Ibidem*.

38 Para uma discussão em torno de diversos aspectos do pensamento industrial dos integrantes do Cinema Novo, cf.: Arthur Autran, *O pensamento industrial cinematográfico brasileiro*, São Paulo: Hucitec, 2013.

39 Renato Ortiz, *Cultura brasileira e identidade nacional*, São Paulo: Brasiliense, 1985; *Idem*, *A moderna tradição brasileira: cultura brasileira e indústria cultural*, São Paulo: Brasiliense, 1988. Em ambos os livros, o autor enfoca com maiores detalhes a questão do nacional-popular neste período.

40 *Os Dez Mandamentos – O filme* (Alexandre Avancini, 2016) e *Tropa de elite 2* (José Padilha, 2010) superaram o público de *Dona Flor e seus dois maridos*, atingindo respectivamente 11.305.479 e 11.146.723 espectadores. O filme de Bruno Barreto permanece como o de terceiro maior público da história do cinema brasileiro (cf. Ancine, "Filmes brasileiros com mais de 500 mil espectadores: 1970 a 2013", *op. cit.*

41 Cf. entrevista de Cacá Diegues em: Pola Vartuck, "Cacá Diegues: por um cinema popular sem ideologias", *O Estado de S. Paulo*, São Paulo: 31 ago. 1978. Essa entrevista foi republicada sob outro título em: "Quero um cinema de muitas faces, um cinema popular", em: Cacá Diegues, *Cinema brasileiro: ideias e imagens*, Porto Alegre: Editora da Universidade Federal do Rio Grande do Sul, 1999, pp. 30-7. Cf. também: Heloísa Buarque de Hollanda; Carlos Alberto M. Pereira, *Patrulhas ideológicas*, São Paulo: Brasiliense, 1980.

42 Cf. crítica elogiosa em: *Filme Cultura*, Rio de Janeiro: maio 1978, n. 29. Cf. também uma voz discordante em: Jean-Claude Bernardet, "Uma estética bem comportada", *Piranhas no mar de rosas*, *op. cit.*, pp. 39-44.

43 Para uma reflexão do próprio realizador sobre a experiência na televisão, cf.: João Batista de Andrade, *O povo fala: um cineasta na área de jornalismo da TV brasileira*, São Paulo: Editora Senac, 2002.

44 Para uma rica coletânea de textos escritos pelo próprio diretor, cf.: Fernando Coni Campos, *Cinema; sonho e lucidez*, Rio de Janeiro: Azougue, 2004. Em alguns textos

há reflexões a respeito das motivações que o levaram a fazer *Ladrões de cinema*.

45 Para uma discussão aprofundada a respeito desse filão da produção, cf.: José Mário Ortiz Ramos, *Cinema, televisão e publicidade: cultura popular de massa no Brasil nos anos 1970-80*, São Paulo: Annablume, 2004.

46 Cf. a entrevista de Bruno Barreto em: *Filme Cultura*, Rio de Janeiro: 26 set. 1974, ano 8, n. 26.

47 Cf. a entrevista de Hector Babenco em: *Cinema*, São Paulo: primavera 1980, n. 5.

48 Pedro Curi, "'Não vai ser mole me acompanhar': Roberto Carlos e a sinergia no cinema juvenil brasileiro", em: Hadija Chalupe da Silva; Simplício Neto (orgs.), *Os múltiplos lugares de Roberto Farias*, Rio de Janeiro: Jurubeba Produções, 2012, pp. 144-9.

49 Para uma análise mais detalhada dos filmes estrelados por Roberto Carlos, cf.: José Mário Ortiz Ramos, *Cinema, televisão e publicidade: cultura popular de massa no Brasil nos anos 1970-1980, op. cit.*, pp. 196-205.

50 Para uma análise da produção cinematográfica juvenil brasileira, cf.: Zuleika de Paula Bueno, "As harmonias padronizadas da juventude: a produção de um cinema juvenil brasileiro", *Comunicação, Mídia e Consumo*, São Paulo: jul. 2008, v. 5, n. 13, pp. 41-69.

51 Inimá Simões, "Boca ainda do Lixo", *Filme Cultura*, Rio de Janeiro: jan.-mar. 1981, ano 14, n. 37.

52 *Jornal da Tarde*, São Paulo: 6 out. 1979. Cf. também: Jean-Claude Bernardet, "Eu matei Lúcio Flávio", *Lampião*, 1979. O artigo de Bernardet foi reproduzido em: *Piranhas no mar de rosas, op. cit.*, pp. 51-4.

53 Sobre Júlio Bressane, cf.: Jairo Ferreira, *Cinema de invenção*, São Paulo: Max Limonad/Embrafilme, 1986; Fernão Pessoa Ramos, *Cinema marginal (1968-1973): a representação em seu limite*, São Paulo: Brasiliense, 1987; *Cine Olho*, São Paulo: jun.-ago. 1979, n. 5-6.

54 Jairo Ferreira, *Cinema de invenção, op. cit.*, p. 232.

55 Carlos Reichenbach fez mais dois longas na década de 1970: *Corrida em busca do amor* (1972), uma comédia infantojuvenil, e *Sede de amar (capuzes negros)* (1978), execução de um projeto de Mauro Chaves.

56 *Mostra Glauber por Glauber: catálogo*, Banco Nacional/Embrafilme, 1985. O catálogo é um cuidadoso trabalho acompanhando a vida e obra do diretor. A mostra, que circulou por várias cidades do país, foi a primeira oportunidade no Brasil de avaliar o conjunto da obra de Glauber.

57 *Mostra Glauber por Glauber: catálogo, op. cit.*, p. 41.

58 Glauber Rocha, "64-74: a revolução aos dez anos", *Visão*, São Paulo: 11 mar. 1974.

59 Paulo Emílio Sales Gomes, "Nota aguda", em: *Glauber Rocha*, Rio de Janeiro: Paz e Terra, 1977, p. 9. Para uma visão mais ampla, cf.: Raquel Gerber, *O mito da civilização atlântica: Glauber Rocha, cinema, política e a estética do inconsciente*, Petrópolis: Vozes, 1982. Para uma abordagem biográfica do exílio de Glauber e do seu retorno, cf.: Sylvie Pierre, *Glauber Rocha*, Campinas: Papirus, 1996.

60 Para um estudo sobre a experiência de Glauber no programa *Abertura*, cf.: Regina Mota, *A épica eletrônica de Glauber: um estudo sobre cinema e TV*, Belo Horizonte: Editora UFMG, 2001.

61 Jean-Claude Bernardet, "Idade da Terra: um filme em questão", *Filme Cultura*, Rio de Janeiro: ago.-nov. 1981, ano 14, n. 38-39.

62 Ismail Xavier, "Do golpe militar à abertura: a resposta do cinema de autor", em: Ismail Xavier; Jean-Claude Bernardet; Miguel Pereira, *O desafio do cinema: a política do Estado e a política dos autores*, Rio de Janeiro: Zahar, 1985, p. 42. Esse texto foi republicado em: *O cinema brasileiro moderno*, São Paulo: Paz e Terra, 2001, pp. 51-126.

63 Sobre a crise do cinema brasileiro nos anos 1980, cf.: Randal Johnson, "Ascensão e queda do cinema brasileiro, 1960-1990", *Revista USP*, São Paulo: set.-nov. 1993, n. 19, pp. 30-49.

64 *Jornal da Tela*, Rio de Janeiro: 1990, edição especial.

65 Em 1985, no governo de José Sarney, foi criado o Ministério da Cultura. A Embrafilme passou então a ser um órgão afeto a esse ministério.

66 A Fundação do Cinema Brasileira era responsável pelo fomento à produção de curtas-metragens e de documentários, pelo apoio ao trabalho das cinematecas e cineclubes, pelo financiamento da publicação de revistas especializadas e de livros sobre cinema etc.

67 Sobre a trajetória da Embrafilme, cf.: André Piero Gatti, *Cinema brasileiro em ritmo de indústria (1969-90)*, São Paulo: Secretaria Municipal de Cultura, 1999. Cf. também: Randal Johnson, "Ascensão e queda do cinema brasileiro, 1960-1990", *op. cit.* Sobre a gestão de Roberto Farias, cf. ainda: Tunico Amâncio, *Artes e manhas da Embrafilme: cinema estatal brasileiro em sua época de ouro (1977-81)*, Niterói: EdUFF, 2000.

68 Em 1991, foram lançados apenas oito longas-metragens brasileiros nas salas de cinema; em 1992, o número caiu para três, elevando-se para quatro em 1993 e sete em 1994. A participação no mercado despencou, e o público do cinema brasileiro em 1991 foi de 3%; em 1992, correspondeu a 0,05%; em 1993, a 0,07%; e em 1994 foi de 0,36% (cf. Paulo Sérgio Almeida; Pedro Butcher, *Cinema, desenvolvimento e mercado*, Rio de Janeiro: Aeroplano, 2003. pp. 13, 26.

69 Sobre o fim da Embrafilme e a criação da Ancine, cf. a entrevista de Gustavo Dahl em: Arthur Autran, "Gustavo Dahl: ideário de uma trajetória no cinema brasileiro", *Rebeca*, São Paulo: jan.-jun. 2012, n. 1, pp. 264-280, disponível em: <http://socine.org.br/rebeca/pdf/rebeca_1_12.pdf>, acesso em: nov. 2015.

70 Para análises sobre esse conjunto de filmes, cf.: Jean-Claude Bernardet, *Cineastas e imagens do povo*, *op. cit.*; José Carlos Avellar, *O cinema dilacerado*, Rio de Janeiro: Alhambra, 1986.

71 Ismail Xavier; Jean-Claude Bernardet; Miguel Pereira, *op. cit.*

72 Para detalhes sobre produção e repercussões na crítica dos filmes de Nelson Pereira dos Santos, cf.: Helena Salem, *op. cit.*

73 Cf. a entrevista de Leila Diniz originalmente publicada em: *Pasquim*, Rio de Janeiro: 20 nov. 1969. O trecho citado da entrevista está reproduzido em: Helena Salem, *op. cit.*, p. 254.

74 Helena Salem, *op. cit.*, p. 252.

75 Cacá Diegues, "Who's better?", *op. cit.*, pp. 13-6.

76 Jean-Claude Bernardet, "Os jovens paulistas", em: Ismail Xavier; Jean-Claude Bernardet; Miguel Pereira, *op. cit.*, pp. 65-91.

77 Para uma análise de *Anjos da noite* e de outros filmes paulistas dos anos 1980, cf.: Renato Luiz Pucci Jr., *Cinema brasileiro pós-moderno: o neon realismo*, Porto Alegre: Sulina, 2008.

78 Filme sobre o escritor Dyonélio Machado.

79 Filme sobre o artista Hélio Oiticica.

80 Cf. depoimento de Werner Schünemann em: Malú Moraes (org.), *Perspectivas estéticas do cinema brasileiro*, Brasília: Editora da UnB, 1986, p. 112.

81 Cf. entrevista de Cacá Diegues em: *Cisco*, São Paulo: 1987, ano 2, n. 6.

82 Cf. entrevistas de João Batista de Andrade em: *Cisco*, São Paulo: 1986, ano 1, n. 5; *Imagem-Movimento*, São Paulo: nov. 1986, ano 1, n. 1.

83 Ana Pessoa; Ana Rita Mendonça, "Por trás das câmeras", em: Heloísa Buarque de Hollanda (org.), *Quase catálogo 1: realizadoras de cinema no Brasil (1930-88)*, Rio de Janeiro: CIEE, 1989. Essa publicação é um ótimo levantamento sobre a produção de filmes dirigidos por mulheres.

84 Trata-se de um curso criado em 1965, em São Paulo, pelo padre José Lopes. O curso encerrou suas atividades em 1970. Por ali também passaram alunos como Carlos Reichenbach, João Callegaro e Carlos Alberto Ebert.

85 Ismail Xavier; Jean-Claude Bernardet; Miguel Pereira, *op. cit.*, p. 36.

86 Ely Azeredo, "Os homens que eu tive", em: *Olhar crítico: cinquenta anos de cinema brasileiro*, Rio de Janeiro: Instituto Moreira Salles, 2009, p. 208. O texto foi publicado originalmente em: "Leila, Darlene, Pity e os homens", *Jornal do Brasil*, Rio de Janeiro: 1973.

87 Esse filme também é conhecido pelo título de *Pista de grama*.

88 Robert Stam, *Multiculturalismo tropical: uma história comparativa da raça na cultura e no cinema brasileiros*, São Paulo: Edusp, 2008, p. 363.

89 João Carlos Rodrigues, *O negro brasileiro e o cinema*, Rio de Janeiro: Pallas, 2001, p. 138.

90 José Carlos Avellar, "O cinema colorido", *Filme Cultura*, Rio de Janeiro: ago.-out. 1982, ano 15, n. 40.

91 Para uma análise aprofundada do filme, cf.: Robert Stam, *op. cit.*, pp. 394-9.

92 Nos créditos do filme, o título está grafado de uma maneira mais irônica: "Dia de alforria… (?)". Mas, nas filmografias consultadas, inclusive a da Cinemateca Brasileira, a pontuação inexiste.

FRAGMENTOS DE UMA HISTÓRIA DO CINEMA EXPERIMENTAL BRASILEIRO

GUIOMAR RAMOS
& LUCAS MURARI

Podemos pensar a história da experimentação no cinema desde a sua origem. Os cientistas e artistas pioneiros, em contato com um novo mecanismo de criação de imagens, puderam explorar o dispositivo à exaustão. As investigações técnicas, estéticas e de narração se valeram da inexistência de uma linguagem e de um formato padrão de cinematografia. Desde então, muitas possibilidades surgiram como experiências radicais que buscaram alternativas para a produção de cinema mais convencional, sob as alcunhas: cinema puro, abstrato, impressionista, expressionista, surrealista, construtivista, poético, integral, *underground*, estrutural, anticinema, acinema, conceitual, minimalista, paramétrico, entre muitas outras categorizações. No entanto, a questão da vanguarda e do experimental, em termos do cinema realizado no Brasil, é escassa em vários sentidos. Nas primeiras décadas de realização, poucos são os cineastas que dialogaram com posturas de rompimento. Em períodos seguintes, alguns nomes buscaram desbravar novas premissas de cinematografia, porém ainda de forma esporádica e/ou pontual. Contudo, é preciso levar em consideração que a história do cinema brasileiro é marcada por cineastas em busca de inovações que o meio propicia, modos de realização que divergem dos procedimentos de vanguarda praticadas em outros contextos. Mesmo em termos de análise e estudo fílmico, poucos são os críticos e pesquisadores que trataram dos problemas de um *outro* cinema que não se enquadrasse em paradigmas habituais dos modelos de documentário e ficção. Um dos entraves da lentidão do desenvolvimento dessa produção é a falta de um circuito de exibição dessas obras. Foi necessário que galerias, museus e bienais começassem a projetar tais trabalhos, aproximando o filme do espaço expositivo, criando um nicho de difusão. Constata-se que não houve uma tradição de vanguarda no cinema feito no país. Se houve uma linhagem de experimentação, esteve ligada à produção em vídeo[1], iniciada apenas na década de 1970. Jairo Ferreira reforça que "evidentemente para discorrer sobre a estética do experimental em nosso cinema é preciso muito engenho e muita arte, pois as suas origens são absolutamente incertas. Melhor assim: quanto menos história, mais poesia"[2]. Para se pensar a propulsão desse viés, é importante resgatar a produção artística da década de 1970 como baliza. Gostaríamos de destacar que o objetivo deste capítulo não é traçar uma genealogia desse cinema, mas apontar alguns contextos e cineastas fundamentais para o progresso do experimental no âmbito brasileiro. Também frisamos que o intuito aqui não é analisar toda a filmografia dos cineastas eleitos, mas apontar alguns procedimentos e momentos importantes em suas respectivas obras.

Um dos elementos que catalisaram a propagação de estilos estético-narrativos radicais foi a ampliação dos recursos de criação e reprodutibilidade da imagem técnica, principalmente o acesso a materiais como câmeras 16 mm, Super-8 e o florescimento do vídeo. Esses suportes reconfiguraram os processos econômicos e artísticos, possibilitando outras opções aos modelos de filmagem e projeção. Antes dessas inovações, difundidas apenas na década de 1960, já havia experimentações notáveis, contudo bem menos frequentes. *Limite* (Mário Peixoto, 1930) e *Pátio* (Glauber Rocha, 1957-1959), citando apenas dois exemplos, foram realizados em 35 mm. Embora as bitolas 16 mm e Super-8 tenham sido desenvolvidas em momentos bastante distintos[3], uma das particularidades comum a ambos é a praticidade: são menores, mais leves e de baixo custo, tendo como consequência a facilitação do registro imagético, em comparação com o 35 mm, que continuou durante décadas sendo o padrão comercial. Em 1965, a empresa Sony lançou no mercado internacional o Portapack, equipamento de vídeo pioneiro que permitia gravar e reproduzir imagens eletrônicas. Essa tecnologia possibilitou o desenvolvimento de novas possibilidades de capturas e experiências com a projeção, exercendo um forte impacto no circuito artístico como um todo. O vídeo, como meio audiovisual em geral, chegou ao Brasil no início da década de 1970, isto é, poucos anos depois da sua difusão comercial no exterior. A conexão e hibridização entre as artes são fundamentais para o entendimento dessa prática. A produção artística em vídeo surgiu justamente nesse trânsito de múltiplas experiências, uma marca da cultura brasileira nas décadas de 1960 e 1970. Em 1974, uma geração bastante diversificada se apropriou do formato: Anna Bella Geiger, Letícia Parente, Sonia Andrade, Fernando Cocchiarale, Ivens Machado, Paulo Herkenhoff, Miriam Danowski, Ana Vitória Mussi. O encontro desse grupo precursor se deu no Museu de Arte Moderna (MAM) do Rio de Janeiro. A grande maioria é de artistas plásticos, que encontraram no vídeo um modo de expressão estético para além dos recursos da pintura, escultura, colagem etc. Essa modalidade alternativa permitiu a gravação de imagens com uma resolução diferencial aos suportes em película, ressaltando com isso singularidades intrínsecas a esse formato de captação. A artista Anna Bella Geiger relata:

> Em 1975, perguntaram-me a razão do meu interesse em usar o vídeo e respondi que me interessava trabalhar com o VT como um rascunho, ou às vezes como imagem que se presta a redundâncias (era a possibilidade do *looping*), às vezes como discussão da arte, ou do espaço e por vezes não me interessava absolutamente usar o VT no meu trabalho[4].

Em 1975, os artistas brasileiros foram convidados a integrar uma mostra de videoarte no Instituto de Arte Contemporânea da Universidade da Pensilvânia (Filadélfia, Estados Unidos), sob curadoria de Suzanne Delehanty, que contou ainda com obras de Nam June Paik, Bill Viola, Andy Warhol, Richard Serra, Vito Acconci, Peter Campus, Bruce Nauman, entre outros importantes pioneiros do contexto internacional. Os artistas do Rio utilizaram o equipamento videográfico que o então diplomata Job Tom Azulay acabara de trazer dos Estados Unidos. Os artistas de São Paulo não puderam participar da mostra por impossibilidades técnicas. A realização em vídeo no estado despontou posteriormente, em 1976, no Museu de Arte Contemporânea da Universidade de São Paulo (MAC-USP). O historiador da arte e curador Walter Zanini foi um entusiasta e incentivador dessa produção. No ano seguinte, foi criado o setor de vídeo nessa instituição, que adquiriu equipamento próprio. Cacilda Teixeira da Costa, que foi coordenadora desse departamento no período de 1977 a 1978, destaca três atividades do projeto no MAC-USP: o estudo histórico do vídeo desde suas primeiras aplicações como mensagem artística e a organização de um centro de informação e documentação; a realização de exposições dedicadas especificamente a trabalhos em vídeo; a organização de uma área operacional para a pesquisa dos artistas em colaboração com o museu[5]. Desse ambiente merecem destaque os trabalhos artísticos de Julio Plaza, Regina Silveira, Carmela Gross, Gabriel Borba e Marcello Nitsche. É necessário destacar que essa geração pioneira em vídeo trabalhou em contexto de inviabilidade da utilização de recursos de edição, por dificuldades técnicas do período. Por mais que houvesse essa objeção do aparato, logo em seu princípio essa produção foi um veículo de experimentação, que potencializou a investigação de estilos vigentes da arte corporal, performática e conceitual. O meio contou ainda com a imediatez da visualização. Esses novos processos também permitiram que as obras rompessem com os mecanismos tradicionais de exibição, ou seja, uma sala de cinema, escura, projetando um longa-metragem. Uma das características do viés experimental é justamente contestar essa "forma cinema", reconfigurando drasticamente a relação dos filmes com o público. Os artistas começaram a explorar circuitos heterogêneos, vinculando suas produções em museus, galerias e exposições. Com isso, buscou-se instaurar variações do dispositivo no que se refere à espacialidade, à duração e à própria narração fílmica.

Na década seguinte, o vídeo se consolidou no Brasil. A produção proliferou em termos de quantidade e se complexificou no que tange às estéticas e narrativas. Também foi ampliada a qualidade dos equipamentos de captação e reprodução. Arthur Omar parece resolver bem a passagem do cinema (feito em película) para o vídeo, relação conflituosa nos anos 1980. Começou a utilizar esse suporte em *Tony Cragg in/no Rio* (1984), sobre a obra do escultor homônimo preparando uma exposição no Rio de Janeiro. Essa fase de sua carreira também teve uma ligação com as artes plásticas, no entanto de maneira diferente dos pioneiros da década de 1970. Ele realizou trabalhos sobre a obra de artistas, mas em alguns desses ensaios se apropria daquele que está filmando e entrecruza as obras. Ao abordar a obra do artista plástico Tunga, em *Nervo de prata* (1987), Omar assume a função de intérprete, combinando e propondo suas próprias imagens performáticas, de forma que é difícil discernir o que pertence ao artista e o que foi filmado pelo realizador. Em seguida, realizou videoinstalações como *Inferno* (1994) e *Fluxos* (2001), que potencializaram com mais liberdade e forte impacto sensorial as experimentações a partir do dispositivo. No início dos anos 1980, surgiram produtoras especializadas, coletivos, núcleos voltados para a prática do vídeo, uma geração específica de *videomakers*, muitos deles sem ligação com o campo do cinema ou das artes plásticas, sendo alguns mais próximos, por exemplo, da televisão e da publicidade. Desse contexto, destacam-se duas produtoras, ambas de São Paulo: TVDO, criada em 1980 e composta por Tadeu Jungle, Walter Silveira, Ney Marcondes, Paulo Priolli, então estudantes da Escola de Comunicações e Artes da Universidade de São Paulo (ECA-USP), e a Olhar Eletrônico, formada em 1981, da qual fizeram parte no início Fernando Meirelles, Marcelo Machado, José Roberto Salatini e Paulo Morelli. Um acontecimento essencial para o fortalecimento do vídeo foi a fundação da Associação Cultural Videobrasil, em agosto de 1983. Eles organizaram o Festival Fotóptica, que mais tarde se tornaria o Festival Internacional da Arte Eletrônica. Foi anual até sua 8ª edição em 1990, e bienal desde então. Estabeleceu-se como um evento de grande relevância artística, um espaço importante de discussão e legitimação de uma produção alternativa e muitas vezes de experimentação. A 18ª edição aconteceu de 6 de novembro de 2013 a 2 de fevereiro de 2014.

Saindo da especificidade da produção em vídeo, algumas considerações e análises sobre outro suporte merecem atenção. O Super-8 foi desenvolvido na década de 1960 e lançado comercialmente pela multinacional Kodak em 1965. Trata-se de um aprimoramento do antigo formato 8 mm. Nessa nova bitola, as dimensões das perfurações laterais são menores, o que possibilita um aumento na superfície de impressão e, consequentemente, uma melhoria na qualidade da imagem.

O Super-8 foi utilizado por cinegrafistas amadores, cineastas e artistas e permitiu uma grande liberdade de criação e experimentação. Em seu princípio, a acessibilidade, o fácil manejo e o custo relativamente baixo (em comparação com outros formatos, como o 16 mm, o 35 mm e seu contemporâneo vídeo) explicam parte do sucesso por todo o Brasil e sua difusão. Os equipamentos eram simples e leves, o que facilitou o processo de realização de filmes, restando apenas o trabalho químico de revelação, logo, era uma opção estética, técnica e econômica. Constitui um acervo inestimável da cultura e da memória do país.

O Super-8 conciliou tanto uma opção de lazer – no âmbito pessoal e doméstico, com os filmes de família e os registros de fatos cotidianos – como uma maneira de se expressar artisticamente por meio de filmes ficcionais, documentais, experimentais, de animação e instrumentais. Por mais que longas e médias-metragens tenham sido feitos, o curta-metragem foi o tempo de duração mais explorado com esse suporte. A utilização do formato também ocorreu em clipes, filmes educativos, matérias jornalísticas e na publicidade. Foi um princípio da democratização audiovisual que iria se concretizar décadas depois.

A ascensão do Super-8 nos primeiros anos de comercialização foi exponencial: surgiram revistas, livros e colunas de jornais buscando formas de popularizar e melhor desenvolver sua prática. Desenvolveram-se importantes polos regionais de produção superoitista, alcançando estados do país com pouca tradição cinematográfica. A criação de festivais e concursos dedicados unicamente a essa bitola evidencia a ampla difusão[6].

Algumas hipóteses foram levantadas sobre o fim do ciclo de Super-8 no país. A mais amplamente divulgada é a da concorrência com o vídeo, dispositivo ainda mais econômico e prático e que permite o acesso instantâneo ao que foi registrado. Outra possível causa foi a dificuldade e o custeio da importação de equipamentos e materiais. A especulação financeira também já foi apontada como parcialmente responsável pelo seu desuso. O valor de um elemento químico derivado da prata utilizado na fabricação do celuloide Super-8 foi triplicado no final da década de 1970, tornando o produto inviável para o mercado. Por fim, no início dos anos 1980, as empresas responsáveis pela revelação do celuloide encerraram o serviço no Brasil, obrigando os interessados a realizar o processo no exterior, aumentando ainda mais o custo e a demora nos prazos.

Apesar da rápida existência e do fim precoce, algumas iniciativas de louvor foram criadas para difundir e aprimorar a prática do Super-8. Em julho de 1972, é criado o Grife (Grupos dos Realizadores Independentes de Filmes Experimentais) pela produtora e publicitária Maria Luiza de Alencar e pelo cineasta Abrão Berman, um dos pioneiros do movimento superoitista no Brasil. Ele estudou no

Idhec (*Institut des Hautes Études Cinématographiques*), em Paris, e voltou ao país em 1970, ano em que a bitola começou a se difundir. Fundou nesse mesmo ano o Cineclube Paiol, importante para o surgimento de uma geração de realizadores paulistas; e, em 1975, criou também o *Ação Super-8*, programa semanal da TV Cultura que foi ao ar durante seis anos e contava com um espaço denominado Festival Estudantes em Ação, que exibia na televisão apenas filmes de estudantes da bitola menor.

O Grife atuou como um importante centro de estudos e de formação técnica: funcionava como escola, feira de equipamentos usados e produtora, além de organizar sessões de filmes, debates e exposições. Os cursos ofertados eram tanto de noções básicas para amadores como de oficinas mais avançadas. Eles realizaram onze edições do Super Festival Nacional do Filme Super-8 entre 1973 e 1983 e, em algumas dessas edições, contaram com o apoio do Instituto Nacional de Cinema (INC), órgão gestor do cinema nacional em parte desse período. O festival foi uma das principais vitrines da produção superoitista brasileira.

Dado o sucesso da bitola, Abrão Berman foi convidado pela Fundação Bienal de São Paulo para ser o responsável por gerir o acervo de Super-8 da instituição. Esse formato de película foi incluído no setor de artes plásticas, e Berman foi o responsável por organizar a iniciativa bienal Estudos e Tendências do Cinema Super-8, com o objetivo de apresentar a força e heterogeneidade dessa manifestação cultural. Para Berman, essa película era

> [...] um verdadeiro cinema de autor, onde a câmera se transforma numa extensão do olho do realizador e suas ideias surgem autênticas, sem deformações provocadas pelas concessões de um mercado comercial ou por limitações técnicas. Mais do que um *hobby*, o Super-8 também passou a ser uma verdadeira terapia, satisfazendo as necessidades do indivíduo em se comunicar e permitindo uma atividade constante fora de suas atividades profissionais, onde muitas vezes ele se encontra limitado[7].

O Grife foi o grupo mais ativo do período, mas outras iniciativas semelhantes também tiveram força, como a Abcine (Associação de Cinema Super-8 do ABC), o Foca (Frente de Orientação ao Cineasta Amador), os Invasores de Tela e o Núcleo de Super-8 de São Paulo. O Foca foi importante no movimento superoitista paulista. Um de seus objetivos era o aprimoramento das técnicas, a capacitação cinematográfica e a busca por formas de popularizar essa arte. Tiveram uma atuação positiva frente às autoridades, buscando angariar incentivos para as atividades artísticas domésticas de modo a conscientizar os representantes culturais sobre a importância dos filmes como uma opção para a educação.

A pesquisa de Rubens Machado Jr. sobre superoitismo, apresentada na mostra *Marginália 70 – Experimentalismo no Super-8 Brasileiro*, é de fundamental importância para compreender o momento e mapear essa instigante filmografia. Organizada originalmente no Itaú Cultural de São Paulo, em 2001, a mostra percorreu outras dezenas de cidades do país e do exterior até 2003. A curadoria explicita como a bitola foi um meio de experimentação apropriado por poetas, artistas plásticos e cineastas. Na década de 1970, ela reuniu o que havia de mais radical em termos da produção artística nacional, e foi utilizada tanto na criação de linguagem como para documentar obras ou *performances*. Alguns dos nomes mais interessantes das artes plásticas nesse período se valeram do Super-8, buscando novos modos de expressão: Antonio Dias (*The Illustration of Art – 1, 2, 3*, 1971/1980), Artur Barrio (*Ritual*, 1970), Hélio Oiticica (*Agrippina é Roma-Manhattan*, 1972), Lygia Pape (*Wampirou*, 1974) e Regina Vater (*Watching Time*, 1979). É preciso ressaltar ainda alguns nomes do forte ciclo pernambucano: Daniel Santiago (*O duelo*, 1979), Jomard Muniz de Britto (*Vivencial I*, 1974) e Paulo Bruscky (*Xeroperformance*, 1980). O poeta Torquato Neto filma em Teresina com essa bitola seu único filme como diretor, *O terror da vermelha* (1972). Ele chegou a propagar a nova moda e as vantagens dessa bitola: "Bom, barato [...], fácil de manejar" são alguns dos adjetivos utilizados pelo escritor[8].

Curador da mostra *Marginália 70*, Machado Jr. destaca a maneira como a precariedade técnica e as imperfeições eram incorporadas como proposições estéticas, "aderindo estudiosamente aos seus grãos, à sua textura, 'às aberrações' de sua facilidade de manuseio, mobilidade e exposição automática, à desritualização contingente, mas também voluntária de todo o processo de produção"[9]. Fora a realização de filmes, os superoitistas das décadas de 1970 e 1980 também exploraram a projeção em circuitos alternativos, gerando outra camada de subversão aos modelos cinematográficos hegemônicos. Além de poetas e artistas plásticos, realizadores mais ligados ao universo do próprio cinema, como também do teatro, passaram a usar a bitola menor como possibilidade de realização. Destacamos a seguir alguns dos principais nomes da cena superoitista brasileira.

Ivan Cardoso é um dos pioneiros no Rio de Janeiro. Começou a filmar em 1969, com 17 anos, e desenvolveu nas últimas décadas uma vasta carreira em diversas expressões artísticas. Altera produções de cinema, fotografia e artes plásticas, e consegue aliar em suas realizações a influência da vanguarda brasileira, como o diálogo com as proposições dos poetas concretos e do movimento neoconcretista, e também a cultura popular, especialmente com o legado cinematográfico de José Mojica Marins e a chanchada. O Super-8 foi sua escola, seu princípio, onde aprendeu a fazer cinema. Seus primeiros trabalhos são a série de filmes que chamou de *Quotidianas Kodaks*, projeto que registrava os lugares e as pessoas que transitavam em torno da vida do realizador entre 1969 e o início da década de 1970. Cardoso acumulava as funções de diretor, produtor e fotógrafo. O objetivo não era a dimensão narrativa, mas a capacidade de performar e registrar os acontecimentos prosaicos do dia a dia. Ivan Cardoso define essa via de filmagem como uma extensão de sua vida. Nas palavras do cineasta: "eu levava a câmera para todos os lugares e explorava as possibilidades que surgiam: a turma, as meninas que iam à praia, o pessoal que passava o fim de semana com a gente em Cabo Frio, na casa do Eduardo Viveiros [de Castro]. Eram participações voluntárias, não havia muito planejamento"[10]. As *Quotidianas Kodaks* foram exibidas dezenas de vezes em projeções caseiras e em festivais de Super-8. A série foi tornando-se mais complexa com o passar do tempo e o aperfeiçoamento técnico por parte do cineasta: fez *trailers* de filmes inexistentes, falsos cinejornais, falsos anúncios institucionais, ficções. Algumas dessas produções contavam com a colaboração de um elenco de pessoas próximas, atores e atrizes, que o poeta Waly Salomão batizou de *Ivamps*. *Nosferato no Brasil* (1970) é sua obra mais célebre da época. Nela, Torquato Neto interpreta o personagem Nosferato, e os jornalistas Daniel Más e Scarlet Moon completam o elenco. Ivan Cardoso conseguia driblar as dificuldades de produção com procedimentos inventivos. Logo no início do filme, surge o letreiro: "Onde se vê dia, veja-se noite", remetendo o espectador ao contraste das filmagens diurnas. Foi uma solução inspirada na poesia concreta de Affonso Ávila: "Onde se vê isso, veja-se aquilo". A primeira parte do curta-metragem é contextualizada como filme de época, em preto e branco, e ambientada na cidade de Budapeste em pleno século XIX. Torquato Neto usa adereços típicos desse célebre personagem, como uma longa capa preta. A segunda parte se passa no Rio de Janeiro do início da década de 1970, e o vampiro vai se abrasileirando: usa sunga, vai à praia, passeia pela orla, toma água de coco. É uma paródia que combina terror, erotismo e comédia. Foi um grande sucesso no circuito caseiro de exibição. Na primeira projeção, foram quase duzentas pessoas à sessão e, quinze dias depois, houve uma reprise na casa de Lygia Clark. Ambas foram verdadeiros acontecimentos sociais e contaram com a presença de artistas plásticos, cineastas e músicos.

O escritor e cineasta Jorge Mourão é um dos principais agitadores da cena superoitista carioca. Antes de se iniciar no cinema, fundou em 1965 o Teatro de Câmara, grupo de encenação de temas populares e de vanguarda e, em 1971, criou o jornal *Presença*, um dos veículos pioneiros da imprensa alternativa pós-golpe de 1964. Também é o responsável pelo Loft – Galeria Alternativa, um espaço multiartístico e a primeira sede de seu laboratório de criação Archivos Impossibles by Mourão. Possui uma vasta filmografia em Super-8, com destaque para *A pátria* (1977), *Brasil 1.872.000 minutos, noves fora* (1976–1977) e *Costumes da casa* (1977–1980), premiado como melhor filme do I Festival de Super-8 do Rio de Janeiro (1982). Seus filmes giram em torno do *underground* que permeia os anos 1970, com ênfase na transgressão e no universo da contracultura.

Sergio Péo, nascido em Belém, também fez carreira com o Super-8 no Rio de Janeiro. Filmou, entre outros, *Pira* (1972) e *Esplendor do martírio* (1974), seu curta-metragem mais importante nesse formato. Este apresenta uma série de *performances* induzidas por atores ou a partir do espetáculo de rua de um engolidor de fogo, um homem e uma mulher de olhos vendados e mãos atadas, outro ator sangra sobre o asfalto; por fim, um ator ataca a conhecida estátua em homenagem aos 18 do Forte de Copacabana, entra em luta corporal com um guarda e acaba sendo preso pela polícia que é chamada ao local. O filme lida com a opressão e o medo daquele momento político brasileiro. As intervenções se dão sobre o espaço urbano, que já havia sido apropriado de maneira diferenciada pelo cinema marginal alguns anos antes. Péo também filmou em 16 mm e 35 mm, entre eles o *Rocinha 77* (1977), que recebeu menção honrosa no Festival de Oberhausen e o Prêmio ONU – Movimento Anti-Apartheid.

O paulista José Agrippino de Paula foi cenógrafo, romancista, cineasta e dramaturgo. Publicou, em 1967, o romance PanAmérica e fundou em parceria com sua companheira, a bailarina e coreógrafa Maria Esther Stockler, o Grupo Sonda, responsável pela criação de diversos espetáculos teatrais, entre eles *Tarzan, III Mundo* (1968) e *Rito do amor selvagem* (1969). Nessa época, Agrippino dirigiu o filme *Hitler, III mundo* (1968), importante produção do cinema marginal paulista. Durante alguns anos da ditadura militar, o casal saiu do Brasil e passou um período na África, registrando com uma câmera Super-8 os costumes e rituais locais, gerando filmes como *Candomblé no Dahomey (Fetichismo no sul do Dahomey*, 1972), *Candomblé no Togo (Mãe de santo Djatassi*, 1972) e *Maria Esther: danças na África* (1972). Na volta ao Brasil, foram morar em Arembepe, na Bahia, e filmaram, entre 1972 e 1978, o curta-metragem *Céu sobre água*. Este se distingue das experiências superoitistas na África por seu teor bastante subjetivo e visceral. As imagens da natureza, as pedras, a vegetação e a água da lagoa se misturam, regidas pela música hipnótica de Ravi Shankar, e exploram aspectos do corpo de Maria Esther. Em close, seu físico flutua sobre as águas de Arembepe. Filmado em diferentes momentos, ela aparece antes, durante e depois da gestação, e também acompanhada da filha recém-nascida. Para o pesquisador Rubens Machado Jr., trata-se de

> [...] um filme verdadeiramente *hippie* [...] é uma espécie de produção a partir de uma experiência de vida *hippie*. É um *home-movie*, ele filma ele, a mulher, a filha [...] e isso vai se articulando de um modo atemporal, porque é o tempo da natureza que está ali, e a articulação das imagens é muito bonita porque se dá a partir de uma lógica que é uma lógica retirada de uma espécie de lei orgânica da natureza: o brotar, o conceber, a ida da água para o céu, o céu sobre água, tem toda uma dialética entre os elementos da natureza [...][11].

Edgar Navarro, nascido em Salvador, inicia sua carreira como cineasta utilizando o Super-8 em meados da década de 1970 e constrói uma filmografia iconoclasta, em busca da transgressão. O suporte foi escolhido pelo caráter factível e pelo alto grau de liberdade propiciado. Desse período, vale mencionar sua Trilogia Freudiana, composta por *Alice no país das mil novilhas* (1976), *O rei do cagaço* (1977) e *Exposed* (1978), todos na bitola menor. O primeiro é inspirado no livro de Lewis Carroll e enfatiza a experiência alucinógena tão em voga nessa época, situando-se como o "filme oral" na trilogia. *O rei do cagaço* é uma de suas obras mais provocativas – o realizador o define como um "filme excremental". Ele traz os delírios de um personagem em meio ao caos urbano e é o "filme anal" da trilogia. Por fim, Navarro encerra a trilogia com o "filme fálico" *Exposed*, que trata de uma abordagem irônica de um armamento militar – um canhão no meio de uma praça – e sua potência fálica. Foi realizado em 1978, ainda em plena ditadura. Por mais que a matriz psicanalítica se faça presente na concepção, seu cinema se destaca pelo humor e pela anarquia. Edgar Navarro é um nome fundamental do Super-8 na Bahia e, ao lado de José Araripe Júnior, Fernando Bélens e Pola Ribeiro, formava o grupo Lumbra Cinematográfica, realizando mais de uma dezena de filmes em diversos formatos.

Vários desses realizadores, em contato com a produção experimental e independentemente do formato (vídeo, Super-8, 16 mm, 35 mm), refletiram e argumentaram em prol da legitimação de um *outro* cinema. Aqui, destacamos a obra de Jairo Ferreira, crítico do *Jornal São Paulo Shimbun* entre 1967 e 1973 e da *Folha de S.Paulo* entre 1976 e 1980. Em seus textos, opta pelo termo "cinema de invenção", mapeando filmes que renovam e atualizam os processos estético-narrativos, e busca outros circuitos, à margem, na Boca do Lixo. Boa parte dos filmes analisados por ele se situa dentro de um contexto do cinema marginal (Ozualdo Candeias, Rogério Sganzerla, Júlio Bressane), mas não só. Jairo Ferreira garimpa obras com novas percepções e transgressões de linguagem. A abertura e o diálogo do cinema com outras áreas – magia, música, poesia – são essenciais em seu pensamento e propicia a exploração de novas ideias e condutas. A postura experimental marca sua predileção e é uma chave de leitura recorrente em seus textos – por mais que assuma que relutou em utilizar o termo em razão de seu desgaste pela utilização frequente na literatura internacional sobre cinema desde os anos 1950. O primeiro capítulo de seu livro *Cinema de invenção* é intitulado justamente "O que é experimental: projeto estético", que ele assim define:

> [...] o experimental em nosso cinema se apoia na arte como tradição/tradução/transluciferação. Utiliza-se de todos os recursos existentes e os transfigura em novos signos em alta rotação estética: é um cinema interessado em novas formas para novas ideias, novos processos narrativos para novas percepções que

conduzam ao inesperado, explorando novas áreas da consciência, revelando novos horizontes do improvável[12].

Além do trabalho como crítico, Jairo Ferreira possui uma instigante carreira como cineasta. Realizou vários médias-metragens em Super-8: *Ecos caóticos* (1975), *O ataque das araras* (1975), *Horror Palace Hotel* (1978) e *Antes que eu me esqueça* (1977), e também dois longas: *O vampiro da Cinemateca* (1975) e *O insigne ficante* (1980). No formato 35 mm, realizou *O guru e os guris* (1973) e *Nem verdade nem mentira* (1979). Com *Metamorfose ambulante* (1993), experimenta em vídeo. Sua obra contém características de liberdade, provocação, colagem, elementos presentes no cinema marginal e nos filmes realizados em Super-8 na década de 1970 e os quais que ele acentua.

Essas características de liberdade, provocação e colagem incorporaram as intensidades vividas desde a década de 1960. O Super-8 (mais do que o cinema marginal) estabelece conexões com a poesia, as artes plásticas, a *performance* e o teatro que estavam em plena ebulição criativa no período. Os filmes de Jairo Ferreira são artesanais, demarcando traços autobiográficos que revelam o cotidiano do próprio cineasta que, muitas vezes, surge em cena. Em seu dia a dia, está presente o cinema, que ele vivencia intensamente como crítico e com todo o meio que se presentifica à sua volta. A cultura cinematográfica é representada em seu trabalho pelo universo da Boca do Lixo em São Paulo – o maior homenageado em *O vampiro da Cinemateca* é José Mojica Marins.

Além do cinema, Ferreira destaca em seus filmes uma relação direta com a poesia, com a *performance* e com a música. Em *O vampiro da Cinemateca*, a poesia é uma presença explícita – acompanhamos ao ar livre e em diferentes lugares a declamação provocativa do poeta Orlando Parollini (seu amigo e colega do *Jornal São Paulo Shimbun*). No entanto, essa marca da poesia já existia em um curta-metragem que antecede *O vampiro da Cinemateca*: *Ecos caóticos*, uma homenagem a Sousândrade[13]. Em outro curta, *Antes que eu me esqueça*, registra leituras de poemas de Roberto Bicelli[14] com Roberto Piva, Claudio Willer e intervenções de músicas de Jimmy Hendrix, Caetano Veloso e Jorge Mautner.

Em *O insigne ficante*, seu segundo longa-metragem, aprofunda a definição de experimental que mais tarde desenvolveria em seu livro *O cinema invenção* e nomeia suas influências. Sua voz em *off* explicita: "o segredo está em Ezra Pound, existem os inventores, os mestres, os diluidores, os fazedores de moda". De Orson Welles, se apropria de trechos de *Guerra dos mundos* (1938), via *F for fake* (1973); e, de Júlio Bressane, registra os bastidores de *O gigante da América* (1978) nos estúdios da Cinédia. O filme desemboca em uma mesa de bar que procura definir o que seria um cinema brasileiro alternativo. Quem faz as perguntas é um ator, possível alterego do cineasta, que se autodenomina como o senhor Experimental de Souza.

O contexto político é uma questão fundamental para o entendimento da proliferação do cinema experimental no país. O final da década de 1960 foi um dos períodos mais conturbados das ditaduras militares instauradas no Brasil e na América Latina, e marcado pela descrença na possibilidade de revolução. Muitos combatentes, intelectuais e artistas precisaram se exilar. Ao mesmo tempo, representou um momento de ebulição da arte e cultura, em que artistas buscaram inserir atos de resistência em suas obras, maneiras de protestar contra a opressão sob a qual viviam. Entretanto, em muitos dos casos foi necessário adotar uma forma de expressão cifrada, simbólica, de modo a driblar a censura em vigor. Dentro dessa conjuntura extremamente politizada e poética, podemos apontar para um tipo de produção que se alinha a uma opção pelo experimentalismo por meio de uma ruptura com os modelos de documentários até então em voga, chamados por Jean-Claude Bernardet de sociológicos. Esses documentários analisados – muitos deles próximos ao Cinema Novo – foram feitos nas décadas de 1960 e 1970. Os cineastas empregaram algumas estratégias do cinema verdade, linguagem recém-inaugurada por Jean Rouch e Edgar Morin com o filme *Crônica de um verão* (1960), como a presença da voz do realizador durante as entrevistas, a câmera na mão, a relação direta com o objeto filmado. Contudo, a montagem de seus filmes mantinha uma relação com características do documentário clássico, principalmente pela presença de uma voz *over*, representando o discurso do saber irrefutável, transmitindo dados precisos (estatísticas, informações históricas etc.) que apareciam para o espectador como uma realidade absoluta, desfazendo em alguns momentos a abertura trazida pelo cinema verdade.

Os filmes de Aloysio Raulino – *Lacrimosa* (1970), *O tigre e a gazela* (1976) e *Porto de Santos* (1978); de Arthur Omar – *Congo* (1972), *Triste trópico* (1974) e *O anno de 1798* (1975); de Paulo Rufino – *Lavra-dor* (1968); e de Ana Carolina – *Indústria* (1969) – romperam com essa estrutura de documentário sociológico, que servia para manter uma relação de complementação entre a voz *over* clara e didática e as imagens. O objetivo com isso era conscientizar o público sobre a cultura e os males da miséria no Brasil. Essas propostas de reinventar a maneira como se abordavam alguns temas recorrentes à questão nacional se aproximam do cinema revolucionário latino-americano. Os curtas-metragens do início da carreira de Raulino, em especial, têm uma conexão com as obras de Fernando Birri, Octavio Getino (*cineastas da Argentina*), Santiago Alvarez, Tomás Gutiérrez Alea (cineastas de Cuba), entre outros, que entranhavam reflexões sobre que tipo de cinema deveria ser realizado no continente. Esse foi um momento marcante para a cinematografia latino-americana, de um compromisso com a proposta de conscientização política pelo uso de circuitos alternativos de difusão e por ideias expressas em diversos ensaios teóricos sobre cinema. Como diretor, Aloysio Raulino realizou 21 curtas-metragens, o longa *Noites paraguayas* (1981-1982) – que dirigiu, assinou o roteiro e fotografou – e três médias-metragens. Iniciou-se como cineasta em 1967, com apenas 20 anos. Alguns de seus trabalhos foram em vídeo: *Como dança São Paulo* (1991), *Credo* (1992) e *Nos muros recortados* (1994), entre outros. No média-metragem *Puberdade* (1996), filmado em 16 mm e finalizado em vídeo, o cineasta transcreve o universo dos adolescentes brasileiros segundo três perspectivas sociais. Raulino foi um exímio fotógrafo e possui uma trajetória extensa e heterogênea dentro do cinema brasileiro[15]. Foi um cineasta profundamente engajado com os rumos socioculturais possíveis para o Brasil, e isso refletia na realização de filmes evidentemente políticos, mas também de cunho experimental. Merecem destaque suas obras dos anos 1970. Em *Lacrimosa*, apresenta essa característica que poderia pertencer a diretores em diálogo com o Cinema Novo: "filmar para evidenciar uma situação de miséria". Saliente-se que ele não só destaca a figura do excluído, como Geraldo Sarno fez em *Viramundo* (1964). O tipo de fotografia proposta por Raulino faz com que o olhar do excluído encare o espectador. Alguns procedimentos como o uso constante do silêncio, que surge tão abrupto quanto as músicas, trazem ao espectador um sentimento indefinido em relação a cenas que explicitam a pobreza e a sujeira, e ainda os longos planos-sequência que assumem o tremor da câmera e tornam as imagens quase abstratas, aproximam seu estilo com procedimentos do cinema experimental. Em *O tigre e a gazela*, consegue, através de uma construção por imagens e inserções de textos do escritor anticolonialista Frantz Fanon, elaborar uma narrativa em quatro tempos do que seria um processo revolucionário crescente. Também cita trecho de um autor que pode dar esse tom político e poético tão fundamental ao seu trabalho em *Diário íntimo* (1956), do escritor Lima Barreto: "Eu olhava com meu olhar pardo em que há o tigre e a gazela", que justifica o nome do filme. Em *Porto de Santos*, a maneira clássica como o cineasta começa a apresentar o maior ancoradouro da América Latina é logo abandonada. A trilha sonora é destacada pela presença excessiva de ruídos próprios de um porto, entretanto desvinculados de uma complementação mimética com a imagem: o apito do navio, o barulho do mar, o som de metais que se tocam pontuam em ritmo insistente o que seria a vida no cais do ponto de vista do trabalhador. Ao abordar a zona portuária noturna, radicaliza a experiência de contraste entre a faixa sonora e as imagens: as prostitutas nas ruas e em frente aos bares têm seu perfil redimensionado pelas músicas inocentes de cantigas de roda. O *close* sobre o peito nu de um marujo que parece respirar os nomes de lugares por onde passou tatuados em seu corpo, "Santos, Valparaíso, Montevidéu", nos direciona para um espírito de luta que estava no ar. Em *Inventário da rapina*, realizado na década seguinte, permanece nesse espírito transgressor aliado a uma proposta política que justifica a postura experimental. Todavia, o momento é outro: ano de 1986, tempo de transição entre a longa ditadura e uma democracia possível. Raulino menciona que seu filme "registra impressões do momento em que vivemos hoje no Brasil, podendo ser definido como um drama intimista patriótico". Interpolando referências a textos do poeta Cláudio Willer, volta-se também para a foto de Paulo Emílio Sales Gomes impressa na capa do livro *Crítica de cinema no Suplemento Literário*[16], compondo os primeiros e últimos planos do filme. É um documentário mais livre, em que a captação de som direto é usada como recurso de experimentação relacionada ao improviso das ruas. O curta é composto por diversas *performances* naturais das ruas de São Paulo ou representadas por uma mulher, por meio de diversas crianças, ou ainda pelo próprio cineasta, que está presente em cena, expressando uma intensidade de olhar como a de seus personagens em filmes anteriores. O espírito inventivo também se dá com os diferentes suportes em que as mensagens aparecem escritas: sobre um vidro, sobre a areia da praia, dentro de um computador. Sua concepção de montagem é bastante radical. A questão nacional explode em meio a uma versão desafinada do hino brasileiro e à alegria das crianças de olhos vendados, quando esta se torna incômoda com a entrada repentina do *Réquiem* de Mozart, já utilizado em seu curta *Lacrimosa*.

A relação mais intensa em termos de ruptura com o documentário de cunho sociológico se deu com a obra de Arthur Omar. Elementos como o formalismo experimental, o enfrentamento da câmera com o rosto filmado, tão forte na cinematografia de Raulino, também remete aos primeiros curtas de Omar, seu longa *Triste trópico* (1974) e a série fotográfica *Antropologia da face gloriosa*. Ele radicaliza a experiência com o som, priorizando esse recurso em vez da imagem. Além disso, sua obra possui uma ambição irônica que não está presente no cinema de Raulino. Podemos perceber também uma multidisciplinariedade em toda a sua produção, que é evidente em sua biografia. Arthur Omar é fotógrafo, músico, artista-plástico, cineasta e também formado em antropologia. Iniciou sua trajetória artística na década de 1970, realizando mais de trinta curtas-metragens, dois longas, videoinstalações. Ele define alguns filmes do início de sua carreira como antidocumentários: *Congo*, sobre a congada, quase todo construído com letreiros que ocupam o lugar das imagens; *O anno de 1798*, que investiga a revolta dos alfaiates, tentativa de libertação do Brasil do domínio de Portugal, nos moldes da Inconfidência Mineira, porém muito menos reconhecida; *e Triste trópico*, uma versão metalinguística do conflito litoral *versus* sertão dentro de uma concepção histórica de Brasil, remetendo a Oswald de Andrade e ao antropólogo Claude Lévi-Strauss.

A justificativa inicial para sua potencialidade de experimentação é a negação à linguagem do documentário padrão. Em seu importante ensaio *O antidocumentário, provisoriamente*[17], Omar afirma desacreditar no documentário como reprodução do real, denuncia sua forma espetáculo e quebra o fluxo da montagem audiovisual desse tipo de cinema. Em uma linguagem aparentemente afinada com as ciências sociais, constrói um discurso fragmentado e ambíguo. Clamando por um distanciamento crítico para a "pseudoverdade" do documentário, cita um longo trecho de Bertolt Brecht em relação ao significado da "simples reprodução da realidade". Em *O anno de 1798*, o fazer fílmico documental é parodiado desde o princípio. Ele trabalha sobre a imitação e reconfiguração de características de um documentário padrão (procedimento também utilizado em *Triste trópico*). A voz *over* (masculina, grave, pausada) que anuncia a eclosão da revolta dos alfaiates é complementada por imagens de quadros, estátuas, corredores, portas e janelas do Museu Nacional de Belas Artes, situado no Rio de Janeiro, e seguida ainda por imagens de uma operação de parto cesariana. Quando temos a informação de que os rebeldes tiveram seus corpos esquartejados por ordem da rainha Maria I, revemos essas imagens cirúrgicas de trás para frente: o bebê vai sendo empurrado para dentro da barriga da mãe. A paródia, que parece estar propondo a destruição de todo o sentido pelo escracho e o *nonsense*, acaba por construir a imagem do fracasso desse levante histórico por meio da representação literal da ideia de que a Revolta dos Alfaiates foi uma insurreição que nasceu de maneira forçada, assim como a concepção do bebê pela operação cesariana, em que o desfecho possível é o retorno desse fruto: vemos a criança ser empurrada de volta para o útero, realçando o aspecto visceral da cena. Ao fragmentar e parodiar seu conteúdo, o artista simula anular completamente sua compreensão, porém consegue manter como resultado a força do tema histórico-político. Saindo de uma negação explícita de um confronto direto com o documentário clássico, Omar aprofunda ainda mais suas experimentações. Em *Tesouro da juventude* (1977), novas possibilidades de sincronia são exploradas, trechos de filmes antigos muito granulados, colocados junto a sonoridades sintéticas, buscam uma imagem sonora; em *Vocês* (1979), uma metralhadora de madeira usada por um homem serve, através de um jogo de luzes ofuscantes, como arma para atingir os olhos do espectador. Nos anos 1980, com *Música barroca mineira* (1981) e *O som ou o tratado de harmonia* (1984), aborda tematicamente o cerne de suas obras: o som. Segundo ele, o filme nasce como música, "uma intuição violenta de música (mesmo que não sonora)". Em *Música barroca mineira*, há um resgate das melodias da escola de música que floresceu em Minas Gerais no século XVIII, através da fusão com a música eletrônica. Em *O som ou o tratado de harmonia*, o tema é o fenômeno sonoro, e o cineasta explora relações possíveis entre som e imagem, propondo um verdadeiro tratado sobre o universo sonoro das artes visuais, com vozes advindas de contextos diversos como o psicológico, o sexual e o político. Em *O inspetor* (1987), Jamil Warwar, o mestre dos disfarces, inspetor de polícia conhecido na década de 1970, por ter desvendado o caso Cláudia, é apresentado não só com depoimentos e representações de fatos que fazem parte do universo do delegado, mas também com textos poéticos do próprio realizador. A música "Ressurreição", de Gustav Mahler, auxilia na dramatização das cenas. Também sugere o nome para seu próximo curta: *Ressurreição* (1989), montagem de fotografias de corpos chacinados. Essas imagens do Instituto Médico

Legal do Rio de Janeiro são trabalhadas de forma a estranhar as posturas dos corpos mutilados, acompanhadas por um hino religioso. Estabelece-se com isso um sentido irônico e crítico aos versos tradicionais do canto de exaltação à Virgem Maria. Seu filme *Sonhos e histórias de fantasmas* (1996) estabelece um paralelo entre uma comunidade quilombola do interior de Minas Gerais e um grupo de MCs de um morro do Rio de Janeiro. Na passagem para o ano 2000, realizou um diário em vídeo, *Notas do céu e do inferno* (1998), em que sintetiza o século XX a partir de material de arquivo pessoal. Em 2011, realizou *Cavalos de Goethe* (2011), em que usa imagens do Afeganistão e concretiza experiências com a distensão do tempo, buscando o que vai chamar de ultrarrealismo.

Foi em meados da década de 1980, como já comentado anteriormente, que Arthur Omar adotou o suporte de vídeo. Em termos estilísticos, radicalizou aspectos da sensorialidade visual, a desconstrução narrativa, a relação entre violência estética e violência social, e continuou com pesquisas do uso dos fenômenos sonoros e da música. Diversificou a temática de seus filmes, aproximando de outros campos – artes plásticas, fotografia, moda, antropologia, sociologia etc. Pode ser considerado um dos primeiros artistas multimídia do país. Segundo Ivana Bentes, "a obra de Arthur Omar é um importante ponto de convergência e passagem entre os meios, os gêneros e diferentes gerações"[18]. Ele permanece continuamente na busca pela experimentação e, além do trabalho em película e vídeo, expressa suas invenções no âmbito da fotografia, com exposições importantes como *Antropologia da face gloriosa I* (1984), Museu de Arte Moderna do Rio de Janeiro, e *Antropologia da face gloriosa II* (1993), Museu da Imagem e do Som de São Paulo. Também é reconhecido como artista plástico e desenvolve projetos que deslocam o dispositivo cinematográfico da sala de cinema para museus, galerias e bienais.

No final da década de 1980, outro contexto bem diferente do cinema brasileiro, a influência da poesia também foi fundamental para um cineasta como Carlos Adriano. Sua própria formação atesta isso. Seu primeiro interesse artístico foi pela poesia, em especial os poemas, traduções e ensaios de Augusto, Haroldo de Campos e Décio Pignatari. Essa relação com autores do concretismo brasileiro o levou a um repertório de radicalidade, ampliando seu gosto pela experimentação e a interdisciplinaridade entre os campos de criação. A conexão com outras artes como a literatura e a música, além da valorização de artefatos históricos e a investigação a partir da matéria propriamente fílmica são marcas constantes e de suma importância em sua filmografia. Ele revela: "talvez o que me levou ao filme experimental foi algo mais geral, o conselho de Ezra Pound aos jovens: curiosidade"[19]. Carlos Adriano fez toda sua trajetória acadêmica na Escola de Comunicações e Artes da Universidade de São Paulo, do bacharelado ao pós-doutorado. Para Caetano Veloso, "seus filmes são feitos para o espectador-artista, isto é: fazem do espectador que de fato os vê um artista. E fazem uma diferença na perspectiva crítica de todo o nosso cinema"[20]. Seu primeiro curta-metragem *Suspens* (1989) foi filmado em 16mm e parte de uma premissa: à procura da imagem ideal de uma mulher, um homem busca o fio da meada de uma história. Esse fiapo de enredo é mínimo em detrimento das potencialidades estéticas apresentadas, possibilita a inventividade de procedimentos fílmicos, desconstruindo códigos de interpretação e figuração. O interesse do cineasta aqui é menos sobre os elementos que compõem a superfície da narrativa e mais pela intensidade da disposição das imagens e da música do compositor Anton Webern. Carlos Adriano define o filme como se a estrutura fosse seu próprio *leitmotiv*. Além da atividade como realizador[21], possui trabalhos como crítico e pesquisador. Em parceria com Bernardo Vorobow, organizou a antologia *Julio Bressane: Cinepoética*[22], realizaram a mostra *Peter Kubelka*[23] e escreveram o livro *Peter Kubelka: a essência do cinema*[24]. Foi responsável pela curadoria da retrospectiva *Ken Jacobs* (2014), em Belo Horizonte. Essas várias ações dialogam e potencializam seus filmes[25].

É interessante levar em consideração a aproximação entre o cinema experimental, o meio acadêmico e o pensamento sobre as obras. Essa relação é histórica e diversos artistas transitaram entre esses campos. Cineastas importantes como Ken Jacobs, Stan Brakhage, Paul Sharits, Hollis Frampton, Malcolm Le Grice, Peter Gidal e Rose Lowder desenvolveram carreiras como docentes em universidades e também possuem uma interessante produção ensaística sobre o meio. Os exercícios de reflexão são formas de legitimar e aprimorar técnicas, ideias e condutas. Algumas das obras de destaque da filmografia de Carlos Adriano são criadas sob procedimentos de cinema experimental muito específicos, operando com rigor sobre as propriedades do material de arquivo e o reemprego de imagens, seja nos suportes em película ou no formato digital. Suas metodologias utilizam a montagem como dispositivo de invenção formal da estética cinematográfica. Décio Pignatari sintetiza sobre sua obra: "há uma "reelization" do pensamento fílmico, um isomorfismo entre o *medium* e os próprios processos da estrutura dinâmica dos sentimentos pensamentais e dos pensamentos emocionalizados ou emulcionalizados. Carlos Adriano: *he's reel!*"[26].

Em *Remanescências* (1997), investiga elementos da matéria fílmica a partir da ressignificação de 11 fotogramas capturados pelo pioneiro José Roberto Cunha Salles em 1897. Esse pequeno fragmento de um artefato histórico, as mais antigas imagens em movimento conhecidas do Brasil, é a base criativa para a elaboração de procedimentos estruturais de um curta-metragem de 18 minutos realizado cem anos depois. Sua obra seguinte *A voz e o vazio: a vez de Vassourinha* (1998) explora uma série de imagens e sons para compor um ensaio sobre o sambista paulistano Vassourinha (1923-1942). O cineasta articula na montagem-realização as canções do músico, fotografias pessoais, recortes de jornal, manuscritos, documentos, cartas, capas de disco, partituras. A manipulação do material de arquivo é utilizada pelo seu valor como documento e possibilita a (re)construção de um perfil poético da vida e obra do artista retratado. É uma linha de fuga radical à linguagem mais habitual de cinebiografias. *Militância* (2002), feito em seguida, dá continuidade ao trabalho artístico sobre os dispositivos de pré-cinema no Brasil. Ele aborda *As três idades*, série de lâminas fotográficas criadas, entre 1874 e 1887, pelo fotógrafo do século XIX Augusto Militão de Azevedo para serem projetadas por meio de uma lanterna mágica. A montagem reconstitui filmagens do mecanismo utilizado pelo próprio Militão, com base na projeção de *As três idades* em uma parede. As imagens são acompanhadas por composições dos músicos Galina Ustvolskaya e Giacinto Scelsi. Carlos Adriano atua aqui como uma meta-historiador, seguindo a formulação de Hollis Frampton, ou seja, a realização de um filme não apenas como construção de uma ficção poética, mas o artista inquirido em inventar no contexto de uma tradição radical e utópica "um conjunto manejável e coerente de monumentos distintos, destinados a implantar uma consistência vibrante no corpo em expansão de sua arte"[27]. Continua por essa via meta-histórica em *Santoscópio = Dumontagem*, que resgata um fragmento de filme mutoscópio[28] registrado no ano de 1901, em que Santos Dumont explica um procedimento de voo a Charles Rolls. A reapropriação desse material de arquivo é o fundamento do filme, cujos poucos planos originais são explorados à exaustão na montagem. Em vários de seus filmes, como nesse, a intervenção de remontagem segue parâmetros plásticos. Os planos são reciclados a partir de suas potencialidades estéticas: variações cromáticas, alternância de velocidades, texturas visuais, exibição em *loop*, flicagem (cintilação da imagem). A parceria com Bernardo Vorobow e a interlocução com o editor de som Eduardo Santos Mendes são colaborações artísticas recorrentes em seu cinema. Bernardo Vorobow, por sinal, foi seu companheiro durante 27 anos e faleceu em 2009. As obras posteriores a esse ano são homenagens afetivas de Carlos Adriano a ele e inauguram uma nova fase em sua obra: *Sem título # 1: Dance of Leitfossil* (2013); *Sem título # 2: la mer larme* (2015) e *Sem título # 3: E para que poetas em tempo de pobreza?* (2016). Para o crítico Scott MacDonald, *Dance of Leitfossil* "é a celebração não só de um passado querido, mas a possibilidade de um futuro criativo"[29].

Destacamos neste texto o contexto do vídeo pela importância na consolidação de uma produção contínua e diversificada de experimentação. É possível visualizar certas linhagens, com artistas aprimorando a prática em diálogo com as artes plásticas, televisão, publicidade, videoclipe, teatro, *performance*. Muitas das técnicas de invenção elaboradas foram assimiladas posteriormente por outros modelos de criação, que não estão necessariamente vinculados à experimentação. Se o vídeo chega ao Brasil no início da década de 1970 de maneira semiamadora, já no final da década de 1980 está amplamente difundido e profissionalizado. A criação de associações, núcleos e festivais específicos foi importante em seu desenvolvimento, permitiu a vinculação de trabalhos mais ousados e radicais. Consideramos os quatro cineastas selecionados – Aloysio Raulino, Arthur Omar, Jairo Ferreira e Carlos Adriano – essenciais na complexificação do experimental. Suas obras fogem de categorizações habituais da história do cinema brasileiro. São filmes que, na maioria das vezes, recebem mais atenção do espaço expositivo de arte do que do circuito de cinema. O cinema, o vídeo e a tecnologia em geral pautam grande parte da arte contemporânea. Os cineastas experimentais e videoartistas têm esgarçado os limites do cinema em seu campo expandido. Já é uma constante suas atuações em exposições, bienais, instalações etc. Optamos pela seleção de um *corpus*, não englobando toda a produção dos períodos selecionados nem refletindo sobre toda a filmografia dos artistas aqui enfocados. Buscamos, neste texto, pontos de ebulição criativa, nichos de grande inventividade, obras com propostas radicais no que tange aos campos estéticos, narrativos, políticos, poéticos. O *corpus* tratado é um fragmento, portanto, incompleto diante de uma filmografia vasta, mas permeada de lacunas: dados, informações, referências, fortuna crítica e mesmo muitos dos filmes já se perderam. A história do cinema experimental brasileiro permanece a ser escrita.

NOTAS

1. Essa é uma produção que já foi amplamente mapeada e analisada. Destacamos aqui dois livros fundamentais sobre o estudo do vídeo no Brasil: Arlindo Machado (org.), *Made in Brasil: três décadas do vídeo brasileiro*, São Paulo: Iluminuras e Itaú Cultural, 2007, e Christine Mello, *Extremidades do vídeo*, São Paulo: Senac, 2008.

2. Jairo Ferreira, *Cinema de invenção*, São Paulo: Max Limonad, 1986, p. 20.

3. A tecnologia 16 mm foi desenvolvida na década de 1920; o Super-8, em 1965. No Brasil, entretanto, ambas foram utilizadas com maior ocorrência em filmagens de cinema apenas no final da década de 1960.

4. Anna Bella Geiger, *Anna Bella Geiger: um depoimento*, em: Arlindo Machado (org.), *op. cit.* p. 75.

5. Cacilda Teixeira da Costa, "Vídeo no MAC", em: Arlindo Machado (org.), *op. cit.*, pp. 70-3.

6. Alguns festivais foram criados nas décadas de 1970 e 1980 voltados à produção superoitista: Festival de Cinema Super-8 de Sorocaba, Festival Nacional de Super-8 do Centro Educacional de Niterói, Mostra Aberta de Super-8 – Rio de Janeiro, Festival de Filme Super-8 de Gramado, Mostra Nacional do Filme Super-8 de Curitiba, Congresso Nacional de Cinema Super-8 (Salvador), Concurso Nacional de Filmes Super-8 sobre Aleitamento Materno (São Paulo), Festival de Super-8 do Ceará, Festival Super-8 sobre Agricultura Irrigada (Ceará), Festival de Super-8 de Filmes Esportivos (São Paulo), Concurso Nacional de Filmes Super-8 para a Educação no Trânsito (São Paulo) e Festival de Cinema Super-8 do ABC (São Paulo).

7. Abrão Berman, *Grife – dados complementares para divulgação*, São Paulo, s. d.

8. Torquato Neto, "As travessuras de superoito", Geleia Geral, *Última Hora*, Rio de Janeiro: 28 ago. 1971.

9. Rubens Machado Jr., *Marginália 70: o experimentalismo no Super-8 brasileiro*, Catálogo, São Paulo: Itaú Cultural, 2001, p. 9.

10. Ivan Cardoso Remier, *O mestre do terrir*, São Paulo: Imprensa Oficial, 2008, p. 71.

11. Rubens Machado Jr., "Opinião sobre o filme *Céu sobre água*", *Ciclo José Agrippino de Paula*. São Paulo: Sesc TV, 15 dez. 2011.

12. Jairo Ferreira, *Cinema de invenção*, São Paulo: Max Limonad, 1986, p. 27.

13. Poeta brasileiro do século XIX que só foi reconhecido pelos irmãos Campos na década de 1960.

14. Era o evento de lançamento de um de seus livros.

15. Alguns dos filmes em que trabalhou: *O homem que virou suco* (1981), *Baiano fantasma* (1984), *O prisioneiro da grade de ferro* (2003), *Serras da desordem* (2006), *Cartola, música para os olhos* (2006), *O aborto dos outros* (2008), *FilmeFobia* (2008) e *Os residentes* (2010).

16. Paulo Emílio Sales Gomes, *Crítica de cinema no Suplemento Literário*, Rio de Janeiro: Paz e Terra / Embrafilme, 1982.

17. Cf. publicação original: "O antidocumentário, provisoriamente", *Revista de Cultura Vozes*, Petrópolis, Rio de Janeiro: ago. 1978, v. LXXII, n. 6.

18. Ivana Bentes, "Vídeo e cinema: rupturas, reações e hibridismo", em: Arlindo Machado (org.), *op. cit.*, p. 116.

19. Entrevista concedida a Eduardo de Jesus, publicada no site da Associação Cultural Videobrasil, disponível em <http://site.videobrasil.org.br/festival/arquivo/festival/programa/1402386> , acesso em mar 2016.

20. Caetano Veloso, *O cinema que faz do espectador um artista*, em: Festival do Rio BR 2002: catálogo. Rio de Janeiro: Festival do Rio, 2002, p. 188.

21. Sua filmografia completa em ordem cronológica: *Suspens* (1988); *A luz das palavras* (1992); *Remanescências* (1997); *A voz e o vazio: a vez de Vassourinha* (1998); *O papa da pulp: R. F. Lucchetti* (2002); *Militância* (2002), *Um Caffé com o Miécio* (2003); *Porviroscópio* (2006); *Das ruínas a rexistência* (2007); *Santoscópio = Dumontagem* (2010); *Santos Dumont pré-cineasta?* (2010); *Sem título # 1: Dance of Leitfossil* (2014); *Sem título # 2: la mer larme* (2015); *Sem título # 3: E para que poetas em tempo de pobreza?* (2016).

22. *Julio Bressane: Cinepoética*, São Paulo: Massao Ohno, 1995.

23. A mostra foi realizada em 2002 no Centro Cultural Banco do Brasil, em São Paulo.

24   *Peter Kubelka: a essência do cinema*, São Paulo: Babushka, 2002.

25   Sua tese de doutoramento, *O mutoscópio explica a invenção do pensamento de Santos Dumont: cinema experimental de reapropriação de arquivo em forma digital* (doutorado em Ciências da Comunicação – Escola de Comunicações e Artes, Universidade de São Paulo, São Paulo: 2008) é complementada pelo curta-metragem *Santoscópio = Dumontagem* (2010) e pelo longa *Santos Dumont pré-cineasta?* (2010).

26   Décio Pignatari, "Carlos Adriano: he's reel!", *Folha de S.Paulo*, São Paulo: 18 abr. 1999, Acontece, p. 1.

27   Hollis Frampton, "Por uma meta-história do filme: notas e hipóteses de um lugar comum", *Arte & Ensaios*, revista do Programa de Pós--graduação em Artes Visuais, Rio de Janeiro: EBA/UFRJ, dez. 2010, n. 21.

28   Dispositivo de imagem em movimento criado por Herman Casler e William Kennedy Dickson em 1894. É uma versão mais simples do kinetoscópio desenvolvido por Thomas Edison. Ambos os mecanismos possibilitam a visualização individual de filmes em vez da projeção em uma tela como o cinematógrafo dos irmãos Lumière.

29   Scott Macdonald, "A Sudden Passion: Carlos Adriano's Sem Titulo #1: Dance of Leitfossil", *Film Quarterly*, Oakland: University of California Press, 2015, v. 69, n. 1, 2015, p. 47. Esse artigo foi também publicado pela Socine: Scott MacDonald, "De repente, uma paixão Sem Título #1: Dance of Leitfossil de Carlos Adriano", *Rebeca – Revista Brasileira de Estudos de Cinema e Audiovisual*, Socine: jul.-dez. 2015, ano 4, ed. 8, disponível em: <http://www.socine.org.br/rebeca/pdf/8/FDQ_Scott%20MacDonald.pdf>, acesso em: mar. 2016.

2

A EMBRA

E A BOCA

SOB A SOMBRA DO ESTADO: EMBRAFILME, POLÍTICA E DESEJO DE INDÚSTRIA

TUNICO AMANCIO

Vista à distância, a Empresa Brasileira de Filmes S.A. ainda mantém singularidade frente ao aparato estatal criado para o cinema de longa-metragem a partir do Instituto Nacional do Cinema (INC), a primeira agência nacional para a atividade cinematográfica, reformulada e modernizada mais recentemente pela Ancine. A Embrafilme foi, durante os 21 anos de sua existência, um eficiente laboratório para o conjunto das categorias profissionais envolvidas no fazer do cinema em suas múltiplas dimensões e para os experimentos de prospecção de mercado e de legislação protecionista. Se nem tudo foi contemplado com procedimentos eficazes, pôde-se estimular e testar as possibilidades de ampliação do campo institucional de ação, levado a níveis nunca antes imaginados.

Por isso a Embrafilme foi também um desafio para o Estado brasileiro, que reconheceu, enfim, o poder estratégico da atividade cinematográfica, dotando-a de uma estrutura mais sólida e moderna num momento em que, no campo audiovisual, o cinema tinha seus últimos lampejos de crescimento. Isso seu deu pouco antes de as atenções das plateias se voltarem prioritariamente para a televisão, com sua "integração vertical, modo de produção fabril e *star system* próprio"[1], incluída com mais facilidade na agenda nacional alardeada pelos militares, com os investimentos seguros na Embratel e no sistema de transmissões em rede para uma maior horizontalização da difusão.

O surgimento da Embrafilme, em 12 de setembro de 1969[2], permitiu, portanto, que a atividade cinematográfica se intensificasse e se estruturasse melhor graças à ação direta do Estado. Principalmente porque o regime militar promovia uma institucionalização cultural ampla desde 1966, com o Conselho Federal de Cultura, num movimento que culminou na aplicação de uma Política Nacional de Cultura (PNC) em 1975, já na gestão do ministro Ney Braga junto ao MEC[3]. Ali se revelou o programa de desenvolvimento do setor, previsto pelos militares, criado com a dupla função de direcionar o processo cultural e controlar a potência dos adversários do regime no campo artístico. Nesse sentido, foram criados a Fundação Nacional de Artes (Funarte, em 1975), o Conselho Nacional de Direito Autoral (CNDA, em 1973), a Campanha de Defesa do Folclore Brasileiro e o Conselho Nacional de Cinema (Concine, em 1976), bem como foram reformulados o Serviço Nacional de Teatro (SNT, em 1973) e a Embrafilme (que havia sido criada em 1969)[4].

Essa política se baseava numa centralização programática que pensava a cultura inserida num mercado de trocas e que tentava monitorar seus fenômenos, numa percepção de que, já que o

> capitalismo transformou a produção cultural em mercadoria, cuja função é auferir lucros ao produtor [...], para salvar a cultura é preciso tirá-la das empresas; uma solução é o marginalismo em relação à sociedade capitalista, outra é entregá-la a um Estado que se supõe não seja capitalista, não vise ao lucro e coincida com os interesses da cultura e da sociedade global[5].

Tal estruturação da economia cinematográfica, com seus altos e baixos, pôde ser observada de 1969 a 1990 – 21 anos de aprendizado, lutas e conquistas, mas também de derrotas.

Pensaremos esse período a partir da herança gerada principalmente pelas contundentes reflexões de Randal Johnson[6], Anita Simis[7], André Gatti[8], Luiz Gonzaga De Luca[9], Sergio Miceli[10] e Arthur Autran[11]. Ao período compreendido entre 1977 e 1981 dediquei minha dissertação de mestrado, publicada sob o título *Artes e manhas da Embrafilme*[12], que pode servir de suporte para outras reflexões.

PRÉVIAS NEGOCIAÇÕES

A necessidade de um atendimento sistemático às reivindicações da classe cinematográfica, organizada em associações profissionais e sindicatos, vinha sendo discutida em congressos e comissões que ganharam consistência nos anos 1950.

A partir daqueles encontros, tanto no I Congresso do Cinema Nacional (Rio de Janeiro, setembro de 1952) como no II Congresso Nacional do Cinema Brasileiro

(São Paulo, dezembro de 1953), montou-se uma agenda que iria mobilizar as principais demandas das categorias profissionais. Entre elas, encontravam-se: a limitação da importação de filmes estrangeiros (ou então sua taxação); a criação de uma carteira regular de financiamento de filmes pelo Estado; a isenção de impostos sobre os insumos cinematográficos estrangeiros enquanto não houvesse similares nacionais; apoio ao curta-metragem; a condenação da distribuição de filmes brasileiros, dentro do Brasil, por empresas estrangeiras; e outros tópicos que iam desde a legislação até a criação de uma escola nacional de cinema[13]. Jorge Amado e Alberto Cavalcanti estão entre os que defenderam a criação de um órgão que regulasse a atividade e formulasse uma política para o setor. "Grande parte da esquerda vê como forma decisiva de atuação política a penetração nos aparelhos de Estado", que defenderia os interesses da nação, acima dos de classe[14]. Os traços corporativos e ideológicos dessas empreitadas já foram discutidos em profundidade principalmente por Anita Simis[15], tratando dos seus aspectos legais, e por Arthur Autran[16], contextualizando a perspectiva industrializante que alimentava tais propostas.

Depois da dissolução da Companhia Cinematográfica Vera Cruz, da Atlântida, da Cinédia e de outras produtoras, o Instituto Nacional de Cinema (INC), criado pelo decreto-lei nº 43, de 18 de novembro de 1966, apareceu como o catalisador do desejo de cinema sob as asas do Estado[17]. No decreto, consta como objetivo amplo do INC formular e executar a política governamental relativa a produção, importação, distribuição e exibição de filmes, ao desenvolvimento da indústria cinematográfica brasileira, ao seu fomento cultural e à sua promoção no exterior. Subordinado ao MEC, o Instituto gozava de autonomia financeira e, entre suas principais atribuições, estavam: formular a política de preço de ingressos, conceder financiamentos e prêmios para longas-metragens, estimular projetos de desenvolvimento da indústria cinematográfica, produzir para o circuito escolar, estabelecer normas de coprodução cinematográfica com outros países, fiscalizar a atividade, arrecadar e gerir suas rendas e outras mais. Suas receitas seriam majoritariamente auferidas por dotações consignadas pela União, pela contribuição para o desenvolvimento da indústria cinematográfica nacional (taxa por metro linear de cópia positiva de todo filme destinado à exibição comercial em cinemas ou televisões), rendas eventuais e pelo produto da venda do ingresso padronizado e do borderô-padrão. Essas fontes formariam reservas para financiar produtores e pagar prêmios a serem atribuídos a filmes nacionais, acrescidas das receitas advindas do bloqueio de parte dos rendimentos a serem remetidos para o exterior por parte das distribuidoras de filmes estrangeiros.

As atividades do INC eram normatizadas por resoluções, com força de lei e aprovadas por seus conselhos Consultivo e Deliberativo. Até então estava em vigor a lei nº 4.143, ou Lei da Remessa de Lucros, de setembro de 1962, cujo artigo 45 deixava às companhias internacionais que distribuíam filmes no Brasil a opção de investir em filmes nacionais 40% de seu imposto sobre a remessa de lucros[18]. Mas o decreto de criação do INC tornava obrigatório esse depósito, operação cuja alternativa era a de que os valores fossem revertidos à conta do Instituto e não à da União, como era a praxe.

Embora a orientação em torno do Instituto fosse progressista, mesmo a operação de retenção de recursos devidos, como imposto de renda, para aplicação em filmes, teve vozes dissonantes, como bem mostra Geraldo Santos Pereira[19]. O questionamento mais importante era o que via na "transferência para grupos estrangeiros do poder de decisão de temas e elencos artísticos e técnicos" e, consequentemente, "a desnacionalização da produção de filmes"[20]. A unanimidade já não era uma perspectiva daqueles tempos.

Parte desses aportes financeiros era orientada para a produção e, assim, o INC investiu em cerca de quarenta filmes entre 1966 e 1969, criando para isso uma estrutura administrativa capaz de dar conta de demandas históricas do setor. Entre elas estavam o financiamento de longas-metragens, na lista dos quais encontramos associações curiosas: *As amorosas* (Walter Hugo Khouri, Kamera Filmes/Columbia Pictures, 1968), *Adorável trapalhão* (J. B. Tanko, J. B. Produções/Condor Filmes, 1967), *Até que o casamento nos separe* (Flávio Tambellini, Data Filmes/Rank Filmes, 1968), *Viver de morrer* (Jorge Ileli, Entrefilmes/MGM, 1972), *Um anjo mau* (Roberto Santos, Cia. Cinematográfica Vera Cruz/Fox Filmes, 1971), *Cômicos e mais cômicos* (Jurandyr Noronha, Cinesul/Pelmex, 1971), *Memórias de um gigolô* (Alberto Pieralisi, Magnus Filmes/Paramount/Cia. Franco Brasileira, 1970), *Cordélia, Cordélia...* (Rodolfo Nanni, Rodolfo Nanni/Screen Gems, 1971), entre muitos outros.

Naquele momento, ainda sem o peso excessivo da televisão, o cinema brasileiro vivia de um *casting* de prestígio, ainda de registro cinematográfico, em que figuravam Paulo José, Lilian Lemmertz, Anecy Rocha, Stênio Garcia, Odete Lara, Jece Valadão, Adriana Prieto, Sérgio Hingst e muitos outros. A relação mais direta ainda era com o teatro e o rádio, embora muitos desses atores já tivessem tido importantes papéis no cinema e participações nas emissoras de televisão. Renato Aragão, por exemplo, em *Adorável trapalhão*, trabalhou sozinho, ainda na TV Excelsior, sem o trio com o qual fará no futuro o grupo que o transformará numa unanimidade nacional.

Os filmes financiados pelo INC eram produções médias de diferentes tendências, desde antologias cômicas a dramas conjugais, existenciais ou regionais e também comédias de costumes e filmes de gênero. Da mesma forma foram financiadas obras marcantes da cinematografia brasileira, de viés mais crítico, como *Macunaíma* (Joaquim Pedro de Andrade, 1969), *Os herdeiros* (Cacá Diegues, 1968-1969) e *Como era gostoso o meu francês* (Nelson Pereira dos Santos, 1970), produzidos com recursos da Condor Filmes[21]. Esta era uma prova da sobrevivência dos herdeiros do Cinema Novo, com seu engajamento político e sua busca de um apuro formal já comprometidos pelos dissabores da ditadura. Pensando sob uma chave alegórica, esses filmes refletiam, a seu modo, o Brasil pós-Ato Institucional nº 5, de 13 de dezembro de 1968, quando o Congresso Nacional foi fechado e foram suspensas as garantias constitucionais. Filmes que evocavam uma crítica oculta ao sistema e que lutavam para não submeter suas palavras e imagens ao regime militar, que iniciava ali sua fase mais dura.

Macunaíma, o herói sem nenhum caráter criado por Mário de Andrade, de um personagem mitológico se transformou em um brasileiro errante na metrópole, vivendo o absurdo da sociedade, travestido de lúmpen, um homem-trapo que trafegava entre signos da resistência, com uma embalagem tropicalista, à maneira de uma comédia bufa. Já *Os herdeiros* acompanha, de forma épica, a trajetória de uma família brasileira desde 1930 até 1964, pelo ponto de vista de Jorge Ramos, um jornalista que se torna político poderoso e é traído pelo filho junto aos militares. O filme se desenvolve através de datações históricas que demonstram, a seu modo, a instabilidade do processo político brasileiro. Finalmente, *Como era gostoso o meu francês* recorre à história para desconstruir a visão paternalista e eurocêntrica sobre nossos povos indígenas, fazendo de seu ponto de vista o motor da trama. A partir da *Viagem ao Brasil*, relato de 1557 do alemão Hans Staden, o diretor criou uma aventura antropológica, mostrando de forma peculiar como um europeu foi preso e comido pelos canibais tupinambás, bravos guerreiros sem nenhum ranço de submissão, com sua nudez explícita e defesa rigorosa de suas tradições e costumes. O filme esteve proibido pela Censura por explorar cenas de sexo e uso de tóxicos e foi liberado mais tarde, com cortes principalmente nas cenas de nudez.

O Instituto Nacional de Cinema, de todo modo, cumpriu suas funções, mesmo quando abalado por algumas dissensões da classe cinematográfica – entre elas, aquelas que opunham o grupo paulista e o carioca: o primeiro, originário de uma perspectiva industrializante, ainda mirando um cinema cosmopolita nos moldes dos grandes estúdios, com um *star system* próprio e baseado no modo de produção americano; o segundo, ligado tradicionalmente a uma esquerda nacionalista, voltado para um cinema autoral e mais crítico. Aqui, a simplificação dessa polarização não ignora sua fragilidade nem as interfaces existentes entre os dois lados. Arthur Autran analisa detalhadamente as questões que ilustram as perspectivas industrializantes da corporação cinematográfica[22].

O INC tinha, entretanto, encampado também algumas políticas que angariaram a simpatia e adesão de todos os produtores, como foi o caso do prêmio adicional de renda, concedido àquelas produções que alcançassem determinada cifra anual. A medida equilibrava o custo médio com a renda média de cada filme, disponibilizando uma bonificação em dinheiro, que depois se transformou em um prêmio de qualidade para filmes de elevado padrão técnico, artístico ou cultural, que era avaliado por um júri nacional criado especialmente para essa outorga. Mas até mesmo essas inovações, que ampliavam a faixa de lucro gerado com filmes e que era normalmente dividida entre exibidores e distribuidores, foram objeto de queixa contra a burocracia estatal e as exigências para receber os prêmios[23].

Já o Departamento de Filme Educativo do INC apoiava e coproduzia filmes de ambições culturais, prioritariamente documentários voltados para escolas e para a rede convencional de cinema. Além dos longas-metragens produzidos e dos prêmios concedidos, o INC se tornou o responsável por uma rica coleção de curtas e médias-metragens de fundo cultural, alguns dos quais ainda são acessíveis[24]. Entre eles, um rol enorme de temas e de realizadores: *Alberto Cavalcanti* (1970), de Alfredo Sternheim; *Alimentação* (1973), de Adhemar Gonzaga; *Carmen Santos* (1969), de Jurandyr Passos Noronha; *Carro de bois* (1974), de Humberto Mauro; *Dramática popular* (1969), de Geraldo Sarno; *Ecologia* (1973), de Leon Hirszman; *Teatro Municipal* (1974), de Ruy Santos, e muitos outros.

O INC cuidava também do incentivo aos festivais e mostras de cinema, bem como de algumas publicações que davam conta da complexidade da área: a revista *Filme Cultura*, o *Guia de Filmes* e o catálogo *Brasil Cinema*. Uma curiosidade merece ser destacada: para impulsionar e controlar a venda de ingressos, visando também um maior interesse popular pelo filme brasileiro e promovendo sua dupla remuneração (pela produção e pela venda do ingresso padronizado), o INC criou um sorteio de automóveis, aparelhos de ar-condicionado, geladeiras, toca-fitas e projetores de 16 mm. O comprovante do concurso era o canhoto do ingresso padronizado, o que fazia do público um agente informal da fiscalização que evitava a evasão das rendas[25]. A iniciativa teve vida curta.

Forjado em plena vigência do regime militar, o Instituto obedeceu a um movimento de centralização, bem adequado a uma ordenação arbitrária e de exceção marcada pelo impacto dos atos institucionais. O convite ao produtor/realizador paulista Flávio Tambellini para a primeira direção do órgão (1966–1967), para além de sua militância cinematográfica[26], deveu-se às boas graças de seu cunhado Roberto Campos, ministro do planejamento do governo Castelo Branco (1964--1967). Ele foi sucedido pelo gaúcho Durval Gomes Garcia, personalidade ligada ao alto escalão do Exército[27], também produtor (1967–1970), imediatamente seguido por Ricardo Cravo Albin, oficial da Reserva do Exército Brasileiro (1970--1971); depois pelo brigadeiro Armando Troia (1971-1972), relacionado ao DSI/MEC[28]; e por Carlos Guimarães de Matos Jr. (1972-1974), filho também de um brigadeiro da Aeronáutica. Em 1975, assumiu Alcino Teixeira de Mello.

NASCE A EMBRAFILME

André Gatti e Luiz Gonzaga De Luca estão entre os pesquisadores que corroboram a ideia de uma história da Embrafilme dividida em fases, cujos limites podem ser discutidos, e nelas é dada especial atenção ao campo da distribuição, normalmente pouco estudado. Em suas análises, pode-se exemplificar também, de modo eficiente, os movimentos que se deram no seu interior e na sua relação com a classe cinematográfica e o aparato estatal. De Luca sugere cinco fases: a primeira, enquanto projeto das elites identificadas com o golpe militar; a segunda, enquanto sustentação financeira de um acordo entre os setores empresariais e o Estado; a terceira, com a decisão de intervenção direta no mercado; a quarta, com a cooptação das corporações; e a quinta e última, com a decadência e o esgotamento do projeto institucional. Elas ficam aqui assinaladas enquanto possibilidade de observação do período, sem maior rigor histórico[29].

A Empresa foi criada em 12 de dezembro de 1969 como um apêndice do Instituto Nacional de Cinema e estruturada enquanto sociedade de economia mista. O decreto 862, que a institucionalizou, foi promulgado após a saída de cena do marechal Arthur da Costa e Silva, que deixou a presidência da República vitimado por uma trombose, dando lugar a uma junta composta pelos três ministros militares – do Exército, da Marinha e da Aeronáutica[30]. Foi essa junta que referendou a criação da Empresa, em cujo decreto de criação se falava de uma composição societária de 600 mil ações distribuídas entre o MEC (70%) e outras entidades de direito público ou privado (os 30% restantes). Sua finalidade era, numa perspectiva mais empresarial, voltada à

> distribuição de filmes no exterior, sua promoção, realização de mostras e apresentações em festivais, visando à difusão do filme brasileiro em seus aspectos culturais artísticos e científicos, como órgão de cooperação com o INC, podendo exercer atividades comerciais ou industriais relacionadas com o objeto principal de sua atividade[31].

Durval Gomes Garcia passou a acumular a presidência do INC junto à diretoria geral da Embrafilme, para evitar a divisão de poder, enquanto a surpresa da criação do novo órgão mobilizava a classe cinematográfica[32], intrigada com o súbito interesse pela distribuição no exterior, prerrogativa também motivada pela tentativa de coibir a circulação internacional dos filmes brasileiros mais engajados. Em 1969, boa parte das obras mais impactantes do Cinema Novo já havia passado pelas telas dos cinemas e dos festivais europeus, atraindo a atenção internacional para a realidade brasileira e para a ditadura militar, como atesta o trabalho de Alexandre Figueiroa[33]. Não é, portanto, fora de propósito imaginar tal cenário, acoplado às demandas históricas do setor e ao esforço estatal de montagem da construção institucional de que nos fala Sergio Miceli[34], apontando para o trabalho de organização de um sistema oficial de atendimento às demandas do setor cultural em geral.

De toda forma, em que pese alguma dissensão na classe, um novo horizonte se abria, na medida em que a empresa recém-criada podia exercer abertamente atividades comerciais ou industriais e, principalmente, poderia dispor das receitas recolhidas do percentual do imposto de renda devido pelas companhias internacionais.

Logo em seguida, em 1970, já na gestão de Ricardo Cravo Albin, a Embrafilme concedeu os primeiros financiamentos, ainda no modelo do INC, sob a forma de empréstimo, com juros anuais, carência de 12 meses e pagamento em 24 meses, por meio de promissórias. A empresa seria reembolsada com a retenção da renda líquida dos filmes e prêmios recebidos pela produção até o ressarcimento da dívida.

Sua clientela era composta por empresas e produtores cinematográficos, atendidos numa ordem que considerava uma quantidade de pontos a ser atribuída de acordo com a experiência industrial e profissional das empresas produtoras, produtores independentes e/ou estreantes. O financiamento não pressupunha julgamentos qualitativos ou ideológicos, até porque o projeto que deveria ser apresentado na solicitação se resumia a uma sinopse da história a ser filmada e, mais importante, aos dados cadastrais. Essa política punha em destaque as empresas produtoras, favorecia a concentração de recursos e priorizava os aspectos comerciais dos filmes. Na transitória gestão do embaixador José Osvaldo de Meira Penna, foram flexibilizados os critérios de atribuição de valor artístico aos projetos buscando financiamento naquele momento, em prol de perspectivas objetivas de atendimento ao mercado. Pretendia-se, com isso, promover produções mais populares, realizações mais bem cuidadas, com apelo mais comercial, mais comunicativo e aberto, sem o hermetismo dos filmes do Cinema Novo, que haviam tido uma razoável visibilidade nem sempre compatível com as rendas que auferiam nas bilheterias.

Internamente, os critérios já tinham sido ajustados, quando os produtores foram classificados segundo o faturamento e a sua participação em produções, gerando um *ranking* que considerava os grandes e tradicionais (Herbert Richers, Roberto Farias, Luiz Carlos Barreto, Jece Valadão, Jarbas Barbosa, Oswaldo Massaini, William Khouri), os médios e independentes (Mapa Filmes, Saga Filmes, Joaquim Pedro de Andrade, Paulo Porto, Alberto Pieralisi, Luiz Sérgio Person, Carlos Hugo Christensen, Pedro Rovai etc.) e os estreantes Geraldo Sarno e Hugo Carvana[35].

Estão listados aqui, embora de forma genérica, representantes das correntes majoritárias que comporão as clientelas privilegiadas do cinema brasileiro da década seguinte, a saber: os produtores (pessoas física ou jurídica) com produção atestada e os diretores/autores que questionarão, no futuro, os rumos da agência do Estado. A distinção entre eles nem sempre pode ser observada nos filmes que lançaram, mas é, sobretudo, fruto de uma tênue qualificação de suas estruturas de produção (sede própria, equipamentos etc.) e da *performance* comercial das obras já produzidas. Assim, por exemplo, enquanto a L. C. Barreto apresentava *O barão Otelo no barato dos bilhões* (1971), uma comédia dirigida por Miguel Borges sobre um homem pobre que vive de bicos e ganha na loteria, com um grande elenco (Grande Otelo, Dina Sfat, Milton Moraes, Ivan Cândido, Wilson Grey etc.), Zelito Viana dirigia, pela Mapa Filmes, *O doce esporte do sexo* (1971), com roteiro de Oduvaldo Vianna Filho e Armando Costa, um filme de episódios protagonizado por Chico Anysio (com Ana Maria Magalhães, Arnaud Rodrigues, Isabel Ribeiro, Carlos Imperial, Jorge Dória, Wilson Grey etc.). Os estreantes serão vistos sempre como um risco e uma surpresa, não importando em que modelo estejam incluídos, e essa hierarquia vai abalar os produtores de pouca iniciativa, caracterizados por Miguel Borges como os "representantes da fauna miúda que habitava a estreita faixa entre os porras-loucas e os desesperados"[36].

De qualquer modo, quando foram liberados os primeiros financiamentos, as críticas à empresa foram atenuadas e logo se desenvolveu o deslocamento do eixo exportador (pouco explorado) para o produtor, mesmo que isso implicasse numa diminuição do número de operações, para que se ampliassem os recursos para cada filme. Era a gestão Meira Penna e já estava em gestação uma reformulação do sistema, prevendo maior flexibilidade administrativa e financeira, entrada da empresa no mercado interno de distribuição e no mercado externo através de um consórcio de exportação e, finalmente, a interveniência direta do Estado na composição orçamentária dos filmes por meio de um sistema de coprodução. Em maio de 1972, definiu-se que só seriam aprovados os projetos comerciais de alto nível, fosse cultural, artístico ou científico, e as coproduções, em caráter excepcional, firmadas como projetos de relevância para a projeção do cinema brasileiro. A partir de agora a operação, diferentemente do financiamento, não tinha mais prazo fixo para ser ressarcida, uma vez que a Embrafilme assegurava sua participação "*ad perpetuum*, na renda, em percentagem igual à que concorrer para o custeio do projeto"[37].

Esse foi o início de um modelo de negócio que tornaria o Estado sócio dos filmes, alterando significativamente seu papel histórico. Se até então ele legislava, de uma distância reservada, sobre a produção e circulação de filmes, sem um engajamento maior, agora seu comprometimento societário trazia as negociações para dentro de sua esfera de ação administrativa, financeira e também política. A atividade cinematográfica não poderia mais ser simplesmente observada de longe, passando a ser vivida por dentro do aparato estatal.

Essa prerrogativa se manifestaria numa série de efeitos observáveis no futuro – entre eles, a necessidade de maior qualificação dos quadros profissionais, a urgência na atualização da prospecção do mercado e o monitoramento de suas variáveis, a adequação da produção a uma perspectiva mais comercial e a redefinição de sua relação com as clientelas e demandas específicas do setor.

Muitas dessas sugestões eram desdobramentos das decisões do I Congresso da Indústria Cinematográfica, realizado em outubro de 1972 no Rio de Janeiro e envolvendo ampla representação da atividade. A principal demanda, encaminhada pela Comissão de Produtores, estava contida no Projeto Brasileiro de Cinema, que ressaltava a necessidade de reformulação da Embrafilme, que passaria a ser uma empresa pública, com autonomia financeira e administrativa. O projeto integrava mercado, economia e cultura e buscava abrir um diálogo com o Estado, reivindicando um papel ativo e autogestionário para os representantes da classe cinematográfica[38] que, na verdade, camuflavam a perspectiva de liderança do processo pelos egressos do Cinema Novo (Luiz Carlos Barreto, Cacá Diegues, Leon Hirszman etc.).

Quase como uma contrapartida, projetava-se um estímulo aos filmes infantis, históricos ou adaptações da literatura de indiscutível valor (ainda dentro do projeto culturalista, dignificando suas opções de caráter nacionalista ou didático), para mudar a imagem da empresa[39].

Em setembro de 1973, foi autorizada a criação de uma distribuidora, pensada com o máximo de desburocratização e plasticidade, reforçando o seu papel não competitivo, essencialmente de apoio ao produtor nacional[40], uma proposta que se revelava viável e necessária. Em seguida, foram aprovados dois modelos de contrato de distribuição: um para os filmes já produzidos e outro para filmes ainda em fase de produção.

Quase simultaneamente, em outubro do mesmo ano, graças a uma verba especial do MEC, foram aprovadas as produções de quatro projetos, já em regime de parceria: *Um homem célebre* (Miguel Faria Jr., 1974), *O coronel e o lobisomem* (Alcino Diniz, 1978), *Os ratos da flor* (Italo Jacques, não realizado) e *O amuleto de Ogum* (Nelson Pereira do Santos, 1974). Os projetos ou eram adaptações de textos literários conceituados, de escritores aclamados como Machado de Assis e José Cândido de Carvalho, ou revisavam radicalmente as ambiguidades das religiões afro-brasileiras, vistas de uma ótica popular e suburbana. Em ambos os casos, de certo modo, os filmes contavam com a prévia aceitação pelo público.

A escalada de mudanças prosseguiu com o aumento no teto dos financiamentos e a alteração das categorias de proponentes, para produtor estreante e produtor, fazendo desaparecer o produtor tradicional e o independente.

Até 1973, foram financiados oitenta filmes pela Embrafilme, cujas produtoras podem ser assim divididas: 38 produtoras com um só filme, 11 com dois filmes, quatro produtoras com três filmes e duas com quatro filmes. Entre os profissionais mais produtivos, estão Roberto Farias, Luiz Carlos Barreto, Jece Valadão, Zelito Viana e Paulo Porto[41].

Os filmes eram bastante diversificados em seus estilos e temáticas. Por exemplo, *O agente positivo* (Fabio Sabag, 1971), uma aventura da Magnus Filmes sobre uma quadrilha europeia que rouba um reator nuclear e foge para o Brasil, tendo de enfrentar a sagacidade do agente Ed Sexy e sua assistente Tentação, que obviamente vencem após muitas peripécias. Ou *Pra quem fica, tchau* (Reginaldo Faria, 1971), da RF Farias, uma comédia Zona Sul cujo protagonista é o jovem interiorano Lui, que chega ao Rio, hospeda-se com o primo *bon-vivant* em Ipanema e logo é seduzido pelas mulheres, festas e bebedeiras, até se apaixonar pela estonteante Maria. Marcado pelos signos da mitificação da vida carioca – praia, mulheres, boemia –, o filme era uma comédia de costumes voltada aos jovens, que constituíam então o novo consumidor de cinema, que buscava nas telas música, diversão, liberdade e sexo, ingredientes que caracterizariam a pornochanchada no futuro.

Mas havia também *A casa assassinada* (Paulo César Saraceni, 1970), adaptação do romance de Lúcio Cardoso, sobre a decadência da família Menezes, mineiros que vivem um desajuste familiar pautado pelas traições, ciúmes, incesto e homossexualidade, buscando o resgate de sua humanidade. E, além dos citados, alguns títulos mais picantes foram também financiados: *Soninha toda pura* (Aurélio Teixeira, 1971), o drama de uma jovem que sai do internato e vai viver de novo com os pais ricos, expondo sua amoralidade, e *Procura-se uma virgem* (Paulo Gil Soares, 1971), comédia sobre um jovem que encontra numa garrafa um gênio que vai lhe arranjar uma moça pura, descoberta depois de mil trapalhadas. Ou, ainda, *A infidelidade ao alcance de todos* (Olivier Perroy e Aníbal Massaini Neto, 1972), baseado numa peça de Lauro César Muniz e composto por dois episódios. No primeiro, um candidato a prefeito do interior precisa mostrar sua virilidade à oposição, conquistando uma bela mulher; no segundo, um *réveillon* é palco de uma aventura diferente da diversão que três casais planejaram. Há também *Sagarana: o duelo* (Paulo Thiago, 1973), baseado em Guimarães Rosa e em cuja história Turíbio mata o rival errado numa tocaia e é perseguido pelo real amante da mulher.

Tais eram alguns dos tipos de produções financiados pela Embrafilme, que já revelava então a busca por um equilíbrio entre filmes de apelo popular, desde que não atingissem uma vulgaridade interdita por um órgão do Estado, e produções de prestígio, alimentadas quase sempre por um elenco estelar ou pela legitimação da literatura.

A Embrafilme já contava com um regular fluxo de caixa, com boa parte dos recursos oriundos diretamente da atividade cinematográfica – fosse a nacional, pela venda de ingressos padronizados e borderôs, fosse a estrangeira, pelo recolhimento de parte do imposto de renda –, uma estrutura em processo de modernização com muitas de suas categorias profissionais engajadas na luta pelo desenvolvimento da atividade cinematográfica. O suporte decisivo veio pelo apadrinhamento de militares sensíveis à questão do cinema, como era o caso do coronel Jarbas Passarinho e do coronel Ney Braga, ligados a grupos de pressão junto aos órgãos responsáveis pela distribuição dos recursos da União. Também houve apoio do economista João Paulo dos Reis Velloso, cinéfilo e futuro ministro do planejamento.

A NOVA EMBRAFILME

Foi exatamente na transição para o governo Geisel (1974-1979), com a promessa de uma abertura política lenta, gradual e segura, voltada para as exigências da sociedade civil, que Roberto Farias foi indicado para a direção geral da Embrafilme, iniciando uma nova fase da Empresa. Cineasta bem-sucedido, com sucessos como *Assalto ao trem pagador* (Roberto Farias, 1962) e os três filmes interpretados pelo cantor Roberto Carlos, Farias representava a linha mais pragmática na relação com o mercado. Defensor intransigente das reservas de mercado e das restrições de atuação do capital estrangeiro no cinema, montara uma profícua produtora, a RF Farias, e uma atuante distribuidora, a Ipanema Filmes[42].

Produtor, diretor, autor, homem de cinema, Farias teve sua nomeação pensada como a de alguém capaz de representar, de modo operativo, a corrente associada ao desenvolvimentismo, dita nacionalista, e a corrente voltada para as formas de produção hegemônicas, dita industrialista, que desde os anos 1940 disputavam o poder no setor cinematográfico. Acabou predominando o grupo nacionalista, próximo aos diretores do Cinema Novo, que encaminhou propostas bastante radicais, como a extinção do INC, a criação do Conselho Nacional de Cinema (Concine) e mesmo a criação da Fundação Centro Modelo de Cinema (Centrocine), que seria voltada para a cultura cinematográfica e assumiria as atividades do INC. A Embrafilme deveria então incorporar a coprodução, a exibição e a distribuição, o financiamento da indústria (materiais sensíveis e equipamentos) e sua expansão através de subsidiárias – um projeto concentrador e arrojado que remodelaria rapidamente a face da Empresa e suas relações com os diversos segmentos da atividade.

Somava-se a esse projeto o arcabouço financeiro e administrativo que lhe dava substância: recursos gerados pela própria economia cinematográfica (imposto de renda retido sobre remessa de lucros, parte da venda dos ingressos padronizados, recolhimento de taxas sobre o metro linear de filmes para exibição comercial, taxas sobre filmes para televisão e publicidade) e a criação do Concine, um conselho normativo e de seu par, uma empresa operacional destinada a atuar no mercado. Estabelecia-se para o cinema o mesmo formato que se estabelecera para os correios, a telefonia e, mesmo, o petróleo, em que o CNP – Conselho Nacional do Petróleo – regulamentava e a Petrobras fazia a política de mercado[43].

A Embrafilme, utilizando o sistema de coprodução no qual assumia os riscos dos investimentos em projetos e ampliando o volume das operações de distribuição, modelou a mais ousada intervenção estatal na atividade cinematográfica, numa cumplicidade que, desde o projeto, mesclava associação financeira e igual responsabilidade na comercialização de um filme. Essas atitudes levariam para o interior da Embrafilme a total gerência operacional do produto, até então delegada aos setores privados.

A mudança na orientação das obras a serem produzidas teve um enorme reflexo nas regras de financiamento e coprodução, valorizando a figura do realizador e passando a enfatizar a "qualidade global do projeto". Isso acarretou uma estratégica reformulação, que priorizava o argumento, o currículo do proponente, uma previsão orçamentária e a documentação legal. Os projetos podiam ser apresentados por diretores de comprovada capacidade, produtores e estreantes, com boa experiência prévia em curtas ou em outras atividades profissionais. A figura do produtor começava então a se esvanecer, sendo substituída pela da pessoa física, até que a figura da empresa fosse retomada, sob pressão da classe, já em 1975. Mas a primazia da apresentação do projeto continuaria sendo do realizador, que poderia apresentar a empresa produtora, com documentação bastante simplificada.

As operações seriam assim estruturadas: a Embrafilme entrava com 30% do valor de um orçamento, a título de coprodução, e mais 30% de adiantamento sobre as futuras rendas advindas da comercialização, garantindo para si uma participação societária durante toda a vida comercial de um filme. O produtor/realizador, por seu lado, recebia 60% de um orçamento aprovado para viabilizar seu filme.

Esse modelo de negócio levaria a várias alterações na política de produção da empresa: o investimento passaria a ser em filmes, não em produtoras, e surgiu a necessidade premente de se estruturar um sistema eficiente de distribuição, que legitimasse essas operações.

O sistema de financiamento, montado a partir de garantias e avais, mostrava suas fragilidades, na medida em que era muito grande o número de inadimplentes, por má-fé, oportunismo ou mesmo falta de controle estatal, segundo o próprio Roberto Farias, diretor da Embrafilme. Mesmo assim, graças a ele, entre 1970 e 1975 foram aprovadas 106 operações que resultaram em obras do calibre de *São Bernardo* (Leon Hirszman, 1971), *Os condenados* (Zelito Viana, 1973), *Toda nudez será castigada* (Arnaldo Jabor, 1973), *O anjo da noite* (Walter Hugo Khouri, 1974), *A estrela sobe* (Bruno Barreto, 1974), *Guerra conjugal* (Joaquim Pedro de Andrade, 1974), *Ovelha negra: uma despedida de solteiro* (Haroldo Marinho Barbosa, 1975) e filmes adaptados de textos preexistentes ou realizados por diretores de prestígio. Também foram realizadas comédias populares como *Cassy Jones, o magnífico sedutor* (Luiz Sérgio Person, 1972), filmes de gênero como *Missão: matar* (Alberto Pieralisi, 1971) e *O descarte* (Anselmo Duarte, 1973) e produções variadas, como *Mãos vazias* (Luiz Carlos Lacerda de Freitas, 1971), *Aladim e a lâmpada maravilhosa* (J. B. Tanko, 1973) e *A noite do espantalho* (Sérgio Ricardo, 1974)[44].

Foram percebidos na carteira os egressos do Cinema Novo, com suas histórias de peso cultural mais sólido, como adaptações de autores renomados da literatura brasileira. Por exemplo, o drama do latifundiário Paulo Honório e sua noiva Madalena, baseado no romance de Graciliano Ramos e que rendeu um exercício cinematográfico de rigor formal e contenção em São Bernardo, estrelado com igual fervor por Othon Bastos e Isabel Ribeiro. Ou, ainda, *Os condenados*, realizado por Zelito Viana, que conta o mergulho da prostituta Alma no diário de seu admirador João do Carmo – com Isabel Ribeiro e Cláudio Marzo vivendo personagens de temperamentos opostos, buscados num Oswald de Andrade quase esquecido, ainda longe das sofisticações retóricas da antropofagia. Já em *Toda nudez será castigada*, Arnaldo Jabor conteve o ímpeto flamejante de Nelson Rodrigues ao narrar a história do puritano Herculano e da prostituta Geni, envoltos numa teia familiar cheia de traições e enganos, em que uma iluminada Darlene Glória reinava em cena sobre um indefeso Paulo Porto. Há ainda o exemplo de *Guerra conjugal*, feito por Joaquim Pedro de Andrade a partir de Dalton Trevisan.

Também receberam subsídios outros filmes como o *Cassy Jones* de Luiz Sérgio Person, estrelado por Paulo José, com Sandra Bréa, Glauce Rocha e Grande Otelo, sobre um incorrigível sedutor que se cansa da paquera e se decide enfim por uma mulher só, numa trama feita com maestria. Já em *Missão: matar*, Pieralisi partiu de um roteiro do mesmo autor de *Bullitt* (Peter Yates, 1968, estrelado por Steve McQueen) para criar uma aventura, estrelada por Tarcísio Meira, que envolvia a OEA, a Interpol, agentes e bandidos internacionais em uma frenética corrida contra o tempo para impedir um assassino profissional de cumprir seus objetivos. Um raro filme de ação, notável por uma prodigiosa perseguição automobilística. Esse gênero também foi trabalhado em *O descarte*, no qual Anselmo Duarte desenvolveu a história de uma jovem viúva (Glória Menezes) imersa nas memórias do marido morto em um acidente e a corte de um questionável bom mocinho (Ronnie Von). Ainda no registro policial, temos *O marginal* (Carlos Manga, 1974) e *A extorsão* (Flávio Tambellini, 1975).

E foram financiados também filmes mais comprometidos com o registro autoral, como *Mãos vazias*, com atuação de Leila Diniz. Esse filme foi feito em sistema de cooperativa e se baseou na obra de Lúcio Cardoso, sobre dois casais e um assassinato que mobiliza a moral conservadora de uma cidade interiorana. Outro exemplo autoral foi o musical alegórico *A noite do espantalho*, uma quase fábula nordestina sobre um barão que quer expulsar de suas terras uma família humilde, com trilha de Alceu Valença e Geraldo Azevedo.

Há ainda os infantis dos Trapalhões: *Aladim, O trapalhão na ilha do tesouro* (J. B. Tanko, 1975) e *Robin Hood, o trapalhão da floresta* (J. B. Tanko, 1974). E outros voltados a esse público: *O Pica-Pau Amarelo* (Geraldo Sarno, 1973), explorando o universo encantado de Monteiro Lobato, e *O caçador de fantasma* (Flávio Migliaccio, 1975), com Tio Maneco e seus sobrinhos em arriscadas aventuras. Filmes diversos para gostos diversos continuavam a ser a tônica da produção da época.

Enfim, o Instituto Nacional de Cinema foi extinto por meio da lei nº 6.281, de dezembro de 1975, que ampliou também as atribuições da Embrafilme, repassando-lhe bens, direitos e obrigações, além de anunciar a criação do Conselho Nacional de Cinema (Concine), para estabelecer a orientação normativa e fiscal relativa à atividade cinematográfica[45]. O Concine foi instituído pelo decreto nº 77.299, de março de 1976, com múltiplas funções: regulação, fiscalização, formulação de políticas de preços e de quotas de obrigatoriedade de exibição de filmes nacionais etc. Subordinado ao MEC, seu conselho era composto por representantes de vários ministérios, da Embrafilme e dos setores das atividades cinematográficas[46].

A DISTRIBUIDORA

Sagarana, o duelo (Paulo Thiago, 1973) foi o primeiro filme distribuído pela Embrafilme, a qual apresentou um crescimento contínuo de faturamento por um bom período[47]. *Xica da Silva* (Cacá Diegues, 1975-1976) e *Dona Flor e seus dois maridos* (Bruno Barreto, 1976), produzidos respectivamente por Jarbas Barbosa (irmão do Chacrinha e produtor de filmes do Cinema Novo) e Luiz Carlos Barreto (associado ao poderoso Walter Clark, então prestigiado diretor-geral da TV Globo), foram, por sua vez, os filmes de peso que notabilizaram a distribuidora e fizeram a prospecção do mercado brasileiro, com um sólido reforço orçamentário para a confecção de cópias, publicidade e fiscalização das rendas, resultando em sucessos espetaculares.

O apelo dos dois grandes sucessos foi irresistível, já que, enquanto *Xica* punha em questão a problemática racial em uma carnavalizada fábula sobre o Brasil Colônia, *Dona Flor* trazia o exotismo mulato de Jorge Amado para o consumo popular, amparado nas canções de Chico Buarque e nas interpretações dos televisivos Sônia Braga e José Wilker. Afinal, *Xica da Silva*, lançado durante um lento afrouxamento da ditadura, era a história de uma ex-escrava que subjugava sexualmente o contratador de diamantes João Fernandes de Oliveira, quebrando todas as regras da hierarquia colonial e assumindo a liberdade como instinto. Um papel bastante parecido com o que exercia Dona Flor, em um filme historicamente recordista de público, que mostrava a ambiguidade da moral vigente e o desejo como propulsor das transgressões sociais. Ambos os temas eram bastante convenientes e adequados à dureza daqueles tempos.

"A Embrafilme superou todos os recordes estabelecidos pelas empresas brasileiras, como a UCB, a Ipanema ou a Cinedistri" e, graças a um convênio com o Concine, criou-se um "sistema responsável por um retrato mais apurado do desempenho dos filmes brasileiros no mercado exibidor"[48].

Tudo isso sugeria o fortalecimento da distribuidora, então em desacordo com a diretoria-geral da Empresa, que pretendia para aquela gerência apenas um papel complementar às distribuidoras nacionais já existentes. Farias entendia que

> a constituição de uma distribuidora estatal com capitais incentivados não possibilitaria a sobrevivência das demais existentes, e que deveria caber à estatal apenas a circulação de filmes de baixa possibilidade comercial e um papel secundário na atuação conjunta com os outros distribuidores em territórios geográficos de difícil retorno financeiro[49].

O que era uma simples gerência se transformou em uma superintendência, numa reorganização interna comandada por Gustavo Dahl, cinemanovista histórico, que logo a capacitou para atender administrativa e mercadologicamente às demandas de lançamento de filmes. De certo modo, a Embrafilme recuperava e revitalizava o projeto da Difilm (1965-1974), distribuidora em torno da qual se uniram produtores e realizadores, a maioria ligada a um cinema de autor e ao cinema novo, que chegou a lançar perto de trinta filmes, mas que não sobreviveu por desacordo entre seus sócios[50]. Resultado completamente diferente daquele da distribuidora da Embrafilme, cujas campanhas de lançamento, por exemplo, começaram a sofisticar para atingir as mais de 3 mil salas existentes no país e trazer o filme brasileiro para mais perto de sua população, competindo com a rede de suporte ao filme estrangeiro estabelecida no país desde a Primeira Guerra Mundial.

Persiste a crítica de que a distribuidora, neste período, era perdulária com publicidade, contratação de assessorias de imprensa e confecção de grande número de material dos filmes (cartazes, fotos, *press-kits* etc.), fatores que, aliados ao baixo faturamento por filme distribuído, produziam, geralmente, resultados financeiros negativos. Talvez o maior ganho da distribuidora residisse nos casos em que a produção brasileira chegou a ocupar 30% do mercado cinematográfico, percentual que a Embrafilme ajudou a gerar[51].

O fato é que a distribuidora se aproveitava do conhecimento estabelecido no mercado, capacitava seus profissionais, utilizava eficientes controles financeiros e contábeis, contava com constantes informações estatísticas e documentais, fornecidas pelo Concine, já informatizado e, assim, ampliando seu raio de ação, associando-se a circuitos regionais e redimensionando o panorama do cinema brasileiro.

Tão expressiva foi sua participação no mercado que "cogitou-se a cisão da empresa, como já se previra na constituição inicial da sociedade de economia mista, uma subsidiária voltada à comercialização, a exemplo do que já ocorrera com a Petrobras, que criara a BR Distribuidora"[52].

A distribuidora comandada por Dahl crescera demais e a condução de sua política contrastava com o programa de produção sob a influência de Farias. Em determinado momento, os dois projetos entrariam em choque.

Para os realizadores/produtores, do ponto de vista financeiro, a junção de duas fontes de composição orçamentária para os filmes – do lado da produção, os 30% de participação societária nos filmes e, do lado da comercialização, mais 30% de adiantamento sobre as futuras receitas – compunha uma sólida base financeira para as produções. Em alguns casos, os filmes passaram a ser viabilizados somente com esses investimentos, inibindo maior empenho dos produtores e deixando ao Estado todo o risco do negócio. Tais operações conjugadas, que representavam uma grande facilidade para os produtores, acabariam responsáveis por enormes distorções nas demandas junto à empresa.

De toda forma, o esforço estatal para aproximar o cinema brasileiro de seu público teve um resultado eloquente, permitindo alguns sucessos populares – entre eles, os já citados *Dona Flor e seus dois maridos* (Bruno Barreto, 1976) e *Xica da Silva* (Cacá Diegues, 1975-1976), além de *Simbad, o marujo trapalhão* (J. B. Tanko, 1976), *Gaijin, caminhos da liberdade* (Tizuka Yamasaki, 1979), *Bye bye Brasil* (Cacá Diegues, 1980), *A dama do lotação* (Neville D'Almeida, 1975), *Pixote, a lei do mais fraco* (Hector Babenco, 1980), *Eles não usam black-tie* (Leon Hirszman, 1981) etc.

Também promoveu filmes de prestígio, como *Gordos e magros* (Mário Carneiro, 1976), *O amuleto de Ogum* (Nelson Pereira dos Santos, 1974), *Lição de amor* (Eduardo Escorel, 1975), *Perdida* (Carlos Alberto Prates Correia, 1974), *Mar de rosas* (Ana Carolina, 1977), *A lira do delírio* (Walter Lima Jr., 1973-1977), *Ladrões de cinema* (Fernando Coni Campos, 1977), *Tudo bem* (Arnaldo Jabor, 1978), *A idade da terra* (Glauber Rocha, 1978-1980) etc.

E houve ainda filmes médios para todos os gostos: *Nós, os canalhas* (Jece Valadão, 1975), *As aventuras amorosas de um padeiro* (Waldir Onofre, 1975), *O seminarista* (Geraldo Santos Pereira, 1976), *Ajuricaba, o rebelde da Amazônia* (Oswaldo Caldeira, 1977), *O jogo da vida* (Maurice Capovilla, 1976), *Ódio* (Carlo Mossy, 1977),

O gigante da América (Júlio Bressane, 1978), *O homem que virou suco* (João Batista de Andrade, 1979) etc.

Produziu-se, assim, um rico acervo de obras que, de uma forma ou de outra, tiveram o confronto possível e necessário com seu público[53], inseridas numa produção nacional em razoável estabilidade no período. Entre 1970 e 1980, a produção média nacional era de 82 filmes de longa metragem, com os anos de pico compreendidos entre 1978 (cem filmes) e 1980 (103 filmes). Isso significa que a Embrafilme participava diretamente em 27% da produção no país[54], prova do acerto das medidas protecionistas que garantiam a presença dos filmes brasileiros nas telas de seu mercado.

A ideia por trás do programa de atuação da Embrafilme compreendia a participação em um leque variado de expressões, o atendimento às demandas políticas mais urgentes, horizontalização e descentralização da produção, em uma carteira de valores médios que permitia a surpresa dos filmes que, por instinto empresarial e criativo, por suas qualidades dramatúrgicas e estéticas, atingissem de modo certeiro o coração de seu público.

Mas esse não foi o caso de *A idade da terra*, que fez Glauber Rocha amargar um dos grandes fracassos comerciais (e de prestígio) de sua carreira, embora o tivesse feito com todas as condições de produção e criação: "Afirmo que nenhuma empresa do mundo, estadual ou privada, produziria um filme como *A idade da terra*, concedendo ao diretor absolutas liberdades autorais dentro dos limites financeiros e técnicos do atual estágio da indústria cinematográfica latinamerikana"[55].

O contrário se deu com o sucesso de *A dama do lotação*, adaptação sapeca de Neville D'Almeida a partir de uma história de Nelson Rodrigues. Nela, Solange, uma sensual Sônia Braga, é uma esposa estuprada pelo marido que, traumatizada, se entrega a todos os homens que encontra no lotação. *Gaijin* e *Bye bye Brasil* também foram filmes reconhecidos pelos críticos e pelo público, em função da história dramática em torno da colonização japonesa em São Paulo no primeiro caso e, no segundo, devido à inusitada trama da Caravana Rolidei circulando pelo norte do país com Lorde Cigano, Salomé e Andorinha, o trio formado por José Wilker, Betty Faria e Príncipe Nabor à frente do redescobrimento do Brasil. Da mesma forma, *O seminarista*, baseado em Bernardo Guimarães e dirigido por Geraldo Santos Pereira, que teve boa performance. Foram filmes que surpreendiam as plateias e lotavam salas, como os infalíveis Os Trapalhões.

Havia mais filmes que aliavam prestígio crítico e boa recepção do público: *O amuleto de Ogum*, *Mar de rosas*, *Lição de amor*, histórias que transitam entre a religiosidade popular, o *road movie* histérico e surreal e a crítica de costumes. Outros filmes que se mantinham nesse registro da boa relação crítica/público foram: *Aleluia, Gretchen* (Sylvio Back, 1975-1976), *Paixão e sombras* (Walter Hugo Khouri, 1976-1977), *Se segura, malandro* (Hugo Carvana, 1977), *Muito prazer* (Davi Neves, 1979), *O beijo no asfalto* (Bruno Barreto, 1980), *Eu te amo* (Arnaldo Jabor,

1980), *Estrada da vida* (Nelson Pereira dos Santos, 1980), *O homem do pau-brasil* (Joaquim Pedro de Andrade, 1980-1981). Havia um ciclo que se queria permanente de autores, diretores, produtores e atores em torno de todas essas produções.

MAIS MERCADO!

Atrelada a uma permitida e estimulada ação estatal, sustentada pela possibilidade de gestação de legislação própria, subsidiada pelas reivindicações mais à esquerda dos "assessores informais" do Cinema Novo e contando ainda com a simpatia de boa parte das categorias profissionais do cinema, a nova Embrafilme iria se comprometer com uma dinamização radical do setor. Uma das medidas mais evidentes foi a disputa pelo espaço de existência em seu território, ocupado pelo produto estrangeiro. O avanço devia ser feito, então, de forma legal, no campo da reserva de mercado, garantindo a sobrevivência e o desenvolvimento do cinema brasileiro em seu próprio terreno. Pela obrigação da exibição compulsória do filme brasileiro, a Embrafilme, amparada pelo Concine, envidaria todos os esforços para aumentar a estreita margem de operação deixada ao filme nacional pela rede exibidora, tradicionalmente favorável ao cinema estrangeiro por uma série de benesses.

Assim se conseguiu a ampliação da obrigatoriedade da exibição de filmes brasileiros nos cinemas, aumentada de 84 dias por ano em 1970 para 140 dias em 1979. Em 1977, uma "lei da dobra" obrigou que filmes brasileiros bem-sucedidos fossem mantidos no cinema uma segunda semana, desde que tivessem atingido uma determinada renda na semana de lançamento. Essas medidas aumentaram significativamente a arrecadação do filme brasileiro, que entre 1971 e 1979 teve um aumento de 22,34%, percentual bastante expressivo do acerto da legislação.

Em agosto de 1977, pela Resolução 18, o Concine tornou compulsório também o recolhimento de 5% da renda dos filmes estrangeiros para a criação de um fundo de estímulo ao curta-metragem, gerenciado pela Embrafilme. Isso acarretou uma série de recursos legais movidos pelos exibidores, complicando a dinâmica de sua aplicação. Harry Stone, o todo-poderoso presidente da Motion Pictures Association[56], veio pessoalmente ao Brasil para tentar derrubar o decreto, mas não teve êxito. O curta-metragem passou a ser obrigatório, junto à exibição dos longas estrangeiros, e foi responsável pela qualificação de dezenas de profissionais, até que a medida fosse derrubada, por força dos mandados de segurança impetrados pelos exibidores.

A gestão Roberto Farias, teve, entretanto, perspectivas também internacionalizantes. Em 1977, foi realizado o I Encontro sobre a Comercialização de Filmes de Expressão Portuguesa e Espanhola, durante o X Festival de Brasília, organizado pela empresa. Na ocasião, discutiu-se a implementação de um sistema recíproco de garantia de mercado para incrementar o intercâmbio entre as cinematografias de dez países (Angola, Argentina, Brasil, Colômbia, Espanha, México, Peru, Portugal, Uruguai e Venezuela), no que seria uma proposta de criação de um mercado comum entre esses países para estabelecer um equilíbrio entre produção e consumo, por meio dos mecanismos legais de cota de tela e de reserva de mercado entre as partes interessadas[57]. Esses debates, cujos resultados não foram imediatos, levaram à criação do Fórum de Integração Cinematográfica, em 1989, na cidade de Caracas, na Venezuela, que dois anos mais tarde se consolidou num Acordo de Integração Cinematográfica Iberoamericana. Foi ele, provavelmente, a origem do Fundo Iberoamericano Ibermedia, criado em novembro de 1997, deflagrando uma lenta gestação de políticas de parceria.

OUTRAS ARTICULAÇÕES

Para atender aos diferentes interesses expressos nas demandas junto ao Estado, formulando um mínimo projeto comum que representasse os profissionais do cinema no contexto da ditadura e que respondesse às reivindicações dos diversos setores da atividade, articularam-se no período várias associações de produtores, diretores e curta-metragistas, ampliando a frente de luta pelo desenvolvimento da área. Foram revigorados a Associação Brasileira de Documentaristas e o Conselho Nacional de Cineclubes (fundados em 1973), foi reconhecida a profissão de artista e técnico em espetáculos de diversão (em 1978) e foram criadas a Distribuidora Nacional de Filmes para Cineclubes (Dinafilme, em 1976) e a Cooperativa dos Realizadores Cinematográficos Autônomos (Corcina, em 1978). Também surgiram a Associação Brasileira de Cineastas (Abraci, em 1975) e a Associação Paulista de Cineastas (Apaci, em 1975), que vinham se somar aos já existentes Sindicato Nacional da Indústria Cinematográfica (SNIC) e Associação Brasileira de Produtores Cinematográficos (ABPC). Foi criada até mesmo uma Cooperativa Brasileira de Cinema, em 1978, que, com o aval político e financeiro da Embrafilme, arrendou um conjunto de 11 cinemas do circuito mexicano Pelmex (a maioria no Rio de Janeiro) e experimentou o negócio da exibição sem muito sucesso até 1987, quando foi extinta.

Nesse contexto, visando à descentralização da produção, foram criados ou ampliados alguns polos regionais, como os do Rio Grande do Norte e de Minas Gerais em 1976, bem como Bahia, Pernambuco e São Paulo, em 1977, contando com parcerias dos respectivos estados.

Toda essa efervescência associativa foi motivadora, ao lado da produção regular, de pelo menos dois programas especiais de produção propostos pela empresa estatal em 1977. O primeiro deles era um edital para pesquisa de filmes históricos baseados em feitos e heróis da nossa história. O outro, um programa especial de pilotos para séries de televisão, que se configurou como uma tentativa de avançar sobre o campo eletrônico do audiovisual que, naquele momento, já se consolidava no imaginário brasileiro. Mesmo que não tivessem alcançado o resultado esperado – os filmes históricos nunca foram feitos e os poucos pilotos para TV se transformaram em produtos híbridos de pouca expressão –, a iniciativa antecedeu e provavelmente estimulou a aparição de algumas séries exitosas da TV Globo, como *Malu mulher*, *Carga pesada* e *Plantão de polícia*, difundidas a partir de 1979.

MUDANÇAS À VISTA

Os anos 1980, chamados de década perdida com a estagnação econômica da América Latina, a crise do petróleo, o baixo crescimento do PIB, a aceleração da inflação, a queda do poder de compra dos salários, a diminuição do nível de emprego, o desequilíbrio no balanço de pagamentos e inúmeros outros indicadores, mostraram uma desaceleração que provocou uma queda vertiginosa nas médias históricas de crescimento. Contraposta a esse pano de fundo negativo, a sociedade civil brasileira se mobilizou pela volta à democracia, através das entidades e partidos populares, no que levaria ao movimento pela Anistia, às Diretas Já, ao fim da ditadura e à promulgação de uma nova Constituição em 1988. No ar, naquele momento, sabia-se do fim do modelo de desenvolvimento, marcado pelo investimento estatal e financiamento externo, e o país se indagava sobre quais seriam os rumos dos novos cenários econômicos e sociais e sobre que forças dinamizariam a sociedade.

Na antevéspera dessas questões, o momento da sucessão na Embrafilme gerou um conturbado quadro de negociações envolvendo um embate político entre o diretor-geral Roberto Farias e o superintendente de comercialização, Gustavo Dahl[58]. Foi essa instabilidade que gerou a indicação do embaixador Celso Amorim à diretoria-geral da empresa, apesar de ele vir de fora dos quadros da classe cinematográfica, dissolvendo a tendência da continuidade. Com a experiência moldada pela diplomacia, o campo institucional onde fizera seu currículo, Celso Amorim implantou, certamente também devido à crise econômica, uma política mais concentracionista, voltada para pequenos grupos e grandes investimentos – um cinema de resultados, comercial, que retomava o papel do produtor como garantia de complementação dos recursos de produção. A estrutura existente foi aprimorada com a criação de novas superintendências e a ênfase maior na comercialização dos filmes. Com a perspectiva de diminuição do prestígio junto ao governo, diante da conjuntura de crise, da queda na arrecadação, da diminuição do número de salas de cinema e da concorrência da televisão, a Embrafilme se voltou para tentar buscar o efeito bumerangue produzido pela mais intensa participação nos festivais internacionais de renome.

De 1979 a 1982, Amorim permaneceu à frente da empresa. Mas o aumento da inflação fez com que os orçamentos se tornassem problemáticos, por conta dos reajustes constantes, ao mesmo tempo que escasseavam as verbas oficiais, que volta e meia tinham complementado as necessidades financeiras da empresa. Paralelamente, uma campanha de difamação orquestrada por certos órgãos da imprensa, sobretudo pela *Tribuna da Imprensa*[59], já havia muito se voltava contra a empresa, denunciando-a como um antro de favorecimentos e de corrupção, acusações ampliadas pelos ataques de "um obscuro senador Dirceu Cardoso (PMDB-ES), que, apoiado por produtores vinculados ao extinto INC, denunciava a estatal como uma usina de financiamento de filmes pornográficos"[60].

A diminuição dos recursos para a produção trouxe uma grande insatisfação entre alguns produtores, que encamparam as críticas à empresa, acusando-a de criar uma situação de penúria no cinema nacional[61] e atrelando-a aos fatos mais inusitados: até mesmo a morte de Glauber Rocha, em agosto de 1981, foi uma ocasião de protesto contra as políticas estatais para o cinema. A pressão aumentava e o teor dos filmes produzidos, cada vez mais politizados e marcados por uma crítica social, ajudou a enfraquecer a gestão Amorim frente aos mais conservadores círculos militares no poder. "A força da intervenção governamental no aparato institucional do cinema se fez notar no episódio da demissão de Celso Amorim do cargo de diretor-geral, por conta do escândalo político representado pela produção e exibição do filme *Pra frente Brasil*, de Roberto Farias, que tratava da ditadura e da tortura"[62].

Alguns filmes se sobressaíram nessa fase: *Eles não usam black-tie* (Leon Hirszman, 1981), *Pixote, a lei do mais fraco* (Hector Babenco, 1980), *Eu te amo* (Arnaldo Jabor, 1980), *Rio Babilônia* (Neville D'Almeida, 1982), *Luz del fuego* (Davi Neves, 1981), *O bom burguês* (Oswaldo Caldeira, 1982), *Os anos JK: uma trajetória política* (Silvio Tendler, 1976-1980) e muitos outros.

Quem passou a ocupar a diretoria-geral da empresa no período 1982-1985 foi Roberto Parreira, vindo dos quadros institucionais do governo militar, ligado ao grupo político do presidente Geisel. Ele tinha sido secretário da Comissão de Legislação e Normas do Conselho Federal de Cultura, já havia trabalhado no Ministério da Educação, tinha sido gerente do Programa de Ação Cultural em 1973 e depois diretor executivo da Funarte.

Em sua gestão, que correspondia a um novo modelo, Parreira promoveu uma significativa mudança nas prerrogativas administrativas da empresa, pois "a estatal não deveria operar como componente do Estado, mas como um elemento do governo, oferecendo alternativas ao uso político de seu poder estratégico e financeiro"[63]. Sua principal função foi atenuar o vigor das demandas da classe cinematográfica, anulando as lideranças corporativas e diminuindo o peso da distribuidora, já em dificuldades por conta do predomínio do filme de sexo explícito no mercado, que era uma opção claramente interdita ao apoio da Embrafilme. Ainda assim, a empresa tentava uma adequação, lançando filmes dos Trapalhões e produções *pornô-soft*, como a trilogia erótica de Walter Hugo Khouri, *O convite ao prazer* (1980), *Eros, o deus do amor* (1981) e *Amor estranho amor* (1982), com Xuxa, Vera Fischer e Tarcísio Meira, ou ainda *Iracema, a virgem dos lábios de mel* (Carlos Coimbra, 1978), com Helena Ramos, que era a musa sexual dos anos 1970.

Permaneciam, por outro lado, as demandas por maior apoio ao campo do filme cultural e foi assim que, em 1983, no XVI Festival de Brasília, associações de documentaristas de vários estados discutem questões fundamentais que interessam ao setor, como a criação do Centrocine (Fundação Centro Modelo de Cinema) e o mercado para o curta-metragem, assunto que só seria retomado na gestão seguinte. Essa instituição, na forma de fundação, seria voltada à pesquisa, à experimentação e à promoção da cultura cinematográfica, uma reivindicação antiga que, depois de extinto o INC, gestou na Embrafilme uma Diretoria de Operações Não Comerciais, sem nunca chegar a ter uma existência própria e dinâmica.

Por outro lado, Parreira se esforçou para abrir novas perspectivas culturais: no XVI Festival de Brasília, em 1984,

> reuniu-se com os representantes dos diferentes segmentos do setor cinematográfico da América Latina e ficou acertado, por sugestão da Câmara da Indústria Cinematográfica do México, que haveria, em junho, uma ampla reunião na cidade do México em caráter de urgência para o exame de uma estratégia comum dos países latino-americanos para enfrentar a crise que afeta a atividade cinematográfica[64].

Na ocasião, foram discutidas formas de colaboração no sentido de abrir o mercado da América Latina para a colocação de suas próprias produções. Roberto Parreira defendeu também o projeto de realização de coproduções cinematográficas entre os países latino-americanos. Desses empreendimentos não se teve mais notícia.

Nessa gestão, a Embrafilme ainda produziu e distribuiu alguns sucessos cinematográficos. Em geral, eram filmes médios, já com dificuldade de competir com as obras que circulavam pelo mercado, cada vez mais restrito, em função do fechamento acelerado de salas de cinema de rua. Na década de 1980, foram produzidos *Parahyba, mulher macho* (Tizuka Yamasaki, 1982), *Inocência* (Walter Lima Jr., 1982), *Bete Balanço* (Lael Rodrigues, 1984), *Cabra marcado para morrer* (Eduardo Coutinho, 1981-1984), *Garota dourada* (Antônio Calmon, 1982-1983), *Jango* (Silvio Tendler, 1981-1984), *Memórias do cárcere* (Nelson Pereira dos

Santos, 1983), *Nunca fomos tão felizes* (Murilo Salles, 1984), *A estrela nua* (José Antônio Garcia e Ícaro Martins, 1984), *Tensão no Rio* (Gustavo Dahl, 1980-1982), *Avaeté, semente da vingança* (Zelito Viana, 1985), entre outros[65]. Havia sempre um sopro de renovação, com o apoio a jovens realizadores, enquanto a permanência dos veteranos era assegurada. De toda forma, uma atenção especial era dada às jovens plateias, com filmes sobre música e as problemáticas tradicionais da juventude. Os novos públicos do cinema começavam a ser definidos.

Quando, em 1985, morreu o quase primeiro presidente civil eleito por um colégio eleitoral, Tancredo Neves, e assumiu seu vice, José Sarney, iniciou-se o processo de redemocratização do Brasil. Eleições diretas, Assembleia Constituinte, mudança do cruzeiro para o cruzado, congelamento de preços e salários, inflação em alta, Plano Verão, o cruzado novo, negociações com o Fundo Monetário Internacional, crise econômica. O regime militar foi extinto em 1985 e se declarou implantada a Nova República.

> A diretoria da Embrafilme ficara reduzida a um só diretor, que teve de lidar com credores de dívidas de 33 milhões de cruzeiros [...] A crise da Embrafilme nunca foi superada, apesar do socorro financeiro do governo federal para aliviar a pressão dos credores. As condições políticas de sua sustentabilidade institucional eram muito desfavoráveis e sua capacidade de atuação no mercado tinha se reduzido drasticamente[66].

Na Embrafilme, assumiu a direção-geral o ex-diretor de operações não comerciais da empresa, curta-metragista e também ex-curador da Cinemateca Brasileira, Carlos Augusto Calil, com funções importantes nas gestões de Celso Amorim e Roberto Parreira.

Entre 1985 e 1987, seria pensada uma reformulação da Embrafilme que contemplasse três vertentes históricas da atividade: "uma empresa pública, de administração direta, voltada ao financiamento e ao incentivo da produção; uma fundação com fins culturais; e uma empresa de economia mista destinada à distribuição de filmes"[67]. Era a retomada de uma antiga reivindicação, baseada em um modelo institucional mais adequado, num momento em que a economia do cinema nacional dava sinais de um profundo desgaste tanto financeiro quanto operacional. Uma crise motivada pela limitação de recursos causaria a contenção da importação de filmes pelas companhias estrangeiras e mandados judiciais questionando a legislação. Tais medidas abalavam seriamente as receitas da Embrafilme originadas na própria atividade, já bastante comprometida com a diminuição cada vez maior do circuito de salas programáveis no país. Além do mais, nas palavras do próprio diretor-geral, aquela presença do Estado na economia era inédita, uma coisa que nunca havia sido feita em nenhum lugar. Era uma empresa que intervinha no mercado e, portanto, contrariava interesses muito bem posicionados, os do cinema americano que explorava e ainda explora o mercado brasileiro, aliás, como em todo o resto do mundo [...] Claro que essa instituição tinha inimigos ferrenhos, os quais promoviam intenso *lobby*[68].

Mas também tinha aliados. O Brasil havia firmado, anteriormente, um contrato com o Canadá para aquisição de um satélite, justificado pela promessa de desenvolver uma cooperação cultural e técnica, com o apoio do Ministério de Relações Exteriores. Desse modo, surgiu a possibilidade de celebração de um convênio entre a Embrafilme e o National Film Board do Canadá, estruturado sobre três planos: um centro de excelência tecnológica, de formação de pessoal e de realização de filmes de animação. As instalações brasileiras eram frágeis, que não suscitavam muita motivação para investimentos pesados e necessários em tecnologia e em formação técnica capaz de absorver as novidades já disponíveis no mercado, principalmente na área de som. Mas a Capes/MEC patrocinou um projeto chamado "Mão de obra especializada para cinema", que concedeu bolsas para técnicos de cinema estudarem em vários centros de excelência no mundo todo[69].

Desse envolvimento com o Canadá, em que entrou a Embaixada do Canadá, a Capes e a Embrafilme, nasceu o projeto de que saíram os curtas *Meow!* (Marcos Magalhães, 1981), que foi ganhador do prêmio especial do júri em Cannes em 1982, e *Animando* (Marcos Magalhães, 1983). Elogiados em toda parte, chamaram a atenção para o potencial dos profissionais brasileiros. O Canadá investiu então 700 mil dólares canadenses, a fundo perdido. Em troca, o Brasil liberou um prédio na avenida Brasil, de propriedade do MEC, e contratou as obras de reforma e adaptação. Para lá foram transferidos os acervos do extinto INCE e o material humano do Departamento de Filme Cultural da Embrafilme. Uniam-se assim as estruturas para a produção de filmes culturais plantadas desde os anos 1930[70]. Em 1986, foi inaugurado o Centro Técnico Audiovisual (CTAv), para atender a todo o cinema brasileiro, com modernos núcleos de animação, de mixagem, de fotografia, de preservação de matrizes e uma oficina de câmeras.

Em 1986, também foi promulgada a Lei Sarney[71], que inaugurava o processo de mecenato cultural, concedendo às empresas a possibilidade de financiar projetos culturais, beneficiando-se da renúncia fiscal, lançando os valores gastos como despesa operacional. Era necessário um registro junto ao recém-criado Ministério da Cultura, separado então do Ministério da Educação. Os filmes da Embrafilme passaram a ter que complementar seus orçamentos com recursos privados, oriundos dos benefícios fiscais das empresas, competindo com as outras artes nas verbas para patrocínio.

Em 1986, foram lançados *O beijo da mulher aranha* (Hector Babenco), *Cidade oculta* (Chico Botelho), *Eu sei que vou te amar* (Arnaldo Jabor), *O homem da capa preta* (Sérgio Rezende), *A hora da estrela* (Suzana Amaral), *A marvada carne* (André Klotzel), *Ópera do malandro* (Ruy Guerra), *Os Trapalhões no rabo do cometa* (Dedé Santana) e muitos outros filmes. Eram produções mais sofisticadas, do ponto de vista de sua realização, e já tinham em mente a possibilidade de escoamento por meio do mercado internacional. Eram filmes que utilizavam diferentes estratégias de sedução, que iam desde a contratação de atores estrangeiros (William Hurt e Raúl Juliá em *O beijo da mulher aranha*, adaptação de um romance de Manuel Puig) até a romantização biográfica de Tenório Cavalcanti, um político de Duque de Caxias (RJ) nos anos 1960 (*O homem da capa preta*), passando pela modernidade da relação intermediada pelas nova mídias no filme de Jabor – o que valeu a Fernanda Torres o prêmio de melhor atriz em Cannes. Uma boa safra que se completou com o sensível drama da inesquecível Macabéa, a nordestina ingênua enganada pela sorte, criada por Clarice Lispector no romance *A hora da estrela*. Esse filme propiciou a Marcélia Cartaxo o Urso de Prata de melhor atriz no Festival de Berlim.

Contudo, um atrito político indisporia o diretor da Embrafilme com o ministro da Cultura, Celso Furtado, "que cunharia, nessa data, a célebre frase que, anos mais tarde, seria adotada como argumento insofismável por Ipojuca Pontes para extinguir as instituições voltadas ao cinema: 'O cinema brasileiro é uma indústria inviável'"[72]. A esse respeito, o ministro falaria ao programa *Roda Viva*, em 1987: "foi preciso fazer uma substituição de direção. Essa substituição se fez exatamente no sentido de dar operacionalidade. Eu pus gente competente em gerência lá na Embrafilme [...]"[73]. Segundo ele, não eram as condições objetivas, econômicas e políticas que diminuíam a eficiência da empresa. Tudo era apenas uma questão de gestão.

Calil foi substituído no começo de 1987 por Fernando Ghignone, administrador de empresas com passagem pela Secretaria de Cultura do Paraná e ex-secretário das Atividades Socioculturais do MinC. Na gestão de Francisco Ghignone, Celso Furtado planejava a Fundação do Cinema Brasileiro (FCB), que cuidaria de um amplo leque de atividades do cinema nacional: recuperação e restauração de matrizes, resgate e preservação da história, apoio e parceria com as universidades e cinematecas etc. Em 1987, a FCB foi criada pela lei nº 7.624, de 5 de novembro, juntamente com a Fundação Nacional Pró-Leitura e a Fundação Nacional de Artes Cênicas. A FCB assumiu as atribuições de caráter cultural da Embrafilme, promovendo a cisão da empresa, que teve destacada a sua parte comercial, sob a denominação de Embrafilme – Distribuidora de Filmes S.A.[74] A FCB acabou incorporando o CTAv.

Essa reformulação já indicava um almejado projeto de privatização, que legaria ao Estado apenas sua versão cultural, longe dos atropelos e dos desafios do mercado. A esse propósito, diz ainda Calil:

as condições políticas de sustentabilidade institucional eram muito desfavoráveis, e a capacidade de atuação no mercado tinha se reduzido drasticamente. A partir de 1987 a Empresa navegou sem rumo até a sua extinção inexorável. Nesse final, houve uma tentativa do Ministério da Cultura de salvar o CTAv pela sua transformação em Fundação do Cinema Brasileiro. Mas o órgão não vingou e nem chegou a dispor de orçamento próprio. Afundou no mesmo torvelinho da Embrafilme e arrastou consigo a esperança de uma atuação governamental livre da política predatória dos financiamentos à produção[75].

O último diretor-geral da Embrafilme foi o mineiro Moacir de Oliveira, que realizou a administração possível e, ao final da gestão (1988-1990), pressionado, assinou uma série de contratos a descoberto, confiando ainda na continuidade da empresa. Um impasse estava criado.

Quanto à produção de obras cinematográficas no período, alguns dos filmes lançados entre 1987 e 1990 foram: *Anjos da noite* (Wilson Barros, 1986), *Anjos do arrabalde: as professoras* (Carlos Reichenbach, 1986), *Brasa adormecida* (Djalma Limongi Batista, 1985), *A cor do seu destino* (Jorge Durán, 1986), *Ele, o boto* (Walter Lima Jr., 1986), *Jubiabá* (Nelson Pereira dos Santos, 1985-1986), *Leila Diniz* (Luiz Carlos Lacerda, 1987), *A dama do Cine Shangai* (Guilherme de Almeida Prado, 1987), *Eternamente Pagu* (Norma Bengell, 1987), *Feliz ano velho* (Roberto Gervitz, 1987), *Luzia homem* (Fábio Barreto, 1987), *Rádio Pirata* (Lael Rodrigues, 1987), *Romance da empregada* (Bruno Barreto, 1987), *Sonho de valsa* (Ana Carolina, 1986-1987), *As bellas da Billings* (Ozualdo Candeias, 1987), *Doida demais* (Sérgio Rezende, 1988-1989), *Faca de dois gumes* (Murilo Salles, 1988-1989), *Jorge, um brasileiro* (Paulo Thiago, 1987), *Kuarup* (Ruy Guerra, 1988-1989), *Lili, a estrela do crime* (Lui Farias, 1987-1988), *Lua cheia* (Alain Fresnot, 1987-1989), *Que bom te ver viva* (Lúcia Murat, 1988), *Terra para Rose* (Tetê Moraes, 1987), *Os Trapalhões na terra dos monstros* (Flávio Migliaccio, 1989), *O grande mentecapto* (Oswaldo Caldeira, 1987-1988), *Os sermões: a história de Antônio Vieira* (Júlio Bressane, 1989), *Sonho de verão* (Paulo Sérgio de Almeida, 1990) e *Uma escola atrapalhada* (Antonio Rangel, 1990).

Foram quatro anos de uma produção mais enxuta, mais competitiva – ao menos junto às fontes de recurso. O número de salas de exibição já estava bem diminuído (por volta de 1,3 mil salas no país) e, ainda assim, filmes eram lançados, com menor regularidade, numa atividade com um ritmo já refreado. As temáticas variavam entre denúncias sociais, fantasias nostálgicas, adaptações cinematográficas de livros de prestígio, reflexões sobre a ditadura, questões agrárias, comédias malucas, revisões históricas, cinebiografias, filmes para a juventude. O leque foi ampliado, os recursos escassearam, a eficiência da empresa passou a ser questionada, as vozes favoráveis se tornaram cada vez mais tímidas, a crise chegara.

EPÍLOGO

Em 1990, o presidente eleito Fernando Collor de Mello, dentro de seu programa de privatização e de desregulação das entidades da administração pública federal brasileira, extinguiu sumariamente a Embrafilme Distribuidora e os órgãos afins do cinema (Concine e FCB)[76]. Anulou-se, assim, um longo processo de construção institucional que pretendia dar sustentação e vigor à atividade cinematográfica. O cinema brasileiro, cuja pujança nos anos 1970 indicava um futuro próspero, perdeu de uma só vez suas agências financiadoras e reguladoras e foi deixado à mercê da nova entidade – o mercado –, conforme regras preconizadas pelo Consenso de Washington e pela ideologia neoliberal que o sustentava, visando promover um novo patamar para o desenvolvimento econômico e social.

A Embrafilme já tinha sido entregue à sua própria sorte e, no fim de sua existência, voltava a ser prisioneira de seu passado, impelida a tornar-se apenas um gueto cultural, como o INCE e a FCB.

O caminho percorrido foi tortuoso, pontilhado pelas constantes reivindicações dos setores mais mobilizados da atividade, querendo conquistar para si um território historicamente dominado pelo produto estrangeiro. O ápice da empresa foi no final dos anos 1970, quando chegou a dominar mais de 30% do mercado brasileiro, e depois manteve uma participação invejável até a metade dos anos 1980. Uma de suas principais contradições sempre foi depender de parte do lucro do capital estrangeiro para sobreviver, atitude que sempre lhe cerceou a sustentabilidade, sujeita às injunções políticas da diplomacia internacional.

Atrelada à dinâmica do movimento político brasileiro, definida a partir das estruturas montadas pelo regime militar para a área da cultura, a Embrafilme ousou experimentar e avançar muito, da ditadura à redemocratização, no terreno da legislação, dos modelos de negócio, das formas descentralizadas de produção, dos ensaios dramatúrgicos, da relação com a televisão, na preocupação com o curta e o média-metragem, com o suporte à consolidação das representações das categorias profissionais e, principalmente, por vislumbrar a distribuição como um território a ser repensado e conquistado. Por outro lado, ocupou-se pouco da infraestrutura técnica e da expansão da cadeia produtiva, preocupada que estava com filmes e com autores, abandonando à própria sorte os produtores que poderiam sustentar mais seguramente a atividade. Seus erros e acertos continuam a iluminar as políticas estatais, por conta da vaga memória daqueles tempos.

NOTAS

1. Melina Isar Marson, *Cinema e políticas de Estado: da Embrafilme à Ancine*, São Paulo: Escrituras, 2009, p. 29.
2. No mesmo ano em que estreou o *Jornal Nacional*, primeiro programa em rede da TV Globo.
3. Lia Calabre, Políticas culturais no Brasil: balanço e perspectivas, em: III Enecult – Encontro de Estudos Multidisciplinares em Cultura, 2007, Salvador-BA, *Anais...*, disponível em: <https://goo.gl/lM8xWM>, acesso em: ago. 2017.
4. Sergio Miceli, "O processo de 'construção institucional' na área cultural federal (anos 70)", em: Sergio Miceli (org.), *Estado e cultura no Brasil*, São Paulo: Difel, 1984.
5. Jean-Claude Bernardet, *Cinema brasileiro: propostas para uma história*, Rio de Janeiro: Paz e Terra, 1979, p. 43.
6. Randal Johnson, *The Film Industry in Brazil: Culture and the State*, Pittsburgh: University of Pittsburgh Press, 1987.
7. Anita Simis, *Estado e cinema no Brasil*, São Paulo: Annablume, 1996.
8. André Piero Gatti (org.), *Embrafilme e o cinema brasileiro*, São Paulo: Centro Cultural São Paulo, 2008.
9. Luiz Gonzaga Assis De Luca, "A estatal do cinema brasileiro (as cinco Embrafilmes)", em: *Embrafilme e o cinema brasileiro*, São Paulo: Centro Cultural São Paulo, 2008.
10. Sergio Miceli, *op. cit.*
11. Arthur Autran, *O pensamento industrial cinematográfico brasileiro*, São Paulo: Hucitec, 2013.
12. Tunico Amancio, *Artes e manhas da Embrafilme: cinema estatal em sua época de ouro (1977-81)*, Niterói: EdUFF, 2000.
13. Geraldo Santos Pereira, *Plano geral do cinema brasileiro*, Rio de Janeiro: Borsoi, 1973, pp. 233-9.
14. Jean-Claude Bernardet, *op. cit.*, p. 44.
15. Anita Simis, *op. cit.*
16. Arthur Autran, *op. cit.*
17. Brasil, decreto-lei nº 43, 18 nov. 1966, disponível em: <https://goo.gl/yrw8P2>, acesso em: ago. 2017.
18. Brasil, decreto-lei nº 4.143, 21 set. 1962, disponível em: <https://goo.gl/W5te1s>, acesso em: ago. 2017.
19. Geraldo Santos Pereira, *op. cit.*
20. *Ibidem*, pp. 233-9.
21. A lista completa dos filmes produzidos, com as respectivas empresas produtoras, pode ser encontrada em: Tunico Amancio, *op. cit.*
22. Arthur Autran, *op. cit.*
23. Geraldo Santos Pereira, *op. cit.*, p. 344.
24. Cf. a coleção ainda existente em: <https://goo.gl/5YWZVu>, acesso em: ago. 2017. Alguns dos filmes estão disponíveis *on-line* em: <https://goo.gl/kbX5v4>, acesso em: ago. 2017.
25. *Filme Cultura*, Rio de Janeiro: jan./fev. 1971, n. 18, p. 76.
26. Tambellini foi, em 1961, o primeiro presidente do Geicine (Grupo Executivo da Indústria Cinematográfica), que sucedeu ao Geic (Grupo de Estudos da Indústria Cinematográfica), de 1958, ambos pautados pela função de consultoria e de adaptação aos modelos de um desenvolvimentismo marcante na época (cf. Anita Simis, *op. cit.*).
27. Disponível no Acervo da Cinemateca Brasileira.
28. Divisão de Segurança e Informações do Ministério da Educação (cf. Rodrigo Patto Sá Motta, *As universidades e o regime militar: cultura política brasileira e modernização autoritária*, Rio de Janeiro: Zahar, 2014).
29. André Piero Gatti, *op. cit.*
30. Respectivamente, general Aurélio de Lyra Tavares, almirante Augusto Rademaker e brigadeiro Márcio de Souza Mello.
31. Brasil, decreto-lei nº 862, 12 set. 1969, disponível em: <https://goo.gl/twvY6X>, acesso em: ago. 2017.
32. Geraldo Santos Pereira, *op. cit.*, pp. 265-7.
33. Alexandre Figueiroa, *Cinema novo: a onda do jovem cinema e sua recepção na França*, Campinas: Papirus, 2004.
34. Sergio Miceli, *op. cit.*
35. Tunico Amancio, *op. cit.*, pp. 27-8.
36. Antonio Leão da Silva Neto, *Miguel Borges: um lobisomem sai da sombra*, São Paulo: 2008, p. 178.

37 Tunico Amancio, *op. cit.*, p. 30.

38 Arthur Autran, *op. cit.*, pp. 96-8.

39 Imagem essa comprometida pela ambiguidade dos títulos de alguns filmes financiados: *Os mansos* (Pedro Rovai, Braz Chediak e Aurélio Teixeira, 1973), *O marido virgem* (Saul Lachtermacher, 1973), *Lua de mel e amendoim* (Fernando de Barros, 1973), razão de muitas reclamações de entidades e associações civis (Tunico Amancio, *op. cit.*, p. 32).

40 *Ibidem*, p. 34.

41 Tunico Amancio, *op. cit.*

42 Luiz Gonzaga Assis De Luca, *op. cit.*, p. 104.

43 *Ibidem*, p. 105.

44 Uma relação detalhada das operações pode ser lida em: Tunico Amancio, *op. cit.*, pp. 139-44.

45 Brasil, lei nº 6.281, 9 dez. 1975, disponível em: <https://goo.gl/BiuZE3>, acesso em: ago. 2017.

46 Brasil, decreto nº 77.299, de 16 de março de 1976, disponível em: <https://goo.gl/p2R946>, acesso em: ago. 2017.

47 André Piero Gatti, *op. cit.* p. 28.

48 *Ibidem*, p. 39.

49 Luiz Gonzaga Assis de Luca, *op. cit.*, p. 105.

50 Os sócios eram Luiz Carlos Barreto, Roberto Farias, Rivanides Faria, Cacá Diegues, Joaquim Pedro de Andrade, Marcos Faria, Paulo César Saraceni, Walter Lima Jr., Zelito Viana e Glauber Rocha. Cf. Fernão Pessoa Ramos e Luiz Felipe Miranda (orgs.), *Enciclopédia do cinema brasileiro*, São Paulo: Senac, 2000, pp. 171-2.

51 André Piero Gatti, *op. cit.*, p. 40.

52 Luiz Gonzaga Assis De Luca, *op. cit.*, p. 107.

53 Uma relação mais detalhada dos filmes financiados, coproduzidos e com operações de distribuição acoplada até 1981 pode ser encontrada em: Tunico Amancio, *op. cit.*, pp. 139-79.

54 André Piero Gatti, "Embrafilme: cinema brasileiro em ritmo de indústria", *op. cit.*, p. 57.

55 Glauber Rocha, "Idade da Terra, um aviso aos intelectuais", *Contracampo Revista de Cinema*, n. 74, disponível em: <https://goo.gl/jwn6gy>, acesso em: ago. 2017.

56 Instituição que defende os interesses dos grandes estúdios americanos, estruturados como um monopólio.

57 I Encontro sobre a Comercialização dos Filmes de Expressão Portuguesa e Espanhola, 1977, Brasília-DF, *Mercado comum do cinema: uma proposta brasileira – íntegra dos debates do I Encontro sobre a Comercialização dos Filmes de Expressão Portuguesa e Espanhola*, Rio de Janeiro: Embrafilme, 1977.

58 Farias defendia, a esta época, uma diminuição do papel do Estado na distribuição, pleiteando a devolução da atividade ao setor privado, mais ágil, segundo ele. Gustavo Dahl defendia a manutenção e ampliação de uma distribuidora estatal, que viabilizaria a produção no mercado.

59 O jornalista Nilson Sá confessa em seu *blog* que publicou "mais de vinte matérias diárias revelando as patifarias da Embrafilme [...]", todas assinadas (disponível em: <https://goo.gl/z1TfCb>, acesso em: ago. 2017). Em 1986, vai ser a vez da *Folha de S.Paulo* articular uma campanha acusatória contra a Empresa (cf. Arthur Autran, *op. cit.*, p. 101).

60 Luiz Gonzaga Assis De Luca, *op. cit.*, p. 108.

61 *Ibidem*, p. 108.

62 Tunico Amancio, *op. cit.*, p. 180.

63 Luiz Gonzaga Assis De Luca, *op. cit.*, p. 109.

64 Aramis Millarch, "*Quilombo* chega dia 7; Cannes vê amanhã", *Estado do Paraná*, Curitiba: 20 maio 1984, disponível em: <https://goo.gl/UL4YZU>, acesso em: ago. 2017.

65 André Piero Gatti, *op. cit.*, p. 76.

66 Carlos Augusto Calil, "Uma parceria de futuro", *Filme e Cultura*, Edição especial comemorativa 70 anos do INCE, Rio de Janeiro: CTAv, 2007, n. 49, p. 46.

67 Luiz Gonzaga Assis De Luca, *op. cit.*, p. 109.

68 Chulamit Terepins *et al.*, "Carlos Augusto Calil: entrevista", *Revista Brasileira de Psicanálise*, São Paulo: 2009, v. 43, n. 4, disponível em: <https://goo.gl/Bt6G66>, acesso em: ago. 2017.

69 Marcos Magalhães foi para o National Film Board (Canadá); Chico Moreira e Fernando Scavone, para o National Film Archiv (Alemanha Oriental); Antônio Moreno, para a Polônia, Silvio Da-Rin, para a Nagra Kudelski (Suíça); Jorge Veras, para a Arriflex, (Alemanha); David Pennington e Ubirajara, para Los Angeles (EUA). Outros foram diretamente para o National Film Board se especializar em acústica, engenharia e

gravação de som, mecânica de precisão, animação, câmera, mixagem, edição, computação gráfica, mecânica de projetores e outros domínios (cf. *Filme e Cultura*, Edição especial comemorativa 70 anos do INCE, *op. cit.*)

70 *Filme e Cultura*, Edição especial comemorativa 70 anos do INCE, *op. cit.*, p. 46.

71 Brasil, lei nº 7.505, 2 jul. 1986, disponível em: <https://goo.gl/5RbROj>, acesso em: ago. 2017.

72 Luiz Gonzaga Assis De Luca, *op. cit.*, p. 110.

73 Celso Furtado, entrevista concedida ao programa *Roda Viva*, 9 fev. 1987, disponível em: <https://goo.gl/pbVUUa>, acesso em: ago. 2017.

74 Brasil, lei nº 7.624, 5 nov. 1987, disponível em: <https://goo.gl/Fd4t6S>, acesso em: ago. 2017.

75 *Filme e Cultura*, Edição especial comemorativa 70 anos do INCE, *op. cit.*, p. 46.

76 Brasil, lei nº 8.029, 12 abr. 1990, disponível em: <https://goo.gl/5wAmNJ>, acesso em: ago. 2017.

HISTÓRIAS DA BOCA E DO BECO

ALESSANDRO GAMO &
LUÍS ALBERTO ROCHA MELO

BOCA DE CINEMA DE SÃO PAULO

A *Boca do Lixo de Cinema* – ou *Boca de Cinema* ou, ainda, *Boca do Lixo* – foi uma área na região central da cidade de São Paulo na qual diversas distribuidoras estrangeiras de filmes (Fox, Paramount, RKO) se instalaram nas primeiras décadas do século XX, devido à proximidade com as estações de trem Luz e Sorocabana, que facilitavam o envio das latas de filmes para o interior paulista[1]. A Boca era localizada mais precisamente na rua do Triunfo e adjacências: ruas dos Gusmões, dos Andradas e Vitória. Nos anos 1940-1950, essa área recebeu da imprensa policial a alcunha de "Boca do Lixo", devido à presença de prostitutas, bandidos e rufiões, que atuavam nos vários hotéis das regiões de Santa Ifigênia e Campos Elíseos.

Nos primeiros anos de sua existência, a Boca do Lixo manteve-se como uma região voltada para a distribuição[2]. O primeiro distribuidor nacional a atuar também como produtor na Boca foi Oswaldo Massaini, em 1954[3]. Esse tipo de ampliação das atividades tornou-se recorrente a partir de 1967 e foi uma das bases para o modo de produção do que se reconhece como Cinema da Boca do Lixo.

A mudança operacional passou a ser mais vantajosa a partir de 1966, com uma maior regulamentação do setor cinematográfico após a criação do Instituto Nacional de Cinema (INC). Dentre as principais medidas criadas houve o aumento da cota de tela para filmes nacionais, alterando o prazo da obrigatoriedade de exibição para 56 dias, o que permitiria, em tese, mais tempo de permanência de filmes brasileiros em cartaz – logo, maior chance de recuperação dos investimentos.

Outra norma que ajudou a impulsionar a produção foi o Prêmio Adicional de Bilheteria, iniciativa já existente em São Paulo e no Rio de Janeiro, que foi então regulamentada para todo o país. O Adicional de Bilheteria consistia em um valor pago ao produtor como prêmio proporcional ao desempenho de público, variando entre 5 e 20% da renda obtida nos dois primeiros anos de exibição.

Esses mecanismos serviram de estímulo para o aparecimento de produtores que se aventuravam a produzir, coproduzir ou concluir filmes, possibilitaram-lhes uma continuidade na atividade – os lucros obtidos serviam para o investimento em outras produções e coproduções. Nesse panorama, os pequenos distribuidores tinham alguma vantagem extra por já terem contatos com o setor de exibição.

Por volta de 1967, parte considerável das produtoras que havia em outras áreas centrais de São Paulo começaram a se deslocar para a rua do Triunfo e arredores, incentivadas pelos aluguéis baratos para escritórios e depósitos, e pelas facilidades de transporte de filmes e contratação de técnicos para as produções. A Boca foi se configurando como um ambiente de convivência de profissionais de cinema.

Desde o começo dos anos 1960, já existia entre técnicos cinematográficos o costume de buscar "bicos" no escritório de Honório Marin, na rua Bento Freitas, 254, local que em que se vendiam equipamentos e negativos e que passou também a prestar serviços de consertos e aluguel de câmeras e iluminação a empresas produtoras de cinejornais e pequenas produções paulistas. Alguns desses profissionais de cinema saíam do escritório no começo da noite e iam para o Touriste, um bar próximo à Biblioteca Mário de Andrade. Depois passaram a ter como ponto de encontro o restaurante Costa do Sol, na rua Sete de Abril, localizado em frente à Sociedade Amigos da Cinemateca (SAC), e lá se juntavam a jovens críticos e jornalistas – como Antonio Lima e Rogério Sganzerla.

No final dos anos 1960, com o direcionamento das produtoras de filmes para a região da Boca, os técnicos e outros interessados em ingressar no meio cinematográfico passam a frequentar o Bar do Ferreira e, principalmente, o Bar e Restaurante Soberano, ambos na rua do Triunfo[4].

Durante todo o período de produção de cinema na Boca do Lixo, o hoje lendário Soberano foi um espaço de troca de ideias e negócios, envolvendo produção de "fitas" e reunião de equipes para filmagens: uma referência para quem já trabalhava com cinema ou apenas sonhava com voos cinematográficos.

O início dessa fase de produções regulares na Boca teria duas origens. Podemos identificar uma delas na finalização de *Vidas nuas*, de Ody Fraga, a partir da sociedade entre o então comerciante de equipamentos de filmagens Antonio Polo Galante com o montador Sylvio Renoldi. O filme, que havia sido iniciado em 1962 e ficara parado, foi finalizado pela dupla e lançado com sucesso em fins de 1967. O lucro possibilitou a fixação de Galante como produtor na região.

A outra origem foi construída pelo cineasta Ozualdo Candeias, que afirmava ter sido o primeiro diretor a procurar no local algum distribuidor que financiasse seu longa de estreia, *A margem* (1967). "O primeiro cara chegando na Boca do Lixo fazendo fita, parece que fui eu"[5]. Candeias concluiu o trabalho com a ajuda de Renato Grecchi, que também fez a distribuição e conseguiu lançamento pelo circuito Sul Paulista. "Aí começou a aparecer notícia no jornal sobre a Boca [...] saía notícia da Boca porque eu terminei o filme lá e lá que ele foi lançado"[6].

É importante notar que as medidas de estímulo do INC surtiram logo efeito sobre o ritmo de produção. Na década de 1960, até 1966, a produção cinematográfica nacional girava em torno dos quarenta títulos; a partir de 1967 e até o final da década, alcança-se a média de sessenta filmes produzidos[7].

UMA GERAÇÃO DA BOCA DO LIXO

Entre fins de 1967 e 1968, alguns jovens que pretendiam se aventurar como cineastas também foram buscar em distribuidoras e produtoras da Boca potenciais investidores para seus projetos. Esse foi o caso de Carlos Reichenbach, João Callegaro, Júlio Callasso, Rogério Sganzerla, João Batista de Andrade, João Silvério Trevisan, Márcio Souza, Antonio Lima, Carlos Alberto Ebert, Jairo Ferreira e Sebastião de Souza. Eram frequentadores de cineclubes, escolas ou seminários de cinema, pessoas com bagagem cultural diversificada, carregadas de referências do cinema mundial, como a produção B americana, a *nouvelle vague* e o cinema japonês. Tiveram seu início de envolvimento e interesse pelo cinema marcados pela crítica cinematográfica e sob um governo militar que fecharia cada vez mais os horizontes a partir do AI-5, em 1968. Segundo Carlos Reichenbach,

> [...] o embrião do Cinema Marginal surgiu nos corredores da Escola de Cinema São Luís e nas mesas do vizinho Bar Riviera. Jairo Ferreira, Sganzerla (conterrâneo e amigo de infância de Callegaro), Candeias, [Andrea] Tonacci (que chegou a dar aulas na ESC) e tantos outros, que não eram alunos, frequentavam habitualmente os dois endereços. Foi num desses encontros que ouvi, pela primeira vez, que o país daquele jeito (1965-66) só merecia filmes péssimos e malcomportados[8].

Essa geração cunhou junto à crítica o termo "Cinema da Boca do Lixo" a partir de uma entrevista concedida pelo jornalista Antonio Lima ao *Jornal do Brasil*.

Nela, fazia-se o elogio da invenção de novos sistemas de produção para filmar "sem verbas do INC" ou "vínculos com produtores tradicionais". Mas, de acordo com Lima, ainda era cedo para se falar em um "movimento" do cinema da Boca do Lixo: "É mais um estado de espírito, um ato de rebeldia contra os padrões tradicionais da produção cinematográfica, que persistem em São Paulo desde 1958, ano da graça do fechamento da Vera Cruz". Esse "estado de espírito" teria gerado 13 filmes, em menos de um ano, na Boca do Lixo[9].

Ainda conforme Reichenbach: "O termo Boca do Lixo, antes apenas usado para definir a região dos bares e hotéis suspeitos, passou a ser utilizado em voz baixa pelos produtores e distribuidores para localizar seu local de trabalho. E em 69, ano que o cinema paulista mais produziu, o termo Boca do Lixo perdeu o sentido pejorativo"[10].

Um personagem-chave nesse momento é o distribuidor Renato Grecchi, que foi muito importante nos esquemas de coprodução do grupo do Cinema Marginal na Boca. Grecchi era conhecedor dos mecanismos de comercialização – que aprendera na distribuidora de Mario Civelli – e tinha vários contatos no meio cinematográfico, além de ter auxiliado na finalização e no lançamento de *A margem*. Com a Companhia Cinematográfica Franco-Brasileira[11], também concluiu *As libertinas* (Carlos Reichenbach, João Callegaro e Antônio Lima, 1968), que ficou mais de 15 semanas em cartaz.

Grecchi associou-se com Galante e novamente com a Cinematográfica Franco-Brasileira em *Trilogia do terror* (1968), longa com episódios dirigidos por Candeias, Luiz Sérgio Person e José Mojica Marins. Participou em *Audácia, fúria dos desejos* (Carlos Reichenbach e Antônio Lima, 1969), com equipamento e negativo para filmagens e buscou parceria com a Horus Filmes[12] para a sua finalização. Esse filme, que obteve sucesso na exibição, dialoga diretamente com os mecanismos de "cavação" na Boca – nele vemos os dilemas da personagem Paula Nelson, aspirante a cineasta, que, para fazer um longa, consegue o dinheiro primeiro com o namorado fazendeiro e depois com produtores da Boca.

Atuando através de sua empresa, Indústria Nacional de Filmes (INF), Grecchi cobriu as dívidas da sonorização de *Orgia ou o homem que deu cria* (João Silvério Trevisan, 1970), produziu *Fantasticon, os deuses do sexo* (1970), com episódios de Teresa Trautman e J. Marreco, e o primeiro longa de Reichenbach, *Corrida em busca do amor* (1972).

> A Boca viveu seus dois anos de colônia anárquica. O ex-policial, o ex-dedo-duro, o ex-burguês, o reacionário, o ex-rufião, os loucos, o crítico de ideias revolucionárias, o ex-líder estudantil, o comerciante, o liberal, o progressista, o cinéfilo apolítico, o colecionador do *Cahiers*, o caipira, os técnicos da pesada

e os futuros gênios bebiam no mesmo copo, a mesma cachaça do Soberano. E vomitava-se cinema 24 horas por dia. O filme de um era a briga de todos. Mais importante que os borderôs, era fazer filmes. E então a pornochanchada começou a dar lucro[13].

No início da década de 1970, a censura interditou *Orgia ou o homem que deu cria* e *República da traição* (Carlos Alberto Ebert, 1970), e muitas foram as pressões – comerciais e criativas – sobre esse grupo da Boca do Lixo. Com o aumento dos custos de produção e as exigências de mercado (como o uso de negativo colorido), o espaço para a experimentação com baixo custo praticamente desaparece. Uma obra como *O pornógrafo* (João Callegaro, 1970) já antecipava, através da história da ascensão e queda do editor de revistas pornográficas Miguel Metralha (interpretado por Stênio Garcia), o fim desse cinema de invenção realizado na Boca.

Mesmo assim, cineastas como Reichenbach, Jairo Ferreira, Ozualdo Candeias e Sebastião de Souza continuaram a frequentar o local, adaptando-se aos modos de produção e trabalhando junto a técnicos, diretores e produtores em filmes de gênero – cangaço, comédias eróticas, aventura.

EROTISMO E DIVERSIFICAÇÃO

Na virada para os anos 1970, ganhou espaço um gênero de filmes baseado na comédia erótica, que recebe o nome pejorativo de *pornochanchada*. Ampliando a presença dos títulos chamativos, dialogando com a tradição das comédias de costumes cariocas, acrescidas de altas doses de erotismo, esses filmes construíram uma forte relação com o público. Nesse período, foram realizados na Boca de Cinema paulistana uma quantidade de títulos que crescia ano a ano: *A ilha dos paqueras* (Fauzi Mansur, 1970); *Os garotos virgens de Ipanema* (Osvaldo de Oliveira, 1973); *A superfêmea* (Aníbal Massaini, 1973); *As mulheres sempre querem mais* (Roberto Mauro, 1975); *Adultério, as regras do jogo* (Ody Fraga, 1975); *Kung Fu contra as bonecas* (Adriano Stuart, 1975); *Pensionato de mulheres* (Clery Cunha, 1974); *Ainda agarro esse machão* (Edward Freund, 1975); *As meninas querem... e os coroas podem!* (Osvaldo de Oliveira, 1976)[14].

A necessidade de responder à demanda crescente do mercado exibidor acabou gerando uma das principais características da produção da região: a diversificação de subgêneros criados a partir da comédia erótica. Foram realizados filmes policiais (*Amadas e violentadas*, Jean Garrett, 1975), de aventura (*19 mulheres e 1 homem*, David Cardoso, 1977), de cangaço (*Cangaceiras eróticas*, Roberto Mauro, 1974), dramas (*Possuídas pelo pecado*, Jean Garrett, 1976), filmes de terror (*Belas e corrompidas*, Fauzi Mansur, 1976) e filmes sobre presídio (*Escola penal de meninas violentadas*, Antonio Meliande, 1977). A Boca passava, assim, por um momento de fortalecimento de seus produtores, baseado na variedade de ofertas.

Uma produtora tradicional como a Cinedistri, de Oswaldo Massaini, que nos anos 1950 coproduzira comédias musicais de Watson Macedo no Rio e tinha em seu currículo O *pagador de promessas* (Anselmo Duarte, 1962) – que recebeu a Palma de Ouro do Festival de Cannes –, além de vários sucessos de bilheteria com filmes de cangaço dirigidos por Carlos Coimbra, também acompanhou as tendências temáticas da Boca. Produziu ou distribuiu trabalhos tão distintos como O *profeta da fome* (Maurice Capovilla, 1969), *Os maridos traem... as mulheres subtraem* (Victor Di Mello, 1970) e *Um certo capitão Rodrigo* (Anselmo Duarte, 1970).

A Servicine, de Antonio Polo Galante e Alfredo Palacios (ex-produtor da Cinematográfica Maristela), também apostou na estratégia da diversificação quando finalizou o drama *Lance maior* (1968), de Sylvio Back; produziu o histórico *A guerra dos pelados* (1970), do mesmo diretor; comprou o "marginal" *Gamal* (João Batista de Andrade, 1968), que recebeu o subtítulo oportunista *o delírio do sexo*; produziu o cinemanovista *Memória de Helena* (David Neves, 1969); e quando aderiu ao cangaço, à comédia caipira e ao faroeste, produzindo *O cangaceiro sanguinário* (1969), *No rancho fundo* (1971) e *Rogo a Deus e mando bala* (1972), os três dirigidos por Osvaldo de Oliveira.

Outra empresa de relevo foi a Maspe Filmes, produtora comandada pelo espanhol Manuel Augusto Sobrado Pereira, o "Cervantes", considerado na Boca como produtor que sempre respeitava as relações de trabalho, ou seja, pagava em dia. Sobrado iniciou-se na produção em 1957 com *Sina de aventureiro* (1957), de José Mojica Marins, para quem produziu também *Meu destino em suas mãos*, em 1961. Após alguns anos afastado, foi o produtor de *Esta noite encarnarei no teu cadáver* (José Mojica Marins, 1966) e de *Meu nome é Tonho* (Ozualdo Candeias, 1969). Nos anos 1970, fez três longas fundamentais de Jean Garrett: *Excitação* (1976), *Noite em chamas* (1977) e *Mulher, mulher* (1977) – esse último um trabalho que rendeu quase vinte vezes o investimento de produção e possibilitou a intensificação de sua trajetória como produtor nos anos 1980.

Surgiram no período diversas produtoras em um mercado que alcançava a média de setenta a oitenta realizações por ano. Um dos produtores/diretores que mais sucesso obteve foi Tony Vieira, ex-ator no circo, na televisão e em pequenos papéis no cinema. Atuando com sua mulher, Claudette Joubert, e o eterno vilão/palhaço Heitor Gaiotti, Vieira dirigiu policiais como *Os pilantras da noite* (1975) e faroestes como *Gringo, o último matador* (1972) e *A filha do padre* (1975). Tornou-se o "rei" dos filmes de ação, a maioria através de sua produtora MQ Filmes, que montou em 1974[15].

O empresário Nelson Teixeira Mendes, dono da Supergasbrás e produtor de *O cabeleira* (Milton Amaral, 1962)[16], *O diabo de Vila Velha* (José Mojica Marins, 1965) e *Deu a louca no cangaço* (Nelson Teixeira Mendes e Fauzi Mansur, 1968), realiza na Boca diversos trabalhos, entre eles *As mulheres do sexo violento* (Francisco Cavalcanti, 1972-1975) e *Quando as mulheres tinham rabo* (Edward Freund, 1978).

Após dirigir três filmes com Renato Aragão e Dedé Santana entre 1969 e 1970[17], Fauzi Mansur assina o polêmico *Cio, uma verdadeira história de amor* (1971), produzido através de uma parceria com a INF, de Renato Grecchi, e a carioca Horus Filmes. Trabalhando com a Brasecan, do experiente distribuidor Elias Cury, Mansur aposta no filão do erotismo com produção e roteiros mais sofisticados: *A noite do desejo* (1973), *Sedução* (1974) e *Ensaio geral: a noite das fêmeas* (1975). Para aproveitar o sucesso desse gênero, constituiu sua própria empresa, a Virgínia Filmes, produzindo e dirigindo *Belas e corrompidas* (1976) e a adaptação literária de *O Guarani* (1978), além de vários títulos em parceria com o produtor J. D'Ávila. Trabalhou em seus filmes com destacados técnicos, como os roteiristas Marcos Rey, Luiz Castillini e Waldyr Kopeski, além do montador Inácio Araújo.

Claudio Cunha, que já era ator no final dos anos 1960 e havia roteirizado o filme *O poderoso machão* (Roberto Mauro, 1976), partiu para a produção em 1974, montando com o empresário Carlos Duque a Kinema Filmes, e estabelecendo sociedade com a distribuidora Brasil Internacional Cinematográfica, do veterano Alfredo Cohen. Através dessas firmas, participou de quase trinta títulos. Produziu para Ody Fraga (*A dama da zona*, 1979), Jean Garrett (*A força dos sentidos*, 1978, e *Karina, objeto do prazer*, 1981) e Luiz Castillini (*A reencarnação do sexo*, 1981). Cunha também dirigiu vários sucessos de bilheteria, como *O clube das infiéis* (1974), *O dia em que o santo pecou* (1975) e *Snuff – vítimas do prazer* (1977), filme com temática audaciosa e bela composição estética. Aproveitando a febre das discotecas, realiza no Rio de Janeiro *Sábado alucinante* (1979), em parceria com a Atlântida Cinematográfica. Também no Rio produz e dirige, em associação com a União Cinematográfica Brasileira (UCB), *Profissão: mulher* (1982), com argumento que discute os dramas femininos no universo da publicidade.

David Cardoso, começando no cinema como ator e na assistência para Mazzaropi e Glauco Mirko Laurelli, colocou em 34 filmes o selo da sua Dacar Produções Cinematográficas, criada em 1974. Lançou Jean Garrett na direção com *A ilha do desejo* (1974), filme de grande sucesso que alavancou sua carreira como produtor e a de Garrett como diretor. Juntos, fizeram também *Amadas e violentadas* (1975) e *Possuídas pelo pecado* (1976). Outro diretor contratado por Cardoso foi Ozualdo Candeias, que para a Dacar realizou *Caçada sangrenta* (1974) e, mais tarde, *A freira e a tortura* (1983), ambos sem muito sucesso. David Cardoso assumiu a direção dos filmes da empresa em 1977, com *19 mulheres e um homem*, e passou a partir daí a contar com roteiros de Ody Fraga, para quem produziria *E agora, José?* (1979), um episódio de *A noite das taras 2* (1982) e *Tentação na cama* (1982).

Entre os nomes que despontam na direção no período, merece destaque o português Jean Garrett. A partir de seu filme de estreia, um dos grandes sucessos da Boca em 1975, seu nome circula como diretor sofisticado, que não deixa o produtor na mão. Seus três longas para a Dacar – os já citados *A ilha do desejo*, *Amadas e violentadas* e *Possuídas pelo pecado* – obtêm ótimo resultado de público. Com Augusto Sobrado (Maspe Filmes), melhora o nível das produções, variando de gêneros e temáticas. Em *Noite em chamas*, por exemplo, Garrett aproveita a moda dos *filmes-catástrofe* e constrói uma trama engenhosa a partir de múltiplos personagens reunidos em um hotel no centro de São Paulo. Elaborando uma curiosa reflexão sobre conflito de classes, opõe empregados e patrões, prostitutas e *playboys*, pobres e ricos, tendo como fio condutor um empregado da casa de máquinas (interpretado por Tony Ferreira) que planeja incendiar o hotel para se vingar da morte de um companheiro, vítima de um acidente de trabalho.

Após o sucesso estrondoso de *Mulher, mulher*, drama erótico de caráter psicológico, com Helena Ramos no papel principal, Garrett arrisca em 1979 a realização do refinado *A mulher que inventou o amor*, contando com roteiro de João Silvério Trevisan, fotografia de Carlos Reichenbach e montagem de Eder Mazzini, além da bela atuação de Aldine Müller. Nessas obras já se verificam novos enfoques relativos às personagens femininas, ainda que dentro das regras de apelo erótico que interessavam a seus propósitos comerciais.

Essa tensão entre a tentativa de construir personagens femininos mais elaborados e o compromisso dos produtores e diretores com o grande público acentua a ambiguidade de trabalhos como os já citados filmes de Garrett, aos quais podemos acrescentar os ótimos *O fotógrafo* (1980) e *Tchau, amor* (1982), ambos roteirizados por Inácio Araújo. O primeiro constrói a dramaticidade de relações amorosas por meio da banalização do uso da imagem, e em *Tchau, amor* temos uma amarga reflexão sobre os limites entre sexo, amor e liberdade a partir da paixão violenta entre uma jovem rica e mimada (Angelina Muniz) e um radialista de classe média baixa, machista e decadente (Antônio Fagundes).

Profissão: mulher e *O gosto do pecado* (1980), ambos de Cláudio Cunha, também são produções preocupadas em não rebaixar a condição feminina a mero suporte de cenas eróticas, buscando maior complexidade na construção de personagens. O mesmo ocorre em *Palácio de Vênus* (Ody Fraga, 1980) e *Damas do prazer* (Antonio Meliande, 1978), duas obras que apresentam o universo da prostituição a partir de abordagens bem diversas. O primeiro transforma um bordel de luxo em alegoria política do país, com direito a greve de prostitutas e repressão policial; o segundo mergulha nos dramas pessoais das personagens em um registro mais próximo do realismo, alcançando momentos inspirados de encenação e de interpretação.

Carlos Reichenbach, tendo conquistado a confiança dos produtores A. P. Galante e depois de seu filho Roberto Galante, conseguiu elaborar uma obra inquieta e bela, sem deixar de lado os elementos eróticos. Constitui um espaço para fugir da banalidade, mesclando apuro visual e discursos políticos libertários, como em *A ilha dos prazeres proibidos* (1977) e *O império do desejo* (1978), o primeiro tendo como referência velada a questão dos exilados políticos, e o segundo contendo citações de Proudhon e Mao. Com *Amor, palavra prostituta* (1979), realiza uma obra forte e sensível, apresentando um tema tabu para a época – o aborto – a partir da perspectiva feminina. *Paraíso proibido* (1980) é uma curiosa transposição das tensões existentes no próprio meio cinematográfico para o universo do rádio, em que a pretensa independência "autoral" vive em constante conflito com as pressões comerciais. Além de seu trabalho como diretor, Reichenbach fez o roteiro de *Snuff – vítimas do prazer* e a fotografia de, entre outros, *Excitação, a dama da zona* e *A mulher que inventou o amor*, participando ainda como ator em *O pornógrafo, sertão em festa* (Osvaldo de Oliveira, 1970) e *Noite em chamas*.

Vários outros realizadores surgiram na Boca de Cinema nesse período, dentre os quais vale citar Francisco Cavalcanti, José Miziara e Clery Cunha. Ator, diretor e produtor através de sua Ribalta Filmes e depois com a Plateia Filmes, Cavalcanti contava com a parceria do produtor carioca João Elias na negociação de recursos para suas produções. Certamente não se encontra entre aqueles que arriscaram buscar alternativas no interior da Boca, mas conseguiu desenvolver um interessante trabalho em mais de vinte longas, nos quais obteve razoáveis resultados de bilheteria, apostando sobretudo no gênero policial. Figura com carisma na Boca, Cavalcanti alcançou êxito de público com *Mulheres violentadas* (1976). Dentre suas obras, destacam-se também *O porão das condenadas* (1979) e *O cafetão* (1982).

José Miziara, que vinha de trabalhos na televisão, onde atuava e dirigia, realiza para a Cinedistri a comédia *O bem-dotado – o homem de Itu* (1977), que alcança grande sucesso de bilheteria e impulsiona sua trajetória no cinema. Também para a Cinedistri assina *Embalos alucinantes* (1979), com Anselmo Duarte, e *Pecado horizontal* (1982). Para a Galante Filmes, faz o drama *Meus homens, meus amores* (1978), com fotografia de Carlos Reichenbach, e a sátira *Nos tempos da vaselina* (1979). Com a Ômega Filmes, realiza o policial *Mulheres do cais* (1979) e para a Titanus, *Os rapazes da difícil vida fácil* (1980), drama sobre prostituição masculina, e *As intimidades de Analu e Fernanda* (1980), que aborda a relação amorosa entre duas mulheres.

Clery Cunha é outro profissional oriundo da televisão, onde trabalhava como assistente de estúdio. Ganhou notoriedade ao dirigir seu primeiro longa em 1972, o policial *Os desclassificados*, no qual demonstra um apurado domínio da narrativa. No gênero, dirigiu mais tarde *O outro lado do crime* (1978) e *O rei da Boca* (1982). Realiza também o faroeste *Chumbo quente* (1977) – com a dupla Léo Canhoto e Robertinho –, além de um clássico do filme-catástrofe, *Joelma, 23º andar* (1979), que alia ao sensacionalismo do tema o universo do espiritismo.

UMA RENTÁVEL ASSOCIAÇÃO

Diversas empresas que compunham a rede de relações produtivas na Boca de Cinema lançaram mão de estratégias de associação entre os setores de produção, distribuição e exibição. Algumas dessas firmas, que atuaram em momentos diversos da história da Boca, pertenciam aos mesmos donos. São exemplos desse tipo de empreendimento a Marte Filmes, de Cassiano Esteves, que constituiu como produtora a EC Filmes; a Alpha, empresa produtora e distribuidora de Fauzi Mansur em sociedade com Alfredo Scarlatti Júnior e Aluísio Alves; a Luna e a Program Filmes, ambas de Manoel Alonso; a Titanus, oriunda da Fama Filmes[18].

O envolvimento com exibidores era uma prática comum na região desde o final dos anos 1960 pela Servicine, empresa de A. P. Galante e Alfredo Palacios mencionada anteriormente. Ela vinculava o lançamento de filmes com determinados circuitos. Como havia a obrigatoriedade de reservar um mínimo de dias para o produto nacional, os exibidores perceberam a vantagem de participar da produção. Dentro desse tipo de acordo, eram elementos fundamentais a rapidez de entrega do filme pronto – visando ao planejamento da programação e ao baixo custo. Um produtor como Galante, que trabalhava com as empresas Serrador e Sul Paulista[19], utilizava o crédito adiantado para a realização de um filme e investia em até duas produções.

Aos poucos, esse expediente se tornou corriqueiro. Aderiram ao esquema empresas exibidoras como a Haway Cinematográfica, que criou a Ômega Filmes – seu braço produtor –, e a Cinema International Corporation (CI), que se valia da conversão da remessa de lucros. Se essa relação possibilitava certa garantia de continuidade de trabalho aos produtores, também gerou dependência – o que, como se verá adiante, se tornou um dos fatores de "estrangulamento" da Boca de Cinema de São Paulo em fins dos anos 1980.

É necessário apontar ainda alguns fatores que agiam paralelamente no campo cinematográfico nacional. A partir de 1970, cresce o número de produções que ganham o Prêmio Adicional de Bilheteria:

NÚMERO DE FILMES PRODUZIDOS (ADICIONAL DE BILHETERIA)

Fonte: Informações sobre a indústria cinematográfica, Embrafilme, 1975[20].

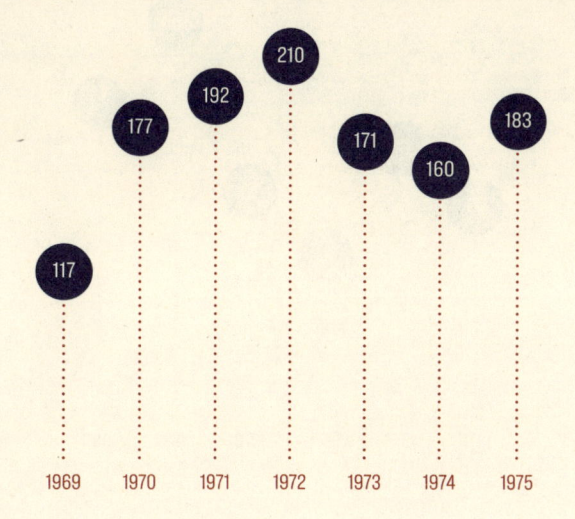

Ano	Número
1969	117
1970	177
1971	192
1972	210
1973	171
1974	160
1975	183

Em dezembro de 1975, o INC foi incorporado à Embrafilme, que aumentou seu capital de 6 para 80 milhões de cruzeiros. A empresa acumulou as funções de financiamento, coprodução e distribuição, mas isso não significou vantagens para os produtores paulistas da Boca. Entre 1976 e 1980, 127 títulos tiveram a participação da empresa, sendo que destes somente 32 eram paulistas[21]. Entre as produções da Boca que conseguiram apoio estão duas adaptações de obras de José de Alencar, *Lucíola, o anjo pecador* (Alfredo Sternheim, 1975), com produção da Servicine, e *O guarani* (Fauzi Mansur, 1978), da Virgínia Filmes.

Excluída a possibilidade de acesso às verbas públicas, o que importava para a Boca era a continuidade das produções. Nesse sentido, a obrigatoriedade de exibição de filmes nacionais[22] tinha grande importância. Trata-se de um mercado que expandiu muito entre 1975 e 1980, mas que começou, a partir daí, a declinar. No quadro a seguir, vemos o crescimento do número de produções nacionais lançadas:

LANÇAMENTO DE PRODUÇÕES NACIONAIS
Fonte: *Cinejornal*, n. 1 e 4,
Embrafilme, jul. 1980 e set. 1982[23].

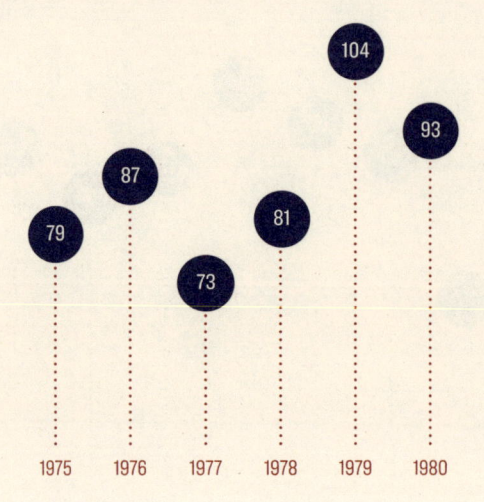

1975	1976	1977	1978	1979	1980
79	87	73	81	104	93

No mesmo período, a participação percentual de espectadores para filmes nacionais saltou de 16% em 1974 para cerca de 30% a partir de 1978, média que permaneceu até 1984[24].

Mantida em parte pela associação com os exibidores, a produção da Boca formou uma importante rede de trabalho. Alguns produtores contratavam com frequência diretores com os quais obtinham sucesso ou facilidade de entrosamento e controle. Osvaldo de Oliveira, Walter Hugo Khouri e Ody Fraga, por exemplo, dirigiam regularmente tanto para Galante quanto para Aníbal Massaini. Essa recorrência de parcerias também se dava entre os técnicos. Diretores trabalhavam de forma habitual com determinados montadores ou fotógrafos que, por sua vez, também o faziam com assistentes e maquinistas.

Muitos profissionais que atuaram na Boca de Cinema têm em seus currículos uma quantidade de títulos digna de uma indústria cinematográfica. O montador Walter Wanny soma participação em mais de cem produções. Sylvio Renoldi montou cerca de sessenta filmes de diferentes gêneros, desde *O Bandido da Luz Vermelha* (Rogério Sganzerla, 1968) até faroestes como *Rogo a Deus e mando bala* e produções de sexo explícito; Luiz Elias montou cerca de trinta longas, entre trabalhos de Ozualdo Candeias, Walter Hugo Khouri e o documentário *Pelé eterno* (Aníbal Massaini), além da série televisiva *O vigilante rodoviário* (1960-1962).

Osvaldo de Oliveira, que começou na Maristela no final dos anos 1950, fotografa dezenas de filmes, como *Corisco, o diabo loiro* (Carlos Coimbra, 1969), *O pornógrafo*, *A guerra dos pelados* e *O marginal* (Carlos Manga, 1974), incluindo os trabalhos nos quais atuou também como diretor. Foi o formador de uma geração de fotógrafos e assistentes de câmera na Boca: Cláudio Portioli e Antonio Meliande, ambos com mais de oitenta longas no currículo; Pio Zamuner, fotógrafo de Walter Hugo Khouri e Mazzaropi; e Rubens Eleutério, destacado diretor de fotografia que fora assistente durante mais de uma década.

Como roteirista, Ody Fraga assina quase setenta filmes em 14 anos de carreira, explorando diversos gêneros – de policiais (*O signo de escorpião*, Carlos Coimbra, 1974) a comédias (*A fábrica de camisinhas*, Ary Fernandes, 1981-1982), passando por dramas como *Mulher, mulher*.

Rajá de Aragão escreve mais de vinte títulos, entre eles *Kung Fu contra as bonecas*, *As amantes de um canalha* (Tony Vieira, 1977), *Paixão de sertanejo* (Pio Zamuner, 1978) e *Liliam, a suja* (Antonio Meliande, 1981).

Outro prolífico roteirista foi Luiz Castillini, colaborador em trabalhos de Fauzi Mansur (*Cio... uma verdadeira história de amor*, 1971 e *A noite do desejo*), Jean Garrett (*Noite em chamas*) e Tony Vieira (*Desejo proibido*, 1973, e *Traídas pelo desejo*, 1976).

Waldyr Kopezky escreve cerca de cinquenta roteiros (*A força dos sentidos* e *A noite dos imorais*, Reynaldo Paes de Barros, 1978); Mário Vaz Filho roteiriza para Jean Garrett (*A noite do amor eterno*, 1982) e Cláudio Cunha (*Oh! Rebuceteio*, 1984). Nomes reconhecidos na literatura e na televisão, como Marcos Rey e Benedito Ruy Barbosa, também atuaram como roteiristas na Boca.

Entre os técnicos, merecem também ser mencionados cenógrafos como José Vedovato, com dezenas de trabalhos – inclusive a construção de uma cidade de faroeste (*E ninguém ficou em pé*, José Vedovato, 1972) –, assim como músicos como Beto Strada, autor de diversas trilhas sonoras, destacando-se as duas composições para *Bacalhau* (Adriano Stuart, 1975) e *Excitação*.

Elemento fundamental na manutenção do cinema da Boca era o seu *star system* feminino. Tendo como principal critério de seleção a beleza e os dotes corporais, poucas atrizes permaneciam após algumas aparições. Esse fato era estimulado pelo grande volume de produção, que permitia a renovação dos "escalões mais baixos" da atividade, ao mesmo tempo que criava uma hierarquia que podia ser auferida pela frequência de cada atriz nas telas. Pertencentes ao "primeiro escalão" da Boca, atrizes como Helena Ramos e Aldine Müller chegavam a fazer sete longas em um só ano. Além disso, podiam estipular o cachê e até mesmo escolher a produção da qual participariam, algo muito distante da realidade da maioria das atrizes.

As estrelas mais requisitadas conquistavam uma verdadeira legião de fãs pelo Brasil, conseguiam constituir uma imagem que era explorada, para além das telas, em diversas revistas, principalmente as direcionadas ao público masculino, nas quais sobressaía o erotismo e a idealização do *glamour* da profissão. Entre elas estão, além das citadas Helena Ramos e Aldine Müller, Matilde Mastrangi, Patricia Scalvi, Neide Ribeiro, Nicole Puzzi, Zaíra Bueno, Vanessa Alves e Zilda Mayo.

Em relação ao sistema de estrelato, *Cinema em close-up* oferece um curioso contraponto[25]. Apesar de fazer parte desse esquema publicitário, abrindo espaço para as "candidatas" exibirem seus corpos em suas páginas, a revista não deixava de apontar a dependência existente na época em relação a papéis femininos com conotação erótica. Sobre as dificuldades da profissão afirmava:

> Nós recebemos atrizes em nossa redação quase que o dia todo. Há as novas e as veteranas e também as principiantes. Com o papo de todas elas – deixando de lado as veteranas porque já se definiram – nós começamos a tirar nossas conclusões. [...] Acreditamos que elas não devem esmorecer, mas sim continuar a batalha, pois essa profissão talvez seja a que mais tem altos e baixos no Brasil[26].

Os casos de produção associada entre produtores e distribuidores de São Paulo e do Rio de Janeiro – Fauzi Mansur, Renato Grecchi e Osíris Parcifal de Figueroa; Francisco Cavalcanti e João Elias; Cláudio Cunha e Atlântida/UCB – apontam para a correspondência entre os sistemas de produção da Boca do Lixo e de um outro importante núcleo cinematográfico contemporâneo, o chamado *Beco da Cinelândia*, localizado na região central do Rio, na rua Álvaro Alvim e suas transversais (Alcindo Guanabara, Ator Jayme Costa e Francisco Serrador).

Tanto a Boca paulistana quanto o Beco carioca foram responsáveis pelo grande volume de produções de baixo custo, alta rentabilidade e grande apelo popular, que ocuparam de forma majoritária as percentagens devidas ao produto nacional no mercado de exibição entre os anos 1970-1980.

BECO DA CINELÂNDIA

Vimos que, no caso da Boca do Lixo, as origens da região como polo produtor remetem ao campo da distribuição e à atuação de Oswaldo Massaini à frente da Cinedistri, instalada na rua do Triunfo em 1949. No caso do Beco da Cinelândia, precisamos ter o foco não na produção e distribuição, mas no setor da exibição, recuando até a década de 1920 – possivelmente até 1923 –, quando o projeto de construção da Cinelândia começa a ser posto em prática pelo poderoso exibidor espanhol Francisco

Serrador. Até meados dos anos 1930, a antiga região do Convento da Ajuda sofreria intensas transformações e ficaria dali para diante ligada não apenas ao cinema, mas à vida cultural e ao circuito de espetáculos da então capital federal.

Assim, é possível compreender o cinema do Beco como resultado da expansão dos negócios imobiliários atrelados ao setor de diversões. A história do Beco seria, em grande parte, a história da Cinelândia carioca e seu entorno, isto é, o quadrilátero formado pelas ruas Evaristo da Veiga e Passeio; Senador Dantas e Praça Floriano. Ali se estabeleceram, a partir dos anos 1920-1930, os escritórios das distribuidoras hollywoodianas[27], bem como daquelas de maior ou menor porte que comercializavam filmes europeus, latino-americanos e nacionais[28].

Ao lado das distribuidoras, espalhados pelas ruas do Passeio, Álvaro Alvim e Praça Floriano, funcionavam escritórios de empresas exibidoras – a poderosa Companhia Brasileira de Cinemas, desde meados dos anos 1930 dominada por Luiz Severiano Ribeiro, e a Companhia Industrial Minas Gerais, essa última responsável pelo Cinema Rex e pelos famosos teatros Regina e Rival. As produtoras Cine do Brasil, Cine Produções Fenelon e Filmoteca Cultural, e nomes como Moacyr Fenelon, Affonso Campiglia, Roberto Acácio, João Tinoco de Freitas e Mario Falaschi, muito atuantes durante os anos 1940-1950, também mantiveram endereços profissionais nas imediações. Nos anos 1960-1980, o Beco continuou a abrigar escritórios de produtoras[29].

Bares e restaurantes como Doradinho, Café Angrense, Spaguetilândia, Amarelinho e a Confeitaria A Brasileira foram por décadas alguns dos principais endereços da classe artística carioca. Nos anos 1930-1950, enquanto o público de elite frequentava os *shows* da boate Night and Day, no primeiro andar do Edifício Serrador, pelas esquinas e botequins da Álvaro Alvim circulavam anônimos aspirantes ao mundo artístico, músicos, atores já famosos ou em início de carreira, profissionais de teatro, escritores, jornalistas, diretores e técnicos de cinema[30].

É difícil compreender a importância do Beco da Cinelândia para a vida cinematográfica carioca sem levar em consideração essa teia de relações sociais, culturais e profissionais que, ao longo de pelo menos seis décadas (1930-1980), alimentou o local, sedimentando práticas e instituindo códigos que se tornariam tradicionais.

A base dessas relações era a informalidade. O Beco – também chamado de "Beco dos Artistas", "Beco dos Aflitos", "Beco da Esperança" ou "Beco da Fome" – era reconhecido como um verdadeiro *escritório de rua* por todos os que circulavam por ali. O "escritório" tinha até mesmo um *prefeito*, o ator, humorista e escritor Jorge Murad, famoso pelo programa de rádio *A pensão do Salomão* e popularmente conhecido como o "prefeitinho da Cinelândia" – ou "presidente do escritório livre"[31]. Entre as *celebridades* do Beco, os atores Rodolfo Arena e Wilson Grey eram dois dos mais assíduos e respeitados[32].

Destacando-se no cinema com *Vidas solidárias* (Moacyr Fenelon, 1945) e *O ébrio* (Gilda de Abreu, 1946), Rodolfo Arena foi ator mirim em *O crime de Cravinhos*

(Arturo Carrari, 1919) e por anos atuou no circo e no teatro. Nas décadas de 1960-
-1970, trabalhou com diretores como Nelson Pereira dos Santos, Jece Valadão, Pedro Camargo, Mozael Silveira, Júlio Bressane, Hugo Carvana, Jean Garrett e Carlo Mossy. Com *Em família* (Paulo Porto, 1970), ganhou a Coruja de Ouro de melhor ator, conquistando definitivo reconhecimento da crítica[33].

Wilson Grey, recordista absoluto em participações como ator, com mais de 190 títulos registrados em seu currículo, começou sua carreira em *Hóspede de uma noite* (Ugo Lombardi, 1951), produção independente distribuída pela Art Filmes[34]. Antes de se profissionalizar no cinema, fez de tudo um pouco: começou a trabalhar aos 9 anos de idade em uma farmácia, foi entregador de comida no Mangue, cobrador, vendedor, corretor, escrevente de jogo de bicho – além de camelô, auxiliar de escritório e ajudante de contador[35]. Na década de 1950, participa de dezenas de comédias da Atlântida como ator coadjuvante, em trabalhos que o tornarão marcado como o típico malandro do cinema brasileiro. Dentre os múltiplos filmes nos quais atuou, Grey costumava destacar seu papel no policial *Sete homens vivos ou mortos* (1968), de Leovigildo Cordeiro[36], no qual interpreta Morelli, antagonista do detetive Lincoln Monteiro, interpretado por Maurício do Vale.

O BECO E SEUS "AFLITOS"

Com o passar dos anos, até o fim da década de 1980, o Beco da Cinelândia passou a ser cada vez mais identificado como o "ponto" de técnicos e artistas de cinema em busca de trabalho. Durante esse período, as reformas na região foram sendo assimiladas, conforme indica um depoimento de Jorge Murad: "Antes nós nos reuníamos em frente à Confeitaria A Brasileira. Depois, passamos para a Perfumaria Carneiro. Com as obras do Metrô [...] acabamos estacionando nesta esquina [Álvaro Alvim com Francisco Serrador]"[37].

Pernambucano nascido no município de Pedra e criado em Arcoverde (divisa do sertão com o agreste), o montador, editor de som, roteirista e diretor Severino Dadá foi durante anos um frequentador assíduo do Beco da Cinelândia. Ao longo de sua trajetória profissional, trabalhou com diretores como Fernando Coni Campos, Ozualdo Candeias, Rogério Sganzerla, Zózimo Bulbul, Rosemberg Cariry e Nelson Pereira dos Santos – para quem montou *O amuleto de Ogum* (1974) e *Tenda dos Milagres* (1977), filme em que também foi personagem, contracenando com Hugo Carvana. Dentre os mais de trezentos filmes que editou, muitos foram produzidos em esquemas direta ou indiretamente ligados ao Beco da Cinelândia.

O Beco era cheio de produtores mais do que independentes. De repente eles pegavam grana de um dono de motel, outra grana com um dono de um posto de gasolina, às vezes de algum cara que tinha uns caminhões que transportavam gêneros alimentícios do interior pro Rio de Janeiro. [...] E tinham os chamados "sovacos-intelectuais", sujeitos que viviam com aqueles roteiros sem pé nem cabeça debaixo do braço, atrás de pessoas pra financiar os projetos[38].

Nelson Pereira dos Santos, que nos anos 1950 manteve um escritório na rua Alcindo Guanabara, reconhece no Bar da Líder (botequim anexo ao Líder Cine Laboratório, em seu antigo endereço na rua Álvaro Ramos, em Botafogo) e no Beco da Cinelândia os dois principais pontos de encontro do cinema carioca: "No Centro a gente ia quando estávamos desempregados [sic]. Quando não tinha filme nenhum rodando, os eletricistas e os maquinistas iam pro Beco, porque lá é que nascia a nova produção – produção independente –, e procurava-se fazer a equipe, a chamada *equipe da pesada*, que era a equipe técnica. Era tudo combinado ali"[39].

No final dos anos 1950, o escritório de Nelson Pereira dos Santos virou referência para os jovens futuros cinemanovistas – Joaquim Pedro de Andrade, Glauber Rocha, Paulo César Saraceni, Leon Hirszman. Mais tarde, a Difilm, distribuidora formada em 1965 pelo grupo do Cinema Novo, constituiria sua sede na rua Senador Dantas, 20[40].

Severino Dadá amplia a relação de empresas e negócios que movimentavam o setor:

Ali tinha escritórios de exibidores e distribuidores, mas também depósitos e empresas de manutenção de equipamentos, como projetores. O Cezário Felfeli, por exemplo, um libanês que entrou até em coprodução de filme [*No tempo dos bravos*, Wilson Silva, 1963], era um cara muito rico que abastecia os projetores do Brasil inteiro com carvão. Outra coisa que ele vendia era fita magnética para sincronizar os filmes, tinha o monopólio disso no Rio de Janeiro, trazia da França. [...] Ele tinha um andar inteiro ali na Senador Dantas[41].

As produções do Beco, muitas delas realizadas na base de um informal sistema de cooperativa entre pequenos produtores, donos de equipamentos, técnicos e atores disponíveis, evidenciavam um extraordinário senso de oportunidade na captação de dinheiro privado entre os mais diversos financiadores. Um exemplo é o do ator e diretor Mozael Silveira, que levantava recursos com donos de motel e de posto de gasolina, ao mesmo tempo que coproduzia com a RF Farias, firma pertencente a Roberto Farias[42]. Iniciando sua carreira nos anos 1950, Mozael Silveira estreou na direção com *Sabor do pecado* (1965), filme distribuído pela UCB e produzido pela Horus Filmes, de Osíris Parcifal de Figueroa, um dos personagens principais do cinema do Beco[43].

Ator, produtor, diretor e programador de cinema, Osíris Parcifal de Figueroa iniciou-se no departamento de publicidade da Películas Mexicanas do Brasil (Pelmex), ainda nos anos 1950. Foi programador por 12 anos do extinto Cineac Trianon, situado na avenida Rio Branco, 181, no centro do Rio, cuja programação consistia em sessões contínuas de curtas-metragens, exibidas das 11 às 23 horas[44]. Além do Cineac, Figueroa também foi programador e publicista dos cinemas Marrocos, Alaska e Rivoli. Fundou a Hórus Filmes em 1960 e, em 1972, a O. P. de F. Cinemas e Diversões, produzindo diretores como Wilson Silva e Geraldo Miranda. Dentre os filmes que dirigiu, dois deles abordam o meio cinematográfico: a comédia *O fraco do sexo forte* (1973), em que um ex-figurante de cinema (Wilson Grey) ganha na loteria e tenta se tornar um produtor de "filmes sérios", e o documentário *O maravilhoso mundo da diversão* (1975), sobre o Cineac Trianon.

Como foi dito, Osíris Figueroa trabalhou com o diretor Fauzi Mansur e associou-se a Renato Grecchi na realização de *Audácia, fúria dos desejos*, de Reichenbach e Antônio Lima. Em *Os amores de um cafona* (1970), que Figueroa codirigiu com Penna Filho e também coproduziu com Renato Grecchi, temos outro típico produto da Boca e do Beco. Rodado no Rio de Janeiro e em São Paulo, o filme conta com a fotografia de Carlos Reichenbach e do veterano Antônio Gonçalves, muito respeitado no Beco da Cinelândia, e com os chefes eletricistas Salvador Amaral e Ulisses Alves, dois conhecidos e requisitados técnicos da Boca e do Beco.

A voga dos cinemas erótico, sensacionalista ou violento, que ao longo dos anos 1960-1980 vai marcar o Beco da Cinelândia – assim como a Boca paulistana –, tem seu início no Rio de Janeiro associado a pelo menos três fatores interligados: um contexto de crise econômica e de transformações no mercado exibidor e no perfil social e cultural do espectador de classe média, evidente desde meados dos anos 1950; o sucesso no Brasil de comédias eróticas estrangeiras, sobretudo italianas, e seus primeiros derivados nacionais, concomitante ao surgimento de um público voltado para o chamado "cinema de arte" europeu; e a entrada em cena, a partir dos anos 1940, de uma nova geração de distribuidores e exibidores independentes – os italianos Ugo Sorrentino e Lívio Bruni, os irmãos franceses Jacques, Maurice e Robert Valansi e o espanhol Wenceslao Verde Martinez, todos com escritórios sediados no Beco da Cinelândia.

O cinema do Beco deve uma parte significativa de sua existência à atuação desses distribuidores e exibidores, que contribuíram para a entrada no Brasil de um grande volume de películas de procedência europeia e latino-americana, bem como investiram na produção nacional, seja em comédias eróticas, filmes policiais ou nas produções do Cinema Novo[45]. Sorrentino, Bruni, os irmãos Valansi e Wenceslao Verde se tornaram, nos anos 1960-1970, bem-sucedidos empresários no setor da exibição, a ponto de conseguirem estabelecer concorrência com Luiz Severiano Ribeiro Júnior, até então o maior exibidor do país.

Enquanto Ugo Sorrentino, através da distribuidora Art Filmes e da empresa exibidora Cinemas Art-Palácio, trazia para o Brasil uma grande quantidade de títulos italianos, os irmãos Valansi atualizavam o circuito carioca divulgando a *nouvelle vague* e os lançamentos de Jean-Luc Godard por meio da Companhia Cinematográfica Franco-Brasileira (distribuidora) e dos cinemas da empresa Esplendor Filmes. À frente da distribuidora Condor Filmes e da Empresa Verde Cines, Wenceslao Verde não só distribuía e exibia títulos europeus como coproduzia filmes nacionais. Lívio Bruni apostava na popularidade do cinema comercial europeu e, ao mesmo tempo, era um dos principais aliados do grupo do Cinema Novo, exibindo diversas produções da Difilm que obtiveram sucesso de público ou de crítica, como *Todas as mulheres do mundo* (Domingos Oliveira, 1966), *Opinião pública* (Arnaldo Jabor, 1967) e *Terra em transe* (Glauber Rocha, 1966). Nos anos 1970, Bruni também produziu diversas comédias eróticas.

A continuidade da atuação desses distribuidores e exibidores coincide com a gradual deterioração das salas populares, sobretudo a partir dos anos 1970. Conforme Alice Gonzaga:

> Por volta de 1972, os cinemas de segunda linha, que trabalhavam com reapresentações ou programação dupla, mostraram-se grandemente afetados pelo envelhecimento dos prédios e pela falta de reformas. A classe média passou a evitar esse tipo de sala. Além disso, procurando casar uma maior rentabilidade com um espectador pouco exigente, enveredaram pela senda do filme erótico [...][46].

A rentabilidade das produções baratas do Beco forjou produtores vindos de áreas as mais diversas, como Élio Vieira de Araújo, proprietário da Futurama Cinematográfica. Seu apelido, "Élio Madeireiro", devia-se ao fato de ser dono de um escritório na avenida Rio Branco que vendia madeira[47]. Além do já citado policial *Sete homens vivos ou mortos*, Vieira de Araújo produziu muitas comédias eróticas – ou pornochanchadas. Um filme importante, considerado "pioneiro" desse gênero no cinema do Beco, é *As escandalosas* (1970), dirigido por Miguel Borges e coproduzido por Vieira de Araújo e pelos irmãos Valansi (Cinemundi Distribuidora e Produtora de Filmes). Adaptação da vida da cortesã Madeleine Filon, condessa de Royat, que viveu entre 1699 e 1762, *As escandalosas* conta a história da ascensão de Madalena (Olívia Pineschi) no mundo da prostituição, inicialmente sendo explorada pelo *cáften* Gedeão (Ivan Candido) e depois sendo sustentada por um rico comendador (Milton Viana). A estreia carioca, em março de 1971, vinha embalada pelo sucesso do lançamento em São Paulo no ano anterior, onde o filme obteve ótima recepção de público[48].

Seguindo pela seara aberta por *As escandalosas*, Élio Vieira de Araújo continuou a produzir e dirigir comédias eróticas, sempre em associação com exibidores e distribuidores e tendo sua esposa, Olívia Pineschi, como atriz, assistente de direção, cenógrafa e figurinista. Em *Onanias, o poderoso machão* (codireção de Geraldo Miranda, 1975), associou-se à Pelmex; em *As desquitadas* (1975), voltou a coproduzir com a Cinemundi/Franco-Brasileira, dos irmãos Valansi; em *Pra ficar nua, cachê dobrado* (1977) e *Sexo e sangue* (1979), estabelece parceria com a Lança Filmes do Brasil, contando ainda, no segundo filme, com as participações da UCB (distribuidora do grupo Luiz Severiano Ribeiro) e do exibidor Roberto Darze.

Em *Sexo e sangue*, Vieira de Araújo contou com a direção de produção de Wagner Pappette, outro típico realizador do Beco, que chegou a fundar duas produtoras, a WC Produções e a Citera, em sociedade com Zulfo Epifânio Pereira e João Elias (parceiro de Francisco Cavalcanti na Boca). O próprio Wagner Pappette descreveu a dinâmica de uma "produção média" do Beco:

> Era todo mundo dando um pouquinho aqui, outro pouco ali, aí chegava para o [produtor e diretor] Roberto Machado, que tinha equipamentos, e dizia: "a gente só vai pagar quando o filme estrear." Se desse dinheiro ele cobrava, se não desse, ele dizia: "Deixa pra lá." O Roberto Machado é uma das grandes figuras do cinema nacional, ajudou muito[49].

Roberto Machado orgulhava-se de ter lançado no cinema o cômico Mauro Gonçalves, o Zacarias dos Trapalhões, em *Deu a louca nas mulheres*, 1977, e a atriz Julcilea Telles, com quem realizou *A gostosa da gafieira* (1975), *Essa freira é uma parada* (1977) e *Piranha de véu e grinalda* (1982). Mas a carreira de Machado é bem anterior e remonta aos anos 1950, quando trabalhou na assistência de produção para o crítico Jonald (Oswaldo Marques de Oliveira), diretor da película *Dentro da vida* (1951), produzida pela Intercontinental Filmes e distribuída pela UCB. Antes de realizar seu primeiro filme como diretor, *Um virgem na praça* (1973), Machado foi um dos mais constantes diretores de produção em comédias musicais lançadas nos anos 1950-1960 pela Cinedistri, Produções Watson Macedo, Cinelândia, Herbert Richers e Atlântida. Ao fundar a Equipe Filmes, em 1968, passou a alugar equipamentos para diversas produções independentes, muitas delas saídas do Beco da Cinelândia.

ENTRE O MERCADO E O ESTADO

Ao contrário do que, à primeira vista, poderia indicar a trajetória comercial de produtores como Roberto Machado, Mozael Silveira, Wagner Pappette ou Osíris Parcifal de Figueroa, nem sempre o dinheiro que se conseguia para as produções do Beco era exclusivamente privado. No decênio 1971-1981, outros filmes produzidos por empresas sediadas no Beco da Cinelândia ou ligadas ao esquema de produção do local receberam financiamento ou foram coproduzidos e distribuídos pela Embrafilme[50].

É necessário sublinhar que as relações entre o cinema do Beco e a Embrafilme sempre foram marcadas por tensões e ambiguidades, a começar pela própria campanha contra a pornochanchada, sustentada durante as gestões de Roberto Farias (1974 a 1979) e de Celso Amorim (1979 a 1982), que tinha como alvo os filmes produzidos pela Boca de Cinema de São Paulo e as comédias eróticas cariocas.

Em 1975, Roberto Farias pedia providências "contra os adeptos da pornografia", que procuravam "levar o público ao cinema como a convidá-lo para uma imoralidade". O tom era de total recusa ao modelo da pornochanchada: "que esses imediatistas não se enganem: estamos contra eles, sejam produtores, distribuidores ou exibidores"[51]. No ano seguinte, enquanto a Embrafilme triplicava seus recursos para o setor da produção, Roberto Farias afirmava: "A Embrafilme não se opõe a que esses filmes – as pornochanchadas – sejam feitos, nem a distribuí-los caso passem pela Censura. Mas não pode produzi-los"[52].

Em 1978, o discurso sustentado por Farias já não é tão excludente. Preocupado em garantir recursos do governo que pudessem sustentar no mercado o aumento da obrigatoriedade de exibição de longas-metragens brasileiros de 122 para 133 dias por ano, Roberto Farias reconhecia de forma estratégica que a pornochanchada era um "mal necessário para a emancipação do cinema nacional" e que o incremento da produção, embora devesse alcançar de forma prioritária os "filmes de conteúdo cultural", não poderia jamais "ignorar a contribuição das pornochanchadas para o crescimento da indústria cinematográfica nacional"[53].

A década de 1980, marcada por crises econômicas e uma inflação galopante, estabeleceu novos parâmetros para as políticas de coprodução e distribuição da Embrafilme, que buscou concentrar recursos em torno de poucas produções de prestígio e orçamentos elevados, respaldando o chamado "cinemão"[54]. Por outro lado, as pornochanchadas baratas, produzidas a toque de caixa através de associações entre produtores, distribuidores e exibidores, continuavam a ocupar o espaço que o campo do "cinema cultural" não conseguia preencher. Sob a gestão de Celso Amorim, o discurso contrário às pornochanchadas recrudesce, dessa vez para justificar a concentração dos altos custos em produções "cultas", atingidas pela restrição das verbas públicas: "É óbvio: todos os filmes de maior empenho cultural, com raríssimas exceções, passam pela Embrafilme. [...] Fora da lista, a predominância é de pornochanchadas financiadas pelo próprio esquema de exibição, que tem menos a oferecer [...]"[55].

O fato é que, ao contrário do que ocorreu em relação à Boca paulistana, entre os anos de 1971-1976, verificou-se na Embrafilme a abertura de um relativo espaço para produtoras sediadas ou ligadas ao esquema de produção do Beco. É o caso da Bennio PC, da Di Mello e da Vidya Produções Cinematográficas, essa última uma empresa criada em 1972 por Carlo Mossy, exemplo de bem-sucedido ator-produtor-diretor que investe em comédias eróticas com grande sucesso popular.

Embora o escritório da Vidya fosse localizado em Copacabana, na zona sul carioca, o contato com o Beco da Cinelândia era constante: "A Cinelândia por inteiro, durante 30 anos, me serviu também como escritório cinematográfico [...] pois ali é que contratava os técnicos, eletricistas e maquinistas necessários à realização de meus filmes"[56].

Além dos técnicos, Mossy mantinha convívio praticamente diário com exibidores e distribuidoras, notadamente a Condor Filmes e a UCB. A empresa também trabalhou com produtoras sediadas no Beco, como a Di Mello Produções, do diretor e produtor Victor Di Mello, a Kiko Filmes, de Francisco de Paula Pinto (primo em primeiro grau de Luiz Severiano Ribeiro Neto), além do distribuidor e exibidor Lívio Bruni, para quem Mossy produziu e dirigiu *Bonitas e gostosas* (1978) e *As taradas atacam* (1978)[57].

A parceria entre Mossy (ator e/ou coprodutor) e Di Mello (coprodutor e diretor) rendeu grandes sucessos de bilheteria, como *Quando as mulheres paqueram* (1972) e *Essa gostosa brincadeira a dois* (1974). Anos mais tarde, bastante atentos à conjuntura do mercado de exibição, realizam o drama *Giselle* (1980), procurando alcançar um público mais sofisticado, uma vez que as pornochanchadas já apresentavam sinais de esgotamento. "Não faço mais *pornô* porque não dá mais *grana*", declararia Mossy ao *Jornal do Brasil*, em 1980. "Estou então partindo para um filme sério, *Giselle*. Moderno e realista"[58].

Visto hoje, o filme surpreende pela forma como as relações amorosas entre os personagens são tratadas abertamente, ainda que emolduradas pela condenação estratégica a uma suposta "decadência moral" da sociedade. Apesar disso, parece mais libertário do que muitos filmes contemporâneos "politicamente corretos", apresentando múltiplas combinações sexuais e afetivas entre os personagens e construindo uma protagonista que rompe com os preconceitos sociais e ama livremente tanto homens quanto mulheres. A aposta de Mossy e Di Mello no drama "realista" resultou em uma das grandes bilheterias do cinema brasileiro na primeira metade dos anos 1980[59].

Em outro extremo, encontra-se Nilo Machado, exemplo típico de um realizador sediado no Beco que produzia com baixíssimo orçamento, alijado tanto das verbas públicas quanto do investimento privado de empresários dispostos a aplicar recursos mais generosos na produção cinematográfica. Tendo iniciado sua carreira no cinema como *boy* de escritório da distribuidora United Artists, no Recife, o alagoano Nilo Machado mudou-se para o Rio e trabalhou nas distribuidoras Warner Brothers, Columbia e França Filmes. Gerenciou também os cinemas Politheama, Piedade e Eldorado, do circuito Severiano Ribeiro. Em 1953, adquiriu a distribuidora Rio-Mar, "especializada em produções de baixíssimo orçamento, em geral comédias grosseiras, policiais, melodramas eróticos, filmes sobre drogas e delinquência juvenil"[60].

Os filmes distribuídos pela Rio-Mar eram franceses, americanos e também brasileiros. Uma das formas encontradas por Nilo Machado para tornar o negócio mais lucrativo era enxertar números de *striptease*, remontando e reciclando as cópias de velhos filmes estrangeiros ou brasileiros e distribuindo-os nos cinemas de subúrbio. Seu primeiro longa foi *Tuxauá... o maldito* (1964), aventura na África com imagens de selva e de animais tiradas de filmes estrangeiros mescladas aos planos rodados por ele mesmo em terrenos baldios de Jacarepaguá. Prosseguindo carreira, construiu uma filmografia de mais de vinte títulos, incluindo, já na década de 1980, remontagens de seus próprios filmes com inserções de cenas de sexo explícito.

No final dos anos 1970, Nilo Machado construiu um estúdio a que deu o nome de Adelana, localizado no bairro suburbano Ricardo de Albuquerque, onde filmava e montava seus longas-metragens, sempre em condições precárias, com equipe reduzida e contando com a participação de amigos para formação do elenco. Suas produções eram lançadas nas salas de subúrbios e, como eram muito baratas, recuperavam o investimento, até porque havia um público cativo para elas.

POLITIZAÇÃO DO BECO

Um dos principais colaboradores de Nilo Machado – e também um dos mais "caros" – era o fotógrafo José Assis de Araújo, ou simplesmente "Dutra", apelido pelo qual é conhecido no meio cinematográfico e no Beco[61]. Para um dos últimos trabalhos rodados por Nilo, *Não fale em sexo* (1978), Dutra teria ganho 8 mil cruzeiros por semana, enquanto o teto máximo para o elenco principal não passava de 7 mil cruzeiros por todo o filme[62].

Começando sua carreira na Atlântida Cinematográfica, primeiro como torneiro mecânico e em seguida batendo claquete para Watson Macedo em *A sombra da outra* (1949), tornou-se assistente de câmera dois anos depois, função na qual fez questão de se manter[63]. Por volta de 1958, Dutra passou a frequentar o Beco assiduamente: "Todo mundo se reunia ali, quando aparecia um filme todo mundo já sabia, os produtores iam lá e contratavam o pessoal todo, diziam: "A turma é essa aqui, passa lá pra assinar o contrato" – aqueles contratos fajutos que nunca valiam merda nenhuma..."[64].

As precárias condições de trabalho dos técnicos cinematográficos, para as quais Dutra chama a atenção, passaram a ser, a partir dos anos 1970-1980, discutidas no Beco com maior empenho em relação às décadas anteriores[65]. No Rio de Janeiro, a classe cinematográfica se reúne sobretudo em torno de sindicatos e associações, tanto patronais – como o Sindicato Nacional da Indústria Cinematográfica (SNIC), dos produtores – quanto de atores e técnicos, caso do Sindicato dos Técnicos em Espetáculos de Diversões do Rio de Janeiro (Sated), sediado na rua Alcindo Guanabara, na Cinelândia[66].

No Sated, tinham peso maior os atores de teatro, cinema e televisão, sobrando pouco espaço para as reivindicações específicas dos técnicos e trabalhadores cinematográficos, também minoritários no SNIC. Em março de 1981, ocorre uma dissidência no Sated e é fundada a Associação dos Técnicos de Cinema (Atec), também com sede na rua Alcindo Guanabara, no Beco. O objetivo da Atec era garantir aos profissionais de cinema maior representatividade política. A associação foi o embrião do que hoje é o Sindicato Interestadual dos Trabalhadores na Indústria Cinematográfica e do Audiovisual (STIC), fundado em 1988.

A regulamentação das profissões de artistas e técnicos em diversões, através da lei nº 6.533, de 24 de maio de 1978, fruto de uma bem articulada campanha do Sated sob a gestão do ator Otávio Augusto (1975 a 1978), teve repercussões positivas entre os técnicos de cinema do Beco. Durante os anos 1980, a já comentada concentração de recursos na Embrafilme e o desemprego que então afetava a classe acabaram por aproximar o discurso dos técnicos reunidos na Atec ao dos atores filiados ao Sated – dentre os quais, além de Otávio Augusto, destacavam-se Wilson Grey, Jackson de Souza e Vanda Lacerda, essa última presidente do sindicato nos anos 1978 a 1981[67]. As duas entidades defendiam a produção de filmes de custo médio. Em carta ao *Jornal do Brasil*, a Atec chega a sugerir ao MEC o "fim da superprodução de filmes de longa-metragem"[68].

Mas a Embrafilme não era o único alvo das críticas. Wilson Grey via na produção erótica e no filme de sexo explícito a "pior de todas as fases" pela qual passava o cinema brasileiro durante os anos 1970-1980:

> É que esses picaretas fazem seus filmes baratíssimos, e os filmes acabam se pagando sempre. [...] Mas não dá dinheiro para fazer uma indústria. [...] A maioria dos fotógrafos, dos técnicos de cinema, gente premiada e tudo, estão todos aí, doentes, famintos, desempregados. Lá no Beco dos Artistas

> [...] toda hora a gente tem que fazer uma vaquinha para um que está doente, ou que não tem dinheiro para levar comida para casa naquele dia, por causa desta maldita pornochanchada[69].

A politização dos artistas e técnicos ligados ao cinema do Beco não ficou restrita à atuação em sindicatos e associações, resultando também em pelo menos um filme representativo desse momento, o longa-metragem em episódios *Insônia*, iniciado em 1980 e finalizado dois anos depois. Baseado em três contos de Graciliano Ramos, o longa é composto pelos curtas *Dois dedos* (direção de Emmanuel Cavalcanti); *A prisão de J. Carmo Gomes* (direção de Luiz Paulino dos Santos) e *Um ladrão*[70] (direção de Nelson Pereira dos Santos).

Insônia – ou o "filme do Sindicato", como se tornou conhecido – foi em parte viabilizado graças ao empenho de Vanda Lacerda, atriz do episódio *A prisão de J. Carmo Gomes* e então presidente do Sated, onde o projeto começou a ser gestado. Foi ela quem conseguiu com a família de Graciliano os direitos de adaptação dos contos. Os técnicos que viriam a fundar a Atec – Edson Batista, Roque Araújo, Severino Dadá, entre outros – criaram a Cooperativa Mista Brasileira de Atores e Técnicos (Combate), na prática a responsável pela produção do longa. O dinheiro viria da Embrafilme – a inclusão de Nelson Pereira dos Santos como um dos diretores não era casual –, mas a empresa demorou quase dois anos para disponibilizar a verba pedida. *Insônia* só foi realizado porque os técnicos se revoltaram contra essa demora. Recorremos novamente ao testemunho de Severino Dadá: "Um dia, no Beco, decidimos que iríamos invadir a Embrafilme. Ainda era a época da ditadura, mas nós entramos mesmo assim: eletricistas, contrarregras, fotógrafos, maquinistas, atores, fizemos um verdadeiro pandemônio. O filme acabou sendo feito, mas sofreu boicote na distribuição"[71].

A experiência singular de *Insônia* atesta as dificuldades de um projeto nascido no Beco que procurava se afirmar contra a produção das pornochanchadas e a favor de um cinema cultural, colocando-se ao mesmo tempo como uma alternativa à política de superproduções da Embrafilme[72]. A criação da Combate, por outro lado, inspirou outros movimentos associativos ao longo dos anos 1980, como a Turma da Pesada Produções Cinematográficas Culturais, firma constituída em 1986 por maquinistas, eletricistas e cenotécnicos como Demerval Peçanha, Edinho Alves, Carlão, Waldir e Paquetá[73].

A produção do Beco ainda é pouco conhecida e estudada. Porém, é necessário sublinhar o esforço pioneiro de prospecção e divulgação desse cinema pelo pesquisador e curador carioca Remier Lion. Com suas mostras *Cinema brasileiro: a vergonha de uma nação!* (2004) e *Malditos filmes brasileiros!* (2005), realizadas em São Paulo e no Rio de Janeiro, Remier construiu novas relações entre o cinema da

Boca do Lixo, o cinema marginal e o cinema popular carioca, notadamente o do Beco da Cinelândia. Ao trazerem à tona nomes como Osíris Parcifal de Figueroa, Élio Vieira de Araújo, Olívia Pineschi, Aloízio T. Carvalho e Nilo Machado, entre outros, essas mostras estabeleceram uma leitura inédita do cinema brasileiro como cultura *pop*, constituindo-se de fato na primeira reflexão consistente de caráter historiográfico sobre o cinema do Beco da Cinelândia[74].

CRISES, RUPTURAS, TRANSFORMAÇÕES

A década de 1980 foi de grande precipitação de fatos e fragmentação de projetos. No Rio de Janeiro, o gradual fechamento e a transferência dos cinemas de rua para as salas de *shoppings*, iniciada na primeira metade dos anos 1980, desmobiliza o principal mercado para as produções do Beco, em especial as pornochanchadas. A situação se agrava com a chegada do videocassete, que promove o abandono das salas de cinema pelo público cativo do pornô[75].

Se em 1976, administrando 29 cinemas de "segunda linha" (não lançadores), o exibidor Roberto Darze exclamava: "A pornochanchada é a nossa salvação"[76], dez anos depois o mesmo empresário via sucumbir o circuito de salas do subúrbio, onde as pornochanchadas eram majoritariamente exibidas. Para sobreviver aos novos tempos, Darze foi obrigado a se desfazer desses cinemas, migrando para um tipo de programação mais afeita ao público familiar de classe média que passara a frequentar as salas de *shoppings*[77]. A produção do Beco não tinha espaço junto a esse novo circuito.

Os dois últimos longas produzidos e dirigidos por Élio Vieira de Araújo, *Depravação* (1980) e *Depravação 2* (1982), ambos em associação com os irmãos Valansi, indicam os rumos que o cinema do Beco já vinha tomando desde o final dos anos 1970. Nos anúncios de *Depravação 2* publicados na imprensa, o aviso sensacionalista procurava capturar a curiosidade do espectador enquanto disfarçava com ironia a indigência publicitária: "Este filme, por sua extrema pornografia, não pode ter nem fotos nem cartazes em divulgação"[78].

É na Boca de Cinema de São Paulo onde se verificam os efeitos mais dramáticos desse momento de crise. Quando o adicional de renda é extinto em 1979, elimina-se uma das principais fontes de apoio aos produtores, o que afasta também alguns exibidores das coproduções. Ainda assim, permaneciam alguns esforços para manter a capacidade produtiva, diversificando e pensando questões de organização de trabalho.

Como no Rio de Janeiro, também em São Paulo houve uma articulação significativa em torno de sindicatos, cooperativas e associações. A formação da

Associação dos Técnicos e Artistas Cinematográficos do Estado de São Paulo (Atacesp) ocorreu em 1956, ganhando dez anos depois o estatuto de Sindicato de Trabalhadores Cinematográficos de São Paulo. Na sua composição inicial, já encontramos profissionais que participarão da Boca, como o então repórter cinematográfico Ozualdo Candeias. Em 1969, a Atacesp teve seus direitos cassados e nos anos 1970 os técnicos cinematográficos passaram a contar apenas com o Sated-SP, que abrangia toda a classe artística.

Em 1973, houve uma articulação entre diretores paulistas, dentre os quais alguns cineastas da Boca, para a formação de outra associação:

> Nós formulamos a proposta de criação da Apaci – Associação Paulista de Cineastas. A entidade nasceu em assembleia-monstro que lotou o Teatro São Pedro. Contrariando a tendência carioca, resolvemos colocar na presidência da entidade um realizador da "Boca", o Egidio Eccio [...]. Com isso nós procurávamos levar adiante nossa visão de que o cinema como um todo deveria ser defendido[79].

No começo dos anos 1980, com o fortalecimento da influência na Apaci do grupo formado pelos jovens cineastas da Vila Madalena[80], as distensões e a diversidade de interesses em relação aos diretores da Boca foram se agravando, principalmente com o crescente recurso erótico nas produções da região. Essa situação gerou uma rivalidade entre os diretores da Boca – que reclamavam de pouco acesso a verbas públicas – e esse grupo de novos cineastas, que propunham um cinema mais "autoral"[81].

No contexto específico da Boca do Lixo, a iniciativa mais relevante talvez tenha sido a criação, em 1982, da Empresa Brasileira de Produtores Independentes (Embrapi), que aglutinou importantes técnicos e diretores da região[82]. Diante do fato de que as pornochanchadas estavam dando muito dinheiro, a estratégia era fazer filmes "de sexo" para capitalizar a cooperativa e, com isso, realizar as produções de "ponta de linha"[83].

Antonio Meliande acrescenta:

> Isso criou um mal-estar entre os produtores [da Boca, que diziam]: "[os técnicos] vão começar a ganhar mais dinheiro e não vão querer trabalhar mais pra gente." Mas isso era uma besteira muito grande. Porque a gente continuava trabalhando pra eles. A única coisa é que a gente não queria que só eles ganhassem e a gente não ganhasse nada[84].

Em um ano, a Embrapi produziu sete longas-metragens[85]. Contudo, eles foram realizados no exato momento em que os exibidores, parceiros nas produções da empresa, começaram a se interessar mais por filmes de sexo explícito. Por conta desse interesse, houve uma ruptura no grupo, de forma similar à divisão que no mesmo momento ocorria na Apaci entre os cineastas da Boca e da Vila Madalena.

Visando garantir o lucro face ao aumento gradual do valor dos ingressos, os exibidores/investidores pressionam por filmes mais baratos e por uma acentuação no tom do erotismo, decorrente da perspectiva – e dos boatos – de exibição de produções estrangeiras com cenas de sexo explícito.

O fantasma da liberação dos filmes explícitos rondava a Boca (e também o Beco) desde 1980, quando o processo de abertura política já ecoava no abrandamento da censura federal. Naquele momento, discutia-se a criação de salas especiais para que aquela produção não invadisse os cinemas tradicionais[86].

Em 1981, entra em cartaz, como "filme de arte", *O império dos sentidos* (*Ai no corrida*), filme japonês de 1976 dirigido por Nagisa Oshima. Paralelamente, iniciam-se rumores sobre as liberações. Em 1982, o filme *Calígula* (Tinto Brass, 1979) é liberado através de mandado de segurança, e consegue 15 dias de exibição em uma sala em São Paulo, que mantém sessões até às duas da madrugada, para aproveitar o prazo[87]. Nesse mesmo ano é lançado nos cinemas o filme *Coisas eróticas* (Raffaele Rossi, 1981), o primeiro da Boca com cenas de sexo explícito[88]. Com o sucesso do filme e as portas abertas, os exibidores fazem um ultimato: só entrariam em sociedade nos filmes com sexo explícito.

É formada uma "indústria de mandados de segurança" que garantia exibições de filmes estrangeiros explícitos e que servia como brecha legal para as produções nacionais[89]. Para agravar a situação, começam a entrar no mercado as produções norte-americanas, que passam a substituir as nacionais[90].

Poucos produtores aguentaram a situação. Os que teriam capacidade de modificar o estado de dependência em relação aos exibidores, por disporem de um caixa e de esquemas de produção que vinham mantendo desde os anos 1970, abandonaram aos poucos o meio ou entraram nas pequenas produções com sexo explícito. Ao mesmo tempo, vemos um produtor tradicional como Oswaldo Massaini encerrar as atividades em 1980, e um A. P. Galante, apesar do histórico positivo adquirido com os exibidores, fazendo filmes cada vez mais baratos como *A menina e o estuprador* (1982) e *As prisioneiras da selva amazônica* (1987), ambos dirigidos por Conrado Sanchez.

Havia também aqueles que, sem alternativas, entraram no jogo[91]. Tony Vieira, a partir de *As amantes de Helen* (1981), passa a assinar como Mauri Queiroz – curiosamente, seu verdadeiro nome – e, até 1987, produz 15 filmes de sexo explícito. Fauzi Mansur, sob o pseudônimo de Vitor Triunfo, fez mais de 12 filmes, nos quais explora o sexo explícito misturado ao gênero do terror. Um deles – *Noite das penetrações* (1985) –, chama a atenção por só utilizar imagens de sexo mostradas a partir de um aparelho de televisão no qual passam pornôs estrangeiros. O protagonista (Arnold Erceg), escritor de contos eróticos, entra em crise por não encontrar mais inspiração para escrever sobre aquilo que assiste.

David Cardoso faz a transição para o explícito em 1983, produzindo até 1987, usando pseudônimos – Roberto Fedegozo e Armando Pinto.

Com *Oh! Rebuceteio* (1984), seu único filme com sexo explícito, Cláudio Cunha realiza um curioso marco do gênero: uma superprodução com pretensões metalinguísticas. Após a experiência, deixa o cinema para se dedicar ao teatro.

Outros diretores, que eram uma referência de qualidade na Boca, como Jean Garrett e Ody Fraga, também optaram por continuar fazendo filmes explícitos. A partir de 1984, Garrett dirigiu vários na linha pornô, alguns com participação da produtora Maspe Filmes, de Augusto Sobrado, que se destaca no período por tentar conquistar espaço com trabalhos diferenciados, como *Senta no meu, que eu entro na tua* (1984), dirigido por Ody Fraga e fotografado por Aloysio Raulino. Em *Mulheres taradas por animais* (1986), no qual assina como Johannes Frayer, pode-se notar o modo sombrio como Ody Fraga usa o apelo à zoofilia, um retrato do beco sem saída no qual a Boca estava se tornando. O resultado é um filme extremamente amargo. Ody morreu poucos meses depois do lançamento.

Em 1984, Francisco Cavalcanti realiza um interessante filme-metáfora, *O filho do sexo explícito*. Nele, uma moça, sem outra alternativa, resolve se tornar atriz de filme pornô e vai trabalhar na Boca do Lixo. Em uma cena, ela engravida durante as filmagens. Após brigas judiciais, seu filho é sustentado pelos produtores, o qual quando adulto torna-se ator pornô da empresa.

Um nome importante e representativo desse momento é Antonio Meliande, assistente de fotografia de Osvaldo de Oliveira no início dos anos 1970, fotógrafo de *A próxima vítima* (João Batista de Andrade, 1982) e de vários filmes de Walter Hugo Khouri. A partir de 1983, fez vários pornôs, sob o pseudônimo de Tony Mel, para a M. Produções, a Olympus Filmes e a LGR Filmes[92].

Juan Bajon, chinês de Xangai que fora aluno do curso da São Luís em fins dos anos 1960 e assistente de Rubem Biáfora, investiu na carreira de diretor com *O estripador de mulheres* (1978), que ganhou prêmios da Associação Paulista de Críticos de Arte (APCA). Nos anos 1980, Bajon produziu dezenas de longas pornôs pela Galápagos Produções Cinematográficas, sob sua direção ou de Alfredo Sternheim.

Havia também a geração da Boca que começou a dirigir justamente durante a passagem para o pornô. Alguns deles já desenvolviam trabalhos em cinema e eram respeitados no meio. É o caso de Mário Vaz Filho que, com formação na Escola de Artes Dramáticas da USP (EAD), trabalhava na Boca desde 1975. Vaz Filho foi assistente de direção de Jean Garrett, Ody Fraga e Waldyr Kopezky e fez 15 filmes no gênero explícito, entre eles alguns sucessos como *Um pistoleiro chamado Papaco* (1986) e *A mulher que se disputa* (1986).

Walter Wanny também dirige na década de 1980 alguns pornôs. Além disso, vários diretores relançam seus filmes antigos com enxertos de cenas de sexo explícito.

Entre os novos nomes surge Deni Cavalcanti, que funda a Madial Filmes e com ela produz e distribui *Alugam-se moças – 1 e 2* (Deni Cavalcanti, 1981-1983).

Sady Baby está entre as figuras curiosas que despontaram na Boca no seu ocaso. Aparecendo com algum dinheiro e um peculiar senso de aventura, Baby montou sua produtora em 1983 (Produções Cinematográficas Sady) e produziu até 1990. Realizou 15 filmes de um estilo mais *hardcore*, entre eles *Emoções sexuais de um jegue* (1987), *A máfia sexual* (1987) e *Ônibus da suruba* (1989).

Curiosamente, o declínio da Boca não é marcado pela diminuição de filmes produzidos. O que se nota, ao contrário, é o aumento do número de títulos, bem como de novos produtores e diretores[93]. Uma das razões desse fenômeno decorre do descontrole da inflação, que obriga os produtores a buscarem um retorno de bilheteria muito rápido para compensar os gastos e investir em outros filmes[94]. Isso exigia um tipo de filme cada vez mais barato, que desse retorno com pouco tempo em cartaz. No entanto, a entrada maciça de filmes pornográficos norte-americanos ocorrida na segunda metade dos anos 1980 significou um golpe mortal nessa produção e no já decrescente número de salas exibidoras disponíveis.

Sem salas, forçados a uma competição desnivelada com o similar estrangeiro, explorando um incipiente mercado de *home video*, os produtores da região viram o fechamento dos poucos escritórios que restavam, e a Boca do Lixo de Cinema de São Paulo foi desaparecendo fisicamente, com suas antigas produtoras encerrando atividades e as distribuidoras virando depósitos.

UMA HISTÓRIA EM PROCESSO

Nos últimos 15 anos, verifica-se um diversificado movimento de revalorização da Boca – e, em menor escala, do Beco –, que está intimamente relacionado às mudanças do panorama audiovisual contemporâneo e à circulação renovada dos filmes através da televisão, de mostras, retrospectivas e *sites* de compartilhamento de arquivos.

Ao longo dos anos 2000, são realizados documentários como *Candeias: da Boca pra fora* (Celso Gonçalves, 2002), *O Galante rei da Boca* (Alessandro Gamo e Luís Rocha Melo, 2004) e *Minami em close-up: a Boca em revista* (Thiago Mendonça, 2008)[95]. O interesse pelo assunto está presente na academia e no mercado editorial[96], bem como em publicações na internet, como a revista *Zingu!* (2006-2012) e o *blog Estranho encontro*, há dez anos em atividade.

Em 2004, vemos o retorno de um produtor tradicional da Boca, Aníbal Massaini, com o documentário *Pelé eterno*; no ano seguinte, a tentativa de retorno – por meio de leis de incentivo – de A. P. Galante, com um filme baseado no livro *Casa de meninas*, do crítico, montador e diretor Inácio Araújo[97]. Encontramos também alguns esforços individuais de produção: Fauzi Mansur termina o longa *Casamento brasileiro* em 2011 e Clery Cunha começa a rodar em 2013 *Tiradentes City – zona leste SP*, baseado em 13 histórias do escritor Marcelo Coelho.

Outra iniciativa importante é a reunião de veteranos realizadores proporcionada pelo diretor e produtor Diomédio Piskator, que em 2011 cria o Instituto Ozualdo Candeias[98] e, em seguida, produz dois longas lançados em 2015 – *Memórias da Boca*, composto por oito episódios[99], e *Rua do Triumpho: o filme* (Mário Vaz Filho, 2015), misto de ficção e documentário que traz uma visão pessoal e carinhosa do diretor sobre o tema.

No Rio de Janeiro, dentre os profissionais que mantiveram ligações com o cinema do Beco da Cinelândia, Severino Dadá, Edinho Alves, Tadeu Ferreira de São Pedro, Edson Batista e Ramon Alvarado são alguns dos que permanecem em atividade, filmando ou desenvolvendo trabalhos com o Sindicato dos Técnicos.

Em 2002, Severino Dadá estreia na direção com o premiado documentário *Geraldo José – o som sem barreiras*, realizando em seguida o média-metragem *Memórias da Glória* (2005), no qual volta a trabalhar com Edson Batista – velho amigo e companheiro da Combate, produtora de *Insônia* – na direção de fotografia.

Tendo sua filmografia revalorizada a partir dos anos 2000, Carlo Mossy segue trabalhando como ator[100]. Em 2015, figura no elenco da série de televisão *Magnífica 70*, ambientada no contexto do cinema da Boca do Lixo, e finaliza um documentário sobre o lendário bar Garota de Ipanema.

Até a primeira metade dos anos 2000, as histórias da Boca podiam ser ouvidas no Bar do Teixeira, situado no andar térreo do prédio em que funcionou a produtora de A. P. Galante, na rua do Triunfo. O Bar do Teixeira era frequentado por Pio Zamuner, Ozualdo Candeias, Miro Reis, Cláudio Portioli, Virgílio Roveda ("Gaúcho"), Rubens Eleutério, Rajá de Aragão e Mário Vaz Filho.

Por volta de 2007, o ponto de encontro dos remanescentes da Boca muda para a rua Dom José de Barros, perto do Largo Paissandu, no centro de São Paulo, local antes cercado pelos "palácios" Marrocos, Odeon, Paissandu e Art-Palácio. Pelos arredores do Largo Paissandu ainda circulam diretores como Mário Vaz Filho, Clery Cunha e Diomédio Piskator, os atores José "Índio" Lopes e "Zé da Ilha", além de técnicos como Walter Wanny, Antônio Ciambra, Virgílio Roveda e Franco Lino, profissionais que, continuando ou não a trabalhar com cinema, aparecem com frequência para relembrar histórias, contar novos feitos e planejar futuros projetos.

NOTAS

1. O estado de São Paulo era dividido em cinco subterritórios para a distribuição cinematográfica – São Paulo, Botucatu, Santos, Ribeirão Preto e Taubaté –, que faziam conexões com as outras cidades e estados, e a estrada de ferro facilitava essa circulação.

2. Entre as empresas nacionais, a distribuidora Matarazzo já mantinha um escritório na rua General Osório, próxima à Estação da Luz nos anos 1920. A Cinedistri, de Oswaldo Massaini, atuava na distribuição desde 1949. Cf. Inimá Simões, *O imaginário da Boca*, São Paulo: Idart, 1981, p. 13.

3. Segundo Ozualdo Candeias, a primeira empresa cinematográfica envolvendo a produção de filmes foi a Campos Filmes, de propriedade de Antonio Campos. Em meados dos anos 1940, ele teria instalado sua empresa na rua do Triunfo, produzindo documentários e alguns longas. A informação, entretanto, necessita confirmação. Os registros e filmes da Campos Filmes teriam sido destruídos em um incêndio. Cf. Ozualdo Candeias, *Uma rua chamada Triumpho*, São Paulo: Ed. do próprio autor, 1996, p. 20.

4. "Assim que surgiu o INC e que a procura de fitas pra cumprir lei era maior, quem tinha fita vinha vender aqui [na Boca]. E o pessoal passou a se reunir aqui. Sumiu do Honório, sumiu da Sete de Abril e passou a ficar todo esse pessoal aqui. Agora, isso nunca teve um caráter de produção. Teve sempre um caráter profissional e social, simplesmente" (Ozualdo Candeias, "Entrevista: Ozualdo Candeias", *Cadernos da Cinemateca: 30 anos de cinema paulista*, São Paulo: Fundação Cinemateca Brasileira, n. 4. 1980, p. 86).

5. Ozualdo Candeias, "Entrevista com Candeias", em: Eugênio Puppo (org.), *Ozualdo R. Candeias*, São Paulo: Heco Produções / CCBB, 2005, p. 21.

6. *Ibidem*.

7. José Mário Ortiz Ramos, *Cinema, Estado e lutas culturais*: anos 50/60/70, Rio de Janeiro: Paz e Terra, 1983, p. 64.

8. Carlos Reichenbach, "Marginal, adeus", em: Eugênio Puppo e Vera Haddad, *Cinema Marginal brasileiro e suas fronteiras: filmes produzidos nos anos 60 e 70*, São Paulo: Heco Produções / CCBB, 2001, p. 126.

9. Antonio Lima *apud* "Cinema da Boca do Lixo", *Jornal do Brasil*, Rio de Janeiro: 18 jul. 1970, Caderno B. Dentre os filmes citados pela matéria constam *Audácia, fúria dos desejos* (Carlos Reichenbach e Antônio Lima, 1969), *Ritual dos sádicos* (José Mojica Marins, 1969), *Em cada coração um punhal* (João Batista de Andrade, José Rubens Siqueira e Sebastião de Souza, 1970), *O pornógrafo* (João Callegaro, 1970), *Gamal, o delírio do sexo* (João Batista de Andrade, 1968), *República da traição* (Carlos Alberto Ebert, 1970) e *Carnaval na lama* (Rogério Sganzerla, 1970), então apresentado com o título de "Betty Bomba".

10. Carlos Reichenbach, "Carlos Oscar Reichenbach Filho", *Filme Cultura*, Rio de Janeiro: Embrafilme, fev. 1978, n. 28, pp. 74-76. Além da citada entrevista de Antônio Lima, o termo foi reforçado para o grande público através de uma matéria na revista *Manchete*, tratando das produções de Trevisan, Sganzerla, Lima e Reichenbach. Cf. "Cinema Boca do Lixo", *Manchete*, Rio de Janeiro: 29 ago. 1970.

11. Distribuidora dos irmãos Valansi, do Rio de Janeiro, dos quais falaremos mais adiante.

12. Do produtor, distribuidor, exibidor e diretor carioca Osíris Parcifal de Figueroa.

13. Carlos Reichenbach, "Carlos Oscar Reichenbach Filho", *op. cit.*, p. 76.

14. Cf. *Informações sobre a indústria cinematográfica*, Rio de Janeiro: Embrafilme, 1975. É revelador da expressiva participação desses filmes no mercado o fato de que, dentre as 25 maiores bilheterias entre 1970 e 1975, encontramos nove representantes do gênero.

15. A MQ, iniciais de Mauri Queiroz, verdadeiro nome de Tony Vieira, foi inicialmente custeada pelo empresário Francisco de Assis Soares, o "Comendador".

16. *O cabeleira* foi o primeiro trabalho de Pio Zamuner, Cláudio Portioli e Miro Reis, que se tornariam importantes técnicos na Boca.

17. *Deu a louca no cangaço* (1969), *Dois mil anos de confusão* (1969) e *A ilha dos paqueras* (1970).

18. Cf. "Da importância da distribuição", *Cinema em close-up*, São Paulo: 1976, n. 9. p. 63. A matéria cita os exemplos de Tony Vieira, da Marte Filmes, da Cinedistri, da Paris Filmes e da empresa exibidora Sul Paulista, que seria a mais procurada pelos produtores, já que realizava também distribuição de filmes

nacionais: "Distribuir o próprio produto significa eliminar o intermediário". Mas a revista atenta também para o fato de que essas parcerias poderiam restringir o potencial de um filme: como cada empresa distribuidora/exibidora dominava territórios específicos, certas "praças" poderiam não ser atingidas.

19 Era representada pela Ouro Nacional, distribuidora voltada exclusivamente para filmes brasileiros.

20 Cf. José Mário Ortiz Ramos, *op. cit.*, p. 70.

21 *Ibidem*, p. 138.

22 A partir de 1975, foi fixada em 122 dias por ano.

23 José Mário Ortiz Ramos, *op. cit.*, p. 136.

24 Cf. *Informações sobre a indústria cinematográfica e o mercado de cinema, TV e vídeo*, Rio de Janeiro: Concine / MEC, 1988, p. 12.

25 Publicada com interrupções entre 1976 e 1978, *Cinema em close-up* era produzida na própria Boca, e seus artigos e editoriais, redigidos por técnicos e diretores, tratando prioritariamente das produções e problemas daquele polo de cinema.

26 "Dos gostos e desgostos", *Cinema em close-up*, São Paulo: 1976, n. 11, p. 60.

27 Fox-Filmes do Brasil e Metro-Goldwyn-Mayer, na rua do Passeio; Columbia Pictures, Warner Bros. e Universal-International Pictures do Brasil, na Senador Dantas.

28 Distribuição Nacional (DN), J. Arthur Rank Distribuidora de Filmes, Unida Filmes, Consórcio Autônomo de Distribuidores e Exibidores de Filmes (Cadef), Art Filmes, Rio-Mar, British Filmes do Brasil, Condor Filmes, Cinemundi e Difilm.

29 Na Senador Dantas, por exemplo, ficavam a Bennio Produções Cinematográficas, Alcino Diniz Filmes, Di Mello Produções Cinematográficas, Kiko Filmes, A. F. Sampaio Produções Artísticas, Distrifilmes, Lança Filmes do Brasil e Scorpius Produções; na Álvaro Alvim, a Villa Rica Cinematográfica, Bem-te-vi Produções, Thor Filmes e O. P. de F. Cinemas e Diversões.

30 Numa das mesas da Confeitaria A Brasileira, Anselmo Duarte teria sido "descoberto" pelo produtor Alípio Ramos, da Cinelândia Filmes, integrando posteriormente o elenco de *Querida Suzana* (1947). Cf. Campos Filho, "Anselmo Duarte até agora...", *Carioca*, Rio de Janeiro: 23 fev. 1950, n. 751, pp. 59-60.

31 Virgílio Moretzsohn Moreira, "No Beco dos Aflitos (ou da Esperança), um mercado para os artistas desempregados", *O Globo*, Rio de Janeiro: s. d. Foi Murad – juntamente com Gilberto Guimarães, Oswaldo Éboli e Duarte de Moraes –, quem sugeriu ao então governador Negrão de Lima que uma das estreitas transversais da Álvaro Alvim fosse batizada, em 1967, com o nome de Ator Jayme Costa, homenageando assim uma das principais figuras do teatro e do cinema brasileiro dos anos 1930 ("Ator Jayme Costa é agora nome de rua na Cinelândia", *Correio da Manhã*, Rio de Janeiro: 29 ago. 1967, 1º Caderno, p. 11).

32 O apelido de "Beco dos Aflitos" teria sido cunhado por Arena, enquanto Grey reivindicava a autoria do nome "Beco dos Artistas". Cf. Virgílio Moretzsohn Moreira, "No Beco dos Aflitos (ou da Esperança), um mercado para os artistas desempregados", *op. cit.*

33 Hernani Heffner, "Arena, Rodolfo (Ângelo Rodolfo Arena)", em: Fernão Pessoa Ramos e Luiz Felipe Miranda (orgs.), *Enciclopédia do cinema brasileiro*, São Paulo: Senac, 2000, pp. 30-1.

34 Do distribuidor e exibidor Ugo Sorrentino, cuja sede era na rua Senador Dantas.

35 Cf. Susana Schild, "Wilson Grey, em quase 200 filmes: 'nunca beijei a mocinha'", *Jornal do Brasil*, Rio de Janeiro: 6 jun. 1984, Caderno B, p. 8 e Hernani Heffner, "Wilson Grey, (Wilson Morelli da Conceição Coutinho Chaves)", em: Fernão Pessoa Ramos e Luiz Felipe Miranda (orgs.), *op. cit.*, pp. 283-4.

36 Leovigildo Cordeiro, também conhecido como "Radar", montou muitos filmes do Beco. Foi homenageado por Júlio Bressane no média-metragem *Cinema inocente* (1980).

37 Jorge Murad *apud* Virgílio Moretzsohn Moreira, "No Beco dos Aflitos (ou da Esperança), um mercado para os artistas desempregados", *op. cit.*

38 Severino Dadá, depoimento a Luís Alberto Rocha Melo, Juiz de Fora: 22 jun. 2013.

39 Nelson Pereira dos Santos, depoimento a Luís Alberto Rocha Melo, Rio de Janeiro: 21 jan. 2015.

40 A empresa também manteve um escritório na Boca do Lixo, próximo ao da Embrafilme.

41 Severino Dadá, depoimento a Luís Alberto Rocha Melo, Rio de Janeiro: 28 jan. 2009. A Cezário Felfeli S.A. Indústria e Comércio ficava no 12º andar do mesmo prédio da Difilm

42 Severino Dadá, depoimento a Luís Alberto Rocha Melo, Rio de Janeiro: 28 jan. 2009.

43 A associação entre a Horus e a UCB, bem como a ligação entre Mozael e Roberto Farias, indicam que as produções do Beco não estavam isoladas de circuitos de produção, distribuição e exibição considerados de "primeira linha".

44 Ao assumir a programação do Cineac, Figueroa foi aos poucos modificando o perfil da sala, explorando o cinema erótico e incorporando à programação espetáculos como os do faquir Silk, que passou cem dias sem comer, exposto ao público no segundo andar do cinema. Cf. Remier Lion Rocha, "*O fraco do sexo forte todo mundo sabe qual é*", *Livreto Curta Circuito*, Belo Horizonte: Fundação Municipal; Mascote, out.-nov. 2014, n. 6, pp. 7-8.

45 Alice Gonzaga informa que o Brasil foi, ao longo das décadas de 1950 e 1960, um forte consumidor de filmes não hollywoodianos, notadamente aqueles de procedência europeia e latino-americana. Em 1952, cerca de 50% do mercado exibidor do país era composto por essas cinematografias. Cf. Alice Gonzaga, *Palácios e poeiras*: 100 anos de cinema no Rio de Janeiro, Rio de Janeiro: Record / Funarte, 1996, p. 212.

46 Alice Gonzaga, *Palácios e poeiras: 100 anos de cinema no Rio de Janeiro, op. cit.*, p. 245.

47 De acordo com Dadá, foi Osíris Parcifal de Figueroa quem "convenceu o Élio a botar dinheiro em cinema". Cf. Severino Dadá, depoimento a Luís Alberto Rocha Melo, Rio de Janeiro: 28 jan 2009.

48 Um de seus mais entusiasmados defensores foi Jairo Ferreira, então crítico do *São Paulo Shimbun*: "O cinema malcomportado por excelência. Uma bofetada na cara dos falsos puros. [...] Incrível é que a plateia só vibra com personagens canalhas como os de Miguel Borges. Na gargalhada que várias cenas provocam no espectador está a identificação. [...] A censura está de parabéns: o filme tem mulher nua do começo ao fim. Não percam" (Jairo Ferreira, "Grossura e violência", *São Paulo Shimbun*, São Paulo: 27 ago. 1970 apud Alessandro Gamo (org.), *Críticas de Jairo Ferreira. Críticas de Invenção: os anos do São Paulo Shimbun*, São Paulo: Imprensa Oficial, 2006, p. 173). A identificação entre filme e público através da grossura e do cafajestismo, sublinhada por Jairo Ferreira, estava justamente no horizonte de filmes identificados ao Cinema Marginal rodados na Boca do Lixo de São Paulo.

49 Wagner Pappette, depoimento a Luís Alberto Rocha Melo, Rio de Janeiro: 17 jan. 2009.

50 Por exemplo, *A hora e a vez do samba* (Geraldo Miranda, 1973), produzido pela Futurama Cinematográfica; *O filho do chefão* (Victor Lima, 1974), da Distrifilmes; *E as pílulas falharam* (Carlos Alberto Almeida, 1973), da Carlos Alberto Almeida Produções; *Um brasileiro chamado Rosaflor* (Geraldo Miranda, 1977), da O. P. de F. Cinemas e Diversões; *Essa freira é uma parada* (1977) e *A gostosa da gafieira* (1981), ambos dirigidos por Roberto Machado e produzidos pela Roberto Machado Produções Cinematográficas. O último trabalho dirigido pelo veterano Luiz de Barros – *Ele, ela, quem?* (1977) – empenho pessoal de Mário Falaschi junto à produtora A. F. Sampaio Produções Artísticas, sediada no Beco –, também recebeu apoio da Embrafilme (na coprodução e na distribuição). Cf. Tunico Amancio, *Artes e manhas da Embrafilme: cinema estatal brasileiro em sua época de ouro (1977-1981)*, Niterói: EdUFF, pp. 131-79. [Apêndices].

51 "Diretor da Embrafilme diz que pornochanchada serve a inimigos do cinema nacional", *Jornal do Brasil*, Rio de Janeiro: 12 ago. 1975, p. 7.

52 "Pornochanchada não verá Cr$ 20 milhões da Embrafilme", *Jornal do Brasil*, Rio de Janeiro: 19 out. 1975, p. 15.

53 "Roberto Farias afirma que a pornochanchada ajudou muito o cinema brasileiro", *Jornal do Brasil*, Rio de Janeiro: 28 jan. 1978, p. 15.

54 Termo pelo qual ficaram conhecidas algumas "superproduções" brasileiras apoiadas ou financiadas pela Embrafilme, como *Xica da Silva* (Cacá Diegues), *Dona Flor e seus dois maridos* (Bruno Barreto) ou *Tensão no Rio* (Gustavo Dahl).

55 Celso Amorim *apud* Deborah Dumar, "A Embrafilme fora do orçamento: uma vitória da pornochanchada?", *Jornal do Brasil*, Rio de Janeiro: 15 set. 1980, Caderno B, p. 4.

56 Carlo Mossy, depoimento aos autores, Rio de Janeiro: 17 set. 2015.

57 *Ibidem*.

58 Carlo Mossy *apud* Norma Couri, "A pornochanchada no banco dos réus", *Jornal do Brasil*, Rio de Janeiro: 5 abr. 1980, Caderno B.

59 De acordo com dados divulgados pelo Observatório Brasileiro do Cinema e do Audiovisual/Ancine (OCA), *Giselle* conseguiu reunir 2.206.682 espectadores em sua estreia (novembro de 1980). Cf. Observatório Brasileiro do Cinema e do Audiovisual, Dados de mercado: filmes brasileiros com mais de 500.000 espectadores – 1970 a 2014, disponível em: <http://oca.ancine.gov.br/media/SAM/DadosMercado/2105-22052015.pdf>, acesso em: 20 set. 2015.

60 Remier Lion, "Machado, Nilo (Nilo Araújo Machado)", em: Fernão Pessoa Ramos e Luiz Felipe Miranda (orgs.), *op. cit.*, p. 348.

61 Por conta de sua semelhança fisionômica com o Marechal Eurico Gaspar Dutra.

62 Cf. Sandra Chaves, "As 'transações filméticas' de Nilo Coelho [sic], um cineasta em via de desenvolvimento", *Jornal do Brasil*, Rio de Janeiro: 6 jan. 1979.

63 "o assistente termina o trabalho e leva a sua mala de volta pra casa. Não tem esse negócio de fazer média com artista, com diretor..." (Dutra [José Assis de Araújo], depoimento a Luís Alberto Rocha Melo, Rio de Janeiro: 6 fev. 2009).

64 Dutra [José Assis de Araújo], depoimento a Luís Alberto Rocha Melo, Rio de Janeiro: 6 fev. 2009.

65 Já em 1979, Jean-Claude Bernardet chama a atenção para esse fato em seu livro *Cinema brasileiro: propostas para uma história*: "A atuação do Estado, a capitalização de algumas produtoras, que veem como negativa a multiplicidade de pequenas produtoras fazendo filmes baratos, a força crescente do cinema comercial, a luta pelas verbas, a evolução ideológica, tudo isso leva a uma politização crescente do meio cinematográfico e a se tornarem cada vez mais atuantes as contradições internas. Um dos sintomas mais significativos dessa transformação é o aparecimento de um proletariado cinematográfico" (Jean-Claude Bernardet, *Cinema brasileiro: propostas para uma história*, São Paulo: Companhia das Letras, 2009, pp. 132-3).

66 Fundado em 1918 por Leopoldo Fróes, o Sindicato da Casa dos Artistas dividiu-se em 1964 em duas ramificações: sindical (Sated) e assistencial (Retiro dos Artistas).

67 "Os artistas em cena eleitoral: pela primeira vez, em meio século, há oposição", *Jornal do Brasil*, Rio de Janeiro: 16 fev. 1981, p. 4.

68 A Atec denunciou que os filmes de Joaquim Pedro de Andrade, Leon Hirszman, Gustavo Dahl e Roberto Farias haviam consumido, juntos, cerca de 140 milhões de cruzeiros, o que daria para "produzir sete filmes de custo médio", regularizando o mercado de trabalho. Cf. Edson Batista e Edson Venturini Freitas, pela diretoria da Associação dos Técnicos de Cinema, "Mercado estrangulado", *Jornal do Brasil*, Rio de Janeiro: 28 jul. 1981, Cartas, Caderno B, p. 2.

69 Wilson Grey *apud* Neila Tavares, "Wilson Grey: de bandido de chanchada a recordista mundial de filmes", *Ele*, São Paulo: [1982]. O ponto dramático mais alto da crise denunciada por Grey talvez tenha ocorrido em 1981, quando, aos 71 anos de idade, o maquiador e ator Gilberto Marques cometeu suicídio, alegando que não tinha mais forças para enfrentar o desemprego e a falta de dinheiro para comer e pagar o aluguel. Marques era um dos fundadores da Atec. O acontecimento provocou revolta entre os artistas e técnicos. Cf. "Maquiador argentino sem dinheiro para viver se enforca na rua da Glória", *Jornal do Brasil*, Rio de Janeiro: 12 set. 1981, p. 18.

70 No elenco estavam atores filiados ao Sated, como Otávio Augusto, Bete Mendes, Vanda Lacerda, Jackson de Souza, Clemente Viscaíno e Wilson Grey. A equipe principal de fotografia era composta por Edson Batista, José Almeida e Jorge Monclar; no som direto, Juarez Dagoberto, Joaquim Santana e José Carlos Barbosa; como montadores, Severino Dadá, Mário Murakami, Carlos Alberto Camuyrano, Maria Neli e Jussara Queiroz.

71 Severino Dadá, depoimento a Luís Alberto Rocha Melo, Rio de Janeiro: 22 jun. 2013. De fato, o filme não foi lançado comercialmente, tendo sido exibido apenas em mostras, festivais e sessões isoladas.

72 A verba total autorizada pela Embrafilme para *Insônia*, em 1980, foi de 1.730 milhões de cruzeiros, sem reajustes ou "aditamentos" nos anos seguintes. É um valor reduzido se comparado ao que, na mesma época, foi disponibilizado para uma "superprodução" como *Tensão no Rio*, de Gustavo Dahl: 10 milhões de cruzeiros em 1980, com um "aditamento" de quase 22.800 milhões de cruzeiros no

ano seguinte. Cf. Tunico Amancio, *Artes e manhas da Embrafilme: cinema estatal brasileiro em sua época de ouro (1977-1981)*, *op. cit.*, p. 159.

73 Cf. Marcus Valério, "Turma da Pesada, mora?", *Cine Imaginário*, Rio de Janeiro: maio 1988, ano 3, n. 30, p. 3.

74 Remier Lion também é o responsável pela guarda dos filmes e do acervo pessoal de Nilo Machado, que ajudou a recuperar com a ajuda de Hernani Heffner, pesquisador e conservador-chefe da Cinemateca do Museu de Arte Moderna do Rio de Janeiro.

75 Cf. Alice Gonzaga, *op. cit.*, p. 245.

76 Roberto Darze *apud* Norma Couri, "A porno (grafia e sua discussão dentro da velha) chanchada", *Jornal do Brasil*, Rio de Janeiro: 22 maio 1976, Caderno B, pp. 4-5.

77 Cf. Alice Gonzaga, *op. cit.*, p. 256.

78 Cf. anúncio "*Depravação II*", *Jornal do Brasil*, Rio de Janeiro: 1º abr. 1984.

79 Maria do Rosário Caetano, *João Batista de Andrade: alguma solidão e muitas histórias*, São Paulo: Imprensa Oficial, 2004, p. 259. A "tendência carioca" seria a orientação da Associação Brasileira de Cineastas (Abraci) de não incluir cineastas paulistas da Boca.

80 Esse grupo, em geral, era constituído por alunos e ex-alunos do curso de cinema da ECA-USP, que costumavam se reunir naquele bairro paulistano.

81 Isso não impediu que alguns desses jovens realizadores encontrassem na Boca espaço para trabalhos como técnicos (caso de Aloysio Raulino) ou mesmo para levantar recursos para filmes, a exemplo de Ícaro Martins em *O olho mágico do amor* (1981).

82 A Embrapi era formada por Concórdio Matarazzo, Éder Mazzini, Jean Garrett, Mário Vaz Filho, Cláudio Portioli, Antonio Meliande, Antonio Moreira, Ody Fraga, Carlos Reichenbach e Luiz Castillini.

83 Cf. depoimento de Cláudio Portioli no documentário *O Galante rei da Boca*, de Alessandro Gamo e Luís Rocha Melo (São Paulo; Rio de Janeiro: CPC/Umes; Inventarte; Maloca Filmes, 2004).

84 Cf. depoimento de Meliande, *Ibidem*.

85 *As gatas* (Antonio Meliande e Ody Fraga), *A noite do amor eterno* (Jean Garrett e Mário Vaz Filho), *Donzelas da noite* (Mário Vaz Filho e Antonio Meliande), *Sol vermelho* (Antonio Meliande), *Instinto devasso* (Luiz Castillini), *As viúvas eróticas* (Mário Vaz Filho, Cláudio Portioli e Antonio Meliande) e *Extremos do prazer* (Carlos Reichenbach).

86 Cf. "Salas restritas: como serão as nossas?", *Suíte Cinema Erótico*, São Paulo: 1981, n. 4, pp. 43-7.

87 É interessante notar que, apesar de existirem inúmeras produções estrangeiras com sexo explícito, dos mais variados níveis, as duas que "incitaram" a nossa abertura são casos especiais: uma obra considerada artística, de um grande diretor japonês, e uma superprodução americana "de época".

88 *Coisas eróticas* foi a primeira produção explícita da Boca exibida. Poucos meses antes, em 1981, já havia sido exibido o filme *Viagem ao céu da boca* (Roberto Mauro), realizado no Rio de Janeiro com produção da Magnus Filmes, de Jece Valadão. Cf. "O cinema brasileiro chega ao pornô", *Suíte Pornochanchada*, São Paulo: 1981, n. 3, pp. 20-6.

89 Segundo alguns diretores da época, a "indústria dos mandados de segurança" consistia na cobrança, por alguns juízes, de um equivalente a 10 mil ingressos para liberar um filme. Com o passar do tempo e o aumento dos pedidos de liberação e dos juízes participantes, o preço caiu para 2 mil ingressos.

90 Por cerca de 2 mil dólares, as produções estrangeiras obtinham o direito de exibição em cinemas e a exploração do mercado de vídeo.

91 O que incluía participar da "indústria de mandados de segurança".

92 A Olympus e a LGR estavam entre as principais produtoras no período, trabalhando com Mário Vaz Filho e Conrado Sanchez.

93 Nos anos 1980, 45 novos diretores estrearam na Boca em longa-metragem, através de 31 empresas produtoras diferentes. Cf. *Catálogo de cineastas brasileiros estreantes em longas-metragens na década de 80*, Rio de Janeiro: Funarte, 1990.

94 Comparando as taxas de inflação, vemos que em 1975 atingia 30% ao ano; em 1980, 110, 20%; 1983, 211%, e entrava em um ritmo crescente nos anos seguintes. Cf. *Cronologia das artes*, v. 1, SMC, 1996.

95 Mais recentemente foram realizados curtas-metragens como *Piove, il film di Pio* (Thiago Mendonça, 2012), com Pio Zamuner;

Aquela rua tão Triumpho (Gabriel Carneiro, 2015), com Nicole Puzzi e Walter Portella; e *Lembranças de Mayo* (Flávio C. von Sperling, 2015) – produção da mineira El Reno Fitas Cinematográficas, com Nicole Puzzi e Cláudio Cunha, dialogam com a Boca do Lixo homenageando alguns de seus ícones.

96 Cf. Ozualdo Candeias, *Uma rua chamada Triumpho, op. cit.*; Alfredo Sternheim, *Cinema da Boca – dicionário dos diretores*, São Paulo: Imprensa Oficial, 2006; Alessandro Constantino Gamo, *Vozes da Boca*, tese (doutorado em Multimeios), Instituto de Artes, Universidade Estadual de Campinas, Campinas: 2006; Nicole Puzzi, *A Boca de São Paulo*, São Paulo: Laços, 2015; Matheu Trunk, *O coringa do cinema*, São Paulo: Giostri, 2013; Matheus Trunk, *Dossiê Boca: personagens e histórias do cinema paulista*, São Paulo: Giostri, 2014.

97 Galante havia ensaiado um retorno em 1998 com o filme *Cinderela baiana* (Conrado Sanchez, 1998) e planejava esse outro filme, que teria a direção de Inácio Araújo, mas ele não chegou a ser realizado.

98 Entidade voltada à preservação da memória do cinema da Boca.

99 Dirigidos por Alfredo Sternheim, José Mojica Marins, Clery Cunha, Mário Vaz Filho, Valdir Baptista, Antônio Ciambra e Diogo Gomes, além do próprio Diomédio.

100 Mossy ressurgiu no cinema comercial como ator em *O homem do ano* (José Henrique Fonseca, 2003). Desde então, atuou em longas como *Meu nome é Dindi* (Bruno Safadi, 2007); *Aporias conjuminadas* (Vinicius Bandera, 2008); *Réquiem para Laura Martin* (Luiz Rangel e Paulo Duarte, 2011) e *Boa noite, meu amor* (Daniel Aragão, 2012).

3

A GRANDE CRISE E A RETOMADA (1985-2003)

A GRANDE CRISE: PÓS-MODERNISMO, FIM DA EMBRAFILME E DA PORNOCHANCHADA

FERNÃO PESSOA RAMOS

O final dos anos 1980 corresponde a um momento de crise no cinema brasileiro, consequência do ocaso do modo de produção estatal centralizado. Segue-se a ascensão de outra forma de produzir cinema, baseada na isenção fiscal de empresas públicas e privadas, além de editais em diferentes níveis de governo. A transição para o novo modelo acontece com o esgotamento de um órgão estatal, a empresa Embrafilme, que funcionava em proximidade com correntes políticas significativas da classe cinematográfica. São as camadas dirigentes dessa empresa que, nos anos 1970 e 1980, gerenciam os recursos e determinam quais filmes devem recebê-los. Aos poucos, além da produção, também o setor de distribuição é abarcado pela Embrafilme, tornando-se um de seus principais braços.

Os resultados da atuação da Embrafilme e de seu modo de produzir cinema são significativos no período histórico em que ela predomina. Na década de 1970, o patamar da produção cinematográfica brasileira altera-se em número de filmes. Depois de 1974, ultrapassa a média de setenta filmes lançados anualmente, atingindo picos acima da centena no final dos anos 1970 e em alguns anos da década de 1980. Esse ritmo permanece inalterado até a segunda metade dessa década. Conforme avançamos para o final dos anos 1990, esse patamar não decresce, mas é progressivamente dominado pelo sexo explícito[1]. A Embrafilme está longe de dominar a totalidade da produção nacional: sua participação situa-se em torno de 30% do total dos filmes brasileiros[2], com atuação quase nula nas pornochanchadas da Boca. Mas sua existência foi central para o cinema nacional como um todo, tanto em termos econômicos como ideológicos[3].

A entrada da Embrafilme no setor da distribuição, em 1973, permite um salto qualitativo do filme brasileiro em seu próprio mercado. O domínio do processo de produção e realização cinematográfica foi auxiliado por um órgão de controle e fiscalização, o Conselho Nacional de Cinema (Concine)[4]. Com a Embrafilme, o cinema nacional, capitaneado por diretores e diretores-produtores com vínculos na geração cinemanovista, equaciona a questão da produção e passa a dar as cartas nessa arte industrial. Industrial não só pela produção seriada e tipo de emprego de força de trabalho, mas pelo alto capital investido e a necessidade imperiosa de circulação e distribuição da mercadoria cultural para realizar seu valor (na exibição). O domínio da Embrafilme no mercado dá-se em seu próprio país, o Brasil, mas também na América Latina, com tentativas de se criar ramificações internacionais amplas. Deve-se destacar a articulação de uma distribuidora nacional e internacional de peso, algo sem precedentes (e sucessores) no cinema brasileiro. Na década de 1970, a produção brasileira marca presença forte no mercado latino-americano, exportando suas melhores bilheterias. Se a década de 1930 foi o período do cinema argentino, se os anos 1940 e 1950 viram a afirmação do cinema mexicano, podemos dizer que os anos 1970, coroando a eclosão cinemanovista dos anos 1960, representam a década de ouro do cinema brasileiro.

A surpreendente ocupação do mercado pelo filme nacional, avançando nos anos 1980, ocorre também em torno de pequenas produções da chamada Boca do Lixo. Embora não ocupem as listas das maiores bilheterias, seu efeito horizontal é evidente. Os grandes sucessos de bilheteria no período áureo do cinema brasileiro são as comédias dos Trapalhões, em sua maior parte com apoio da Embrafilme, seguidas por alguns *hits* de Mazzaropi, que tem produção e distribuição ao largo da Embrafilme. A geração cinemanovista e seus próximos conseguem igualmente atingir o mercado, sendo responsáveis por alguns dos grandes públicos da década áurea, mas não de modo recorrente. O apoio financeiro da Embrafilme está presente nas bilheterias líderes de público no período, seja através de linhas de financiamento de produção, seja mediante adiantamento de recursos de distribuição, em filmes como *Dona Flor e seus dois maridos* (1976), *A dama do lotação* (1975), *Lúcio Flávio, o passageiro da agonia* (1977), *Eu te amo* (1981), *Xica da Silva* (1975-1976), obras que ultrapassaram 3 milhões de espectadores. Com cerca de 2 milhões de espectadores, situaram-se *Pixote, a lei do mais fraco* (1980), *Menino do rio* (1981) e *Os 7 gatinhos* (1977); e acima de 1 milhão de espectadores, vários filmes de diretores do núcleo cinemanovista, como Leon Hirszman (*Eles não usam black-tie*, 1981), Nelson Pereira dos Santos (*Memórias do cárcere*, 1984), Arnaldo Jabor (*Toda nudez será castigada*, 1973) e Cacá Diegues (*Bye Bye Brasil*, 1979)[5].

É, portanto, a dimensão de um *boom* do cinema brasileiro que podemos constatar numa visão retrospectiva dos anos 1970 e 1980, principalmente levando-se em conta um olhar retrospectivo para as décadas de 1950 e 1960. Depois de 1985, no entanto, o modelo histórico construído em volta da presença intensa do aparelho estatal apresenta sinais de esgotamento. As bilheterias e o número de lançamentos começam a diminuir progressivamente nos anos finais da década, num ritmo que se agudiza com o final da Embrafilme em 1990. A produção da Boca do Lixo entra simultaneamente em colapso, e o número de longas cai gradativamente até atingir o pico da depressão em 1992 e 1993, com nove longas-metragens nacionais lançados no circuito exibidor em 1991 e apenas dois em 1992, cessando a seguir. A porcentagem de bilheteria ocupada por filmes brasileiros com relação aos filmes estrangeiros atinge índices abaixo de 1% do mercado total. O cinema nacional para literalmente, e mais um período histórico está delineado com clareza: o da ascensão e queda do modo de produção cinematográfica estatal centralizado e da pornochanchada.

FILMES LANÇADOS POR ANO (1983-1994)[6]

ANO	NÃO EXPLÍCITO	EXPLÍCITO	TOTAL
1983	81	-	-
1984	63	41	104
1985	20	63	83
1986	28	56	84
1987	35	43	78
1988	27	24	51
1989	26	22	48
1990	10	25	35
1991	10	9	19
1992	4	2	6
1993	3	-	-
1994	11		

FILMES LANÇADOS POR ANO (1995-2016)[7]

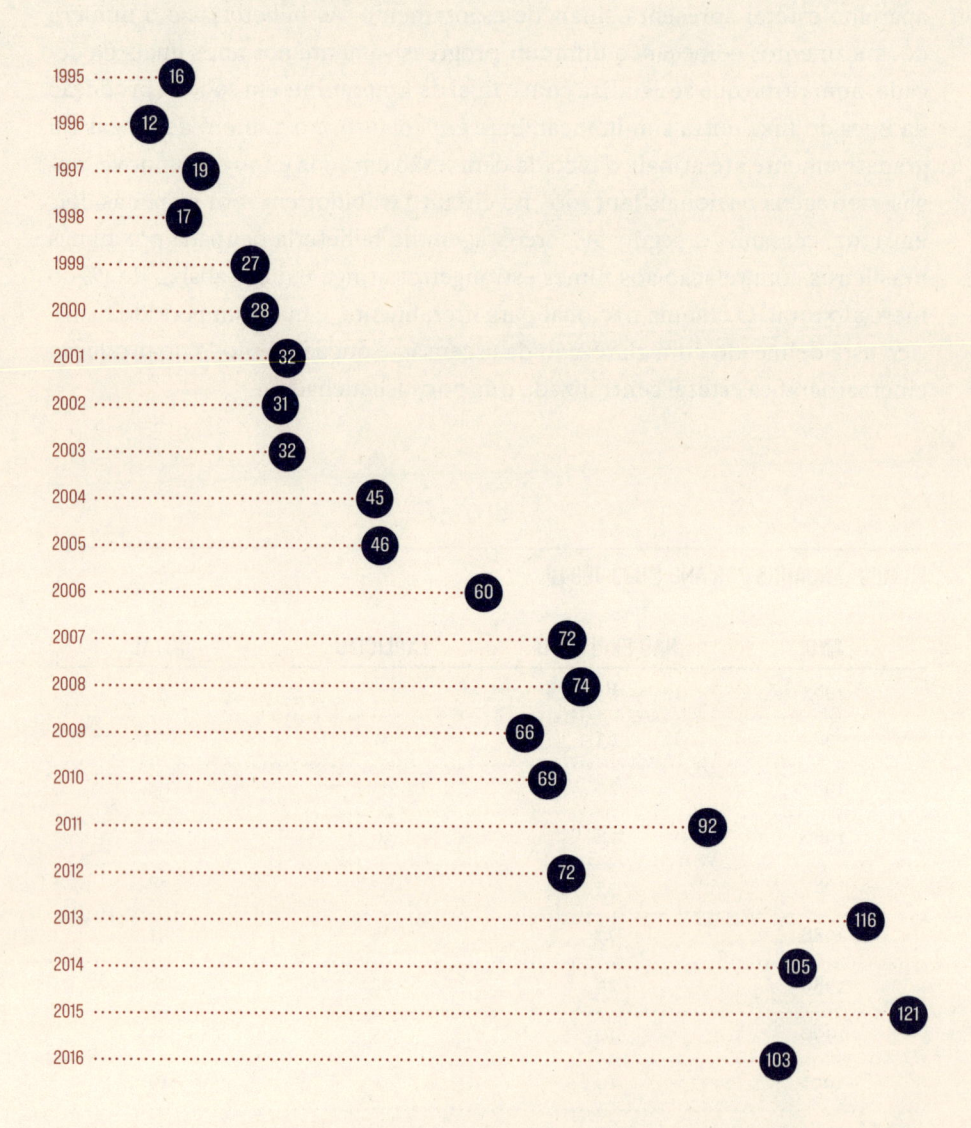

Ano	Filmes
1995	16
1996	12
1997	19
1998	17
1999	27
2000	28
2001	32
2002	31
2003	32
2004	45
2005	46
2006	60
2007	72
2008	74
2009	66
2010	69
2011	92
2012	72
2013	116
2014	105
2015	121
2016	103

O fim da Embrafilme tem um tom melancólico, com seus carrascos e coveiros. A diminuição das bilheterias em meados da década de 1980 não é gerenciada de forma ágil pela direção da empresa. Os custos são mantidos altos e não há um modelo objetivo para gerenciar a pressão dos cineastas, de modo a administrar um período de recessão. As críticas se multiplicam, atingindo tudo e todos. A imprensa começa a repercutir o clima que é vivenciado de dentro pela classe, dando destaque para denúncias de desmandos e desvios de recursos. A primeira pá de cal na estrutura da estatal é, ironicamente, colocada por um economista de esquerda,

Celso Furtado, na época ministro da Cultura de José Sarney. Consegue a aprovação da lei n° 7.624, de 5 de novembro de 1987, que isola o setor comercial da empresa, separando-o do técnico-cultural. De um lado, permaneceu a marca Embrafilme, agora distribuidora, e, de outro, é criada a Fundação do Cinema Brasileiro (FCB). As funções do Concine são redimensionadas para além da fiscalização, criando-se um corpo tríplice no qual responsabilidades se sobrepõem. Na época, acusou-se Furtado de estar preparando a empresa para a privatização ao isolar suas partes. A divisão agravou o precário funcionamento da estatal, rompendo um equilíbrio interno de forças. É nesse clima, inibidor de qualquer reação mais efetiva, que, menos de um mês após tomar posse, o governo Fernando Collor publica, em 12 de abril de 1990, a lei n° 8.029, permitindo a dissolução da Embrafilme e da FCB. Essa lei é seguida pelo decreto n° 99.226, de 27 de abril de 1990, que dissolve efetivamente o que era apenas uma distribuidora cinematográfica[8]. O cineasta Ipojuca Pontes, que iniciou sua carreira no documentarismo paraibano dos anos 1960, é nomeado por Collor para a Secretaria Especial da Cultura, órgão que substitui o antigo Ministério da Cultura. De lá coordena o desmonte da massa falida da Embrafilme, auxiliado por outro colega de geração, o alagoano Adnor Pitanga, a quem Cacá Diegues, em sua autobiografia, chama de "coveiro oficial" da Embrafilme[9].

Conclui-se assim, no início dos anos 1990, o desmonte do modo de produção estatal centralizado que teve seu início com a ascensão progressiva da geração cinemanovista e seus próximos. Em seu período final, podemos notar no cinema brasileiro uma fratura que se distingue por possuir componente geracional. A quebra reflete-se pela introdução de elementos estilísticos novos, que fogem ao horizonte ideológico no qual cresceu e reproduziu-se a geração cinemanovista. Na segunda metade da década de 1980, o horizonte temático caro aos anos 1960 sofre seu primeiro deslocamento maior.

O QUE FOI O PÓS-MODERNISMO

É significativo que o deslocamento coincida com o que podemos chamar "clima de época", no qual residem instâncias discursivas que almejam validade horizontal (ou consensual) de seus enunciados. Sentimos a defasagem nas críticas por meio das quais parte da imprensa (principalmente a sediada em São Paulo) acompanha, de modo agressivo, o ocaso da Embrafilme. Há uma nítida cisão ideológica nas camadas que compuseram o caldo ideológico que sustentou a produção estatal. Os grandes fracassos de bilheteria deixam de possuir a áurea de batalhas heroicas de um estilo nacional. Não conseguem mais se justificar pelo questionamento das formas narrativas. Mesmo a questão do nacional na cultura popular tem seu eixo deslocado. À derrocada da produção estatal corresponde a progressiva falta de sustentação social de sua produção cultural mais típica. Valores caros à geração anos 1960 não reverberam com a mesma intensidade. O contexto político e os atores em cena tornam-se outros. A época precede a queda do muro de Berlim, em 1989. Também o lado libertário da contracultura não exerce o mesmo fascínio. O deslocamento a que nos referimos é breve e talvez venha perder seu fôlego a partir do período 1992-1993. Na posterior retomada da produção, o cinema brasileiro ressurge em um quadro distinto, mas encontra novamente postulados ideológicos que se acreditava haverem ficado para trás. O intervalo, contudo, é suficiente para marcar a visão positiva do desmonte do modelo estatal, visão que se estabelece de modo quase consensual no meio cinematográfico. Uma ideologia de cunho liberal encontra momento histórico favorável para expansão. As primeiras experiências de desestatização alcançam sucesso no exterior e parte da mídia brasileira assume essas experiências como bandeira, sem se defrontar com oposição significativa. No final da década de 1990 e início do século XXI, o contexto será outro, com a existência de uma articulada oposição aos resultados sociais do que se nomeia "globalização". O termo "neoliberal" adquire, no fim do milênio, um uso cômodo, designando um espaço que ninguém defende realmente e no qual muita coisa é incluída. Na virada dos anos 1980, no entanto, o discurso neoliberal vive seu momento de tragédia, não de farsa, segundo distinção do velho Marx sobre o modo como a história se repete. Parece, então, casar-se convenientemente ao recorte ideológico dominante na época: o contexto estético que se configura no que se convencionou chamar "pós-modernidade". Nele, giram em falso as conquistas da "modernidade", conforme ela se define vinda da filosofia iluminista e da ciência e chega ao campo das artes no início do século XX.

É importante não confundir o pós-modernismo em que nos deteremos no cinema brasileiro com o conceito de pós-modernismo de caráter pós-estruturalista. O conceito, conforme desenvolvido por François Lyotard, centra-se numa espécie de crítica ao império da razão. Busca espaço na arte para distender a dimensão expressiva do sensível através da modernidade figural das vanguardas[10], dando assim retaguarda à oposição à experiência racional, discursiva, do iluminismo moderno. O pós-modernismo, quando fundado pela filosofia de corte pós-estruturalista de Lyotard, Derrida, Deleuze e outros, situa-se dentro do império das vanguardas; sente o seu esgotamento, mas propõe, no final do século XX, uma radicalização ainda mais exorbitante. Alguns atribuirão a essa postura a pecha de "irracionalista". É a esse desafio que Lyotard chama pós-modernidade, brecha para uma estética do figural como expressão de energia e sensação, diferença ou simplesmente figura, para além do discurso[11].

Para outro campo teórico que pensa o pós-modernismo, no qual se incluem Fredric Jameson e Jürgen Habermas, em suas abordagens diferenciais, a crítica do pós-moderno é a crítica da crítica ao esgotamento da modernidade na linha do perigo da irracionalidade, que vislumbram na expressão da vontade como potência, encontrada nos pós-estruturalistas. Mas se mantém a crítica à conformidade ao horizonte estético do capitalismo tardio, que seria expressão caricata do projeto iluminista. Isso inclui formas artísticas vinculadas ao mercado, que giram em torno de simulacros, numa espécie de "esfera autônoma" da cultura. A resposta reivindicada por Jameson à sensibilidade alienada do pós-modernismo se daria na forma de um "mapeamento cognitivo", espécie de didatismo brechtiano, reciclado com tons luckasianos, que passa ao largo das tendências diagnosticadas, a seguir, no cinema brasileiro. As tendências dominantes no Brasil, ao menos no cinema, em sua maior parte foram inspiradas pela elegia ou o deslumbramento (e não a crítica, no modo brechtiano) com o esteticismo do capitalismo tardio. A postura crítica fica ao fundo, e o fascínio com a descoberta da camada estilística vem para primeiro plano. O esteticismo é criticado por Jameson por abrir-se ao "esmaecimento dos afetos", a história sem dor, fundando a postura tipicamente pós-modernista na qual a "incompatibilidade da linguagem artística da nostalgia, com a historicidade genuína, torna-se dramaticamente visível"[12]. "Nostalgia" e "empilhamento de momentos na história" são elementos difíceis de serem digeridos pelo cinema brasileiro dos anos 1970, que vinha de um período no qual a história era vista pela frente, não por trás. Não é o caso da produção do final da década de 1980. A crítica de Jameson ao pós-modernismo atinge, quando chega ao cinema, os "filmes de nostalgia" que analisaremos. Segundo o autor, "abordando o passado através da conotação estilística" ou "a anterioridade através do brilho falso da imagem e do típico"[13], promovemos um "sintoma", que é "o esmaecimento de nossa historicidade, da possibilidade vivenciada de experimentar a história ativamente", nos tornando "incapazes de produzir representações de nossa própria experiência corrente"[14].

A estética pós-moderna do capitalismo tardio atinge fortemente o cinema brasileiro na segunda metade da década de 1980, intensidade marcante principalmente quando contraposta ao modo com que o cinema brasileiro se debruçou, em décadas anteriores, sobre a representação da história e a práxis política, tentando alçar a representação global da sociedade nacional pelo viés dramático. O período que estamos abordando reflete o esgotamento dessa estética, mas reflete, igualmente, indiferença às formas pós-modernas radicais que valorizaram paradigmas da arte moderna vinculados às vanguardas.

Do quadro difuso da pós-modernidade apontado, os autores brasileiros cinematográficos exaltaram na nova estética seu aspecto que vai fundo na cultura do simulacro. Alguns marxistas (como Guy Debord) chamaram criticamente a estética do simulacro de forma final da reificação. Particularmente interessante para perceber a sensibilidade do capitalismo tardio no Brasil é o conceito de "simulacro", conforme desenvolvido por Jean Baudrillard em *Simulacros e simulação*[15] e outras obras. Baudrillard inicia essa sua obra com uma citação ao livro de Eclesiastes da *Bíblia*, em que afirma "O simulacro é verdadeiro". Para o filósofo, em nossa época, é nesse "simulacro verdadeiro" – e não na práxis que enfrenta a simulação – que vamos bater ao mergulhar no jogo de espelhos no qual a reificação da mercadoria é estampada em espetáculo. A visão é tentadora e seduz amplo espectro de criadores artísticos da época, indo da geração Vila Madalena – Chico Botelho, Guilherme de Almeida Prado, Wilson Barros, mas também Roberto Gervitz, de *Feliz ano velho* (1987), Sergio Toledo em *Vera* (1986), André Klotzel em *A marvada carne* (1984-1985) – aos jovens irmãos Salles nos documentários *Japão – uma viagem no tempo* (1985), *China – o império do centro* (1987), *América* (1989), nas ficções *A grande arte* (1989--1991) e o tardio *Terra estrangeira* (1995); passando pelo Cinema Novo antenado com seu tempo, como é o caso de Cacá Diegues com a inspiração visual de *Um trem para as estrelas* (1987) e decididamente em *Dias melhores virão* (1988-1989); assim como companheiros de viagem que migram do realismo social, como Hector Babenco com *O beijo da mulher aranha* (1984); o Ivan Cardoso do *terrir*, e diversos outros.

A debacle que atinge o cinema brasileiro no final de década de 1980 configura-se em torno de dois elementos estruturais. Ao esgotamento do modo estatal de produção e distribuição sobrepõe-se a emergência da estética pós-modernista. Essa última pode ser entendida como o esgotamento da sintonia com a modernidade e sua estilística, no que significou inicialmente para o primeiro Cinema Novo e depois, em menor grau, para o Cinema Marginal. Digo menor grau em função da sensibilidade já aberta para o *pop* do Marginal. A sensibilidade pós-moderna que acompanha a colapso do modelo estatal de produção aponta para o fim do espírito heroico das vanguardas que marca o alto modernismo dos anos 1960, com repercussões até o final do século XX – e mesmo depois.

O deslocamento histórico do conceito "moderno", do iluminismo para a estética dos afetos e a elegia do sensível nas artes, é um movimento difícil de ser apreendido sem as devidas mediações e nuances, mas está presente no romantismo durante o século XIX e, de modo agudo, nos movimentos "modernistas" do início do século XX. A decomposição representacional e figurativa das formas, em direção à abstração e à construção, que marca a expressão estética das primeiras vanguardas plásticas e literárias, é decorrente desse impulso. O importante, nesse ponto, é conseguir distinguir que o mesmo espírito heroico que havia sustentado as rupturas modernas iluministas, na época da elegia da razão e da ciência dos séculos XVII e XVIII, agora tende, no início do século XX, a servir de mote – e de nome, o "moderno" – para um espírito de ruptura que as vanguardas artísticas incorporaram. O que permanece é aquilo o que a modernidade sempre reivindica, até o esgotamento que chega com a pós-modernidade: a força propelente do motor giratório da ruptura. Num determinado momento, no entanto, esse ritmo de ruptura do que o espírito das vanguardas necessita para vingar, começa a girar em falso e a ser ultra-acelerado. As vanguardas se sucedem em velocidade, e manifestos artísticos tendem a perder qualquer dimensão de validade. Isso ocorre na proximidade dos anos 1980, e à sua constatação (e, principalmente, à sua elegia, na forma de um saudosismo retrospectivo) deu-se o nome de pós-modernidade. A elegia da ruptura, inerente a todo espírito moderno – e de modo enfático a sua forma artística de vanguarda –, foi recorrentemente absorvida por uma cultura de massas ávida da carga conotativa do "novo". A busca partiu do próprio mercado, sedento por estruturas estéticas que choquem e questionem os pilares nos quais a sociedade está assentada. É assim que, no capitalismo tardio, o capital cultural passa a promover a realização do valor da mercadoria cultural pelo modo da ruptura e do "novo". Para o desespero das vanguardas, a partir de determinado momento (e esse momento são os anos 1980), não há mais contradição entre choque e realização de valor da mercadoria cultural. Movimentos contestadores são rapidamente transformados em mercadoria para consumo. A ruptura e a possibilidade de chocar se torna a principal *commodity* de demanda do produto cultural que circula no capitalismo pós-moderno *fin-de-siècle*.

A elegia da sensibilidade pós-moderna, em seu recorte menos crítico, serve para tornar possível a deglutição – como degustação estética – das antigas vanguardas. Agora aplainadas em sua sucessividade linear, o aspecto heroico e de ruptura desaparece e sua repetição histórica é evidente. Retirado o motor do choque, as vanguardas podem ser sobrepostas sem suas garras e reviradas pelo avesso, o que a estilística pós-moderna faz com gosto. Os mecanismos utilizados são aqueles movidos pelo capitalismo tardio para realizar o valor da mercadoria cultural, inclusive através da estratégia do saudosismo nostálgico, que a tudo parece poder abarcar na segunda metade da década de 1980. O campo menos crítico do pós-modernismo aceita as determinações de esgotamento da modernidade, como forma estética positiva e pertinente ao capitalismo tardio. Alguma fresta de crítica é sempre mantida no horizonte, em descargo de consciência. A afirmação estética do simulacro e o empilhamento estilístico das vanguardas se apresentam na arquitetura, mas surgem também no cinema e nas artes em geral. Possuem componente de saudosismo, espécie de melancolia na qual se deglute sem má consciência a ruptura das vanguardas. Mesmo em sua vertente crítica, representada por Jean Baudrillard, a estética do simulacro foi atraída pela estilística do classicismo reciclado, pelo fascinante abismo de citações no qual camadas geológicas de gêneros, ou vanguardas, se sobrepõem igualmente, sem que consigamos pôr o pé no fundo. Os estilos sucessivos que antigas rupturas e movimentos artísticos delimitaram (expressionismo, construtivismo, concretismo, futurismo, cubismo, modernismo etc.) agora deixam de girar na voltagem necessária para formar densidade e servem de matéria para um banquete sensorial. Numa mesa em que os pratos se sucedem para a degustação do espectador, o grande espetáculo das sobreposições históricas está servido. É regado à melancolia de um brilho de final de século que perdeu o fulgor, mas seduz pela distância.

Pode-se afirmar que, no cinema brasileiro, a estilística pós-modernista esteve presente com força e o campo congruente ao pós-modernismo, deslumbrado e aberto à sensibilidade da reciclagem, foi a influência dominante no final da década de 1980. Afirmam esse aspecto não apenas as produções fílmicas que analisamos neste capítulo, mas também livros como *Cenários em ruínas – a realidade imaginária contemporânea*, de Nelson Brissac Peixoto[16], que formula essa sensibilidade, servindo de base para a realização do documentário *América*, de João Salles, do qual Brissac assina o roteiro (com ecos claros em *China, o império do centro* e *Japão, uma viagem no tempo* – esse último com direção de Walter Salles). O filme foi exibido em série pela TV Manchete em 1989, em cinco episódios de 50 minutos. Aproveitando-se da inspiração e de algum material, Salles faria *Blues* em 1990, em só um episódio de 50 minutos, veiculado pela mesma emissora. Brissac transforma parte do material coletado para *América* em dois livros *América: imagens*[17], com entrevistas, e *América: depoimentos*, com fotografias[18], lançados também em 1989, junto com o filme. O fascínio com a *imagerie* e o *páthos* pós-moderno é nítido no autor e no filme, através da fixação de figuras tipológicas para lidar com o pós-modernismo, como o *estrangeiro*, a *fronteira*, o *simulacro*, as *ruínas*, o *deserto*, a *América*. É assim que a "estilização", pela repetição ("falsas estórias sempre repetidas, as fugas sempre reiteradas, as tentativas de sucesso sempre retomadas..."), instaura a elegia do universo pós-moderno sem história (a história empilhada), "um mundo de simulacros que já não remetem mais a originais, ao que aconteceu antes"[19]. Há um constante tom de fascínio com a figura do estrangeiro, habitante próprio desse universo. É o habitante possível no cenário espectral da mercadoria reificada, que atravessa as fronteiras e esvazia os cenários, habitante indiferente e melancólico que pode experimentar a condição de estrangeiro com o afeto esmaecido que lhe é próprio e olhar o atraente mundo reificado sobre o qual flutua:

> O estrangeiro é hoje o único que consegue ver o mundo através dessa *imagerie* e mitologia. [...] Essa busca, que todas estórias e filmes retratam, já foi suficientemente repetida e revivida para que se saiba que não há onde chegar. Virou até clichê. Daí a indiferença e melancolia dele. [...] Condição contemporânea: viver num mundo sem profundidade nem passado, onde tudo ao redor logo cai na indiferença, vira lixo[20].

Obras de análise fílmica e teoria também pensaram o contexto pós-moderno brasileiro, debruçando-se sobre o cinema da época[21]. Nos anos 1980, parte da produção cinematográfica brasileira torna-se campo aberto ao fascínio com a reciclagem estilística e o universo da imagem na imagem, simulacro. Afirmam-se conceitos como "pseudoeventos", "espetáculo reciclado", "esmaecimento dos afetos" (pois em tudo que bate é simulacro), "perda de historicidade" e "fuga do realismo". A ode à posição de estrangeiro e o culto das fronteiras batidas tornam-se lugares-comuns. Aquele que se sente estrangeiro no mundo – e na história, que perdeu gravidade – é a figura que corresponde a uma superfície geográfica que parece expandir-se no infinito do horizonte, expandindo-se de modo uniforme e reificado, num ritmo monótono e esmaecido, dominado pela linearidade da mercadoria.

Mas o estrangeiro pós-moderno mostra no cinema brasileiro outro estrangeiro "deles", não o nosso. Ele surge em Portugal, na fronteira entre as duas Alemanhas, nos Estados Unidos, em Hong Kong, e não mais aqui, no estrangeiro "nosso", aquele que no passado havia sido descoberto no nordestino em seu encontro com a realidade urbana sulista. A consciência do outro-popular desaparece brevemente (e excepcionalmente) do horizonte do cinema brasileiro, o que ocorre sobretudo na produção pós-moderna paulista. O choque do novo contexto é brusco. Conforme a década de 1980 avança, não fazem mais efeito velhos dilemas existenciais. Sem ter vivenciado propriamente o modernismo dos anos 1920, o cinema brasileiro, em especial o Cinema Novo, encontrava-se em plena ebulição moderna quando, de súbito, começa a faltar combustível para queimar em rupturas, desafios, manifestos. A paralisia no modo de produção estatal vem dar consistência à circunstância, fornecendo magnitude de infraestrutura econômica para uma ruptura que é também ideológica.

A estética pós-modernista encontra repercussões fortes em São Paulo, metrópole na qual a sobreposição de tradições culturais distintas, nacionais e internacionais, abre espaço para uma rotatividade estilística em alto giro, centrifugando sem necessitar raízes. É significativo que a oposição mais agressiva à estrutura estatal vigente na Embrafilme manifeste-se (inclusive através de editoriais), no caderno cultural de um órgão da imprensa paulista (*Folha de S.Paulo*), que cristaliza essa postura de época. O deslocamento ideológico da geração cinemanovista dava, então, a impressão de ter-se concluído e estar bem findado. A estrutura de produção cinematográfica que essa geração construiu corporificava os piores vícios do aparelho estatal brasileiro e havia se tornado exemplar de um projeto estético ultrapassado. A história, no entanto, viria a mostrar que esse ideário, julgado ultrapassado, teria fôlego para retornar de modo dominante ao cinema brasileiro. O cinema da Retomada tornará possível a reciclagem, colocando de lado a composição imagética e a visão de mundo embutidas no pós-modernismo. Os dilemas existenciais na representação do popular retornam e passam novamente a ter presença, do mesmo modo que o deslumbramento com a riqueza da cultura do outro-popular. O estrangeiro não estará mais na América do Norte ou nas fronteiras do pequeno Portugal, mas aqui mesmo, reciclado no sertão nordestino de *Central do Brasil*. A própria herança do Cinema Novo volta a ser reivindicada explicitamente como positiva na segunda metade dos anos 1990. E é a estética do "neon", os modelitos de preto, os cenários urbanos noturnos, a atração pelo abismo especular das citações, pelo universo do cinema de gênero, que acabam ficando para trás como postura ingênua de uma época passada.

O PÓS-MODERNISMO NO CINEMA BRASILEIRO

É na produção paulista dos anos 1980, desenvolvida em torno das produtoras que pipocam no bairro de Vila Madalena, que irá cristalizar-se a nova "sensibilidade de época" no cinema brasileiro. Sua presença, no entanto, ecoa de modo horizontal, atingindo inclusive obras autorais de diretores da geração cinemanovista. Com o fim da Embrafilme no final da década, porém, a produção dos jovens paulistas tem dificuldade em articular-se de modo dinâmico. Quando a realização cinematográfica viabiliza-se novamente no Brasil, em meados dos anos 1990, o horizonte cultural é outro e o momento histórico havia passado. Na medida em que a realização de longas está inviabilizada, ou muito dificultada, no período do final dos anos 1980, a atividade dos jovens cineastas desloca-se de modo predominante para o curta-metragem, que serve como escoadouro dinâmico. É nessa modalidade que a estética pós-modernista finca raízes fortes, mostrando a dinâmica de sua intensidade até os primeiros anos da década de 1990. Em texto publicado em 1985[22], o crítico Jean-Claude Bernardet percebe a emergência de alguns dos elementos estéticos mencionados, em filmes do grupo que denomina de "jovens paulistas". Bernardet chama a atenção para o retorno do gosto de narrar. Embora a análise não vislumbre, como totalidade, o que vimos chamando de pós-modernismo, é interessante notar o crítico deparando-se com as primeiras manifestações cinematográficas que trazem embutidas alguns desses elementos. Ao mencionar o "artificialismo" da produção, destaca os filmes que "recuperam o prazer de narrar depois do período da metalinguagem"[23], por meio do que denomina "ficção fingida", um termo bem consistente para designar a particular densidade ficcional que o pós-modernismo adquire nos anos 1980. Bernardet também localiza, nesses filmes, "a busca e revivência de um imaginário de décadas passadas" ou a "presença do cinema atrás destes filmes como um duplo"[24]. A relação com a geração cinemanovista é definida pela percepção de uma narrativa que "não mascara seu caráter de representação, mas não o exibe ostensiva e agressivamente como um certo cinema de quinze ou vinte anos atrás"[25].

Muitos dos filmes através dos quais o olho do crítico traça o quadro são exemplos característicos da estética pós-moderna que se afirmaria posteriormente na segunda metade da década, como *A marvada carne* (1984-1985), *O olho mágico do amor* (1981), os curtas *Fuzarca no paraíso* (1982), *Diversões solitárias* (1983), *A estória de Clara Crocodilo* (1981), ao lado de outros mais ou menos distantes, como *Noites paraguaias* (1981-1982) ou *A caminho das Índias* (1976-1981).

Entre 1985 e 1988, a presença do contexto pós-moderno no cinema brasileiro atingirá seu auge. A constituição plástica da imagem caracteriza-se por uma fotografia artificial, marcada com tons contrastantes e fantasistas. Cores fortes, em geral em ambientes noturnos, aparecem sem motivação diegética no enquadramento, iluminando livremente o cenário. A utilização da marcação musical e da trilha sonora da narrativa clássica, pontuando a ação, é procedimento recorrente para o exercício da intertextualidade. Às vezes, pedaços inteiros de trilha sonora são transplantados, marcando emotivamente a trama e detonando o procedimento intertextual de citação. Incorporam-se canções de época, que passam a ser o objeto central da trama. O diálogo com o filme de gênero e a cenografia de época está presente em filmes como *A dama do Cine Shangai* (1987), de Guilherme de Almeida Prado, no qual a estética *noir* é absorvida na forma de citações recorrentes. O filme dentro do filme ordena-se sem as preocupações desconstrutivas das vanguardas modernas, mas se volta sobre si. Consiste numa espécie de admiração do umbigo, sendo fonte de referência o filme clássico e sua narrativa estilizada. Prado mantém o recorte de citações ao dirigir, em 1992, *Perfume de Gardênia*. A influência da sensibilidade para o simulacro e o domínio de seu quadro conceitual atinge o auge no final da década de 1980. A simulação, ao atingir o fundo de um poço sem fundo, deixa de ser simulação e assume-se como simulacro propriamente, matéria primeira de uma representação camada de si mesma na origem, cinema do simulacro no qual a diferença entre verdade e cópia se desfaz numa espécie de ficção do real.

Pode ser mencionado que não há, nesse cinema pós-moderno, uma postura crítica à camada do simulacro quando esta engole cópia e verdade. No Brasil, há fascinação com o novo horizonte pós-modernista que já se imagina aqui, mesmo que não se viva, na economia periférica, o modo orgânico da expansão uniforme da mercadoria reificada do capitalismo tardio. O próprio acesso à mercadoria não se configura para boa parcela da população, numa ordenação na qual a decalagem social pela carência é forte. O breve fôlego do pós-modernismo tupiniquim talvez se deva às contradições estruturais do que foi chamado, em outros contextos, ideia fora do lugar. É o fascínio que reiteradamente transparece na voz *over* do documentário *América*, ponta de deslumbramento ao se deparar com a cultura e a vida reificada da mercadoria, na plenitude de sua constituição, como expansão horizontal sem fronteiras físicas nivelando relevos na

América do Norte estadunidense. O espaço físico é o espaço sem horizontes da mercadoria provocando o fascínio da não historicidade da paisagem. A história é o eterno presente. A elegia do ser estrangeiro ao mundo é um diferencial no qual faz predominar só a estranheza, não o conflito. Mesmo a elegia das minorias e da cultura do particular (na América, na China ou no Japão) segue o padrão pós-modernista da sobreposição e do empilhamento, que vimos na pasteurização das vanguardas históricas. Pois há uma ordem maior e indiferente – aquela da mercadoria uniforme e seus restos/ruínas – que predomina como marco da reificação e se mostra sedutora como novidade estampada, novidade de algo que não chegou aqui no Brasil (ao menos naquela forma), mas já se sabe. A lógica expansiva, uniforme e esmaecida, do capitalismo tardio se estampa na tomada, e o olhar do sujeito da câmera é de fascínio e deslumbre. O "centro de nenhum lugar", expressão que se repete, é o giro da mercadoria jogada no ventilador, lançada como forma – forma de coisa fetiche – na repetição, pela expansão das planícies.

Espírito bem distinto será aquele do final da década de 1990, quando o império vazio da mercadoria reificada perde seu lustre. Salles sobe o morro e encontra, atrás de casa, em *Notícias de uma guerra particular* (1997-1998), a fronteira e o estrangeiro que foi buscar na América. Estrangeiro que agora é o "outro" muito próximo e assim é identificado recortado da paisagem (morro e mansão), tomando gravidade pelo horror da guerra. O afeto esmaecido se esvai, pois agora mata-se e fere-se, numa gravidade que antes não era possível possuir. O que fere é o peso social diferenciado da matéria urgente composta pelo outro de classe, o "outrem". Peso que agora tem massa crítica, faz parte, em clara oposição, desse mesmo que é o "si próprio". O estrangeiro volta a ser o "outro povo" e a geografia da fronteira é a do "morro" (ou do "sertão"), velhos conhecidos na "poiesis" do cinema brasileiro que retornam como se nunca tivessem ido. Do pós-modernismo de *América* ao populismo reciclado (carregado do horror que a proximidade súbita inspira) de *Notícias de uma guerra particular* nos anos 1990: esse é bem o percurso de uma geração que tentou, mas não conseguiu, escapar do polo gravitacional tradicional do cinema brasileiro no qual o povo ocupa o lugar do estrangeiro-outro e fronteiras geográficas e sociais com limites bem claros conformam o horizonte. O efeito de vazio, o afeto *blasé* esmaecido, a saciedade preenchida, até onde a vista alcança pela distribuição da coisa-fetiche mercadoria, ficará deslocado, conforme veremos, no cinema da Retomada. A tentativa de empatia com a geografia do capitalismo tardio perde então seu deslumbramento.

Mas a fascinação com a horizontalidade da mercadoria e a reificação da historicidade como empilhamento do estilo, a fruição *cool*, melancólica, teve seu momento no cinema brasileiro. Momento muitas vezes esquecido nas visões panorâmicas, momento de afetos esmaecidos, que passa ao largo do grito motivado, dilacerado, que percorreu o segundo Cinema Novo e o Cinema Marginal nas décadas de 1960 e 1970. Pois houve, na pós-modernidade, a tentativa de se achar o estrangeiro aqui (seria o japonês?) e transformar o sol do sertão na luz neon dos ambientes noturnos urbanos, com seus personagens tipificados. O sol e o povo, como outro-popular, dão lugar à espessura sem fundo da simulação do mundo, o espectro de simulacro. *O olho mágico do amor* da dupla José Antonio Garcia e Ícaro Martins, dialoga, já em 1981, com a pornochanchada numa modalidade intertextual do tipo pós-moderno. A pornochanchada, um gênero "alienado" marcado pelo classicismo, é absorvido sem culpa, e com gosto, pela narrativa mãe. Embora em 1981, a densidade do recorte que cristaliza o gênero ainda seja tênue, claramente se vislumbram o destacar e o encavalar do empilhamento pós-moderno, numa narrativa primeira que não mais se sustenta em si própria. A pornochanchada está lá, mas em procedimento de citação, aquele próprio do voyeurismo. O ambiente noturno, os personagens da noite paulistana tipificada e, sobretudo, a fotografia plenamente carregada das sombras e cores artificiais do pós-modernismo levam o filme para esse campo. *O olho mágico do amor* foi obra com repercussão ampla por ser inaugural na possibilidade de se fazer uma pornochanchada pós-moderna, embutindo um certo recuo e com consciência do gênero.

É interessante notar que tanto Tales Ab'Saber como Bernardet, em textos que buscam pensar o pós-modernismo nacional no cinema[26], situam *Noites paraguayas*, de Aluysio Raulino, na linha de chegada da sensibilidade pós-moderna no cinema brasileiro. Indícios certamente apontam nessa direção, a começar pela ligação de Raulino com a jovem produção paulista que irá amadurecer na segunda metade da década, a partir de seus vínculos com o meio acadêmico (Universidade de São Paulo) no qual circulam parte desses cineastas. *Noites paraguayas* (1982), no entanto, inclusive pela data de produção, desloca-se do eixo central desse contexto. A dimensão plástica da imagem fílmica, pensada em sua fotografia e na composição cenográfica, aproxima-se, em momentos determinados, da estilística pós-moderna, também pelo talento particular de Raulino para o trabalho sofisticado com a luz, como testemunha sua carreira posterior na fotografia. Mas a estética pós-moderna não se projeta de modo uniforme, ou mesmo dominante no filme, como aparece em obras analisadas adiante. Certamente a narrativa corre tendo ao fundo a referência – num movimento com tinturas "pós" – a uma narrativa outra. Chega a afirmar-se como discurso descolado (*camp*, brega ou *kitsch*), sobre o qual a narrativa primeira se amarra e lança-se, numa espécie de intertextualidade irônica ou dissimulada, claramente em segunda mão. A fissura é marcada e segue o estilo anos 1980. A camada do discurso segundo estaria no movimento de dobrar-se sobre o imaginário *camp* paraguaio, dispondo-o numa espécie de *pop*, sob a inflexão da narrativa primeira. Essa espécie de "duplo", como afirma Bernardet, surge no "prazer de narrar" que aparece "em oposição à desconstrução, desmontagem, desdramatização, fragmentação, tendências ensaísticas e conceituais dos anos 60 [...]"[27].

Certamente a ausência do motor desconstrutivo – como sentimos, por exemplo, no Cinema Marginal –, existe em *Noites paraguayas*. O ímpeto das referências em citações fende a narrativa mãe e escorrega pelas citações lisas e fáceis da pós-modernidade, embora não em volume de cascata. A fissura se efetiva na relação do filme que isola e fecha esse *camp* paraguaio e mantém a citação como forma que se debruça sobre outras narrativas primeiras, como *O Bandido da Luz Vermelha* ou *Vidas secas*, que são citados.

É interessante perceber como a sensibilidade "pós" se cola no universo horizontal da reificação da mercadoria no capitalismo tardio. Esse movimento chega ao cinema simultaneamente pela representação fascinada que, de um lado, olha para a replicação da mercadoria sem fronteiras e, de outro, permite e estimula esteticamente a cascata das citações, sendo a mercadoria filme mais uma na prateleira. A estilística que recicla e acumula os gêneros (*western*, horror, musical, ficção científica etc.) lida com a mercadoria filme como produção em série, com traços estéticos cristalizados, sobre os quais o espírito pós-moderno se debruça com avidez. É esse movimento, em direção ao gênero e ao fascínio pela redução reificada da mercadoria – e seu afeto próprio, a melancolia esmaecida –, que *Noites paraguayas* traz de alguma forma, mas num modo excessivamente sincopado para se constituir em plena sensibilidade pós-moderna.

A marvada carne, de André Klotzer, articula-se também dentro de estereótipos de um gênero prévio, o filme caipira, conforme este se cristaliza nos personagens e no universo ficcional da obra de Mazzaropi. Se formos além do cinema, o filme é inspirado, por tabela, na obra de Cornélio Pires, em particular *As estrambóticas aventuras de Joaquim Bentinho, o queima-campo*. Klotzel revisita, bem à vontade, o universo tipificado do caipira, seus mitos, seus "causos", suas personagens. Está livre nas referências ao gênero, nessa espécie de comédia em segundo grau – comédia da comédia caipira – que é *A marvada carne*. Se o original é feito para rir, agora se estabelece o riso franco sobre o riso primeiro, deglutindo à vontade, e sem culpa intertextual, o caipira Mazzaropi. São utilizados, inclusive, atores comuns à citação e ao original para afirmar agilidade na referência ao universo já fílmico do caipira. Esse procedimento é característico da pós-modernidade no que ela possui de capacidade para se debruçar sobre o cinema de grande público (a mercadoria fílmica), em seu encontro com o gênero, encontro que forma uma gordura estilística que é só reprodução dessa camada e assim se afirma. O encontro pós-modernista, para acontecer efetivamente, deve existir sem culpa, pois caso se atarde para reflexionar sobre a mercadoria e suas condições de produção, larga a leveza e o deslumbramento necessários na lógica do simulacro "pós".

No caso de *A marvada carne*, há certo incômodo com a canga estreita do gênero e da citação, no modelo "pós". Surge uma espécie de grito dilacerado de revolta contra o império da ordem da mercadoria, representado pela sequência do saque ao supermercado no qual o protagonista conquista o objetivo central da trama – um pedaço de carne. Também o final, na periferia paulistana, instaura a perspectiva histórica e foge das "mentirinhas" e das emoções esmaecidas recicladas de um filme caipira. Mas é a recorrência e a agilidade na manipulação intertextual de tipologia fílmica anterior que faz de *A marvada carne* filme em sintonia com o pós-modernismo. Do mesmo Klotzel, no posterior *Capitalismo selvagem* (1992), respiramos a recorrente presença intertextual de *Macunaíma*, de Joaquim Pedro de Andrade, mas os tempos são outros e o arcabouço justo do pós-moderno perdeu a graça e a intensidade, já girando fora do eixo. Longas como *Brasa adormecida* (1985), de Djalma Limongi Batista, e *Fogo e paixão*, de Isay Weinfeld e Márcio Kogan (1987), também incorporam de forma recorrente (na cenografia e na ação dramática) estilemas característicos da narrativa clássica dos anos 1950, nessa forma do debruçar sobre si pós-moderno.

Ivan Cardoso sintetiza bem esse espírito pós-moderno ao cruzar o horizonte do cinema clássico hollywoodiano (pelo qual sempre confessou nutrir grande admiração), com tonalidades cariocas. Sua obra transpira proximidade com a cultura popular do morro pela presença do samba e dos compositores populares em trilhas sonoras de seus filmes. Faz isso sem abandonar o lado *trash* da cultura de massas. É no encontro com a sensibilidade "pós" dos anos 1980 que surgem filmes pioneiros nessa trilha como *O segredo da múmia* (1977-1981), obra que tem seus pés nos anos 1970 e possui clara presença da narrativa hollywoodiana em seu imaginário de múmias e terror. Nos médias em Super-8 de Cardoso[28] do início da década de 1970, como *Nosferatu no Brasil* (1971) (com Torquato Neto) e *Sentença de Deus* (1972), o terror e o clássico estão presentes, mas respiramos ainda a radicalidade "Marginal", sem um mergulho completo na modalidade "retrô" do pós-modernismo. Neles, cenas com dilaceração e sangue, berros exasperados (com gravidade e sem esmaecimento) surgem inseridos na ambiência do Cinema Marginal que marca a época. Em *As sete vampiras* (1984-1986) e *O escorpião escarlate* (1989-1991), o contexto é distinto, e Ivan Cardoso assume sem dificuldades o cinema de gênero como camada. Carrega na artificialidade da fotografia, da cenografia e da diegese fílmica que surge mergulhada em camadas intertextuais. Desemboca assim na atração gravitacional que exerce a descoberta da estilização "filme no filme", própria da estilística pós-moderna. Ivan cria um termo preciso para designar essa gravidade que é o *terrir*, mistura de deslumbramento com o gênero "terror" (e a estilística do classicismo hollywoodiano) e o deboche carioca no modo pós-moderno. O *terrir* dá personalidade tupiniquim à sensibilidade de corte "pós".

Em *O escorpião escarlate*, a trama de "mentirinha" é misturada em abismo, escorregando entre patamares distintos de ficção. Utiliza cinejornal, gêneros fílmicos como terror e musical, radionovelas, quadrinhos. Todo o material narrativo que a indústria cultural expele como mercadoria é formatado em referência e citação, fechado em estilo. A utilização recorrente da imagem em preto e branco realça os procedimentos de citação que atravessam o filme. O pós-modernismo maduro, do final da década de 1980, transborda e surge afirmativo. Em *As sete vampiras*, o movimento é mais direcionado, num procedimento não maneirista. O foco agudo é no filme de horror, distendido pela estética *camp*/brega que surge reciclada, agora com tonalidades da tradicional comédia carioca, em suas origens na chanchada. O *rock* nacional também faz presença, inspirado nos anos 1950. O diálogo da pós-modernidade com os grupos de *rock* dos anos 1980, passando ao largo da "evolução orgânica" da MPB, é recorrente no filme. A densidade ficcional de *As sete vampiras* desemboca sempre num discurso de segunda mão com tonalidades feéricas, carregadas de referências à indústria cultural (e ao objeto moldado pela indústria para a cultura de massas), muitas vezes sem grandes pruridos ou requintes estéticos. A "ficção de mentirinha", além do segundo grau narrativo, implica igualmente certo *nonsense*, ou mesmo vulgaridade e bobice, que chega à boçalidade no desenvolvimento de personagens e trama. Plantas carnívoras assassinas, vampiros, múmias, delegados, assassinos cruéis, personagens de histórias em quadrinho, galãs de filme *noir*, tipos clássicos de antigas chanchadas, fotografia estilizada e trilha musical saudosista (samba de morro e *rock*) compõem o contexto centrifugado no liquidificador da pós-modernidade que encontramos nesses filmes.

Ivan Cardoso é ativo no deboche, mantendo sempre uma ligação de fundo com a cultura brasileira e carioca, seja cinematográfica, pela presença recorrente do referencial da chanchada, seja na proximidade com o morro e a música popular, presente em filmes anteriores e posteriores. Elegendo o terror como principal fonte fílmica estilística a ser deglutida, Cardoso flexiona as estruturas do gênero dentro do recorte pós-moderno. Mantém o deslumbramento com traços estilísticos marcados que são percebidos através de um distanciamento afável e não desconstrutivista, como era próprio das vanguardas concretas que frequentou nos anos 1970. Seu cinema, conforme caminha para o final do século, possui um encontro cada vez mais amarrado com o mercado, deixando para trás não só o udigrúdi de Sganzerla e Bressane, mas também as referências concretistas (os Campos) que chegou a nutrir – como transparece claramente em um artigo de Haroldo de Campos, de 1972[29]. O que o diretor nomeia *terrir* é postura que mergulha no gênero e lá permanece em plena empatia, embora na distância intertextual, em um movimento de duas fases que embute a absorção com viés cômico. Interage com o horizonte do terror hollywoodiano, o universo dos quadrinhos (presença constante no pós-modernismo brasileiro), além dos estilemas da produção rápida e barata da indústria cultural cinematográfica, incluída no leque que vai do cinema *trash* ao filme B.

Em "Os bons tempos voltaram, vamos gozar outra vez" (episódio de *Sábado quente*, 1983), Cardoso mantém o referencial "retrô", mas apenas como pano de fundo, papel de parede. É filme de transição depois de O segredo da múmia, obra que tem um pé nos anos 1970, mas que aprofunda a passagem da contracultura para a cultura de massa *pop*, numa constelação que abandona o encontro que o tropicalismo carregou, num momento anterior, e mais crítico que o pós-modernismo, no caminho rumo ao deslumbramento com a mercadoria cultural. Ao inaugurar a sensibilidade *pop* na cultura brasileira, o tropicalismo desnorteia a bússola da consciência cultural que insiste em se situar no mundo orientada pelo realismo social pré-1968. O encontro pleno com a cultura de massa que o *terrir* de As sete vampiras e O escorpião escarlate embute, na segunda metade dos anos 1980, significa a transição completa para o pós-modernismo e a empatia pelo simulacro da mercadoria, fornecendo uma espessura para a espuma do gênero que não mais permite o realismo perfurar. Condensa-se assim a reciclagem das formas do psicodelismo *pop* dos anos 1970. A estética realista (ou "neorrealista") que embalou o primeiro Cinema Novo – até a virada de Deus e o diabo na terra do sol e, em alguma medida, depois – já fica longe no horizonte. Também ficaram para trás, no "Ivampirismo" pós-moderno, os desenvolvimentos maduros do Cinema Novo em direção ao tropicalismo do final da década de 1960 e o Cinema Marginal do início dos anos 1970, do qual Ivan foi próximo bastante jovem.

Não é descabido apontar essa espécie de transição que Ivan Cardoso estabelece, dentro das potencialidades e restrições de seu cinema, entre a primeira sensibilidade para o cinema de gênero na cultura *pop* (a sensibilidade para a chanchada, por exemplo, que o Cinema Marginal inaugura e o Cinema Novo ainda não possui) e o esteticismo pós-modernista, no qual a reciclagem do gênero e dos sintagmas narrativos se dá em outra voltagem. Esse movimento é percorrido em toda extensão por Cardoso e sem a companhia de antigos ídolos expoentes do Cinema Marginal que lhe eram próximos, como Bressane e Sganzerla. Estes se vinculam (principalmente o primeiro) de modo orgânico à tradição das vanguardas que o pós-modernismo ignora ou devora e que também Ivan abandona. Existe um ponto de transição e inflexão que Ivan ocupa inclusive por sua ligação com a geração udigrúdi "68". O forte curta documentário HO que Cardoso realiza, em 1979, sobre Hélio Oiticica, oscila no tropicalismo sem transbordar para o pós-modernismo da citação, como faz sua obra dos anos 1980. Seus pés ainda estão inteiros na última vanguarda brasileira de corte moderno propriamente – a vanguarda "concreta"/"neoconcreta" –, no modo que essa vanguarda possui de incorporar/decompor as manifestações populares, tomando impulso no dilaceramento da forma (sambistas do morro dando corpo à mercadoria plástica dos "parangolés"), fora do horizonte da camada do gênero.

A TRILOGIA PÓS-MODERNA, GERVITZ, TOLEDO

Cidade oculta (1986), de Chico Botelho, *Anjos da noite* (1986), de Wilson Barros, e *A dama do Cine Shangai* (1987), de Guilherme de Almeida Prado, formam uma espécie de trilogia pós-moderna paulistana. Podemos perceber nesses filmes, realizados praticamente em simultaneidade, bastante uniformes entre si, a intensa sensibilidade pós-moderna no modo que atinge o cinema brasileiro. É nítida também a influência desses longas na produção curta-metragista que se segue na segunda metade da década. Lançam influência, mesmo fragmentada, em diversas direções. A presença da cor preta e traços do visual *punk* anos 1980 dominam os figurinos dos dois primeiros, e os três filmes mergulham na fotografia não realista e estilizada. *Cidade oculta* incorpora de modo paradigmático o pós-modernismo no cinema brasileiro. Espécie de *Blade runner* tupiniquim, possui trama que transcorre por inteiro na noite, na neblina ou na chuva paulistana, novos cenários que atraem, como o sertão, a favela e a luz estourada do Nordeste atraíram vintes anos antes os jovens cineastas do Cinema Novo. A ficção de *Cidade oculta* se estabelece nos entornos do sombrio rio Tietê e em diversas casas da noite paulista. Espetáculos de dança se sucedem, misturando a vanguarda de Arrigo Barnabé, que atua como protagonista no filme, e danças coreografadas com referências hollywoodianas ou visual *punk*.

A fotografia bastante similar de *Cidade oculta*, *Anjos da noite* e *A dama do Cine Shangai* é assinada pelo mesmo fotógrafo, José Roberto Eliezer (juntamente com Cláudio Portioli em *A dama do Cine Shangai*). Nos três filmes, Eliezer carrega nas cores artificiais que se sobrepõem, elevando, ao extremo, potencialidades que os cenários noturnos permitem abusar. Já descrevemos o quadro plástico do cinema pós-moderno no qual predominam sombras fortes e bem delineadas, juntamente com tonalidades fantasistas e contrastantes. Cores primárias diferenciadas (amarelo, vermelho, verde, azul) cortam simultaneamente um mesmo espaço fechado, alternando-se sem motivação diegética. É intenso o uso do neon como elemento de composição fotográfica. O ambiente noturno, urbano e decadente da capital paulista compõe o pano de fundo para os universos ficcionais, nos quais pouco se vê a luz do dia. Principalmente o sol está ausente. *Anjos da noite* termina com o sol nascendo, despedindo-se assim da noite e dos personagens que dominaram o filme. Bares, discotecas, ruas molhadas, lugares típicos de São Paulo, como a avenida Paulista, o Masp, o rio Tietê, a Boca do Lixo compõem a referência cenográfica. Outros elementos recorrentes são ventiladores de pá, saxofones, persianas, portas de vidro fosco, fumaça branca de cigarros, objetos diversos de época, *chinatown* e neon, muito neon. Personagens da noite, particularmente travestis exagerados, policiais corruptos, traficantes sombrios, prostitutas insinuantes e traidoras, *femmes fatales*, dançarinas, compõem personagens-tipo que levarão adiante a trama ficcional. Para esse cinema, o universo urbano noturno dos grupos juvenis forma o contexto diegético típico.

As citações cinematográficas são recorrentes e ocorrem em cascata remetendo-se a cenas clássicas. Exemplo típico é a reprodução da coreografia musical de *The Band Wagon*[30] (1953) em *Anjos de noite*, com Marília Pêra e Guilherme Leme, fazendo as vezes de Fred Astaire e Cyd Charisse numa cena noturna no vão do Masp. Observe-se também, no mesmo filme, a exibição extensa da imagem e da trilha sonora de *Casablanca* (1942) ou o final explicitando a construção de uma cenografia clássica, com o pôster de super-homem ao fundo. Um *travelling* vertical *à la Cidadão Kane* (1941) em *A dama do Cine Shangai*, a referência aos espelhos e o título do filme *The Lady from Shangai*, a voz *over* em *flash-back*, acordes de trilha sonora em *Cidade oculta*, a citação explícita da imagem clássica através de pôsteres, nomes de personagens, figurinos, cenários e gestualidade na *mise-en-scène* fazem os elementos diversos de citação ao universo ficcional da narrativa clássica. Na realidade, os filmes são inteiramente construídos pela sobreposição intertextual, em referências cruzadas à estilística de gênero hollywoodiana. *A dama do Cine Shangai* leva esse diálogo especular ao limite. A personagem do filme dentro do filme se confunde com a personagem da trama, mas no filme seria protagonista de outro filme. A *lady* de *A dama do Cine Shangai* parece ser a dama de *The Lady from Shangai*, mas assim ela acaba podendo ser a sedutora dama protagonista de *A hora mágica*, filme que está no filme. A partícula "cine" introduzida pelo filme brasileiro no título original de Orson Welles é significativa e conota operação narrativa típica da pós-modernidade. Se *The Lady from Shangai* possui de origem uma camada reflexiva narrativa que sabe trabalhar com o universo de referência *noir*, agora a camada original se abre e duplica em abismo, como na conhecida cena da sala de espelhos com Orson Welles, Rita Hayworth e Everett Sloane. A *dama* não é mais de *Shangai* (lugar físico), mas do *cine Shangai*, simulacro de lugar fílmico-imagético.

Anjos da noite e *Cidade oculta* são típicas ficções de "mentirinha", nas quais camadas da enunciação fílmica sobrepõem-se esbarrando em um universo fantasista, quase *féerique*, que dialoga com histórias fantásticas mesmo quando esbarra em tragédias, como as que vivem os super-heróis das histórias em quadrinhos. Os personagens de *Cidade oculta* respondem pelo apelido de Anjo, Rato, Shirley Sombra, Japa, Bozo. Em *Anjos da noite*, como em outros filmes do horizonte pós-moderno, é evidente a atração pela consistência videográfico-eletrônica da imagem-câmera que invade a forma película e constantemente se sobrepõe. Ao menor motivo (aparelhos televisivos, por exemplo), essa imagem é figurada e permanece, com sua materialidade diferenciada, longos momentos na tela cinematográfica, no modo de citação. A imagem-vídeo na película é um modo de citação em abismo, que a imagem primeira eleva à condição de simulacro. O primeiro nível realista já é simulação, e o seguinte, vídeo-simulacro. A personagem da estudante socióloga de *Anjos da noite* parece querer nos remeter ao cinema brasileiro anterior, debatendo-se com a "voz sociológica", aqui fora do lugar. Nesse limite, até a voz do sociólogo é engolida pela densidade da imagem na imagem. Agora, é pela imagem que a sociologia interpretativa do povo pode ver não mais na entrevista direta na tomada. E o que vê (e analisa) não é mais mundo, mas imagem da imagem. Porém, como a jovem afirma a seu objeto popular que emerge da tela para o mundo da ficção numa cena, ela só quer ver imagem (ou corpo sexual, tronco e "membros"). Da antiga exposição documentária fazendo asserções baseadas na ciência social, restou ao espectador o poço sem fundo da enunciação reflexiva, imagem da imagem da imagem que, em sua substância, já na partida, bate no *pixel* videográfico e não no mundo. O brilho do estilo denso (o fascínio pela forma vídeo), curta-circuita o realismo no primeiro andar. Seria esse personagem popular, saindo do vídeo, a ponte estabelecida com a cultura de raízes populares que está ausente nesse cinema? Mas ele mesmo ocupa espaço periférico na trama, e o filme está longe de articular-se em torno do dilema. O salto é significativo se tivermos no horizonte o cinema que o antecede. Como mencionado, uma das singularidades do pós-modernismo no panorama da história do cinema brasileiro é a ausência do diálogo com a figura do outro-popular. Se não há a presença do nordestino como outro, a cultura japonesa, introduzida pela imigração na primeira metade do século XX, surge citada nos três filmes e é motivo narrativo atraente para situar a trama. O japonês é o estrangeiro radical, desconhecido, o personagem das fronteiras esmaecidas, aquele que, enfim, pode ser o absolutamente outro – e não o outro já explorado e muito concreto do mesmo nacional.

É interessante notar a ausência de qualquer referência, no modo intertextual, ao Cinema Novo. No liquidificador pós-moderno, tudo pode entrar, mas não o arquétipo do cinema moderno brasileiro. O cinema feito na Boca do Lixo, o filme *trash*, apresenta-se como tipo ideal. A geração pós-moderna sente-se atraída pelo vigor que a Boca exibe. O segundo fotógrafo de *A dama do Cine Shangai*, Cláudio Portioli, possui extensa filmografia na pornochanchada. Guilherme de Almeida Prado também circulou bastante na Boca, realizando seus primeiros filmes dentro da temática característica do gênero. Em *A dama* há uma citação explícita, através de um jornal, ao *O Bandido da Luz Vermelha* (citação que seria ampliada para toda uma sequência em *Perfume de Gardênia*). É nítida a proximidade com obras do Cinema Marginal paulista feito na Boca (como *O Bandido*, 1968; *A mulher de todos*, 1969; *Audácia, a fúria dos desejos*, 1969; *O pornógrafo*, 1970; ou mesmo, em outro recorte, *Bang bang*, 1971), nas quais encontramos referências à narrativa clássica de gênero, universo ficcional urbano claustrofóbico e diálogo intertextual com a produção *trash*. Nesse "lado B" do Cinema Marginal sentimos, embora de modo lateral, ares pós-modernistas. Seria exagero afirmar que o pós-modernismo lembra um Cinema Marginal sem exasperação existencial, ou com os "afetos esmaecidos" que Jameson identifica. É, no entanto, importante notar que a sensibilidade pós-moderna ecoa a intertextualidade como fissura, traço que o Cinema Marginal finca, de modo pioneiro, e mais radical, no cinema brasileiro.

Em *Anjos da noite*, um diretor teatral tenta levar a cabo a encenação de uma ária de Villa-Lobos. Esse motivo nacional-popular aparece como material deslocado no universo intertextual da pós-modernidade e é logo ridicularizado pela narrativa; provoca risos e desprezo, para desespero do personagem. Já a sequência musical que cita e literalmente reinterpreta o principal número musical de *The Band Wagon* flui sem percalços, em um ambiente de completa fascinação e deslumbre com a representação. A cena final de *Anjos da noite* pode ser interpretada como uma figura que amarra a narrativa. Constitui imagem sintomática do fechamento estilístico da produção pós-moderna e suas contradições. Dois personagens, vindos da noite, depois da sequência que realça ao extremo a construção dos estilemas da cenografia clássica, encontram-se submetidos à luz do dia, sem a fotografia fantasista noturna. Ficam, então, estampados em pleno estranhamento com a vida cotidiana da cidade e o povo indo para o trabalho de manhã. Um dos personagens é a estudante que analisa o popular, anteriormente mencionada; o outro, o garoto de programa protagonista do filme, típico personagem da noite. Sentimos, nesse encontro matutino, a distância do universo diegético pós-modernista com o mundo do trabalho. Não é uma contraposição agressiva ou desconstrutiva. No encontro da manhã, que fecha *Anjos da noite*, o universo diurno do povo e da produtividade fica do lado de fora do filme, distante do círculo fechado da noite e seus ambientes, nos quais se localizam as novas referências da juventude pós-moderna de classe média: figuras perdidas na bruma da fotografia fantasista, simulacros de matiz hollywoodiana, personagens vazios de ação social, em termos de trabalho ou referência cultural nacional-popular que possa lhes dar corpo realista. São parte de um mundo que desaparece ao nascer do sol, para só voltar a existir com o fim da sociabilidade diurna do trabalho.

Avançando um dente no realismo, mas sempre marcado pela plástica cenográfica e fotográfica pós-moderna, *Romance* (1986-1987), de Sergio Bianchi, desenvolve-se dentro dessa ambiência urbana claustrofóbica. O ambiente fechado da noite surge transfigurado em sua vertente de desespero e angústia. As referências intertextuais não estão mais presentes no horizonte para, no tipo faz de conta da ficção de mentirinha, diluir a exasperação. *Romance* traz um traço da produção pós-moderna que é novidade no cinema brasileiro (também presente em *Anjos da noite*): a representação aberta e sem preconceitos da homossexualidade, assim debatendo a questão de gênero e do preconceito. O longa, de tom sombrio, traz temática de um homossexualismo também sombrio: o personagem central é ameaçado pela doença e pela morte, sobrevivendo em meio aos escombros de uma realidade urbana decadente.

Igualmente dentro da composição plástica do pós-modernismo, *Vera* (1986), de Sergio Toledo, mergulha em figura fotográfica fantasista, fascinada pela consistência videográfica e mesmo digital da imagem. Nessa obra, o diferencial é a protagonista, mulher homossexual, buscando se afirmar em meio a preconceitos, mas dentro de um padrão realista de comportamento. Amores e frustrações têm, como fundo, dilemas existenciais que envolvem a afirmação de uma sexualidade homoafetiva, numa perspectiva que não escorrega para o exótico ou o deboche. É interessante notar como ao drama realista sobrepõem-se camadas cenográficas com características pós-modernas. É dramaturgia que sofre a influência do clima de época. A sequência no final do filme em que a face da personagem Vera aparece decomposta por monitores simultâneos de vídeo, é significativa da sobreposição imagética em abismo do simulacro pós-moderno. Em alguns planos a consistência videográfica surge pelo uso de poesias, exibindo a forma da primeira grafia digital, que, na tecnologia dos anos 1980, é encavalada na imagem. O cenário de fundo, recorrente em *Vera*, é a arquitetura moderna do Centro Cultural São Paulo, que vibra no filme como elemento pós-moderno, recortando o ambiente urbano e a cena dramática em estilo arquitetônico tipificado. Para o pós-modernismo, o modernismo é um estilo a ser empilhado, na mesma medida que poderia ser, por exemplo, a arquitetura gótica.

Feliz ano velho (1987), de Roberto Gervitz, traz a representação de uma experiência do extraordinário – acidente que deixa um jovem paralítico –, mostrada por imagens com plástica fotográfica carregada no estilo pós-moderno, na forma do delírio, da memória ou do onírico. A fotografia de César Charlone carrega nas cores fantasistas não realistas. Na época, foi apontada como influenciada por *O fundo do coração* (1982), de Francis Ford Copolla, filme central na composição esteticista do pós-modernismo. Também a cenografia de Clovis Bueno é desenvolvida na mesma tonalidade, de modo a dar matéria à densidade *fake* da fotografia[31]. A presença da imagem eletrônica da tela de vídeo é recorrente na cinematografia de *Feliz ano velho*, de modo mais acentuado que em *Vera*. A atração pela imagem da imagem do pós-modernismo tem a marca da consistência "vídeo", ou se efetiva pela fotografia marcada e fantasista. O mergulho nas cores artificiais de *Feliz ano velho* é intenso e dá o tom não realista do filme, singular em um diretor que vinha de experiência no cinema documentário operário. Junto com as cores fantasistas, o constante ritmo rememorativo do filme cria a atmosfera onírica que percorre a narrativa, sobrepondo sonho, experiência perceptiva e rememoração. Em sintonia com o cinema da época, temos a impressão de que o patamar da percepção recua, abrindo espaço para camadas do simulacro que insiste em se infiltrar, desde sempre flexionado pela fotografia ou exposição de uma imagem fraturada por outra na origem. Em *Feliz ano velho*, como em menor grau em *Vera*, há muita empatia com a música do jovem *rock* brasileiro. O *rock* é a música da nova geração dos anos 1980 que rompe a linha evolutiva tradicional ligada ao "popular" da MPB. Malu Mader desempenha dois papéis no filme, sendo um deles a de uma dançarina performática, sempre vestida de preto, com cabelo estilizado à Louise Brooks, fazendo seu número dentro de cenários visuais marcadamente pós-modernos. A personagem caberia perfeitamente nas coreografias de Carla Camurati em *Cidade oculta*, mencionada atrás.

O percurso de Toledo e Gervitz é significativo dessa geração. Evolui de *Braços cruzados, máquinas paradas* (1978), um documentário de perfil clássico, realista e opinativo, a favor das lutas populares. Nele a imagem do outro-popular/povo está em primeiro plano, trazendo para a tela aquele que, até então, havia sido o grande ausente do cinema brasileiro: o proletariado industrial urbano sindicalizado. O filme é marcado pela descoberta dessa imagem, articulada no modo narrativo documentário, pela voz *over* ou pela voz de Gervitz conduzindo entrevistas (na maior parte fora de campo), ou pela própria voz dos operários em campo. A virada de cabo em direção ao universo pós-moderno de *Feliz ano velho* tem a medida de uma geração que se volta para o umbigo, para a vida urbana do jovem de classe média. Valoriza seu cotidiano e sua cultura, que não é a cultura do outro-popular. Nesse encontro, certamente, a luta política está presente, mas agora é a luta dos estudantes, e o cenário não é mais a fábrica. Possui as cores e o estilo pós-modernista num ambiente físico em que operários estão ausentes: a universidade. No período de dez anos, entre 1978 e 1987, datas de lançamento e finalização de *Braços cruzados* e *Feliz ano velho*, desenha-se um percurso que vai do realismo chão de fábrica ao neon noturno, percurso percorrido também por outros atores no cinema brasileiro. Apesar do novo espaço estético afirmado por *Vera*, *Feliz ano velho*, a trilogia "pós" *Cidade oculta*, *Anjos da noite*, *A dama do Cine Shangai* e outros longas da produção paulista "Vila Madalena" (ver participação do produtor de *Feliz ano velho*, de Claudio Kahns, ativo em diversas obras deste cinema), é curioso constatar que o quadro esboçado com intensidade na segunda metade dos anos 1980 não se sustenta. Atrai, mas não perdura. Logo em seguida, estoura a grande crise do cinema brasileiro e boa parte desses cineastas fica mais de uma década sem filmar. Quando retornam, o contexto cultural ideológico será outro. O deslocamento de Gervitz e Toledo do documentário popular para a nova sensibilidade "pós" acaba sendo um lampejo.

A dimensão geracional, no entanto, existe, assim como está presente a ruptura com o contexto cinemanovista, que domina em referência no fundo. Isso é evidente em palestra proferida por Gervitz no Festival Del Nuevo Cine Latino-Americano de 1988. Roberto reflete bem o clima afirmativo que sua geração conseguiu assumir, durante ao menos meia década:

Podemos dizer que nos últimos anos vem-se verificando uma nova tendência no cinema brasileiro. Tal tendência, que inclui trabalhos muito diversos, se caracteriza por uma diferença muito grande em relação ao Cinema Novo. Não pretende uma síntese em qualquer instância de nossa vida social, cultural ou política, não possui um discurso diretamente político e nem tampouco produz filmes de denúncia pertinentes a uma herança neorrealista[32].

Segue mencionando *Anjos da noite*, *Vera*, *Cidade oculta* e *A dama do Cine Shangai*, além de *Feliz ano velho*, como compondo o núcleo dessa tendência. Afirma, na exposição em Havana, que "pela primeira vez uma produção se diferencia em bloco da estética cinemanovista e da estética na naturalista das novelas de televisão"[33]. Citando as declarações do lúcido Cacá Diegues – que desde meados dos anos 1970 se refere ao fim do Cinema Novo –, termina deslocando a produção contemporânea "pós" do Cinema Novo, "produto de condições históricas que nada mais tem a ver com o momento atual. Cumpriu o seu papel, completou seu ciclo. Deixemo-lo então morrer em paz"[34].

OS CURTAS-METRAGENS PÓS-MODERNOS

Em função da paralisia na qual mergulha a produção comercial de longas, o curta-metragem acaba servindo, de modo mais duradouro que o normal, como válvula de escape para a criação cinematográfica de uma geração que não consegue viabilizar o sonho do longa-metragem[35]. Diretores que se afirmarão como figuras fortes da retomada, dirigindo seu primeiro longa no decorrer dos anos 1990 (Tatá Amaral, Beto Brandt, Carla Camurati, Jorge Furtado, Cao Hamburger, Toni Venturi, Mirella Martinelli, Antonio Cecílio Neto, Eliane Caffé, entre outros), iniciaram sua carreira na intensa movimentação curta-metragista do final dos anos 1980 e início dos 1990. No "caldo de cultura" que germina essa produção de curtas-metragens, encontramos a origem do vento favorável que sopra sobre o cinema brasileiro a partir de 1994. Durante a grande crise, mesmo diretores experientes voltam-se para o charme e as potencialidades estéticas da produção curta-metragista com filmes fortemente marcados pelo contexto estilístico da pós-modernidade. No início dos anos 1980, encontramos sua presença em obras pioneiras como *Disaster movie* (Wilson Barros, 1979) e *Diversões solitárias* (Wilson Barros, 1983) ou em *A estória de Clara Crocodilo* (Cristina Santeiro, 1981). Na segunda metade da década, as características acentuam-se nessa direção, assim como o número de curtas por elas influenciados. A relação intertextual com o universo do gênero é trabalhada de modo bastante inventivo em *A garota das telas* (Cao Hamburger, 1988) e *Frankstein punk* (Eliana Fonseca, 1985). Encontramos uma narrativa centrada nas citações em abismo mencionadas do pós-modernismo, passando pelo musical, terror, ficção científica, filme *noir*, *western*. *A garota das telas* é uma exposição literal dos arquétipos do cinema de gênero: *western*, ficção científica de seriados japoneses, dança de *West Side Story*[36] (1961), *noir*, expressionismo *à la* Caligari e no final todos misturados num grande espetáculo do gênero musical. É uma proposta de trabalho que une a atração pelos ícones do classicismo hollywoodiano à cenografia de bonecos. A densidade ficcional da imagem com bonecos convenientemente casa-se com a espessura citacional que recai sobre o cinema clássico.

Epopeia (Michael Ruman, 1991) e *Esconde-esconde* (Eliana Fonseca, 1988) são curtas que "brincam" com a tradição do filme de terror. O termo "brincar" é preciso e junta-se à expressão "ficção fingida" ou de "mentirinha", definindo o caráter de relação intertextual que caracteriza esses filmes. Basicamente ficcionais (o cinema documentário conhece uma espécie de eclipse no período), estabelecem uma narrativa que, intertextualmente, "brinca" com outra narrativa mãe, da qual importa os estilemas que manipula. Os curtas possuem um tom leve, carregado pelo veio cômico, com satisfação particular em oferecer ao espectador a visão do universo ficcional mítico do gênero. Na forma de citação, surgem elementos caros a uma narrativa cristalizada em mercadoria cultural de alta circulação no mercado. Como no longa-metragem, fundo e marcação musical, cenografia, fotografia, encenação de atores, coreografias, enquadramentos, movimentos de câmera, o tom da voz *over* e o estilo da montagem são elementos que servem de matéria-prima para a cadeia intertextual desses curtas. Encontramos o movimento também em curtas marcantes da época como *Idos com o vento* (Isain Weinfeld e Márcio Kogan, 1983), *Três moedas na fonte* (Antonio Cecílio Neto, 1988), *O dia em que Dorival encarou a guarda* (José Pedro Goulart e Jorge Furtado, 1986), *Arrepio* (André Sturm, 1987), *Nem tudo que é sonho desmancha no ar* (André Sturm, 1988), *A revolta dos carnudos* (Eliana Fonseca, 1991), *A mulher fatal encontra o homem ideal* (Carla Camurati, 1987), *Hipócritas* (Letícia Imbassahy e Marcos Pando, 1987), *20 Minutos* (Michael Ruman, 1988), *O quadro não sangra* (Roberto Moreira, 1987), *Folguedos no firmamento* (Regina Rheda, 1984), *A bicharada da doutora Schwartz* (Regina Rheda, 1986) e *The Masp Movie* (Hamilton Zini, 1986).

A típica elaboração fotográfica pós-moderna vem ao encontro do caráter fantasista das tramas, com as cores fortes e gratuitas de *Folguedos no firmamento*, *A bicharada da doutora Schwartz*, *Antes do galo cantar* (1986), *A caixinha do amor* (Letícia Imbassahy, 1988), *Bruxa e fada* (Flávio Del Carlo, 1988), *A revolta dos carnudos* e *Squich!* (Flávio Del Carlo, 1992). O cenário assume-se como tal sem dificuldades, transparecendo a construção cenográfica que revela artificialidade. Filmes de bonecos ou com bonecos (*Frankstein punk*, *A garota das telas*, *O inseto*, *Esconde-esconde*,

Epopeia, A fuga [1992], entre outros) e desenhos animados (*Zabumba*, 1984, *The Masp Movie* e *Tzubra-tzuma*, 1983], novidades no cinema brasileiro, proliferam. Manipula-se o suporte cinematográfico para introdução de traços pictóricos, alterando-se a forma-câmera das imagens. É o caso de *Folguedos no firmamento*, *Antes do galo cantar* e *Squich!*, que apresentam mistura de desenho animado e imagem fotográfica. Imagens-câmera que trazem a marca da consistência videográfica são também constantes nesses filmes, como vimos nos longas. Imagens documentais de época (de arquivo) e de antigos filmes clássicos também estão presentes em profusão. É o que acontece em curtas como *Arabesco* (1992) e *Esconde-esconde*. O tom fantasista predomina, surgindo com acentos cômicos e debochados, mas nunca agressivos, em *A revolta dos carnudos*, *A bicharada da doutora Schwartz*, *Hipócritas*, *20 Minutos*, *O nariz* (1988), *Memórias de um anormal* (1988) e *Dov'è Meneghetti* (1989), entre outros. O drama realista é minoria. Quando surge, vem carregado dos elementos intertextuais mencionados. Como exemplo, podemos citar a televisão e sua imagem em *Imagem* e *História familiar* (1988) ou o diálogo próximo com o gênero em *Arrepio*; a fotografia em *Cadê a Bolinha?* (1988) ou o cinema em *Nem tudo que é sólido desmancha no ar*.

Também na produção documentária, que não ocupa eixo central, podemos sentir o espírito da época. O documentário em sua forma clássica, com voz *over* assertiva, herdeiro das tradições griersonianas, ocupa a posição de discurso de base a ser citado. Alguns documentários do período se afundam na espessura intertextual, como se fosse impossível remeter diretamente ao universo que enunciam. O documentário clássico, do tipo educativo, é narrativa mãe, espécie de simulacro, que se configura como matéria-prima para o exercício da citação. O modo expositivo que caracteriza o documentário clássico[37] aparece como matéria narrativa ideal para o descolamento estilístico e a referência ao filme como meta-camada discursiva. Serve de matéria-prima para a intertextualidade pós-modernista do mesmo modo que, na ficção, trabalha-se com o filme de gênero hollywoodiano. Estão no alvo as certezas que envolvem as pretensões expositivas do documentário clássico. Exemplos característicos desses procedimentos intertextuais podem ser encontrados em *Ilha das flores* (1989), que desconstrói de forma brilhante a argumentação lógica da asserção expositiva documentária, provocando um curto-circuito que esvazia a dimensão designativa do discurso. *Esta não é sua vida* (1991) toma o mesmo caminho. Em *Mato Eles?* (1982), o procedimento é similar com as asserções educativas sobre a cultura indígena desconstruídas por uma densa camada de ironia que as utiliza para asserir, na beira do falso documentário (ou *mockumentary*). O interessante, e tardio, *Brevíssima história da gente de Santos* (1996), oscila entre enunciação documentária e encenação construída com atores. Também *Jânio a 24 quadros* (1979-1981) tem esse espírito ao se debruçar com forte ironia sobre imagens de arquivo, num procedimento inédito até então, trabalhando a encenação construída.

ALGUNS OUTROS PÓS-MODERNOS

Filmes de cineastas com carreira autoral forte, com genuínas raízes cinemanovistas, também cedem ao clima de época pós-moderno. É o caso, em particular, de Cacá Diegues. Em *Um trem para as estrelas* (1987), o diretor mergulha fundo no visual pós-moderno, com o inevitável saxofone tocado de madrugada, cenários com neon, fotografia fantasista e trama policial transcorrendo dentro da noite urbana. Em *Dias melhores virão* (1988-1989), Carlos incorpora de vez o horizonte pós-moderno do cinema brasileiro na época. No eixo da trama, encontramos o fascínio da narrativa fílmica pela matéria-prima do filme clássico de gênero (em particular, dos anos 1950), marcando a característica intertextualidade "pós". A personagem entra no filme dentro do filme, num procedimento caro ao cinema dos anos 1980 que encontramos também em *A dama do Cine Shangai* e que Wood Allen tipifica em *A rosa púrpura do Cairo* (1985). Tão denso é o universo citado que passa a possuir espessura para fechar o zíper do mundo da ficção, desejo do fetiche que se torna o objeto que oculta. No caso de *Dias melhores virão*, a história gira em torno de um grupo de dubladores que dubla um antigo seriado americano[38]. O seriado americano é tão marcado na espessura de seu estilo que praticamente transforma-se na própria fantasia (a ficção de mentirinha). A protagonista (papel desempenhado por Marília Pêra) consegue escapar ao tédio de seu cotidiano, transferindo-se literalmente para a tela de cinema. Assume a personagem da empregada da estrela norte-americana, interpretada por Rita Lee. É nessa tela que ela aparece um dia, realizada pessoal e profissionalmente depois de ter ido para os Estados Unidos, para a surpresa de seus colegas dubladores quando recebem o material visual da série para dublar. Rita Lee, ao lado de Patricio Bisso (ator muito popular no "pós" brasileiro), compõe no filme um tipo bem característico no gênero brega televisivo, carregando no maneirismo das atitudes. Marília Pera exerce um pouco o mesmo tipo, só que no lado brasileiro da equação. Traz o "brega" para a camada de um gênero nacional, formando a espessura. No final, quando ela surge na tela norte-americana, assume literalmente a figura de Carmen Miranda, personagem que historicamente possui densidade suficiente – no cinema brasileiro e em Hollywood – para fazer casar dois lados na ficção da ficção: exorbitando os tipos maneiristas do musical hollywoodiano e da brasilidade clássica anos 1940 e 1950.

Em *Dias melhores virão*, está ausente a crítica ao classicismo hollywoodiano, comum na geração cinemanovista. Na fascinação pelo *camp*, a deglutição da cultura brasileira surge em camada, mercadoria tipificada para exportação. A marca autoral de Diegues abre espaço mais fácil para a aproximação lírica com o universo nivelado da mercadoria cultural hollywoodiana, movimento no qual outros colegas de sua geração terão dificuldade em acompanhá-lo. O trabalho é significativo, principalmente por mostrar que a sensibilidade pós-moderna também atingiu, em determinado momento, o núcleo duro da geração cinemanovista. Em maior ou menor medida, outros diretores trazem, em suas obras, a marca do que estamos chamando "espírito de época" ou camada de enunciados discursivos e expressões artísticas sintonizados nessa sensibilidade. Podemos citar nesse intervalo, em seu horizonte diferencial, *Romance da empregada* (1987), de Bruno Barreto; *A ópera do malandro* (1985), de Ruy Guerra; *Dedé Mamata* (1988), de Rodolfo Brandão; *Sonho de valsa* (1986-1987), de Ana Carolina; *Ele e o boto* (1986), de Walter Lima Jr.; *Baixo Gávea* (1986), de Haroldo Marinho Barbosa; *A cor de seu destino* (1986), de Jorge Durán; *Lili, a estrela do crime* (1987-1988), de Lui Farias; *Besame mucho* (1986), de Francisco Ramalho, além de algumas manifestações tardias como *A hora mágica* (1998), de Guilherme de Almeida Prado, e *Ed Mort* (1996), de Alain Fresnot.

Apesar da intensidade com que domina a produção nacional na segunda metade da década de 1980, a plástica e a ideologia pós-modernista abandona rapidamente nossas telas, com poucas manifestações no cenário da Retomada. Guilherme de Almeida Prado talvez seja o diretor mais marcado, no modo autoral, por esse contexto, tendo realizado três longas metragens – *A dama do Cine Shangai*, *Perfume de Gardênia* e *A hora mágica* – nos quais a dívida é evidente. Também a podemos sentir em Walter Salles, diretor no qual a permanência das demandas e o clima ideológico da época pós-moderna (que vimos em seus primeiros documentários) tem um abandono brusco e definitivo a partir de *Central do Brasil*. No âmbito da influência, antes de enveredar para a proximidade com o horizonte da temática cinemanovista, Salles filma, entre 1989 e 1991, *A grande arte*, obra na qual se sente, claramente, a dívida com a estética pós-moderna. Baseado em livro homônimo de Rubem Fonseca, o filme, falado em inglês, desenvolve-se dentro de complexa trama policial, delineada em torno da amizade de um fotógrafo estrangeiro com uma garota de programa. A maneira da ação se encavalar, em níveis diversos da representação imagética (em sua ambiguidade, uma imagem fotográfica é o eixo da trama), envolve uma percepção da realidade à beira do simulacro, característica do pós-modernismo. Também o encavalamento de gêneros, em particular o policial, está presente. A escolha de José Roberto Eliezer para a direção de fotografia é significativa. Eliezer, que vinha do trabalho em *Cidade oculta*, *Anjos da noite* e *A dama do Cine Shangai*, tem continuidade estilística para caracterizar uma plástica fotográfica artificial, carregada em cores artificiais. Em *A grande arte*, a imagem da imagem, que já é inicialmente imagem no filme, torna-se o gatilho de uma trama que parece poder sustentar-se em algo que é apenas simulacro, mas tem a particularidade de provocar intensidades reais, tencionando ao infinito o jogo de imagens. Estamos no núcleo dramatúrgico da pós-modernidade, em sua atração por níveis sobrepostos de enunciação.

Antes de sua adesão ao humanismo popularesco que caracteriza filmes da Retomada, Walter Salles ainda realizará, em 1995, outra obra que mantém dívida marcada com o pós-modernismo dos anos 1980. Trata-se de *Terra estrangeira*, filme no qual sentimos a influência do estilo de Wim Wenders e as preocupações que caracterizam sua filmografia nessa fase. A questão das fronteiras e do estrangeiro, a paisagem uniforme, vazia e esmaecida da replicação fria do império da mercadoria, a temática da viagem que atravessa fronteiras sem envolvimento, muito explorada no cinema da época, está no núcleo dramatúrgico desse filme. Também a fotografia em preto e branco, a presença recorrente dos objetos midiáticos de última geração (câmeras, gravadores etc.), media uma *mise-en-abyme* da imagem que, no fundo do mundo do real, bate no simulacro, representação da representação. A estética *clean* estilizada, carregada explicitamente, cria uma espessura de "tipo" cartão-postal na cenografia (vide a imagem do navio encalhado na praia deserta), imagem sem história ou imperfeição, também elemento próprio ao horizonte estético pós-moderno. Mesmo a história em *Terra estrangeira* (a renúncia de Collor e o confisco da poupança), quando vem para primeiro plano, chega pela representação da imagem vídeo, imagem de segunda mão na imagem cinematográfica. É apenas motivo para detonar e aprofundar a decalagem com o quadro social que lhe dá ensejo, conformando a figura do estrangeiro como protagonista e sua medida própria na experiência da história pelos afetos diluídos do pós-modernismo. É como tal que ele buscará empatia (pois há degustação) na distância de um exílio recorrente (na margem do Minhocão ou na fronteira de Portugal) no qual surge novamente a figura do estrangeiro e sua geografia no pós-modernismo. Walter Salles, como seu irmão João Salles, alcança uma guinada em sua carreira na segunda metade da década de 1990. *Central do Brasil* (1997) é um filme no qual a dívida estilística com o pós-modernismo quer desaparecer do horizonte.

TRABALHOS AUTORAIS

A estética pós-moderna marca a corrente predominante no cinema brasileiro – quando este caminha para a grande crise do início dos anos 1990 –, mas não esgota todas as suas veredas. É necessário destacar diretores que continuaram com filmografias de marca autoral particular e diferenciada.

Em fevereiro de 1987, David Neves lança *Fulaninha*, tendo também dirigido, em 1988, *Jardim de Alah*, filmes nos quais o estilo do diretor, marcado pelo lirismo e o tom de crônica da vida carioca, atingiriam sua maturidade. Também da geração que começa sua carreira em torno do Cinema Novo, Luiz Carlos Lacerda, o Bigode, dirige, em 1987, seu terceiro longa-metragem, *Leila Diniz*, no qual retrata a vida da atriz. Hugo Carvana continua sua saga sobre o malandro carioca lançando, em 1991, *Vai trabalhar, vagabundo II, a volta*. Antes da paralisação, em

1985-1986, Nelson Pereira dos Santos realiza *Jubiabá*, coprodução francesa, em que repassa temas caros à sua cinematografia, visitando o universo de Jorge Amado em estereótipos da brasilidade. Em 1986, Walter Hugo Khouri realiza *Eu*. Nesse filme, o diretor retorna ao personagem Marcelo, que atravessa sua obra, agora interpretado por Tarcísio Meira. Em plena crise do cinema brasileiro, em 1988, Khouri levanta uma coprodução italiana para dirigir *Forever*, filme que tem como protagonista o astro Ben Gazarra.

Igualmente com carreira autoral, Carlos Reichenbach lança, em 1987, *Anjos do arrabalde: as professoras* e *Filme demência*. Esse último trabalho possui a fotografia marcada e estilizada, característica da época, com trama dentro da tradição da exasperação existencial que cerca algumas das obras-chaves do cinema brasileiro. A intriga é fragmentada, construída em torno de um mosaico filosófico que vai de Søren Kierkegaard a Goethe. É um filme no qual se sente que o diretor encontra espaço para dar vazão a preocupações profundamente pessoais. *Anjos do arrabalde* desenvolve-se como drama realista, dentro do estilo característico de Carlão, no qual encontramos a melhor depuração do gênero pornochanchada. Os diálogos são ágeis; os personagens, bem definidos e populares; a intriga, simples, mas densa, com um toque lírico fundamental. Situações dramáticas corriqueiras evoluem, traçando um universo – o do subúrbio paulista – raramente trabalhado na ficção brasileira. Em 1988, Reichenbach dirige o episódio "Desordem em progresso" do longa *City Life*, filme sobre vida urbana, dirigido coletivamente por cineastas de diversos países.

Suzana Amaral, em primeiro longa de maturidade, estreia em 1985 com o sensível *A hora da estrela*, adaptação bem-sucedida do romance homônimo de Clarice Lispector. O filme retrata a vida de Macabéa, migrante nordestina com característica personalidade sertaneja, temperamento fechado e forte, pronto para enfrentar a aridez da grande cidade. A química entre os atores Marcélia Cartaxo e José Dumont é marcante e bem explorada. Apesar de ser produção paulistana próxima à Vila Madalena e ao meio acadêmico da USP, com Eliezer na equipe de fotografia e Clóvis Bueno na cenografia, *A hora da estrela*, talvez em função da geração de Amaral ser outra, é filme com personalidade própria e composição realista.

Outra produção da Raiz Filmes, *O país dos tenentes* (1987), de João Batista de Andrade, é filme tardio que pode ser inserido no veio "representação do Brasil", tão caro à geração cinemanovista. A realidade histórica, às vezes alegórica, às vezes drama existencial, confunde-se e sobrepõe-se. Vindo de experiências marcantes em passado não remoto, Roberto Santos faz, em 1986, *Quincas Borba*, seu último longa-metragem. Obra deslocada da época, tem recepção negativa por parte da crítica (que assiste ao filme em festivais), provocando amargura pessoal que muitos consideram responsável por sua morte prematura em 1987. O filme acaba sendo lançado em junho de 1988, sem maior sucesso de público ou repercussão.

Ruy Guerra continuou com sua carreira nessa segunda metade da década, mantendo um estilo próprio, apesar dos percalços por que passa a produção de cinema no Brasil no período. Em 1986, numa coprodução Brasil/Espanha, dirige *A bela palomera*, realizada a partir de obra de Gabriel García Márquez, narrando o trágico romance de um burguês bem estabelecido na Parati do século passado e uma sensível mulher humilde, criadora de pombos. Em 1988-1989, faz *Kuarup*, baseado do romance de Antonio Callado. Trazendo as evoluções pessoais de Nando, um ex-padre que, passando pelo contato com os índios, adere à luta armada, o filme narra a evolução política do Brasil e de toda uma geração. É uma obra tardia, na qual existe a tematização da brasilidade e da representação da história, na forma cara à geração que fez o grande cinema dos anos 1960.

Outros diretores continuam filmando nessa segunda metade dos anos 1980, como Hermano Penna, que dirige *Fronteiras das almas* (1989), retratando uma aventura no Brasil distante; Murilo Salles, que faz *Faca de dois gumes* (1989), explorando uma bem pensada (embora não tão bem articulada) trama policial em um filme que não cede ao deslumbramento pelo gênero, mas mantém vínculos com o naturalismo dilacerado dos anos 1970; Sérgio Rezende, que amadurece uma carreira que decolaria em seguida na Retomada, filmando, entre 1988 e 1989, *Doida demais*; Alberto Salvá, diretor com ampla filmografia muitas vezes beirando o cinema erótico, que faz *A menina do lado* (1987), delicado drama, em estilo *à la* Truffaut, com sensível crônica da maturidade masculina, seduzida pela juvenil feminilidade. Ozualdo Candeias dirige, em 1987, *As bellas da Billings*, dando continuidade a sua carreira de estilo marcadamente pessoal, mostrando mais uma vez a vida marginal na grande cidade entre o sublime e o grotesco. Dentro do cenário do cinema brasileiro, Candeias possui a singularidade de ser um autor com raízes e formação autenticamente populares. Se o cinema brasileiro sempre quis fazer um cinema popular, Candeias é um dos pouquíssimos artistas que emergem diretamente desse estrato popular e que faz cinema, como diretor.

BABENCO E BRESSANE

Hector Babenco e Júlio Bressane são diretores que continuam de modo intenso suas carreiras, no meio da crise que começa a absorver as energias do cinema brasileiro na segunda metade dos anos 1980. Babenco vem de dois sucessos internacionais, *Pixote, a lei do mais fraco* (1980), ainda uma produção brasileira, e *O beijo da mulher aranha* (1984), sua primeira coprodução internacional. *Pixote*, baseado no livro *Infância dos mortos*, de José Louzeiro, retrata tema recorrente na sociedade brasileira: a criança de rua. O filme foi realizado com imagens de intenso realismo, obtidas em locações reais e crianças em situação de rua, realmente envolvidas com o universo ficcional descrito. O realismo acaba por colocar para *Pixote* questões éticas próprias a ficções de forte intensidade dramática, principalmente quando lidam com crianças. O contato do ator mirim Fernando Ramos da Silva com o universo ficcional descrito pelo filme teve efeitos trágicos sobre sua vida, sendo a provável motivação que acabou levando-o a encarnar, na vida real, o papel que desempenhou na ficção. É inevitável constatarmos a transformação da personalidade de um menino que fascina pelo olhar terno e carente. O cinema mantém vínculos particulares com a realidade, através da circunstância da tomada que constitui inexoravelmente sua imagem, vínculos que o distinguem de outras formas de representação (como a literatura), exigindo ética diferenciada. Sobre a história de Fernando Ramos da Silva, José Joffily realizaria, no biênio 1995-1996, *Quem matou Pixote?*.

Impressiona em *Pixote* o realismo das cenas com os atores amadores, além do desempenho extraordinário de Marília Pêra. Um dos pontos fortes de sua carreira no cinema, a atuação é contraponto ao trabalho dos jovens, dando força de gravidade às interpretações naturalistas. *Pixote* foi o trabalho inaugural de Fátima Toledo, preparadora de atores que terá, para o bem e para o mal, forte presença no cinema brasileiro nas primeiras décadas do século XXI. Toledo criou para o filme um padrão de atuação com tonalidades naturalistas carregadas, que às vezes fazem atores perderem nuance em seu trabalho. No caso de *Pixote*, consegue bons resultados junto a atores mirins, embora com o efeito colateral trágico que acabamos de mencionar. Marília Pêra, como grande atriz, digere bem a direção de Toledo e mantém o rumo. Sua personagem é marcada pela interpretação carregada, na qual sentimos a mão pesada da preparadora, mas sem perder o domínio sobre a atuação e a composição da personalidade.

Premiado como melhor filme em língua estrangeira pela crítica de Nova York em 1980, *Pixote* lança a carreira internacional de Babenco. A força do realismo nesse filme, quando contrastada com o cinema de corte pós-moderno analisado, faz ver a evolução que também notamos em Gervitz, cineasta de quem Babenco é próximo. Se comparado com a visualidade de *O Beijo da mulher aranha*, filme lançado em 1984, três anos após *Pixote*, fica realçado um degrau no qual se verifica que também Babenco deixou o realismo para trás. Em plena sintonia com o horizonte de época, *O beijo da mulher aranha*, baseado em peça homônima de Manuel Puig, possui a típica cenografia e fotografia estilizada pós-modernista dos anos 1980, com trama mergulhada em *mise-en-abyme* intertextual. O realismo cru da prisão é ponto de partida para o devaneio estilístico, estabelecido em torno da estética de gênero. A imaginação do personagem homossexual, desempenhado por William Hurt, serve de motivo para a representação imagética estilizada no modo "pós".

O personagem incorpora a sensibilidade pós-moderna, numa espécie de choque contrastante com o realismo escatológico que domina os dois primeiros sucessos da carreira de Babenco – *Lúcio Flávio, o passageiro da agonia* e *Pixote*.

O conflito, em *O Beijo da mulher aranha*, entre dois personagens na mesma cela (o prisioneiro político e o homossexual), configura, em dois polos distintos, a reação do naturalismo realista de esquerda à poética mais feminina, com sensibilidade *gay*, que embarca sem dificuldade na citação intertextual "pós". Ao fundo, está a empatia com o *frisson* do fetiche que o filme clássico provoca *versus* a consciência não alienada e política que pensa o produto de Hollywood apenas como uma mercadoria a mais no mundo. De um lado, há o personagem homossexual, as firulas, os trejeitos, o cinema de gênero, a *mise-en-abyme* imagética; de outro, o realismo duro da prisão (que surge em algumas imagens), o militante político de esquerda, certo machismo, o desprezo pela gordura estilística e pelo prazer explícito que o protagonista homossexual tem em narrar. Babenco reproduz bem, na cela de seu filme, a própria evolução de sua obra face ao novo contexto ideológico dos anos 1980. A questão da homossexualidade está em primeiro plano e é trabalhada num todo que nos remete mais às preocupações do culturalismo norte-americano do que à temática do popular, característica da produção nacional sintonizada por Babenco quando chega ao Brasil. Babenco traz um olhar que vem de fora e que olha com espanto (e certa superioridade portenha) aqueles que se debatem para sobreviver no horror civilizatório brasileiro. É o olhar que definirá sua produção posterior nos anos 2000, principalmente em um filme como *Carandiru*.

Ainda em 1987, quando o cinema brasileiro avança para a paralisação, Babenco consegue levantar a produção de *Ironweed*, filme com produção e distribuição internacional, tendo Meryl Streep e Jack Nicholson nos papéis principais. O filme é realizado a partir do romance homônimo de William Kennedy, que no Brasil teve o título de *Vernônia*. Introspectivo, não obtém o sucesso esperado. Em seguida a *Ironweed*, dirige *Brincando nos campos do Senhor* (1990), produção norte-americana que é uma adaptação do livro homônimo de Peter Matthiessen. Voltado para o público norte-americano e europeu, o filme possui a preocupação de mostrar as maravilhas da selva, sua paisagem e uma cultura indígena intocada. Como em *O beijo da mulher aranha*, a realidade brasileira surge como pano de fundo para a ação dos protagonistas e oscila entre o fantasmagórico, o incompetente e o sórdido. Sintomaticamente, os atores que são brasileiros servem apenas para compor um fundo em segundo plano, seja na trama ou no espetáculo amazônico. Em *Lúcio Flávio* e *Pixote*, sentimos organicamente o choque que a realidade social brasileira exerce sobre o diretor argentino. Em *O beijo da mulher aranha*, e mais em *Brincando nos campos do Senhor*, essa realidade, puxada em seus aspectos escatológicos, é usada apenas como cenário vivo, pano de fundo, adequado para uma trama que dela emerge descolada.

Júlio Bressane é outro diretor com personalidade autoral que mantém atividade contínua durante os momentos críticos. Tem um estilo que tangencia a exasperação, principalmente na obra "marginal" dos 1970 e no período Belair. Contudo, talvez por lidar de maneira irônica com a espessura da enunciação fílmica, a filmografia do diretor se aproxima mais da geometria analítica que do barroco convulsivo. Bressane tem outra característica rara nos diretores nacionais: filma regularmente. Com um modo de produção barato e ágil, consegue dar vazão a seus anseios estilísticos e imagéticos. Possui filmografia ampla, na qual podemos vê-lo evoluir gradualmente, pelas décadas, ao largo das vicissitudes por que passa a produção cinematográfica brasileira. Em 1985, dirige uma adaptação machadiana, *Brás Cubas*, na qual frases secas extraídas do romance original literalmente se transformam em trocadilhos, enunciação recitativa que quer demonstrar a poesia como evidência. A melancolia de Machado adquire um suave tom debochado, que traz o original e marca o distanciamento. Bressane certamente não é pós-moderno, mas também vai sentir a inflexão da época. Em 1989, dirige *Sermões*, realizado em torno da obra do Padre Vieira, em contato próximo com os concretos paulistas, em particular Haroldo de Campos, além da música de Livio Tragtenberg. Em 1992, realiza o episódio "Quem seria o feliz conviva de Isadora Duncan?" do longa em episódios *Oswaldianas* codirigido por Lúcia Murat, Roberto Moreira, Inácio Zatz, Ricardo Dias e Rogério Sganzerla. O episódio é encenado por Giulia Gam e Bete Coelho, relatando um suposto encontro entre Oswald de Andrade e Isadora Duncan.

Durante a alta crise do cinema brasileiro, Bressane não para. Mobiliza-se para a produção em vídeo, realizando, em 1992, *Galáxia albina*. A obra utiliza texto do poeta Haroldo de Campos, que participa como diretor e roteirista. Em 1993 faz, também em vídeo, *Infernalário: logodédalo* e *Galáxia dark*, dois filmes inspirados no livro-poema de Haroldo de Campos *Galáxias*. Nesses três filmes sentimos plenamente a voracidade contemporânea pós-moderna pela intertextualidade, através de um trabalho intenso de imagens fílmicas incorporadas pela narrativa no modo de citações recorrentes, indo dos filmes de Elvis Presley ao Godard ligado ao gênero (*Alphaville*, 1965), passando pelo cinema "inocente" de *The Big Swallow* (1901), a reencenação de Mojica em *À meia-noite levarei sua alma* (1964), o Hitchcock de *Um corpo que cai* (1958), a imagem arquetípica da Marilyn Monroe, entre outras. Em *Criação e recriação de imagem no filme cinematográfico* e *Antonioni – Hitchcock: a imagem em fuga*, dois filmes também de 1993, o mergulho na história do cinema só se acentua e se fecha em copas. A citação se hipertrofia e absorve a camada discursiva que passa a servir apenas como teia tênue, sustentando a sobreposição de blocos imagéticos originários em si mesmos. O horizonte intertextual "pós" recebe a visita de um cineasta moderno que o escarafuncha na direção de fazer emergir a brecha do figural, procedimento pouco explorado no pós-modernismo brasileiro.

O FIM DA PORNOCHANCHADA E O SEXO EXPLÍCITO

Um continente costuma ficar oculto nas análises da grande crise dos anos 1980 e 1990 e deve ser realçado. Trata-se da pornochanchada, que encontra o final de seu ciclo nesse período. Dominada pelo sexo explícito[39], chega a um fim brusco e definitivo em 1992, depois de mais de vinte anos de produção intensa. O súbito desaparecimento do gênero no mercado exibidor marca, pelo contraste, sua dimensão. O veio pornochanchada/explícito mantém, durante a década de 1980, um invejável dinamismo. Viabiliza-se como a principal produção brasileira ao largo do amparo estatal da Embrafilme. Centrada na Boca do Lixo paulista, tem seu público cativo e consegue chegar a boas bilheterias, mantendo também vasta produção horizontal de menos sucesso. O ritmo não arrefece na primeira metade da década de 1980, com a chegada do sexo explícito. Mais de uma dezena de filmes superam a marca de 1 milhão de espectadores: *Coisas eróticas* (1981), *Alugam-se moças* (1981), *Giselle* (1980), *A noite das taras* (1980), *Mulher objeto* (1980), *Ivone, a rainha do pecado* (1983), *Mulher, mulher* (1977), *A fome do sexo* (1981), *Depravação* (1980), *Coisas eróticas 2* (1984), *Bacanal – ménage à trois* (1980), *Orgia das libertinas* (1980), *Eva, o princípio do sexo* (1981), e pelo menos outra dezena de filmes com mais de 500 mil espectadores[40]. Também cabe destacar a relação orgânica da Boca com o circuito exibidor, fora do braço da Embrafilme. A Boca sabia produzir e distribuir cinema. Embora sem sofisticação temática ou estilística, o elevado número de filmes que lá tiveram sua origem nos fornece a verdadeira dimensão da pornochanchada, como parte do cinema brasileiro.

A produção da Boca e da comédia erótica em geral é a verdadeira "face B" do cinema nacional. Encontramos nela nosso lado filme B, louvado pelas vanguardas modernas e pós-modernas em outras plagas (de Tarantino à *nouvelle vague*), quando partem em busca do classicismo *trash*. Podemos localizar na produção da Boca os conteúdos e a ideologia dominante dos estratos populares da sociedade brasileira, espécie de vínculo com um *habitus*[41] de cores pequeno-burguesas, sistema de práticas, pensamentos e sentimentos, estilo de vida e gostos, que levam agentes a incorporarem determinada estrutura social. São valores que, na pornochanchada, confluem de modo significativo em torno de um eixo: a afirmação reiterada e problemática (pois ameaçada) da masculinidade sobre a condição feminina e sobre o homossexual. As demandas da afirmação masculina ameaçada revelam um contexto social no qual a mulher concorre profissionalmente e se liberta da tutela no cotidiano. Na pornochanchada, as oposições em torno da afirmação sexual da mulher são toscas e diretas. Não possuem a sofisticação ideológica da classe média, com formação cultural humanista. A pornochanchada, em sua expressão típica, é um cinema feito por cineastas de classe média baixa para as camadas populares da população brasileira, com ideologia fortemente machista, algumas vezes mesmo racista. Responde a um sentimento de insegurança social. Busca a afirmação de um novo "capital cultural", se assim podemos nos referir a seu horizonte de valores. São as novas camadas ascendentes da população brasileira, herdeiras do milagre econômico dos anos 1970, novos ricos ou pequenos burgueses remediados, em situação de debate com a classe média tradicional ou a alta burguesia. No universo ficcional, de um lado aparece a alta burguesia com seus carrões, madames e mansões; de outro, o lumpemproletariado urbano, no limite dos miseráveis. No meio, se encontra essa pequena burguesia popular que circula nos bares e produtoras da Boca e se faz representar em seus filmes, querendo se diferenciar de ambos para encontrar identidade. O deslumbre com o universo e os bens da alta burguesia é evidente. Seus gostos não são os da cultura erudita, campo de representação que possui uma lógica que desconhecem e os exclui na origem. Como forma de lidar com a necessidade de afirmação, surge o domínio pela exibição viril da libido masculina, estratégia para se firmar na oscilação social e na ameaça de exclusão.

O ato de "comer a madame", ampliando para a luta social a "dialética do comer e do comido"[42], é a realização dos dilemas da pequena burguesia que fervilha nas ruas da Boca. A reiteração do domínio sexual reflete, portanto, a armadilha pressentida da dependência do desejo feminino. Serve como moeda de troca para, na opressão do outro-mulher, reiterar o ego masculino e reafirmar a posição vantajosa no xadrez social, posição que ainda não se conseguiu ocupar, mas que se vislumbra pelo "comer". Certamente essas afirmações gerais podem ser nuançadas em análises fílmicas particulares, o que foge ao escopo deste trabalho, mas a tendência agressiva e depreciativa do feminino (e do homossexual) nas relações de gênero é ponto dominante na pornochanchada. A reafirmação do desejo masculino pela desqualificação da mulher instaura uma temática recorrente na qual o homem "come" e ocupa o lado positivo da equação, opondo-se a mulher (ou o homossexual masculino) que necessariamente "dá" e fica do lado negativo. Não há escapatória no círculo, e a devoração sexual será sempre voltada para um ponto de rendimento a favor do lado masculino. O personagem feminino não consegue exercer o "comer". A tentativa é feita em diversos filmes, através de diversas situações ficcionais, mas é logo obsessivamente ridicularizada. A dialética do "comer" e do "comido" é, portanto, falsa, pois a síntese escapa. Exerce-se numa só direção, negando ao lado feminino a afirmação narcisista na troca sexual.

Quem faz e vê pornochanchada (espectadores, cineastas, roteiristas, técnicos e atores) é basicamente o estrato popular, dentro da segmentada escala social brasileira. A pornochanchada talvez seja a única produção cinematográfica no Brasil que foi dominada por grupos sociais que, em sua ideologia, passam ao largo do horizonte cultural que divulga gostos e valores de camadas esclarecidas da classe média que, historicamente, dominam os mecanismos de produção no cinema brasileiro e que sempre detiveram o capital (financeiro e cultural) para produzir e fazer circular a mercadoria filme. O desprezo recorrente com o continente da pornochanchada no cinema brasileiro é sinal da clivagem de um *habitus* descolocado em relação a estruturas dominantes de agenciamento da ação social.

Após a segunda metade dos anos 1980, mais precisamente em 1992, o ciclo das pornochanchadas centrado sobretudo em São Paulo, com produções também cariocas, está praticamente encerrado[43]. No decorrer da década, a pornochanchada é progressivamente invadida pelo sexo explícito, o que inviabiliza a produção cinematográfica nos moldes em que havia se estabelecido a partir de 1970. Além de afugentar atores profissionais, inviabilizando um sistema de estrelato mais consistente, o sexo explícito possui um tipo de constituição fílmica narrativa inerente que bloqueia o desenvolvimento do gênero pornochanchada. Baseado em longas cenas descritivas, a intensidade da imagem explícita acaba devorando, num movimento autofágico, a estrutura narrativa da pornochanchada na qual estava inserida. A pornochanchada possuiu, historicamente, estabilidade como gênero. Constituiu-se de modo bastante estável, com característico universo ficcional, personagens, trama, *mise-en-scène*, direção de atores e *star system* particulares. Essa estabilidade, em sua diversidade, configura claramente um gênero no cinema brasileiro que dura cerca de vinte anos. Como costuma acontecer com os gêneros cinematográficos, à estabilidade narrativa corresponde um contexto estável que envolve estruturas de produção da mercadoria filme, incorporando força de trabalho: atores, equipes de filmagem, técnicos diversos, companhias produtoras e companhias envolvendo trabalhos de pós-produção. Mais do que a produção propriamente, envolve também um sistema que permite a realização do valor da mercadoria filme no mercado, deslanchando a possibilidade de sua reprodução. Envolve um sistema próprio de distribuição e exibição fílmicas. Esse é o setor no qual a Boca desenvolveu estruturas de comercialização particulares, sustentando o gênero de modo global. É todo o conjunto que fervilha nas atividades cotidianas, envolvidas pelo que foi "fazer cinema" na chamada Boca do Lixo.

O gongo final desse ciclo da produção nacional dá-se por uma espécie de erva daninha que brota em suas entranhas e não lhe permite mais respirar. Em termos estéticos, é o aparecimento do sexo explícito que dilui personagens e acaba com a *mise-en-scène* própria ao gênero. Torna roteiros inúteis, desaparecendo com a trama ficcional; explode o *star system* das pornochanchadas, afugentando atores, mantém a distância os principais diretores, que passam a se aproximar das produções usando codinomes. A própria noção de unidade fílmica acaba diluída com trechos de uma mesma produção sendo reproduzidos em diversas obras[44]. Quando o espectador cansa-se da novidade do explícito, no início da década de 1990, pouca coisa restou da pornochanchada. O circuito exibidor também se ressente da presença do sexo explícito, no filme de ficção tradicional da pornochanchada. Um filme com sexo explícito não pode ser exibido em qualquer lugar, pois acaba estigmatizando o cinema. Em muitas cidades do interior, a exibição é problemática. O cinema da Boca do Lixo caminha, mais e mais, para se situar num gueto.

O fim da pornochanchada está no centro da grande crise que atravessa o cinema brasileiro e, como vítima e protagonista, dela recebe seu golpe fatal. As produções vão simplificando-se ao extremo e, no final, remontagens, ou narrativas articuladas de modo extremamente precário, dominam as produções da Boca. As tomadas em locações acabam servindo de matriz para a utilização em obras diversas, com acréscimos variáveis, de modo a esboçar novas tramas na mesma unidade, sempre com sexo explícito ao fundo. As longas partes descritivas do explícito, por sua própria natureza em *close*, não necessitam ser filmadas a cada produção, podem ser captadas numa espécie de banco de imagens em arquivo prévio, já acumulado. O resultado são alguns diretores (como Carlos Nascimento e Custódio Gomes) que chegam a dirigir quase uma dezena de filmes em determinados anos. Estes filmes, no entanto, ocupam espaço real no circuito exibidor, embora não exista levantamento preciso sobre o público para o tipo de produção.

Na realidade, trata-se de movimento em que a imagem explícita, com a intensidade máxima que lhe é característica, impõe uma dilatação à trama ficcional e à *mise-en-scène*. A dilatação descritiva do explícito, sendo uma "atração" em si, dilui a estrutura narrativa que se desloca e abandona a ação. Deslocando o espectador da intriga para a "atração", o sexo explícito explode o sistema narrativo, num procedimento similar (embora inverso) daquele descrito pelos estudiosos do "cinema das origens"[45]. Entenda-se inverso, pois nas origens do cinema a narrativa abandona a "atração" do novo maquinismo para encontrar o leito da "narrativa clássica", do qual não mais sairia. Alguns gêneros do cinema, como o musical, ou filmes de ação espetaculares, também possuem estrutura narrativa que os permite deter-se na "atração". A pornochanchada segue um pouco esses últimos, com longas cenas descritivas em torno de corpos nus e ações sexuais como beijos e carícias. Com a chegada do explícito, a balança perde o equilíbrio. A narrativa abandona a trama, veio que sustenta a articulação fílmica clássica, e assim cava seu fim. O resultado do processo é uma espécie de supernova do explícito que devora tudo a seu redor em busca de novas "atrações" para se retroalimentar. Na linha em que não há volta, o próximo, e último passo do explícito na Boca, é a bestialidade, ou o sexo com animais. O ocaso da Boca é demonstrativo para onde nos leva o "cinema de atrações" quando se descola por inteiro da intriga e porque, historicamente, apesar de dominante no chamado "cinema das origens", acabou canalizado e submisso no veio do classicismo narrativo. O final do gênero pornochanchada se delineia quando a narrativa abandona personagens e intriga, que sustentavam a trama debochada e erótica, para se entregar à imagem explícita bestial.

A bestialidade, a zoofilia, é o final da linha na evolução do cinema da Boca, em direção ao rompimento de tabus visuais. Nesse setor, a filmografia explícita das pornochanchadas constrói uma filmografia ampla que mais tarde, em vídeo, seria exportada para outros países, particularmente os Estados Unidos. Na intensa produção cinematográfica estão certamente embutidas remontagens, com trechos de filmes sendo repetidos. É interessante notar como diferentes diretores se especializaram em determinados animais, talvez em função de tomadas prévias que servem para filmes diversos ou pelo conhecimento do dispositivo. A produção afirma-se a partir do pioneiro *A menina e o cavalo*, de Conrado Sanchez, lançado em março de 1984[46]. Depois de abril/maio de 1986, a produção zoofílica se amplia e se afirma na Boca dominando o horizonte com diversos diretores e o lançamento praticamente simultâneo de produções independentes, o que se mantém nos anos subsequentes. O ano de 1986, com mais de um lançamento por mês, é o exemplo inicial de uma produção que continua com o mesmo ritmo nos anos seguintes. José Mojica Marins mantém dívida com a bestialidade explícita em *24 horas de sexo ardente*, filme lançado em 1985, com uma das primeiras cenas de sexo com animais no cinema brasileiro, de inegável viés cômico. Aproveitando o estrondoso sucesso de *24 horas de sexo ardente*, Mojica lança, em 1987, dois outros filmes com sexo explícito, ambos produzidos em 1986: *48 horas de sexo alucinante*, no qual divulga promessas de intriga com animais e *O dr. Frank na clínica das taras* (assinado com o codinome de J. Avelar). Esses são os últimos filmes que assina como diretor na época. Mojica não voltaria a dirigir na década de 1990.

A presença de lançamentos com sexo explícito, além do zoofílico, domina como uma espécie de praga o mercado exibidor popular brasileiro, principalmente depois de 1985[47]. O número de lançamentos anuais explícitos supera os não explícitos no período 1985 a 1991. Em diversos anos, a produção explícita atinge mais que o dobro da não explícita, dominando quantitativamente o mercado exibidor nacional. O explícito se insere de modo orgânico na Boca. Foi feito por produtoras e cineastas que estavam lá antes de seu domínio, na segunda metade da década de 1980. Sua emergência irá significar o desaparecimento e a ascensão desordenada de uns e outros. É no início da década de 1990 que tudo termina. É significativo que o cinema brasileiro, como um todo, tenha se paralisado no mesmo momento em que a produção da Boca. Isso mostra que, apesar de patinho feio, a Boca esteve ligada organicamente à produção cinematográfica nacional. Em 1992, há dois lançamentos de explícito (um deles zoofílico), para depois desaparecerem por completo do circuito exibidor. Talvez o foco tenha migrado para outras mídias, não mais necessitando da vitrine cinematográfica para se firmar como mercadoria filme.

Detalhando o quadro da paralisação do cinema brasileiro no período, em 1987 tivemos lançados, em São Paulo, 49 filmes eróticos nacionais, a maior parte deles produzidos na Boca. Esse número cai para 24 em 1988, 21 em 1989, mantém-se em 24 em 1990, 17 em 1991, para cessar em 1992, quando temos registrados apenas dois lançamentos no início do ano (janeiro e fevereiro). Se a produção da Boca não tem data de nascimento, seu atestado de óbito é claro: em 1992 praticamente não se filma mais na Boca do Lixo, paralisia que acontece simultaneamente na produção nacional cinematográfica como um todo. Em 1992, são lançados apenas quatro filmes não eróticos no circuito exibidor paulista: o filme de episódios *Oswaldianas*; o documentário *Rádio Auriverde: a FEB na Itália*, de Sylvio Back; *Sua excelência o candidato*, comédia política de Ricardo Pinto e Silva; e uma última produção no esquema da Boca (Fauzi Manzur), *A gaiola da morte*, dirigido por W.A. Kopeski, tentando manter-se à tona fora do explícito com artes marciais[48].

Em 1993, a paralisia do cinema brasileiro continua com apenas três lançamentos no circuito paulista, sendo um deles explícito. Em 1994, a Retomada se delineia amadurecida, com 12 filmes nacionais lançados, nenhum deles explícito. O período de transição, que situamos entre 1990[49] e 1993, termina, portanto, em 1994. Os primeiros sinais de um reinício da produção se faziam presentes em 1993, mas não haviam atingido o circuito exibidor, que mantinha sua letargia. A sintonia na crise entre a produção da Boca e o restante do cinema brasileiro demonstra a articulação orgânica entre os dois braços do modo de produzir e exibir cinema no Brasil, ambos com raízes no início dos anos 1970, avançando para a década de 1980. Um modo teve seu braço principal na Embrafilme; o braço canhoto ficou nas produtoras que sobreviviam na região da rua do Triunfo em São Paulo. São dois universos que caminham em paralelo e que mergulham juntos no mesmo fim. Ambos não estarão mais presentes quando o cinema brasileiro conseguir de novo erguer sua cabeça.

ÚLTIMOS ESTERTORES

Os anos de 1992 e 1993 devem ser considerados como os de pico da grande crise do cinema brasileiro. No entanto, em 1991, ele sobrevive num embalo que é uma espécie de último fôlego[50]. São lançados filmes de vínculos fortes com a produção das décadas de 1970 e 1980, mas que agora não encontram público, crítica, nem exibição, deserdados do braço distribuidor da Embrafilme. É o caso de *A bela palomera*, de Ruy Guerra, uma produção de alto custo lançada em 1991; ou *A grande arte*, de Walter Salles, lançada no mesmo ano, feita com orçamento de grande produção, o que não seria repetido pelo diretor em seus filmes seguintes na década (como ele próprio afirma, dizendo haver aprendido a lição). Outro caso é *Dias melhores virão*, obra em que Cacá Diegues entra em sintonia com a estilística pós-moderna, tentando se recuperar das dívidas que fizera com *Quilombo*. *A grande arte* e *Dias melhores virão* compõem a estética do pós-modernismo tardio, atingindo o mercado exibidor quando esse contexto definha no horizonte e os novos tempos da Retomada começa a brotar nos ares. São longas sem público e sem circuito exibidor, numa roda em que o cão do desinteresse morde o rabo da ausência de estrutura para exibição. O fato de *Dias melhores virão* ter sido exibido na televisão, antes de chegar às salas de cinema, é sintomático da total desarticulação da distribuição nacional. Quando é lançado no circuito, em outubro de 1991, com a crise configurada, ocupa circuito alternativo, passando praticamente despercebido como lançamento. Isso acontece justamente com um filme de claro potencial de bilheteria, realizado pelo diretor cinemanovista que melhor dialoga com o grande público. Também em 1991, é lançada a refilmagem de *Matou a família e foi ao cinema* por Neville D'Almeida. Neville fez parte da geração que, na virada dos anos 1960, realizou o cinema de vanguarda denominado Marginal (*Piranhas do asfalto*, 1970; *Mangue bangue*, 1971; o incloncluso *The Night Cats*, 1972). O segundo *Matou a família e foi ao cinema*, no entanto, mantém poucos pontos de contato com a estilística inconformada e iconoclasta do original no qual se baseia. Parece ser mais outra obra que chega atrasada ao banquete das citações e da intertextualidade pós-modernista e dele se serve à vontade.

Como vimos, a produção da Boca é engolida pelo explícito e a ocupação do circuito exibidor é voltada para esse cinema. Mas ainda funciona num vapor reduzido, no qual a mudança de patamar está clara. A partir de 1992, as salas que abrigavam essa produção definham. Diretores mais recentes da pornochanchada e do explícito, como Carlos Nascimento, Custódio Gomes, Sady Baby, Francisco Cavalcanti e Juan Bajon dominam o mercado com o lançamento de produções precárias, em sua maior parte montagens de sexo explícito, feitas em série. Se em 1989, encontramos lançamentos de produções em torno de nomes tradicionais da Boca, como Fauzi Mansur, Alfredo Sternheim, Jean Garrett, em 1990 eles desaparecem para o domínio exclusivo das produtoras de Nilton e Carlos Nascimento (pai e filho), Custódio Gomes, Sady Baby, Juan Bajon e outros voltados exclusivamente para a produção predatória do explícito. Em 1991, o ciclo pornochanchada caminha para seu final com o lançamento de cinco filmes explícitos, sendo três em janeiro (*Uma dona muito boa*, *Aventuras eróticas de Dick Traça* e *Tentações*); *Hospedaria Tieta*, em abril; *Lambadas e lambidas*, em julho, e *Sexo sem limite de prazer*, em novembro. Em outubro de 1991, a produtora de Carlos Nascimento lança *Horas ardentes* e, em janeiro e fevereiro de 1992, temos *Bernadão, cachorro erótico das madames* e *A piranha*. Em 1992, a produção da Boca chega a seu ocaso, e o explícito desvincula-se definitivamente do modo de produção cinematográfico brasileiro, envolvendo circuito exibidor.

No cenário final da crise ainda fulgura, em 1990 e 1991, o esquema das produções para grande público, conforme erigido na segunda metade dos anos 1980, girando em torno de Xuxa e Os Trapalhões. Mas em seguida, essas produções também mergulham no buraco, junto com a Embrafilme e a produção Boca do Lixo. No biênio 1990-1991, são lançados os três últimos Trapalhões anteriores à Retomada: *Uma escola atrapalhada*[51] (1990 – 2.571.095 espectadores); *O mistério de Robin Hood* (1990 – mais de 1 milhão e 200 mil espectadores) e *Os trapalhões e a árvore da juventude*[52] (1991 – mais de 1 milhão de espectadores)[53]. Além da produção dos Trapalhões, outros filmes de grande público com astros globais estão a todo vapor no biênio 1990-1991. Isso demonstra a velocidade com que vinha o ritmo da produção nacional, que demora a desacelerar por completo. Em 1990, Xuxa atua em *Lua de cristal*. Com o colapso da produção nacional já por inteiro configurado, *Lua de cristal* é uma das maiores bilheterias de todos os tempos no cinema brasileiro, com 4.781.165 espectadores. No ano seguinte, 1991, *Gaúcho negro*, com participação especial de Xuxa, tem cerca de 700 mil espectadores. Sérgio Mallandro, estrela televisiva na época, protagoniza também sucesso em 1991, com *Inspetor Faustão e o Mallandro, a missão primeira e única*, além de *Sonho de verão* (1990), com as "paquitas" da Xuxa, que leva aos cinemas 1 milhão e 700 mil espectadores.

É significativo, portanto, o público que essas produções alcançam logo antes de o cinema brasileiro sumir por completo do circuito exibidor. Demonstram a força com que a produção nacional domina seu mercado e consegue manter-se, mesmo quando atingida pelo debacle. Força que tem origem nos anos Embrafilme e resiste em perder sua vitalidade, embora subitamente desapareça por um período para voltar à superfície somente na segunda metade da década de 1990. Como arte que envolve grandes recursos financeiros para sua realização, a produção cinematográfica possui esse caráter de "ciclotimia", com alterações bruscas, alternando de modo mais marcado que outros setores da produção cultural. Vemos então um cinema que parece querer resistir em desaparecer, pois tem força motriz própria. Em 1992, no entanto, o cenário desmorona por completo, com a paralisia simultânea das grandes produções, da Boca e do cinema mais autoral. O eclipse do cinema nacional não deixa ilha marginal de sobrevivência. O quadro da grande crise está delineado. O cinema brasileiro que emergirá daí será outro, dentro de uma linha histórica distinta de continuidade autoral e de mercado.

NOTAS

1. Cf. tabela "Filmes lançados por ano (1983--1994)" na p. 365.
2. André Gatti, "Embrafilme e o cinema brasileiro", *Cadernos de Pesquisa/Centro Cultural São Paulo*, São Paulo: Secretaria Municipal da Cultura, 2008, p. 48. A tabela "Público de filmes brasileiros", presente no texto mencionado, especifica a porcentagem do público em produções nacionais da Embrafilme entre 1971 e 1979.
3. Sobre a constituição histórica da Embrafilme, cf. capítulo "Sob a sombra do Estado: Embrafilme, política e desejo de indústria", nas pp. 290-321. Cf. ainda Tunico Amancio em *Artes e manhas da Embrafilme: cinema estatal em sua época de ouro*, Niterói: EdUFF, 2000/2011. Cf. igualmente André Gatti: "Embrafilme e o cinema brasileiro", *op. cit.* e "Embrafilme", em: Fernão Pessoa Ramos e Luiz Felipe Miranda (orgs.), *Enciclopédia do Cinema Brasileiro*, São Paulo: Senac, 2012.
4. O Concine foi criado em 1976 e extinto em 1990, simultaneamente à Embrafilme.
5. Cf. Observatório Brasileiro do Cinema e do Audiovisual, "Dados de mercado: filmes brasileiros com mais de 500.000 espectadores – 1970 a 2014", disponível em: <http://oca.ancine.gov.br/media/SAM/DadosMercado/2105-22052015.pdf>, acesso em: 20 set. 2015.
6. Luiz Felipe Miranda, "Filmografia", em: *Nova história do cinema brasileiro*, v. 2, edição exclusivamente digital.
7. *Ibidem.*
8. Sobre detalhamento da legislação que levou a Embrafilme a seu final, cf. André Gatti, "Embrafilme", *op. cit.*
9. Cacá Diegues, *Vida de cinema: antes, durante e depois do cinema novo*, Rio de Janeiro: Objetiva, 2014, p. 608.
10. Cf. Jean-François Lyotard, *La Condition postmoderne: rapport sur le savoir*, Paris: Éditions de Minuit, 1979. Cf., do mesmo autor, *Le Postmoderne expliqué aux enfants*, Paris: Galilée, 1986.
11. *Idem, Discours, figure*, Paris: Klincksieck, 2002.
12. Fredric Jameson, *Pós-modernismo: a lógica cultural do capitalismo tardio*, São Paulo: Ática, 2000, p. 46.
13. *Ibidem*, p. 47.
14. *Ibidem*, p. 48.
15. Jean Baudrillard, *Simulacros e simulação*, Lisboa: Relogio d'Água, 1991. A edição original é de 1981: *Simulacres et simulation*, Paris: Galilée.
16. Nelson Peixoto Brissac, *Cenários em ruínas: a realidade imaginária contemporânea*, São Paulo: Brasiliense, 1987.
17. *Idem, América: imagens*, São Paulo: Companhia das Letras, 1989.
18. *Idem, América: depoimentos*, São Paulo: Companhia das Letras, 1989.
19. *Idem, Cenários em ruínas: a realidade imaginária contemporânea, op. cit.*, p. 28.
20. *Ibidem*, pp. 240-1.
21. Cf. Renato Luiz Pucci, *Cinema brasileiro pós-moderno: o neon realismo*, Porto Alegre: Sulina, 2008; Jean-Claude Bernardet, "Os jovens paulistas", em: Miguel Pereira, Ismail Xavier e Jean-Claude Bernardet (orgs.), *O desafio do cinema: a política do Estado e a política dos autores*, Rio de Janeiro: Zahar, 1985; Tales Ab'Saber, *A imagem fria – cinema e crise do sujeito no Brasil dos anos 80*, São Paulo: Ateliê, 2003. Cf. igualmente a tese do cineasta Chico Botelho (Franciso Cassiano Botelho Júnior): *A técnica e estética na imagem do novo cinema de São Paulo*, Escola de Comunicação e Artes, Universidade de São Paulo, São Paulo: 1991. Sobre a estética pós-moderna no cinema brasileiro, cf. também Fernão Pessoa Ramos, "A dama do Cine Shangai", em: Amir Labaki (org.), *O cinema dos anos 80*, São Paulo: Brasiliense, 1991, pp. 301-9.
22. Jean-Claude Bernardet, "Os jovens paulistas", *op. cit.*
23. *Ibidem*, p. 82.
24. *Ibidem*, p. 79.
25. *Ibidem*, p. 82.
26. Cf. Tales Ab'Saber, *A imagem fria: cinema e crise do sujeito no Brasil dos anos 80, op. cit.* e Jean-Claude Bernardet, "Os jovens paulistas", *op. cit.*
27. Jean-Claude Bernardet, "Os jovens paulistas", *op. cit.*, p. 78.

28 Cardoso foi assistente de direção em *Sem essa aranha* (1970), de Rogério Sganzerla.

29 Haroldo de Campos, "Ivampirismo: o cinema em pânico", *Jornal Correio da Manhã*, 14 ago. 1972 *apud* Ivan Cardoso e Rubens Ferreira Luchetti (orgs.), *Ivampirismo: o cinema em pânico – O segredo da múmia – As setes vampiras*, Rio de Janeiro: Ebal; Fundação do Cinema Brasileiro, 1990.

30 No Brasil o filme ganhou o título *A roda da fortuna*.

31 Em seu livro de memórias, Roberto Gervitz confirma a "admiração confessa" de Charlone "por Vittorio Storaro, grande diretor de fotografia italiano, que assinou [...] *O Fundo do Coração* de Francis Ford Coppola". Afirma que "este último filme, que adotava uma iluminação teatral com forte presença das cores vibrantes das luzes de néon, foi uma grande inspiração para o tratamento visual desenvolvido em *Feliz Ano Velho*". E concluindo sobre a cenografia: "Storaro havia criado, ao longo da carreira uma proposta de trabalho cromático relacionado à dramaturgia [...] as cores provocariam sentimentos e sensações nas plateias, ampliando o escopo expressivo do universo visual de um filme. Inicialmente relutante Clovis Bueno acabou embarcando em nossa viagem [...]". Cf. Roberto Gervitz, *Brincando de Deus*, São Paulo: Imprensa Oficial, 2010, pp. 125-6, Coleção Aplauso.

32 Roberto Gervitz, "A geração 80 em cinema, vídeo e televisão no Brasil", em: Festival Del Nuevo Cine Latino-Americano, Havana: 1988 [texto datilografado cedido pelo autor].

33 Ibidem.

34 Ibidem.

35 Sobre o tema, cf. Fernão Pessoa Ramos, "A dialética do comer e do comido e outros babados", *Revista USP*, São Paulo: set.-nov.1993, n. 19.

36 No Brasil o filme teve como título *Amor sublime amor*.

37 Sobre o modo expositivo na tradição documentária, cf. Bill Nichols, *Representing Reality*, Indianapolis: Indiana University Press, 1991; Bill Nichols, *Introdução ao documentário*, Campinas: Papirus, 2005; Fernão Pessoa Ramos, *Mas, afinal, o que é mesmo documentário?*, São Paulo: Senac, 2013.

38 O tema "dublagem" é caro ao pós-modernismo cinematográfico. No Brasil, cf. *A estrela nua* (1984), segundo longa de José Antonio Garcia e Ícaro Martins, de mesma temática.

39 Cf. tabela "Filmes lançados por ano (1983--1994)", na p. 365.

40 Cf. Observatório Brasileiro do Cinema e do Audiovisual, "Dados de mercado: filmes brasileiros com mais de 500.000 espectadores – 1970 a 2014", *op. cit.*

41 Conceito de origem em Pierre Bourdieu. Cf. do autor *Questions de sociologie*, Paris: Minuit, 1980, e *A distinção: crítica social do julgamento*, Porto Alegre: Zouk, 2006.

42 Cf. Fernão Pessoa Ramos, *A dialética do comer e do comido e outros babados*, *op. cit.*

43 Cf. capítulo "Histórias da Boca e do beco", nas pp. 322-359.

44 Desenvolvo análise da estrutura narrativa típica do explícito em "Sexo explícito: a imagem aquém do discurso", *Revista Nexo*, n. 1, 1988. Cf. também Nuno Cesar Abreu em *O olhar pornô: a representação do obsceno no cinema e no vídeo*, Campinas: Mercado de Letras, 1996.

45 Cf. Tom Gunning, "The Cinema of Attractions: Early Film, its Spectator, and the Avant-Garde", em: Thomas Elsaesser (org.), *Early Cinema – Space, Frame, Narrative*, Londres: British Film Institute, 1990. Cf. também, Flávia Cesarino Costa, *O primeiro cinema – espetáculo, narração, domesticação*, São Paulo: Escrita, 1995.

46 Sobre cineastas e produções do período final da Boca, com detalhamento dos diretores e filmes envolvidos, cf. Luiz Felipe Miranda, *Dicionário de cineastas brasileiros*, São Paulo: Art Editora, 1990.

47 *Coisas eróticas* teve lançamento em julho de 1982.

48 Cf. tabela "Filmes lançados por ano (1995--2016)", na p. 366.

49 Collor assina o fim do Embrafilme em abril de 1990.

50 Cf. tabela "Filmes lançados por ano (1983--1994)", na p. 365.

51 Último filme com Didi, Dedé, Mussum e Zacarias. Esse último falece em seguida.

52 Último filme de Mussum, que falece em 1994.

53 Cf. Observatório Brasileiro do Cinema e do Audiovisual, "Dados de mercado: filmes brasileiros com mais de 500.000 espectadores – 1970 a 2014", *op. cit.*

A RETOMADA: NAÇÃO INVIÁVEL, NARCISISMO ÀS AVESSAS E MÁ CONSCIÊNCIA

FERNÃO PESSOA RAMOS

A forma de se produzir cinema no Brasil dos anos 1990 foi baseada em leis de incentivo e renúncia fiscal, que se desenvolveram no âmbito municipal, estadual e federal. A série de leis que vão conformar este modelo inicia-se em 2 de julho de 1986, data da promulgação da Lei para Incentivos Fiscais para Cultura, nº 7.505, conhecida como Lei Sarney, que prevê isenção fiscal para aplicações na área cultural. O governo Collor extingue essas isenções e prepara um modelo próprio de relação com o mercado. Substituindo Ipojuca Pontes, Sergio Paulo Rouanet, segundo secretário de cultura de Collor, elabora lei que leva seu nome. Reintroduz alguns procedimentos da Lei Sarney com um direcionamento mais focado na produção audiovisual. Embora o projeto tenha recebido uma série de vetos presidenciais, constitui-se no embrião da futura Lei do Audiovisual. A lei Rouanet foi sancionada em 1992, sob o nº 8.401. Em 1993, Itamar Franco promulga a lei nº 8.685, conhecida como Lei do Audiovisual, que será mantida e estimulada no governo Fernando Henrique Cardoso. Aproveitando-se do espírito da Lei Rouanet (que continua em vigor), é introduzida figura da isenção fiscal completa para o cinema, dentro de porcentagem prevista no investimento. A chamada Lei do Audiovisual viabilizará institucionalmente o deslocamento de capitais privados e, sobretudo, de estatais, para a produção de cinema no Brasil. Sustenta, com todas suas imperfeições, o grosso da produção cinematográfica brasileira na chamada Retomada. A partir da estrutura legal criada pela captação de isenções fiscais, foram produzidos, entre 1994 e 2000, mais de cem longas-metragens.

Um de seus pontos criticados está no fato de o Estado abdicar de receber impostos devidos à sociedade, sem interferir diretamente no direcionamento dos recursos. É importante mencionar que esse sistema se desenvolve seguindo a própria falência da avaliação qualitativa de projetos, dentro do aparelho estatal Embrafilme, como ficou claro no esgotamento do modelo centralizado de produção[1]. Os recursos captados por cineastas, produtores e intermediadores no novo modelo têm sua origem dominante em diversas estatais brasileiras, particularmente bancos do Estado e empresas de telecomunicações, não excluindo a captação em empresas privadas. Diversas denúncias envolvendo superfaturamento, notas fiscais frias, porcentagens para intermediação, desvios de recursos, atingiram os mecanismos de financiamento que tornaram possível a produção cinematográfica no Brasil dos anos 1990. Os casos desse período que obtiveram maior repercussão na imprensa envolveram dois atores que se dedicaram a produção e direção: a diretora Norma Bengell, na produção de *O guarani*, e o diretor Guilherme Fontes, produtor de *Chatô, o rei do Brasil*, lançado somente em 2015. Ambos negaram as acusações de má administração de recursos públicos. Tanto na produção estatal centralizada, como na pulverizada pelo regime de isenção/editais, lida-se com dinheiro público que sai dos cofres do Estado. Na segunda metade dos anos 2000, o sistema mais restrito de captação da Retomada sofre alterações.

OS ANOS INICIAIS DA RETOMADA

A promulgação da Lei do Audiovisual, em 1993, está na origem da rearticulação da produção do cinema brasileiro em novas bases. O ano de 1994 marca claramente uma retomada da produção cinematográfica, após o auge do eclipse no início da década. A validade de sua qualificação como Retomada e a dimensão de sua duração como período histórico do cinema brasileiro variam entre autores que a abordaram[2]. A adoção de um recorte cronológico rígido não cerca os objetivos metodológicos deste ensaio. Entendemos trabalhar com um conjunto de filmes que possuem algumas características comuns, que se afirmam num primeiro período que, *grosso modo*, irá de 1994 até 1999 e outro que, dentro do mesmo fôlego, mas com elementos diferenciais, se estende até 2002-2003, interagindo, num recorte pontual, com algumas obras tardias como os *Tropa de Elite* de meados da década de 2000. Como toda delimitação de período histórico, sua aplicação não é absoluta, mas relativa aos fundamentos a que se propõe.

Em 1994, tivemos onze lançamentos nacionais, o que é significativo do momento que vive o cinema brasileiro. No ano anterior, 1993, pesquisa de Luiz Felipe

Miranda sobre lançamentos de filmes nacionais captou apenas três lançamentos[3]. Os filmes de 1994 são obras com origem no modo de produção e na temática dos anos 1980, mas com com alguns traços incorporando uma nova sensibilidade. O novo modo de produção por incentivo, sem centralização estatal, gera uma de suas primeiras produções de vulto: *A terceira margem do rio*, de Nelson Pereira dos Santos, realizado em 1993 e lançado em 1994. São também lançados nesse ano filmes com raízes nos anos 1980, como *Capitalismo selvagem*, de André Klotzel, e *O efeito ilha*, de Luiz Alberto Pereira, *O beijo 2348/72*, de Walter Rogério, e *A causa secreta*, de Sérgio Bianchi, além do paradigmático *Alma corsária*, de Carlos Reichenbach. A novidade é que, em 1994, o mercado exibidor rearticula-se minimamente e abre brecha para a exibição de obras nacionais. Há uma desova de filmes do início da década, que ficaram retidos em 1992 e 1993.

Duas correntes estéticas fortes da primeira Retomada estarão presentes nos lançamentos ocorridos em 1994: a comédia leve e a crônica de costumes, que tem em *Veja esta canção* um de seus representantes; e aquela poderíamos denominar de "docudrama", ficção dramatizando eventos históricos, que tem em *Lamarca, coração em chamas*, de Sérgio Rezende, o principal lançamento de 1994, marco de maturidade da Retomada. *Lamarca* demonstra que há público para a produção nacional, ao atingir a cifra, bem significativa na época, de 120 mil espectadores. Obtém repercussão na mídia e no público, como há alguns anos não se via. Jornais e televisões voltam a se lembrar da existência de um cinema feito no Brasil. Filmagens retornam a ser notícia, e entrevistas são publicadas. Críticos de jornais de grande circulação em São Paulo, que costumavam dedicar-se exclusivamente ao cinema internacional, descobrem interesse no cinema brasileiro. Esse cenário afirma-se no ano seguinte, 1995, com o lançamento de *Carlota Joaquina, princesa do Brazil*, consolidando definitivamente o que chamamos de Retomada. Através de uma distribuição centralizada pela própria produtora e diretora, a atriz Carla Camurati, o filme é um estouro de bilheteria, atingindo a significativa marca de 1.286.000 espectadores.

Alma corsária, de Carlos Reichenbach com lançamento em 1994, tem a fotografia colorista e marcada dos anos 1980, mas traz na narrativa a característica de possuir estilo autoral. Trata-se de obra no qual transparece uma primeira pessoa ficcional, vivência particular do diretor. Reichenbach possui claramente a identidade estilística da Boca. Para compreender o filme, devemos ter a pornochanchada ou a produção erótica (de modo mais amplo) no horizonte. Em *Alma corsária*, ela surge na direção de atores, nos diálogos, nos personagens e no universo ficcional e temático caracterizados através da expressão "dialética do comer e do comido"[4]. Em Reichenbach, a dialética adquire nuances existenciais que fogem ao raio estreito de seu círculo. Embora sem a busca de afirmação sexual no personagem pequeno-burguês, encontramos em *Alma corsária* um olhar da margem, direcionado para a classe média ilustrada, um olhar que busca afirmação pela alta cultura (filosofia e música erudita) e sua inserção no universo da contracultura/1968 (drogas, sexo livre, luta armada, *rock*). *Alma corsária* é um filme tardio, o verdadeiro canto do cisne da Boca do Lixo, e Carlos Reichenbach – talvez seu autor mais sofisticado – é precisamente aquele que pôde fazer a Boca cantar para fechar as cortinas em grande estilo. O filme é uma espécie de testamento do cinema da Boca e mostra até onde, puxando-a como um elástico, esse cinema conseguiu chegar. O próprio Reichenbach em sua produção posterior (*Dois córregos*, 1999, *Garotas do ABC*, 2004), abandona o referencial da Boca no qual havia permanecido e perde um pouco seu charme.

Em *Alma corsária* sente-se o universo ficcional da Boca retrabalhado no modo intertextual, pós-moderno, conforme definido anteriormente. Ao mesmo tempo, é um filme de memórias, uma primeira pessoa trabalhada ficcionalmente, com referências ao contexto Boca/Cinema Marginal, o apartamento de Jairo Ferreira no Glicério etc.[5] A Pastelaria Espiritual, o litoral paulista de Iguape, a paixão com a mulher prostituta, o cafetão violento, o contraponto da família interiorana, os tipos urbanos que orbitam na noite, a dialética do comer e do comido, a pequena burguesia ascendente e marginalizada da pastelaria, são elementos que servem de fundo para o diálogo com um universo que pode se "autodeglutir", pode se "autocitar", a partir do referencial da pornochanchada/Boca. O que vem de fora, para ser devorado, é a contracultura/1968, a cultura erudita, a filosofia, o discurso político da esquerda armada. O cinema de Carlão em *Alma corsária* mostra tardiamente a Boca dialogando com o Brasil, o diálogo possível da Boca e sua pequena burguesia querendo ascender, lidando com as referências ideológicas da classe média liberal. Cena típica do pós-modernismo anos 1980 é aquela em neon vermelho da Pastelaria Espiritual, refletindo-se sobre um Mister Universo musculoso, fazendo sua *performance* ao fundo de um piano ao "Clair de lune" de Debussy, executado pelo pianista Joaquim Paulo do Espírito Santo. Imagens de arquivo passam como um sonho fantasista na cena: a China antiga na primeira metade do século (memórias do personagem chinês dono da pastelaria); Honolulu em *technicolor*, ilustrando um aparente cruzeiro feito pelo casal apaixonado; imagens-memória da paixão da prostituta, amante do protagonista etc., tudo misturado e empilhado em citação, como é característico à sensibilidade pós-moderna. É um fundo que se quer ter à mão para citar, mas que nunca se alcança, pois é só através da densidade do gênero – a própria pornochanchada – que o diálogo com o mundo se estabelece.

A interpretação dos atores é aquela própria da Boca, achatada, sem trabalho na construção das personalidades. Foge-se da interpretação carregada ou simplesmente não se importa com a direção dos atores. Descaso, negligência ou opção, o resultado é uma interpretação plana com falas recitativas e incorporação existencial rala de personagens. Mas o filme foge à fragilidade das produções da Boca pela potência particular do seu estilo, um ritmo de decupagem exato e alucinante na maneira com que flui: narrativa e montagem cristalina em cascatas das quais só Reichenbach possui a chave. Efetivamente não podemos entender seu cinema se não o situarmos no viés desse diálogo com um mundo que desapareceu há anos, mas ainda está sendo revisitado no início da década de 1990. Tem o espírito de ocaso da Boca do Lixo paulistana e respira saudosismo, pois nada sobrou depois do vendaval do explícito. A grande crise possui três frentes: fim da Embrafilme, pós-modernismo e fim da produção na Boca. *Alma corsária* é o último suspiro que inspira esse período, espécie de escombro derradeiro que reflete a produção Boca, principalmente a de seus primeiros tempos, no diálogo tenso e ousado dos cineastas Marginais. É seu patamar mais sofisticado, agora atingido com o toque retrô-memorialista, de pós-modernidade. É a Boca que bate na Retomada (em 1994), mas nela não penetra, ficando definitivamente para trás, poeira da história.

O impasse nos permite, inclusive, perceber a definição da Retomada no que tem de particular em relação ao período histórico que a antecedeu e que se desintegrou no final da década de 1980. É o momento logo seguinte ao qual desaba o gênero que representou a pornochanchada, e amplamente o cinema da Boca, junto com a estrutura de produção que lhe foi própria e que deixou de existir. Mas em *Alma corsária* esse momento que esvaece ainda consegue dar um último suspiro no modo intertextual pós-moderno, como se fosse uma grande citação. Esse é o movimento de obras sintetizadoras, ou maneiristas, num momento histórico de falência e destruição. E é o que podemos enxergar em *Alma corsária*, como caleidoscópio, ponto de transição entre dois períodos. O mundo passando pela "pastelaria", pelos botecos típicos nos quais a Boca existiu e de onde olhava para o universo que a cercava. *Alma corsária* traz isso como um momento derradeiro. Vê a vida da Boca passando por seus olhos, mas já é o afogado que rememora num último instante, antes de submergir de vez.

Um dos grandes sobreviventes da geração cinemanovista, Cacá Diegues, aproveita a janela aberta em 1994 para lançar *Veja esta canção*. Com produção de 1992, a obra havia sido exibida na TV Cultura, uma das produtoras. Cacá é um diretor que tem sensibilidade particular para sintonizar-se com a época que vive. Arredio às amarras ideológicas, rebelou-se, em meados da década de 1970, com a crítica de esquerda mais estreita, denunciando a atividade de "patrulhas ideológicas" sobre a produção cultural brasileira. Depois de um namoro criativo com a sensibilidade estética "pós" dos anos 1980 (em *Um trem para as estrelas* e *Dias melhores virão*), Diegues dirige *Veja esta canção* (1992), obra sintonizada com o cinema da segunda metade dos anos 1990. Trata-se de uma comédia leve, crônica de costumes, que segue a trilha de canções de sucesso, nas quais o cotidiano carioca serve como cenário. A poesia da Cidade Maravilhosa é explorada para dar um toque de melancolia e romantismo às histórias de amor. O filme é composto por quatro episódios que têm como título e motivo, canções da MPB: "Pisada de elefante", com música de Jorge Benjor; "Drão", de Gilberto Gil; "Você é linda", canção de Caetano Veloso, e "Samba do grande amor", inspirada em Chico Buarque de Holanda.

Júlio Bressane é outro diretor com carreira própria que continua ativo na Retomada, com longa lançado assim que as condições de produção melhoraram. Bressane sempre teve facilidade em articular produções cinematográficas em condições mínimas e logo engata a produção sucessiva de três longas-metragens: *O mandarim* (1995), *Miramar* (1996-1997) e *São Jerônimo* (1999). Em *O mandarim*, retoma o universo da música popular brasileira, abordado em *Tabu* (1982). Aqui o protagonista é o cantor Mario Reis (interpretado por Fernando Eiras), que tem obra e vida expostas em uma espécie de caleidoscópio, com a participação de estrelas maiores da MPB como Chico Buarque, Caetano Veloso, Gilberto Gil e Gal Gosta. *Miramar* aprofunda o contato com a vanguarda modernista, em particular Oswald de Andrade, autor de *Memórias sentimentais de João Miramar*. O filme é construído dentro de uma estrutura de diálogo intertextual, entre o cinema e sua história. Em *São Jerônimo*, marcado pelo concretismo, Bressane retoma um trabalho que poderíamos chamar de "condição existencial da enunciação". Jerônimo, personagem central do catolicismo do século IV, foi responsável pela tradução da *Bíblia* para o latim.

Um dos traços da primeira Retomada, em 1994, é a presença forte de figuras femininas assumindo a direção, numa dimensão inédita na história do cinema brasileiro. A barreira de gênero foi pioneiramente diminuída nesse período. Diversas novas diretoras, em início de atividade, aparecem nos primeiros anos da Retomada. Carla Camurati inaugura o período dirigindo e distribuindo *Carlota Joaquina, princesa do Brazil* (1992-1994). Tata Amaral, depois de ampla filmografia no curta-metragem, lança seu primeiro longa, *Um céu de estrelas* (1997). Bia Lessa também dirige um primeiro longa, *Crede-Mi* (1997), com marca experimental, trilha na qual é seguida por Eliane Caffé, estreando com *Kenoma* (1998). Laís Bodanzky, em *Bicho de 7 Cabeças* (2000), já no final da década, também entra com força no mercado exibidor, numa produção que teve boa aceitação internacional. Anna Muylaert, depois de diversos curtas, chega a seu primeiro longa, *Durval Discos* (2002). Monique Gardenberg também estreia com *Jenipapo* (1996), coprodução estadunidense. Helena Solberg é de geração anterior, com filmografia extensa desde os anos 1960. Depois de carreira Brasil e no exterior, consegue assinar seu primeiro longa com distribuição nacional, *Carmen Miranda, Banana is My Business* (1994). Sandra Werneck e Lúcia Murat também são de geração mais antiga e afirmam carreira de diretoras na Retomada. Werneck parte do documentarismo, chegando a presidir a Associação Brasileira de Documentaristas (ABD), e dá uma guinada para a ficção, lançando seu primeiro longa, *Pequeno dicionário amoroso* (1996). Da mesma geração que Werneck, Murat também vem de um longa documentário maduro e bastante inovador,

Que bom te ver viva (1988) e atinge o circuito exibidor com *Doces poderes* (1996), obra que mostra a proximidade promíscua entre jornalismo e poder, utilizando depoimentos com olhar para a câmera, para caracterizar os personagens e suas dúvidas existenciais. Lança também *Brava gente brasileira* (1999), filme de recorte político forte. Outra documentarista, Tetê Moraes, depois do primeiro *Terra para Rose* (1987), sobre reforma agrária, conclui a continuação com *O sonho de Rose, 10 anos depois* (1997-2000), através de documentário com longa duração de filmagem, forma particular e difícil de cinema. Suzana Amaral, igualmente de geração anterior, que havia conseguido romper a barreira de gênero dirigindo *A hora da estrela* (1985), lança na Retomada um segundo longa, *Uma vida em segredo* (2001), baseado em romance de Autran Dourado. Outras cineastas, com filmografia maior, afirmam seu espaço na Retomada, como Ana Carolina, que lança *Amélia* (1999-2000), e Norma Bengell, que consegue terminar *O guarani* em 1996, depois de haver se iniciado na direção em *Eternamente Pagu* (1987). Tizuka Yamasaki é a diretora de maior filmografia no cinema brasileiro. Na Retomada, busca um filme pessoal em *Fica comigo* (1995-1996), retornando depois às grandes produções Xuxa/Trapalhões.

COMÉDIAS E CRÔNICAS CARIOCAS

A crônica leve do cotidiano, muitas vezes puxando para a comédia, compõe um dos continentes da Retomada, sendo responsável por grandes bilheterias nos anos 1990. Esse movimento continua no século XXI. As chanchadas, as pornochanchadas e, nos anos 2000, as comédias de grande público são exemplo dessa preferência nacional pelo riso franco. É o caso do primeiro sucesso da retomada nesse setor, a crônica leve carioca *Pequeno dicionário amoroso*, de Sandra Werneck. Construído em torno do romance e da separação de um casal, a obra possui singular estrutura narrativa. Em diversos planos os personagens olham diretamente para o espectador, enunciando postulados sobre diferenças sexuais ou estatísticas no assunto. Partindo de sua experiência com o cinema não ficcional, a diretora constrói uma obra (o roteirista é José Roberto Torero, juntamente com Paulo Halm) que utiliza o modo enunciativo do documentário para criar ficção. O filme tem algo da estrutura de *Mato eles?* ou *Ilha das Flores*, mas no campo da ficção. A estruturação, centrada em letreiros em ordem alfabética – daí o nome *Dicionário*, inspiração clara em *Fragmentos de um discurso amoroso*, de Roland Barthes – enfatiza sua singular dimensão enunciativa-expositiva numa obra de ficção. *Pequeno dicionário amoroso* é um dos primeiros sucessos de público da Retomada e dá ensejo a outras produções que exploram o mesmo filão. *Como ser solteiro*[6] explora a crônica de costumes carioca com viés romântico e pitadas de comédia. Os curtas *Amar...* (1997), de Carlos Gregório, e *Decisão* (1997), de Leila Hipólito, também se desenvolvem dentro desse universo ficcional e tom dramático, tendo como cenário as praias e paisagens do Rio de Janeiro. A crônica de costumes carioca resgata um Rio de Janeiro bem distante do universo exasperado e tenso que será analisado adiante. No eixo da ação dramática, está a cascata de vínculos amorosos, seus desencontros, as delícias breves da paixão e as dores da separação. A estrutura tem tonalidades reflexivas e brinca com o espectador.

Amores (1998), de Domingos Oliveira, é filme dentro do recorte "crônica de costumes carioca", embora com uma pitada mais forte de dramaticidade que as comédias ligeiras. *Amores* é uma espécie de filme de corte autobiográfico, no qual o diretor interpreta o papel do protagonista, possuindo afeto existencial pelo personagem. A crônica leve do carioca de classe média, que sempre termina em praia e dilemas envolvendo gênero, aproxima-se do estilo autoral de Oliveira delineado desde *Todas as mulheres do mundo* (1966). Nessa obra da década de 1960, estão contidos os paradigmas da crônica carioca, com o universo da contracultura ainda exercendo o fascínio da novidade. A refilmagem de *O homem nu* (1996) por Hugo Carvana também está na direção das "crônicas". É significativo que Carvana, uma espécie de cronista "tipo ideal" do Rio de Janeiro, tenha se detido no conto de Fernando Sabino, levado às telas anteriormente, em 1967, por Roberto Santos. *O homem nu* traz um Rio malandro e divertido, percorrido geograficamente por um homem nu, exposto a situação vexatória e cômica pela má sorte de ter uma porta trancada por dentro.

Nas crônicas cariocas dos anos 1990, temos a impressão de retroceder àquele momento idílico da cultura brasileira que teve a bossa nova como sua expressão maior. A bossa nova foi uma breve janela apolínea em nossa história cultural, em geral "antenada" organicamente com exasperações socioexistenciais e afetos dionisíacos. Foi o momento em que se conseguiu emergir brevemente para fora do onipresente dilaceramento social que atravessa e tenciona a arte brasileira na segunda metade do século XX e nas primeiras décadas do século XXI. É interessante notar que a bossa nova não teve seu espírito repercutido com intensidade no cinema brasileiro, apesar de algumas tentativas isoladas[7]. Significativo da tentativa de recuperar esse espírito em novos tempos é *Bossa nova* (1999), de Bruno Barreto, obra na qual uma trama ágil e envolvente pontua o Rio de Janeiro, liricamente, de amor e desencontro. Nele parece que novamente podemos enxergar barquinhos no azul do mar e caminhar sossegados pela praia até o Leblon, deixando para trás a sombra dos morros carregados de armas e traficantes. Entre *Bossa nova* e *Pequeno dicionário amoroso*, respira aliviada a alma carioca que ainda se ressente quando afrontada a uma visão muito sombria da cidade maravilhosa. Mas o interlúdio azul é breve e irá fechar-se em céu escuro de tempestade no final desse primeiro período da Retomada.

Sábado (1993-1994), de Ugo Giorgetti, explora um tipo de comédia similar utilizando-se de cenário distinto: não mais as praias cariocas, mas um claustrófobo prédio no centro velho paulista. A trama envolve personagens paulistanas típicas reunidas, brevemente, para a filmagem de um comercial. Tanto em *Festa* (1988) como em *Sábado*, Giorgetti faz interferir, no confronto de personalidades reunidas pelo acaso, a cisão de classes que percorre a sociedade brasileira. Idiossincrasias pessoais dão um tom cômico que, em diversos momentos, beira o trágico. *Boleiros* (1998) recupera para o cenário paulista o tom da crônica de costumes carioca. Giorgetti centra no futebol essa crônica, evoluindo de maneira leve, através de temas que apresentam a fratura social. Também no veio cômico da Retomada podemos destacar *O corpo* (lançado em 1996, mas com produção de 1991), de José Antonio Garcia, no qual se sente a presença do estilo "pós" dos anos 1980. Trata-se de filme de época, com cenografia marcada pela atração ao gênero e ambientação com objetos estilizados dos anos 1950. *Ed Mort* (1996), de Alain Fresnot, evolui em linha similar. Filme tardio, também é caracterizado pela estética da década anterior: gênero policial, cenários urbanos, quadrinhos, anos 1940/1950. O diretor ressente-se da dívida com um estilo agora fora de moda, argumentando que sua intenção "foi fugir tanto da história em quadrinho, como de qualquer semelhança com o filme *noir* americano"[8] para "mergulhar o personagem num tecido social muito concreto [...] a São Paulo nas décadas de 40 e 50"[9], proposta que não fica evidente. A obra foi realizada seguindo o personagem detetive Ed Mort, criado por Luis Fernando Veríssimo, que fez sucesso em tiras de quadrinhos.

A RECONSTITUIÇÃO HISTÓRICA: DOCUDRAMA E FICÇÃO

Carlota Joaquina, a princesa do Brazil e *Lamarca, coração em chamas* possuem traço distintivo comum: ambos são reconstituições históricas, elaboradas com personagens que realmente existiram. Carlota Joaquina foi princesa espanhola que veio ao Brasil com D. João VI, e Lamarca é conhecido guerrilheiro dos anos 1960. *Carlota Joaquina*, lançado em 1995, mostra a força das reconstituições de fatos ou personalidades históricas de relevo no cinema brasileiro da primeira Retomada. Mistura de comédia e drama histórico, o filme cai no gosto do público ao ridicularizar um episódio central da história do Brasil, a vinda da família real portuguesa fugindo de Napoleão. *Carlota* demonstra não só que há público para o cinema nacional, mas que esse público está ávido por ver e ouvir histórias com coloração local. O clima *fin-de-siècle* que percorre o conjunto da produção artística internacional nessa década permite a emergência de uma sensibilidade favorável a grandes retrospectivas. A história do Brasil adquire atualidade, como temática, para o balanço dos quinhentos anos da descoberta. A brasilidade agora é figurada longe de ufanismos e surge carregada por uma visão crítica e pessimista. *Carlota* é exemplar desse complexo de inferioridade que se manifesta em obras-chaves do cinema da Retomada e que aparecerá também através da figura do personagem estrangeiro, elemento-chave nesse período. *Lamarca* traz de volta assuntos caros aos anos 1960, como a luta armada, depois de ausência prolongada provocada inicialmente pela censura e depois seguida pelo período com sensibilidade pós-moderna no qual a temática fica fora de foco. *Lamarca* chama atenção como filme ousado, usufruindo as últimas auras heroicas por enfrentar tema proibido. Facções militares de direita acabaram fornecendo propaganda, articulando-se para proibir sua exibição. A repercussão que obteve a representação da vida de Lamarca abre caminho para temas e personagens que continuam proibidos da história brasileira e a revisitação por obras de ficção ao período da ditadura.

É importante realçar o caráter de "docudrama" dos dois primeiros grandes sucessos da Retomada. São obras baseadas em fatos históricos, curvados em sua trama segundo exigências ficcionais, próprias à estruturação discursiva da narrativa clássica cinematográfica. A reconstituição da história como docudrama embute um conhecimento social prévio do fato histórico por parte do espectador. A história não é apenas mais um relato entre tantos, mas tem no horizonte aquilo que aconteceu. O patamar do que aconteceu está, evidentemente, sujeito a interpretações diversas. A interpretação que seja possível do fato não dilui o estatuto diferenciado que o referente histórico possui, numa comparação à ficção livre. No entanto, muitas vezes, falta à história densidade para virar filme. O docudrama fornece essa consistência, articulando trama, realçando e dando espessura a personagens, dilatando reviravoltas. O conceito de verossimilhança então se entrelaça ao de verdade histórica. As nuances e ambiguidades do trabalho com aquilo que aconteceu surgem, por exemplo, em *Anahy de las misiones* (Sérgio Silva, 1997), que desloca a figura de uma mulher lendária, colocando-a no contexto histórico da Revolução Farroupilha, entre 1835 e 1845. Nesse filme, estamos fora do contexto do docudrama propriamente, quando o fato histórico "cavalga" literalmente sobre a estrutura narrativa clássica.

No cinema brasileiro da Retomada, inúmeros filmes são construídos como docudramas, apresentando estilos narrativos diversos e relações múltiplas com o fato histórico. O que distingue o docudrama é o "saber social" de que a trama do filme é história, e não ficção. As consequências éticas desse saber para sua narrativa fazem parte do universo sobre o qual o filme é socialmente indexado, como adaptação de fato histórico. Algumas das principais obras da Retomada estruturam-se como "docudramas". Além de *Lamarca* e *Carlota Joaquina*, podemos destacar *Baile perfumado* (de Paulo Caldas e Lírio Ferreira, 1995, dramatizando a vida do personagem histórico Benjamin Abrahão, com um aproveitamento bastante original de material de arquivo, percussor da intensa produção que se seguiria em Pernambuco); *Guerra de Canudos* (Sérgio Rezende, 1997); *O que é isso, companheiro?* (Bruno Barreto, 1996); *Hans Staden* (Luiz Alberto Gal Pereira, 1998-1999); *Mauá, o imperador e o rei* (Sérgio Rezende, 1999); *Tiradentes* (Oswaldo Caldeira, 1995-1999); *Milagre em Juazeiro* (Wolney Oliveira, 1999); *Cruz e Souza, o poeta do desterro* (Sylvio Back, 1998-1999); *O judeu* (Jom Tob Azulay, 1987-1994); *Villa-Lobos, uma vida de paixão* (Zelito Viana, 1997-1999); *Desmundo* (Alain Fresnot, 2001-2003); *Brava gente brasileira* (Lúcia Murat, 1999-2000); *Corisco & Dadá* (Rosemberg Cariri, 1996); *Quem matou Pixote?* (José Joffily, 1995-1996); *O cineasta da selva* (Aurélio Michieles, 1997). Nesse último caso, Michieles debruça-se sobre a vida e o personagem do pioneiro documentarista Silvino Santos, mas não faz propriamente um documentário. Mescla à voz assertiva uma enunciação construída no modo dramático (docudrama), trabalhando inclusive com atores profissionais (José de Abreu e Denise Fraga). A dramatização "daquilo que aconteceu" permite, na primeira Retomada, um balanço revisitado do Brasil e de sua formação histórica, dentro do espírito retrospectivo, caro à época. É também a época das polêmicas comemorações do quinto centenário do descobrimento que dão intensidade ao viés retrospectiva fim de milênio, em mistura com a dimensão política de avaliação do presente.

O campo da ficção com fundo histórico, no sentido de épocas passadas, possui igualmente produção significativa na Retomada. Na ficção histórica, os personagens são criados livremente, dentro um universo ficcional de época. Podemos citar a presença de diversos filmes baseados em universos ficcionais dos séculos XIX-XX, como *O guarani* (Norma Bengell, 1995-1996, baseado em romance homônimo de José de Alencar); *Amor & Cia* (Helvécio Ratton, 1997, adaptação do conto "Alves & Cia" de Eça de Queiroz); *Policarpo Quaresma, o herói do brasil* (Paulo Thiago, 1996-1997, baseado no romance *Triste Fim de Policarpo Quaresma*, de Lima Barreto); *O quatrilho* (Fábio Barreto, 1995, baseado em romance homônimo do gaúcho José Clemente Pozenato); *La Serva padrona* (Carla Camurati, 1997, adaptação de ópera bufa do compositor italiano Giovanni Battista Pergolesi, 1710-1736). *Dois Córregos, verdades submersas no tempo* (Carlos Reichenbach, 1998-1999) e *Ação entre amigos* (Beto Brant, 1998) têm sua ação centrada nos anos 1960, trazendo como cenário o passado da luta armada. Mais uma vez, é nítida a diferença do estatuto espectatorial que cerca esses filmes e um docudrama como *O que é isso companheiro?*. Em *Ação entre amigos*, Brant confirma sua condição de uma das principais revelações do período, apresentando um *thriller* ágil, caracterizado pelo domínio narrativo. Quatro amigos com passado político comum localizam um torturador e passam a planejar uma ação de vingança. Reichenbach, em *Dois córregos*, tem obra marcada por seu estilo que gosta do trabalho com personagens. *Dois córregos* traz uma densa composição de personalidades, com ação voltada para delinear nuances psicológicas. Também aqui, o passado da luta armada atormenta a memória do protagonista.

No cinema da Retomada, é marcante o amplo leque de filmes que são adaptações de obras literárias. Além dos citados, podemos lembrar o universo ficcional retirado da literatura em *Tieta do Agreste* (Cacá Diegues, 1995-1996, baseado em romance homônimo de Jorge Amado); *Um copo de cólera* (Aluizio Abranches, 1999, baseado em novela homônima de Raduan Nassar); *Lavoura arcaica* (Luiz Fernando Carvalho, 2001, também baseado em obra de Nassar); *Cidade de Deus* (Fernando Meirelles, 2002, a partir de romance de Paulo Lins); *Carandiru* (Hector Babenco, 2002, a partir de Drauzio Varella); *Um céu de estrelas* (Tata Amaral, 1997, adaptação de romance homônimo de Fernando Bonassi); *Bicho de 7 Cabeças* (Laís Bodanzky, 2000, baseado em O *canto dos malditos*, de Austregélsio Carrano); *O homem nu* (Hugo Carvana, 1996, adaptado de novela homônima de Fernando Sabino); *Lua de outubro* (Henrique Freitas Lima, 1996, baseado em novela de Mario Arregui); *Bela Donna* (Fábio Barreto, 1997-1998, baseado no romance *Riacho doce*, de José Lins do Rego); *A hora mágica* (Guilherme de Almeida Prado, 1998, retirado do conto "Cambio de luces", de Julio Cortázar); *Os matadores* (Beto Brant, 1997, baseado em conto homônimo de Marçal Aquino); *O invasor* (Beto Brant, 2001, também baseado em novela homônima de Aquino); *As meninas* (Emiliano Ribeiro, 1995, baseado em novela de Lygia Fagundes Telles); *O monge e a filha do carrasco* (Walter Lima Jr., 1995, baseado em romance homônimo de Ambrose Bierce); *Sombras de julho* (Marco Altberg, 1995, baseado em novela homônima de Carlos Herculano Lopes); *O viajante* (Paulo César Saraceni, 1998, baseado no romance homônimo de Lúcio de Cardoso); *A ostra e o vento* (Walter Lima Jr., 1996-1997, baseado em novela de Moacir Lopes); *Estorvo* (Ruy Guerra, 1999, baseado em novela homônima de Chico Buarque); *Bossa nova* (Bruno Barreto, 1999, baseado no conto "A senhorita Simpson", de Sérgio Sant'Anna); *O que é isso, companheiro?* (Bruno Barreto, 1996, a partir de livro de Fernando Gabeira); *O tronco* (João Baptista de Andrade, 1998-1999, baseado em romance homônimo de Bernardo Élis). *Outras estórias* (Pedro Bial, 1998) e *A terceira margem do rio* (Nelson Pereira dos Santos, 1993) são baseados em contos do livro *Primeiras Estórias*, de João Guimarães Rosa. *Navalha na carne* (Neville D'Almeida, 1997), *Amores* (Domingos Oliveira, 1998), *O Auto da Compadecida* (Guel Arraes, 2000) e *Orfeu* (Cacá Diegues, 1998-1999). Desenvolvem-se seguindo peças dramáticas, respectivamente de Plínio Marcos, Domingos Oliveira, Ariano Suassuna, Vinicius de Moraes e Nelson Rodrigues. *Gêmeas* (Andrucha Waddington, 1999) também é realizado com texto desse último autor. A lista é ampla e não exaustiva. A relação forte entre cinema e literatura surge em diversos períodos de nossa cinematografia, mas possui na Retomada um momento privilegiado. Peças, contos e romances são, ao lado da História, a principal matéria-prima para se produzir cinema no Brasil na década de 1990.

A FIGURA DO ESTRANGEIRO
NO CINEMA DA RETOMADA

As repercussões havidas em torno de O *que é isso, companheiro?* (1996) ilustram bem os dilemas éticos do docudrama. Realizado a partir de livro homônimo de Fernando Gabeira, tem como fonte o relato pessoal do autor sobre o sequestro do embaixador norte-americano Charles Elbrick em setembro de 1969. Como é comum nesse tipo de filme, Barreto utiliza material histórico (o sequestro de Elbrick) para articular personagens, trama e suspense no formato característico do classicismo narrativo (que envolve criação de personagens secundários, manipulação de personalidades para melhor definição dramática, condensação/dilatação temporal/espacial da ação, disposição da trama para obter reviravoltas marcadas etc.). Em entrevista à revista do sindicato dos professores da Universidade de São Paulo (Adusp) na época, Barreto declara explicitamente ter realizado uma "reflexão dramatúrgica sobre o que aconteceu"[10]. Demonstrando consciência do processo de adaptação do fato histórico ao classicismo narrativo, afirma que "o cinema narrativo utiliza elementos dramatúrgicos como desenvolvimento, conflito e interação entre os personagens. E foram esses os instrumentos que utilizei para contar uma história"[11]. Ao lidar com fatos que aconteceram, a inflexão da narrativa (inevitável à composição cinematográfica em seu viés clássico) pode, no entanto, tornar-se excessivamente aberta no percurso tangencial com o fato histórico. De um lado, estão as necessidades dramatúrgicas próprias ao classicismo; de outro, a maneira crua e lenta, fenomenológica por assim dizer, através da qual se configura o transcorrer no presente.

Existe na crítica ao docudrama três formas de reação à inevitável manipulação do fato histórico para narrá-lo. A primeira supõe uma historicidade objetiva e translúcida "daquilo que aconteceu", à qual o filme deve adequar-se sob pena de traí-la. A segunda aceita como necessária a interpretação e a dramaturgia, mas traz embutida a possibilidade de uma versão "certa". A terceira defende a liberdade dramatúrgica da versão narrativa, numa espécie de similaridade com o universo da ficção pura. O diretor Bruno Barreto e membros de sua família que produziram a obra tendem a centrar a defesa da realização em torno dessa última. A crítica de esquerda mais estreita costuma advogar a primeira forma. Uma posição inteligente com relação a O *que é isso, companheiro?* foi assumida pelo historiador Daniel Aarão Reis, um dos participantes do sequestro, em entrevista concedida quando do lançamento do filme[12]. Aarão percebe bem a necessária articulação da história em narrativa, mas critica a espessura diferenciada que assumem os personagens. Enquanto os guerrilheiros são caricatos e "planos", o torturador e o embaixador são personagens ricos, cheios de ambiguidades. Localiza-se nesse ponto a opção que o docudrama O *que é isso, companheiro?* faz pela versão determinada do fato histórico. Essa opção, para Aarão, estaria relacionada com o que chama de "tendência muito marcante no Brasil de hoje, de recuperação dos anos 1960, a partir de um prisma conciliador". O historiador cita como exemplo dessa tendência os livros de Zuenir Ventura (*1968 – o ano que não terminou*) e o de Fernando Gabeira, que inspirou o filme. No entanto, esse "prisma conciliador" (ideia para desvendar um manto ideológico que esconderia o conflito de classes) aparece sobredeterminado por outro aspecto. Bem mais significativo para a época em que foi feito é a presença de uma visão negativa do Brasil e de suas potencialidades, como país e sociedade. Essa visão negativa é dominante no cinema brasileiro da Retomada, configurando o que iremos chamar de "nação inviável". Nessa representação, a figura do Brasil é permeada pelas noções do fracasso e da incompetência, carregadas de desprezo.

As formas da incompetência são muitas e costumam ser mostradas ao olhar complacente de estrangeiros, que se dignam a esboçar um sorriso superior de avaliação[13]. O movimento central que norteia o corte ideológico de *O que é isso, companheiro?* parece estar nesse ponto de frisar a incompetência e o despreparo, sobrepondo-se à lógica (e ao móvel dramático) da conciliação referida. A figura principal do filme é a do embaixador norte-americano que, do alto de sua sapiência e complacência, analisa condescendente a fúria e a confusão tropicais. Ele é certamente o personagem com maior espessura e ambiguidade, verdadeira tábua de salvação de bom senso, entre militares fascistas e adolescentes perdidos, como bem percebe Aaron. Ele, o embaixador, pode ser espesso como personagem exatamente por ser estrangeiro, e é com esse estatuto que surge realçado pela narrativa em sua positividade sábia e mediadora. Também em *Carlota Joaquina* a superioridade da visão estrangeira é figurada explicitamente. São os personagens anglo-saxões, o narrador e o diplomata inglês, os únicos que agem de maneira ponderada e racional no meio das orgias e da paralisia tupiniquim. Pela via do cômico, a narrativa reiteradamente afirma a incompetência nacional encontrada incipiente nas origens da nação brasileira. A nação inviável é ridicularizada, atitude que embute mistura de crítica e tentativa de distanciamento. Na realidade, quem ridiculariza não faz parte do que é ridicularizado. Em *Carlota*, a brasilidade é figurada longe do ufanismo, carregada de uma visão pessimista. Podemos afirmar que *O que é isso, companheiro?* incorpora o complexo de inferioridade nacional, mencionado anteriormente, ao dilatar o papel mediador ponderado do embaixador americano. É recorte que pode ser resumido pelo termo "complexo de vira-lata", bem expresso por Nelson Rodrigues em sua veia mais ácida, e presente em obras-chaves do cinema da Retomada.

Em *Como nascem os anjos*, de Murilo Salles, a figura do anglo-saxão também possui poder moderador em meio ao caos. Esse caos, vindo de uma favela próxima, invade de forma abrupta a residência do protagonista norte-americano e sua filha. O filme abre com a figura de estrangeiros, da televisão alemã, entrevistando (e analisando) a garota da favela que depois invadiria na casa do advogado americano. Os estrangeiros pairam sobre a ordem social brasileira que, por sua vez, sempre busca neles algum tipo de referência ou aprovação. A polícia brasileira é mostrada em oposição às demandas ponderadas e humanistas do advogado norte-americano, personagem que exige a presença de ONGs para evitar o assassinato dos menores e uma Comissão de Direitos da Criança. A atividade da polícia é evidenciada como exemplo de incompetência, preconceito e resultados concretos pífios. No lado "popular" da história, predominam personagens que não conseguem articular coerentemente suas demandas: duas crianças volúveis e um bandido ferido no limite da loucura. O bandido, personagem meio bobo, gritando muito, com presença irritante no universo ficcional, responde a uma tradição antiga do cinema brasileiro (Cinema Marginal, por exemplo). Salles recupera esse tipo como forma de lidar e representar o universo popular do morro, preparando-o para a interferência moderadora do personagem anglo-saxão. As crianças, principalmente a menina, se deslumbram com a adolescente anglo-saxã. O garoto da favela dança ao som de um *rap* internacional. O filme desloca o centro do conflito para o aspecto institucional da nação (a brutalidade policial), buscando preservar o universo popular. A contraposição entre personagem estrangeiro (o protagonista norte-americano) e nação institucional, representada pela polícia, realiza-se favoravelmente ao primeiro. A mídia compõe parte integrante da nação inviável, fazendo perguntas cretinas ao estadunidense ponderado e centrado em si. Os populares da favela, vinculados à nação não institucional, também são excluídos dos afetos próprios à ponderação e à racionalidade, privilégio do anglo-saxão. Um personagem popular espesso e coerente, seja do lado propriamente popular ou da nação institucional, comprometeria a polaridade algo maniqueísta do filme. Configura-se assim uma visão masoquista da sociedade brasileira, dentro do complexo rodriguiano mencionado e da "nação inviável" oferecendo o que existe nela de pior para o exercício da condescendência e arbítrio do personagem anglo-saxão.

For all – o trampolim da vitória (1996-1997), de Luiz Carlos Lacerda e Buza Ferraz, retrata a construção de ampla base norte-americana em Natal, a partir de 1943, durante a Segunda Guerra Mundial, mostrando as transformações provocadas pela chegada dos ianques à vida cotidiana local. Possui tom que oscila, sem decidir-se, entre comédia e drama, trazendo as contradições e ambiguidades da representação do estrangeiro no cinema da Retomada. Novamente, o "outro" é o universo da eficiência anglo-saxã, contraposto à incompetência tupiniquim. Exibe-se de modo cômico essa incompetência e apraz-se com o sorriso de condescendência provocado pelo universo da excelência do "outro". As personagens femininas brasileiras são, inevitavelmente, possuídas pelos americanos (seja pela força do amor, seja pela força do dinheiro), cabendo ao ego dolorido dos dois personagens protagonistas nacionais conformar-se com a situação e aceitá-la dentro do relacionamento amoroso. A superioridade do universo americano é tão grande que o conflito apenas esboça-se, mas não consegue se definir. A narrativa sente a dramaticidade desse eixo na intriga, mas não o enfrenta, preferindo o tom cômico, meio deslocado, com o qual encerra e tenta amarrar a trama. Em *Jenipapo* (Monique Gardenberg, 1996), é também um repórter norte-americano que consegue estabelecer parâmetros necessários para o exercício crítico da realidade social. Como protagonista, o estrangeiro dá vazão à crítica ponderada da realidade social brasileira através da "palavra" (as manchetes) que concede ao padre protagonista, personagem que também não é brasileiro. É a ação desse repórter, tendo como conteúdo a visão social do padre estrangeiro, que permitirá o diagnóstico da nação incompetente. Os movimentos sociais, a imprensa e a sociedade brasileira como um todo são figurantes distantes para a ação dramática. Esta coloca como protagonistas os dois estrangeiros que têm o poder de fazer girar a roda social brasileira. Na personagem do padre, encontramos o poder da ponderação, no qual exemplificamos o protagonista estrangeiro da Retomada, em sua maneira de contrapor-se à incapacidade da nação brasileira em lidar com suas fraturas. Os personagens nacionais são ralos e assistem passivamente à ação histórica encenada. A dimensão institucional (o Congresso) é vista como inoperante e corrupta, e mesmo os movimentos sociais existem para se adequarem às necessidades políticas e pessoais do líder religioso.

Buena sorte (1996), de Tania Lamarca, traz sua trama imersa no universo geográfico anglo-saxão, onde se localiza o crime que dá origem à ação dramática (assassinato de cavalos para receber seguros). A novidade está em apresentar o anglo-saxão como bandido. O personagem negativo estrangeiro não é muito comum na Retomada. Mas o lado negativo é logo compensado pelo mocinho norte-americano, agente da companhia de seguros, que permitirá ao protagonista peão brasileiro acertar sua vida. A cultura de massas norte-americana, através da figura do Zorro, permeia o estabelecimento da relação com o universo dominante ianque. A postura exibicionista da cultura nacional surge numa vitrine exposta para ser vista como exotismo. O exibicionismo pode ser direcionado a nacionais, mas tem sua carga maior quando interagindo com o personagem estrangeiro. Já *Bela Donna* (1998), de Fábio Barreto, é inteiramente construído para exibir essa cultura. É o movimento exibicionista do popular nacional que fornece o combustível para o deslumbramento da personagem feminina anglo-saxã. O desejo de conquistar atenção e aprovação por parte do personagem popular (o jovem pescador) se transforma em movimento da própria narrativa fílmica: as cenas de demonstração folclórica, no modo exibicionista, repetem-se e ocupam grandes trechos em sua estrutura. O movimento parece ser o inverso dos filmes citados anteriormente, mas não é. Ao invés de mostrar a incompetência nacional, provocando o riso do estrangeiro, valoriza-se o talento para promover o deslumbramento. Mas a posição de inferioridade na relação com o "outro" estrangeiro continua e ele é o ponto de referência da ação. Caracteriza-se uma espécie de nacionalismo às avessas (que vai seguir um narcisismo, também às avessas, analisado adiante), pois só sobrevive através da necessidade obsessiva da conquista da admiração do "outro" estrangeiro pelo exibicionismo do "mesmo" nacional (personagem e narrativa).

Nos anos 1980 e 1990, Rogério Sganzerla abandona em parte a produção ficcional para dedicar-se a retratar a obra e a biografia do diretor norte-americano Orson Welles, detendo-se sobre sua estadia no Brasil. O tipo de idealização que a figura de Welles exerce sobre Sganzerla não deixa de possuir vínculos com o quadro do personagem estrangeiro que traçamos aqui. Sganzerla realiza três filmes sobre o assunto. O curta *Linguagem de Orson Welles* (1985-1987) é resultado da intensa pesquisa que o diretor desenvolve sobre a estadia de Welles no Brasil, matéria do documentário-longa *Nem tudo é verdade* (1980-1986). Em *Nem tudo é verdade*, Sganzerla trabalha com reconstituições, utilizando Arrigo Barnabé para interpretar Orson Welles. Alguns dos eventos notáveis da estadia de Welles no Brasil (como o quebra-quebra no quarto do Copacabana Palace) são encenados na modalidade "encenação construída"[14], tendo Arrigo como ator. É intenso o uso de material de arquivo, pontuado por uma voz *over* que comenta as imagens de modo debochado e afetado. No eixo desse filme, mais do que no terceiro documentário que Sganzerla faria sobre o assunto (*Tudo é Brasil*), encontra-se a afirmação das exuberâncias nacionais sendo exibida face à racionalidade anglo-saxã, que a avalia e frui. A postura exibicionista da cultura brasileira pela narrativa fílmica é oferecida ao deslumbramento de Welles. Em sintonia com a idealização da personagem do estrangeiro anglo-saxão, transparece a necessidade de afirmação da cultura autóctone (em sua inépcia), oferecendo-se pelo exotismo, como espetáculo, ao olhar condescendente do astro norte-americano.

Amélia (1999-2000), de Ana Carolina, também traz o quadro de relacionamento com o estrangeiro. Introduz, no entanto, a noção de conflito em um campo que, em noutros filmes da Retomada, transparece exclusivamente deslumbramento da voz narrativa. O olhar admirado para o estrangeiro ocorre de modo ambíguo. Os polos não se configuram tão nitidamente. As três mulheres interioranas (e principalmente a personagem desempenhada por Miriam Muniz) fazem a representação do Brasil humilde, face à gloriosa exuberância de uma Europa colonizadora. Respira-se uma visão forte e carinhosa em relação à cultura e sociedade brasileiras. A figura estrangeira de Sarah Bernhardt exerce uma tirania insuportável sobre as três pobres mulheres. A essa tirania tenta-se contrapor a personagem mais articulada que Miriam Muniz interpreta. Ela chega a levantar e declamar afirmativamente "Juca Pirama", em um tom de brado e desafio nacionalista, mas a voz é insegura e desafina. De tanto berrar através do filme, Miriam Muniz tem sua voz transformada, talvez sintoma de uma posição existencial incômoda. Predomina a representação de sua personagem como algo obtuso, e por isso mesmo irritante, sintoma do atraso e da resistência irracional. Como levar adiante uma vida sempre subalterna e, ao mesmo tempo, querer afirmar-se pelo louvar do atraso naquele que é ridicularizado? Essa é uma contradição com a qual o filme se depara.

Amélia expõe esse dilema como fratura. É um dilema que atravessa o cinema brasileiro dos anos 1990. Como afirmar-se sendo fraco (pois fracos são os personagens nacionais face ao glorioso estrangeiro), se essa fraqueza é também ridicularizada e figurada de modo a negar-se repetidamente? O movimento para o fechamento positivo na ênfase ideológica do nacional – que se contraporia à figura do estrangeiro incorporada por Sarah Bernhardt –, afinal, não é denso o suficiente. Nesse filme, a tentativa de afirmação do "fraco" nacional traz um dilema que dá a medida das contradições envolvidas no "narcisismo às avessas" (outro bom conceito rodriguiano, uma evolução do anterior "complexo vira-lata"), que percorre o cinema da Retomada e tem na figura dilatada do estrangeiro sua ponta que aparece. O narcisismo às avessas que Rodrigues detecta no espírito nacional (ele o pesca inicialmente em suas crônicas futebolísticas), embute necessariamente uma forma de má consciência. Agora ele aparece no viés do personagem estrangeiro, mas no momento seguinte da Retomada irá debater-se na fissura do outro-popular, misturando-se como má consciência ao diagnóstico da nação inviável. Em *Amélia*, não basta o ressentimento do fraco (resposta da personagem de Muniz a Sarah Bernhardt) para, pela purgação, afirmar-se à vontade do forte. Aqui é a própria fraqueza que, em espasmos de superação, patina, patina, e não consegue sair do lugar.

O POPULAR CRIMINALIZADO: HORROR, CULPA E A NAÇÃO INVIÁVEL

Um conhecido personagem de nossa literatura, Policarpo Quaresma, se encaixa bem no tom crítico à representação do Brasil, reinante no final da década de 1990. Paulo Thiago o leva para as telas na adaptação *Policarpo Quaresma – herói do Brasil*. O tom da narrativa de Lima Barreto mantém, no entanto, postura carinhosa com os devaneios nacionalistas do personagem, apesar do viés ridicularizador. A visão da nação na Retomada é feita com mão mais pesada. A representação do popular como "outro" no cinema brasileiro contemporâneo é acompanhada por uma visão negativa do país, espécie de retorno crítico sobre si mesmo. O nacional-popular dos anos 1960, quando a cultura popular era vista como correlata à afirmação nacional, passa a ser na Retomada contraponto à representação da nação inviável. A nação é confundida com sua dimensão institucional e apresentada em seu lado grotesco e truculento. A expressão "só mesmo no Brasil..." sintetiza o sentimento predominante nesses filmes. Abre flanco para a redenção na figura do estrangeiro, e a cultura popular pode ser espaço de idealização exibicionista (do tipo *Tieta do Agreste*), no cenário do debacle das instituições.

Mas o movimento de resgate nem sempre funciona com essa linearidade e daí a pertinência de uma expressão como "narcisista às avessas" para definir o espírito. Em certos filmes da Retomada, há um prazer perverso em estampar as mazelas de nossa formação social. Prazer perverso, pois o resultado final busca a satisfação do ego pelo avesso. A representação da inevitabilidade do fracasso e da incompetência nacional é estabelecida provocando, através do escárnio, um sentimento de superioridade no espectador. É como se pudesse excluir-se do que lhe é próprio, na medida em que reconhece e ainda ri do que deveria ser sua miséria. Na figuração naturalista da miséria, com traços acentuados e detalhados da barbárie da nação, compõe-se uma forma de compromisso. Serve de atenuante ao sentimento de má consciência da classe média em relação à fratura social brasileira. A inferioridade de si ao estrangeiro é mostrada como evidência da fatalidade na incompetência. A representação do popular como "outro" permeado pelo universo da criminalidade – o que chamo de "popular criminalizado"[15] – é parte orgânica desse todo.

A satisfação espectatorial obtida com a autoflagelação de si não é um elemento novo na cultura brasileira. Nelson Rodrigues, cronista maior da *persona* nacional, ao lado da conhecida expressão "complexo de vira-lata", dedicada mais aos afetos próprios ao jogo de futebol do que à catarse pela *mimesis*, já apontava ironicamente em suas crônicas, a presença de um narcisismo às avessas na expressão cultural brasileira. Foi conceito criado no forte ambiente de 1968. Para o dramaturgo, ao estampar suas misérias, numa humildade renitente, o brasileiro consegue ter um prazer similar à admiração das próprias virtudes[16]. Em nossa análise do cinema brasileiro no período da Retomada, este viés masoquista vem acompanhado do estímulo à compaixão, que permite o prazer "avesso" do Narciso quando volta a si. Surge como redenção da acusação de culpa pela situação do país, numa espécie de catarse com o fracasso nacional. É uma compaixão de fundo cristão, que assim entra pela porta dos fundos em sintonia com camadas ideológicas tradicionais da sociedade brasileira, repartindo com as progressistas. O narcisismo às avessas responde à impossibilidade do nacionalismo e à sua afirmação, ao inverso, na autocrítica acirrada. Em diversos filmes da Retomada, formas de representação do popular aparecem como matéria própria ao exercício da piedade. No núcleo do narcisismo às avessas movem-se simultaneamente os sentimentos cristãos da má consciência e da compaixão, duas faces da mesma moeda. Caberá à análise fazer a passagem da dimensão do prazer narciso "avesso", do "cuspir na própria imagem", para cloná-lo à duplicidade do conceito do nacional como nação inviável, cindido pelo outro-popular.

O retorno da temática da cultura popular pode ser considerado um dos traços distintivos do cinema brasileiro na segunda metade dos anos 1990. Ideário muito presente para a geração cinemanovista, tem certa retração nos anos 1980 dentro do contexto pós-modernista[17]. O popular e suas formas compõem uma imagem recorrente do cinema brasileiro[18], envolvendo principalmente personagens afrodescendentes ou nordestinos, em tramas que figuram o imaginário das religiões populares, a geografia das favelas ou comunidades, o sertão ou os subúrbios das grandes metrópoles, o futebol, as músicas regionais, o samba, o Carnaval, as tradições culturais nordestinas. Assim, o "popular" para a sociedade brasileira pode retratar o que Pierre Bordieu chama de *habitus*, um sistema de práticas e pensamentos que estabelece um estilo de vida com gostos e valores culturais bem determinados e particulares, que acompanham a prática de agentes estruturados socialmente. A figuração atual do popular como representação cinematográfica foi introduzida, em seus contornos gerais, nos anos 1960 pelo Cinema Novo, apesar de já figurar claramente no Nelson Pereira dos Santos dos anos 1950, como em *Rio, 40 graus* (1954-1955) e *Rio, zona norte* (1957). Sofre modificações de forma, mas não de raiz, nas décadas seguintes. O cinema da Retomada tem preocupação em reciclar esse imaginário buscando estabelecer veredas com o cinema brasileiro que lhe antecedeu.

É o caso Walter Salles, que, depois de flertar com o classicismo pós-modernista em *A grande arte* (1989-1991) e no tardio *Terra estrangeira* (1995), sintoniza-se no clima dos anos 1990 com *Central do Brasil* (1997), redescobrindo o popular na visualidade que o Cinema Novo lhe conferiu. É importante frisar a dimensão histórica dessa representação do popular que, às vezes, parece pairar acima da subjetividade que inevitavelmente compõe. A reciclagem idealista do "popular cinemanovista" pela Retomada deixa de lado um traço que lhe é essencial: a violência da fragmentação narrativa. Esse é um elemento que o Cinema Novo cortejou, embora nem sempre efetivamente. Fez parte, como discurso propositivo, de estratégias formais para combater sua digestão como puro espetáculo. No eixo da consciência cinemanovista e, principalmente, na estética glauberiana, está o reclame do manifesto Estética da Fome, acirradamente crítico à satisfação narcisista do burguês fruindo a compaixão[19]. A compaixão pela exaltação de afetos em *Central do Brasil* (sequência da procissão no final, por exemplo) marca a distância com esse universo. Sua proposta narrativa e de representação do popular aponta a proximidade com o *O pagador de promessas* (1962), de Anselmo Duarte, obra difícil de ser analisada dentro do campo gravitacional cinemanovista, embora sejam claras as veredas que abre para a primeira fornada de filmes maduros da geração, em 1963 (*Deus e o diabo*, *Os fuzis*, além do "companheiro" Nelson com *Vidas secas*).

Nos anos 1990, e também na primeira década do século XXI, a imagem do popular, com formato reciclado, consegue angariar o mesmo tipo de reconhecimento internacional que havia recolhido nos anos 1960. Se o filme mais conhecido da tendência é *Central do Brasil* (1997), não só por sua repercussão, mas também por concretizar algo que estava no ar, outros exemplos podem ser citados nessa linha. É o caso de *Cidade de Deus* (Fernando Meirelles, 2002), *Carandiru* (Hector

Babenco, 2002), *O invasor* (Beto Brant, 2001) ou *Ônibus 174* (José Padilha, 2002). São obras que integram a Retomada propriamente ou a constituem em seu primeiro fôlego, como querem analistas que a estendem até mais tarde. Outros elementos relacionados à estrutura de produção da mercadoria filme podem ser citados para a delimitação do período da Retomada. A criação da Agência Nacional de Cinema (Ancine) em 2001, passando a articular institucionalmente uma produção antes fragmentária, finaliza um primeiro momento na reconquista do mercado[20]. Também a afirmação progressiva e a expansão da Globo Filmes no início do milênio é elemento essencial para caracterizar o período final da Retomada. A produtora tem suas primeiras produções em 1998 e chega ao grande público com o sucesso de *O Auto da Compadecida* (2000), que apresenta 2.157.166 pagantes[21]. *O Auto* é produto fílmico originário do forno televisivo da Globo, em esquema pioneiro de intermidialidade. Nesse momento, a Globo Filmes afirma definitivamente sua participação no mercado das grandes bilheterias nacionais, o qual domina com o sucesso, também pioneiro em escala, de *Carandiru* (4.693.853 espectadores) e *Cidade de Deus* (3.370.871 espectadores). A presença de uma produtora e coprodutora com a dimensão da Globo no cinema pode ser mencionada como elemento que marca o fim da Retomada, em seu recorte restrito. O ano de 2003 serve claramente como ponto de transição, pelo excepcional domínio do filme nacional no mercado exibidor interno. Chegamos a uma ocupação inédita superando 20%, cifra jamais repetida. Trata-se de porcentagem altíssima mesmo para padrões internacionais (inclusive europeus). Coroa uma linha evolutiva que parte praticamente do zero, dez anos antes, em 1993, e mostra a consolidação nos novos tempos do cinema brasileiro que agora tem uma estrutura razoavelmente delineada para produzir, distribuir e exibir. Nesse último setor, jovens exibidores brasileiros, com formação cineclubista, se afirmam, como Adhemar Oliveira e sua empresa Espaço de Cinema. É a recuperação definitiva da capacidade do cinema brasileiro em lidar com o grande público, algo que havia conquistado e depois perdido, nos anos 1970 e 1980.

Outro aspecto da economia do cinema que fecha a Retomada no início de milênio é a diminuição progressiva do papel da distribuidora RioFilme. Diminuição progressiva, pois a RioFilme continuará em atividade na primeira década dos anos 2000, mas sem o protagonismo dos primeiros anos da Retomada. Fundada em 1992, a RioFilme ocupa no início, em parcela, o papel que foi da Embrafilme no período 1970 a 1980. Viabiliza a disponibilização do filme brasileiro no mercado exibidor e financia parte da produção. Embora não distribua e produza as maiores bilheterias (com exceções, como *Central do Brasil*) é onipresente na produção média da década de 1990, de perfil mais autoral, com diversificação maior após 2000. Destaca-se no início da Retomada quando a produção nacional retorna, partindo da inércia. Também são centrais nesse aspecto as produtoras da nova geração de cineastas. Começam como pequenas casas de produção alternativa, mas logo se afirmam como produtoras significativas no universo audiovisual brasileiro, muitas delas apostando nos vínculos com o mercado publicitário ou em sintonia com a Globo Filmes. Entre outras, pode-se destacar a VideoFilmes (surgida nos anos 1980) dos irmãos Walter Salles e João Salles que, seguindo um período inicial com publicidade, se concentra na produção própria dos autores e em diretores diversos, particularmente Eduardo Coutinho; a O2 Filmes, que tem Fernando Meirelles como figura central, mantendo a atuação em publicidade e abarcando amplo leque de produções cinematográficas (filmes de Meirelles e outros) e audiovisuais; a Conspiração, de Andrucha Waddington, Claudio Torres e outros, sediada no Rio de Janeiro, também com ampla atuação em cinema e produções televisivas; a gaúcha Casa de Cinema de Porto Alegre, de Jorge Furtado, Ana Luiza Azevedo, Giba Assis Brasil, Carlos Gerbase e outros, que tem atuação em produções alternativas e coproduções com a rede Globo, aproveitando-se da proximidade entre Furtado e a emissora da qual foi funcionário.

Outro ponto a ser levantado no fim da Retomada é a alternância de partidos no Governo Federal. O ambiente político tenso dos anos 1990, que certamente fornece combustível para os afetos do narcisismo às avessas, desanuvia-se a partir do início da década seguinte com a chegada do PT ao poder, em 2003. O corte exasperado de crítica à nação começa a sofrer nuances, na mesma medida da captação de profissionais para o aparelho de Estado e os dividendos da bonança econômica do período, que impulsiona a produção de filmes. Há de se frisar, no entanto, que o viés exasperado não some do horizonte e retorna com vigor em filmes-chaves da produção alternativa na primeira década do século XXI (Cláudio Assis, Karim Aïnouz, José Eduardo Belmonte, Heitor Dhalia, Sérgio Machado, Tata Amaral, Beto Brant e outros). Mas o contexto é diferente daquele que analisamos nos primeiros anos da Retomada. Sente-se que a idealização da figura do estrangeiro como eixo para fazer girar o "complexo de vira-lata" se desloca, fechando um círculo. É importante realçar que os sintomas desse mal-estar que perpassa a sociedade brasileira na virada do século XX continuam existentes e repercutem no cinema com particular intensidade. Obras como *Central do Brasil*, *O primeiro dia* (1998), *Notícias de uma guerra particular* (1997-1998), *Cronicamente inviável* (1999), *Orfeu*, entre outras, preparam e prenunciam a eclosão de 2002-2003, quando o mal-estar avança um degrau em agressividade, surgindo em obras como *O invasor*, *O príncipe* (2001), *Carandiru*, *Ônibus 174* e também na versão *clean*, mas sempre escatológica pelo naturalismo da miséria, de *Cidade de Deus* (2002). No final da linha desse percurso do mal-estar com a nação inviável, como seu momento maneirista, temos os dois *Tropa de Elite* (2007 e 2010).

No caso da Retomada, deve-se mencionar o papel fundamental que *Notícias de uma guerra particular*, de João Moreira Salles, possui para a formação do imaginário do "popular", que estou chamando de "criminalizado", característico do período. Filme originalmente exibido na televisão a cabo (GNT), *Notícias* trouxe para a tela, de modo pioneiro e chocante, um campo imagético que marcou época e influenciou claramente outra obra nuclear da Retomada: *Cidade de Deus*, estendendo a influência até depois dos tardios *Tropa de Elite* (primeiro e segundo). A presença, como codiretora, de Kátia Lund em ambos os filmes, *Cidade de Deus* e *Notícias*, confere a dimensão dessa influência para o cinema da virada do milênio. Lund, com seu jeito afável de menina de colégio de freira paulistano, conseguiu se inserir na favela carioca e abrir as portas para receber a produção de *Notícias*, exercendo papel similar com Meirelles na seleção de atores e no contato com o universo popular em *Cidade de Deus*. O crédito de codireção recebido em ambos os filmes (*Cidade* e *Notícias*) demonstra a importância que os diretores atribuem a sua atuação, permitindo que entrassem e circulassem com intimidade num meio que só conheciam à distância (Salles chega à favela e filma em seguida, mas os contatos com os traficantes e a população já haviam sido articulados antes extensivamente no tempo, por Kátia).

Central do Brasil é, sem dúvida, o filme que detona de modo maduro o novo imaginário do popular na Retomada. A obra é lançada em 1998, recebendo o prêmio máximo no Festival de Berlim. É selecionada para a disputa do Oscar de melhor atriz e melhor filme estrangeiro. *Central do Brasil* demonstra a sensibilidade de Walter Salles ao criar um filme com roteiro original, inspirado em sua vivência de uma situação real, retratada no curta-documentário *Socorro nobre* (1992). Salles demonstra segura direção de atores, impondo um ritmo uniforme para a obra num conjunto dramatúrgico articulado e homogêneo. Evolui do referencial pós-moderno dos seus dois primeiros longas para uma espécie de "neopopulismo da compaixão", no qual acaba encontrando um veio denso de unanimidade a ser explorado. O distanciamento do diretor com a sensibilidade pós-moderna, da qual se viu um dia próximo, é explicitado em entrevista ao psicanalista Jurandir Freire Costa[22], na qual afirma querer, com *Central do Brasil*, "ir na direção contrária dos filhotes tarantinescos". Incomoda a Salles, particularmente, a falta de gravidade ética que a sobreposição da ação dramática na camada de gênero proporciona em Tarantino, exemplificada pela proliferação, apenas como citação, de mortes e assassinatos. Revela haver temido, inicialmente, pelo sucesso do filme no horizonte do pós-modernismo que achava dominante no cinema contemporâneo, mas que

[...] ao chegar ao Sundance Festival e depois em Berlim, notamos que de vários lugares do mundo chegavam filmes com a mesma preocupação, ou seja, a questão da fraternidade, da descoberta do afeto, da redenção trazida pela presença significativa do outro. Isto talvez aponte para o ressurgimento de um cinema neo-humanista, como reação ao cinema cínico de Tarantino, de Roberto Rodriguez e de todos os que, nos anos 1990, fizeram uma utilização acrítica da violência[23].

É essa guinada para o "neo-humanismo" que caracteriza a obra madura de Salles na segunda metade dos anos 1990, início da Retomada. Na entrevista, podemos sentir o diretor lidando criticamente com seu passado "tarantinesco". Passado que se define pela fascinação com o gênero e a estética "neon" pós-modernista em um filme como *A grande arte*, ou mesmo o esteticismo fotográfico e a temática das fronteiras em *Terra estrangeira*, conforme abordamos anteriormente. O humanismo da compaixão, reivindicado por Salles, agora se adéqua de modo convincente a quem deseja fazer cinema no Brasil. Ficaram para trás os afetos a que denominamos "esmaecidos" e a melancolia *blasé* da pós-modernidade *fin-de-siècle* dos anos 1980. A estrutura cindida da sociedade brasileira ressurge e emerge como ferida à carne viva, provocando um tipo de emoção que não é a dos simulacros. Salles está também em sintonia com uma demanda já diversa da grande mídia, que havia abandonado contexto "pós" da década passada e se articula organicamente às paixões provocadas pela fratura exposta de uma sociedade de classes, extremada pela desigualdade social. Os afetos que comovem, nesses anos 1990, e que de certa forma permanecem na contemporaneidade, promovem a culpa (pela fratura social), a compaixão (pelos excluídos) e a agressividade (como maneira de resgatar a autoestima na indignação). A indignação é o afeto para fincar-se fora do barco da responsabilidade. O movimento de compaixão exercido em direção aos excluídos e à representação de sua cultura serve como motor de uma espécie de má consciência de classe. Essa "má consciência de classe" (um dos motores na representação do popular nos anos 1970) retorna com intensidade na produção da Retomada, tendo mesmo seu auge ao perdurar. No Salles de *Central do Brasil*, a representação do popular possui um quê exibicionista com o fundo de provocar piedade. Ela não é "exibida" para o "outro" estrangeiro (como em *Bela Donna*), mas para o outro-mesmo, da classe média. A fruição da exibição do popular serve para uma camada social privilegiada, a camada social do autor e do espectador, "purgar" (um dos movimentos da catarse, segundo Aristóteles) a culpa pela fratura de classe, através da compaixão.

A série de pequenos (mas extremamente cruéis) crimes promovidos por Dora (personagem desempenhada por Fernanda Montenegro) em *Central do Brasil*, contra os humildes, é a medida da purgação possível. O estampar do mais sórdido dos crimes (o assassinato de crianças pobres para extração e venda de órgãos) aparece como algo corriqueiro na sociedade brasileira, em sua "central". Sua representação pode ser entendida no misto de autoflagelação e purgação da culpa que apontamos nas estruturas do narcisismo às avessas do complexo rodriguiano. Na medida em que represento o abjeto como inerente à nação em sua horizontalidade – e o sobredetermino de maneira naturalista (e na medida em que vejo essa estampa, como espectador) –, posso excluir a mim mesmo de parcela da responsabilidade, pois o movimento de acusação me exclui ("só mesmo no Brasil...", diz a frase arquetípica). A falta de pudor em estampar o horror (que estou chamando de "naturalismo cruel") acresce crédito como prova do distanciamento. *Central do Brasil* é uma máquina de catarse movida à compaixão e piedade, que tem seu funcionamento potencializado através da sobredeterminação do horror, figurando o estabelecimento da identidade pelo negativo.

Em *O primeiro dia*, com direção de Walter Salles e Daniela Thomas, sentimos também essa busca pela catarse na piedade e êxtase dramático, mediados pela figura do popular. Paixão e morte cercam a celebração do encontro dos protagonistas, no telhado do edifício, durante o *réveillon* do milênio. Fogos e movimentos circulares de câmera dão uma dimensão simbólica ao êxtase que o encontro promove. Na manhã seguinte, esse êxtase é coroado através de sua contraposição à piedade: o bom bandido (Luiz Carlos Vasconcelos) é baleado na areia. A dimensão institucional da nação (significada pelo sistema penitenciário) surge novamente como o polo negativo, propício à cristalização na composição da catarse pela piedade. Não basta uma oposição dramática mais simples (a perda do amado, assassinado no dia seguinte da entrega amorosa), é necessário envolver a dimensão institucional da nação e a podridão de seu sistema penitenciário para que a carga afetiva adquira a massa crítica no tom desejado. O personagem do carcereiro (Tonico Pereira) centraliza na intriga o polo negativo da conformação da piedade: trama a saída do protagonista (o bom bandido) da prisão e também o assassinato que este, contra sua vontade, comete. Do mesmo modo, o "sistema" será responsável por sua morte, opondo-se assim à ação liberadora (positiva) que exerce sobre a personagem protagonista de classe média (Fernanda Torres). Na constituição da intriga, a instituição penitenciária e a corrupção a ela associada compõem o porto seguro para detonar o sistema de identificação que surge em oposição ao polo negativo centrado na coletividade do Brasil "institucional", facilmente estigmatizado dentro de um universo maniqueísta. O narcisismo às avessas é o porto seguro para um retorno garantido ao ego inflado pelo exercício da crítica, espécie de "suplemento" (como o chama certa filosofia) que sustenta uma demanda egoica para emoções compensadoras. Esse suplemento busca sua carga extra na catarse dramática pela redenção da personagem de Fernanda Torres, a cuja perspectiva o espectador se acopla, salva do suicídio pelo bandido vítima do "sistema", na noite do *réveillon* do milênio.

Em *Cronicamente inviável* (2000), Sérgio Bianchi nos traça ironicamente o quadro dessa nação inevitavelmente (ou cronicamente) inviável e incompetente. A fratura social brasileira é exposta através das faces múltiplas da incompetência nacional, travestida de mau-caratismo, arrogância, crueldade, complacência e autoritarismo. A carga é distribuída igualmente por diversas camadas e movimentos sociais. Essa distribuição horizontal incomoda um pouco, pois o polo para a identificação redentora do narcisismo às avessas oscila e muda constantemente de alvo, não se configurando facilmente no todo "nação". A distribuição "igualitária" do horror diminui a carga que cabe à coletividade abstrata da nação, sendo transferida a grupos definidos, como tipos burgueses, tipos intelectuais, tipos ONGs ou tipos "sem-terra". No filme, há um deslocamento da carga crítica que costuma cair sobre a nação inviável, entidade abstrata predominantemente institucional e de fácil polarização. A falha geológica que permite a identificação redentora no polo oposto do horror não aponta aqui em flecha para a nação inviável e sua negação. Assim desnorteia e provoca certo incômodo. Detona reações diferenciadas (não mais tão consensuais) nos espectadores. Fica difícil a fuga pela catarse afirmativa, através da negação consensual da coletividade. O tom irônico é radical e significado pela distribuição de quadros azedos em direções diversas. A catarse pela piedade no popular, ou na figura redentora do estrangeiro anglo-saxão, não está no horizonte para nos salvar da crônica incompetência. Sente-se na obra o prazer em fazer girar a metralhadora da crítica, mas este é também o prazer de narrar e enunciar, e não o de denunciar. O dedo não aponta, mas circula, evidenciando uma camada textual própria que o procedimento de ironia contém. No entanto, o filme possui uma autocomplacência na postura acusatória, na medida em que ele mesmo está ausente do universo criticado e do movimento crítico circular. Ao girar o dedo, a narrativa, como voz do cineasta, convenientemente não aponta para si, para quem está girando. A singularidade de *Cronicamente* mantém-se no fato de a nação incompetente não conseguir ser inteiramente recuperada, de modo uno e homogêneo, e oferecida para a catarse purgatória da má consciência social.

Dentro do novo recorte do popular da Retomada, Cacá Diegues parece ter se reencontrado, nos anos 1990, com temas caros às suas preocupações autorais. Diegues, que também vinha de filmes com tinturas pós-modernas, sintoniza-se rapidamente ao retorno da representação do popular no cinema brasileiro. Dirige *Tieta do Agreste* (1995-1996), de romance homônimo de Jorge Amado. O filme possui evidente preocupação com a exibição da cultura popular nacional brasileira, sendo permeado por cenas descritivas de exaltação a usos e costumes da cultura baiana popular, conforme sintetizada classicamente por Amado. A preocupação em mostrar o popular, que surge como exotismo ou folclore, não chega a diluir por completo a estruturação dramática (caso de *Bella Donna*), mas prejudica um fluir dramático orgânico. Sônia Braga é tomada por um clima de exaltação cultural exibicionista, tendo dificuldade em estabelecer um padrão nuançado de interpretação para compor seu personagem. Mas esse tipo exibição gloriosa do popular, no veio "exibicionista", não está em sintonia com o "espírito de época" que domina o cinema brasileiro no final dos anos 1990. Cacá, um artista sempre pautado em sintonizar seu tempo, o transformará de forma profícua em seu longa seguinte, *Orfeu* (1999). No entanto, os dilemas e dilaceramentos do popular anos 1990 não aparecem em *Tieta*, no qual respiramos, já fora do lugar, o primeiro deslumbramento com a cultura popular, conforme emerge em folclore no clima afirmativo da década de 1970[24].

Em 1998, Diegues retoma o projeto que é seu acerto de contas com o passado de jovem cinéfilo da geração cinemanovista: a refilmagem de *Orfeu do Carnaval* (1958) ou *Orfeu negro*, de Marcel Camus, baseado na peça *Orfeu da Conceição*, de Vinicius de Moraes. A realização é significativa do retorno à temática do popular e de sua reciclagem no horizonte ideológico do Cinema Novo pela Retomada. *Orfeu negro* foi estigmatizado pelo Cinema Novo, que o elegeu como modelo de cinema que não queria fazer. No núcleo da rejeição, está o modo folclórico de representação do popular que *Orfeu negro* sugere. Quando propõe a refilmagem, baseada na mesma da peça de Vinicius, Cacá Diegues sustenta-se num discurso que o afasta daquele que foi o objeto crítico de sua juventude. Deixa isso claro em sua autobiografia[25]. O *Orfeu* de Marcel Camus obteve intensa repercussão e aceitação internacional em seu lançamento, com ecos que chegam aos dias de hoje. Significou, para largas parcelas do mundo na época, uma espécie de afirmação da aceitação do "outro", negro e popular, ainda inédita para toda uma geração europeia e norte-americana nos anos 1950. Sua repercussão foi consenso internacional em 1959-1960. Ganhou simultaneamente o Oscar de melhor filme estrangeiro, a Palma de Ouro em Cannes, o Globo de Ouro para filme estrangeiro e o Bafta inglês para a mesma categoria.

Caetano Veloso, em seu livro *Verdade tropical* (1997), descreve um clima diferente na recepção do filme quando lançado no Brasil:

> Quando *Orfeu do carnaval* estreou eu tinha dezoito anos. Assisti a ele no Cine Tupi, na Baixa dos Sapateiros, na Bahia. Eu e toda a plateia ríamos e nos envergonhávamos das descaradas inautenticidades que aquele cineasta francês se permitiu para criar um produto de exotismo fascinante. A crítica que os brasileiros fazíamos ao filme pode ser resumida assim: "Como é possível que os melhores e mais genuínos músicos do Brasil tenham aceitado criar obras-primas para ornar (e dignificar) uma tal enganação?"[26].

Repercutindo o que pode ser facilmente constatado até os dias de hoje, Caetano expõe no livro a força que a ficção de *Orfeu negro* continuava a possuir no estrangeiro, quando de sua chegada a Londres, em 1969:

Sentíamos ainda um pouco de vergonha mas atender ao pedido de cantar "Manhã do Carnaval" muitas vezes compensava. Ainda hoje não param de se repetir as narrativas de descobertas do Brasil por estrangeiros (cantores de rock, romancistas de primeira linha, sociólogos franceses, atrizes debutantes), todas marcadas pelo inesquecível filme de Marcel Camus[27].

Recentemente, aos "estrangeiros, romancistas, sociólogos e atrizes", pudemos acrescentar o presidente norte-americano Barack Obama, que relata, em sua autobiografia precoce (escrita antes da presidência, nos anos 1990), o efeito particular que teve *Orfeu negro* em sua mãe (branca), que o viu aos 16 anos, e o desconforto que ele, Obama, de outra geração, teve com o persistente fascínio da mãe com o filme. Obama teve contato, já adulto, com a obra, levado por sua mãe para assisti-lo numa retrospectiva em Nova York:

> [...] uma noite, enquanto folheava o jornal *Village Voice*, os olhos de minha mãe se iluminaram com o anúncio do filme *Orfeu negro*, que estava em cartaz no centro da cidade. [...] Insistiu que fôssemos vê-lo naquela noite. [...]. No meio do filme, resolvi que já tinha visto o bastante e virei para minha mãe para saber se ela gostaria de ir embora comigo. Mas seu rosto, iluminado pelo brilho azul da tela, estava tomado por um ar nostálgico. Naquele momento senti-me como se uma janela tivesse sido aberta para seu coração, o coração de sua juventude [...] o retrato dos negros infantilizados que eu via, o reverso da imagem dos selvagens de Conrad, foi o que minha mãe carregou com ela até o Havaí anos atrás, um reflexo da fantasia simplista que havia sido proibida para uma garota branca, de classe média do Kansas, a promessa de uma outra vida: quente, sensual, exótica, diferente[28].

A proposta de Cacá para o segundo *Orfeu*[29] quer se diferenciar desse retrato de "negros infantilizados", "brasileiros negros e mulatos que cantavam, dançavam e tocavam violão, como pássaros despreocupados de plumagem colorida"[30]. Cacá busca contato com a cultura popular estabelecendo uma dimensão crítica da condição social, ausente do primeiro *Orfeu*. Essa representação da cultura popular no *Orfeu* de 1999 é contemporânea a sua época. Incorpora elementos da cultura de massa, como a televisão (e a exibição da cultura popular, como o Carnaval, mediada por essa televisão) e confere destaque a misturas rítmicas das tradições nacionais com a música popular norte-americana, caso do *rap* ou do *funk*. Ao mesmo tempo, não quer abandonar a herança bossa-novista que marca e define o *Orfeu* de

Marcel Camus. A mistura é explosiva, e o filme ressente-se dela, oscilando na elegia ao universo idílico da bossa nova, contraditoriamente mantida em algumas das criações musicais de Caetano Veloso. Responsável pela trilha do *Orfeu* de Cacá, Veloso aproveita a clássica trilha original, momento maior da música brasileira em seu diálogo com o *cool jazz*.

A peça *Orfeu da Conceição*, escrita por Vinicius de Moraes, estreada no Rio em setembro de 1956, é marcada pelas músicas que compôs para sua encenação. São as primeiras parcerias do poeta com o jovem e inédito Tom Jobim, depois ampliadas e transpostas para o filme de Camus. Esse inclui canções clássicas de Vinicius e Tom como "A felicidade" e também "Manhã de Carnaval" (composição de Luiz Bonfá e Antonio Maria), que manifestam em seu núcleo o espírito da sociedade carioca no eclodir da bossa nova. É Jobim que assina a trilha do primeiro *Orfeu*. Cacá ainda mantém, com Caetano, trechos da criação musical original em que bate o coração da bossa nova, mas adiciona canções do novo panorama *funk/rap* dos morros cariocas. A sobreposição entre os dois universos (o idílico e o dilacerado) é chocante e significativa do momento de exasperação social que vive o Brasil na virada do século XX. A exasperação adquire mais contraste quando contraposta ao momento raro da cultura brasileira que foi a bossa nova, no qual as tensões sociais estavam baixas e era possível louvar o lirismo apolíneo da "tardinha em Ipanema", o "barquinho a deslizar" e o "jeitinho dela andar". Em contraposição, o *Orfeu* de Cacá estabelece um diálogo torto com o original de Vinicius, claramente mais próximo de Marcel Camus (apesar da posterior negação poeta). No novo *Orfeu*, colocam-se na ordem do dia as tensões da dilacerada realidade dos morros cariocas dos anos 1990, momento em que a classe média descobre sua ocupação por grupos de garotos armados até os dentes, se locomovendo no lixo e na miséria, fora do alcance do Estado brasileiro. Na sequência-chave do *Orfeu* de Cacá, quando Orfeu resgata Eurídice do reino dos mortos (um lixão), carregando-a nos braços, ainda é possível ao poeta embalá-la liricamente cantando a simbólica "Manhã de Carnaval". Mas o idílio bossa-novista e sua melancolia rapidamente terminam. À canção é sobreposto um *rap* que faz fundo musical para tomadas aéreas do novo morro, que amanhece com a voz do rádio da comunidade saindo em alto-falantes, chamando para o trabalho depois do Carnaval.

A obra de Cacá também se agarra às referências ao *Orfeu* de Camus através dos momentos idílicos vividos pelo personagem Orfeu, quando faz vibrar sua lira com a baía de Guanabara e as praias da zona sul ao fundo, cartão postal visto da janela de seu barraco. O morro vazio e cheio de espaços de *Orfeu negro*, no entanto, ficou para trás. O questionamento das formas musicais tradicionais da cultura popular é afirmado no filme de Cacá. As transformações que o protagonista Orfeu introduz no desfile da escola são vistas positivamente pela narrativa. No polo negativo encontramos, como sempre, a nação institucional, representada pela delegacia de polícia e seus policiais, truculentos e corruptos, elementos ausentes do primeiro *Orfeu*. O morro apresentado é o morro dos anos 1990. A idealização de *Orfeu negro* é combatida pelo mostrar explícito da miséria, apesar do fundo fantasista (tão presente na filmografia de Cacá) que bate à porta desde o primeiro plano (o avião que traz Eurídice atravessando a lua cheia). É o tráfico que domina a favela, oferecendo uma alternativa violenta de afirmação popular dentro do recorte da criminalização. O universo popular aparece polarizado entre o mundo da poesia e o mundo da violência. Pode-se dizer que a cultura popular continua idealizada, pronta para ser exaltada, como no primeiro *Orfeu*, mas não surge em universo fechado. Não é o estrangeiro Camus e sua equipe que veem a cultura popular como idealização da pureza negra, mas a classe média brasileira, da qual Cacá faz parte, que a define como "outro". E o retrato do outro-popular que nos mostra é pesado, mistura de necessidade de identificação e culpa pelas imagens de horror e miséria que estampa.

Ao querer se distanciar do popular folclórico e idealizado do primeiro *Orfeu*, Cacá estabelece uma fissura contemporânea, situando-a em duas extremidades: o "popular" violência/tráfico, com o horror dos corpos queimados e dos fuzis nas mãos de garotos – sintetizado no personagem do traficante Lucinho (Murilo Benício); e o "popular" poesia/samba/*rap*, sua dimensão lírica, que permanece repercutindo o primeiro *Orfeu*, corporificado na interpretação do Orfeu por Toni Garrido. Mas há um terceiro eixo dramático no filme, no qual se ergue a tradicional nação inviável, pronta para sustentar o ego do espectador na catarse redentora do horror (inferno no qual Orfeu mergulha para resgatar Eurídice, que não sobrevive). A acusação da nação inviável sustenta o efeito "narcisista às avessas" se apoiando na personagem da autoridade policial que sobe o morro, o sargento Pacheco (Stepan Nercessian), fácil polo redentor pelo negativo. Mas esse terceiro eixo não é por inteiro exterior aos dois polos do popular, se relacionando simultaneamente com sua face negativa-criminalizada/Lucinho e sua face positiva-lírica/Orfeu. A nação institucional, a polícia, é parte integrante: o sargento Pacheco é padrinho de nascença do traficante Lucinho e contraditoriamente o protege. Não existe uma exterioridade do tipo Bope/Tropa de Elite que iremos encontrar no final da década 2000 (não existe o "sistema" fechado para oposição no final da linha, como no segundo *Tropa*). O polo institucional da nação em *Orfeu* não é tão agressivo em sua incompetência e não é dele que emerge a força do mal que traga Eurídice para as trevas, nas quais Orfeu mergulha para resgatá-la. A morte de Eurídice é quase casual (um tiro de Lucinho que ricocheteia), não há força maligna que a promova. Parece haver um todo (incluindo a força policial) que engole o morro no inferno no qual mergulha e do qual também Orfeu faz parte, sem conseguir resgate. Embora apresentado exclusivamente em seu aspecto negativo, o aparelho de Estado ("a polícia é mesmo a única coisa do Governo que sobe o morro", diz Orfeu ao sargento Pacheco a certa altura da trama) faz parte da mesma massa humana.

É evidente a proximidade dos policiais com o universo cultural de Orfeu, expressa na admiração elogiosa de seu trabalho na escola de samba ou na proximidade com o mundo dos jovens traficantes (o apadrinhamento de Lucinho mencionado).

O grito final, exagerado e prolongado, do garoto Maykoll (Silvio Guindane) é significativo da dilaceração pela morte de Orfeu, mas significa também a dimensão do horror que permeia o universo do popular criminalizado para a consciência de classe culpada. Seguindo de perto o mito, uma espécie de bando de mênades, moradoras da comunidade, com fantasias de Carnaval amanhecidas, circunda Orfeu agressivamente preparando o golpe final de Mira (Isabel Fillardis), que penetra com uma lança seu corpo. É a própria comunidade que assassina Orfeu, e não o Brasil institucional, a polícia, que logo em seguida chega atirando. O horror é completo e, no final, acaba por atravessar por todos os lados o universo ficcional do popular criminalizado. A agonia da nova realidade dos morros cariocas, agora dominados por cruéis jovens armados, nada tem da inocência dos empinadores de pipa do primeiro *Orfeu*, da artificialidade do povo alegre sempre pronto para dançar. Quando esses jovens querem se aproximar do mundo lírico de Orfeu (como é o caso de Maykoll), o resultado trágico é a intensidade do prolongado berro final que a tudo cobre com desespero. Toda tentativa de lirismo, toda a tentativa de poesia, está maculada na origem pelo pecado original, anterior, do qual não se consegue extinguir a nódoa e a responsabilidade. A fatalidade do gesto de Orfeu (inutilidade do resgate de Eurídice nas profundezas do lixão) o demonstra. A fratura social está exposta. Entre polícia, traficantes e poetas, o lirismo consegue brilhar apenas por breve momento que não se firma, sobre o fundo de miséria e violência.

A RETOMADA: FINAL

CARANDIRU

Os filmes da Retomada dos anos 1990 trazem os dilemas da representação do *habitus* popular em um novo contexto ideológico, delineados a partir de *Central do Brasil*, *Orfeu*, *Cronicamente inviável*, *Notícias de uma guerra particular* e *O primeiro dia*. Nesse movimento, prepara-se o cinema brasileiro para um segundo degrau na figuração do popular, acentuando a imersão na criminalidade do "popular criminalizado", sempre no modo da polarização com a nação inviável. Nas obras da década de 2000, a tensão dos anos 1990 se agudiza e então a representação do popular como figura do horror tem fôlego para abrir asas. *Carandiru*, de Hector Babenco, baseado no livro *Estação Carandiru*, de Drauzio Varella, possui claramente essa estrutura aguda do período final da Retomada. O espetáculo de horror que percorre a última parte do filme, quando é detalhado em naturalismo cruento o massacre dos prisioneiros pela tropa de choque da polícia, segue-se à melodia "Aquarela do Brasil", de Ary Barroso, símbolo lírico da brasilidade. É a deixa para fazer valer o mecanismo de resgate pelo "narcisismo às avessas", centrado na representação negativa da brasilidade. Tudo isso é Brasil. O "Brasil brasileiro/mulato inzoneiro" da canção, a porção mais lírica da nacionalidade, surge misturada a massacres sangrentos. Cadáveres então se sobrepõem às redes e aos coqueiros que dão coco. A crítica acirrada para ser resgatada deve atravessar os afetos de consolidação do ego na expressão "só mesmo no Brasil…". Essa é a frase estampada implicitamente sobre a matéria dilacerada de corpos, sangue, dejetos, que *Carandiru* estampa em seu final com a melodia de "Aquarela" ao fundo. Um cachorro erra sobre os corpos, cheirando poças de sangue no escuro. Temos a impressão (e o receio) que começará a devorá-los. É uma imagem forte do naturalismo cruel. Em seguida, um dos personagens lê uma carta materna sentimental sobre cuidados de si, enquanto a câmera recua sobre cadáveres retorcidos.

As diversas figuras, ou personagens, do popular que são construídas na geografia da prisão do Carandiru cristalizam-se nesse ponto de gravidade, num afeto do tipo meloso, meio gorduroso. A contraposição entre amor materno e horror chega a ser piegas, mas é sobre ela que incide a trilha sonora final com a melodia "Aquarela do Brasil". Não se trata de um resgate do horror, já impossível nesse estágio, mas a narrativa necessita tragar tudo ao inferno dantesco do Carandiru, para provocar uma identificação coletiva que passa pela piedade judaico-cristã em seu modo de recuperar o ego. Não apenas o "só mesmo no Brasil", ou "você também é responsável", mas a tábula rasa da nação cronicamente inviável, o sentimento de nação aqui turbinado pelo congraçamento nacional que "Aquarela do Brasil" necessariamente introduz. É o mecanismo do narcisismo às avessas em sua forma dura, temperado pelo espaço que existe no complexo de vira-lata. Puro Nelson Rodrigues, mas mediado pela motivação do nacional que o esvazia, assim podendo sobrecarregá-lo de sentido e de conforto na compaixão. Se durante o filme algumas reconstituições das memórias dos prisioneiros nos remetem mais a uma visualidade de origem portenha, tipo mar del Plata, do que ao universo popular da periferia na represa Billings, a explosão do horror final encontra seu veio fértil quando duplica o inevitável regozijo (pelo avesso) na distância entre nação inviável e os afetos de identificação.

CIDADE DE DEUS

Talvez seja cobrado de *Cidade de Deus* esse vínculo entre nação e horror, quando se reclama que falta ao filme contextualização social. Já foi destacado de que maneira as emoções da *mimesis* se constituem em torno da representação do horror quando traz a culpa e como ocorre sua liberação pela catarse nacionalista às avessas. Elas estão no núcleo de filmes-chaves da Retomada como *Cronicamente inviável*, *Carandiru*, *O invasor*, *O príncipe* (com sua São Paulo descrita como porta do inferno de Dante), *Central do Brasil*, *Orfeu* e outros próximos do mal-estar de classe como *16060* (Vinicius Mainardi, 1995) ou *Alô?!* (Mara Mourão, 1997). O lado diferencial de *Cidade de Deus* provoca polêmica em seu lançamento em 2002. Se a nova configuração imagética do popular tem suas raízes na visualidade e no tom de *Notícias de uma guerra particular*, se pioneiramente retorna à intensidade cinemanovista pelas cenas do sertão nordestino, ou nos depoimentos frontais fisionômicos de *Central do Brasil*, se permanece na cenografia do morro e das favelas cariocas em *Orfeu*, é em *Cidade de Deus* que ela encontra seu protagonismo pleno, na mesma medida em que sofre deslocamento. A representação do popular em *Cidade de Deus* se realiza numa chave destoante, mas dentro da trilha reencontrada pelos irmãos Salles, seguindo a sensibilidade de época que se configura, pelo menos, desde o curta-documentário *Socorro Nobre* (Walter Salles, 1992). Walter Salles deixa claro, em diversas entrevistas, o quanto esse curta, aparentemente filmado antes de *Terra estrangeira*, quando a produção do longa estava engatilhada, influenciou sua carreira. Os paralelos com a estrutura narrativa de *Central do Brasil* são claros, inclusive pelo fato de sua protagonista (Socorro Nobre) ler a carta que detona a sequência inicial.

Se o imaginário de *Notícias* transborda em *Cidade de Deus* – e mencionamos a presença de Kátia Lund assinando a codireção de ambos (e também assistência de direção em *Central do Brasil*) –, outro ponto a ser realçado é a descoberta da potencialidade do trabalho com atores mirins populares em *Cidade de Deus* e *Central do Brasil*. Em *Central do Brasil*, a descoberta do ator Vinicius de Oliveira faz-se depois de dezenas de entrevistas. É central para a maneira com que o filme se estrutura, contrapondo a protagonista de classe média baixa (Dora/Fernanda Torres – e também sua amiga Irene/Marília Pêra) ao universo popular, pleno de congraçamento, pronto para eclodir na comunhão, que transpira desde os primeiros depoimentos frontais e estoura nas sequências finais da procissão, quando a representação do povo nordestino é figurada em destaque. O afeto de empatia e júbilo que *Central do Brasil*, quer provocar sobre o campo do popular atinge uma forma de epifania na sequência da procissão. Epifania que chega a nos remeter, na proximidade da transfiguração, ao clima de *Viaggio in Italia* (Roberto Rossellini, 1953), obra-chave da modernidade cinematográfica na qual também Ingrid Bergman perde-se de si e mergulha no contato embriagante com o povo devoto em procissão, numa situação similar. O padrão catártico, emoção da *mimesis*, em *Central do Brasil* segue a modalidade descrita como narcisista às avessas, sendo elemento que tende ao paroxismo quando a dimensão do horror, ligada à nação inviável, se dilata. No caso de *Central do Brasil*, o movimento é claro na personagem de Dora, composta por um misto de crueldade extrema e compaixão, modalidade que, no avanço do filme, tende inevitavelmente para a última figura. A interpretação de Fernanda Montenegro leva o personagem nessa direção, colocando um pé no freio em seu trabalho de atriz quando mostra a face cruenta e se debulhando em emoção quando trata de realçar a Dora compassiva. Há identificação do ator com os aspectos positivos do personagem, numa sobreposição de egos. O efeito de catarse desejado pelo estiramento de opostos se realiza no dilaceramento que contrapõe, de um lado, a cumplicidade com o tráfico internacional de órgãos de crianças (e a ação de entregar um menino para ser morto com esse fim); e, de outro, a transfiguração epifânica na procissão que termina no repouso de Dora e depois seu despertar com a cabeça no colo do jovem rapaz. A nação, evidentemente, está configurada do lado negativo na figura do personagem Pedrão (Otávio Augusto), segurança informal da Central do Brasil, que sob as vistas do aparelho de Estado, dentro de um espaço institucional, trafica órgãos de crianças e assassina impunemente pequenos ladrões.

O intervalo entre horror e catarse, pela piedade, caracteriza, portanto, o espaço da compaixão, afeto recorrente no reencontro com a imagem do popular na Retomada. Trata-se de imagem que não só parece, mas vem diretamente do Cinema Novo: o espaço geográfico do sertão e a população típica escolhida por Salles são os mesmos que Glauber utilizou em *Deus e o diabo na terra do sol* (1963). No entanto, a distância entre os modos de identificação, abertos pela narrativa, é aguda. A inspiração com tonalidades brechtianas do Rocha de *Deus e o diabo na terra do sol* marca distância com o cinema de Salles quando leva a crueldade e a ruptura sem redenção até o fim do poço. A culpa esbarra e conflita o movimento de afirmação dionisíaca que cerca o cinema de Glauber. O resgate do popular em Glauber não é carregado pela compaixão, mas pelo martelo da afirmação da crueldade e a secura na repetição e no distanciamento, que impedem o afeto congratulatório. Em *Terra em transe*, a conhecida cena de Paulo Martins (Jardel Filho) carregando pelo colarinho, com desprezo, a liderança popular (Flávio Migliaccio) que balbucia frases desconexas, exibindo-a ao espectador, é sintomática da constelação do mal-estar com a representação deslocada (deslocada por quem a faz) do universo do popular. É assim clara a distância com o horizonte glauberiano, conforme existente nas propostas da Estética da Fome (1965). Temos essa demanda contra o afeto congratulatório definida pelo Glauber da Estética da Fome na crítica que estabelece ao "velho humanismo colonizador"[31], ao cultivo do "sabor dessa miséria"[32], ao miserabilismo "digestivo" de uma "redentora piedade"[33]. Em seu manifesto, Glauber prega, como se sabe, uma "estética da violência" que permita que "nossa fome" seja "sentida", e não apenas "compreendida"[34]. O método para tal é o espoucar da violência narrativa, numa espécie de "sintoma trágico" que não possa ser recuperada como "dado formal". Cerceando a recuperação egoica pela "redentora piedade", quer-se evitar o modo do narcisismo às avessas, conforme definimos. É o que Glauber chama explicitamente, como crítica, de "paternalismo" de uma "linguagem de lágrimas"[35].

Se a contraposição da "Estética" com *Central do Brasil* nos permite seguir uma trilha que se distancia do Cinema Novo, em seu corte radicalmente moderno, o contraponto com *Cidade de Deus* deve ser estabelecido por mediações mais nuançadas. É clara a presença, em *Cidade de Deus*, da imagem do horror e do popular criminalizado ameaçador que o cinema brasileiro respira desde pelo menos *Notícias de uma guerra particular*. Essa imagem atingirá seu paroxismo nos anos 2000, particularmente nos dilemas existenciais envolvendo má consciência e desejo de potência, evoluindo num cunho autoritário no primeiro e segundo *Tropa de Elite*. *Cidade de Deus* possui uma singularidade nesse contexto que o distancia da catarse pela piedade de *Central do Brasil* ou da "linguagem de lágrimas" a que se refere Glauber em seu manifesto: é um filme *cool*, frio, se assim podemos definir. Está carregado daqueles "afetos esmaecidos" que, seguindo a análise do pós-modernismo por Fredric Jameson, encontramos ao analisar o contexto emotivo-espectatorial de obras do cinema brasileiro nos anos 1980. É certo, como foi feito pela crítica de época, mencionar as características "tarantinescas" de *Cidade de Deus* adensando a representação pelo gênero e esvaziando os afetos da emoção realista que nutre o horror e a compaixão pelo meio da piedade. *Cidade de Deus* talvez seja o último suspiro, mas certamente não em linha de continuidade, da pós-modernidade dos anos 1980. O horizonte de tensão que consegue construir com o gênero, por estranho que possa parecer, introduz um ponto cego na ação realista que acaba por perfurar o sistema narrativo exatamente na couraça que a representação do popular consolidou através das décadas. Não é propriamente o campo ideal para inserir o verniz da pós-modernidade, mas o filme consegue trabalhá-la de modo a produzir densidade suficiente. Surge então o movimento próprio à estilística cinematográfica numa de suas tradições típicas, exatamente aquela que a leva com muita facilidade ao gênero e seu verniz. Cristaliza assim tipos narrativos repetidos anteriormente e, retirando-os do antigo centro de gravidade, os faz girar em si mesmos, de modo autônomo. É o caso clássico do *western*, do filme *noir*, do musical hollywoodiano, e, no Brasil, da chanchada, ou da pornochanchada, em sua constituição, mais ou menos definida como gênero.

Já analisamos esses procedimentos ao trabalharmos o cinema brasileiro dos anos 1980. A matéria sobre a qual agora se quer depositar o movimento de esvaziamento realista (e o verniz do gênero) é imagem do outro-popular, conforme inaugurada no pré-cinema novo de um Nelson Pereira dos Santos, para depois ser afirmado por Glauber Rocha e cineastas diversos de sua geração nos anos 1960 e 1970. Deve-se reconhecer que é manobra de difícil consecução. A matéria-prima é delicada. Trata-se de inserir um bisturi na colmeia de abelhas onde bate o coração do cinema brasileiro do século XX, fazendo-o girar fora do eixo. O deslocamento que efetua *Cidade de Deus* incide sobre uma tradição fortemente realista, que possui seu combustível em dilemas sociais agudos, como a distribuição de renda e a disposição da sociedade brasileira em classes estanques, marcada por extremos no tipo de educação oferecida e na concessão de oportunidades. Fazer disso um gênero implica em dilemas éticos evidentes, embora o desafio possa ser cinematograficamente estimulante. Sua construção demanda evidente domínio sobre a linguagem do meio, o cinema, sobre o qual se debruça. Descer a grade do gênero sobre o popular é um movimento ousado, e algumas reações demonstram a delicadeza da operação. Servem de base para a impressão de uma "cosmética", adjetivo crítico usado para designar a opção não realista do filme, conforme artigos da época que partem de análise desenvolvida por Ivana Bentes[36]. Apontam falha ética, falha que é condizente com a revolta que provoca a constatação de uma espécie de camada plástica inodora que teria sido colocada sobre o popular. É camada que brilha como verniz de gênero em sua reciclagem pós-moderna, conseguindo envolver uma representação que, na Retomada, existe carregada pela demanda de comunhão na piedade, conformando o campo ético na transfiguração do horror que assim se recupera no popular criminalizado.

A acusação é que, em *Cidade de Deus*, esse horror estaria "lustrado", articulado com maestria narrativamente no modo de representação, mas sem a má consciência (pois fantasista) própria aos filmes que gradualmente retomaram a representação do popular. Na realidade, *Cidade de Deus* consegue se lançar aos estereótipos e fazê-los centrifugar na ação pura, pela forma narrativa do *thriller*. Não paga essa espécie de pedágio de má consciência que é eticamente necessário quando se quer bulir na colmeia do imaginário do popular no cinema brasileiro. Não traz para primeiro plano a culpa e a compaixão característica dos mecanismos catárticos clássicos. A proposta se distancia simultaneamente dos modos modernos da "crueldade" e do "distanciamento" (nos quais Glauber se ancorou) e aqueles mais clássicos da *mimesis*, que se estabeleceram na transfiguração da piedade e da compaixão como catarse. A singularidade tarantinesca pós-moderna de *Cidade de Deus* choca, pois é afirmativa no horror ao mesmo tempo que "fria". É afirmativa pelo império da ação que deixa ao largo, logo de saída, as âncoras para a identificação redentora do espectador. O resgate para a catarse, na representação da miséria pelo afeto da piedade, está vazio. Também a crítica consensual da nação inviável não está no horizonte para fechar o círculo, facilitando a experiência da culpa pela compaixão, compartilhada na acusação ao "sistema" (caminho tomado pelo primeiro e segundo *Tropa de Elite*). Resta só a ação ficcional em seu ritmo frenético, mediante o qual os personagens evoluem fechados em seu mundo, aproveitando-se de paradigmas ou de tipos, para justificar e motivar uma ação que evolui em blocos fechados de *flashbacks* sucessivos. A tradição melosa do popular é estirada em *Cidade de Deus* pela ação no gênero, um puro *thriller* que a narrativa cerca e cristaliza, amarrando bem as pontas em modelo fechado.

O desafio de *Cidade de Deus* é, portanto, fazer avançar o universo do popular na ação siderada do fio da navalha do gênero, com a imagem-ação tipicamente cinematográfica, do *thriller*. Essa é a questão que enfrenta e deve ser colocada em seu núcleo por uma análise que queira debater seus aspectos éticos. É possível, e mesmo eticamente válido, a transfiguração da imagética do popular pelo gênero, esvaziando-a das conotações redentoras e compassivas através das quais, em geral, o público de classe média obtém prazer espectatorial na representação desse universo? Digo público de classe média, pois a satisfação obtida com os afetos característicos à representação do popular criminalizado, nas camadas desfavorecidas da população, não é consensual. Tem-se a impressão (pois não há pesquisas sistemáticas de recepção) de que, em geral, é negativa, envolvendo rejeição principalmente se essa representação caminha pelo estampar escatológico da miséria, no modo naturalista cruel.

Em termos de conteúdo, pode-se argumentar que novas determinações, até então ausentes na tipologia do popular, despontam em *Cidade de Deus*. Uma delas, por exemplo, é incluir no *habitus* popular a proximidade das populações excluídas das favelas cariocas com o universo da contracultura *hippie* e a absorção de alguns estereótipos, como fumar maconha sem ser traficante, fazer *surf* sem ser burguês ou querer usar as roupas de grife que as butiques de Ipanema vendiam já nos anos 1970. Também o *rap* ou o *reggae*, além do samba, estão no horizonte musical, seguindo padrão de outros filmes da Retomada (mencionamos em *Orfeu*). O personagem Bené (desempenhado por Phellipe Haagensen) centraliza esse tipo, mas também aparecem os traços da ligação com esse horizonte cultural, distendendo o popular, em Buscapé (Alexandre Rodrigues). O líder do tráfico, Zé Pequeno (Leandro Firmino), fica um pouco ao largo, pois tem personalidade autocentrada, mas é claro seu esforço para também parecer moderno e adentrar o universo ideológico libertário da contracultura que vem de fora da favela. O fato da comunidade não estar em morro e sua história poder ser resumida com início bem marcado também se constitui em distintivo. Permite a representação centrada na progressão em flecha do tráfico e a chegada de armamentos pesados, dentro da trilha do "popular criminalizado".

O efeito estilístico desejado acelera, portanto, a narrativa e a amarra, pela montagem, fotografia e *mise-en-scène*, na estrutura de um *thriller* de ação. Nesse campo, o domínio da linguagem trazido de outros universos audiovisuais mostra-se evidente. Existe um roteiro ágil que sustenta bem o desabrochar progressivo da trama em *flashbacks* (retrocessos) em cascata. A narrativa *clean* e fluída de *Cidade de Deus* traz claramente a experiência de articulação entre planos e fotografia da escola publicitária, mas é redutor limitar sua estética a esse aspecto, principalmente pelo fato de a *mise-en-scène* daí se distanciar. E é justamente nessa distância que podemos delimitar a especificidade do filme. O traço diferencial de *Cidade de*

Deus é a encenação, a *mise-en-scène*, estabelecida na circunstância da tomada entre os corpos e falas (os meninos e meninas do povo) que habitam e vivem na própria carne o universo das comunidades carentes cariocas. Pode-se afirmar que é o domínio da linguagem que permite a adequação satisfatória entre o ritmo fílmico alucinante da ação e o desempenho extraordinário da *mise-en-scène*. A grande sacada de *Cidade de Deus* está em trabalhar não com atores propriamente (com algumas exceções essenciais), mas com os habitantes do mundo (e comunidades afins) que geraram o universo ficcional de Paulo Lins, que serviu de base para o premiado livro homônimo que deu origem ao filme.

Nesse sentido, destaca-se a codireção de Kátia Lund e o trabalho de seleção e treinamento de atores feito inicialmente por Guti Fraga e o grupo Nós do Morro, finalizado por Fátima Toledo. É o tipo de trabalho que se adéqua ao método de Toledo, nem sempre bem-sucedido com atores profissionais. Deve-se reconhecer o resultado forte do método nas interpretações de Leandro Firmino (Zé Pequeno), Douglas Silva (Zé Pequeno/Dadinho), Alexandre Rodrigues (Buscapé), Phellipe Haagensen (Bené) e Seu Jorge (Mané Galinha). São atores que obtêm resultados que não se repetiriam em suas filmografias. O filme como um todo foi pensado em torno da proposta de trabalhar dentro da própria comunidade com pessoas que encarnam o jeito cotidiano de ser do outro-popular, sobre o qual a narrativa vai se debruçar. Isso produz o resultado na tela que estou debitando à *mise-en-scène*. A tensão entre a proposta realista da *mise-en-scène* e a articulação fantasista, com verniz de gênero, da narrativa, faz um degrau que acaba se constituindo na força diferencial do filme e o motivo de sua estranheza. O cinema, então, abre espaço para a interação com o corpo de "outrem" que ocorre na circunstância da tomada, articulada e medida (em termos fílmicos) pela direção de Meirelles e sua equipe, mas com amarração fílmica feita com a mão na fôrma do gênero. O ponto singular emerge nessa mistura entre *mise-en-scène* realista de corpos que efetivamente vivem em proximidade real do universo ficcional, e a narrativa em cascatas de planos, fotografia e angulações, montados na estilística de um *thriller*. Ao contrário do primeiro e segundo *Tropa de Elite* (obras também amarradas com talento pela imagem-ação), não há, em *Cidade de Deus*, lição de moral para fechar o sentido da ação. Uma vez mergulhado plenamente na ação, pela gestualidade e pelo movimento dos corpos, pela articulação rápida de planos sucessivos, o filme nela permanece. Fecha-se em si, tirando proveito da intertextualidade de gênero que consegue inaugurar.

Assim, a referência a uma operação de cunho "tarantinesca" parece correta. Mais precisamente, *Cidade de Deus* é o último suspiro das operações intertextuais do cinema pós-moderno brasileiro que Meirelles certamente respirou em sua juventude de videoasta paulistano no final nos anos 1980 e agora está sintonizando, à sua maneira, à franja dinâmica do cinema no final da Retomada. E nesta sintonia encontramos a mediação de um universo no qual se reconhece facilmente a digital dos irmãos Salles: a redescoberta da temática do popular em sua nova dimensão "criminalizada" e ameaçadora; a encenação cinematográfica no próprio espaço do outro-popular; a utilização de atores populares que são mediados por profissionais na preparação da *mise-en-scène*. São todos elementos que vêm do cinema que teve sua origem no Rio de Janeiro dos anos 1990, vivendo as contradições da realidade social brasileira. Mas a contribuição particular de Meirelles está no recuo da emotividade, no recuo da catarse pela compaixão e a piedade, instaurando o distanciamento de gênero. É recuo numa superfície dentro da qual os irmãos Salles, assim como Padilha e outros, avançam bastante e na qual Meirelles não consegue deslizar (pois nitidamente não tem o que postular), puxando o freio de mão. É também, por isso mesmo, escandaloso, pois Meirelles circunda o universo do gênero sem dar peso gravitacional à ação como experiência. Se o naturalismo cruento da Retomada se faz presente (exemplo da cena do tiro no pé da criança, no assassinato gratuito do garoto, no massacre de Dadinho no motel etc.), o resgate pelo melodrama da culpa não se efetiva. O naturalismo cruel, a violência detalhada além da conta, vira citação, texto vazio que gira em torno de si mesmo. Também a fruição espectatorial da imagem-ação pura caminha nessa direção, elevada em potência de si mesma. Mas é contraditória, pois enfronhada numa tradição fílmica bem mais carnal e carregada pela espessura da experiência, tragada pelo peso da política e da história, que a representação do popular costuma trazer consigo.

O INVASOR

Em *O invasor* (2001), há um deslocamento geográfico da representação. Sai o universo ficcional "popular criminalizado" da periferia do Rio de Janeiro e entra a periferia horizontal de São Paulo. A posição agressiva dos personagens do campo popular é acentuada, assim como a representação negativa do universo de classe média. Em *Cidade de Deus*, a presença do universo da classe média é diminuto, restringindo-se praticamente à personagem da jornalista. Não se articula de forma central na trama. Em *Central do Brasil*, localiza-se de maneira ambígua na personagem de Dora (Fernanda Montenegro), situada na classe média baixa, pequeno-burguesa. Dora se desloca de sua posição original, oscilando na sintonia com o militarismo justiceiro vigente na Central do Brasil, para aderir aos ideais humanistas da classe média liberal, conforme representado pelo progressivo congraçamento da personagem com o universo popular sertanejo do garoto Josué. Em *O invasor*, o popular criminalizado está de volta ao centro da diegese, mas é estabelecido em contraposição direta à classe média representada por seus setores abastados da alta burguesia: os protagonistas são engenheiros empreiteiros, donos de uma construtora. O eixo da culpa fica ancorado na classe média alta dos empreiteiros. Já a coragem acompanha o bandido, positivo em seu desafio representando o lado popular (criminalizado). Na realidade, ambos os lados são criminalizados, mas certamente o lado popular é apresentado com *glamour*. Anísio (Paulo Miklos) é uma espécie de Robin Hood, forma de banditismo social que se justifica, exercendo domínio sobre uma burguesia fraca e desavorada diante da contundência do personagem popular. O mecanismo de identificação do narcisismo às avessas está novamente constituído, com a burguesia estabelecida no polo da nação corrupta e o eixo popular que escapa dele exercendo o martelo do poder pelas mãos de um cruel bandido justiceiro. Ele é agressivo, carregado por um tipo que encarna o fascismo niilista, mas suficiente para ser positivo ao castigar o lado social responsável pela miserabilidade da nação, inviável e corrupta. As mãos da burguesia estão repletas de sangue covarde, sangue que também mancha as mãos do popular criminalizado. Este, no entanto, tem ao menos a pureza de poder carregar o martelo da ação, ainda que sanguinário e niilista, ao contrário do outro lado, no qual predominam artimanhas covardes e manipulações desleais.

Do lado da metade burguesa estão culpa e dúvida, a imobilidade reativa e a irresolução; está a ação, meada pelos sentimentos degradados da cobiça e da luxúria. Do lado popular fica a ação afirmativa, a vida que goza o momento do fazer e afirma a potência, mesmo que modo cruel. Dessa afirmação, o personagem tira todas suas consequências: pode assassinar sem carregar culpa e seduzir a filha inocente de quem assassinou os pais, ou matar, sob encomenda, um empresário concorrente e gratuitamente incluir, por maldade, sua esposa no pacote. No ambiente turvo da nação sórdida, a avaliação ética dessas atitudes não se firma, não serve de parâmetro para a ação ficcional. A ação violenta niilista é experimentada pelo protagonista popular confortavelmente. O mesmo não ocorre no lado burguês da moeda, no qual o recorte se torna negativo. O personagem do popular criminoso (Anísio) se insere no meio social burguês e torna-se companheiro sexual da jovem (Marina/Mariana Ximenes) de quem assassinou os pais, sem que ela ligue os fatos a Anísio. A trama em si apresenta podridão por todos os lados, mas o ponto de equilíbrio, a partir do qual os personagens se definem, não está aí. Localiza-se na relação sádica (e de outro lado, masoquista) entre o "herói" criminoso-popular (Anísio) e os mandantes burgueses do crime, os empreiteiros (Ivan/Marco Ricca e Giba/Alexandre Borges). O empresário Giba é personagem construído com personalidade para sintetizar o polo negativo burguês. Abre espaço para o exercício da catarse pela má consciência, resgatada posteriormente na identificação redentora com a crítica social. Trata-se de personagem com personalidade masoquista, sobre o qual a narrativa extrai prazer em constatar imobilidade e aceitação passiva às demandas do niilismo cruel de Anísio. O ponto é realçar sua submissão à ascendência poderosa do personagem popular criminoso (Anísio). Na realidade, são dois criminosos que se enfrentam, mas há algo de fascinante na criminalidade popular que hipnotiza não só o personagem burguês, mas as energias narrativas do filme como um todo. É Anísio que consegue coordenar, a partir de si, o espaço ético do filme, fragmentado em seu núcleo e tornado inoperante por se situar numa só metade. O popular cruel atrai para longe de si a dimensão da crítica sobre seus valores, enquanto, na metade burguesa, a criminalidade (Giba passa a planejar a morte do sócio Ivan/Marco Ricca) e as ações traiçoeiras são ignóbeis.

O *rapper* Sabotage, desempenhando papel inspirado em sua forma de ser como *rapper*, e fazendo dupla com Paulo Miklos (Anísio) dos Titãs, compõe a trilha sonora tensa que confere realismo à trama. Sabotage funciona como uma espécie de alterego do personagem de Miklos, conferindo carne de mundo, por assim dizer, a uma criação ficcional que busca inspiração no popular marginalizado da periferia de São Paulo. O *rapper* Sabotage, na vida real, seria assassinado em janeiro de 2003, pouco tempo após a conclusão das filmagens, por um traficante de drogas que, depois, foi condenado à prisão pelo crime em julho de 2010. *O invasor* é obra de dramaturgia forte que dilacera as contradições inerentes à representação do horror no popular criminalizado. Está em clara sintonia com o horizonte examinado em *Carandiru, Notícias de uma guerra particular, O primeiro dia, Orfeu, Ônibus 174*, mas possui tonalidades próprias, na medida em que o narcisismo às avessas começa aqui a adquirir traços de niilismo agressivo, de cunho fascista. A particularidade de *O invasor* é o peso forte que coloca no lado sádico do popular criminalizado e a dilatação, na mesma medida, da dimensão masoquista necessária para sua afirmação sobre a burguesia corrupta. O narcisismo às avessas se estabelece nessa espécie de castigo merecido que se impõe como chibatada a quem tem responsabilidade pela situação social infame da nação. Anísio e suas arbitrariedades são a medida do castigo merecido – o castigo justo no acerto de contas social, merecido pelas mãos sujas do sangue que séculos de exploração deixaram expostas e que essa espécie de justiceiro social que é Anísio vem fazer valer.

Anísio é espécie de representante vingador, no estilo do banditismo social de Hobsbawm. Sua ação agressiva é degustada com nítido prazer pela narrativa fílmica, mesmo em seus momentos agudos de crueldade. Sua arrogância deve ser admirada humildemente, como parte devida no acerto de contas. O prazer contra si, que faz imperar o mecanismo de fruição espectatorial do narcisismo às avessas, é carregado pela culpa social e mantido pela identificação negativa que os empreiteiros representam. A nação institucional se esboça no lado "empreiteiro" da equação. No polo positivo do banditismo, Anísio (ao qual o *rapper* Sabotage, sem personagem definido, dá consistência) constrói-se numa espécie de anarquia sádica do poder da periferia, orgia de sangue que se desloca como bofetada. O que se analisa são os contornos dos afetos espectatoriais necessários para a fruição passiva da agressão. É algo que se descortina no filme e também em certa literatura que está por detrás dessas obras, seja em roteiros, seja em fonte de inspiração como manifestação literária propriamente (penso em livros de escritores como Marçal Aquino ou Fernando Bonassi, por exemplo, com grande presença entre diretores da Retomada). Sadismo que tem seu modo típico nessa espécie de naturalismo cruel que domina parcela expressiva do cinema brasileiro na virada do milênio e que encontra representantes em outros campos artísticos.

PADILHA

Fechando o biênio 2002/2003, *Ônibus 174* (2002), de José Padilha, é um documentário que repercute os traços da Retomada. Possui elementos que, mais tarde, seriam aprofundados na obra de seu diretor, inclusive no primeiro e no segundo *Tropa de Elite*. A influência de *Notícias de uma guerra particular* na constituição de *Ônibus 174* é nítida pela representação do outro-popular por meio do veio que estamos chamando de "popular criminalizado". Ocorre também no estampar de detalhes sórdidos e degradantes, na forma do naturalismo cruel. Como a obra é um documentário, as vozes assertivas pela boca dos protagonistas sobressaem, estabelecendo postulados sobre a personalidade de Sandro (o jovem sequestrador) e as causas pessoais e sociais da ação narrada (o sequestro de um ônibus por um rapaz, com refém). A voz *over* sem corpo, propriamente, não é explorada. Quem faz o papel de analisar a situação como um todo não é a voz "de Deus"/*over* do documentário, mas a de especialistas com corpo e personalidade. São eles o ex-capitão Rodrigo Pimentel, o sociólogo ex-secretário de Segurança do Rio, Luiz Eduardo Soares, a assistente social Yvonne Bezerra de Mello, as reféns Janaína Lopes Neves e Luanna Belmont, os familiares Julieta do Nascimento e dona Elza, entre outros. Rodrigo Pimentel e Luiz Eduardo Soares sintetizam bem, nesse filme, com sua voz assertiva de corte sociológico, o discurso que cerca a constituição do popular criminalizado no período abordado: seja em *Notícias de uma guerra particular*, seja em *Ônibus 174*, seja pelo avatar capitão Nascimento nos posteriores *Tropa de Elite*. Trata-se de um discurso, particularmente claro em Padilha, que mostra o vínculo entre a tentação autoritária e o móvel da má consciência de classe.

Apesar de não possuir o tom professoral da voz sociológica fora de campo do documentário direto brasileiro dos anos 1960[37], o "saber" social de Rodrigo Pimentel e Luiz Eduardo Soares carrega a narrativa fílmica de *Ônibus 174*. Ele é o discurso que dá sentido causal amplo à ação descrita. O depoimento da educadora Yvonne Bezerra Mello contextualiza o lado prático de sua convivência com Sandro do Nascimento. Acompanham Mello, as formulações generalistas de Pimentel e a tentativa de cunhar "poesia" com fatos sociais agudos, existente na fala de Luiz Eduardo Soares. Encontramos em *Ônibus 174* a maneira que possui Padilha de equilibrar um discurso de tonalidades autoritárias numa horizontalidade móvel de argumentos. Estes se deslocam rapidamente, de acordo com a conveniência, pela defesa do autoritarismo militarista e pela articulação de uma visão positiva da violência niilista de corte fascista. Violência que se quer numa dimensão libertária, de fundo anárquico. É um composto que serve de base para uma boa consciência à qual se contrapõe um tipo de ameba negativa que tudo abrange, chamada de "sistema", e que nada mais é que a própria nação inviável. Em *Ônibus 174*, a lógica expositiva e assertiva do documentário evolui com a dupla Pimentel/Soares ao fundo, encorpada em vozes de tom marcadamente alarmistas, seguindo a linha que também estará presente no primeiro e segundo *Tropa de Elite*.

Podemos encontrar resquícios dessa posição ideológica em produções globais posteriores do diretor, nas quais aparentemente tem responsabilidade autoral mitigada, mas suficiente para fazê-la sentir no tipo de enunciação que fornece móvel à ação dramática. É o caso de *Narco* (série Netflix, 2015). Teríamos de nos deter amplamente para analisar seu longa *Garapa* (2008), mas também seu documentário sobre os ianomâmis, *Segredos da tribo* (2009), que retrata a polêmica entre os antropólogos Napoleon Chagnon e Patrick Tierney, possui essa mordida do sensacionalismo, pegando a exposição e reduzindo a manchetes um debate que não possui raízes simples[38]. É clara a tentação que asserções peremptórias e vibrações de polêmicas acirradas exercem sobre o diretor. Na ficção, essa estrutura corre naturalmente junto à constituição narrativa própria, baseada em personagens, que a encarnam no modo dramático da ação. No caso de documentários, acabam por fazer com que a narrativa audiovisual reduza-se ao campo de depoimentos e postulados que se querem definitivos ou sensacionais. É um andar da carruagem que se consome em si mesmo com ênfase alarmista sensacionalista, sem força para fazer girar amplamente as energias do filme.

Em *Ônibus 174*, a personagem de Sandro possui espessura para a identificação positiva do espectador (pela compaixão), inclusive por sua trajetória trágica, resultado da inoperância dos mecanismos assistenciais do estado do Rio de Janeiro. A nação inviável que vimos apontando nos filmes do período se delineia espontaneamente, sem necessidade de forçar sua representação. Surge na intervenção desastrada da polícia e seu esquadrão de elite na tentativa de encerrar o sequestro do ônibus. Aparece igualmente pela exposição da tragédia da Candelária e na apresentação do sistema institucional de tratamento de menores infratores. Mas a constatação da inoperância não basta para o naturalismo cruel. Este precisa carregar nos traços realistas, estampando cenas dantescas de miséria e tortura nas instituições prisionais e correcionais brasileiras. São procedimentos estéticos próprios à representação da nação sórdida e inviável. As duas sequências que mostram prisões cariocas, vazias e depois cheias, chocam. A fotografia em negativo preto e branco é feita para acentuar o que de si é repugnante. Funciona dentro dos procedimentos de representação do naturalismo cruel, em sua facilidade de estampar o sórdido. As cenas internas do Instituto Padre Severino, embora menos intensas, caminham na mesma direção. Não basta mostrar a miséria, deve-se trazer para primeiro plano o corpo mutilado pela tortura e por queimaduras. Acentuar um degrau no que *de per si* é abjeto torna o procedimento estético característico do naturalismo na representação do popular criminalizado. Existe a demanda por um poço sem fundo na abjeção, exaurindo o horror. A fissura social, a representação da alteridade, ajuda a liberar a corda para a representação do escatológico, afinal não são corpos de meninos próximos de quem narra. Não são corpos de meninos da classe média que se mostra. Algo similar ocorre com a exibição jornalística de corpos de palestinos, iraquianos, vietnamitas etc., em oposição aos corpos de cidadãos dos países desenvolvidos, norte-americanos, por exemplo, que a mídia se recusa a estampar quando mortos dilacerados.

Seguem em *Ônibus 174* os procedimentos descritos de resgate pela redenção nos afetos da catarse. O espectador é puxado à superfície pela piedade que desemboca na indignação, consensual quando é contra a nação inviável. É assim que se cicatriza a ferida aberta do horror e se dá repouso a qualquer tensão que mantenha decalagem na subjetividade crítica. A fala de Luiz Eduardo Soares possui esse dom. Gira a metralhadora da crítica em todas as direções, apontando para alvos diversos, enquanto é contraposta ao calmo racionalismo dedutivo de Pimentel, que parte do lugar-comum para a ele retornar, com a placidez das evidências. A narrativa fílmica de Padilha sobrepõe-se à de Salles em *Notícias*, acoplando-se como luva. O discurso de Soares faz dupla especular ao de Hélio Luz, chefe de Polícia Civil do Rio de Janeiro, voz protagonista de *Notícias de uma guerra particular*. Rodrigo Pimentel está presente em ambos os filmes. A trilha sonora que busca provocar grandes emotividades, martelada em tons graves e ameaçadores, é também comum, cumprindo um papel essencial no estabelecimento dos afetos do horror. Ajuda sua progressão para as alturas apocalípticas. Leva a voz que assere e lá permanece, até ser arreada pela piedade ou a compaixão.

Na primeira obra de ficção de Padilha (*Tropa de Elite*), sente-se a presença do universo retratado e pesquisado em *Ônibus 174*. Os dois *Tropa de Elite* (*Tropa de Elite – missão dada é missão cumprida*, 2006, e *Tropa de Elite 2 – o inimigo agora é outro*, 2010) são uma espécie de coroamento do deslocamento da representação do popular conforme definida na Retomada. Representação que possui força motriz para afirmar uma trajetória: tem seus traços definidos a partir de *Central do Brasil* e se concretiza em direções diversas na primeira década de 2000. Nela fica clara a presença exasperada da má consciência de classe e as estratégias diversas para lidar com os fantasmas que provoca. O primeiro *Tropa de Elite* desafia esse estado da consciência e apresenta um modo de afirmação que serve para libertar a culpa, numa maneira até então não ousada no cinema brasileiro, ao menos no horizonte que lida com o narcisismo às avessas. Quer fazer valer a libertação da carga reativa nas emoções que retroagem da culpa e supreendentemente consegue estendê-las, eticamente, até uma motivação de claro cunho saneador autoritário. O segundo *Tropa* (O inimigo agora é outro, diz o subtítulo) retorna um degrau na escada. Temos a impressão de que o elástico da negação do popular criminalizado, pelo corte autoritário, foi muito longe no primeiro filme ao chegar perto da proposta exterminadora. Reencontramos então, em *Tropa de Elite 2*, a boa e velha estrutura da nação inviável como saco de pancadas para o narcisismo às avessas, nação inviável "agora" encarnada na figuração mítica do "sistema". O polêmico saneamento de corte mais fascista do primeiro *Tropa de Elite* perde espaço para o congraçamento *light* da crítica ao sistema do *Tropa de Elite 2*. Assim, os afetos do congraçamento coletivo para combater a culpa são fáceis de serem obtidos e consensuais, pois o sistema é o próprio país como um todo, subtraindo, evidentemente, quem assiste e quem dirige o filme. Os afetos da congregação catártica, na identificação mútua movida pela crítica acirrada à nação inviável, estão novamente perfilados no segundo *Tropa de Elite*.

Uma análise com mediações tenderia a identificar o movimento afirmativo do primeiro *Tropa de Elite* ao momento afirmativo da primeira metade da década de 2000, com novas camadas sociais afirmando sua ascendência na bonança econômica do país. É um contexto que permite elegia sem culpa ao militarismo saneador da polícia do Bope e sua oposição, dentro do universo ficcional, às ONGs, à "classe média PUC-Rio", à ideologia libertária de Foucault, ao consumo da maconha, ao sexo livre, aos direitos humanos – avatares da burguesia liberal tradicional, no patamar econômico de consumo há mais tempo. A nova classe média, ou pequena burguesia emergente, como quer certa sociologia recente, ainda não possui a má consciência das camadas intelectualizadas da classe média tradicional. O canto de sereia do militarismo fascista, tipo Bope, pode então soar atraente e define sua oposição ao universo do qual acaba de deslocar-se e quer se diferenciar. Nesse sentido, estabelece-se uma oposição ao *habitus* tradicional do popular (que passa pioneiramente a ser criminalizado no modo negativo). É desse universo que ela veio e dele quer sair para afirmar-se. O filme estabelece, simultaneamente, um vínculo do popular criminalizado com um universo que também diz pouco à nova pequena burguesia emergente, podendo então ser crucificado em paralelo cruzado: o universo preenchido pela ideologia com cores contraculturais da classe média tradicional e seu "capital cultural" clássico (PUC-Rio liberal, Foucault, maconha, direitos humanos etc.). O encavalamento entre esses dois mundos (o da classe média liberal e o do popular criminalizado) acaba servindo de base ao discurso autoritário. Essa ideologia libertária com a qual a pequena burguesia ascendente não consegue se identificar é base, como negação, ao quesito que implica permissividade (ou compreensão flexível) às demandas e direitos (humanos) do "popular criminalizado".

O primeiro *Tropa de Elite* consegue o feito de ser afirmativo na negação do outro-popular, promovendo sua negação, sem má consciência, num leque ideológico próximo ao autoritarismo fascista. Esse feito é ainda maior pelo fato de sua ideologia reativa não ter sido percebida por setores liberais da comunidade internacional e nacional, que premiam o filme (ganhou o Urso de Ouro do progressista Festival de Berlim, em 2008) acreditando identificar nele voz avançada. A questão para ser respondida é: qual o significado social do primeiro *Tropa*, na maneira em que propõe o extermínio e a tortura, sem má consciência, do popular criminalizado, representado pelos jovens armados que dominam os morros cariocas? A que responde, no contexto social do Brasil de 2007, o fato de que esse tipo de afirmação poder ser vista positivamente por largas parcelas da população e inclusive por parte progressista da crítica? No fundo do horizonte se sente o cansaço com o recorrente domínio da catarse pela culpa da Retomada e o domínio da má consciência ampliada. Ao encontrar eco na nova disposição para afirmação de grupos sociais emergentes, o primeiro *Tropa de Elite* aproveita para afirmar seu ressentimento através do modo fascista de negação da fissura social na eliminação autoritária de seu motivo. Ou seja, afirma-se sem peias na fruição da destruição do "outrem" (no caso o outro-popular) em vez de enfrentar sua complexidade.

Cedendo à pressão e críticas recebidas – o inimigo "agora" é outro, estamos num segundo momento –, o segundo *Tropa de Elite* abandona o prazer catártico, obtido em linha reta da negação que desembocou na elegia fascista. Retorna às linhas tortas e reversas da catarse no congraçamento pelos mecanismos descritos do narcisismo às avessas. A nação inviável está de volta como alvo, "agora" representada pelo sistema. Existe, portanto, um deslocamento em relação ao primeiro *Tropa*, deslocamento manifesto na proximidade contraditória, e surpreendente, entre a classe média libertária da contracultura e o Bope, entre o personagem Fraga (Irandhir Santos), líder alternativo, e o coronel Nascimento (Wagner Moura). O móvel utilizado pelo segundo *Tropa* para essa proximidade é a estrutura familiar comum (o filho do coronel Nascimento é enteado de Fraga), que passa a unir dois polos da sociedade brasileira. Permite-se o trânsito entre eles, que passam a comunicar-se: o discurso fascista do tipo Bope/Rota de um lado; e, de outro, o liberalismo anos 1960, sintetizando o consumo libertário de drogas e sexo, aulas acadêmicas sobre Foucault, afirmação de direitos humanos, discurso de ONG que atua no morro etc. *Tropa de Elite 2* quer fazer a proeza de colocá-los em sintonia para ambos enfrentarem, como polo opositor, a nação inviável (o sistema). Consegue, assim, abrir espaço para os procedimentos clássicos de catarse e congraçamento pelo narcisismo às avessas. Ao mesmo tempo, abandona a afirmação direta da potência pelo autoritarismo de corte fascista que existe no primeiro filme.

A sobreposição entre os polos Bope/libertário é efetivamente forte e singular no segundo *Tropa*. Dá o tamanho da necessidade que sente o cinema da Retomada de promover a catarse identificatória pelo meio da negação da nação inviável, ou sistema. O primeiro *Tropa* se configura assim como um desvio fora da rota. Acabou por não se sustentar, na elegia uniforme da ideologia policialesca autoritária. Foi condizente com um momento que passou, em sintonia com uma realidade de ascensão social particularmente positiva, mas que "agora é outra". Outra, pois permite voltar ao corriqueiro alinhamento da pequena burguesia ascendente com a classe média tradicional, na sistemática dessa última em lidar com a culpa degustando o ódio a si mesma. Ódio a si que inevitavelmente busca, no final da linha, uma satisfação no congraçamento, ou na piedade culposa de fundo cristão, epifania comum em torno da nação inviável. Ódio a si da classe média que anda de braços dados com a culpa e a má consciência de classe, em sua forma de desembarcar na demanda satisfeita pela catarse identificatória às avessas (o ódio a si como maneira de satisfazer o narciso, um suplemento do ego). Um piscar para a violência de cunho fascista às vezes surge próximo a esse ódio a si, pois necessita do avesso para lidar com afetos que não consegue absorver diretamente ao ter de encarar sua relação com o outro-popular. De toda maneira, os dois *Tropa de Elite* são uma espécie de coroamento ideológico do cinema da Retomada, seu canto do cisne, se assim quisermos. Mostram que as tensões sociais dos anos 1990 continuam com combustível para queimar nas duas primeiras décadas do século XXI. Trata-se de uma forma aguda de mal-estar social que remonta a obras-chaves do cinema brasileiro, pelo menos desde a estética da abjeção e do grotesco que circunda o Cinema Marginal, também claro nos dilemas existenciais cinemanovistas de um *Terra em transe*.

A EXASPERAÇÃO

As estruturas descritas de recuperação do afeto catártico, através da identificação do tipo narcisismo às avessas, evoluem igualmente em outras direções. Os personagens que sustentam a carga da sociedade abjeta ou inviável podem ser bastante negativos, provocando a exasperação dramática que se manifesta em estados de espírito exaltados em si mesmos, sem ter a tensão social (e o popular criminalizado) como referência para a catarse. Trata-se de tipo também comum em obras da primeira Retomada, que se acentua no período seguinte, na década 2010, como demonstram as carreiras de Cláudio Assis, Beto Brant, Tata Amaral, José Eduardo Belmonte, Karim Aïnouz, Heitor Dhalia e diversos outros. O traço da exasperação existencial, marcada por gritos fortes, violência explícita, automutilação, representação do grotesco, desespero e cenas sexuais carregadas, também estão presentes na primeira Retomada. A densidade dramática é turbinada sem motivação. Há um desespero extremado que preenche a tela, na ausência de uma ação ficcional concatenada. *O cego que gritava luz* (1995-1996), de João Batista de Andrade, e *A grande noitada* (1995-1997), de Denoy de Oliveira, vão nessa direção. Também pode ser lembrado *Bocage, o triunfo do amor* (1994-1997), de Djalma Limongi Batista, e, principalmente, *Estorvo* (1999), de Ruy Guerra, em estilos diversos. *Um copo de cólera* (1999), de Aluizio Abranches; *Latitude zero* (2000), de Toni Venturi; *Um céu de estrelas* (1997) e *Através da janela* (2000), de Tata Amaral; *Os matadores* (1997), de Beto Brant; *Navalha na carne* (1997), de Neville D'Almeida; *O viajante* (1998) e *Por trás do pano* (1998), de Luiz Villaça; *Mário* (1998-1999), de Hermano Penna; *O monge e a filha do carrasco* (1995), de Walter Lima Jr; *Kenoma* (1998), de Eliane Caffé, possuem traços ficcionais que carregam na exaltação e no dilaceramento existencial extremado. São elementos que continuam a estar presente nos anos iniciais do milênio (2001-2004) com a estreia de diretores que terão presença no cinema brasileiro das décadas seguintes com tramas carregadas de dilaceramento existencial. Existe uma espécie de vórtice, de rodamoinho, que percorre esses filmes, atraindo seu centro de gravidade para onde a subjetividade do "eu" eclode e se fissura em agonia. É o caso de Laís Bodanzky com *Bicho de 7 cabeças*; de Luiz Fernando Carvalho com *Lavoura arcaica* (2001); Heitor Dhalia com *Nina* (2004); Cláudio Assis com *Amarelo manga* (2002), de Aluizio Abranches com *Um copo de cólera* (1999), e também, em outra medida, de Karim Aïnouz em *Madame Satã* (2002). São diretores que iriam se afirmar na década seguinte, levando adiante seus trabalhos nessa direção. Particularmente, Carvalho traz o travo forte de exasperação subjetiva em *Lavoura arcaica*, oscilando pela busca da exasperação e o êxtase extremado, no limite do *overacting* na direção de Selton Mello. Embora impregnado com cores da dramaturgia televisiva – quando essa figura a empatia, o reconhecimento e a agonia –, possui agilidade para a formulação fílmica e seu ritmo, abusando dos recursos melódicos para marcação. Trata-se de um limite claro que assim se defende (também pelo esteticismo fotográfico) do mergulho radical, se diferenciando da volúpia frontal e sem rendas que encontrarmos em Assis ou Aïnouz.

Nesses filmes da Retomada, caminhamos num universo ficcional no qual os personagens berram muito e a encenação do desespero ocupa longos trechos, com sequências descritivas que se demoram na representação do desespero. O fundo do naturalismo cruel faz-se presente, mas o mecanismo de resgate pelo narcisismo às avessas, amparado na nação inviável, já não funciona no modo característico descrito. O resgaste pela indignação e a nação inviável, a fissura que ricocheteia no outro-popular, é substituído pelo mergulho nos abismos de quem enuncia. A cicatriz fica aberta e é mais difícil de fechá-la. Na primeira década da Retomada, a sociedade brasileira está exasperada consigo mesma e, no cinema, essa exasperação surge em primeiríssimo plano. Quando esse sentimento de raiva e desespero não é representado pela nação abjeta que institucionalizou a exclusão social, ele transborda, explodindo num grito insistente e sem motivo, que se volta para o próprio "eu" enunciando dilacerado. É contínuo e centrado na irritação, retornando sobre a dimensão subjetiva de quem enuncia. Quer desgarrar-se e fissurar-se, pela ênfase no lado sórdido, baixo, do "si mesmo" como "de-dentro" retraído em círculo fechado. Diversos filmes adentram e mergulham esse abismo, embora estejam analisadas mais em detalhes as estruturas de recuperação da fissura subjetiva nos procedimentos do narcisismo às avessas enganchados na nação inviável. O narcisismo às avessas é o grande suplemento egóico da subjetividade exasperada dos filmes da Retomada. O dilaceramento existencial, quando localizado na primeira pessoa, tem sintonia com os dilemas do desespero acoplados à nação inviável, mas constitui mergulho mais agudo. De toda maneira, a horizontalidade da exasperação dá o tom geral do cinema brasileiro do final de século, exceção aberta para a crônica de costumes e as comédias, sempre presentes em nossa tradição por escuro que esteja o horizonte.

O FILME DE GRANDE PÚBLICO E A PRESENÇA DA TELEVISÃO

Abordando o filme de grande público no período até 2000, encontramos uma progressiva aproximação com personagens e personalidades midiáticas. Na segunda metade de década de 1980, afirma-se tendência lançamentos com estrelas da pequena tela, donas de grande audiência em *shows* de variedades ou programas cômicos. Esse veio é explorado com sucesso nos anos da Retomada (e também depois), apontando um novo direcionamento do filme de grande público, que passa ao largo dos conteúdos eróticos. A tendência que se pode vislumbrar na virada do milênio, final da década de 1990, é o universo televisivo sustentando o cinema de grande público. Esse cinema explora personalidades televisivas (como Xuxa, Angélica, Renato Aragão, Sérgio Mallandro, Faustão) e as personagens que os astros incorporam e desenvolvem em seus programas de auditório. Tramas de minisséries também migram com sucesso para o cinema, tendo seu universo ficcional adaptado à exibição cinematográfica. É o caso de uma das maiores bilheterias da retomada, O *Auto da Compadecida* (2000), dirigido por Guel Arraes. Arraes desenvolve ampla atividade dramatúrgica na Globo durante a década de 1990, coordenando um núcleo de produção ficcional juntamente com autores como Jorge Furtado, Pedro Cardoso e João Falcão. Esse núcleo é responsável por programas humorísticos e minisséries como *Armação ilimitada*, *TV Pirata*, *Comédia da vida privada*, *Memórias de um Sargento de Milícias*, *O coronel e o lobisomem* e o também O *Auto da Compadecida*, adaptação de peça homônima de Ariano Suassuna. O tom meio cômico da peça, de farsa ligeira, é transposto para o cinema. O fluxo cinema/televisão, ou televisão/cinema, vislumbra-se como um veio rico a ser explorado. *Veja esta canção*, *Sombras de julho* (Marco Altberg, 1995) e *Guerra de Canudos* (Sérgio Rezende, 1997) foram feitos com o objetivo de explorar essa intersecção, pensados, em direções diversas, como produtos para cinema e televisão. Também *Castelo Rá-Tim-Bum, o filme* (1999), de Cao Hambuger, parte de uma série televisiva para condensá-la dentro das estruturas narrativas próprias ao longa-metragem. No segundo semestre de 2000, é lançado *Um anjo trapalhão*, comédia com direção de Alexandre Boury e Marcelo Travasso, exibido como especial na Globo em 1996. Após sofrer algumas modificações, entra o circuito exibidor, num movimento que tem similitude com a trilha de sucesso inverso de *O Auto da Compadecida*. A entrada definitiva da Globo Filmes no mercado de cinema se faz por essa porta.

Xuxa Meneghel continua explorando o filão da transposição televisão/cinema e utiliza personagens conhecidos do grande público. Tizuka Yamasaki revela-se a diretora preferida da apresentadora. Tizuka dirige, no final da década, *Xuxa requebra* (1999), grande sucesso de público, ultrapassando 2 milhões de espectadores, e *Pop star* ou *Xuxa popstar* (2000), em codireção com Paulo Sérgio Almeida. A veiculação cinematográfica de sucessos televisivos também surge em *Super Colosso, o filme* (1995), de Luiz Ferré; *Cinderela baiana* (1998), de Conrado Sanchez, realizado na esteira do sucesso de Carla Perez, e *Zoando na TV* (1999), com direção de José Alvarenga Jr., veículo para exploração da figura de Angélica. Os Trapalhões revelam, na Retomada, um fôlego surpreendente. Quando muitos acreditavam o filão esgotado, reaparecem com força, conquistando grandes bilheterias. Depois da morte de Zacarias (em 1990) e Mussum (em 1994), os longas do grupo passam por um longo recesso. Com Aragão sendo protagonista (encarnando o personagem Didi e com a participação de Dedé Santana), é lançado, em dezembro de 1997, *O noviço rebelde*, com direção de Tizuka Yamasaki, que se torna uma das grandes bilheterias da primeira Retomada, com 1.214.163 espectadores. O estilo básico das comédias do grupo repete-se na nova fase. Fica clara a atualidade do estilo cômico dos Trapalhões nos anos 1990 e seu apelo continuado para o grande público. Renato Aragão se afirma como a principal personalidade autoral do grupo, na composição do projeto Trapalhões[39]. São lançados mais dois Trapalhões na década, *Simão, o fantasma Trapalhão* (1998) e *O Trapalhão e a luz azul* (1999), ambos estrelados por Aragão e seu personagem Didi, juntamente com Dedé, dirigidos por seu filho Paulo Aragão. *O trapalhão e a luz azul* talvez possa ser considerado o último filme do grupo. *Um anjo Trapalhão* (2000) entra em cartaz somente com Renato Aragão, versão fílmica de um antigo especial televisivo do grupo, exibido em 1996 pela Globo, o "Visita de Natal".

O DOCUMENTÁRIO

O documentário adquire uma dinâmica diferenciada na Retomada, apresentando um nítido incremento da produção no final da década de 1990. Começa a ocupar o lugar de destaque que seria aprofundado nos anos 2000. Uma causa lembrada é o surgimento de canais a cabo como fenômeno de massa. É mídia com demanda constante de produções audiovisuais não ficcionais. A facilidade também multiplica produções, principalmente com a difusão das novas tecnologias eletrônicas (não digitais) que dispensam película. Os temas do documentário da Retomada são diversos, assim como suas formas narrativas. A intertextualidade irônica está em documentários bem-sucedidos do período anterior à Retomada e surge com força em uma obra como O *sanduíche* (2000), curta de Jorge Furtado, mas está longe de constituir tendência. Nesse curta, o diretor explora um veio rico de sua filmografia, localizado na ironia pela qual camadas enunciativas são sobrepostas. O *sanduíche* "acerta na mosca" do que virá a ser uma das tendências centrais no novo documentário brasileiro. Retrata a filmagem de uma história ficcional com algumas tomadas de depoimentos/entrevistas de espectadores assistindo às filmagens. No final, as tomadas acumulam padrões diversos de encenação, o que não desloca totalmente o eixo documentário-expositivo que caracteriza o filme. O resultado é desafiador. Seu objetivo é escorregar pela estrutura da enunciação ficcional clássica, sempre colocando mais uma camada de encenação "direta" ou "construída". Os níveis sobrepõem-se (uma filmagem inserida dentro de outra) até o bloco final no qual a narrativa se revela um documentário sobre filmagens que estão sendo exibidas ao público em arquibancada montada nas ruas de Porto Alegre. Mas o estatuto de documentário ainda é solapado, propositadamente, num último fôlego.

A representação da religiosidade popular apresenta fascínio para o documentário da Retomada. É retratada em filmes como *Santo forte* (1999), longa de Eduardo Coutinho; *Fé* (1999), longa de Ricardo Dias; *Pombagira* (1998), curta de Maja Vargas e Patrícia Guimarães; *Oriki* (2000), curta de Jorge Alfredo; *Atlântico negro, na rota dos Orixás* (1998), média de Renato Barbieri; e *Antonio de todos os santos* (1995), de Sérgio Sanz. *Santo forte* é inteiramente construído com entrevistas, recolhidas na favela Parque da Cidade, no Morro da Gávea, zona sul do Rio de Janeiro. O documentário busca dar um panorama da religiosidade popular, costurando depoimentos diversos que são tomados em universo geográfico restrito. A interferência de Coutinho nos depoimentos é pequena, mas incisiva. Para tal pequenez, constrói o dispositivo pelo qual o filme se constitui. São entrevistas, mas ele quer chegar a um ponto tal que a fala seja cindida pela expressão. Tenta romper o fechamento que é próprio da subjetividade que enuncia na fala. Coutinho parece duvidar que nada escape à duração do mundo e assim acha que deve fazer coincidir o filme com a totalidade na circunstância da tomada. Para não deixar fugir dela fio de cabelo (ou fio de fala), busca uma coincidência impossível, mas sempre produtiva.

Em abordagem estilística similar, embora menos radical na exatidão, Coutinho realiza juntamente com equipe de direção composta por Consuelo Lins, Geraldo Pereira e Daniel Coutinho (seu filho), o longa *Babilônia 2000*, filmado no *réveillon* do ano 2000, no morro da Babilônia, dentro das favelas Chapéu Mangueira e Babilônia, zona sul do Rio de Janeiro (Leme). Além dos dois longas realizados no final da década, Coutinho possui atividade contínua de documentarista nos anos 1980 e 1990, uma exceção no panorama do cinema brasileiro da época. Destaca-se seu trabalho engajado nas entidades Centro de Criação da Imagem Popular (Cecip) e Instituto de Estudos da Religião (Iser), nos quais apura seu estilo de documentarista. Podemos dizer que esse estilo surge nos filmes-documentários que desenvolve no período do Globo Repórter (particularmente em obras como *Seis dias em Ouricuri* e *Theodorico, o imperador do sertão*), entre 1975 e 1984. Mas é nos documentários Iser/Cecip que ele depura os procedimentos. Coutinho dirige *Santa Marta – 2 semanas no morro* (1986) na comunidade de Santa Marta, bairro de Botafogo, zona sul carioca. Nessa obra, o dispositivo de depoimentos aparece estruturado, embora em modalidade diluída.

Em *Boca de lixo* (1992), filmado no lixão de São Gonçalo, região do Grande Rio, o estilo Coutinho está esboçado e o fechamento nos tipos é intenso. As personalidades pipocam e proliferam com facilidade, inaugurando o dispositivo ao qual retornaria. O quadro apresentado, num tema muito delicado, é impactante. Compõe o panorama da nação sórdida, aqui visto por viés humanista, sem se apoiar no suplemento do sentimentalismo e sem rebater as estruturas agressivas do narcisismo às avessas. O quadro apresentado, num tema muito delicado, é impactante. Outros filmes da produção Iser/Cecip, sempre nos anos 1980 e principalmente primeira metade dos anos 1990, parecem ser corriqueiros, embora possuam momentos densos: *Volta Redonda memorial da greve* (1989, média-metragem); *O jogo da dívida* (1990, média-metragem); *A lei e a vida* (1992, média-metragem); *Os romeiros do padre Cícero* (1994, média-metragem); *Seis histórias* (1995); *Mulher no front* (1996). Esse último possui fonte de produção diversificada e se relaciona proximamente com *Santo forte* como horizonte inspirador. *Santo forte* é longa que inaugura a última fase de sua obra estabelecendo-se em linha de continuidade com a produção anterior, inclusive por ser vinculado ao Cecip. O único longa-metragem de Coutinho no período imediatamente anterior à Retomada foi *O fio de memória*, lançado em 1991. É obra singular em diversos aspectos, envolvendo coprodução com televisões europeias, possuindo realização fora do esquema Cecip/Iser. Trata-se claramente de filme de transição, com um pé na estratégia expositiva clássica e outro querendo aprofundar seu estilo posterior.

Uma faceta relativamente nova do documentário brasileiro surge na Retomada. São documentários que se debruçam sobre a representação de temas indígenas. Anterior ao período, *Conversas no Maranhão* (1976-1977), de Andrea Tonacci, é um clássico inaugurando essa temática em sua forma moderna, mergulhado na estilística do direto. Significa também a guinada do diretor na direção do documentário antropológico que marcaria sua carreira. Tonacci, que realizaria o instigante *Serras da desordem* (2006), faz entre 1980 e 1983 outro documentário sobre a questão indígena, intitulado *Os Araras*, filme em três episódios (I, II e III, de 1980, 1981 e 1983, respectivamente, com sessenta minutos cada), mostrando a tribo dos Araras sendo atraída para contato pelo homem branco. *Serras da desordem* foi lançado em 2006 e possui as características estilísticas do documentário brasileiro dos anos 2010. No entanto, teve sua produção e levantamento de imagens centradas no período que estamos analisando. No cinema documentário brasileiro dos anos 1990, a sensibilidade com a realidade indígena demonstra aproximação progressiva com um universo cultural que foge à temática tradicional do popular. É o período de afirmação das atividades da produtora e ONG Vídeo nas Aldeias, fundada por Vicent Carelli, que, em seguida a 1995, torna-se pioneira em filmes e vídeos realizados por diversas etnias brasileiras. O projeto Vídeo nas Aldeias busca valorizar o trabalho de criação audiovisual dos próprios indígenas. Apresenta tecnologia fílmica em oficinas para capacitar o saber maquínico com a câmera e o estilístico audiovisual com o filme, nas próprias comunidades. Através desse trabalho, despontaram diversos cineastas autores nas etnias diversas que habitam o solo brasileiro, como Divino Tserewahú, Zezinho Yube, Whinti Suya, Yaiku Suya, Wewito Piyãko, entre outros. São cineastas que, posteriormente, despontam no cenário nacional e internacional.

Nos anos 1990, se destacam as produções Vídeo nas Aldeias dirigidas com foco maior em Vicent Carelli. Como exemplo, podemos citar o média *Eu já fui seu irmão* (1993), que mostra o intercâmbio cultural entre os Parakatêjê/Gavião do Pará e os Krahô do Tocantins, duas tribos distantes, mas com o mesmo passado cultural que as imagens unem. No média *A arca dos Zo'é* (1993), de Carelli e Dominique Gallois, movimento similar é estabelecido, e o documentário coloca em contato os índios Waiãpi e Zo'é. Os Waiãpi conhecem os Zo'é pela televisão e, tendo a língua Tupi em comum, vão ao seu encontro. O intercâmbio mostra culturas indígenas em momentos distintos de contato com a sociedade brasileira, através de tomadas realizadas pelos próprios índios. Em *O espírito da TV* (1990), também com direção de Carelli e Gallois, os mesmos índios Waiãpi são apresentados ao universo televisivo. Também Carelli faz *Boca livre no Sararé* (1992), com Virginia Valadão; *Ninguém come carvão* (1991, com Murilo Santos); *Segredos da mata* (1998, com Gallois); *Placa não fala* (1996, com Gallois), *Qual é o jeito, Zé?* (1990, com Murilo Santos); *Antropofagia visual* (1995); *O espírito da TV* (1990) e a série *Índios no Brasil* (2000, em dez episódios). Carelli realiza posteriormente seu primeiro longa-metragem, o premiado *Corumbiara* (2006), que coroa suas atividades de cineasta dentro do projeto Vídeo nas Aldeias.

Fora da produção Vídeo nas Aldeias, a cultura dos índios Avá-Canoeiro é mostrada, em seu perigo de extinção, no curta-metragem *Histórias de Avá – o povo invisível* (1998), de Bernardo Palmeiro. A demarcação de terras indígenas da tribo Menkragnoti está no média-metragem *Coração do Brasil – demarcação Menkragnoti* (1995), com direção de João Facó e Rodrigo Roal. Sobre a vida cotidiana e religiosa de uma tribo indígena, habitante da fronteira entre Brasil e Venezuela, Regina Jehá realiza, em 1994, o curta *Encanto (Catehe)*. Com roteiro de Pedro Casaldágia e José Oscar Beozzo, e direção do ex-padre Konrado Berning, o longa *Ameríndia – memória, remorso e compromisso no V Centenário* (1990) mostra a realidade indígena e o contexto da evangelização, às vésperas do quinto centenário do descobrimento. Mônica Frota realiza o média *Taking Aim* (1993), mostrando a apropriação da mídia vídeo pelos índios Kayapós, para intervenção cultural e política. O documentário fez parte do projeto Mekaron Opoi D'joi ("aquele que cria imagens"), que buscou fornecer condições materiais para essa população indígena compor sua imagem. Enquanto o cinema brasileiro se debatia na crise do início dos anos 1990, a produção documentária antropológica amadurecia.

Outra tendência do documentário brasileiro da Retomada é o trabalho com material arquivo, que passa a ocupar o lugar de destaque que se acentua no século XXI. Entre documentários baseados fortemente em material de arquivo, podemos mencionar *São Paulo – sinfonia e cacofonia* (1994, média-metragem), de Jean-Claude Bernardet, que realiza uma "ode de amor e ódio à cidade", utilizando trechos de filmes de ficção sobre a metrópole. Documentário da primeira Retomada, também com material de arquivo, é o longa *Nós que aqui estamos por vós esperamos* (1999), de Marcelo Masagão. Construído quase inteiramente com imagens já gravadas, articula-se com montagem de arquivo e voz *over* lírica que busca fornecer significados amplos para o material apresentado. Por sua forma inovadora de trabalhar nesse modo lírico com imagem de arquivo, provocou bastante repercussão em seu lançamento. Dentro de outro recorte, *Carmem Miranda, Banana is My Business* (1995) de Helena Solberg, apresenta uma visão diferenciada, e não glamourosa, da biografia da maior estrela brasileira nos Estados Unidos. As imagens de época de Carmen Miranda, filmes de ficção e "atualidades" dos anos 1940 e 1950, estruturaram a obra, dando colorido especial. Algumas imagens são contemporâneas, com entrevistas e depoimentos de familiares e amigos. A singularidade de *Banana is My Bussiness* no panorama do cinema brasileiro da época talvez possa ser debitada ao esquema de produção diferenciado e à carreira também fora da rota da diretora, que morou muito tempo no exterior. *Banana* apresenta uma visão crítica e ácida do universo profissional e do mundo anglo-saxão que se contrapõe à idealização da figura do estrangeiro no cinema da Retomada, conforme analisada. Assim, não precisa buscar auxílio nas estruturas do narcisismo às avessas para ponderar sobre a obra e os percalços na vida de Carmen Miranda.

A utilização de material de arquivo em forma sistemática no documentário brasileiro ocorre pioneiramente nos longas de Sílvio Tendler – *Os anos JK, uma trajetória política* (1976-1980) e *Jango* (1981-1984). Esses filmes causaram *frisson*, nos anos 1980, redescobrindo o prazer de uma narrativa conduzida por uma voz *over* didática, pontuada com imagens indiciais de outra época. Sylvio Back é documentarista autoral que também tem utilização de material de arquivo em seu estilo. Trabalha com voz *over* expositiva marcada, costurando imagens que são misturadas a depoimentos. Em *Yndio do Brasil* (1993-1995), desenvolve trabalho intenso com o material audiovisual produzido sobre a realidade indígena com originais de imagem de "arquivo". *Rádio Auriverde* (1990-1991) possui visão bastante ácida da participação do Brasil na Segunda Guerra Mundial, na linha da "nação inviável", também articulando material de arquivo diverso com áudio e imagens. Em *Senta a pua* (1999), longa com direção de Erik de Castro, encontra-se visão de corte distinto, de exaltação, sobre a participação da aviação brasileira na Segunda Guerra Mundial.

Eduardo Escorel pode ser considerado uma espécie de grande cozinheiro do cinema brasileiro. Participa da feitura e montagem de filmes-chaves de nossa filmografia, dando formato orgânico a obras que às vezes chegam à sua mão com material disperso. Nos anos 1990, desenvolve carreira de documentarista, debruçando-se em filmes de resgate da história nacional, com utilização intensa de material de arquivo. É o caso da trilogia documentária sobre a história brasileira nos anos 1930-1935. Escorel introduz um tipo de narrativa moderna no documentário nacional, com entrevistas e depoimentos misturados a material de arquivo. É formato que será utilizado à larga na programação a cabo. Entre 1990 e 2002, realiza a trilogia *1930 – tempo de revolução* (1990); *1932 – A Guerra Civil* (1993); e *35 – o assalto ao poder* (2002). Como é característico do documentário contemporâneo, abandona a voz *over* impositiva e contrapõe depoimentos e entrevistas de pontos de vista distintos. Alternam-se farto material com fontes primárias, música e mixagem sonora ativa, além de encenações reconstruídas que servem para ilustrar as asserções sobre a história. Termina a série com *Imagens do Estado Novo 1937-45* (2016), com proposta de ficar preso e limitado à gravidade das imagens (de arquivo). Além de *Vocação do poder* (2005), em estilo "direto", e *Deixa que eu falo* (2006), sobre Leon Hirszman, Escorel dirigirá o forte *O tempo e o lugar* (2008), no qual compõe um dos personagens mais marcantes do documentário brasileiro, Genivaldo Vieira da Silva, acompanhando-o durante cerca de uma década nas diversas peripécias que cercaram sua vida. Esse tipo de documentário com longo fôlego cronológico é raro em nossa filmografia.

Barra 68 (2000), de Vladimir Carvalho, também utiliza documentos de época com narrativa de arquivo, misturados a depoimentos. Retrata a história da Universidade de Brasília e as contínuas violações de seus direitos constitucionais, como a liberdade acadêmica, pelo governo militar que se instalou no Brasil em 1964. Carvalho é figura-chave do cinema documentário brasileiro, compondo junto com Coutinho e Salles uma trinca de cineastas documentaristas que possuem dimensão autoral e apresentam obras maduras na Retomada. Atravessa distintos períodos da história do cinema brasileiro, voltando à atividade plena no período analisado. Em 1993, ano prévio à eclosão da Retomada, que teve o lançamento de apenas quatro filmes nacionais, Carvalho consegue emplacar *Conterrâneos velhos de guerra* (1990) nos cinemas, embora com lançamento restrito. A produção se fez em esquema anterior à Retomada, com material de filmagem que o diretor vinha há anos acumulando em seu cotidiano brasiliense. O protagonista é o povo humilde do Norte/Nordeste, o "candango" que emigrou para construir Brasília. O choque com a visão oficial provoca alguns conflitos. Quando entrevista Oscar Niemeyer, o arquiteto irrita-se ao ser confrontado com evidências de que tinha ciência do ocultamento de mortes criminosas de trabalhadores, ocorridas nos canteiros das construtoras de Brasília.

João Moreira Salles é outro autor documentarista que continua suas atividades na Retomada, afirmando-se como um dos principais diretores do período. Em 1989, simultaneamente à produção documentária para a TV Manchete, realiza *Poesia é uma ou duas linhas e por trás uma imensa paisagem*, produção de corte pessoal no qual explora, numa espécie de homenagem, a poesia de Ana Cristina César. Fora do documentário, na linha poética abstrata, fará também *Dois poemas* (1992). Igualmente de 1992 são as tomadas e o documentário inconcluso que servirá de matéria-prima para o longa *Santiago* (2006). Após parada profissional, que coincide com o período de crise no cinema brasileiro, Salles retorna com o aumento da produção nacional, dirigindo inicialmente o média *Jorge Amado* (1995). O efetivo encontro de Salles com o documentário e a afirmação de um estilo seu, incorporando a descoberta das potencialidades do Cinema Direto, dá-se nos anos de 1997-1998. Dirige duas obras fortes sobre a cultura e as condições de vida do povo brasileiro no Rio de Janeiro: *Futebol* e *Notícias de uma guerra particular*. *Futebol* (1998, codireção de Arthur Fontes), é um documentário em formato adequado à exibição televisiva, seguindo a trilha das produções anos 1980, mas com uma temática distinta e domínio estilístico maduro. *Futebol* é exibido em três episódios pelo canal a cabo GNT. Pode-se afirmar que a diferença entre o conjunto de documentários de Salles exibidos na TV Manchete (anos 1980) e no GNT (anos 1990) retrata, em microcosmo, a evolução do Brasil *fin-de-siècle*, indo do período pós-moderno à Retomada. O cinema brasileiro mudou e os irmãos Salles estão no núcleo dessa mudança.

Futebol é documentário extenso, com estrutura de três longas (*Futebol 1 – antes*; *Futebol 2 – o jogador*; *Futebol 3 – depois da Partida*). A obra é realizada em 16 mm e depois convertida, mantendo o formato fílmico, para exibição televisiva. Retrata as esperanças, ambições e frustrações de jovens dos bairros pobres das cidades brasileiras em seu desejo de ascender à fama e fortuna por meio do futebol. Predominam asserções através de depoimentos, aos quais são misturadas imagens das partidas de futebol e do cotidiano dos jovens nos clubes. Depoimentos de grandes craques, explorando a personalidade, tomados com câmera estática e fundo neutro, são sobrepostos a filmagens com câmera na mão, acompanhando passo a passo o cotidiano dos jovens. A estética e o estilo do "documentarismo verdade" está no horizonte dos três longas. *Futebol* marca o encontro de Salles com a temática do popular, temática que irá em seguida aprofundar em *Notícias de uma guerra particular* (codireção de Kátia Lund), também realizado para o canal GNT, no qual é veiculado. *Notícias*, já abordado, é uma espécie de outra face da moeda de *Futebol*, ambos dirigidos no mesmo período (1997-1998) e no mesmo ímpeto criativo. Evidenciam lados sombrios e luminosos da nova ordem que domina os morros e a periferia cariocas.

Também resultado das andanças de João Salles e Walter Salles pelos morros cariocas e a descoberta do popular em 1998-1999 é o singular, mas ilustrativo, *Adão ou somos todos filhos da mesma terra*, curta sobre o músico Adão Dãxalebaradã, artista popular do morro do Cantagalo. Adão e sua família participam ativamente em *Notícias* com diversos trechos de depoimentos inseridos no filme. O curta é uma espécie de homenagem a Dãxalebaradã feita conjuntamente pela equipe de *O primeiro dia* (que participa do documentário) e *Notícias*. Os irmãos Salles fazem a montagem, o roteiro e o argumento, assinando a direção conjunta (Daniela Thomas, Walter Salles, João Moreira Salles e Kátia Lund, com Walter Carvalho na direção de fotografia). Em esquema similar de produção para o GNT, mas certamente com outra visualidade, Salles coordena juntamente com o jornalista Marcos Sá Correa, em 2000, a série *6 histórias brasileiras*, produzida pela VideoFilmes. Dirige os episódios "O vale" (sobre a devastação da Mata Atlântica) e "Santa Cruz" (sobre o surgimento de uma igreja evangélica em um subúrbio do Rio de Janeiro).

Rap do pequeno príncipe contra as almas sebosas (2000), de Paulo Caldas e Marcelo Luna, e *O prisioneiro da grade de ferro: autorretratos* (2003), de Paulo Sacramento, são documentários fortes desse período da Retomada, inserindo-se na tendência exposta de representação sombria, com exasperação naturalista cruel, da realidade social do país. *Rap* mergulha fundo no cotidiano da periferia urbana com o tradicional corte escatológico do "popular criminalizado" encontrado em outras obras da Retomada. Mostra dois colegas de infância que tomam rumos distintos. Um torna-se matador de bandidos e o outro, cantor de *rap*, gênero abordado como manifestação cultural popular. O matador e o cantor de *rap* aparecem como figuras paradigmáticas do destino violento a que estão sujeitas camadas da sociedade abandonadas pelo Estado. Os depoimentos do matador, confessando para a câmera os assassinatos cometidos, compõem forte figura no painel da violência na Retomada. Em janeiro de 2001, esse matador seria assassinado numa prisão pernambucana, cumprindo a profecia feita no filme. *O prisioneiro da grade de ferro* foi filmado durante sete meses no presídio do Carandiru, logo antes de sua implosão, e mantém vínculos evidentes com o longa ficcional de Babenco. É clara a presença do massacre de prisioneiros ocorrido em 1992. O procedimento de entrega, pelo diretor, da câmera aos detentos para filmarem na própria cela, inclusive em período noturno, marcou a recepção da crítica. Demonstra a sintonia da obra com questões envolvendo a encenação documentária que vão estar no centro do documentário brasileiro na década seguinte. A tonalidade crítica do Brasil "às avessas" está presente.

A nova dimensão que toma a produção documentária é significativa da evolução do cinema brasileiro no período analisado. O universo interior exasperado mostra, seja na ficção, seja no documentário, a Retomada como época insatisfeita consiga mesma, tendo como referência um contexto ideológico que, em seu núcleo, desabrocha nos anos 1960 e que, no início do milênio, ainda mantém suas contradições intocadas. Temos a impressão de um cinema que se apraz em cultivar um travo com sabor arrevesado, carregando às costas o peso de um imenso passivo social a acertar.

NOTAS

1. Cf. capítulo "A grande crise: pós-modernismo e fim da Embrafilme e da pornochanchada", nas pp. 362-409.

2. Cf., entre outros: Luiz Zanin Oricchio, *Cinema de novo – um balanço crítico da retomada*, São Paulo: Estação Liberdade, 2003; Lúcia Nagib, *O cinema da Retomada, depoimentos de 90 cineastas dos anos 90*, São Paulo: Editora 34, 2002; Pedro Butcher, *Cinema brasileiro hoje*, São Paulo: Publifolha, 2005; Paulo Sérgio Almeida e Butcher Pedro, *Cinema: desenvolvimento e mercado*, Rio de Janeiro: Aeroplano, 2003; Marcelo Ikeda, *Cinema brasileiro a partir da Retomada – aspectos políticos e econômicos*, São Paulo: Summus, 2015; Daniel Caetano (org.), *Cinema brasileiro 1995-2005 – ensaios sobre uma década*, Rio de Janeiro: Azougue, 2005.

3. Cf. tabelas "Filmes lançados por ano (1983-1994)" e "Filmes lançados por ano (1995-2016)", nas pp. 365 e 366 deste livro.

4. Cf. capítulo "A grande crise: pós-modernismo e fim da Embrafilme e da pornochanchada", nas pp. 362-409.

5. "O filme *Alma corsária* é uma mistura das minhas experiências. Na verdade é a história do Jairo, mas também do Orlando Parolini, do Percival Gomes de Oliveira, um outro amigo de adolescência, e de certa forma a minha experiência de vida e a minha história também" (Jairo Ferreira, depoimento a Renato Coelho, em: *Cinema de Invenção: catálogo Mostra Jairo Ferreira*, São Paulo: Centro Cultural Banco do Brasil, 2012).

6. Inicialmente intitulado *Como ser solteiro no Rio de Janeiro*.

7. Certamente sentimos algo nesta direção em *Garota de Ipanema* (1967), de Leon Hirszman. Cf. capítulo "Cinema Novo/Cinema Marginal, entre curtição e exasperação", nas pp. 116-201.

8. Declaração de Alain Fresnot em: *Um balanço dos 5 anos da Retomada do cinema nacional 1995/99: catálogo Cinema Brasileiro*, Brasília: Ministério de Cultura/ Secretaria do Audiovisual, 1999, p. 93.

9. Em "Folheto de divulgação", *Coleção Isto É – Novo Cinema Brasileiro*, v. 7, pp. 12-3.

10. Cf. entrevista de Bruno Barrreto em: "Não fiz um filme de mocinho e bandido", *Revista Adusp: encarte especial*, São Paulo: jun. 1997, p. 15.

11. *Ibidem*.

12. Cf. entrevista concedida a Helena Salem em: "Ficção é julgada sob a lente da história", *O Estado de S. Paulo*, 1º maio 1997, p. D6.

13. Sobre tema do personagem estrangeiro na Retomada e o narcisismo às avessas, cf. Fernão Pessoa Ramos, "Humility, guilt and narcissism turned inside out in Brazil's film revival", em: Lúcia Nagig, *The New Brazilian Cinema*, Londres: I.B.Tauris, 2003; André Parente, "For all triunfo da vontade", em: *Ensaios sobre o cinema do simulacro*, Rio de Janeiro: Pazulin, 1998; Pedro Butcher em "Cinema brasileiro hoje", *Publifolha*, São Paulo: 2005.

14. Cf. Fernão Pessoa Ramos, *Mas afinal... o que é mesmo documentário?*, São Paulo: Senac, 2013, pp. 39-48.

15. *Idem*, "O horror! O horror!: representação do popular no documentário brasileiro contemporâneo", em: *Mas afinal... o que é mesmo documentário?*, São Paulo: Senac, 2013. Cf., do mesmo autor, "País sórdido povo idílico", *Revista Trópico*, 2002, disponível em: <http://p.php.uol.com.br/tropico/html/textos/574,1.shl>, acesso em: ago. 2016; e "Má consciência, crueldade e 'narcisismo às avessas' no cinema brasileiro contemporâneo", *Revista Crítica Marxista*, Rio de Janeiro: 2004, n. 19.

16. "A nossa modéstia começa nas vacas", diz Nelson Rodrigues descrevendo uma cerimônia de premiação bovina, " Cada um de nós carrega um potencial de santas humilhações hereditárias. Cada geração transmite à seguinte todas as frustrações e misérias. No fim de certo tempo, o brasileiro se tornou um *Narciso às avessas*, que cospe na própria imagem. Eis a verdade: não encontramos pretextos pessoais ou históricos para a autoestima. [...] Tudo nos assombra, um simples 'bom dia' já nos gratifica"(Nelson Rodrigues, "A vaca premiada", em: *A cabra vadia*, São Paulo: Companhia das Letras, 1995, grifo meu).

17. Cf. capítulo "A grande crise: pós-modernismo e fim da Embrafilme e da pornochanchada", nas pp. 362-409.

18. É ampla a bibliografia sobre o tema. Um bom mapeamento, feito nos anos 1980, encontra-se em: Jean-Claude Bernardet e Maria Rita

Galvão, *Cinema: repercussões em caixa de eco ideológica – as ideias de "nacional" e "popular" no pensamento cinematográfico brasileiro*, São Paulo: Brasiliense, 1983. Desenvolvo o tema em "Três voltas do popular e a tradição escatológica do cinema brasileiro", em: Socine II e III, *Estudos de Cinema*, São Paulo: Annablume, 2000.

19 O manifesto Estética da Fome foi exposto originalmente por Glauber na V Rassegna del Cinema Latino-Americano, Gênova, Itália, jan. 1965. Encontra-se publicado como "Eztetyka da fome 65", em: Glauber Rocha, *Revolução do Cinema Novo*, São Paulo: Cosac Naify, 2004, pp. 63-7.

20 Cf. Marcelo Ikeda, *Cinema brasileiro a partir da retomada – aspectos econômicos e políticos*, São Paulo: Summus, 2015. Ikeda expõe a estrutura do tipo "tripé" criado no ano final do governo FHC, que se mantém com modificações no primeiro governo Lula. O tripé é formado pela Secretaria do Audiovisual, a Ancine e o Congresso Brasileiro de Cinema.

21 Cf. Observatório Brasileiro do Cinema e do Audiovisual (OCA), "Dados de mercado: filmes brasileiros com mais de 500.000 espectadores – 1970 a 2015", disponível em: <http://oca.ancine.gov.br/filmes_bilheterias.htm>, acesso em: ago. 2016.

22 Cf. entrevista de Salles em: Jurandir Freire Costa, "Um filme contra o Brasil indiferente", *Folha de S.Paulo*, São Paulo: 29 mar. 1998, Caderno Mais!, p. 8.

23 *Ibidem*.

24 A chave da representação da cultura popular no viés cômico, ou positivo, estará presente na Retomada através da representação do sertanejo, visto em comédias como *Eu, tu, eles* (Andrucha Waddington) e *O Auto da Compadecida* (Guel Arraes). Surgem também inovações do imaginário do cangaço, como em *O baile perfumado* (Lírio Ferreira e Paulo Caldas). Noutra chave, o encontramos na tentativa de uma reciclagem clássica do tema, que mostra não mais funcionar, em *O cangaceiro* (Aníbal Massaini Neto). Também aparece em trabalhos com recorte mais de vanguarda, como *O sertão das memórias* (José Araújo) e *Crede-Mi* (Bia Lessa).

25 Cf. Cacá Diegues, *Vida de cinema: antes, durante e depois do Cinema Novo*, Rio de Janeiro: Objetiva, 2014, pp. 462-3.

26 Caetano Veloso, *Verdade tropical*, São Paulo: Companhia das Letras, 1997, p. 252.

27 *Ibidem*.

28 Barack Obama, *Dreams from My Father: a Story of Race and Inheritance*, New York: Random House, 1995. Fernando Jorge, jornalista brasileiro, chegou a escrever livro sobre o tema intitulado: *Se não fosse o Brasil, jamais Barack Obama teria nascido*, Rio de Janeiro: Novo Século, 2010. Cf. também artigo de José Miguel Wisnik, "Obama, filho do Brasil", *O Globo*, Rio de Janeiro: 12 jun. 2010, segundo caderno, p. 2. Wisnik trabalha um bom argumento ao ironizar o interesse de Fernando Jorge pelo episódio e a relação de Obama com o Brasil. Em sintonia com a fascinação pelo personagem estrangeiro que descrevemos, Wisnik menciona o que chama de "dependência invertida" no deslumbramento de Jorge com as origens de Obama. Outro bom *insight* de Wisnik sobre o filme, e as contradições de sua recepção pelo presidente negro dos Estados Unidos, realça o que chama de "mácula" indelével no que sente Obama ao localizar em sua mãe o "desejo de encontrar no outro algum elemento que estava perdido em nós mesmos" (palavras do presidente norte-americano). É sentimento que estamos descrevendo com os conceitos de má consciência de classe e narcisismo às avessas, debruçados sobre o outro-popular brasileiro.

29 Devemos também contar nesta série a trilogia órfica de Jean Cocteau: o de 1931, *Le sang d'un poète*; o de 1950, *Orphée*; e o de 1960, intitulado *Le Testament d'Orphée ou ne me demandez pas pourquoi!*

30 Barack Obama, *Dreams from My Father: a Story of Race and Inheritance*, op. cit.

31 Glauber Rocha, *Eztetyka da fome 65*, op. cit., p. 66.

32 *Ibidem*, p. 63.

33 *Ibidem*, p. 66.

34 É correto apontar a influência do Frantz Fanon de *Os condenados da terra* (1961) no manifesto de Glauber. Cf. Frantz Fanon, *Les Damnés de la Terre*, Paris: François Maspero, 1961.

35 Glauber Rocha, *Eztetyka da fome 65*, op. cit., p. 64.

36 Ivana Bentes, "Sertões e favelas no cinema brasileiro contemporâneo: estética e cosmética da fome", *Revista Alceu*, v. 8, n. 15, jul-dez. 2007, pp. 242-55.

37 Analisado pioneiramente por Bernardet em: Jean-Claude Bernardet, *Cineastas e imagens do povo*, São Paulo: Companhia das Letras, 2003. Desenvolvo abordagem do tema em: "O documentário novo (1961-1965): o Cinema Direto no Brasil", em: Fernão Pessoa Ramos, *Mas afinal... o que é mesmo documentário?*, op. cit.

38 Cf. boa análise da posição do filme em: Stephen Broomer, "Secrets of the Tribe", *Visual Anthropology Review*, Spring 2011, v. 27, n. 1.

39 Uma análise detida pode ser encontrada em: Fatimarlei Lunardelli, *Ô psit! o cinema popular dos Trapalhões*, Porto Alegre: Artes e Ofícios, 1996. Mais recentemente, Rafael Spaca, *O cinema dos Trapalhões – por quem fez e por quem viu*, São Paulo: Laços, 2016.

4

CINEMA
BRASILEIRO
CONTEMPORÂNEO

DOCUMENTÁRIO CONTEMPORÂNEO (2000 - 2016)

CARLOS ALBERTO MATTOS

Na história do cinema brasileiro, poucos momentos podem rivalizar com a virada do milênio e os primeiros anos do século XXI quando se trata da importância do documentário. Essa relevância se expressa não apenas no número recorde de produções, impulsionado pelos meios digitais, mas também no surgimento de inovações que fizeram o documentário brasileiro contribuir para a renovação do próprio formato.

Se até os anos 1950, *grosso modo*, o cinema documental parecia vocacionado para educar o mundo e, nas décadas de 1960 e 1970, para ajudar a mudar o mundo, será lícito dizer que o documentário do século XXI pretende compreender o mundo. A grande maioria dos documentaristas em ação está sendo movida pela curiosidade em relação ao Outro – essa entidade que a antropologia legou ao documentário como fruto de um longo casamento. Um Outro que pode ser famoso ou anônimo, representativo ou singular, performático ou corriqueiro. Um Outro que pode até ser o próprio documentarista, por um momento auto-observado e tematizado como um eu-outro. A irrupção das subjetividades pode ser considerada um traço definidor desse período.

Isso compreende a valorização das histórias privadas e das micropolíticas do cotidiano (questões raciais e étnicas, relações interpessoais etc.), bem como a legitimação da subjetividade, antes tão reprimida no cinema documental. Tratou-se de fazer a crítica ao modelo do documentário sociológico reinante nos anos 1960 e 1970, acusado de reduzir individualidades a ferramentas de um discurso generalizante. Mencione-se ainda a incorporação da mentira e da performance como campo de interesse e de expansão da atitude documentária.

A subjetividade é hoje praticada no documentário brasileiro não mais como pura organização de linguagem (de narrativa e de narração), natural em todo e qualquer filme, nem como excentricidade ocasional. Ela se manifesta numa variedade de procedimentos, relacionada tanto a quem documenta como a quem é documentado. Enquanto nos filmes de Eduardo Coutinho o subjetivo era encarnado no Outro, diversos trabalhos trazem o próprio realizador no papel desse eu-outro a serviço de um tema que o extrapola. Já no estilo de observação radical de alguns documentaristas, a subjetividade está no espaço entre o diretor e os personagens, representada pela imposição de uma maneira de olhar e um estilo de apresentar.

Eduardo Coutinho, João Moreira Salles e Andrea Tonacci, com os filmes *Jogo de cena* (Eduardo Coutinho, 2007), *Santiago* (João Moreira Salles, 2007) e *Serras da desordem* (Andrea Tonacci, 2006), causaram um choque epistemológico na consciência dos realizadores e dos espectadores de documentários, abrindo grandes praças de dúvida e largas avenidas para uma combinação cada vez maior e mais significativa com a linguagem da ficção. Realizadores como Joel Pizzini, Kiko Goifman, Gabriel Mascaro, Marcelo Pedroso, Cao Guimarães, Maria Augusta Ramos e Carlos Nader semearam procedimentos inventivos e colheram o reconhecimento como grandes criadores.

Pode-se afirmar que, no período de 2000 a 2016, o documentário não apenas se expandiu e se renovou como também contaminou a ficção mais criativa feita no país. Isso nos levou ao ponto em que as interações entre encenação e registro do real assumem as formas mais variadas, complexas e intrigantes. É quase uma condicionante de contemporaneidade. Criou-se no documentário e nos filmes fronteiriços um campo de experimentação e risco, nisso sobrepujando de certa forma um cinema de ficção que se direciona mais e mais para o resultado comercial. O novo caráter subjetivista, aliado a uma maior liberdade no uso de recursos baratos, atraiu para o documentário uma leva de jovens realizadores saídos de universidades, cursos e oficinas de cinema. Daí a vitalidade que o cinema documental vem demonstrando entre nós, ainda que modestamente traduzida em retorno de bilheteria.

No mercado, uma oferta regular de documentários musicais, biográficos, esportivos e históricos encontrou seu espaço. Com níveis de invenção variáveis, esses filmes mantiveram certo diálogo com o espectador médio e cumpriram a missão cultural e informativa do cinema.

No entanto, foi principalmente na afirmação de uma cultura, através de uma rede de interesses não exatamente mercadológicos, que o documentário brasileiro se firmou mais que como moda, como ambiente de forte interação entre arte e sociedade. Não só os filmes e vídeos, mas também o crescente surgimento de livros especializados, mostras, seminários, cursos, teses acadêmicas etc., de norte a sul do país – tudo isso forma uma massa crítica extraordinária em torno do documentário.

RAÍZES

As raízes do documentário brasileiro contemporâneo se plantaram ao longo dos anos 1990, com alguns filmes que apontaram caminhos a serem trilhados posteriormente. Vale a pena citar alguns.

Tendo já diluído a fronteira entre documentário, ficção e ensaio em *Ilha das flores* (1989), Jorge Furtado lançou, em seguida, o curta-metragem *Esta não é sua vida* (1991), que incorporava uma série de procedimentos inovadores. O documentarista desprezava o extraordinário e escolhia o banal (a vida de uma dona de casa do subúrbio de Porto Alegre), assumia a limitação de todo documentarista – exposta já no título – quanto a fornecer uma representação abrangente do mundo, refletia sobre o seu ofício e expunha claramente a situação-filme.

Diferentes mesclas de documentário e ficção se apresentaram em títulos como *Crede-Mi* (Bia Lessa e Dany Roland, 1996), *O cineasta da selva* (Aurélio Michiles, 1997), e *Cruz e Souza: o poeta do Desterro* (Sylvio Back, 1999). Já os filmes construídos domesticamente a partir de imagens da internet ganharam impulso considerável a partir da iniciativa de Marcelo Masagão em *Nós que aqui estamos por vós esperamos* (1999).

Os perfis de astros da música popular brasileira e o tema da violência urbana, dominantes nas décadas seguintes, tiveram precursores de peso, respectivamente, no curta *Nelson Sargento* (Estevão Ciavatta Pantoja, 1997), no média *A guerra dos meninos* (Sandra Werneck, 1991) e no programa de TV *Notícias de uma guerra particular* (João Moreira Salles), que, mesmo sem nunca ter sido lançado em salas comerciais, ganharia *status* de clássico do documentário brasileiro.

O Cinema Direto ou de observação começava a ser praticado por aqueles que seriam seus dois principais cultores nas décadas seguintes. Maria Augusta Ramos, formada na Holanda, realizou em 1996 seu primeiro filme brasileiro, *Brasília, um dia em fevereiro*. Por sua vez, João Moreira Salles utilizou o método em um dos episódios do tríptico *Futebol* (1998), feito para a televisão a cabo.

Mas foi no polo oposto ao Cinema Direto que se localizou a semente mais frutífera desse período. Com o sucesso inesperado de *Santo forte* (1999), Eduardo Coutinho instaurou de vez o seu cinema de encontros, baseado numa simples e franca interlocução entre o diretor e seus personagens colhidos em esferas específicas do Brasil popular. *Santo forte* resgatava o valor da entrevista, até então desgastada pelo uso didático ou jornalístico, e promovia no documentário brasileiro um salto da era do modelo sociológico para outro mais interessado nas individualidades e mais próximo de um interesse antropológico pelas manifestações do cotidiano. O filme relançou a carreira do realizador e coroou um trabalho que vinha de *Cabra marcado para morrer* (1981-1984), *Santa Marta, duas semanas no morro* (1987) e *Boca de lixo* (1992).

Cabe, ainda, destacar alguns títulos representativos de uma tendência importante dos anos 2000, que são os documentários de redes de pessoas. Neles, o que importa não é tanto o indivíduo, mas as relações e similaridades entre os sujeitos. *Criaturas que nascem em segredo* (Chico Teixeira, 1995), por exemplo, abordava a vida de cinco anões residentes em São Paulo. *Socorro nobre* (Walter Salles, 1992) documentou o contato epistolar e o subsequente encontro entre o escultor Frans Krajcberg e uma presidiária baiana.

RETORNO GRADUAL ÀS TELAS

De um ponto de vista cronológico, pode-se afirmar que o documentário brasileiro do século XXI teve início na noite mesmo de Ano Novo de 2000, no morro da Babilônia, Rio de Janeiro. Enquanto os habitantes da favela comemoravam a virada do milênio e os fogos do *réveillon* explodiam na praia de Copacabana, Eduardo Coutinho e cinco pequenas equipes mapeavam o morro, registrando preparativos, festas, esperanças e histórias pessoais da comunidade. Em *Babilônia 2000* (Eduardo Coutinho, 2000), o diretor radicalizou seu dispositivo (ou "prisão", como chamava), concentrando a captação do material em uma só noite e um só lugar. Assim como dividiu o comando do trabalho com outras equipes, Coutinho renunciou também ao direcionamento das entrevistas. Deixou-se levar pela, digamos, vocação artística do pessoal da favela. As pessoas cantam, discutem a maneira de se apresentar diante da câmera e, por vezes, até determinam a hora de interromper a gravação.

Essa abertura ao imprevisto das conversas, combinada com o rigor espaçotemporal no campo pesquisado, caracterizou também o filme seguinte de Coutinho, *Edifício Master* (2002). Nele, os moradores de um prédio residencial de Copacabana recebem a equipe em seus apartamentos para responder a perguntas muito simples sobre a vida, o bairro, seus hábitos, ocupações e desejos. No que muitos consideram a obra-prima dessa fase de sua carreira, o realizador chega próximo do material do melodrama e, ao valorizar o momento da entrevista em detrimento de seu sentido mais generalizante, acaba abrindo espaço para a autofabulação dos personagens. Nisso estão as sementes da fase seguinte, em que Coutinho trabalha as interseções entre ficção e documentário.

A partir de *Babilônia 2000*, os filmes de Coutinho passaram a ser produzidos pela VideoFilmes, tendo João Moreira Salles como um misto de mecenas, consultor e amigo inseparável. A nova situação garantiu estímulo, conforto e regularidade para os seus projetos, fixando uma equipe que incluía o diretor de fotografia Jacques Cheuiche e a montadora Jordana Berg. Propiciou também uma sutil troca de influências entre os dois cineastas. Por outro lado, esse modelo de documentário vai exercer forte ascendência sobre documentaristas mais jovens, como Evaldo Mocarzel, João Jardim e Andrea Pasquini (*Os melhores anos de nossas vidas*, 2003) e vai se refletir nos filmes de alguns colaboradores de Coutinho desta e de outras fases. São os casos da diretora de produção Beth Formaggini, com *Nobreza popular* (2003), e da ex-assistente Theresa Jessouroun, com *Samba* (2001), *Os Arturos* (2003) e *Fim do silêncio* (2008); e da pesquisadora e assistente de direção Cristiana Grumbach, com *Morro da Conceição* (2005).

Ainda no ano 2000, certas tendências do documentário contemporâneo foram reforçadas por filmes como *O rap do Pequeno Príncipe contra as almas sebosas* (Paulo Caldas e Macelo Luna, 2000), *A negação do Brasil* (Joel Zito Araújo, 2001) e *Branco* (Edmundo Dan, 2000). No primeiro, dirigido por Paulo Caldas e Marcelo Luna, combinavam-se dramaticamente os filões do documentário musical com o filme de favela. Em foco, dois jovens nascidos na periferia de Recife. Um deles é matador profissional que descansa o vasto currículo numa cadeia. O outro, baterista do grupo de *rap* Faces do Subúrbio, ostenta um discurso social e uma visão pastoral do *hip hop*. Em comum entre eles, além da origem, a necessidade de responder com algum tipo de vigor a um contexto de miséria e degradação das relações humanas. O filme representa uma conciliação do documentarismo tradicional brasileiro com novas formas de apreensão do real nascidas do *music video* e do documentário pessoal.

A negação do Brasil, arrazoado sobre o *deficit* de representação dos afrodescendentes na televisão brasileira, introduziu no cenário cinematográfico o nome do diretor Joel Zito Araújo. Ativo debatedor da questão racial e muito envolvido com o cinema africano, ele voltaria ao tema com o longa *Raça* (Joel Zito Araújo e Megan Milan, 2013), em que aborda três *fronts* da luta pela afirmação dos negros: a popular, a política institucional e a mídia.

O curta *Branco*, de Edmundo Dan, José Roberto Mesquita e Marcelo Rodrigues, causou impacto em festivais e seminários com sua falsa entrevista concedida por um perigoso bandido em seu esconderijo. Suposto "distribuidor de ideias para a comunidade", Branco diz-se leitor de Nietzsche, cita Deleuze e outros filósofos, sempre com o pretexto de justificar seu papel no mundo. Apropria-se exageradamente do discurso acadêmico, deixando entrever a fabricação por gente de universidade. Provocativo, capaz de impressionar e convencer espectadores menos avisados, o filme chamou a atenção para o formato do *mockumentary* como dispositivo para debate e reflexão.

A situação geral dos documentários brasileiros no ano 2000 era ainda bastante retraída. Dos 24 filmes nacionais lançados em cinemas naquela temporada, apenas três eram de não ficção. Inexistiam fontes de financiamento significativas e regulares, senão um edital específico do Ministério da Cultura e o programa Rumos, do Itaú Cultural. Cabe, aliás, destacar a importância desse programa para a renovação da cena documental brasileira desde que surgiu, em 1997. A cada dois anos, o Rumos seleciona projetos de documentários de longa ou média metragem, além de *webdocs*, com ênfase na criatividade e na diversidade. Assim foram viabilizados filmes de ponta como *33* (Kiko Goifman, 2003), *O prisioneiro da grade de ferro* (Paulo Sacramento, 2003) e *Diário de Sintra* (Paula Gaitán, 2007), bem como trabalhos de várias regiões do país. *Invisíveis prazeres cotidianos* (Jorane Castro, 2004), retrato de Belém do Pará pela ótica de seus blogueiros, e *Eu vou de volta* (Cláudio Assis e Camilo Cavalcante, 2007), dos pernambucanos Cláudio Assis e Camilo Cavalcante, *road-doc* sobre emigrantes, também são alguns resultados dessa ação estimuladora.

A televisão, por sua vez, permanecia refratária à produção independente. As parcerias de exceção eram mantidas com o Núcleo de Produção de Documentários da TV Cultura e o canal GNT, este conduzindo editais próprios de coprodução para a faixa GNT.Doc. As condições de acesso à internet ainda não facilitavam a circulação por esse meio.

À margem do mercado, contudo, a movimentação era mais animadora. O Festival É Tudo Verdade realizava sua quinta edição, contando com sete longas, dois médias e quatro curtas selecionados para a competição nacional. Desses 13 filmes, seis eram perfis biográficos, indicando a predominância quantitativa desse tipo de documentário na produção contemporânea. A partir dessa plataforma, os anos seguintes têm sido de franca expansão.

O primeiro sucesso relativo de público do período veio com *Janela da alma* (João Jardim e Walter Carvalho, 2001), documentário poético e filosófico sobre deficiências da visão. A qualidade dos depoimentos de celebridades como o escritor José Saramago, os cineastas Wim Wenders e Agnès Varda, as atrizes Marieta Severo e Hanna Schygulla, o músico Hermeto Pascoal e o fotógrafo cego Evgen Bavcar ajudou a popularizar o filme, mas o bom desempenho junto ao público deveu-se também a um trabalho cuidadoso de exibições prévias ao lançamento, em mostras, festivais, eventos do meio acadêmico e debates com psicanalistas. A repercussão boca a boca ampliou a demanda pelo filme em salas de todo o país, resultando num total de público superior a 140 mil espectadores, número que só viria a ser superado por documentários musicais e esportivos.

Janela da alma exemplifica o formato de documentário de rede de pessoas, muito utilizado nos primeiros anos do século XXI. Um tema ou característica comum direciona a escolha dos personagens, cujas presenças se tornam complementares para um painel geral. O carioca Sérgio Bloch, por exemplo, dedica-se a documentar a vida urbana por meio de personagens que trabalham na rua: carroceiros em *Burro sem rabo* (1996), vendedores em *Olho da rua* (2000), profissionais que atuam em bicicletas e veículos de tração em *Tudo sobre rodas* (2005), *Sobre rodas Brasil* (2007) e na série de TV *Sobre Rodas América Latina* (2014), gravada em cinco países. O curta *Na boca do povo* (2009) originou a telessérie homônima, de 2012, e despertou em Bloch uma militância pela legalização da gastronomia de rua.

Outro destaque de 2001 nesse formato foi *O fim do sem fim* (2001), de Lucas Bambozzi, Cao Guimarães e Beto Magalhães, diretores formados em Minas Gerais. O documentário trata de ofícios e profissões anacrônicas ou em vias de extinção em várias partes do país. Os aspectos da criatividade e da finitude permitiram aos realizadores uma abordagem poética que frequentemente se avizinha da videoarte, campo de interesse do trio. Essa aproximação de formatos se tornou, mais tarde, constitutiva da carreira de Cao Guimarães.

Podemos citar outros exemplos do gênero "rede de pessoas" no período. *Carrego comigo* (2001), de Chico Teixeira, enfoca vários pares de gêmeos univitelinos e as peculiares relações entre eles. Em *O chamado de Deus* (2000), José Joffily investiga as motivações espirituais de seis noviços cristãos. *Língua: vidas em português* (2002), do moçambicano-brasileiro Victor Lopes, sai em busca de lusofalantes em seis países de quatro continentes. *Rio de fevereiro* (2003), de Paschoal Samora, reúne personagens exóticos do Carnaval carioca. *Morte densa* (2003), de Kiko Goifman e Jurandir Müller, coleta depoimentos de presidiários que mataram entes queridos. Já Henri Gervaiseau flagra paulistanos vivendo a difícil mobilidade urbana no longa *Em trânsito* (2005).

No polo oposto dessa estrutura coral, a carioca Sandra Kogut realizou em 2001 um filme seminal para o documentário em primeira pessoa no Brasil. Originária da videoarte dos anos 1980 e 1990, então morando na França, ela estreou no longa com *Um passaporte húngaro* (2001), no qual registra seu próprio périplo em busca da cidadania húngara, nacionalidade de seus avós. Às voltas com a burocracia consular e com as memórias de sua família de imigrantes, Sandra se beneficia da leveza e do intimismo possibilitado pelas novas câmeras digitais, bem como de uma nova disposição do público, brasileiro e internacional, para admitir questões pessoais do documentarista como assunto dos filmes.

Quase simultaneamente surgiram diversos vídeos de investigação familiar, modelo que o crítico Jean-Claude Bernardet chamou de "documentários de busca", nos quais a pesquisa era simultânea à filmagem. *Tempo sul* (Cezar Migliorin, 2001) mostra descobertas do diretor a respeito de seus familiares durante uma viagem à fronteira do Brasil com o Uruguai. *Notas do céu e do inferno* (2000), do consagrado experimentalista Arthur Omar, apresenta-se como um videodiário sobre a virada do milênio, a partir de uma cirurgia sofrida pelo diretor, o seu cotidiano doméstico e reflexões sobre a própria obra. Carlos Nader, em *Concepção* (2001), investiga semelhanças entre ele, sua mãe, sua mulher e seu filho bebê. Nessa época, o crítico, curador e gestor Marcelo Ikeda dava início, no Rio, a seus vídeos caseiros, lacônicos e pessoais, em que dialoga com as vanguardas internacionais. Seu primeiro longa, *Em casa*, só veio a ser feito em 2005. Cabe citar ainda a continuidade das videocartas do mineiro Éder Santos, que vinham sendo realizadas desde a década anterior, e o curta *O chapéu do meu avô* (Julia Zakia, 2004), que revisita em chave intimista o mote do clássico documentário *Chapeleiros* (Adrian Cooper, 1983).

Repercussão especial nesse segmento teve o longa *33*, de Kiko Goifman, lançado em 2003. Aos 33 anos, o diretor se concedia 33 dias para tentar localizar sua mãe biológica, que nunca conhecera. A busca foi documentada em estilo de filme *noir*, com entrevistas de parentes, parteiras e detetives, além de contribuições do público por meio da internet. Como em *Um passaporte húngaro*, também a investigação pessoal descortina uma série de temas ligados à formação familiar brasileira e à natureza dos documentários. Inquirições a respeito de genética e bioética, aliás, são frequentes na obra de Goifman, do vídeo *Clones, bárbaros e replicantes* (codireção de Caco Souza, 1994), *Morte densa, Território vermelho* (2004), *Filmefobia* (2008) e *Olhe para mim de novo* (codireção de Claudia Priscilla, 2011).

Um caso particular de documentário familiar foi *Rocha que voa* (Eryk Rocha, 2002), no qual o diretor Rocha abriu mão de explorar sua condição de filho de Glauber Rocha ao analisar as interações do pai com o cinema e os ideais revolucionários latino-americanos. O parentesco, não explicitado no filme, transparece apenas na inquietação do estilo e numa proposta estética que se poderia tomar como um glauberianismo atualizado para a era do vídeo digital. Revelação do documentário político-poético, Eryk Rocha voltou mais tarde à temática política em *Intervalo clandestino*, enquete popular realizada durante a campanha eleitoral de 2006, e *Pachamama* (2008), *road movie* sobre a permanência dos mitos e as novas configurações políticas no Brasil, Bolívia e Peru.

Seguindo por outra temática, o Festival de Brasília de 2001 dividiu o Candango de melhor filme entre a ficção *Lavoura arcaica* (Luiz Fernando Carvalho, 2001) e o documentário *Samba Riachão* (Jorge Alfredo, 2001). O perfil do malemolente sambista baiano, cujo nome dá título ao filme, conferia no evento um destaque ao cinema documental que, desde 1988, só tinha cabido a *Santo forte*, em 1999. Apesar da carreira modestíssima que teve depois nos cinemas, *Samba Riachão* estimulou o subgênero dos perfis de músicos populares. Em 2001, o samba foi tema de pelo menos três filmes dignos de nota. O média-metragem *Ensaio geral* (Arthur Fontes e Flávio Pinheiro, 2000), feito para a TV, mostra os preparativos da escola de samba Mocidade Independente de Padre Miguel para o desfile de 2000, sublinhando o caráter industrializado do Carnaval. O longa *Imperatriz do Carnaval* (Medeiros Schultz, 2001) aborda momento semelhante da Imperatriz Leopoldinense. Já o média *Samba*, de Theresa Jessouroun, faz um contraponto, mostrando a Mangueira fora do Carnaval, nas rodas de samba e no dia a dia do morro, quando o samba não é convertido em megaespetáculo para consumo globalizado. Vale citar aqui o vigoroso painel do trabalho da escola de samba Portela como flagrado no modelo do Cinema Direto por Nelson Hoineff em *82 minutos* (2015), centrado na preparação do desfile do Carnaval daquele ano.

Logo após a virada do milênio, a conexão entre documentários e música se fortalecia em várias frentes. Eventos musicais geravam – ou pelo menos planejavam gerar – DVDs documentais, fosse uma festa *hip hop,* fosse a gravação de um CD ou uma turnê de *shows.* Em 2002, Djavan encomendou um DVD que registrasse, entremeado a depoimentos seus, os *shows* de seu CD *Milagreiro* e uma viagem a Angola. No mesmo ano, Andrucha Waddington dirigiu o DVD *Longo caminho*, do grupo Paralamas do Sucesso, que continha ensaios e gravações de um novo CD. Waddington dirigiu quase simultaneamente *Viva São João!* (2002), painel sobre as festas juninas dominado pelo *business* musical e pela figura de Gilberto Gil, onipresente nos documentários da produtora Conspiração nessa época.

Gradativamente, os documentários começavam não só a disputar prestígio com os filmes de ficção mas também a diversificar as formas em que apareciam no circuito alternativo. Disponível *on-line* entre outubro e dezembro de 2001, a segunda edição do Brasil Digital – Festival de Cinema Brasileiro na Internet apresentava sete curtas documentais em competição. No mesmo ano, na televisão, os documentários de viagem de Luís Nachbin renovavam o gênero, trocando os clichês turísticos por uma abordagem das humanidades em cada lugar.

Para a faixa *Retratos Brasileiros,* do Canal Brasil, Joel Pizzini realizava perfis diferenciados com personalidade autoral: *Um homem só* (2000), sobre o ator Leonardo Villar; *O evangelho segundo Jece Valadão* (2001); *Paulo José: um autorretrato brasileiro* (2002); e *Elogio da luz* (2004), sobre Rogério Sganzerla, codirigido por Paloma Rocha. Um dos mais originais e talentosos documentaristas de sua geração, Pizzini fez o antológico curta *Glauces: estudo de um rosto* (2001), ensaio poético-experimental construído com imagens e sons de filmes da atriz Glauce Rocha. Com feições semelhantes, ele homenageou também a atriz Helena Ignez em *Helena zero* (Joel Pizzini, 2006). Ainda no capítulo dos perfis de artistas, cumpre mencionar o requintado *Onde a terra acaba* (Sérgio Machado, 2002), sobre Mário Peixoto, e a realização de *Limite* (Mário Peixoto, 1930-1931).

Já o ano de 2002 foi carimbado por dois impactos na área documental. Do ponto de vista temático, a tragédia urbana brasileira teve um de seus retratos mais agudos em *Ônibus 174* (José Padilha e Felipe Lacerda, 2002). A trajetória de Sandro do Nascimento, de criança favelada a sobrevivente do massacre da Candelária e, enfim, sequestrador de um ônibus (evento que terminou com a morte dele e de uma refém), chegou às telas como uma dolorosa radiografia da consciência social no país. O fraco desempenho nas bilheterias brasileiras (pouco mais de 30 mil ingressos) contrastou com um enorme sucesso crítico nacional e internacional. O filme colecionou prêmios em festivais e organismos de várias partes do mundo, chegando a aparecer na lista dos 12 semifinalistas concorrentes ao Oscar da categoria.

Contabilizando os lançamentos de documentários em salas exibidoras, de três filmes em 2000, o número saltou para 11 em 2002, muito embora só três deles tenham ultrapassado a marca de 30 mil espectadores. Isso não impediu o jornalista Amir Labaki, diretor do Festival É Tudo Verdade, de comemorar o sucesso relativo de alguns filmes e afirmar que "cai por terra, assim, o estigma do documentário como gênero impopular e elitista"[1]. Em março de 2002, Labaki dava início à publicação de uma coluna semanal sobre a cultura do documentário no jornal *Valor Econômico*.

No quesito bilheteria, o destaque foi *Surf adventures: o filme* (Arthur Fontes, 2001), que superou a barreira de 200 mil espectadores. Escorado em belas imagens e trilha sonora envolvente, teria uma continuação dirigida por Roberto Moura, *Surf adventures 2: a busca continua* (2008). Os filmes sobre esportes, aliás, foram os campeões de público entre os documentários do período. Segundo um estudo conduzido pela produtora Helena Sroulevich em 2010[2], dos 178 documentários lançados em circuito entre 1995 e 2009, apenas 6,6% se referiam prioritariamente a esportes, enquanto sua participação na renda correspondia a mais de 25%, seguidos dos filmes sobre música (21,7%) e documentários biográficos (17,5%).

Os documentários sobre futebol atraíram um público considerável aos cinemas, tiveram grande audiência na TV e foram sucesso em camelôs de DVDs ao longo da década. Clubes como Fluminense, Bahia, Internacional, Santos, São Paulo e Corinthians foram temas de filmes que, em grande parte devido à ênfase colocada nas respectivas torcidas, transformaram salas de projeção em eufóricos similares de estádios. Craques ganharam perfis documentais significativos, como Pelé com *Pelé eterno* (Aníbal Massaini Neto, 2003), Zico com *Zico* (Elizeu Ewald, 2002) e Ademir da Guia com *Um craque chamado Divino* (Penna Filho, 2005). O mitológico Fla × Flu teve um filme só para ele, *Fla × Flu, 40 minutos antes do nada* (2013), assim como uma célebre partida entre Grêmio e Náutico foi relembrada em *Inacreditável: a batalha dos aflitos* (Beto Souza, 2006).

Outras modalidades esportivas, inclusive as radicais, foram documentadas em quantidade tal que sugeriu a criação de vários festivais e mostras dedicados ao subgênero. O mais duradouro tem sido o Cinefoot – Festival de Cinema de Futebol, criado no Rio de Janeiro em 2010 e depois estendido a várias capitais brasileiras. A filmagem de esportes tem desafiado a capacidade técnica dos documentaristas brasileiros. Entre os resultados mais interessantes podemos citar o longa *Dalua Downhill* (Rodrigo Pesavento, 2012), derivado de uma *web serie* sobre a modalidade de skate ladeira abaixo, e *Extremo Sul* (Monica Schmiedt e Silvestre Campe, 2003-2004), relato de uma escalada frustrada ao monte Sarmiento, na Argentina. Os sucessos e fracassos das seleções brasileiras de voleibol foram abordados com emoção por Helena Sroulevich em *Ouro, suor e lágrimas* (2014).

As conexões entre esporte, história e política deram relevo especial a filmes como *1958: o ano em que o mundo descobriu o Brasil* (José Carlos Asbeg, 2007), análise dos efeitos da Copa de Mundo de 1958; *Democracia em preto e branco* (Pedro

Asbeg, 2014), sobre a chamada democracia corintiana e suas relações com a redemocratização do país e a explosão do *rock* brasileiro nos anos 1980; e *Geraldinos* (Pedro Asbeg e Renato Martins, 2015), manifesto contra a eliminação da "Geral", antigo setor popular do Maracanã.

Um dos realizadores veteranos que continuaram em plena atividade depois dos anos 2000, Vladimir Carvalho deu prosseguimento, com *Barra 68: sem perder a ternura* (2000), a uma trilogia de longas sobre as relações entre política e cultura em Brasília iniciada com *Conterrâneos velhos de guerra* (1990) e concluída com *Rock Brasília: era de ouro* (2011). Ao recuperar a história da invasão da UnB pelo exército em 1968, Carvalho retoma com grande destreza uma filmagem do acontecimento feita por Hermano Penna, ampliando assim seu já brilhante repertório de descobertas e usos criativos de material de arquivo. Fiel a sua escolha da não ficção e sempre oscilando entre Brasília e seu Nordeste natal, ele dirigiu também *O engenho de Zé Lins* (2006), perfil biográfico apaixonado do escritor paraibano José Lins do Rego, e ainda *Cícero Dias, o compadre de Picasso* (2016), sensível investigação sobre a vida do pintor brasileiro entre Pernambuco e Paris.

Revelação dessa época foi o jornalista Evaldo Mocarzel com sua trilogia de longas sobre pessoas à margem da sociedade organizada de São Paulo: moradores de rua em *À margem da imagem* (2003), participantes do movimento de ocupações de prédios em *À margem do concreto* (2005) e catadores de papel em *À margem do lixo* (2008). Nesses filmes, o diretor demonstra influências de Eduardo Coutinho e Jean Rouch, baseando-se na entrevista, expondo o aparato de filmagem e procurando engajar os personagens na discussão do próprio filme e da apropriação de sua imagem.

Sem dúvida o mais prolífico documentarista do período, Mocarzel consolida distintas fases em sua produção dos anos seguintes. Ainda no formato participativo, trabalhou temáticas variadas como o parto tradicional em *Mensageiras da luz: parteiras da Amazônia* (2004), famílias – como a dele – com portadores de Síndrome de Down no multipremiado *Do luto à luta* (2005) e jovens em situação de risco na periferia em *Jardim Ângela* (2007), entre outros assuntos. A partir de *Quebradeiras* (2010), média-metragem etnográfico sobre quebradeiras de coco de babaçu, ele foi abandonando gradativamente a entrevista, concentrando-se no modelo de observação e investindo mais no cuidado com as imagens. *Antártica* (2013) é um filme de expedição que reflete essas escolhas. Paralelamente, Mocarzel – que também é dramaturgo – manteve uma estreita colaboração com grupos de teatro e dança de São Paulo e Rio. Disso resultaram mais de vinte experiências de diálogo entre o processo criativo teatral e o vídeo digital, a exemplo de *BR-3* (2009), *Vila Verde* (2011), *Hysteria* (codireção de Ava Rocha, 2012), *Assombrações do Recife Velho* (2012), *São Paulo Companhia de Dança* (2012), *Dizer e não pedir segredo* (2012) e um projeto de perfil experimental da atriz Vera Holtz.

ANOS DOURADOS

Entre 2003 e 2008, o documentário brasileiro contemporâneo viveu sua melhor fase, com filmes diversificados e marcantes, maior domínio dos processos digitais na produção, surgimento de novas fontes de patrocínio, crescimento da circulação, valorização crítica sem precedentes e atenção redobrada por parte dos meios acadêmico e editorial. A narrativa documental ganhou a preferência dos estudantes de cinema e dos realizadores emergentes. Uma grande excitação tomou conta do setor, na medida em que o documentário se afinava cada vez mais com o cinema experimental e a videoarte. Festivais como É Tudo Verdade e Forum Doc BH registraram forte crescimento em volume de programação e de público. Já em 2003, Jean-Claude Bernardet tinha reeditado o seu fundamental livro *Cineastas e imagens do povo*.

O movimento rumo à relativização da autoria ganhava impulso significativo com o êxito de *O prisioneiro da grade de ferro* (Paulo Sacramento, 2003). A partir de uma oficina de vídeo com presidiários do Carandiru, o processo de realização se dividiu entre a equipe e os detentos. Nascia, assim, um registro íntimo e penetrante da vida na prisão, conduzido em parte pelos próprios personagens. O filme venceu o festival É Tudo Verdade e teve destaque nos festivais de Veneza, Montreal e Amsterdã (International Documentary Film Festival, o mais importante da modalidade).

Outro caso, este de grande visibilidade momentânea, foi *Falcão: meninos do tráfico* (MV Bill e Celso Athayde, 2006), produzido pela Central Única das Favelas com a pretensão de expor o assunto através de vozes locais. O que prevaleceu, porém, foi uma edição sensacionalista veiculada em programa dominical de TV.

Nesse processo de compartilhamento da autoria, vale mais destacar o trabalho de Vincent Carelli e seu projeto Vídeo nas Aldeias, que desde 1986 vem instrumentalizando povos indígenas para a expressão audiovisual. Já constituído como ONG, o projeto promove intercâmbio cultural entre aldeias, participa de ações reivindicatórias dos índios e forma cineastas indígenas. Seus filmes fazem sucesso e angariam simpatia em mostras e festivais no Brasil e no exterior. Como resultado desse processo e de seus desdobramentos, surgiram quatro longas-metragens de primeira linha, todos bastante premiados. O próprio Carelli assinou *Corumbiara* (2009), que recolhia ecos de um massacre de índios ocorrido 24 anos antes, e *Martírio* (2016), em codireção com Ernesto de Carvalho e Tatiane Almeida, crônica solidária da luta dos Guarani-Kaiowá pela retomada de suas terras. *As hiper mulheres* (Carlos Fausto, Leonardo Sette e Takumã Kuikuro, 2011) mesclou ficção e documentário em torno da preparação de um ritual feminino na tribo kuikuro. *O mestre e o divino* (Tiago Campos Torres, 2013) mapeou a longa relação entre o missionário alemão Adalbert Heide e o cineasta xavante Divino Tserewahú.

Os movimentos sociais contam nessa época com uma ferramenta solidária nos documentários. Exemplo disso é o longa *A voz da ponta: a favela vai ao Fórum Social Mundial* (Fernando Salis e Daniela Broitman, 2003), que acompanhou a viagem de 23 líderes comunitários do Rio de Janeiro ao evento em Porto Alegre. Daniela Broitman voltou ao tema com *Meu Brasil* (Daniela Broitman, 2005), enquanto Salis prosseguiu nessa linha com *Nós em rede* (Fernando Salis e Felipe Ribeiro, 2004), codirigido por Felipe Ribeiro, sobre o intercâmbio entre líderes comunitários brasileiros e ativistas do Harlem, de Nova York. Em todos esses casos, o tom assertivo e politicamente correto sobrepuja a complexidade das questões em jogo, o que não impediu que o subgênero prosperasse.

O documentário de observação ganhou várias contribuições de ponta em 2003 e 2004. João Moreira Salles, em *Nelson Freire* (2002), filma apresentações e momentos privados do maior pianista clássico brasileiro em diversas partes do mundo. O tímido Nelson Freire põe à prova o dispositivo de não interferência do Cinema Direto, o que acaba destacando tanto o seu recato pessoal quanto seu brilhantismo artístico. O contrário ocorre com Luiz Inácio Lula da Silva em *Entreatos* (2004), no qual Salles acompanha a campanha do político para o segundo turno das eleições presidenciais de 2002. Expansivo e carismático, Lula não se amolda ao formato da "mosca na parede" e frequentemente transforma sua participação em conversas e performances bem-humoradas. Inspirado no Cinema Direto americano, *Entreatos* concentra-se nos bastidores e lances privados da campanha, desprezando os eventos públicos. Mesmo assim, deixou registro privilegiado de um momento histórico no Brasil contemporâneo e algum material para futuras reflexões sobre o governo do Partido dos Trabalhadores.

Por sua vez, Maria Augusta Ramos captou, em *Justiça* (2004), audiências de processos criminais no Tribunal de Justiça do Rio de Janeiro e foi até as celas e as casas de alguns dos envolvidos. Sem que ninguém se dirija à realizadora ou à câmera, o filme põe a nu a dimensão teatral das audiências e a forma autoritária com que são tratados os réus pobres acusados de pequenos crimes. Posteriormente, Maria Augusta levou adiante essa abordagem, formando uma trilogia com *Juízo* (2007) e *Morro dos Prazeres* (2013).

Juízo se passa também no ambiente judicial, mas foca apenas audiências com meninos e meninas pobres acusados de roubo, tráfico ou homicídio. Disposta a contornar a proibição de filmar o rosto dos menores, a diretora utiliza um recurso ousado: monta os planos dos réus de costas e grava contracampos com dublês dizendo as falas dos personagens reais. Uma edição milimétrica de imagens e sons produz uma ilusão de continuidade plena. Já em *Morro dos Prazeres*, Maria Augusta flagra a nova realidade de uma favela ocupada por Unidade de Polícia Pacificadora, reunindo cenas de batidas, convivência entre policiais e moradores e conversas que expõem as contradições desse modelo de intervenção do Estado.

Ainda no campo do Cinema Direto, o artista visual Cao Guimarães ganhou as competições nacional e internacional do É Tudo Verdade de 2004 com o radical *A alma do osso* (2004). Nele, o diretor observa o dia a dia de um eremita residente numa caverna de Minas Gerais e obcecado por tarefas aparentemente sem sentido. Já *Estamira* (Marcos Prado, 2004), logra estabelecer um pacto de cumplicidade e, ao mesmo tempo, de não interação entre a câmera e uma catadora de lixo exuberante em sua imaginação contaminada pela esquizofrenia. O silêncio do eremita e a prolixidade de Estamira são duas faces de um mesmo tipo de personagem alheio ao mundo da normalidade e fascinante para documentários do gênero.

Cao Guimarães prosseguiu no veio observacional com *Andarilho* (2007), filme sobre as ideias, murmúrios e silêncios de homens que passam a vida deambulando pelas estradas de Minas. Mais uma vez em seu trabalho, a captação documental vai conviver com um desejo de *mise-en-scène* satisfeito nos enquadramentos estudados, na luz requintada e na ambientação sonora a cargo do duo mineiro de músicos experimentais O Grivo.

A contribuição e a inspiração de O Grivo, aliás, são fundamentais para o refinamento sonoro dos documentários brasileiros na década de 2000. É quando se estabelece na área a figura do desenhista de som, que pode ou não abranger as funções de captador, editor, mixador e autor da trilha musical. O som direto é retrabalhado para a criação de novos padrões sonoros, juntamente com os sons agregados durante a pós-produção. No processo, ruídos, falas e música tendem a se equiparar na criação de paisagens sonoras sofisticadas, que reivindicam o mesmo caráter artístico e experimental das imagens documentais. A voz tende a perder sua centralidade como material informativo em benefício de um amálgama de sons de naturezas diversas.

Além de uma parceria extensa e consistente com Cao Guimarães, O Grivo concebeu a banda sonora de diversos documentários mineiros marcados pela chama da invenção. Destacam-se aí *Aboio* (Marília Rocha, 2003); *A falta que me faz* (Marília Rocha, 2009); *A arquitetura do corpo* (Marcos Pimentel, 2008); a trilogia de curtas de observação de metrópoles *Pólis* (Marcos Pimentel, 2009), *Urbe* (Marcos Pimentel, 2009) e *Taba* (Marcos Pimentel, 2010); *Trecho* (Helvécio Marins Jr. e Clarissa Campolina, 2005); e *Girimunho* (Helvécio Marins Jr. e Clarissa Campolina, 2011).

A ênfase nas paisagens sonoras caracteriza ainda o trabalho de desenhistas de som como Aurélio Dias, especialmente em *Margem* (Maya Da-Rin, 2007), *Estrada Real da cachaça* (Pedro Urano, 2008) e *Pachamama*, e Ricardo Reis, em *500 almas* (Joel Pizzini, 2004). Evaldo Mocarzel desenvolveu uma parceria criativa com os músicos eruditos contemporâneos Thiago Cury e Marcus Siqueira. Em filmes como *À margem do lixo*, *Quebradeiras*, *Encontro das águas* (Evaldo Mocarzel e Bruno Torres, 2008) e *Antártica*, o diretor encomendou paisagens sonoras e experimentações musicais inspiradas pelo ambiente documentado.

O som é a partitura que rege *500 almas*, filme-ensaio etnopoético sobre os vestígios da cultura dos índios guató no Brasil central. Joel Pizzini conjuga a documentação de índios remanescentes com depoimentos de antropólogos e pesquisadores que descobriram a resistência de uma nação indígena julgada extinta. No filme, convivem os formatos da catalogação (de palavras, flora e paisagens), da entrevista, da representação ficcional e da cena teatral. Trata-se de um exemplo proeminente do impulso de invenção que animava o documentário brasileiro em meados da década de 2000. *Aboio*, vencedor nacional do É Tudo Verdade de 2005, também se vale das experimentações visual e sonora para sintonizar-se com os cantos dos boiadeiros.

Convém aqui ressaltar os primeiros rebentos particularmente expressivos de um projeto iniciado em 2003 por iniciativa do então secretário do audiovisual do Ministério da Cultura, o documentarista Orlando Senna. O DOCTV propunha-se constituir uma rede de formação, produção e circulação de documentários que contemplasse as diversas regiões do país. A estratégia era integrar a produção independente com as redes de TV pública, que entravam no projeto como coprodutoras minoritárias, em conjunto com recursos federais. A partir da segunda edição, em 2004-2005, a rede foi ampliada por carteiras estaduais, resultando na viabilização de 61 documentários de média metragem (52 minutos) nas duas temporadas.

Alguns títulos dessa produção inicial foram especialmente marcantes e tiveram influência decisiva nos respectivos cenários regionais. O mineiro *Acidente* (Cao Guimarães e Pablo Lobato, 2006) apresentou um perfil poético e minimalista de pequenas cidades do estado. Ajudou a consolidar certos tipos de experiência que caracterizam o documentário mineiro contemporâneo. Entre elas, a rarefação do aspecto narrativo em troca de uma lógica mais lírica; a atenção a uma fenomenologia do contato entre homens e natureza; a tematização de acontecimentos miúdos, corriqueiros ou levemente excêntricos; e, por fim, a convivência de estéticas do documentário, da videoarte e das texturas mais evocativas do Super-8.

O cearense *As vilas volantes: o verbo contra o vento* (Alexandre Veras, 2005) é um ensaio documental sobre os efeitos dos ventos e das marés nas vilas de pescadores do litoral norte do estado e a memória que delas conservam seus habitantes. As novidades formais, envolvendo a criação de imagens e sons, despertaram admiração e mereceram avaliações como esta do crítico Marcelo Ikeda:

> A ampla repercussão de *As vilas volantes*, considerado um protótipo de excelência do concurso DOCTV, mostrou para uma jovem geração de Fortaleza que o futuro estava ali, que era possível realizar uma obra de grande potencial estético através de um modo de produção particular, sem grandes equipamentos ou recursos, essencialmente guiado pela afetividade[3].

Das duas primeiras edições do DOCTV, vale ressaltar ainda o retrato de Brasília em *Vladimir Carvalho, conterrâneo velho de guerra* (Dácia Ibiapina. 2004); o documentário *Eretz Amazônia* (Alan, Rodrigues, 2004), sobre a migração de judeus africanos para o Norte do Brasil no século XIX; a discussão do preconceito racial a partir de uma tradicional partida de futebol em *Preto contra branco* (Wagner Morales, 2004); e o estudo do líder pescador Manuel Olímpio Meira, que inspirou Orson Welles em *It's all true*, realizado pelo cearense Firmino Holanda em *Cidadão Jacaré* (2005).

Nas edições subsequentes, confirmava-se a diversidade de propostas e cenários cobertos pelo projeto. Em 2007, o Ceará continuou na linha de frente com o ensaio urbano impressionista *Sábado à noite* (2006), de Ivo Lopes Araújo, fotógrafo que então se tornava o preferido do novo cinema de invenção brasileiro, e também com o *"road movie parado" Uma encruzilhada aprazível* (Ruy Vasconcelos de Carvalho, 2006), filmado num entroncamento rodoviário do sertão. No Alto Xingu, o cineasta indígena Aiuruá Meinako registrou a cultura de sua tribo em *Mapulawache: festa do pequi* (2007). Em Belém do Pará, Priscilla Brasil abordou a expectativa de reabertura de um garimpo em *Serra Pelada: esperança não é sonho* (2007). No Rio Grande do Norte, Paulo Roberto Laguardia homenageou a cineasta potiguar Jussara Queiroz em *O voo silenciado do jurucutu* (2007). No Rio Grande do Sul, Frank Coe e o animador Otto Guerra se juntaram para documentar as ideias e realizações do ecologista José Lutzenberger em *Lutzenberger: forever Gaia* (2006). Em São Paulo, Kiko Goifman experimentou acompanhar o trajeto de um *office boy* de casa ao trabalho em um único plano-sequência, em *Handerson e as horas* (2007).

A quarta edição do DOCTV, exibida em 2009, trouxe documentários como *Fora de campo* (Adirley Queirós, 2009), abordagem de jogadores de futebol que nunca saíram do anonimato, trabalho que revelou o nome do realizador brasiliense Adirley Queirós, nesse caso em codireção com Thiago Mendonça. Lançou também *Mudernage* (Marcela Borela, 2010), revisão histórica do modernismo goiano nas artes plásticas; *Depois rola o mocotó* (Debora Herszenhut e Jefferson Oliveira, 2009), com um efusivo tratamento do papel das lajes na dinâmica social das favelas e da periferia cariocas; e *O rei do carimã* (Tata Amaral, 2009), investigação sobre uma acusação de crime de estelionato que pesava contra o passado do seu pai.

Esses e vários outros documentários produzidos pelo DOCTV fizeram carreira fora das TVs, em mostras e festivais, sendo muitos deles premiados. Alguns deram origem a longas-metragens distribuídos em cinemas, como são os casos de *Morro do Céu* (Gustavo Spolidoro, 2009), cativante retrato de um jovem do interior do Rio Grande do Sul, *Avenida Brasília Formosa* (Gabriel Mascaro, 2009), passeio pela fronteira entre o documentário e a ficção na periferia de Recife, e o já mencionado *Acidente*. Todos foram lançados em DVD.

O modelo do DOCTV expandiu-se em 2007 para uma edição latino-americana, na qual foram produzidos 14 médias-metragens em 14 países. O representante brasileiro foi *Jesus no mundo maravilha* (Newton Cannito, 2007), controvertido perfil de três ex-policiais ambientado num parque de diversões. Em 2010, houve uma edição ibero-americana (curiosamente sem Portugal e Espanha) com outras 14 produções. Do Brasil saiu *Laura* (Fellipe Gamarano Barbosa, 2011), protagonizado por uma pitoresca imigrante brasileira que vivia como "penetra" em Nova York. Esse mesmo filme também rendeu um longa comercial, intitulado *O filme de Laura* (2011). Ainda em 2010 foram exibidos os nove documentários da edição DOCTV CPLP, produzidos em países lusófonos. O exemplar brasileiro desse lote foi *Exterior* (2010), de Matias Mariani e Maíra Bühler, coleta de experiências de estrangeiros detidos numa prisão de São Paulo. A interrupção do programa, a partir de 2012, deixou uma lacuna bastante sentida entre os documentaristas brasileiros.

Retomando nossa linha do tempo, voltamos a 2004, quando o Instituto Marlin Azul e o Ministério da Cultura criaram o projeto Revelando os Brasis para incentivar a formação e inclusão audiovisual de moradores de municípios com até 20 mil habitantes. Em cinco edições, o projeto ensejou a realização de 180 "histórias" de curta metragem, a maioria delas em registro documental.

O ano de 2004 pode ser considerado o ano do *boom* do documentário no Brasil. A abertura do mercado para o cinema não ficcional foi estimulada por grandes sucessos internacionais, como *Fahrenheit: 11 de setembro* (Michael Moore, 2004) e *Sob a névoa da guerra* (Errol Morris, 2003). Ao longo do ano foram lançados comercialmente 17 longas documentais brasileiros, equivalendo a um terço do total de estreias nacionais. Nas telas havia filmes de realizadores veteranos, novos e novatos. Eduardo Coutinho, por exemplo, trazia *Peões* (2004), resgate de memórias de ex-metalúrgicos que dividiram com Lula o movimento operário do ABC paulista na virada dos anos 1970-1980. O filme foi realizado para formar um díptico com *Entreatos*, conjugando passado e presente de um fenômeno político. Outro veterano, Silvio Tendler, apresentava *Glauber, o filme: labirinto do Brasil* (2003), biografia do cineasta baiano cujo eixo eram as filmagens do seu funeral, feitas por Tendler e até então inéditas. Nelson Pereira dos Santos lançava *Raízes do Brasil* (2003), seu primeiro documentário de longa duração, na verdade dois filmes sobre a vida pessoal e intelectual de Sérgio Buarque de Holanda.

Não faltaram polêmicas, como a que envolveu *A pessoa é para o que nasce* (Roberto Berliner, 2005). Exemplo de documentário de convivência, em que realizador e personagens passam longos períodos juntos e muitas vezes convivem dentro da cena, o filme de Berliner acompanhou – e mesmo precipitou – a descoberta pelo *show business* de três cantoras cegas provenientes das ruas da Paraíba. Surgiram acusações de exploração das condições especiais das três irmãs, por conta de cenas de nudez e pela revelação, diante da câmera, da paixão de uma delas pelo diretor. Cargas semelhantes pesaram contra *Estamira*, apontado por alguns como estetização da miséria e da loucura. Sobraram respingos do gênero até para o riso dos espectadores com as histórias e fobias contadas em *Edifício Master*. Independentemente de julgamentos e opiniões, o fato é que a ética e a estética do documentário geravam debates acalorados na imprensa, na academia e em mesas de bares.

O desempenho desses filmes nas bilheterias esteve longe de corresponder a sua participação no número de estreias, mas alguns trabalhos antenados com uma expressão contemporânea tiveram público razoável. São exemplos *Fala tu* (Guilherme Coelho, 2003), estrelado por três *rappers* da periferia do Rio de Janeiro, e *Fábio fabuloso* (Pedro César, Ricardo Bocão e Antônio Ricardo, 2004), original perfil de um surfista com sotaque dos cordéis nordestinos.

As locadoras e livrarias receberam como nunca títulos ligados ao documentário. Os DVDs de *Nelson Freire* e *Edifício Master* ratificaram a estrutura modular dos filmes fornecendo uma opção randômica, em que o disco aciona aleatoriamente a ordem dos módulos. Quatro livros sobre o assunto foram editados naquele ano: *Espelho partido: tradição e transformação do documentário*, de Silvio Da-Rin, a coletânea *Documentário no Brasil: tradição e transformação*, organizada por Francisco Elinaldo Teixeira, *O documentário de Eduardo Coutinho: televisão, cinema e vídeo*, de Consuelo Lins, e *Humberto Mauro e as imagens do Brasil*, de Sheila Schvarzman. Coutinho ganhou ainda, em Portugal, a edição de *Eduardo Coutinho: o homem que caiu na real*, de Carlos Alberto Mattos.

O mesmo ânimo se prolongou pelos cinco anos seguintes. Em 2005, um relativo sucesso de público reafirmou o apelo das biografias musicais. *Vinicius* (Miguel Faria Jr., 2005) foi visto por mais de 270 mil espectadores nos cinemas antes de se tornar um êxito no formato DVD. Dois anos antes, *Meu tempo é hoje: Paulinho da Viola* (Izabel Jaguaribe, 2002) tivera performance acima da média tanto no cinema quanto na comercialização de DVDs.

Esse subgênero seguiu frequentando as estatísticas de documentários mais vistos a cada temporada, cabendo citar entre os exemplos mais significativos: *Diário de Naná* (Paschoal Samora, 2005), com Naná Vasconcelos; *Cartola: música para os olhos* (Lírio Ferreira e Hilton Lacerda, 2006); *Fabricando Tom Zé* (Décio Matos Jr., 2006); *O homem que engarrafava nuvens* (Lírio Ferreira, 2008), sobre Humberto Teixeira; *Sistema de animação* (Guilherme Ledoux e Alan Langdon, 2008), com o baterista catarinense Lourival José Galiani; *Herbert de perto* (Roberto Berliner e Pedro Bronz, 2009), sobre Herbert Vianna e os Paralamas do Sucesso; *Simonal: ninguém sabe o duro que dei* (Claudio Manoel, Micael Langer e Calvito Leal, 2007); *Um homem de moral* (Ricardo Dias, 2009), sobre Paulo Vanzolini; *Waldick, sempre no meu coração* (Patrícia Pillar, 2009), com Waldick Soriano; *Titãs: a vida até parece uma festa* (Branco Mello e Oscar Rodrigues Alves, 2008); *Dzi Croquettes* (Raphael Alvarez e Tatiana Issa, 2009); *Filhos de João: mundo novo baiano* (Henrique Dantas, 2008), sobre Os Novos Baianos; *Marcelo Yuka: no caminho das setas* (Daniela Broitman, 2011);

Jorge Mautner: o filho do holocausto (Pedro Bial e Heitor d'Allincourt, 2012); *Raul, o início, o fim e o meio* (Walter Carvalho, 2011), sobre Raul Seixas; *Olho nu* (Joel Pizzini, 2012), com Ney Matogrosso; *Cauby: começaria tudo outra vez* (Nelson Hoineff, 2013); *Dominguinhos* (Mariana Aydar, 2012); *Yorimatã* (Rafael Saar, 2014), com a dupla Luhli e Lucina; *Cássia Eller* (Paulo Henrique Fontenelle, 2014) e *Zirig Dum Brasília, a arte e o sonho de Renato Matos* (André Luiz Oliveira, 2014). Em 2015, Miguel Faria Jr. repetiria o sucesso popular de *Vinicius* com o seu *Chico: artista brasileiro* (2013).

A simpatia exercida pela música popular e o carisma de seus personagens, aliados à curiosidade pela vida das celebridades, vêm alimentando esse interesse pelas biografias musicais. Os filmes se compõem geralmente de entrevistas, material biográfico de época e cenas de performance musical. Assim, é excepcional o caráter de *A música segundo Tom Jobim* (Nelson Pereira dos Santos e Dora Jobim, 2011), que não traz depoimentos nem informações sobre a vida do compositor, mas somente uma bem editada coletânea de clipes com interpretações de clássicos jobinianos por artistas de várias partes do mundo. O resultado emocionou plateias. Caminho peculiar tomou também Eryk Rocha no seu *Jards* (2012), que flagra Jards Macalé no ato de criar suas performances e oferece um contraponto audiovisual à inquietação do músico.

Esse subgênero inclui ainda filmes sobre eventos, movimentos e gêneros: *Coisa mais linda* (Paulo Thiago, 2005), que resenhou a bossa nova, enquanto *Tropicália* (Marcelo Machado, 2012) e *Futuro do pretérito: tropicalismo now* (Ninho Moraes e Francisco César Filho, 2012) abordaram respectivamente a história do movimento e suas repercussões mais atuais. *Uma noite em 67* (Renato Terra e Ricardo Calil, 2010) levantou as muitas histórias por trás da noite decisiva do III Festival da Música Popular Brasileira, realizada pela TV Record em 1967, época em que a MPB passava por uma profunda transformação.

Pertencem também a essa temática o já citado *Rock Brasília*; o mergulho no *funk* propiciado por *Sou feia, mas tô na moda* (Denise Garcia, 2005); o recorte do *hip hop* paulista em *Universo paralelo* (Cobra, Maurício Eça e Teresa Eça, 2000); o encontro de Marisa Monte com velhos sambistas cariocas em *O mistério do samba* (Lula Buarque de Hollanda e Carolina Jabor, 2008); o painel da música romântica brega criado em *Vou rifar meu coração* (Ana Rieper, 2011); e a viagem pela diversidade dos flautistas do Brasil encabeçada pelo músico Carlos Malta em *Xingu Cariri Caruaru Carioca* (Beth Formaggini, 2015).

Os documentários musicais ganharam um impulso adicional a partir de 2009, quando o Canal Brasil de TV por assinatura abriu uma carteira de produções e coproduções de longas-metragens para distribuição ampla. A iniciativa deveu-se à excelente repercussão de *Loki: Arnaldo Baptista* (Paulo Henrique Fontenelle, 2008), que reconta a trajetória criativa e atribulada daquele integrante do trio Os Mutantes. O canal descobria um potencial interessante em certos programas e investia na sua transformação em longas documentais. Desde então, tem participado na viabilização de vários filmes já citados aqui, além de outros sobre política, cinema e esportes. De 2011 a 2013, formou uma parceria com os governos estadual e municipal do Rio de Janeiro em edital para a produção de 14 documentários, entre eles os bem-sucedidos *Revelando Sebastião Salgado* (Betse de Paula, 2012) e *A farra do circo* (Roberto Berliner e Pedro Bronz, 2013), este sobre a história do Circo Voador.

As cinebiografias documentais alastraram-se para cobrir os mais diversos campos de atividades. Foram feitos filmes sobre empresários (*Eliezer Batista, engenheiro do Brasil*, Victor Lopes, 2009), economistas (*O longo amanhecer: cinebiografia de Celso Furtado*, José Mariani, 2004), sociólogos (*Betinho, a esperança equilibrista*, Victor Lopes, 2015), religiosos (*Dom Hélder Câmara, o santo rebelde*, Érika Bauer, 2004) e sertanistas (José Carlos Meirelles em *Paralelo 10*, Silvio Da-Rin, 2011). Examinaram-se as vidas de poetas em *Recife/Sevilha: João Cabral de Melo Neto* (Bebeto Abrantes, 2003); *Pan-cinema permanente* (Carlos Nader, 2007), sobre Waly Salomão; *Cacaso na corda bamba* (José Joaquim Sales, 2016) e *Manter a linha da cordilheira sem o desmaio da planície* (Walter Carvalho, 2016), sobre Armando Freitas Filho. Escritores como Ariano Suassuna e José Lins do Rego), além de pensadores como Gilberto Freyre e Sérgio Buarque de Holanda, ganharam suas biografias cinematográficas. Houve também interesse por arquitetos e urbanistas (Oscar Niemeyer, Lúcio Costa, Affonso Eduardo Reidy, Sérgio Bernardes, os irmãos Roberto), homens de teatro (Gianni Ratto), jornalistas (Paulo Francis), juristas (Sobral Pinto, Evandro Lins e Silva), capoeiristas (Mestre Bimba) e artistas plásticos (Margaret Mee, Francisco Brennand, Carlos Oswald, Cícero Dias). Como não poderia deixar de ser, também foram objeto de produções desse tipo inúmeros cineastas e até um homem de cinemateca como Cosme Alves Netto, em *Tudo por amor ao cinema* (Aurélio Michiles, 2014).

Silvio Tendler, um dos maiores especialistas em documentários biográficos, manteve atividade ininterrupta no período. Acometido por diversas enfermidades derivadas da diabetes, que limitaram seus movimentos, Tendler sustentou assim mesmo um cinema de resistência pessoal e política, transitando sem dificuldade do celuloide para o digital. Além do filme sobre Glauber Rocha, ele realizou *Marighella: retrato falado do guerrilheiro* (2001), *Oswaldo Cruz, o médico do Brasil* (2003) e *Tancredo: a travessia* (2010). Dirigiu *Encontro com Milton Santos ou O mundo global visto do lado de cá* (2007), no qual endossa as objeções do geógrafo e ao ideário da globalização. Assinou, ainda, *Memória do movimento estudantil* (2007) e *Utopia e barbárie: histórias de nossas vidas ou ter 18 anos em 68* (2009), ensaio semiautobiográfico sobre o pensamento de esquerda no mundo. Em 2014, apresentou duas revisões de aspectos negligenciados do período ditatorial: *Militares da democracia* (2014) recupera as memórias de militares que se opuseram ao regime instaurado pelo golpe de 1964, enquanto *Os advogados contra a ditadura* enfoca juristas que defenderam presos políticos e foram ativos na resistência.

Outro documentarista veterano e de grande empenho político, que também fez boa passagem para o digital, foi João Batista de Andrade. Com uma pequena câmera digital na mão, ele fez os documentários *O caso Mateucci* (2003), sobre o massacre nunca esclarecido de uma família em Goiânia nos anos 1950, *Vida de artista* (2004), perfil do santeiro popular José Inácio, e *Vlado: trinta anos depois* (2005), sua memória pessoal do amigo Vladimir Herzog, morto pelo regime militar.

O ano de 2005 foi marcado também pelo avanço da expressão documental no ambiente dos museus, como prova a exposição *Corpos virtuais*, realizada no Rio de Janeiro com curadoria de Ivana Bentes. Entre as obras expostas, encontrava-se a instalação *Dervix*, de Arthur Omar, que sugeria o ambiente de uma mesquita forrada com telões onde passavam cenas gravadas numa mesquita do Afeganistão. Fragmentos do já citado *Morte densa* eram exibidos em outra instalação sobre tela de parafina (material fúnebre). No sentido inverso, Kika Nicolela levava ao vídeo convencional uma instalação realizada em 2004 num hotel paulista, na qual travestis faziam confidências, sozinhos no quarto, para uma câmera afixada no teto sobre a cama. Antes de tudo isso, em 2002, Cao Guimarães já propunha a instalação *Rua de mão dupla*, em que pessoas desconhecidas entre si filmavam as casas umas das outras e formavam retratos imaginários recíprocos. Esse material foi editado também em formato de vídeo convencional.

Também em 2005 teve início o concorrido curso de pós-graduação em documentário coordenado por Eduardo Escorel na Fundação Getúlio Vargas, no Rio e em São Paulo. Escorel, célebre montador, manteve-se ativo na direção com uma tetralogia sobre as revoluções brasileiras do século XX e os longas *Vocação do poder* (codireção de José Joffily, 2005), *O tempo e o lugar* (2008) e *Paulo Moura: alma brasileira* (2012). Além disso, passou a assinar em 2009 um *blog* de crítica muito ativo na cobertura de documentários. Cabe assinalar que, em 2006, surgira o *DocBlog*, conduzido pelo crítico Carlos Alberto Mattos no portal *O Globo*, primeiro espaço regular dedicado exclusivamente ao cinema documental na internet brasileira.

Os anos de 2006 e 2007 registraram choques de eficiência e inovação na área. Não apenas todos os documentaristas brasileiros importantes estavam em ação como também outros cineastas mais ligados à produção de ficção, naquele momento, optavam pelo documentário. Sandra Werneck, por exemplo, examinava a gravidez precoce em *Meninas* (2005), enquanto Cacá Diegues codirigia com Rafael Dragaud um documentário sobre o grupo AfroReggae, *Nenhum motivo explica a guerra* (2006). O público infantojuvenil era almejado pelo curioso *O mundo em duas voltas* (David Schurmann, 2006), misto de documentário de aventura sobre uma família de velejadores e animação histórica a respeito de Fernão de Magalhães.

Ao mesmo tempo, quatro filmes praticamente inauguraram um filão de investigações sobre a época do regime militar e trouxeram à tona documentos e depoimentos inéditos em torno do tema. Em *Hércules 56* (2006), Silvio Da-Rin compila memórias e reflexões dos envolvidos com o sequestro do embaixador americano em 1969. *Condor* (Roberto Mader, 2007) reconta a Operação Condor, aliança entre ditaduras sul-americanas para combater as resistências nos respectivos países. Flávio Frederico evoca a guerrilha rural em *Caparaó* (2006). Beth Formaggini levou à tela histórias do grupo Tortura Nunca Mais em *Memória para uso diário* (2007). Tetê Moraes já havia recordado os tempos do jornal de resistência *O Sol*, em *O Sol: caminhando contra o vento* (2006).

O reexame dos anos de chumbo prosseguiu nos anos seguintes, com estratégias documentais distintas em filmes como *Cidadão Boilesen* (Chaim Litewski, 2009), sobre o empresário Henning Boilesen, que ajudou a financiar os mecanismos de tortura e repressão. Também em *Dossiê Jango* (Paulo Henrique Fontenelle, 2012), que aborda os anos de exílio do ex-presidente João Goulart e as circunstâncias de sua morte. Há ainda *Em busca de Iara* (Flávio Frederico, 2013), biografia da guerrilheira Iara Iavelberg, e *Serra Pelada, a lenda da montanha de ouro* (Victor Lopes, 2012), sobre a febre garimpeira e suas relações com o Estado ditatorial. *Retratos de identificação* (Anita Leandro, 2014) enfoca sobreviventes da resistência se confrontando com fotografias feitas pela polícia durante a prisão e tortura. *Eu me lembro* (Luiz Fernando Lobo, 2012) compõe um painel de reminiscências a respeito do período. Um antecedente digno de nota foi o curta mineiro *Clandestinos* (Patrícia Moran, 2001), experimentação com a estética do confinamento, desaparecimento, supressão da expressão e deslocamentos constantes, condições típicas dos ativistas na clandestinidade.

Alguns filmes sobre o tema partiram de motivações familiares, incorporando esse caráter em maior ou menor grau a suas formas de abordagem. Flávia Castro vasculhou a história de sua família – especialmente do seu pai, o ex-militante comunista Celso Afonso Gay de Castro – no penetrante e muito influente *Diário de uma busca* (2010). O biográfico *Marighella* (2011) foi dirigido pela sobrinha de Carlos Marighella, Isa Grinspum Ferraz. *O dia que durou 21 anos* (2012), sobre as intervenções do governo americano para derrubar o governo João Goulart, foi assinado por Camilo Tavares, filho do jornalista Flávio Tavares, militante da oposição aos militares. Duas ex-presas políticas também realizaram documentários sobre esse capítulo da história brasileira: Lúcia Murat incorpora performances do ator Caio Blat à evocação da trajetória do seu irmão em *Uma longa viagem* (2011), ao passo que Emilia Silveira reconta, em *Setenta* (2013), o exílio dos presos trocados pelo embaixador suíço em 1970. Resistência e tortura ocupam parte importante do documentário *Os dias com ele* (2013), em que Maria Clara Escobar tenta um acerto de contas com seu pai, o filósofo marxista Carlos Henrique Escobar.

Voltando a meados da década de 2000, o cinema dobrava-se sobre si mesmo para resgatar experiências de outras épocas ou empreitadas nunca concluídas. Vicente Ferraz encantava cinéfilos do mundo inteiro com *Soy Cuba: o mamute siberiano* (2004), um *making of* póstumo do clássico soviético *Soy Cuba* (Mikhail Kalatozov, 1964). Conceição Senna colhia os rastros do semidocumentário *Diamante bruto* (Orlando Senna, 1977) trinta anos depois, em *Brilhante* (2005). Carlos Nader reunia vasto material de arquivo sobre Waly Salomão em *Pan-cinema permanente* (2007), filme-tributo de alta voltagem afetiva e inventiva.

Mas nada abalou tanto o cenário do documentarismo brasileiro quanto três filmes dirigidos por mestres do ofício: *Santiago* (2006), de João Moreira Salles, *Jogo de cena* (2007), de Eduardo Coutinho, e *Serras da desordem* (2006), de Andrea Tonacci. Com eles encerrava-se, entre nós, uma era de relativa inocência quanto à captação da realidade, à construção da verdade através do filme documental e à separação entre documentário e ficção.

Em *Santiago*, Salles retoma o material bruto filmado 13 anos antes com o antigo mordomo de sua família. Ao expor cruamente o processo de fabricação das tomadas e os erros do diretor, o filme produz um exame de consciência não apenas em Salles, mas em qualquer documentarista como figura de poder e potencial agente de falsificação perante seus personagens. O filme venceu em 2007 o tradicional festival Cinéma du Réel, na França, e tornou-se um paradigma de documentário reflexivo e pessoal no Brasil. Por outro lado, parece ter intimidado o cineasta, que passou a dedicar-se ao jornalismo e só em 2013 iniciou novo projeto envolvendo imagens produzidas pelo cinema em maio de 1968.

Serras da desordem também saiu atrás de uma história do passado, a do índio Carapiru, que vagou durante dez anos pelo país após escapar de um massacre de sua tribo, em 1978. Tonacci refez parte do percurso com o próprio Carapiru, num misto de documentário histórico, reencenação e cinema-verdade, reencontrando personagens e deixando um rastro de considerações sobre o destino do índio na sociedade brasileira moderna. O filme foi, mais tarde, objeto de um livro organizado por Daniel Caetano[4].

Por fim, depois de recuar ao grau zero do seu modelo de documentário de encontro em *O fim e o princípio* (Eduardo Coutinho, 2005) – constituído por conversas com moradores de uma comunidade do interior da Paraíba escolhida ao acaso durante a viagem-filme –, Coutinho surpreendeu a todos com *Jogo de cena*. No palco de um teatro vazio, ele recebe mulheres desconhecidas para contar casos de suas vidas. Numa estrutura basicamente aleatória, o filme alterna esses relatos com outros de atrizes pouco ou muito conhecidas, embaralhando as autorias e confundindo histórias verídicas e representadas. O espectador tem sua crença posta à prova, ao mesmo tempo que verifica os limites da atuação dramática. No fundo, o realizador apenas radicaliza um procedimento comum em seus filmes anteriores, o de absorver o teor de performance e autofabulação contido nos chamados depoimentos reais. *Jogo de cena* inspirou algumas imitações malsucedidas, mas passou às antologias como um elogio da cabeça falante e do poder da narrativa verbal, independentemente do grau de veracidade e legitimidade envolvido.

Jogo de cena e *Serras da desordem*, somados a *Juízo* (Maria Augusta Ramos, 2007), são ápices de uma tendência manifesta no cinema brasileiro na fase pós-Retomada. Trata-se da interação, em vários níveis e formas, de documentário e ficção. A quebra de paradigmas veristas no cinema documental, de um lado, e a busca de uma legitimação realista nos filmes ficcionais, de outro, levaram à proliferação de linguagens híbridas em obras reconhecidas como pertencentes a qualquer um dos dois campos.

Os exemplos e variações são muitos. Certamente inspirado por *Jogo de cena*, João Jardim realizou *Amor?* (2010), no qual atores e atrizes decoram e interpretam depoimentos de pessoas que tinham vivido experiências afetivas turbulentas. O próprio Coutinho aventurou-se ainda mais em *Moscou* (2009), abstendo-se de seu papel de entrevistador. Em lugar disso, observa os ensaios de uma peça e os mescla com memórias e reflexões pessoais dos atores. O diálogo entre cinema e teatro, aliás, deu margem a muitas dessas experiências híbridas. Numa delas, *A falta que nos move* (2009), Christiane Jatahy incorpora o improviso e a realidade dos atores a uma encenação oriunda do teatro. Outro exemplo é *Esse amor que nos consome* (Allan Ribeiro e Douglas Soares, 2012), que borra as fronteiras entre os registros para revelar o cotidiano de uma companhia de dança do Rio de Janeiro.

Se a convivência de procedimentos documentais e ficcionais apenas justapostos era comum já em períodos anteriores, o que se destaca nesse período mais recente são as interações mais sofisticadas, que chegam a abalar a tradicional classificação de um filme como documentário ou ficção. É o caso de *Romance do vaqueiro voador* (Manfredo Caldas, 2006), que se coloca como filme-processo sobre os ecos da presença nordestina em Brasília. Ou de *Sagrado segredo* (André Luiz Oliveira, 2008), no qual combinam-se ficção autobiográfica com um documentário autorreflexivo sobre a filmagem de um espetáculo religioso em Planaltina-DF. No mesmo patamar se situa *Filmefobia* (Kiko Goifman), um filme de ficção sobre um documentário, calcado na experiência-limite de colocar pessoas reais e atores frente a frente com seus medos fóbicos. Ou ainda *O céu sobre os ombros* (Sérgio Borges, 2010), construído a partir de uma completa indiferenciação entre a vida real de seus personagens e os episódios dramatizados no filme. Também assim é *Castanha* (Davi Pretto, 2013), que opera na fronteira entre a criação ficcional e a realidade de seu protagonista, um ator transformista de Porto Alegre-RS. Um caso especialíssimo é o de *Viajo porque preciso, volto porque te amo* (Karim Aïnouz e Marcelo Gomes, 2009), em que as imagens gravadas cinco anos antes para um documentário são reordenadas segundo um roteiro ficcional conduzido por um narrador fora de quadro. Já Adirley Queirós, em *A cidade é uma só?* (2012) e *Branco sai, preto fica* (2014), despreza classificações e cria estruturas narrativas completamente híbridas para discutir discriminações e desigualdades na sociedade brasiliense.

Na outra face desse espelho, diversos filmes assumidamente ficcionais baseiam-se fortemente em pesquisas e tratamentos documentais para conferir uma espécie de voz legítima a seus personagens. *Cidade de Deus* (Fernando Meirelles e Kátia Lund, 2002) é o exemplo seminal do período, com sua experiência de incorporar profundamente a dicção da favela à *mise-en-scène*. Filmes como *Cidade de Deus*, *Antonia* (Tata Amaral, 2006) e *Linha de passe* (Walter Salles, 2008), que se caracterizam pela busca de atores mais ligados ao ambiente retratado, emprego de *coachs* e de preparadores de elenco para naturalizar encenação e diálogos, ausência de marcações rígidas para atores e câmera, abertura de espaços para improvisação, uso de equipamento leve e escolhas de montagem que preservam o naturalismo e a ideia de flagrante. Também nessa linha híbrida entre ficção e ar documental, *Girimunho* (Helvécio Marins Jr. e Clarissa Campolina, 2011) conta uma história à beira do sobrenatural ao mesmo tempo que adere firmemente à vida real e ao ambiente de suas protagonistas, velhas senhoras moradoras do sertão mineiro.

Como uma variante mais lúdica dessa indeterminação é possível citar os pseudodocumentários, ou *mockumentaries*, que tiveram grande parte de seus cultores notadamente no âmbito dos curtas-metragens. Exemplos relevantes são *Estertor* (Davi Moori, Diogo Dias de Andrade e Victor Reis, 2006), com seu retrato de casal narrado à moda de um documentário; o brilhante *Recife frio* (Kleber Mendonça Filho, 2009), comédia de ficção científica apresentada como reportagem de TV; a divertida paródia *cross-culture A verdadeira história da bailarina de vermelho* (Alessandra Colasanti e Samir Abujamra, 2010); e a animação *Dossiê Rê Bordosa* (César Cabral, 2008), perfil "documental" da personagem dos quadrinhos de Angeli. Já o instigante longa *O abraço corporativo* (Ricardo Kauffman, 2009) expõe a criação de um falso consultor para denunciar a fragilidade da cultura empresarial e dos métodos da imprensa.

Outra faceta desse rico diálogo foi o uso de documentários como preparação para longas ficcionais, casos em que a pesquisa sobre um tema é tratada de maneira a se tornar ela mesma um filme. Assim fizeram, entre outros, David França Mendes e Vicente Amorim em *2000 Nordestes* (2000), três anos antes do ficcional *O caminho das nuvens* (Vicente Amorim, 2003), e Toni Venturi e Renato Tapajós em *No olho do furacão* (2003), cerca de um ano antes de Venturi abordar ficcionalmente a guerrilha em *Cabra-cega* (2005).

Além disso, é bastante notória a importância do já mencionado *Notícias de uma guerra particular* para o modelo de abordagem da violência urbana que floresceu em *Cidade de Deus* e *Tropa de elite* (José Padilha). O policial Rodrigo Pimentel, personagem daquele documentário de João Moreira Salles e produtor associado de *Ônibus 174*, veio a inspirar o capitão Nascimento, protagonista de *Tropa de elite* e *Tropa de elite 2* (José Padilha, 2010).

Reflexo das tendências da produção, o Festival de Brasília de 2008 foi amplamente dominado por documentários e filmes híbridos. Vencido por *Filmefobia*, o certame contou também com *Siri-Ará: cinema figural brasileiro* (Rosemberg Cariry, 2008), que coloca atores no encalço de memórias da colonização do Ceará, e *Tudo isto me parece um sonho* (Geraldo Sarno, 2008), documentário-processo sobre um general brasileiro que lutou no exército de Simón Bolívar. Em aspecto semelhante, conjugando documentário e ficção, o experiente Sarno focalizou, em *O último romance de Balzac* (2010), o caso de um médium brasileiro que supostamente psicografou uma obra de Honoré de Balzac.

Em 2008, o Festival do Rio apresentou um número recorde de documentários, cerca de cem longas-metragens, e o Festival Internacional do Filme Etnográfico exibiu no Rio os primeiros filmes patrocinados pelo edital Etnodoc, do Iphan (Instituto do Patrimônio Histórico e Artístico Nacional). Em suas três edições, o Etnodoc viabilizou a realização de 46 médias-metragens, nos quais novos e veteranos documentaristas exercitaram o olhar sobre o patrimônio imaterial do país. Também no Rio, o documentarista Victor Lopes organizou um importante seminário intitulado Visões do Documentário Brasileiro, e um grupo de críticos debateu o momento no ciclo "Eu é um outro: o autor e o objeto no documentário brasileiro contemporâneo".

Na mesma época, o mercado editorial lançou diversos livros sobre o assunto, entre os quais o abrangente e aprofundado *Mas afinal... o que é mesmo documentário?*, de Fernão Pessoa Ramos, e *Filmar o real*, de Consuelo Lins e Cláudia Mesquita, pequeno panorama da cena documental brasileira contemporânea. Cumpre mencionar ainda a publicação dos livros *Introdução ao documentário brasileiro*, de Amir Labaki em 2006, *O documentário nordestino*, de Karla Holanda em 2009, e a coletânea *Ensaios no real*, organizada por Cezar Migliorin em 2010, assim como diversos livros sobre técnicas do cinema documental.

A temporada de 2008 trouxe ainda o impacto de um filme extraordinário de Luciana Burlamaqui, *Entre a luz e a sombra* (2007). Durante sete anos, a documentarista acompanhou as interações entre uma dupla de *rappers* presidiários, Dexter e Afro X, e a atriz Sophia Bisilliat, que mantinha um tumultuado romance com Dexter. Gravado no calor dos acontecimentos, o filme constitui um espantoso testemunho da crise social brasileira, junto a uma complexa reflexão sobre a consciência da classe média diante do mundo do crime.

Ainda entre as realizadoras, Marília Rocha pavimentava seu caminho com rara sensibilidade, fosse na documentação delicada dos tangedores de gado sertanejo em *Aboio* (2005), fosse na tessitura de memórias pessoais e históricas de um casal em *Acácio* (2008), ou ainda na captura de sonhos e impressões românticas de meninas do interior de Minas Gerais em *A falta que me faz* (2009). Também no âmbito da produtora Teia, em Belo Horizonte, Clarissa Campolina desenvolvia uma filmografia mais experimental, que transitava entre as telas convencionais e as videoinstalações. Entre seus trabalhos, destacam-se o mapeamento aleatório de Belo Horizonte em *Notas flanantes* (2009) e suas já citadas parcerias com Helvécio Marins Jr. em *Trecho* e *Girimunho*.

Como prova de diversidade, vale citar também *Iluminados* (Cristina Leal, 2007), que examina o trabalho de seis grandes diretores de fotografia brasileiros colocados em ação especialmente para o filme. E ainda *Personal Che* (Douglas Duarte e Adriana Marino, 2007), coprodução brasileiro-colombiana sobre as disparatadas apropriações da imagem de Che Guevara em diversas partes do mundo.

O período aqui classificado como "anos dourados" concluiu-se em 2009, quando a proporção de documentários no total de lançamentos nacionais chegou a 46% ou, mais especificamente, 39 documentários dentre 84 lançamentos, a maior desde a retomada[5]. As estreias daquele ano reuniram títulos de relativo apelo popular, como *Alô, alô, Terezinha!* (Nelson Hoineff, 2008), sobre Chacrinha, e os já citados *Simonal: ninguém sabe o duro que dei* e *Surf adventures 2*. Mas também houve filmes de recuperação lírica do passado do cinema brasileiro, de que são exemplos o sofisticado ensaio *Diário de Sintra* e *Anabazys: anatomia do sonho* (Joel Pizzini e Paloma Rocha, 2007), ambos sobre o planeta Glauber Rocha.

Mas, se o ano de 2009 plantou alguma semente para o futuro do documentário brasileiro, esta foi a aparição em maior escala de uma nova geração de realizadores pernambucanos dispostos a avançar nas representações da classe média, de suas paranoias e fantasias. Gabriel Mascaro apresentava o seu *Um lugar ao sol* (2009), que mediante entrevistas aparentemente desinteressadas colhe impressões de medo, arrogância social e autossatisfação de moradores de coberturas em grandes cidades brasileiras. Três anos depois, Mascaro veio a orientar jovens de classe média para filmarem suas empregadas, o que resultou em *Doméstica* (2012). E, no curta *As aventuras de Paulo Bruscky* (2010), ele constrói um retrato de artista dentro do universo virtual do My Space.

O uso de dispositivos ambiciosos e arriscados caracteriza o trabalho de documentaristas como Mascaro e Marcelo Pedroso. Juntos, eles já haviam reconstruído o trajeto de um certo fusca, passando por seus vários proprietários entre 1965 e 2007 no filme *KFZ 1348* (2008), que faz um corte transversal nas classes sociais de Recife.

Em seguida, Marcelo Pedroso apresentou *Pacific* (2009), que reúne gravações pessoais de turistas em cruzeiros para Fernando de Noronha-PE. Trata-se de um agitado e ruidoso autorretrato da classe média em busca do paraíso, sem qualquer intervenção do cineasta que vá além da seleção e da edição. Também em seu curta *Aeroporto* (2010), um modo semelhante de criação opera com fotografias e relatos de turistas em várias partes do mundo. O dispositivo ainda foi radicalizado em outro curta, *Câmara escura* (2012), no qual o diretor simplesmente deixa caixas misteriosas contendo minúsculas câmeras ligadas na porta de casas da elite recifense e retorna mais tarde para recolher as impressões gravadas enquanto as caixas eram recolhidas e inspecionadas.

Os filmes documentais de Mascaro e Pedroso juntam-se a obras ficcionais deles e de outros realizadores pernambucanos para formar a estimulante retomada de um cinema antropológico em diálogo com as tradições colonialistas e coronelistas da região. Próximos dessa temática estiveram os expressivos *Negros* (2008), média-metragem da baiana Mônica Simões, e *Babás* (2010), curta-metragem de Consuelo Lins, duas investigações da imagem e do lugar dos negros na tradição brasileira, feitas a partir de materiais de arquivo.

Visão mais holística e espetacular do país foi a transmitida por Sergio Bernardes em *Tamboro* (1996-2007), superclipe sobre diversas regiões do país com ênfase no maravilhoso e no pitoresco. Florestas, cidades, índios, repentistas, folguedos, onças, famílias sertanejas posando para a câmera, igrejas se abrindo em cascata, cataratas, rodas de samba, *hip hop*... O filme retrata um país em movimento e incorpora toques de crítica ao desmatamento e às diferenças sociais. Realizado a partir da formação de um banco de imagens, *Tamboro* foi finalizado em 2007, premiado em 2009, mas até 2015 não havia sido comercializado por impedimentos burocráticos na obtenção do Certificado de Produto Brasileiro.

ESTABILIZAÇÃO E REPOLITIZAÇÃO

O volume crescente de documentários lançados em cinemas, conjugado à baixa afluência de público, chegou a suscitar críticas quanto à adequação desse tipo de exibição para filmes que mais caberiam às telas de TV. As emissoras de televisão, contudo, à exceção dos canais públicos e do Canal Brasil, não se interessavam pelos documentários brasileiros mais do que algumas cadeias de cinema. Além disso, é preciso considerar que o cinema brasileiro como um todo vivia, na segunda metade da década de 2000, um período de muita produção e pouca visibilidade. Filmes de ficção estreavam apenas para saírem de cartaz na semana seguinte ou ficavam restritos a uma ou duas exibições diárias, em rodízio com outros lançamentos. Nesse contexto, os documentários estavam chegando às salas em igualdade de condições. De custo mais baixo, sem depender de grandes estratégias promocionais, se não geravam lucro, tampouco oneravam significativamente o distribuidor e o exibidor, além de conferirem certo prestígio ao circuito.

Estabilizava-se assim uma oferta modesta, mas permanente, sempre que possível valorizada por debates e interações entre o circuito comercial e as formas alternativas de exibição (festivais, mostras, cineclubes, internet etc.). Ficava garantida uma vitrine mínima para filmes de exceção como *Santos Dumont: pré-cineasta?* (Carlos Adriano, 2010) e *Terra deu, terra come* (Rodrigo Siqueira, 2010). O primeiro foi o outro média de Carlos Adriano, cujos curtas e médias já frequentavam antologias de ensaios documentais afeitos à experimentação e à arqueologia cinematográfica. O interesse de Adriano pelo pré-cinema, pelos filmes inacabados e pelos materiais da memória cultural já havia sido demonstrado em títulos como *Remanescências* (1997), *Militância* (2002), *Porviroscópio* (2006) e *Das ruínas a rexistência* (2007). No filme, ele desenvolveu uma investigação poética sobre os primórdios do cinema e da aviação a partir da descoberta de um pequeno filme de mutoscópio protagonizado por Santos Dumont. Nos anos seguintes, Adriano prosseguiria na mesma linha de pesquisa com três curtas enfeixados na série "Apontamentos para uma AutoCineBiografia (em Regresso)".

Já em *Terra deu, terra come*, vencedor da competição nacional do É Tudo Verdade, do Forum Doc BH e de um prêmio no prestigiado Festival de Leipzig, o diretor Rodrigo Siqueira formou parceria com um velho quilombola para narrar as pompas fúnebres de um misterioso personagem. A forma sutil e enredante com que passa do registro documental para a criação ficcional, sem perder o contato com a tradição que retrata, fez do filme uma relativa novidade nos procedimentos narrativos do cinema etnográfico nacional. Rodrigo Siqueira voltaria a experimentar com as fronteiras entre documento e invenção em *Orestes* (2015). Esse filme articula diversos níveis de enunciação: há discussões sobre tortura e revanche, além de um psicodrama entre personagens ligados à luta armada nos anos 1970 e à justiça criminal contemporânea. Soma-se ainda o julgamento ficcional de um personagem que teria assassinado o pai responsável pela morte da mãe. A conexão da tragédia *Oréstia*, de Ésquilo com o episódio do Cabo Anselmo ocasionou uma reflexão profunda e complexa sobre os ecos atuais da ditadura militar e a questão da pena de morte.

De outra parte, Sylvio Back também lançou mão de recursos heterodoxos em seu *O Contestado: restos mortais* (2008-2010). Em meio aos depoimentos de historiadores e descendentes de testemunhas dos conflitos, entrevista espíritos da guerra encarnados em médiuns alegadamente em transe. Back já havia usado esse expediente no média *O autorretrato de Bakun* (1984). *O Contestado* foi o retorno do grande documentarista a um tema que lhe é caro, a história do Sul do país, e ao exercício de um cinema provocativo e questionador das verdades oficiais. Depois desse primeiro documentário desde 1998, Back fez um perfil político-literário de Graciliano Ramos em *O universo Graciliano* (2013).

Outro realizador veterano que reapareceu com um trabalho vigoroso foi Arthur Omar e seu *Os cavalos de Goethe/Alquimia da velocidade* (2011), uma experimentação em câmera lentíssima com cenas gravadas numa competição hípica no Afeganistão. Os movimentos dos cavaleiros e da assistência, submetidos a um arsenal de microfusões, efeitos de *morphing* e reenquadramentos, provocam uma percepção inusitada das imagens, enquanto a trilha sonora, ora épica, ora agônica, tantaliza o espectador.

Também no final da década, duas coproduções levaram o nome do Brasil às telas internacionais. *Lixo extraordinário* (Lucy Walker, codireção de João Jardim e Karen Harley, 2009) ganhou muitos prêmios e uma indicação ao Oscar, mostrando o trabalho do artista plástico Vik Muniz numa comunidade carente do Rio de Janeiro. E a crítica aos antropólogos feita por José Padilha em *Segredos da tribo* (2010) causou polêmica por onde passou.

São poucos os documentaristas brasileiros envolvidos em produções internacionais ou mesmo com temas alheios à América Latina. Entre eles, podemos citar Iara Lee, autora de vários documentários de ativismo pelo mundo, entre os quais *Culturas de resistência* (*Cultures of Resistance*, 2010). Também Leonardo Dourado, autor de *Por um punhado de dólares: os novos emigrados* (2014), sobre o impacto das remessas de imigrantes na economia de diversos países pobres, e Petra Costa, parceira da dinamarquesa Lea Glob na direção de *Olmo e a Gaivota* (2015), curioso ensaio de autorrepresentação de um casal de atores durante o período de uma gravidez. E ainda Karim Aïnouz, que assinou o episódio sobre o Centro Georges Pompidou na minissérie para TV *Catedrais da cultura* (2013), e Walter Salles, que realizou nos EUA um documentário preparatório nunca lançado antes de dirigir *Na estrada* (*On the Road*, 2012) e estreou em 2014 *Jia Zhang-Ke, um homem de Fenyang* (2014). Um caso peculiar é o de Juliano Ribeiro Salgado, que assinou com Wim Wenders *O sal da terra* (2014), documentário sobre seu pai, o fotógrafo Sebastião Salgado.

Os destaques da temporada de 2011 incluíram *As canções* (2011), em que Eduardo Coutinho recolhe de pessoas comuns memórias afetivas despertadas por canções populares de sua estima; *Os últimos cangaceiros* (Wolney Oliveira, 2011), contagiante reencontro com um casal remanescente do bando de Lampião; o inovador *Estradeiros* (Renata Pinheiro e e Sérgio Oliveira, 2011), que assimila em sua linguagem o estilo de vida de mochileiros, pós-*hippies* e andarilhos de várias estirpes; *Vocacional, uma aventura humana* (Toni Venturi, 2011), um comovente resgate da história de um colégio progressista em São Paulo; *As batidas do samba* (Bebeto Abrantes, 2010) e *Coração do samba* (Theresa Jessouroun, 2011), dois exames em profundidade dos ritmos nesse gênero musical; e os já citados *As hiper mulheres* e *Marighella*. Vale ainda lembrar o aparecimento de *Aterro do Flamengo* (Alessandra Bergamaschi, 2010), que explora até a radicalidade o plano fixo e o distanciamento ao acompanhar, de uma janela afastada, as reações dos transeuntes diante do cadáver de um homem em um local de recreação.

Nesse panorama, salta aos olhos a atividade de um produtor de pequeno porte e grande dinamismo, o carioca Cavi Borges. Associando-se a outros pequenos produtores, grupos culturais, realizadores de comunidades carentes, jovens criativos e veteranos à margem do *mainstream*, Borges viabilizou, entre filmes de vários gêneros, uma gama de documentários de fundo social, etnográfico e de entretenimento. Destacam-se os longas *Pretérito perfeito* (Gustavo Pizzi, 2006), evocação de um antigo prostíbulo do Rio de Janeiro; *L.A.P.A.* (Cavi Borges e Emílio Domingos, 2007), que enfoca a cena cultural do bairro carioca da Lapa; *Copa Vidigal* (Luciano Vidigal, 2010), sobre um campeonato de futebol em uma favela assolada pelo tráfico de drogas; *Cidade de Deus: dez anos depois* (Cavi Borges e Luciano Vidigal, 2012); e *Casa 9* (Luiz Carlos Lacerda, 2011), coleta de lembranças de um endereço mítico da contracultura carioca dos anos 1970. Lacerda, por sinal, manteve nessa década uma intensa produção de vídeos documentais para a televisão sobre distintos artistas.

A diversidade de temas e alternativas de produção, bem como a profusão de dispositivos e modelos narrativos se estenderam pelos anos mais recentes. O cenário foi reaquecido em 2012 com a lei nº 12.485[6], que obriga os chamados "canais de espaço qualificado" a dedicarem 3,5 horas semanais de seu horário nobre à veiculação de conteúdos audiovisuais brasileiros, devendo pelo menos metade ser produzida por empresa brasileira independente. A medida revigorou a demanda por documentários, telesséries e longas de ficção para a TV a cabo. Essa lei veio se juntar às ações do Fundo Setorial do Audiovisual, criado em 2006 pelo Ministério da Cultura e a Ancine, como os principais estímulos regulares à produção audiovisual independente.

As telesséries documentais conheceram então um período de florescimento, sobretudo na TV pública. Exemplos disso são as séries *Todos os brasileiros do mundo*, de Fabiano Maciel, sobre a vida de imigrantes brasileiros em diversos países; *BR-14, a rota dos imigrantes*, de Miguel Varca e Rafa Calil, que mostra a vida no Brasil de pessoas emigradas dos 32 países que disputaram a Copa do Mundo de 2014; e *Os advogados contra a ditadura*, de Silvio Tendler. Todas foram ao ar no ano de 2014.

Nessa década, os documentários de cunho pessoal ou familiar continuaram a responder por uma das parcelas mais criativas e de maior repercussão. Além do já citado *Diário de uma busca* e outras produções em torno de reminiscências da época da ditadura, cabe ressaltar a importância de *Elena* (Petra Costa, 2012). Num filme evocativo sobre a irmã que se suicidou jovem, Petra Costa conjuga *performances*, efeitos óticos e digitais, junto a ingredientes do documentarismo tradicional numa maneira sofisticada de lidar com a poética da perda e da memória. Embora ocasionalmente criticado pelos efeitos estetizantes, o filme criou uma referência importante e recebeu prêmios nacionais e internacionais.

Ainda nesse capítulo dos filmes familiares, destacaram-se três outros títulos: o delicado *Morada* (Joana Oliveira, 2010), registro dos três últimos anos em que a avó da diretora habitou um sobrado ameaçado de demolição; o encantatório *Otto* (Cao Guimarães, 2012), filme doméstico "de artista" sobre a gravidez da mulher do realizador; e o dolorido *Mataram meu irmão* (Cristiano Burlan, 2013), outro vencedor da competição brasileira do É Tudo Verdade, em que Burlan investiga os ecos da morte do seu irmão Rafael numa disputa em torno de um veículo roubado. O caso de *Tim Lopes, histórias de Arcanjo* (Guilherme Azevedo, 2013), laureado no Festival do Rio, faz um contraponto a esse modelo, uma vez que o fato de ter sido roteirizado pelo filho do personagem, Bruno Quintella, não chega a fornecer uma mirada distintiva. Aliás, não são poucos os exemplos dessa insuficiência em documentários pretensamente pessoais.

Uma interação bastante íntima entre diretores e personagens, até mesmo diante da câmera, foi a marca de *Homem comum* (Carlos Nader, 2014), e *Uma passagem para Mário* (Eric Laurence, 2014). No primeiro, Nader recupera encontros que vinha mantendo havia quase vinte anos com um caminhoneiro, personagem do seu curta *Fim da viagem* (Carlos Nader, 1996), e a família dele. Essa camada documental convive com cenas do clássico *A palavra* (*Ordet*, Carl T. Dreyer, 1955), de Carl T. Dreyer, e de uma versão alternativa desse filme, rodada por Nader na Inglaterra em preto e branco e em inglês. Requintado e surpreendente, *Homem comum* se apresenta como uma reflexão ensaística sobre certas propriedades do cinema: voltar no tempo, fazer ressurgirem os mortos, reunir o prosaico e o sublime. Não menos transcendental, o pernambucano *Uma passagem para Mário* trata da almejada viagem de um mergulhador em tratamento quimioterápico ao deserto de Atacama, no Chile, e ao Salar de Uyuni, na Bolívia. Eric Laurence realizou esse sonho do amigo usando o cinema como um testemunho afetivo e um instrumento de ressurreição poética. Seu filme representa uma importante contribuição documental ao tema da celebração da amizade, muito caro a jovens cineastas em ação nessa época, especialmente no Nordeste.

Com a premiação em 2015 do seu *A paixão de JL* (2014), minuciosa costura de diários orais e obras plásticas do artista José Leonilson (1957-1993), Carlos Nader venceu pela terceira vez o É Tudo Verdade (depois de *Pan-cinema permanente* e *Homem comum*) e consagrou um estilo ao mesmo tempo audaz e delicado.

Um caso curioso de interação entre diretor e personagem aparece em *Um filme para Dirceu* (Ana Johann, 2012). O jovem sanfoneiro paranaense Dirceu Cieslinski convidou a cineasta Ana Johann para fazer um filme de ficção inspirado em sua vida. O documentário acompanha esse projeto não realizado enquanto inteligentemente se realiza a si próprio como retrato de um *self-made man* sertanejo.

Fenômeno característico do biênio 2013-2014 foi uma certa repolitização do documentário brasileiro, em detrimento do modelo antropológico e humanista epitomizado por Eduardo Coutinho. É preciso, no entanto, não menosprezar o teor político de tantos filmes históricos, de temática social e socioambiental e mesmo daqueles voltados para artes como a música. Da mesma forma, o cinema evidentemente político nunca esteve totalmente ausente no período, se pensarmos em *O sonho de Rose – 10 anos depois* (Tetê Moraes, 2000)[7], em *Dia de festa* (Toni Venturi, 2006) e no já mencionado *À margem do concreto*, apenas para citar alguns. Mas fez-se inegável o surgimento de uma leva de documentários altamente críticos e propositivos sobre a realidade política imediata a partir das manifestações de junho de 2013 e dos debates acalorados que a campanha eleitoral de 2014 suscitou.

Os controvertidos protestos de 2013 e o material captado pelo midiativismo nas ruas geraram diretamente os documentários *Rio em chamas* (2014)[8], realização coletiva carioca que procurava interpretar os fatos de maneira engajada; *Vinte centavos* (Tiago Tambelli, 2014), cuja proposta é reunir registros sem interpretá-los; *Sem partido* (Verso de Pé Quebrado, 2014), produzido por um coletivo cearense com o intuito de discutir a representação política institucionalizada pelos partidos; *É tudo mentira* (¡No Pasarán!, 2014), que enfoca a guerra midiática em torno dos protestos com uma visão assumidamente anarquista; e *Vozerio* (Vladimir Seixas, 2015), painel de vozes rebeladas contra o sistema financeiro, a democracia representativa, o estado policial e a lógica burguesa. Por sua vez, *Junho: o mês que abalou o Brasil* (João Wainer, 2014), produzido por um grande jornal paulista, busca uma cobertura jornalística dos eventos. *Ressurgentes: um filme de ação direta* (Dácia Ibiapina, 2014) faz a crônica do pensamento político e das ações de um grupo de militantes autônomos do Distrito Federal entre os anos de 2005 e 2013. Por fim, ao registrarem a visita ao Brasil, em 2013, da blogueira cubana Yoani Sánchez, que faz oposição ao regime castrista, Peppe Siffredi e Raphael Bottino acabam captando uma marcante fissura ideológica brasileira em *A viagem de Yoani* (2014).

O processo político iniciado com as manifestações de 2013 provocou uma desestabilização do governo que culminou com o golpe parlamentar-jurídico-midiático que derrubou a presidente Dilma Rousseff em 2016. As batalhas nas diversas frentes foram intensamente documentadas no Congresso Nacional e nas ruas do país em pelo menos sete filmes, dirigidos pelas realizadoras Petra Costa, Anna Muylaert, Júlia Murat, Maria Augusta Ramos e Paula Fabiana, além do diretor Douglas Duarte. O comportamento do Congresso também foi observado através das relações do deputado progressista Jean Wyllys com seus colegas conservadores em *Entre os homens de bem* (Caio Cavechini e Carlos Juliano Barros, 2016). Por sua vez, a afluência da cultura do ódio no país foi ilustrada pelo documentário paulista *Intolerância.doc* (Susanna Lira, 2016).

Mais do que nos cinemas, o novo documentário político circula massivamente na internet, assim como é produzido à margem dos sistemas tradicionais. Exemplo de *webdoc* do gênero é o curta *O Estado que arranca olhos* (Preto Brasileiro, 2014), em que dois fotógrafos atingidos num olho por balas de borracha da polícia enquanto cobriam repressões a protestos (um em 2000, outro em 2014) filmam-se mutuamente e narram suas histórias. Na mesma modalidade de difusão, em fins de 2014 mulheres saíam à rua usando óculos equipados com microcâmeras para registrar o assédio masculino com vistas a um projeto de documentário. O material captado por coletivos como Mídia Ninja e Jornalistas Livres nas manifestações e atos políticos forneceu amplo acervo para documentários do período.

Realizadores bem estabelecidos também contribuíram para esse momento de repolitização. Silvio Tendler adotou a *web* como canal principal de libelos contra o uso de agrotóxicos em *O veneno está na mesa* (2011), que teve uma continuação em 2014, e a teoria do Estado mínimo em *Privatizações: a distopia do capital* (2014), todos patrocinados por entidades da sociedade civil. Outro veterano, Jorge Furtado, estreou no longa documental com *O mercado de notícias* (2014), análise autocrítica da imprensa brasileira feita por jornalistas famosos e disposta paralelamente a cenas de uma peça satírica do século XVII. O jornalista e documentarista Geneton Moraes Neto abordou as polêmicas políticas em torno do cineasta Glauber Rocha em *Cordilheiras do mar: a fúria do fogo bárbaro* (2015).

As transformações sociais dos governos Lula-Dilma foram objeto de avaliações antagônicas em documentários de relativa repercussão. José Padilha, em *Garapa* (2008), e o veterano Rodolfo Nanni, em *O retorno* (2008), apontaram suas câmeras para sinais de permanência da fome, da seca e de desigualdades no Nordeste. Já *Família Braz: dois tempos* (Arthur Fontes e Dorrit Harazin, 2010) e *Aqui deste lugar* (Sérgio Machado e Fernando Coimbra, 2015) optaram por evidenciar exemplos de melhoria de vida de pessoas humildes mediante o acesso ao consumo e aos benefícios do Bolsa Família. *Caminho do meio* (Julia Martins, 2014) radiografa a situação de cinco famílias da chamada nova classe média dos Brics (Brasil, Rússia, Índia, China e África do Sul). A macroeconomia brasileira esteve em foco em *Um sonho intenso* (José Mariani, 2014), coletânea de depoimentos sobre a história social e econômica do país dos anos 1930 à atualidade.

As pautas politizadas alcançaram igualmente a esfera dos sistemas judiciário e policial. Theresa Jessouroun foi premiada no Festival do Rio de 2014 com *À queima-roupa* (2015), potente e dramática denúncia das chacinas promovidas pela Polícia Militar do Rio de Janeiro desde 1993. Embora não faça menção direta aos choques violentos de junho de 2013, o filme tinha efeito subliminar nesse sentido especialmente à época do lançamento. Foi também quando estreou *Sem pena* (Eugenio Puppo, 2014), que se vale de um estilo mais frio e despersonalizado para questionar a lógica dos presídios.

As prisões, pelo ângulo das afetividades envolvidas, foram objeto de dois documentários notáveis. Em *Cativas: presas pelo coração* (Joana Nin, 2013), recolhem-se histórias e cenas de amor comoventes entre mulheres livres e detentos de uma penitenciária de Curitiba, em romances que se mantinham por muitos anos. Já Susanna Lira, em *Porque temos esperança* (2014), faz o perfil de uma militante pernambucana que se dedica a aproximar presidiários dos filhos que, por alguma razão, não reconheceram legalmente. Um antecedente de relevo desses dois filmes foi O *cárcere e a rua* (Liliana Sulzbach, 2004), rodado em regime de grande intimidade durante dois anos e meio com detentas e ex-detentas recém-libertas de um presídio gaúcho.

Uma face *soft* desse cinema político é representada pelos documentários sobre ecologia e sustentabilidade, que se multiplicaram no início do século XXI como plantas em campo fértil. Proliferaram os filmes de conteúdo pedagógico, de denúncia, de alerta ou de celebração de bons exemplos. Criaram, na grande maioria, uma estética própria, derivada do filme institucional e do publicitário: estruturas de reportagem, entrevistas com fundo "verde", busca da bela imagem, natureza vista como paisagem, movimentos de câmera sedutores, trilha sonora relaxante ou solene, ritmo fluente e "natural". Exemplo característico dessa leva é o longa *Amazônia eterna* (Belisário Franca, 2012).

O "cinema verde" atraiu patrocínios luxuosos e, eventualmente, documentaristas de peso como Jorge Bodanzky, que praticamente reencaminhou sua carreira para esse gênero. Na Amazônia e em São Paulo, Bodanzky fez uma série de trabalhos sobre questões ligadas à energia, ao meio ambiente e ao compartilhamento de cultura por meio da internet, entre os quais estão *Navegar Amazônia: uma viagem com Jorge Mautner* (2005), *No meio do rio entre as árvores* (2010) e *Pandemonium* (2010).

A morte trágica de Eduardo Coutinho, assassinado pelo filho durante um surto de esquizofrenia em fevereiro de 2014, consternou o país e antecipou-se ao lançamento da longamente esperada edição em DVD de *Cabra marcado para morrer*. Para figurar entre os extras do disco, Coutinho havia preparado dois filmes: *A família de Elizabeth Teixeira* (2014) e o média-metragem *Sobreviventes de Galileia* (2014), reencontros do diretor com seus personagens e veículos de novas revelações sobre os seus destinos. A tragédia levou Coutinho antes de terminar o que viria a ser o seu derradeiro filme, depois concluído pelo produtor João Moreira Salles, com o título *Últimas conversas* (2015). Nele, o octogenário realizador amplia seu espectro de interesses entrevistando adolescentes de escolas públicas do ensino médio. A edição póstuma do filme, montada por Jordana Berg, enfatiza a participação do entrevistador, inclusive refletindo sobre seus dilemas durante a filmagem.

Àquela altura, Coutinho já havia se transformado, também ele, num grande personagem. Fora entrevistado sobre seu método por Carlos Nader em *Eduardo Coutinho, 7 de outubro* (Carlos Nader, 2013), e também por Ren á Tardin sobre seu trabalho no programa *Globo Repórter* da década de 1970 no curta *Coutinho repórter* (Ren á Tardin, 2010). Beth Formaggini, diretora de produção em diversos de seus filmes, fez um penetrante *making of* de *Edifício Master* no média *Apartamento 608: Coutinho.doc* (2009). Ele ainda apareceu como um dos vários entrevistadores de uma mesma personagem em *Sete visitas* (Douglas Duarte, 2015), curiosa variação da modalidade de documentário que Coutinho consagrou.

UM CENÁRIO DE BAIXO RISCO

À medida que atingíamos a metade da década, o documentário brasileiro se mostrava bastante consolidado, mantinha boa parte do prestígio dos "anos dourados" e ia reconquistando um papel político que havia ficado em segundo plano desde a década de 1970. Foram lançados 51 longas documentais em cinemas no ano de 2013, número recorde na história do cinema brasileiro, correspondendo a 39% do total de estreias nacionais. Em julho de 2014, o Ucla Film & Television Archive, da Universidade da Califórnia, apresentou o ciclo "Cruzamentos: contemporary brazilian documentary", e o curador Chris Stultz reconhecia: "o Brasil vem produzindo alguns dos mais inovadores e cativantes documentários do globo pelas últimas quatro décadas".

Os filmes de temática musical e esportiva seguiam atraindo um público razoável. A diversificação de pautas, porém, era notável: falava-se do modelo obstétrico atual em *O renascimento do parto* (Érica de Paula e Eduardo Chauvet, 2013), de saúde mental no notável *A loucura entre nós* (Fernanda Fontes Vareille, 2016), dos raios em *Fragmentos de paixão* (Iara Cardoso, 2013), da passagem do tempo em *Quanto tempo o tempo tem* (Adriana L. Dutra, 2015), de um travesti na política em *Katia* (Karla Holanda, 2012), de um transexual no ativismo em *Meu nome é Jacque* (Ângela Zoé, 2016) e de dançarinos de rua em *A batalha do passinho* (Emílio Domingos, 2013). Os assuntos relativos a direitos humanos e meio ambiente eram objeto de concursos e mostras regulares.

Um efeito subsidiário das muitas mostras de documentários e documentaristas realizadas no período foi a publicação de livros-catálogo com farto material de leitura sobre os respectivos assuntos, a maioria deles também disponível para *download*. No campo editorial, surgiram, entre outros, *O abrigo do tempo – abordagens cinematográficas da passagem do tempo*, de Henri Arraes Gervaiseau (2012), *Documentário e jornalismo*, de Julio Bezerra (2014), *A verdade de cada um* (coletânea de textos de documentaristas organizada por Amir Labaki, 2015) e *Cinema de fato: anotações sobre documentário*, de Carlos Alberto Mattos (2016).

As celebrações dos 450 anos do Rio de Janeiro, em 2015, deram margem ao surgimento de diversos filmes focados na história e na atualidade do município. Entre eles, podemos mencionar o historicizante *São Sebastião do Rio de Janeiro – a formação de uma cidade* (Juliana de Carvalho, 2015) e o crítico *Crônica da demolição* (Eduardo Ades, 2015), que examina os rumos urbanísticos do Rio a partir da derrubada do célebre Palácio Monroe em 1976.

Numa vertente de filmes-ensaio refrativos, voltados para a própria matéria cinematográfica, convém citar *Um filme de cinema* (2015), em que o diretor Walter Carvalho coleta memórias e impressões de escritores e grandes cineastas nacionais e internacionais. *Cinema Novo*, de Eryk Rocha (2016), causou forte impressão com sua criativa montagem de cenas e áudios do período cinemanovista, chegando a ganhar o prestigioso prêmio L'Œil d'or de melhor documentário do Festival de Cannes de 2016. Outro destaque nessa área foi *Ato, atalho e vento* (2015), compilação autoral de cenas do cinema mundial, filme que levou Marcelo Masagão de volta a um modelo semelhante ao do seu *Nós que aqui estamos por vós esperamos*, já citado anteriormente.

A temática indígena teve três títulos dignos de nota surgidos entre 2015 e 2016. Lúcia Murat retornou 15 anos depois a uma aldeia Kadiwéu para registrar o avanço da televisão e dos cultos evangélicos em *A nação que não esperou por Deus* (2015). Por sua vez, o veterano diretor Luiz Paulino dos Santos, já então convertido a líder espiritual, voltou com intenções semelhantes à tribo dos Zorós, visitada 30 anos antes, para fazer *Índios zoró: antes, agora e depois?* (2016). Em Goiás, a luta dos ãwas pela demarcação e restituição de suas terras foi retratada em *Taego Ãwa* (Marcela Borela e Henrique Borela, 2016).

Momentos terríveis da história do país ressurgiram em *Menino 23* (2016), extraordinária investigação de Belisário Franca sobre a apropriação escravagista de crianças por simpatizantes do nazismo nas décadas de 1930-1940, e *Galeria F* (Emilia Silveira, 2016), evocação da aventurosa fuga de um ativista condenado à morte durante a ditadura civil-militar. Depois do sucesso de *Estamira*, Marcos Prado voltou à carga com *Curumim* (2016), a impactante história de Marco Archer, traficante de drogas brasileiro executado pelo governo da Indonésia.

Entre as mais recentes experiências em distintos dispositivos documentais, cabe mencionar algumas que serão lembradas no futuro. Bia Lessa e Dany Roland, responsáveis pelo seminal *Crede-Mi* (1996), levaram 20 anos para dar como pronto o impressionante *Então morri* (2016), coletânea de ritos de passagem na vida de mulheres, do nascimento à morte. Gustavo Spolidoro saiu em campo movido por sonhos da noite anterior e pelo acaso para filmar *Errante – um filme de encontros* (2016). A baiana Paula Gomes levou o cinema de observação à excelência dramática ao retratar o empreendedorismo infantil em *Jonas e o circo sem lona* (2016). Já o paulista *Banco imobiliário* (Miguel Antunes Ramos, 2016) constitui um dossiê penetrante sobre a lógica dos bastidores do mercado imobiliário.

Com o desaparecimento de Eduardo Coutinho e o retraimento de João Moreira Salles para as funções de editor da revista *piauí*, o importante núcleo de documentários da VideoFilmes entrou em relativo recesso. Em compensação, Maria Augusta Ramos manteve-se bastante ativa e refinou progressivamente seu método, realizando dois filmes simultâneos entre 2014 e 2015: *Futuro junho*, um habilidoso retrato dos sonhos e desilusões da classe trabalhadora a partir do cotidiano de quatro profissionais da cidade de São Paulo; e *Seca*, um *road movie* guiado por um caminhão-pipa através de diversos povoados nordestinos atingidos pela estiagem. Murilo Salles também marcou presença no campo do documentário com dois filmes sobre artistas populares que se autoproduzem fora dos grandes centros: o cineasta maranhense radicado no Piauí Cícero Filho, em *Passarinho lá de Nova Iorque*, e os brasilienses DJ Duda e sua mulher, a cantora Milka Reis, em *Aprendi a jogar com você*, filmes lançados simultaneamente em 2015.

No que tange à viabilização financeira, as formas de captação coletiva (*crowdfunding*) se firmaram como alternativas razoavelmente consistentes. A dissolução da autoria progredia com a ampla utilização de cenas filmadas por populares, ativistas e mídias independentes, ao passo que a internet se afirmava cada vez mais como meio de exibição não institucionalizado, veiculando um sem-número de produções de variados portes.

Em contraposição a esses aspectos alvissareiros, notava-se uma certa estratificação de formatos, com predominância dos modelos tradicionais expositivos, muito calcados na justaposição de depoimentos e materiais de arquivo. Isso em detrimento de novos dispositivos de abordagem e traços de experimentação. Um cenário, enfim, abundante, mas que parecia caminhar no sentido de trocar a invenção pela fórmula e o risco pela estabilidade.

NOTAS

1 Amir Labaki, "Duas pesquisas", *Valor Econômico*, São Paulo: 6 fev. 2003.

2 Helena Sroulevich, "O mercado de documentários brasileiros", Laboratório do Audiovisual do Instituto de Economia da UFRJ – Núcleo de Economia do Entretenimento, 2010, disponível em: <http://www.ie.ufrj.br/datacenterie/pdfs/seminarios/pesquisa/texto04112.pdf>, acesso em: nov. 2016.

3 Marcelo Ikeda, "E no início fez-se o verbo (contra o vento)", em: *Cinecasulofilia*, Fortaleza: Substânsia, 2014.

4 Daniel Caetano (org.), *Serras da desordem*, Rio de Janeiro: Azougue, 2008.

5 Dados estatísticos confrontados com os do Observatório Brasileiro do Cinema e do Audiovisual/Ancine.

6 Brasil, lei nº 12.485, 12 set. 2011, disponível em: <http://www.planalto.gov.br/ccivil_03/_Ato2011-2014/2011/Lei/L12485.htm>, acesso em: nov. 2016.

7 O filme foi realizado em 1997, mas só exibido a partir de 2000.

8 O documentário foi dirigido por Daniel Caetano, Eduardo Souza Lima, Vinícius Reis, Cavi Borges, Diego Felipe Souza, Luiz Claudio Lima, Ana Costa Ribeiro, Ricardo Rodrigues, Vítor Gracciano, Luiz Giban, Clara Linhart e André Sampaio.

CINEMA BRASILEIRO CONTEMPORÂNEO DE GRANDE BILHETERIA (2000-2016)

SHEILA SCHVARZMAN

No período que marca o que aqui vamos considerar como cinema brasileiro contemporâneo estarão em pauta questões históricas como o fortalecimento de estruturas estáveis de produção industrial de filmes para mercado, o aumento da ocupação das telas com conteúdo brasileiro e as relações entre cinema, televisão e novas mídias. Para articular essas várias demandas, surge a Ancine, agência reguladora criada em 2001 dentro da conjuntura política e econômica neoliberal vigente no país desde o final dos anos 1980. Ela ocupa o papel de regulação e fomento da atividade cinematográfica antes exercido diretamente pelo Estado. Existe também agora uma pluralidade de formas de produção e expressão se desenvolvendo fora do eixo tradicional entre São Paulo e Rio de Janeiro que escapam ao escopo dessa nossa delimitação. Procuramos sistematizar aqui algumas questões no âmbito da produção definida como cinematográfica, mas que, por seus processos tecnológicos e econômicos de transmidiação, passam a abarcar o "mercado" audiovisual mais amplo em suas relações com a sociedade e a cultura brasileira nessa era de globalização econômica e cultural.

MAIS UMA CRISE

Após a eleição de Fernando Collor de Mello (1990-1992) e suas propostas neoliberais, começa a mudar a forma de gestão e financiamento da atividade cinematográfica no Brasil. Esta passa a ser submetida agora às leis do mercado, através de mecanismos de renúncia fiscal que permitiam o repasse de impostos devidos à União pelas empresas para atividades culturais conforme a Lei Rouanet, de 1991[1], e a lei nº 8.685 do Audiovisual, criada em 1993 no governo de Itamar Franco, com incentivos específicos para as atividades cinematográficas. Como lembra Gustavo Dahl:

> [...] havia a obsessão do mercado, o que é uma visão extremamente primitiva de como funcionam os cinemas nacionais. Porque isso é realmente não entender as relações dos cinemas nacionais com o cinema americano. [...] há uma diferença de escala e que cinemas nacionais, como o cinema brasileiro, não podem ser jogados no mercado simplesmente baseados na competição econômica com a grande indústria americana. Mas isso não era percebido, então a ideia era que os filmes que se viabilizassem teriam que se viabilizar no mercado[2].

Em pouco tempo, no entanto, a prática de entregar a investimentos em *marketing* feitos através de recursos dos impostos devidos à União – que abria mão deles, e sem a contrapartida em investimentos das próprias empresas, "um mecenato feito às custas do próprio governo"[3] – o financiamento e a manutenção de uma produção de filmes nacionais, submetidos a entraves vários, e, em alguns casos, malversações que levaram a novas regulamentações e entraves mostravam que esses mecanismos deviam ser repensados[4].

O rápido avanço da globalização econômica, das novas tecnologias e suas mudanças vertiginosas, que obrigam os países, não importando o seu grau de riqueza e desenvolvimento, a se atualizarem para não sair da arena de luta pela preponderância ou mera existência de sua imagem no cenário global, deixava claros os limites dessa política. Em 1999, em meio a uma crise econômica, houve a retração dos investimentos em audiovisual: a diminuição dos lucros das empresas gerava menos impostos a pagar e menos repasses ao cinema. No mesmo momento, os próprios cineastas, voltados para os seus projetos individuais, estavam desmobilizados politicamente. Diante dessas dificuldades, profissionais da área cinematográfica se mobilizam, preocupados em criar mecanismos mais duradouros e abrangentes, que não dependessem apenas dos interesses de *marketing* da iniciativa privada. Além disso, era necessário atualizar a produção brasileira diante das mudanças nas formas produção, comercialização e exibição cinematográficas que envolviam extensas e custosas mudanças tecnológicas que vinham se processando nos Estados Unidos desde os anos 1970. É nesse momento que se impõe a prática do *blockbuster*, que já estava tendo impacto na audiência brasileira. Assim, era preciso repensar e reposicionar toda a atividade cinematográfica

Desde os anos 1970, o cinema americano, em meio às mudanças econômicas e sociais que conduziam o país ao neoliberalismo a partir da gestão de Ronald Reagan (1981-1989), buscava aumentar os lucros das empresas. Para isso, mudaram os filmes e o foco sobre o público e, consequentemente, as formas de exploração, distribuição e exibição, em um processo que abarcou mais de uma década. Todas essas transformações se manifestaram no Brasil e são parte do cenário contemporâneo.

A alta lucratividade que se devia alcançar viria de grandes produções, apoiadas no uso extensivo dos efeitos especiais – como em *Guerra nas estrelas* (*Star Wars*, 1977), de George Lucas –, o que resumia o ideário do novo tipo de lançamento: retorno ao espírito dos antigos seriados; endereçamento ao público adolescente; emprego da tecnologia de efeitos para a produção de grandes espetáculos; lançamento massivo baseado em campanha publicitária intensiva e de caráter mundial; venda de produtos ligados ao filme (bonecos, meias etc.).

Para intensificar esse processo, muda também o sistema de exibição, com a criação do "multiplex", complexos com várias salas contíguas que se desenvolvem a partir dos anos 1980 e visam, em princípio, oferecer a possibilidade de exploração de vários filmes simultaneamente. Os multiplexes substituem as antigas salas, que desapareceram seja pelo efeito da especulação imobiliária, seja, sobretudo, por abandono do público, pois já não se justificavam grandes salas numa realidade em que o cinema deixara de ser uma diversão cotidiana. Essas salas múltiplas atendiam igualmente à necessidade de atualização tecnológica e de satisfazer um público que se concentrava principalmente nos finais de semana. No essencial, o cinema evitava frustrar os espectadores quando, nos fins de semana, muitas pessoas procuravam assistir a um mesmo filme em lançamento. Caso a lotação estivesse esgotada em razão do grande contingente de interessados, haveria a possibilidade de assistir a outro filme sem se deslocar a um outro cinema. Com o tempo e a intensificação do processo de conversão da produção hollywoodiana em custosos e repetidos *blockbusters* que buscam abarrotar as salas mundiais nos primeiros dias de exibição, diversas salas de um mesmo complexo exibem não raro o mesmo filme.

Além disso, o multiplex produziu outro efeito sensível no cinema contemporâneo: a tendência à uniformização dos filmes, já que o espectador que não pode ver, digamos, o novo *Batman*, poderá assistir na sala ao lado a outro filme de super-heróis. Haverá certamente outras variações de gênero, da comédia romântica à animação e ao terror, mas os filmes devem obedecer a certa uniformidade em termos de produção, estrelas, roteiro. O triunfo desse sistema tende a diminuir a diversidade dos filmes propostos ao espectador e a torná-los mais homogêneos.

Esse quadro nos dá uma ideia de alguns dos imperativos que vão ordenar a atividade cinematográfica no Brasil desde o final dos anos 1990, uma vez que os filmes americanos e suas novas formas de realização, exploração e exibição repercutirão no público brasileiro e, assim, influenciarão o cinema nacional a ser produzido e consumido, acirrando ainda mais a concorrência para a ocupação das telas.

Essas transformações vão se fazer sentir no Brasil no final dos anos 1990, com as mudanças pelas quais passava a produção com a entrada do digital, o que demandava novas competências profissionais, alterando a configuração das equipes, que se tornavam maiores, especializadas e muito mais caras. Isso pedia atenção e urgência, acrescida entre nós da diferença brutal de escala entre as produções americanas hegemônicas em nossas telas, que já se pagavam nas bilheterias americanas e nos mais de 150 países onde são exibidas[5], e as brasileiras, restritas unicamente ao seu próprio mercado, o que só se agravava com o número limitado de salas de exibição. Além disso, os cinemas de rua estavam diminuindo desde o final dos anos 1970: em 1975, havia 3.276 salas, e em 1984, eram 1.553[6]. Nesse momento, na maior parte do país, afora as grandes capitais, os cinemas são substituídos no hábito das populações pelo enorme avanço da televisão[7].

Assim, não havia (e continua não havendo) como, ao contrário do que ocorria nos Estados Unidos, rentabilizar as produções com as bilheterias do mercado interno de exibição para capitalizar a continuidade da cadeia de produção de filmes no Brasil, como previsto na Lei do Audiovisual em 1993. Lia Bahia fornece os dados e sintetiza o quadro:

> Somente 8,7% dos municípios brasileiros têm salas de exibição de cinema (IBGE, 2006)[8]. O desenvolvimento do setor cinematográfico está diretamente relacionado ao desenvolvimento socioeconômico e, portanto, ao poder de consumo da população. O parque exibidor brasileiro está concentrado na região Sudeste, que dispõe de 58,8% do total de salas. A região Sul fica com 16,5% das salas, seguida por Nordeste, com 11,2%, Centro-Oeste, com 10,0%, e finalmente Norte, com apenas 3,5% das salas do país (Database Filme B, 2007). Para Getino (2007)[9], sem um mercado local e regional capaz de consumir o produto nacional e assim gerar receita para desenvolver uma produção sustentável e começar a se desprender da tutela governamental, a formação de um mercado cinematográfico torna-se inviável. A consolidação do novo conceito no mercado modificou o panorama econômico e o mapa da exibição nacional. Segundo dados da Filme B, há uma perda da importância dos cinemas de uma só sala. Em 1999, 61% do parque exibidor brasileiro era composto de uma sala (em geral cinemas de rua). Esse índice caiu para 43,5% em 2007[10].

Essa realidade colocava o Brasil em risco de tornar-se apenas mercado exibidor de filmes estrangeiros — em 1992, o público total era de 75 milhões de espectadores.

Desse número, apenas 36.113 assistiram a filmes brasileiros. Em 1997, o público total nos cinemas caiu para 52 milhões, mas, com os filmes produzidos com incentivos da renúncia fiscal, 2.401.959 de espectadores assistiram a filmes nacionais[11].

Por fim, os anos 2000 a 2016 assistem ao significativo aumento do número de filmes e público – de 52 milhões em 1997 para 90 milhões em 2002, com bilheterias anuais que chegaram a 7.299.790 espectadores para o cinema brasileiro, conquistando em torno de 10% do mercado em 2003[12]. Em geral, nesse período a ocupação das salas com filmes brasileiros foi em torno de 10%. No ano de 2011, segundo dados da Ancine, chegou a 12,1%, caindo em 2012 para o seu patamar mais baixo: 5,5%. O ano de 2013 marcou uma expressiva elevação: 18,6%. Em 2014, as salas de cinema do país receberam um total de 155,6 milhões de espectadores, sendo 19 milhões destes para os filmes nacionais – 12,2% do público, com arrecadação em torno de 2 bilhões de reais[13]. Em 2016, o público foi de 30.413.419 espectadores, 16,5% do público total do ano, sendo esta a maior taxa de ocupação de público na exibição de filmes brasileiros. Surgiram ainda 155 novas salas, fechando o ano com um total de 3.160[14]. Para isso contribuiu uma política de apoio à produção e ocupação das salas com filmes brasileiros de ficção, documentário, animação, mas também das várias telas – TV a cabo, por exemplo, desde 2011[15] – e modalidades do fazer e ver audiovisual que marcam esse período: produções cinematográficas médias com até 100 mil espectadores, como *O som ao redor* (2012) ou pequenas produções como *Pouco mais de um mês* (2013), de André Novais; produções independentes, regionais, alternativas, infantis – como *Tampinha* (2006) e *As fadas da areia* (2008) de João Batista Melo; experimentais, como os trabalhos de Cao Guimarães, universitárias, como *Apenas o fim* (2008) de Matheus Rocha Souza, entre muitas e muitas outras que vêm sendo produzidas, além dos documentários. Parte significativa delas não é vista nos cinemas – a produção mundial, a ocupação com o cinema americano, os filmes de grande produção e os *blockbusters* brasileiros prevalecem: o mercado exibidor vive do lucro, e as questões crônicas da "ocupação" agora se desdobram também entre filmes brasileiros.

Uma forma alternativa de exibição são os quase duzentos festivais, realizados em várias cidades do país, muitas das quais não contam com salas de exibição[16]. Trata-se de eventos que, mesmo em sua forma efêmera, instável e sazonal, têm boa receptividade junto ao público e vêm contribuindo para mudar a relação do público com o cinema brasileiro e, em muitos casos, consolidar novas expressões formais e estéticas. Diretores e inúmeros profissionais que precisam dos festivais para mostrar os trabalhos dialogam com os espectadores em lugares de atuação tão diferentes como Brasília, Porto Alegre e Gramado (RS), Goiânia (GO), Belo Horizonte, Tiradentes e Ouro Preto (MG), Recife (PE), Cuiabá (MT), Goiânia e Goiás Velho (GO), Vitória (ES), Florianópolis (SC), Paulínia (SP), Curitiba (PR), Manaus (AM), Vazantes (CE), Duque de Caxias (RJ) ou Macapá (AP), além de vários no

Rio de Janeiro e São Paulo. Internet, circuitos universitários e cineclubes também são canais de vazão da incessante produção viabilizada pelas novas tecnologias e formações universitárias e técnicas.

Outra forma contemporânea e quantitativamente significativa de recepção tem sido também os canais da internet como o YouTube e assemelhados – que vêm se tornando eles também produtores de conteúdo –, acessos de filmes via *download*, *on demand* através das operadoras de TV a cabo e ainda os persistentes DVDs piratas.

Em 2014, foi aprovada a lei federal nº 13.006, que determina que as escolas públicas exibam duas horas de filmes brasileiros por mês como "componente curricular complementar"[17]. A intenção de promover a educação para o audiovisual nas escolas é urgente, no entanto, as formas de aplicação e os filmes a serem vistos e disponibilizados pelas escolas dependerão dos objetivos e do interesse dos professores.

SAINDO DA CRISE

Superada a crise econômica de 2002 e beneficiando-se de uma conjuntura internacional favorável a partir de 2005, foi possível ao presidente Luiz Inácio Lula da Silva (2003 a 2011), segundo a análise de André Singer[18], desenvolver um governo de compromisso – compactuar com as elites, mas sobretudo inverter a lógica da governança, feita agora no sentido de ampliar o mercado interno, antiga proposta do economista Celso Furtado desde os anos 1960, através do aumento do poder aquisitivo das camadas mais pobres com políticas de inclusão social e aumento do mercado interno (Bolsa Família, crédito consignado, valorização do salário mínimo). Conforme Singer, houve "uma preocupação com a manutenção da estabilidade associada a uma ação distributiva do Estado, suficientemente forte para diminuir a desigualdade, mas sem ameaçar a ordem estabelecida"[19]. Segundo dados de pesquisa da Datafolha em 2015, "os 10% mais pobres passaram a ganhar 129% mais". Já nas faixas seguintes o aumento foi da ordem de 112%[20]. Essas políticas, prossegue Singer, levaram à diminuição das desigualdades, que não se limitou à condição econômica – deu-se também pela ampliação e acesso à educação e à cultura. Isso se deu não apenas no sentido de levar as contribuições a partir de um centro emissor para lugares vistos apenas como carentes, como também reconhecendo e incentivando as diversificadas manifestações espalhadas pelo território nacional, inclusive como produtos econômicos sustentáveis, daí a valorização e o fomento da produção brasileira de bens culturais, dentre elas o cinema brasileiro.

Isso dinamizou a economia em geral, em particular de regiões como o Norte e Nordeste, trazendo para o consumo, entre 2003 e 2013 um contingente de 44 milhões de pessoas[21]. Programas de ampliação e acesso ao ensino superior fizeram com que a escolarização aumentasse, o que melhorou a educação e salários. A renda *per capita* dessa camada subiu 33%. Surge, com isso, o que ficou conhecido como "nova classe C", que, sobretudo a partir de 2010, passa a influenciar a cadeia produtiva que se volta também para esse novo mercado. A nova massa de consumidores engrossa a audiência massiva nacional do entretenimento e da cultura e participa do aumento das bilheterias do cinema brasileiro, filmes ligados a produções da televisão e/ou com atores vindos desse veículo, de programas de canais a cabo e, especialmente depois de 2012, também da internet.

Um levantamento sobre hábitos de consumo no mercado de entretenimento, feito em 2012, aponta um significativo aumento a partir de 2007 e 2008 do consumo de TV por assinatura, do DVD e da frequência ao cinema, nessa ordem[22]. Ir ao *shopping center* é a outra diversão numericamente expressiva.

Durante esse período, o público mantém sua preferência pelo filme estrangeiro, porém, 38% afirmam assistir a filmes nacionais. A maior faixa de público do filme brasileiro é aquela de escolaridade média em idades entre 12 a 35 anos. A atividade preferida do público de renda de até cinco salários mínimos em 2012, 37%, é assistir a DVDs, enquanto 27% prefere ir ao cinema. Desse público, 56% dos espectadores prefere o filme dublado e assistir à TV por assinatura. Em um universo de 2 mil entrevistados a partir de 12 anos, com renda a partir de dois salários mínimos e escolaridade do fundamental ao universitário, 46% possuem TV por assinatura, e 91% possuem aparelho de DVD. Assistir a filmes na TV por assinatura aumenta de 24 para 44% entre 2008 e 2012. Por esses dados que cruzam o nível econômico, o consumo maior de TV por assinatura e do DVD (com preferência para os filmes dublados), é possível ter a medida da relação entre a escolaridade e o aumento do público do cinema brasileiro, ainda que a preferência dos espectadores em geral seja pelo filme estrangeiro.

Esses números parecem apontar para a incorporação de um novo público – de menor escolaridade e poder aquisitivo mais baixo –, que passa do consumo da TV aberta para a TV por assinatura, o que ajuda a explicar, como veremos mais adiante e como aponta Pedro Butcher[23], o sucesso de várias comédias brasileiras estreladas por comediantes não só da TV aberta, mas predominantemente da TV paga, de canais como o Multishow: Ingrid Guimarães, Bruno Mazzeo ou Paulo Gustavo, cujos programas seriados, como *Vai que cola*, por exemplo, são levados para o cinema com enorme sucesso.

Da mesma forma, é significativa a audiência de novos cinemas em cidades de interior, bairros de periferia, onde a preferência é por filmes dublados – o que explica também a maior audiência do filme brasileiro. No entanto, a maioria do público entrevistado – 70% em 2007 e 73% em 2012 – afirma comprar filmes de camelôs e ambulantes, em vista do custo mais baixo. O público prefere e aceita filmes piratas de má qualidade para manter-se atualizado com a produção.

Por outro lado, essa grande audiência é também uma mercadoria "nacional" de troca com alto e concorrido valor para o comércio mundial em atuação no Brasil. Em 2014, por exemplo, segundo a Ancine, as salas de cinema brasileiras receberam 155,6 milhões de espectadores, 4,1% a mais do que em 2013. O crescimento de renda teve uma elevação de 11,6%, com a arrecadação totalizando 1,96 bilhão de reais[24]. Dessa forma, apesar da carência de salas, até mesmo em capitais como Florianópolis ou Fortaleza, tende a se consolidar no Brasil um grande mercado de consumo de entretenimento.

Em 2013, o mercado brasileiro de cinema cresceu pelo quinto ano consecutivo e consolidou-se como 10º mercado mundial em número de espectadores, segundo o Observatório Europeu do Audiovisual. Ao todo, foram 149,5 milhões de ingressos que arrecadaram R$ 1,7 bilhão. Os filmes brasileiros alcançaram a marca de 27,7 milhões de espectadores, a melhor em 20 anos. O número de produções nacionais lançadas no ano também foi recorde: 129 títulos. Com dez filmes ultrapassando a marca de um milhão de espectadores, o cinema nacional obteve 18,5% de participação de mercado[25].

A importância global da expressão audiovisual e as facilidades de realização a partir do digital, aliadas a uma organização mais consistente do setor, que se beneficiou da estabilidade econômica do país no período[26], fazem desse um momento rico, produtivo e complexo, que procuramos aqui delinear levando em conta as mudanças econômicas e sociais que ocorreram principalmente com a intensificação de mecanismos de consumo e de reparação social como o Bolsa Família, que começam a mostrar seus limites a partir de 2013. Além disso, o ano de 2015 e de 2016 são anos de crise política e retração econômica e social, o que tem impacto sobre os investimentos para novos filmes e sobre o público capaz de pagar pelo ingresso nos cinemas.

DA "OCUPAÇÃO" AO *BLOCKBUSTER*: A ANCINE E O AUDIOVISUAL[27]

O papel da Ancine, segundo Orlando Senna, secretário do Audiovisual entre 2003 e 2007 é "harmonizar" a atividade audiovisual[28]. Sua ação vai no sentido da criação e do fortalecimento de estruturas capitalistas industriais profissionalizadas e segmentadas, visando à autossustentação e reprodução da produção, objetivo sempre declarado quando o Estado intervém no campo privado da produção e também objetivo historicamente almejado pela "corporação cinematográfica" brasileira desde os anos 1920[29]. Suas atividades de fomento englobam editais com vistas ao financiamento de grandes a pequenas produções em etapas distintas da realização – roteiro, desenvolvimento, finalização etc. Abarcam também, além de filmes de longa e curta-metragem, seriados de TV, uma vez que desde 2011 a regulação da exibição engloba conteúdos nacionais produzidos por produtoras independentes para os canais pagos por assinatura.

Para minimizar as dificuldades de exibição, sobretudo em cidades de porte médio e pequeno, que não possuem nenhuma sala, a Ancine incentiva a abertura de cinemas com a participação do BNDES[30]. Entre 1997 e 2003, foram abertas 546 salas Multiplex no Brasil[31]. Em 2015, segundo relatório da Ancine, foram instalados no país 25 multiplexes, com 123 novas salas. Com a reabertura de antigas salas, "o mercado ganhou 147 novas telas no 1º semestre, totalizando 2.957 salas de exibição"[32]. Segundo a Ancine:

> O crescimento do parque exibidor brasileiro permanece atrelado ao da construção de *shopping centers*, onde estão localizadas 87,5% das salas de exibição do país. Esse fenômeno traz um obstáculo para a abertura de cinemas em municípios com menos de 100 mil habitantes. Nesta faixa populacional reside quase metade da população brasileira, mas apenas 17,4% têm acesso a salas de exibição em sua cidade[33].

Conforme Pedro Butcher,

> [...] depois de alguns anos estagnado, o programa do governo "Um cinema perto de você"[34] deslanchou. O programa demorou a sair do papel por dois motivos principais: para obter financiamento do BNDES, foi preciso reformular as formas de garantia, já que os exibidores não são hoje donos dos imóveis onde ficam os cinemas, e sim os *shoppings*; em segundo lugar, precisaram acertar as contas com impostos etc., para ter acesso ao dinheiro do financiamento. O número de salas no Brasil tem crescido todos os anos, são em média cerca de 200 novas salas por ano, a grande maioria em cidades do interior e das regiões metropolitanas. Nova Iguaçu, no Rio de Janeiro, por exemplo, ganhou vários cinemas e tem uma das melhores médias de espectadores por sala do Brasil[35].

Em 1975, havia 3.276 salas de cinema no Brasil, segundo dados da *Filme B*. Dados mais recentes, relativos a 2010, apontam, mesmo com o mercado dos multiplex em expansão, a existência de 2.206 salas exibidoras no país. No Rio de Janeiro, 204 salas de cinema encontram-se dentro de *shopping centers* e 65 localizam-se nas ruas. Segundo o IBGE, havia 2.819 salas no país em 2014. Destas há o significativo número de 1.039 salas para a projeção em 3D, ou seja, prioritariamente voltadas para o filme estrangeiro em grandes centros urbanos. Desse total, 2.025 salas fazem parte de 316 multiplexes.

Para realizar suas atividades, a Ancine capta recursos da Contribuição para o Desenvolvimento da Indústria Cinematográfica Nacional (Condecine), uma taxação que incide sobre:

> [...] a veiculação, a produção, o licenciamento e a distribuição de obras cinematográficas e videofonográficas com fins comerciais, bem como sobre o pagamento, o crédito, o emprego, a remessa ou a entrega, aos produtores, distribuidores ou intermediários no exterior, de importâncias relativas a rendimento decorrente da exploração de obra[36].

Ou seja, a cobrança da Condecine[37] ocorre sob duas modalidades de tributação: uma de 11% nas remessas de lucros ao exterior, quando o contribuinte não optar pelo desconto de 70% do imposto devido ao coprodutor de um filme nacional de longa-metragem; outra com o incentivo permitido para as emissoras de TV por assinatura à inversão de 3% do valor do imposto à produção de telefilmes[38].

Sobre a remessa desses lucros ao exterior incide uma alíquota de 11%. As empresas que aplicarem 3% dessa remessa de lucros na produção de conteúdo audiovisual brasileiro, aprovados pela Ancine, ficarão isentas desse tributo. É o artigo 3º da Lei do Audiovisual que vem sendo muito usado nas produções desde 1993[39]. Em vista dessas normas, é significativo o número de filmes em que há coproduções com as *majors*, a começar por *Cidade de Deus*, com a Miramax, entre muitas outras. São na maior parte das vezes, mas não exclusivamente, filmes com aspiração a grandes bilheterias como *2 filhos de Francisco* (Breno Silveira, 2005), nos quais há desde a elaboração dos roteiros à concepção final, participação dos coprodutores.

Para isso, além do fomento à realização, a Ancine também regula, taxa e fiscaliza a exibição de filmes brasileiros nas salas de cinema através das cotas de tela – mecanismo ativo no Brasil desde 1932 que regula a cada ano o número de filmes brasileiros a serem exibidos. Essa prática é estabelecida ano a ano por decreto presidencial que especifica o número de dias e de títulos nacionais a serem exibidos nas salas de cinema[40]. Há também cota de tela de conteúdo nacional na TV por assinatura – três horas e meia de exibição por semana – através da Lei da TV paga, de 2011[41]. Não há cota de tela para a exibição na TV aberta.

Devido à política agressiva de lançamento dos *blockbusters,* conforme mencionamos nas mudanças da estruturação da indústria cinematográfica norte-americana no fim dos anos 1970, que vêm se intensificando mais e mais a cada filme de grande produção lançado – como é o caso dos filmes *Jogos vorazes, Velozes e furiosos* ou *Mad Max,* que chegam a ocupar até sete de nove salas de um mesmo Multiplex –, foram propostos, em dezembro 2014, acordos com os exibidores e as grandes distribuidoras para regular esse tipo de ocupação predatória[42], procurando garantir ao espectador mais diversidade na escolha dos programas, inclusive de filmes brasileiros. Entretanto, no início de 2015 esse acordo foi rompido unilateralmente pela Cinépolis, o que levou as outras companhias exibidoras que cumpriam o acordo a desfazê-lo também, uma vez que dessa forma intensifica-se a concorrência entre as grandes cadeias nacionais e estrangeiras de exibição. A fragilidade da Ancine nesse setor é muito grande: a regulação da exibição desses lançamentos foi um "acordo de cavalheiros" entre a Ancine e os exibidores nacionais, estrangeiros e as distribuidoras das *majors* americanas. O órgão não dispõe da força de uma lei como a da TV a cabo, por exemplo, para cobrar o descumprimento, e mesmo as multas aplicadas – dias suplementares de cumprimento da quota – não são respeitadas, como ocorreu com o grupo Cinépolis, que em novembro de 2015 ganhou na justiça o direito de não obedecer à quota de tela[43] a ser seguida a cada ano. De resto, estabelecer leis que regulem a exibição de filmes estrangeiros – americanos – pode gerar problemas econômicos e diplomáticos ao Brasil. Como disse Gustavo Dahl, a partir da sua experiência na distribuição de filmes na Embrafilme entre 1975 a 1979: "Mexer na exibição cinematográfica americana equivale a invadir militarmente os Estados Unidos"[44].

As políticas de regulação e incentivo da Ancine contrariam o grande capital que move empresas globais de comunicação como as *majors,* os Multiplex ou mesmo as redes de televisão. O seu sentido é fazer face a desigualdades que impedem e procuram bloquear a circulação e o desenvolvimento da produção de conteúdos audiovisuais nacionais. Chris Dodd, presidente da Motion Pictures Association of American, a poderosa MPAA, o *lobby* que reúne as grandes produtoras de Hollywood, disse em entrevista que é "legítimo lutar pelas produções nacionais", no entanto, como não quer empecilhos à livre circulação dos seus produtos que devem, segundo os seus interesses, dominar o mercado, afirmou que "as cotas para filmes nacionais são uma resposta falsa a um problema legítimo"[45]. Esse interesse internacional pode ser observado nas correspondências secretas trocadas entre a Sony Corporation e a Motion Pictures Association of America reveladas pelo grupo WikiLeaks em abril de 2015. De acordo com essa documentação, o Brasil é "estratégico, o que envolve uma série de *lobbies* com políticos brasileiros na tentativa de influenciar o Congresso. [...] O Brasil é um mercado em crescimento e precisamos nos esforçar para atingir grandes alturas aqui"[46].

A presença dos filmes americanos no mundo é, portanto, uma questão de Estado que envolve pressões ativas na política interna dos países. Randal Johnson aponta a influência de seu país diretamente no Congresso brasileiro:

> A Motion Picture Association (MPA) – associação ligada à Motion Picture Association of America (MPAA), que reúne os maiores estúdios de Hollywood – é uma instituição com voz perante o governo federal de praticamente todos os países do mundo. O governo dos Estados Unidos, por considerar o cinema de Hollywood como uma indústria estratégica, permite que a MPA opine quanto a qualquer mudança legislativa nos países onde Hollywood domina o mercado, como o Brasil. [...] a atuação da MPA no âmbito do Congresso Nacional, envolvendo-se em questões como a criação do artigo 3º e o estabelecimento da cota de tela, é decisiva e agressiva, ao tentar impedir toda e qualquer medida no sentido de diminuir o acesso dos filmes norte-americanos às salas brasileiras[47].

As políticas da Ancine refletem aquilo que os americanos ou europeus exercem em seus mercados: os americanos impõem dificuldades para a entrada de filmes estrangeiros e facilidades para incentivar a sua produção[48]. Na Europa, como o cinema americano não é hegemônico, apenas no Brasil, em 2013 ministros do comércio de 27 países europeus excluíram o audiovisual de suas negociações de livre-comércio com os Estados Unidos.

Além da Ancine, secretarias estaduais e municipais de cultura têm também editais que desde os anos 1990 – com continuidade variável - apoiam produções em seus estados. É o caso de Recife, Fortaleza, São Paulo e Paulínia (SP). No Rio de Janeiro, a Riofilme, enquanto pode beneficiar-se da riqueza dos impostos da exploração do petróleo no estado durante a alta nos preços do combustível, tornou-se um importante investidor, sobretudo a partir de 2008. Entre 2009 e 2014, foram investidos 180 milhões de reais em trezentos projetos de empresas cariocas de audiovisual. Juntando forças com a Ancine e a Globo, sediadas na cidade, a maior parte do investimento foi dirigida para filmes de grande orçamento, na expectativa de grandes retornos e ocupação significativa das telas e salas, firmando dessa forma a produção nacional de cinema e audiovisual como atividade estável. Com a queda nos preços do petróleo depois desse período, o cenário fluminense vem se modificando.

As várias políticas públicas que vêm se desenvolvendo desde 1993 vão no sentido de firmar a produção e terminam por ativar setores como a formação profissional e técnica, produtoras e atividades decorrentes, mas também o interesse pela atividade crítica, que se renova em *blogs* ou revistas *on-line,* como a pioneira *Contracampo* ou a *Cinética,* a *Cinequanon* e várias outras, além da reedição da *Filme Cultura*[49]. Somam-se a estes o surgimento de revistas especializadas na economia do cinema e sua atividade, como a *Filme B* ou *sites* como o Cenacine, do Centro de Análise do Cinema e do Audiovisual (Cena), além da própria Ancine e o Observatório Brasileiro do Cinema e do Audiovisual (OCA) – que abrangem informações desde o período da Embrafilme[50].

Tudo isso ativou a pesquisa sobre o cinema brasileiro. A preservação fílmica e o acesso às produções do passado aumentaram e foram beneficiados com as novas tecnologias que vêm permitindo a digitalização, restauração e, principalmente, a difusão de filmes e documentos dos arquivos, ainda que a Cinemateca Brasileira continue a enfrentar seus históricos problemas estruturais. O mercado exibidor brasileiro e as políticas de patrocínio e incentivo cultural de Estado – assim como a Ancine – ainda não deram a devida atenção ao potencial econômico da restauração de filmes, como vem ocorrendo nos Estados Unidos e na Europa.

Desenvolver uma "indústria cinematográfica brasileira" e ocupar as telas com obras nacionais é uma aspiração histórica do cinema brasileiro, que se atualiza pelos imperativos do comércio audiovisual global que abordamos mais atrás: é uma necessidade econômica para a sua sobrevivência e reprodução. Ocupar as telas ou fazer o *market share* é a condição para a sobrevivência de uma produção estável e contínua, tal como se desenha no período contemporâneo. Isso, no entanto, como vamos observar mais à frente, tem impacto direto sobre os temas, gêneros, formatos e tipo de filmes realizados em vista da necessidade de atrair o público e chegar às bilheterias significativas e aspirando, até mesmo, vencer competições como o Oscar, algo que não mobilizava os realizadores brasileiros ao longo da história, muito pelo contrário.

Além disso, desde 1993, com as leis de incentivo e depois com o fomento da Ancine buscando dar mais solidez e continuidade aos processos de realização cinematográfica, diante da complexidade dos novos procedimentos de criação audiovisual e seu financiamento, as produtoras, o produtor e o produtor executivo passam a ter papel fundamental. Os filmes miram a profissionalização em torno de modelos já estabelecidos que possam atrair grandes públicos, a partir, entre outros, de cursos de roteiro em Sundance, nos Estados Unidos, e maior participação das companhias americanas, as *majors,* que, como coprodutoras, influenciam nas produções, o que é visível em diversos filmes que adaptam à brasileira muitos desses recursos – como mostraremos adiante.

É com essa perspectiva sobre o cinema brasileiro que a Globo Filmes se instala e se vê como a empresa mais habilitada a produzir audiovisual de massa no país, com o "melhor conteúdo nacional". Com esse espírito, entra para a coprodução cinematográfica em 2000 com *O Auto da Compadecida*, originalmente uma peça homônima do dramaturgo Ariano Suassuna, de 1955, com seus coronéis, sertanejos, padres, cangaceiros, música regional, sotaques, religiosidade e tudo o que é tipificado pela emissora como "nordestino", portanto essencialmente nacional[51]. As outras redes de comunicação, como o SBT, a Record e a Bandeirantes, também fizeram algumas experiências cinematográficas ocasionais e descontínuas.

MERCADO É CULTURA?

É importante compreender que, em termos de cinema, a ambição primeira de um país é ter um cinema que fale a sua língua, independentemente de um critério de maior ou menor qualidade comercial ou cultural. O espectador quer ver-se na tela de seus cinemas, reencontrar-se, decifrar-se. [...] A ligação entre uma tela de cinema – na qual é projetada uma luz, que se reflete sobre o rosto do espectador – à ideia de espelho, espelho das águas, espelho de uma nacionalidade, é uma ideia que está implícita num conceito de cinema nacional.
GUSTAVO DAHL

Gustavo Dahl, diretor do Cinema Novo, escreveu em 1977 um artigo com o então polêmico título acima, no qual defendia a produção para o mercado, o que não era prática bem-vista entre seus pares naquele momento[52]. Ao examinar a produção brasileira entre 2000 a 2016 – em especial, os filmes de grandes bilheterias –, é oportuno voltar a esse postulado na forma de uma interrogação, uma vez que a manutenção de uma indústria cinematográfica estável depende da relação forte com o público. Como isso está se dando? O que caracteriza esses filmes? Qual o papel da televisão nesse cenário? Por fim, grandes bilheterias significam a consolidação de uma indústria brasileira de cinema?

Como visto nos capítulos anteriores, o cinema brasileiro desenvolveu-se apartado da televisão, da publicidade e das empresas de comunicação, ainda que possam ser encontrados episódios de contato. As grandes empresas de comunicação comportam jornais, rádios e/ou emissoras de televisão, e, no entanto, o cinema sempre foi visto e exercido como uma atividade autônoma, orientada em geral por critérios artísticos e poucas vezes, mesmo em períodos de produção para mercado, como o da Embrafilme, por exemplo, conseguiu ultrapassar o formato individualizado e/ou autoral, chegando a um modelo industrial. Isso definiu suas estratégias de sobrevivência, os seus conteúdos e o público eventual que criou em torno deles. Televisão e cinema desenvolveram-se, portanto, separados e, em muitos sentidos, antagônicos. Ao cinema não foi possível constituir-se como atividade econômica autossuficiente, dependendo do apoio do Estado, enquanto a TV, sustentada pela publicidade, é atividade privada altamente lucrativa, o que teve consequências na forma de perceber cada um dos meios: o cinema, *grosso modo*, era lugar da "arte" e preocupações sociais, e a televisão, de divertimento. Jean-Claude Bernardet confirma isso: "até hoje trabalhar para o público não é bem-visto entre os cineastas"[53].

Foi nesse contexto que a Rede Globo de Televisão entrou na coprodução não mais cinematográfica, e sim audiovisual, orientada por um esquema empresarial em que a concepção de uma obra para o cinema não se separa do seu planejamento como negócio de múltiplos desdobramentos entre os meios – cinema, televisão – e plataformas: TV aberta, TV paga, sala de cinema, *home video*, internet etc. Como lembra Juliana Sangion, "Os veículos são muitos, mas a linguagem pode ser a mesma, o que para as empresas de comunicação integradas e concentradas significa maior possibilidade de maximização dos lucros"[54].

Esse mecanismo empresarial comanda a produção, os conteúdos e as formas estéticas da Globo Filmes. Baseando-se na repetição e reiteração das formas, formatos e conteúdos produzidos e distribuídos em várias plataformas e as necessárias distinções de cunho ora artístico (um autor consagrado culturalmente, como Ariano Suassuna; um diretor reconhecido pela crítica, como Jorge Furtado), ora de gênero, numa estética criada prioritariamente para a tela pequena. Segundo Juliana Sangion:

> Quando a Globo Filmes estreou no setor cinematográfico, o *market share* da produção nacional girava em torno de 6 a 7% do mercado brasileiro. Na fase em que a Globo Filmes se consolidou, em 2003, os filmes brasileiros chegaram a representar 21,4% do mercado. Apesar da situação não ter se mantido (oscilando em torno de 12% na fase seguinte), em 2010 bateu 19% enquanto, no ano seguinte, o *share* de mercado do filme nacional recuou para 12,6%[55].

Isso ocorre porque os diferentes produtos (filmes, seriados, minissérie) assim como o elenco, os gêneros costumeiramente empregados (melodrama, comédia, reconstituição histórica e ação) ou a dramaturgia repetem e reiteram, em diferentes telas, formas a que o público já está habituado, atrelando o espectador consecutivamente a uma só marca – a da Rede Globo de Televisão[56], e a formas estéticas de produtos prioritariamente televisuais (onipresença de primeiros planos ou planos aproximados, iluminação e cores chapadas, desenvolvimento narrativo simplificado) e, no melhor dos casos, criando produtos híbridos entre o cinema e a televisão.

Como observa Oliveira, repercutindo dados e o pensamento da empresa:

> Desde 1998, a Globo Filmes produziu cerca de 140 filmes e levou um público de mais de 160 milhões de pessoas às salas de cinemas espalhadas pelo país, sendo responsável pela produção dos maiores sucessos de bilheterias da história do cinema brasileiro – consolidando assim um mercado cinematográfico contínuo e competitivo[57].

Apesar do carisma da Globo Filmes e do sucesso que possa estar vinculado à sua participação nas produções, seu investimento nos filmes se dá exclusivamente através de publicidade na grade de programação da emissora. Para isso, até 2014 os projetos eram submetidos a Daniel Filho[58] e Guel Arraes, os responsáveis pelas coproduções, que, em caso de aprovação, eram acompanhadas e eventualmente corrigidas segundo os critérios destes durante todo o processo de realização e lançamento. Daniel Filho, por exemplo, fazia sessões prévias de seus filmes com espectadores e, a partir das reações, realiza mudanças para atingir melhor, segundo esse critério, o gosto do público[59]. De todas as 25 maiores bilheterias dos anos 2000, apenas *Tropa de elite* (2006) não teve coprodução da Globo Filmes, o que aconteceu em *Tropa de elite 2*.

PRODUÇÕES BRASILEIRAS DE GRANDE PÚBLICO (2000 A 2016)[60]

Com a necessidade de ocupação cada vez maior das salas de exibição em resposta aos investimentos e ao fomento público com vistas a consolidar a produção nacional, é possível observar ao longo dos anos um tatear em busca do gosto do espectador por meio de temas de atualidade, gêneros, atores, locações ou histórias agradáveis e significativas para o público em geral, já experimentadas em programas de televisão, peças de teatro, livros de grande vendagem, franquias de filmes de sucesso e conteúdos produzidos e veiculados com grande repercussão pela internet. O risco de desagradar o espectador e o capital investido é minimizado ao máximo. Como a televisão é o principal meio de entretenimento popular e coprodutora de grande parte dos filmes, o período foi marcado por adaptações de seus programas de sucesso – minisséries ou programas semanais de humor exibidos inicialmente na TV aberta (*Os normais*, 2003; *Casseta e Planeta – a taça do mundo é nossa*, 2003; *A grande família*, 2007) e a partir, marcadamente de 2010, com a maior penetração popular da TV a cabo, de adaptações cinematográficas dos seriados de humor do Multishow (*Cilada.com.*, 2011; *Meu passado me condena*, 2013; *Vai que cola*, 2015), resultando em comédias e comédias românticas que se consagram como os gêneros de maior audiência do cinema brasileiro no período (*O Auto da Compadecida*, Guel Arraes, 2000 – 2.157.166 espectadores; *Se eu fosse você*, 2006 – 3.644.956), entre muitos outros filmes.

Foram realizados também alguns filmes de ação (*O assalto do Banco Central*, 2011; *Alemão*, 2014; *Operações especiais*, 2015), biografias (*Olga*, 2004; *Lula, o filho do Brasil*, 2010), filmes para crianças e adolescentes (filmes da Xuxa, entre 2001 e 2009; filmes com Renato Aragão, entre 2006 e 2008, *Tainá*, 2001; *Tainá 1*, 2005; *A turma da Mônica em uma aventura no tempo*, 2007; *Confissões de adolescente*, 2014; *Carrosel*, 2015; *É fada*; *Carrossel 2 – O sumiço de Maria Joaquina*, 2016) e até filmes religiosos (*Maria, a mãe do Filho de Deus*, 2002; *Irmãos de fé*, 2004; *Bezerra de Menezes*, 2008; *Chico Xavier*, 2010; *Nosso Lar*, 2010; *As mães de Chico Xavier*, 2011; *Os 10 Mandamentos*, 2016), que parecem apontar para o estabelecimento de um novo gênero nacional, o que ainda não se confirmou. Problemas como a criminalidade ou a vida na favela e a sua tomada pelo tráfico de drogas – acontecimentos do dia a dia do noticiário midiático – foram abordados a partir de livros consagrados (*Cidade de Deus*, 2002, e *Carandiru*, 2003). Como filmes, no entanto, cinco deles tornaram-se emblemáticos por terem sido capazes de dialogar com grandes plateias, suscitando a volta de discussões sobre o país a partir do cinema: *Cidade de Deus, Carandiru, Tropa de Elite 1 e 2* (2006 e 2010) *e Que horas ela volta?* (2015). Recuperaram de forma efêmera um lugar para o cinema na cultura e sociedade brasileiras, legitimando a atividade e os investimentos em sua produção, sobretudo junto às audiências de classe média, frequentadores dos novos e dispendiosos multiplexes e refratários ao desvalorizado "cinema nacional".

Entretanto, embora filmes como *Cidade de Deus, Carandiru* ou *Que horas ela volta?* tenham gerado essas repercussões, alguns deles desdobrando-se até em minisséries para a TV ou franquias, assim como *Tropa de elite e Tropa de elite 2* – a segunda maior bilheteria brasileira de todos os tempos –, outras produções ao longo do período, com temáticas assemelhadas e de grande interesse, como *Alemão* (José Eduardo Belmonte), por exemplo, sobre a midiática liberação do Complexo do Alemão sob o domínio do tráfico de drogas pela polícia carioca em 2010, não tiveram a mesma repercussão.

FILMANDO A "REALIDADE"

Alguns filmes realizados nesse período tornaram-se expressivos por suas repercussões para além das salas de cinema, o que foi momentaneamente significativo para o reconhecimento e a inserção do cinema na vida brasileira, sobretudo em 2002, quando esse processo ainda começava. Segundo o editorial da revista eletrônica *Contracampo*:

> Em 2002, o cinema brasileiro voltou às conversas, às telas e às páginas de jornal. [...]. Ano foi importante para a consolidação de uma série de posições em relação ao nosso cinema: o fenômeno de público de *Cidade de Deus*, a qualidade de filmes lançados ao longo do ano levaram o cinema ao centro da discussão cultural no país – *Cidade de Deus*, *O Invasor* (Beto Brant), *Madame Satã* (Karim Ainouz), *Edifício Master* (Eduardo Coutinho), *Ônibus 174* (José Padilha), uma volta contundente ao retrato da situação atual em suas facetas[61].

Baseado em romance de repercussão de Paulo Lins editado em 1997, *Cidade de Deus* narra, do ponto de vista de um jovem morador negro, o cotidiano da Vila Kennedy – o lugar que se formou a partir de um suposto programa de erradicação de favelas no governo de Carlos Lacerda nos anos 1960. Deixando de lado as preocupações sociais que ocuparam o Cinema Novo, o filme de Fernando Meirelles – segundo longa-metragem de uma carreira ligada à publicidade – centra a ação na questão de como os jovens pobres são levados à criminalidade, destacando a rivalidade entre Zé Pequeno e Sandro Cenoura. A meio caminho entre o filme de *gangster* e ação, numa filmagem eficaz, trama a partir da ação desses personagens o espetáculo de desvendamento de um lugar deixado à margem pelo cinema havia décadas, num formato palatável ao novo espectador de classe média.

O filme cativou o público por fazer do território da favela, da pobreza, do tráfico de drogas e até da miséria um espetáculo. Como aponta o crítico Inácio Araújo, "se propõe a mostrar como, numa favela do Rio de Janeiro, crianças começam a se tornar criminosas, como funciona essa engrenagem que começa com a exclusão social, a falta de perspectiva dos pobres, o descaso do Estado, o tráfico de drogas, a formação de associações criminosas, os assassinatos em massa"[62].

Meirelles transita por essa realidade através do olhar do correto garoto Buscapé, que se torna fotógrafo, espécie de alterego do diretor. Ele pertence àquele mundo, mas não faz parte dele e é desse ponto de vista seguro e exterior, de antemão crítico à situação, mas não deixando de tirar todo o proveito espetacular e sangrento da violência que encena, que o filme se desenvolve. Não há nenhuma proximidade com o olhar cúmplice da tradição do Cinema Novo, em que a caracterização dos bandidos vai ao encontro da percepção do público: são bandidos, e não vítimas sociais. A proximidade agora é com o cinema americano: a caracterização dos personagens principais obedece à lógica do filme de *gangster*, com direito a um verdadeiro facínora desde a mais tenra idade. Estamos entre *Scarface* de Howard Hawks (1932), na composição dos *gangsters*, e Quentin Tarantino no gosto e gozo da violência, de suas cores e formas, embora sem o seu humor. Menos, porém, do que emular o filme americano, o que interessa é sua agilidade, a qualidade de construção narrativa, a caracterização dos personagens, no que busca se aproximar de certos filmes de Martin Scorsese. Em meio ao espetáculo, há a impressão do real que emerge – e foi justamente isso que causou tanto interesse e impacto no público e na mídia. Havia algo realmente novo ali. Novos paradigmas estéticos, novos paradigmas de representação do outro, do pobre, da realidade. Salvo o bandido de Matheus Nachtergaele (Sandro Cenoura) e Bené (Phellipe Haagensen), o amigo de Zé Pequeno, que é mulato, os bandidos e o protagonista são, em sua maioria, todos negros, embora a comunidade apresente personagens brancos, principalmente as crianças que protagonizam a cena mais terrível do filme.

O filme provocou acaloradas discussões contra e a favor dessa forma de representação, mas funcionou como uma revelação daquele território mostrado agora a partir de novos paradigmas que agradaram o público. No entanto, por conta do espetáculo da violência, teria funcionado como uma forma de "turismo seguro" em que se pode observar "pobres matando pobres"[63]. Da avaliação de Ivana Bentes, surge outra, o conceito de "cosmética da fome", fundado essencialmente sobre esse filme. Pode-se discordar dele, uma vez que o paradigma que o orienta é o do Cinema Novo. Os tempos são outros, a compaixão diante dos pobres rompeu-se, a estética e a tecnologia não são mais as mesmas, no entanto o seu sentido causa um estranhamento necessário.

Cidade de Deus fez 3.370.871 espectadores e obteve tal repercussão, que gerou em pouco tempo uma minissérie a partir do seu tema, *Cidade dos homens*, com roteiros de Jorge Furtado, entre outros, no mesmo ano, e com sucesso ainda maior do que o filme. Além disso, a favela, tal como vista no filme, vai também para a TV nas novelas. Negros passam a ser personagens mais presentes ainda, sobretudo como bandidos, mas ensaia-se também dar a atrizes – em especial, à bela Camila Pitanga – maior protagonismo em algumas novelas.

Independentemente do sucesso de bilheteria, o ano de 2002 estava com os olhos voltados para as margens, pois é desse mesmo momento *O invasor*, versão paulista sobre a criminalidade nas periferias, representada com mais sutilezas e contradições do que o filme de Fernando Meirelles. *O invasor* do título age para os ricos que, pela sua cumplicidade, acabam sendo tragados por ele. A *Cidade de Deus* seguiram-se algumas tentativas em torno do mesmo tema, em filmes como *Cidade dos homens*, de Paulo Morelli (2007) ou *Alemão*, de José Eduardo Belmonte (2014).

Carandiru, dirigido pelo veterano Hector Babenco, também baseado num *best-seller*, o livro *Estação Carandiru* (1999) do médico Drauzio Varella, apoia-se, como *Cidade de Deus*, no impacto visual e dramático da representação de um universo pouco habitual do cinema brasileiro, um grande presídio. O filme mostra o bárbaro massacre do Carandiru ocorrido no antigo presídio em São Paulo em 1992, ocasião em que, para conter um tumulto entre os presos de um pavilhão, a Polícia Militar invadiu o local, e 111 presos foram mortos, a maior parte deles sem armas ou resistência.

Aproveitando os diversificados relatos do médico, que atuou por vários anos no presídio, o filme constrói sua trama a partir do cotidiano do lugar: os pequenos e grandes poderes, a corrupção entre os presos, e entre esses e as autoridades: rivalidades, afetos, relações com os familiares, homossexualidade, lazer, assim como os castigos e privações, até a espantosa invasão e execução dos presos pela polícia. Tudo na imagem é monumental, a começar pelo próprio presídio, pela circulação constante de personagens, pelas cores carregadas, pelas explosões de júbilo da massa – como no *show* de Rita Cadillac ou nas agressões com as hordas de policiais que invadem o lugar, os corpos feridos e mortos, o sangue que jorra e corre caudaloso pelas escadarias junto com os presos sobreviventes que abandonam o prédio. Essa representação do universo prisional brasileiro e suas mazelas, que tira proveito espetacular e sensacional dos eventos que descreve, termina com as imagens documentais da implosão do complexo do Carandiru, realizada no mesmo momento das filmagens, em 26 de maio de 2003. Como se as imagens daquela destruição – mais uma vez espetacular – estivessem dando um fim às barbáries que o filme retratou.

Carandiru vendeu 4.693.853 ingressos e, junto com filmes como *Lisbela e o prisioneiro*, de Guel Arraes; *Os normais*, de José Alvarenga Jr.; *Didi, o cupido trapalhão*, de Paulo Aragão; *Deus é brasileiro*, de Cacá Diegues; e *O homem que copiava*, de Jorge Furtado, entre outros, contribuiu para tornar o ano de 2003 o melhor de todos do ponto de vista da bilheteria, com o *market rate*, a taxa de ocupação das salas com filmes brasileiros, da ordem de 22% ou 22 milhões de espectadores, segundo os dados da Ancine, número que não voltou a se repetir.

Devido à forte repercussão, o filme desdobrou-se também num seriado na TV Globo, *Carandiru, outras histórias*, de 2005, com direção de Walter Carvalho. A temática prisional estendeu-se ainda no documentário *O prisioneiro da grade de ferro*, de 2003, onde Paulo Sacramento entregou a câmera aos detentos do Carandiru para que construíssem os seus próprios relatos sobre aquele mesmo universo.

Tropa de elite, de José Padilha, lançado em 2007, foi um acontecimento com repercussões ainda maiores. Baseado no livro *Elite da tropa* (2006), escrito em 2003 pelo ex-coordenador da Segurança do Rio de Janeiro, Luiz Eduardo Soares[64], e dois ex-policiais do Batalhão de Operações Policiais Especiais da Polícia Militar (Bope) do Rio de Janeiro, o filme aborda a formação de uma tropa policial capaz de lutar contra o tráfico de drogas nas favelas do Rio de Janeiro e a corrupção da Polícia Militar imersa e cúmplice dos crimes que devia combater. Se o livro traça "um panorama sombrio da segurança pública no Rio de Janeiro, explicitando que as 'políticas' de segurança não prescindem da violência policial no trato da criminalidade, que a corrupção está profundamente arraigada nas instituições e que existe uma forte relação entre violência e corrupção"[65], no filme a encenação da violência é levada a patamares de alta tensão e brutalidade, garantida inclusive pela preparação dos atores – submetidos aos mesmos rigores e à mesma truculência do treinamento dos policiais[66]. No entanto, a ideia da força saneadora desse suposto grupo "limpo" termina por autorizar a produção de cenas como a da tortura de um bandido negro – sempre negros – com um saco plástico sufocando sua cabeça, cena que foi aplaudida em inúmeras exibições. Essa nova representação, assim como já vimos em *Cidade de Deus*, parece ter respondido aos anseios do público que lotou os cinemas (2.417.754 espectadores). Conforme Isabela Boscov, o filme destacou-se não apenas por suas cenas chocantes, mas por romper com "a tradição nacional de narrar uma história pelo ponto de vista do bandido" e com a "visão pia e romantizada do criminoso"[67].

Tropa de elite alçou o capitão Nascimento (interpretado por Wagner Moura) à condição de herói nacional – o ator, confundido com seu personagem, foi aplaudido em lugares públicos, apesar da ambiguidade e das práticas pouco ortodoxas do capitão. A narrativa centrada nas ações da tropa dirigida por Nascimento mostra ainda a formação de seu discípulo – o aspirante André Matias (André Ramiro), um jovem negro estudante de direito. A ação é então levada para uma das aulas de Matias, em que Michel Foucault é o tema, oportunidade para o filme desfazer do pensamento crítico tratado como inútil e alienado diante da realidade cruenta que reclama a ação para o seu combate necessariamente brutal e, por isso, mal compreendido pelas camadas intelectualizadas. Na universidade, entre estudantes de classe média, estão também os cúmplices do tráfico e da violência da favela – consumidores de droga – que revoltam, mas enchem de garra em sua batalha o jovem aspirante. Dessa forma, o filme eleva o Bope e seus membros à condição de salvadores: a sua causa é justa, e os seus atos são justificados.

Esse tipo de tratamento espetacularizado e a dicotomia entre bons e maus se aprofunda em *Tropa de elite 2: o inimigo agora é outro*, quando a ação do agora coronel Nascimento, vice-secretário da Segurança Pública, dirige-se às milícias das periferias cariocas e aos políticos, os verdadeiros responsáveis pelo que se vê nas imagens que chegam a Brasília para, num sobrevoo ao Palácio do Planalto, sugerir que toda a corrupção de que se fala emana dali. Reitera com esse discurso anseios autoritários de uma suposta pureza social em que a responsabilidade pelo mal está sempre só no outro: nos políticos que são sempre corruptos e no governo feito apenas desse tipo de políticos, esvaziando inclusive qualquer potência positiva da política como forma de ação e eximindo assim o espectador de refletir sobre as suas próprias ações e responsabilidades na construção e manutenção desse estado de coisas. O filme mima o espectador nas certezas que já nutre sobre esse universo – os bandidos, os negros, os policiais, os favelados e os políticos são todos maus, enquanto nós, conforme se vê na imagem – os outros – estamos isentos de todo esse mal. Dessa forma, o filme, ao apresentar uma aparência de justiça na ação do Bope, permite ao público – 11.146.723 de espectadores, a segunda maior bilheteria do cinema brasileiro – momentos de catarse coletiva. O inferno, como já se sabe, são os outros. Assim, menos do que uma obra artística relevante, tornou-se antes de tudo, em suas duas edições, um evento sociológico. A versão de 2007, meses antes de seu lançamento, foi exaustivamente pirateada, o que não prejudicou sua expressiva bilheteria no lançamento nos cinemas. Entretanto, como o filme criticava a polícia, surgiram versões anônimas feitas por policiais com imagens de ações de combate ao crime. Apesar de convites e até da concorrência entre Globo e Record para a produção de uma série a partir do filme, ela acabou não se efetivando. Em 2014, José Padilha dirigiu em Hollywood uma nova versão de *RoboCop*. Com ameaças de morte no Brasil, Padilha vive nos Estados Unidos, onde dirigiu em 2015 dois episódios de *Narcos* sobre o traficante Pablo Escobar, novamente com Wagner Moura como protagonista.

Apostando na mesma chave "realista" e de desvendamento de grandes acontecimentos nacionais, *Assalto ao Banco Central*, com direção de Marcos Paulo, mostra o que não se viu no gigantesco furto ao Banco Central de Fortaleza em 2005, a ação dos ladrões infiltrados antes da invasão. No entanto, é muito próximo do americano *Onze homens e um segredo* (Steven Soderbergh, 2001), sem os mesmos meios. Fez 1.966.736 espectadores.

Alemão (José Belmonte, 2013) investe na preparação e nas escaramuças entre policiais de inteligência infiltrados e traficantes na tomada do Complexo do Alemão em 2010, quando foram instaladas as Unidades Pacificadoras (UPPs) que estariam liberando os morros cariocas do poder do tráfico de drogas – evento ampla e espetacularmente coberto ao vivo pela mídia na ocasião. Tratava-se, portanto, de mostrar o que a TV não mostrou, o que o filme faz exagerando na tensão dos afrontamentos e resvalando no melodrama: Antônio Fagundes é um chefe de polícia em conflito com o filho também policial. No entanto, apesar de uma bilheteria menos expressiva de 955.841 espectadores, *Alemão* chamou novamente a atenção para o gênero de ação/policial ambientado na favela. Em duração aumentada através de material jornalístico, foi transformado em minissérie da TV Globo em 2016.

Ancorado no mesmo gênero e temática, *Operações especiais* (2014 – 344.838 espectadores), de Tomás Portella, foca os desdobramentos da invasão no Complexo do Alemão quando os traficantes expulsos dos morros tomaram as cidades vizinhas. Acompanhando a tendência contemporânea de incluir protagonistas femininas fortes e corajosas em franquias americanas de ação (*Jogos vorazes, Mad Max, Star Wars*), Cléo Pires tenta encarnar uma policial honesta em meio à corrupção que se alastra e que deve combater. Sem sucesso. O gênero policial com viés investigativo que se volta para a corrupção, aproveitando a crise política do país desde 2015, vem crescendo em investimento e novos filmes.

Em 2015, atingindo público em torno de 500 mil espectadores, por sua repercussão e diálogo com a sociedade, *Que horas ela volta?*, de Ana Muylaert, levou para as telas a escamoteada tensão histórica da relação entre patrões e empregadas domésticas no Brasil. O tema da profunda e naturalizada segregação social brasileira já havia sido abordado em filmes expressivos, que, no entanto, não atingiram mais do que 100 mil espectadores – caso de *O som ao redor*, de Kléber Mendonça.

Em *Que horas ela volta?*, essa questão encontrou uma forma ao mesmo tempo crítica e suficientemente confortável para atingir um público maior. A ação, centrada em torno das relações entre a empregada e seus ricos patrões, desenvolve-se em cenários agradáveis, semelhantes aos que se vê nos filmes de Daniel Filho, com todas as contradições e afetos que esses papéis têm num Brasil ainda marcado pela herança de uma escravidão latente. Aqui, essas relações são problematizadas após a chegada da filha da serviçal, que foi criada no Nordeste, longe da mãe. Esta, para sustentá-la, criava o filho do patrão. No entanto, a recém-chegada, ao contrário do esperado, não "sabe o seu lugar", borrando com seu comportamento barreiras sociais tidas como naturais. Assim fazendo, apesar do apelo quase didático ao maniqueísmo na caracterização dos personagens, algo não habitual no cinema de Anna Muylaert – como a patroa quase vilã e os personagens masculinos beirando a impotência –, o filme questiona essa naturalização ao mesmo tempo que sinaliza mudanças sociais em curso nas formas de ver e viver esses papéis que vinham se modificando concretamente – sobretudo no Nordeste – nos últimos dez anos.

Ainda que não mirando diretamente questões nacionais urgentes, mas por sua bilheteria expressiva de 5.319.677 espectadores, *2 filhos de Francisco*, de Breno Silveira, destaca-se em 2005 por sua capacidade de reunir diferentes públicos com a biografia dos populares músicos sertanejos Zezé de Camargo e Luciano. A narrativa tem por foco os esforços do pai para ver o sucesso dos filhos, com destaque para a superação das dificuldades com dignidade e perseverança, construindo na tela a possibilidade de ascensão social mesmo para os mais pobres, num momento em que as políticas nacionais começavam a se centrar nesse objetivo. Suficientemente atraente para os pobres, edificante e com bom acabamento para as classes médias urbanas, o filme explora, antes de tudo, o filão sertanejo, sem desprezar o gosto das classes médias urbanas, representadas por intérpretes como Maria Bethânia e Ney Matogrosso. Ao final, como tem sido característico nos filmes do período, e não só no Brasil, o filme termina com cenas documentais e testemunhais dos dois irmãos cantando em um *show* e conversando sobre a carreira em um filme de estética e narrativa convencionais e de bom acabamento.

Sem a mesma repercussão – 669.287 espectadores –, mas explorando o mesmo veio e a combinação de cantores de sucesso no gênero sertanejo atuando como protagonistas, Jeremias Moreira, diretor conhecido por filmes desse gênero desde 1976, quando filmou a primeira versão do consagrado *Menino da porteira* com o cantor Sérgio Reis, não teve o mesmo sucesso em seu *remake* com o cantor Daniel em 2009.

CINEBIOGRAFIAS

O sucesso de *2 filhos de Francisco* consolida um ciclo biográfico no cinema brasileiro, que vinha se manifestando desde a Retomada, quando o carisma e a autoridade da história, com um tratamento sentimental e banalizado, foram utilizados para dar chancela e relevo aos filmes, como se pôde ver também com Olga, em 2004, ou *Zuzu Angel*, em 2006.

Olga Benário, personagem de *Olga*, livro de sucesso de Fernando Morais no filme de Jayme Monjardim (2004), passeia pela vida da companheira revolucionária de Luís Carlos Prestes em 1935, quando organizam a tentativa de uma revolução comunista no Brasil. Trajetória e período histórico de grandes paixões políticas e embates: o comunismo, o nazismo, o Holocausto e, no Brasil, a ditadura Vargas. O filme, no entanto, reduz os acontecimentos históricos e suas dimensões políticas unicamente à esfera privada e emotiva. Utilizando esquemas dramáticos acadêmicos numa estética imitativa e quadrada, confunde o valor da reconstituição visual "exata" de um campo de concentração com neve em Bangu, no Rio de Janeiro, com a chave para levar ao espectador os sentidos e a significação dos trágicos fatos que aborda. A memória antiditadura Vargas e o Holocausto foram banalizados pelo tratamento infantilizado e sentimental de esquemas dramáticos simplificados. No entanto, o filme respondia no Brasil a uma moda de filmes sobre o Holocausto no cinema mundial, o que o habilitou a concorrer sem sucesso à indicação ao Oscar daquele ano.

Zuzu Angel, de Sérgio Rezende (2006), visita mais uma vez a ditadura militar (1964-1985). Se Rezende é menos didático e maniqueísta do que em seu terrível *Lamarca* (1994), entroniza os mesmos esquemas estéticos e ilustrativos para abordar a luta da estilista mineira em busca do filho Stuart Angel, desaparecido e morto pelos aparelhos de repressão do regime militar em 1971. O filme alcançou 774.318 espectadores.

Aos melodramas envolvendo pais e filhos, como em *2 filhos de Francisco* ou *Gonzaga, de pai para filho* (2012), junta-se a história do ex-presidente Luiz Inácio

Lula da Silva em *Lula, filho do Brasil*, cuja relação com a mãe nordestina, mulher que abandona o marido violento e consegue educar com dignidade seus filhos é enfatizada na construção daquele que seria o popular presidente do Brasil ainda em 2010, quando o filme é lançado.

Há também filmes que trazem a história de músicos irreverentes e rebeldes que vencem na carreira e morrem jovens, como *Cazuza, o tempo não para* (2004 – 3.082.522 espectadores), de Sandra Werneck e Walter Carvalho ou *Somos tão jovens* (2011 – 1.715.763 espectadores), um trabalho sensível de Antonio Carlos da Fontoura, ou ainda *Tim Maia* (2014 – 773.541)[68] na biografia ilustrativa de Mauro Lima baseada em livro de Nelson Motta e precedida por musical de sucesso no teatro, em que se buscam o insólito, e o escândalo, fórmula constante nesse gênero. Com cortes atenuando revelações impróprias, como falar mal do cantor Roberto Carlos, o filme foi reeditado como minissérie da TV Globo em 2015. Esses filmes de resultados desiguais se apoiam, antes de tudo, na relevância dos personagens, na capacidade de revelação de uma vida – objetivo que bem poucos deles atingiram.

Bruna Surfistinha (2010 – 2.176.999 espectadores), de Marcus Baldini, é outra adaptação de livro de sucesso. Nele, a protagonista narra sua bem-sucedida trajetória na prostituição de luxo e a sua redenção, quando vira escritora de sucesso. *Getúlio Vargas* (2013 – 508.901 espectadores), centrado nos dias que antecederam o suicídio do presidente, baseia-se também em biografia, dessa vez de Lira Neto. O filme foi lançado no momento em que a oposição aos governos petistas recrudescia e a figura de Vargas parecia servir para evocar esses conflitos, como se pode ver também em *Sonho intenso* (2015), documentário de José Mariani sobre os rumos da economia brasileira e que tem no ex-presidente levado ao suicídio por seus opositores figura capital da construção de um país moderno.

Meu nome não é Johnny (2007 – 2.099.294 espectadores), dirigido por Mauro Lima, fugiu aos padrões do gênero. Baseado em livro de Guilherme Fiuza, narra a trajetória também real de um jovem de classe média alta (interpretado por Selton Mello) que, de inconsequente consumidor de droga, passa a inconsciente traficante até ser investigado pela polícia e preso durante os anos 1980.

Chatô (1998-2004 – 64.000 espectadores), com produção de Guilherme Fontes, baseado na biografia de sucesso de Fernando Morais sobre o jornalista Assis Chateaubriand, gestado a partir de 1995 e finalizado em 2015, depois de anos de polêmicas por conta do seu financiamento, teve participação do roteirista João Emanuel Carneiro e da produtora de Francis Ford Coppolla. O filme escapou da ilustração pomposa e séria que vem caracterizando o gênero, carnavalizando seu personagem num tratamento surpreendente para um filme com aspiração a grande bilheteria. Segundo o crítico João Carlos Rodrigues:

O cineasta não cai na armadilha fácil de fazer do protagonista um anti-herói simpático, absolvido pelas circunstâncias históricas. Seu Chateaubriand (Marco Ricca) é um canalha. Mas um canalha inteligente e charmoso, como também foi o verdadeiro Chatô. E Getúlio Vargas (Paulo Betti) não é o totalmente inverídico "pai dos pobres" inventado em 1954, mas o maquiavélico ditador parafascista do Estado Novo. As sequências em que contracenam esclarecem bastante o que era fazer política no Brasil antigamente[69].

Destoando desse conjunto, o ensaio de ficção histórica *A estrada 47* (2013 – 34.358 espectadores), de Vicente Ferraz, merece uma menção por ser o primeiro a abordar a difícil e pouco reconhecida participação dos pracinhas brasileiros na Segunda Guerra Mundial. Sóbrio, verossímil, escapa da facilidade dos efeitos e do espetáculo dos filmes de guerra e é, ao mesmo tempo, irônico: o heroísmo da árdua ação dos soldados da Força Expedicionária Brasileira (FEB) que o filme mostra, ao final, é contabilizado como um feito do exército americano ao qual a FEB estava subordinada[70].

Ainda que não seja exatamente uma cinebiografia, é preciso lembrar de *O palhaço* (2011 – 1.242.800 espectadores), dirigido e protagonizado pelo ator Selton Mello. Em um tempo fora do tempo e um Brasil inespecífico, e dessa forma abarcando todo o seu território num circo mambembe, o filme traz um jovem palhaço à procura de sua identidade.

FILMES RELIGIOSOS

Próximo às biografias, mas constituindo um gênero autônomo e prolífico desde o início do cinema, inclusive no Brasil, os filmes religiosos – entre eles, os filmes hagiográficos[71] e os sobre a vida de Cristo – atraíram grande público no período, assim como aqueles sobre figuras relevantes do espiritismo no país: *Bezerra de Menezes* e *Chico Xavier* ou da *Bíblia: Os Dez Mandamentos*. A boa recepção do público, bem como o patrocínio da Igreja católica e entidades espíritas, como a Estação Luz, estimularam novas produções até 2011. Os evangélicos da Igreja Universal do Reino de Deus entram em 2016. O que parecia se esboçar em 2010 como um rendoso filão temático a ser explorado no "campo do filme religioso"[72], prospera no entanto de forma dispersa. Centrando em geral e tendo como principal apelo o contato entre vivos e mortos, os filmes transitam também pelo fantástico, pelo horror ou mesmo a ficção científica, como chama a atenção Laura Loguercio Cánepa[73].

Moacyr Goes dirige o carismático Padre Marcelo Rossi em *Maria, a mãe do Filho de Deus* (2.332.873 espectadores) e *Irmãos de fé* (966.021 espectadores) sobre os apóstolos Paulo e Pedro. As narrativas partem do tempo presente, com personagens jovens em dificuldade, a quem o padre conduz pela vida de Jesus ou de seus apóstolos. A reconstituição dos tempos bíblicos em praias do Nordeste, numa encenação despojada, atores globais como Giovanna Antonelli (Maria) ou Thiago Lacerda (Pedro), as músicas de Marcelo Rossi e as narrativas na chave do melodrama de aprendizado e superação pela fé, bondade e resignação, caros ao filme religioso cristão, dão bons resultados.

Bezerra de Menezes – o diário de um espírito, direção de Glauber Filho e Joe Pimentel, interpretado por Carlos Vereza, surpreendeu pela produção modesta e grande bilheteria: 800 mil espectadores. Filmado em digital em Alagoas, teve financiamento de entidades espíritas. Segundo Cánepa, esse é o exemplo de um filme militante para divulgar o espiritismo[74].

Em 2010, Daniel Filho dirigiu a biografia *Chico Xavier* (3.413.231 espectadores) em chave de melodrama, contrastando os sacrifícios, incompreensões e preconceitos do protagonista no passado com as angústias de um casal que busca contato com o filho morto em trágico acidente.

Em 2011, a exploração do gênero parecia ter chegado ao seu ápice. Prometendo efeitos especiais desconhecidos no país, Wagner Assis dirigiu a superprodução *Nosso lar* (4.060.304 espectadores). Numa estética que remete ora ao teatro espírita em concepção cênica das antigas novelas da TV Tupi, ora buscando grandes voos estéticos com efeitos especiais para conceber o lugar onde habitam os mortos – trens suspensos, jardins floridos nos quais músicos tocam Bach incessantemente! –, o filme alia, segundo Cánepa, "espetáculo cinematográfico, melodrama e pregação religiosa"[75]. Buscando repetir os sucessos anteriores, Glauber Filho dirige *As mães de Chico Xavier* (2011 – 517.330 espectadores), aprofundando o tema do contato entre mães e seus filhos mortos. *E a vida continua* (2012), de Paulo Figueiredo, já não tem maior expressão nas bilheterias.

No início de 2016, a Rede Record e a Igreja Universal do Reino de Deus, proprietária da emissora, lançaram *Os Deus Mandamentos*, filme realizado por Alexandre Avancini a partir da edição da novela produzida na TV Record com sucesso em 2015. O filme foi distribuído em mil salas – a maior ocupação de telas do cinema brasileiro em todos os tempos – com uma pré-venda de ingressos que, segundo os exibidores, lotou as salas por dias seguidos, somando, no lançamento, mais de 2 milhões de ingressos vendidos[76]. A estratégia de *marketing* entre os fiéis foi interromper os cultos religiosos para a projeção do *trailer* e a venda de ingressos. Dessa feita, houve a entrada agressiva dos evangélicos na conjunção igreja e cinema, o que acabou rendendo a maior bilheteria brasileira: segundo a Ancine, foram vendidos 11.216 ingressos. A concepção cenográfica e narrativa é de um Egito das animações da Disney filmado em Jacarepaguá. A impressionante cena da abertura do Mar Morto contou com produção americana segundo a matriz do filme de Cecil B. de Mille de 1956.

FILMES PARA CRIANÇAS E ADOLESCENTES

A temática infantojuvenil foi se destacando paulatinamente na produção contemporânea. Além dos filmes dos Trapalhões e de Xuxa Meneghel, que remontam aos anos 1970 e 1980, respectivamente, e que examinaremos mais adiante, foram esparsas as tentativas no gênero, e alguns deles estão ligados a sucessos da televisão. O mais ousado e caro terá sido *Acquária* (2003 – 837.695 espectadores), de Flávia Moraes – tentativa de um *Star Trek* (2009) à brasileira –, em que a dupla de cantores Sandy e Júnior evolui em meio a cenários áridos num planeta perdido onde se busca fabricar água. *Tainá – uma aventura na Amazônia*, (2000 – 853.210 espectadores), de Tânia Lamarca, e *Tainá – a aventura continua* (2004 – 788.442 espectadores), de Mauro Lima, filiam-se a uma categoria em extinção: o filme remete às aventuras de crianças e adolescentes nas matas em contato com índios ou animais tropicais caros à literatura infantojuvenil nacional, tema que tem sido atualizado pelas preocupações ecológicas. O interior do Brasil, as regiões rurais e os signos trópico-nacionais não foram um cenário atraente para os filmes de bilheteria massiva. Em sentido oposto, *Rio* (2010) e *Rio 2* (2013), filmes americanos da Fox que exploram o carisma da cidade depois da escolha do Brasil como sede dos jogos da Copa do Mundo, os signos e cores da nacionalidade – de papagaios a araras e tucanos, ou a floresta – deram o tom. A favela, no entanto, não deixou de ser o lugar dos bandidos.

A turma da Mônica em uma aventura no tempo (2008), de Mauricio de Souza, foi a única animação infantil de relativo sucesso do período: 531.656 espectadores. *Confissões de adolescente* (816.971 espectadores), de Daniel Filho, *Carrossel* (2.535.806), de Alexandre Boury, e *Carrosel 2 – O sumiço de Maria Joaquina* (2.525.328), de Maurício Eça, originalmente séries de TV da Cultura e do SBT, respectivamente, abordaram o filão adolescente – a descoberta do amor, do sexo, as dificuldades na escola –, gênero praticamente inexplorado, especialmente depois de 2009, quando todos os investimentos se concentraram mais e mais em comédias concebidas para um público amplo. No entanto, desde 2016 com *É fada*, quando Daniel Filho traz para o cinema a vloguera Kéfera, as produções infantojuvenis e "familiares", algumas delas com forte ligação com produções de grande audiência da internet, vão ter presença expressiva nas bilheterias de 2017[77].

O CINEMA E A TELEVISÃO

Demarcamos o início da produção contemporânea no ano 2000, quando *O Auto da Compadecida*, minissérie de TV em quatro capítulos, feita em 1998, foi reeditada como filme, selando não só a entrada da televisão como participante, mas também como um novo padrão estético, narrativo, dramático e temático para o cinema brasileiro. Seu sucesso, com 2.157.166 bilhetes vendidos, marcou a entrada da Globo Filme nas coproduções com temática cômica, popular e nacional já testada. Esse trânsito intermidiático entre produções televisivas e o cinema e do cinema para a TV aberta ou por assinatura passa a integrar as formas habituais de realização do período, aprofundadas com o uso comum do digital.

Isso pôde ser visto em filmes que desde os anos 1970 se dirigiam às grandes audiências dos Trapalhões e de Xuxa Meneghel, voltados prioritariamente ao público infanto-juvenil e que se reproduzem ainda nos anos 2000 em títulos como – *Xuxa e os duendes* (Paulo Sérgio de Almeida, 2001 – 2.657.091), *Xuxa e os duendes 2* (Paulo Sérgio de Almeida, 2002 – 2.301.152), *Didi, o cupido trapalhão* (Paulo Aragão, 2003 – 1.758.579), *Xuxa e o tesouro da cidade perdida* (Moacyr Góes, 2004 – 1.331.652), *Didi quer ser criança* (Reynaldo Boury, 2004 – 982.175), *Xuxinha e Guto contra os monstros do espaço* (Moacyr Góes, 2005 – 596.218), *Didi, o caçador de tesouros* (Marcus Figueiredo, 2006 – 1.024.732), *Xuxa gêmeas* (Jorge Fernando, 2006 – 1.007.490), *O cavaleiro Didi e a princesa Lili* (Marcus Figueiredo, 2006 – 742.340) e *O guerreiro Didi e a ninja Lili* (Marcus Figueiredo, 2008 – 647.555).

Os filmes voltados ao público infantil são expressivos de um tratamento formal e narrativo consagrado entre os anos 1970 e 1990 – as adaptações à brasileira de contos de fadas, personagens ou temáticas infantis – e se consolidaram como as grandes bilheterias nacionais. No entanto, se prosseguem nos anos 2000 no formato estabelecido, novas produções miram esse e um público mais amplo. A temática propriamente infantil está se desfazendo.

Esse veio que mostrava sinais de esgotamento nos descendentes números da audiência, foi momentaneamente revitalizado em 2009, quando do conto de fadas *Xuxa em O mistério da Feiurinha* (1.307.135) participam atores em ascensão no gosto do público, como Paulo Gustavo e Leandro Hassum. Significativamente é em 2009 que as comédias passam a liderar as grandes bilheterias – são cinco nesse ano – e posteriormente tanto Xuxa Meneghel quanto Renato Aragão e o tipo de filmes que produzem não faz mais eco às novas audiências que vinham se estabelecendo e sendo formadas por novos produtos. Ainda que Xuxa tenha recebido o título de "rainha do cinema" no Festival de Gramado de 2009, tanto ela como Renato Aragão não voltaram a filmar desde então.

A circulação intermidiática de programas televisuais de humor da TV – inicialmente aberta e depois paga, para o cinema pode ser vista com *Os normais – o filme* (2.996.467 espectadores), que teve continuação em *Os normais 2 – a noite mais maluca de todas* (2.202.640 espectadores). Nesse filmes, ambos dirigidos por José Alvarenga Jr., reproduzem-se aventuras e dificuldades do casal Vani (Fernanda Torres) e Rui (Luiz Fernando Guimarães). *Casseta e Planeta – a taça do mundo é nossa* (2003 – 690.709 espectadores) conta, sem o resultado do programa de TV (baseado no humor que se criava pelas críticas e sátiras aos acontecimentos semanais), a história do roubo e o destino da Taça Jules Rimet. Em 2007, voltam com *Casseta e Planeta – seus problemas acabaram* (596.624 espectadores), com a mesma realização pífia do filme anterior. Destacaram-se ainda, nesse formato, *A grande família* (Maurício Farias, 2007 – 2.035.576 espectadores) e o *Bem amado* (Guel Arraes, 2010 – 955.393 espectadores), que contaram, entre outros, com roteiros mais bem elaborados e o carisma do ator Marco Nanini. Em 2013, o sucesso do mordomo homossexual Crô da novela *Fina estampa*, de 2012, justificou a transposição do personagem para *Crô – o filme* (Bruno Barreto – 1.652.949 espectadores).

O sucesso de público desses filmes deve-se à repetição de fórmulas conhecidas do reticente espectador de classe média, que encontra no título familiar da TV a segurança necessária para se aproximar do "cinema nacional". Ao longo da década, no entanto, há o crescimento paulatino da plateia de populações de renda inferior, público fiel da TV aberta. Para as produtoras em associação com a Globo Filmes, trata-se de investir no conhecido e certo economicamente: produzir mais do mesmo a que o espectador já está habituado, agregando pequenas mudanças, recursos espetaculares de produção como locações no exterior e efeitos técnicos.

Em sentido oposto a esses produtos "seguros", diretores com trabalhos para a emissora, como Guel Arraes, Jorge Furtado e Luiz Fernando Carvalho, propuseram – cada um em seu gênero e estilo – filmes originais, mesmo quando prolongamentos de produtos televisivos, como *Caramuru – a invenção do Brasil* (2001 – 246.023 espectadores), dirigido por Arraes com roteiro de Furtado, e obras inéditas como *O homem que copiava* (2003 – 664.651 espectadores) ou *Meu tio matou um cara* (2004 – 591.120 espectadores), ambos dirigidos por Furtado e com a virtude quase inédita dos filmes de grande bilheteria desse período, de colocar um negro, Lázaro Ramos, como protagonista positivo dos filmes ambientados em Porto Alegre – lugar igualmente inusual em filmes. São produções de porte médio com roteiros bem desenvolvidos, situações narrativas inesperadas e irônicas, caso de *Saneamento básico, o filme* (2007 – 190.656 espectadores), com Fernanda Torres, Wagner Moura e Camila Pitanga. Guel Arraes, depois d'*O Auto da Compadecida* e *Lisbela e o prisioneiro* (2003 – 3.174.643 espectadores), peça de Osman Lins, dirigiu em 2010 *O bem-amado*, a partir novela exibida em 1973, de Dias Gomes – que foi uma referência central na dramaturgia brasileira no teatro, no rádio, no cinema[78] e sobretudo na televisão. Do filme que surge das repercussões da novela, vai ser editada também uma minissérie em quatro capítulos exibida em 2011, procedimento, como vimos, caro a Guel Arraes, que vem se dedicando à coprodução da Globo Filmes. Em outra chave, sem aspirar a grandes bilheterias, Luiz Fernando Carvalho realizou em 2001 a expressiva adaptação de *Lavoura arcaica* (143.860 espectadores), livro de Raduan Nassar.

Por outro lado, filmes de sucesso ou repercussão que não tinham ligação anterior com a Rede Globo ou a Globo Filmes, como *Carandiru* ou *Ó Paí, ó* (Monique Gardemberg, 2007), tornaram-se minisséries na emissora.

Daniel Filho, diretor artístico da Globo Filmes até 2015, foi um dos responsáveis, com Guel Arraes, por esse trânsito e por muitas das concepções que vão nortear as produções da Globo Filmes. Ele vem de uma carreira com experiências cinematográficas significativas não só como ator em muitos filmes, sendo o mais célebre deles *Os cafajestes* (1962), de Ruy Guerra, mas também como diretor e produtor. Seus filmes a partir de 2000, realizados quase todos sem ligação direta com produtos televisivos, caracterizam-se por um formato familiar à americana: buscam entreter públicos dos 8 aos 80 anos. *A partilha* (2001) e *A dona da história* (2004) têm por centro relações familiares, questões de casamento e da meia-idade com pitadas nostálgicas de história.

A propósito, *A dona da história*, interpretada por Marieta Severo e Débora Falabella, conta sua vida com o marido, interpretado por Rodrigo Santoro e Antônio Fagundes, dirigindo-se ao espectador e entrelaçando passado e presente. Conheceram-se numa passeata em 1968. O marido, eterno revolucionário, quer ir a Cuba, enquanto ela prefere Paris. O filme se estrutura através de signos e oposições que designam posições políticas e visões de mundo esvaziadas de sentido. Em meio a essa leveza confortável que os filmes posteriores aprofundam, o diretor insere temas inabordados por essas produções, como personagens homossexuais femininas.

Daniel Filho molda-se à comédia leve e se sai bem igualmente no melodrama, como vimos com relação a *Chico Xavier* (2009-2010). Nesse espírito, explorando a zona sul carioca em chave familiar de classe média, realiza *Confissões de adolescente* (2014 – 816.971 espectadores), decorrência da série para TV iniciada em 1994, de que foi um dos idealizadores, com foco no público juvenil. Mas foi com a troca de sexos de *Se eu fosse você* (2005 – 3.644.956 espectadores) e *Se eu fosse você 2* (2008 – 6.112.851 espectadores) que o diretor melhor explorou o ambiente da zona sul carioca, com a iluminação e o espírito próximo às comédias californianas de Steve Martin ou Eddie Murphy, que, aliada à graça com a troca de papéis entre o homem e a mulher – estar na pele do outro como o filme propõe –, consegue falar a um público amplo. Nesses filmes, encontramos muito do que foi se conformando, principalmente depois de 2009 – quando as comédias se sedimentam como o gênero de maior sucesso –, como um padrão necessário aos filmes que aspiram a grandes bilheterias e tem a Globo Filmes como coprodutora.

O Rio de Janeiro e a zona sul são o cenário preferido com seus aspectos aprazíveis: a praia, a riqueza, o consumo, a contemporaneidade na arquitetura, nos carros da moda. Os personagens são das classes média e alta, brancos, em geral jovens, bonitos, realizados profissionalmente e com problemas afetivos e/ou sexuais. Tudo é leve, luminoso, em geral luxuoso e, por vezes, engraçado. Há romance, mas não há erotismo ou sexo.

Incluem-se também como características das comédias que se sedimentaram como o gênero de maior público do período a interação dos protagonistas com personagens subalternos: empregadas domésticas, motoristas e todos aqueles que não são ricos ou realizados, em geral negros ou pessoas com um sotaque distinto, geralmente ignorantes e, por isso, engraçados. As intrigas afastam-se ostensivamente de qualquer contato com a realidade externa à intriga do filme.

Nesse universo, aparecem os suburbanos e emergentes que conquistam ou perdem *status*, sempre nos mesmos cenários fotogênicos do Rio de Janeiro a Miami. O riso vem da inadequação e ignorância do personagem quanto a novos hábitos diferentes da sua classe de origem, que o dinheiro não apaga. Ainda que invistam no exibicionismo consumista e vazio, como em *Até que a sorte nos separe 1* (2012), *2* (2013) e *3* (2015), de Roberto Santucci, apelando até mesmo para inserções como de Jerry Lewis num cassino em Miami, no segundo filme da franquia, a aposta está unicamente no clichê: no exagero e na cafonice dos personagens e situações. São inadequados, assim como é, em geral, o homossexual caricato, reforçando negativamente os estereótipos de gênero e, com eles, o preconceito.

AS COMÉDIAS E A COMÉDIA ROMÂNTICA

As comédias foram e continuam sendo o gênero cinematográfico que atrai com regularidade o público para o cinema brasileiro. Essa é uma constatação histórica, certamente não apenas para o cinema nacional, e tem relação com o caráter popular do gênero, "que consiste originalmente em uma intriga entre personagens de baixa condição, provida de um final feliz"[79], em que a vida popular – o quiproquó, a troca de identidades, as artimanhas do amor, mas também a sátira ao poder e aos poderosos – estão em pauta. Vista muitas vezes com preconceito justamente por seu caráter popular, a comédia trabalha com a "parte maldita" da existência, como lembra Lyra[80]: a grosseria, o sexo, a escatologia, os preconceitos e estereótipos que incidem sobre atores sociais considerados marginais na hierarquia social, como criados, estrangeiros, homossexuais, representados, em geral, com exagero de gestos, sotaques e interpretação capazes de torná-los grotescos e, por isso, engraçados.

No Brasil, a comédia, sobretudo a chanchada (1943 a 1962), caracterizou-se pela irreverência e por seu caráter ao mesmo tempo paródico e afirmativamente precário em relação ao cinema hegemônico nas telas, ainda que aspirasse também, como se vê em especial nos filmes de Carlos Manga, a alcançar qualidades do original.

Dentro desses parâmetros, foram sendo construídos características e personagens próprios – amálgamas do que é visto no cinema (brasileiro ou não) com a literatura, o teatro, o circo, o rádio e a televisão –, como o caipira aparentemente ignorante, mas esperto, o citadino só aparentemente inteligente, o marido sem-vergonha, a esposa castradora ou a mulher gostosona, a mulata boazuda, tipos recorrentes desde *Nhô Anastácio chegou de viagem* (1908), nas chanchadas, nas pornochanchadas e nos programas cômicos da televisão até hoje. Na produção brasileira de grande público do século XXI, algumas dessas características persistem, mas tanto o tratamento cinematográfico como o universo de personagens se modificaram, seja por um protagonismo diferente dado às mulheres, seja pela preocupação com a qualidade da produção e do acabamento, numa postura de reverência ao cinema americano, o preferido e, historicamente, a referência cinematográfica do público. Além disso, as comédias românticas aparecem de forma mais expressiva nesse período.

Na produção contemporânea de comédias, a mídia e a cultura midiatizada pautam os filmes, uma vez que neles podemos ver a influência estética e temática não só da televisão aberta, mas também da TV por assinatura, com seus programas e atores (*Cilada.com*, 2011, *Vai que cola*, 2015), assim como a comédia *stand-up*, o teatro comercial (*Trair e coçar é só começar*, 2006), a literatura ligeira (*Casais inteligentes enriquecem juntos*), os *blogs* e a internet (atores e produções do *Porta dos fundos*), em uma circulação recorrente e convergente de produção incessante de entretenimento massivo realizada quase sempre pelos mesmos atores nas diferentes mídias. Paulo Gustavo, por exemplo, estreia *Minha mãe é uma peça* em 2006, trabalha na TV e no cinema em papéis secundários, destaca-se como a personagem Renée, no filme *O divã* (2009), que vai para a TV aberta como seriado em 2011, ano em que começa também o seriado *220 volts* no canal por assinatura Multishow. Em 2013, é protagonista do filme *Minha mãe é uma peça*, que tem continuação em 2016, assim como do seriado *220 volts,* que também será filmado. Se, inversamente, um filme surge no cinema, como *Ó Paí, ó* e *Divã*, por exemplo, seu sucesso acaba por induzir a produção de um seriado na TV aberta ou por assinatura, o que contribui para realimentar essa cadeia formal e temática ambientada costumeiramente no Rio de Janeiro, que se reproduz nas franquias desses mesmos filmes, como *Divã 2*, lançado em 2015 e dirigido por Paulo Fontenelle, que, no entanto, não ultrapassou os 164.589 ingressos.

Essas comédias seguem de perto a produção americana preferida pelo público, como pode ser visto pela influência de filmes de astros das comédias contemporâneas como Adam Sandler, Jennifer Aniston (*Esposa de mentirinha*, Dennis Dugan,

2011), Ben Stiller e Cameron Diaz (*Quem vai ficar com Mary,* Peter e Bob Farrelly, 1998) e outros. Em algumas dessas obras, como, por exemplo, *Zohan: o agente bom de corte* (2008), de Dennis Dugan com Adam Sandler, a grosseria explícita substituiu ou foi sendo tomada como humor. As comédias românticas americanas também foram reformatadas à brasileira como *Mato sem cachorro* (Pedro Amorim, 2013), assim como seriados de sucesso, como *Sex in the City,* replicado em *S.O.S mulheres ao mar* (2013) e *S.O.S mulheres ao mar* 2 (Cris D'Amato, 2015).

São recorrentes também nas comédias românticas ações que se estruturam a partir do choque entre os sexos provocado pelas mudanças do estatuto da mulher de extração urbana, profissionalizada e independente – ao menos como são pintadas nos filmes – e agora não apenas desejadas pelo homem como no passado, mas desejantes. Disso resultam tramas em torno das dificuldades dos homens diante dessas mulheres em filmes como *E aí, comeu?* ou *Cilada.com,* entre outros.

A CONSAGRAÇÃO DO GÊNERO

Nos filmes de maior sucesso do ano 2000, o humor ainda se ancora em um Nordeste típico já experimentado com sucesso pela televisão, tendo como referência a autoridade de escritores consagrados, como Ariano Suassuna, Osman Lins ou João Ubaldo Ribeiro, casos de *O Auto da Compadecida* (2.157.166 espectadores), da comédia romântica *Lisbela e o prisioneiro* (3.174.643 espectadores) ou de *Deus é brasileiro* (1.635.212 espectadores). Estamos ainda próximos dos procedimentos reverenciais da Retomada e da TV Globo como a emissora detentora do "mandato"[81] sobre conteúdo nacional que se expressava então através da literatura brasileira e de um Nordeste que faz aqui suas últimas aparições[82]. *Eu, tu, eles* (Andrucha Waddington, 2000 – 695.682 espectadores) segue na mesma senda, embalado pela trilha musical de Gilberto Gil.

Desde 2000, no entanto, a comédia romântica veio se impondo com seus encontros e desencontros, como em *Bossa nova* (520.614 espectadores), de Bruno Barreto, no qual um Rio de Janeiro de cartão-postal volta à cena para não mais sair, como em *Sexo, amor e traição* (2003 – 2.219.423 espectadores), de Jorge Fernando, sendo substituído muito esporadicamente por outros cenários em filmes de sucesso, como Porto Alegre em *Meu tio matou um cara* (2004) ou São Paulo em *O casamento de Romeu e Julieta* (Bruno Barreto, 2005 – com 969.278 espectadores), sobre as paixões que atrapalham um romance entre palmeirenses e corintianos em um ambiente fotogênico da classe média paulistana. Em 2006, Daniel Filho entroniza de vez a Barra da Tijuca como a Califórnia brasileira no cinema em *Se eu fosse você* e com maior sucesso ainda em *Se eu fosse você 2*.

Trair e coçar é só começar (481.006 espectadores), de Moacyr Góes, retoma à brasileira as confusões e desencontros amorosos provocados pela ignorância ou má interpretação das situações pelos criados: a "comédia de erros". Tema caro à comédia de Marivaux (1688-1763), para quem "é rindo que se corrigem os costumes", à ópera cômica de Mozart (1756-1791) ou à comédia de bulevar de um Martins Pena (1815-1848), *Trair e coçar* é encenada por Marcos Caruso, seu autor no teatro desde 1986. Foi adaptada para cinema e TV por assinatura em 2014 como série do canal Multishow. No filme com Adriana Esteves, a criada que cria confusões combina a interpretação caricata de pessoa ignorante, imposta pela baixa condição social, com um sotaque inespecífico, mas tendente ao nordestino. Não há entre as personagens de empregadas do filme nenhuma negra. Ainda que a peça retome um arquétipo tradicional das comédias – como o gênero não é neutro – à brasileira, o filme de 2006 explora e faz rir da ignorância, da inadequação e do lugar social inferior da empregada, ou seja, é naturalizadamente preconceituoso.

O ano de 2009 foi o da consagração da comédia e sobretudo da comédia romântica, conforme as medições da Ancine e publicações especializadas, pois foram cinco as comédias de grande público nesse período: *Se eu fosse você 2* (6.112.851 espectadores); *A mulher invisível* (Cláudio Torres, 2.353.646 espectadores); *Os normais 2* (José Alvarenga Jr., 2.202.640 espectadores); assim como *Divã* (José Alvarenga Jr., 1.866.40 espectadores); e *Xuxa em O mistério da Feiurinha*, todos eles – à exceção do filme de Xuxa – consagrados a dificuldades afetivas entre homens e mulheres, separações, recasamentos, mulheres abandonadas que redescobrem o amor e a juventude ou homens fragilizados que não conseguem se refazer de um abandono.

Muita calma nessa hora (2010 – 1.485.498 espectadores), de Felipe Joffily, mantém as mesmas preocupações, assim como em *Muita calma nessa hora 2* (2013 – 1.429.862 espectadores) do mesmo diretor, agora focado sobre o Rock in Rio, atração turística da cidade. Nesses cenários onde os negros apenas aparecem em papéis subalternos, o cômico Hélio de la Peña é um segurança. *Qualquer gato vira lata* (2011 – 1.194.628 espectadores), de Tomás Portela, consegue tratar os afetos com alguma graça, estereotipando todos os seus personagens – o ex-namorado atleta machão e burro, o professor universitário sensível e inteligente, mas desajeitado, tratamento que se aprofunda em *Qualquer gato vira lata 2* (2014 – 807.807), sob a direção de Roberto Santucci. Em se tratando de estereótipos e clichês, certamente o grande responsável pela sua reprodução é Roberto Santucci, grande campeão de bilheterias, o que revela o quanto esses clichês dialogam com a audiência, incluindo os novos consumidores mais pobres, como vinha acontecendo, sobretudo, a partir do segundo governo de Luiz Inácio Lula da Silva (2006-2010).

Se *Vestida para casar* (*27 Dresses*, 2008), de Anne Fletcher, aborda as dificuldades de uma eterna madrinha para conseguir chegar ao seu próprio casamento, Gerson Sanginitto parodia o título americano – expediente antigo do cinema brasileiro – e faz de Leandro Hassum em *Vestido para casar* (2013 – 1.258.666 espectadores) um noivo metido em trapalhadas. Já em *Loucas pra casar* (Roberto Santucci, 2015 – 3.770.455 espectadores), a eterna madrinha sem sorte no amor do filme original é agora a bem-sucedida Ingrid Guimarães – as mulheres dessas comédias são sempre bem-sucedidas –, que faz de tudo para arranjar seu casamento. Esse é também o tema de *Os homens são de Marte... e é pra lá que eu vou*, em que outra personagem feminina bem-sucedida, dessa vez uma produtora de festas de casamento, se mete em confusões em busca do próprio casamento.

Mato sem cachorro (Pedro Amorim, 1.134.563 espectadores) traz um músico inseguro (representado por Bruno Gagliasso) e uma produtora de rádio batalhadora (interpretada por Leandra Leal) que se conhecem, separam-se e voltam a ficar juntos tendo por centro um cachorro. A comédia romântica com cachorro, gênero explorado pelos americanos, compõe-se nesse filme de personagens e situações que escapam da caracterização habitual do universo supostamente sofisticado da zona sul carioca. Ambientado em Copacabana, *Mato sem cachorro* investe nos hábitos dos imigrantes portugueses, em músicas ditas bregas de Waldick Soriano, Sandy e Sidney Magal, que dão ao conjunto graça e ironia. Até mesmo a iluminação, um uso distinto de cores e a ausência ostensiva da paisagem da cidade sinalizam que a televisão como parâmetro está mais distante.

Em *S.O.S. mulheres ao mar* (1.776.579 espectadores), a diretora Cris D'Amato produz sua versão brasileira de *Sex in the City*. Uma aspirante a escritora largada pelo marido (interpretada por Giovanna Antonelli) parte em um cruzeiro para reconquistá-lo com a amiga paqueradora (representada por Fabíula Nascimento). Junta-se a elas, à brasileira, a empregada doméstica Dialinda, disfarçada de rica (interpretada por Thalita Carauta). O filme segue os gestos, as situações, as roupas do seriado e filme original que lhe servem de modelo, inserindo passagens por Roma e Veneza, cidades saturadas de clichês românticos, como é sabido. O que mais chama a atenção, no entanto, é como a adaptação entre nós de produtos americanos, além de inserir na paisagem um ostensivo Pão de Açúcar, tem sempre um pé em *Casa Grande e Senzala*[83]. Se a protagonista pretendente a escritora encontra um estilista (interpretado por Reynaldo Gianecchini) e ao final consegue êxito em sua carreira literária e fica com o novo amado de mesma condição social que ela, a empregada veste-se bem, disfarça o cabelo crespo – os traços da negritude – a sua origem e condição social, ensaia um sotaque estrangeiro e conquista um suposto empresário estrangeiro do ramo de alimentos. Na verdade, também ele era um empregado – o cozinheiro do navio, um nordestino. Mesmo disfarçados, no filme brasileiro os empregados se atraem e ficam entre si. Nem na fantasia cinematográfica é possível, então, a quebra da barreira de classes. O *happy end* tradicional das comédias românticas americanas, que ainda hoje admite o casamento entre princesas e plebeus, não acontece. O padrão é cada um no seu lugar, ou melhor, cada um no lugar que lhe cabe. A estratificação social é um dado da natureza, e o filme fabrica e reitera essa naturalização.

Em *S.O.S. mulheres ao mar 2*, da mesma diretora, a escritora está consagrada, mas continua insegura sobre os sentimentos do companheiro. A trama amorosa é repetitiva, e os cenários são agora Miami, Orlando e Cancún, sonhos de consumo sobre os quais o filme se alonga sem disfarçar o ostensivo *merchandising*. A música onipresente é a americana *Celebration*[84], que Dialinda, a doméstica agora estabelecida em Miami, canta, acentuando seu péssimo sotaque e as trapalhadas do entrecho cômico que envolvem uma quadrilha de traficantes perseguida pelo FBI, que usa como disfarce justamente a venda de alisantes para cabelo vendidos por ela. Dialinda colabora com o FBI e recebe a cidadania americana! Um cruzeiro para Miami, Orlando e Cancún, cenas nas várias atrações da Disney, cidadania americana e, quem sabe, ascensão social. O que mais se pode querer de um filme brasileiro?

Mulheres bem-sucedidas e empregadas domésticas também aparecem em *De pernas para o ar* (2010 – 3.506.552 espectadores), de Roberto Santucci, em que a protagonista viciada em trabalho (interpretação de Ingrid Guimarães) é abandonada pelo marido e resolve seus problemas com vibradores sexuais que se tornam não apenas o seu objeto de desejo, mas também o seu próspero negócio como empresária, que atrairá novamente o marido. O filme opõe a felicidade do casal à dedicação da mulher ao trabalho. Nesse quadro, a empregada, Rosa (Cristina Pereira), em sua caracterização habitual – burra e limitada, mas afetuosa –, é quem se ocupa da casa e do filho do casal. Mas o marido tem também uma Shirley, que serve os patrões no seu barco. Instantâneos característicos do arrivismo nacional no imaginário cinematográfico dos anos 2010.

O empreendimento dos vibradores é o tema de *De pernas para o ar 2* (2012 – 4.846.273 espectadores). Ingrid Guimarães nos conduz agora a Nova York, para onde vão os globalizados negócios de sua próspera empresa. Na viagem que deveria ser cheia do *glamour* e romance na cidade ícone das comédias românticas, ela leva a família e a empregada doméstica para cuidar do filho em suas prolongadas ausências de trabalho. Rosa, devidamente diferenciada pela idade, figurino e vocabulário, tem seu tanto de atuação cômica – a ignorância do inglês, fruto de sua posição social mais baixa, é reforçada nos desencontros linguísticos que enfrenta na cidade. Com o excesso de trabalho da protagonista, o sexo com o marido e cuidar da família ficam à deriva, salvos aqui e ali pela ação da empregada. O filme explora imagens da nova família brasileira emergente em face da "liberação feminina", mas ainda dependente e orgulhosa de suas práticas coloniais, práticas que o filme enfatiza a fim de tirar dessa histórica e naturalizada desigualdade algum humor. Assim fazendo, reforça o imaginário liberal da ascensão social como esforço do empreendedor – tipo que a protagonista representa –, ao mesmo tempo que reitera o preconceito em relação aos trabalhadores e pessoas de condição social e cultural inferiores.

COMÉDIA ROMÂNTICA SOBRE RAPAZES

Em *Cilada.com* (2.959.460 espectadores), de José Alvarenga Jr., seriado de sucesso entre 2005 a 2009 no Canal Multishow, e *E aí, comeu?* (2012 – 2.578.599 espectadores), de Felipe Joffily, criado a partir de peça teatral de Marcelo Rubens Paiva, as mudanças de estatuto da mulher na sociedade confrontam os papéis tradicionais dos homens enfocando seus medos, dores de amores, venturas e desventuras sexuais.

Cilada.com mostra a obstinação do personagem Bruno (interpretado por Bruno Mazzeo) depois de ele ter falhado com sua ex-parceira na cama – fato que ela divulga nas redes sociais depois de ter sido traída por ele – em se afirmar como cara bom de sexo. Para isso, ele arma com Marconha (o ator Sérgio Loroza), a filmagem forjada de uma delirante noite de sexo com outra mulher. Aqui o gordo personagem negro com nome de droga ilícita entra para dar aparência de ilegalidade a essa operação!

Como sugere o título pouco sutil, *E aí, comeu?* acompanha quatro homens: um casado que desconfia da mulher, o separado ressentido pelo abandono da ex-mulher, um solteiro que procura sexo e amor, e o garçom negro do boteco onde se passa parte da ação. O cantor Seu Jorge faz o contraponto aos dissabores dos três outros: como todo negro – ou todo estereótipo dos homens negros –, se dá muito bem com as mulheres, brancas ou negras. Palavrões, abordagem direta do sexo e dos órgãos sexuais nos diálogos e imagens recheiam o filme, tentando aproximá-lo de uma comédia erótica tradicional, com a diferença de que os homens, salvo o garçom, aparecem ao final fragilizados diante de mulheres na ofensiva. A esposa feia, insatisfeita e mandona da chanchada ou a mulher disponível da pornochanchada dão lugar a uma profissional realizada e sexualmente exigente, o fantasma masculino. Da peça e do filme, a TV extraiu um seriado em 2016.

A comédia como ironia e crítica ao poder reaparece em filmes como *Vai que dá certo* (2.729.340 espectadores), de Maurício Farias, e *O concurso* (1.331.652 espectadores), de Pedro Vasconcelos, produzidos em 2013. A presença de humoristas do grupo *Porta dos fundos*, como Fábio Porchat e Gregório Duvivier, faz a diferença nesses filmes. Em *Vai que dá certo*, na periferia de São Paulo velhos amigos de escola se envolvem num golpe na tentativa de ficarem ricos. Porém, tudo dá errado: são achacados por bandidos e policiais e acabam mais endividados do que no início, forjam o sequestro do amigo bem-sucedido, Bruno Mazzeo, um candidato a político que colabora com o sequestro que o coloca em evidência na mídia. Com ironia e algum humor, a trama contrasta a ingenuidade e amadorismo dos pretendentes a bandidos com a corrupção grande ou pequena que marca o funcionamento da sociedade, indo da violência pé de chinelo aos esquemas de achaque e intimidação das polícias e aos mecanismos de sustentação das campanhas políticas. O arrivismo e "vencer na vida" como única aspiração social também são criticados, o que não é pouco em meio a tantos filmes que entendem a comédia apenas como escapismo.

Já *O concurso* reúne quatro jovens de diferentes regiões do país na disputa pelo cargo de juiz federal. Apesar de terem estudado muito, aceitam a sugestão do candidato carioca (representado por Dalton Mello) e compram o gabarito da prova. A partir daí, no contato com o morro, a praia, o baile *funk*, a macumba e uma antiga paixão, as personalidades se revelam, extravasando as expectativas profissionais, as obrigações sociais e até a orientação sexual. As mudanças são motivo de humor, ação e mal-entendidos até que cada um encontre o seu próprio destino. A verve de Fábio Porchat, no entanto, não foi suficiente para fazer de *Meu passado me condena* (Julia Rezende, 2013) mais do que um *merchandising* de cruzeiro para a Itália. Em *Meu Passado me condena 2* (2015) as confusões da franquia são transferidas para Portugal.

COMÉDIA

Nas comédias, o trambiqueiro, personagem clássico do cinema brasileiro (e não só brasileiro), é reabilitado em *Os penetras* (Andrucha Waddington, 2012 – 2.548.441 espectadores). Explorando a euforia da escolha do Brasil como sede da Copa do Mundo e o breve carisma ao país no exterior, o filme faz do Rio de Janeiro, do turismo e daqueles que vivem das belezas e eventos da cidade o seu tema. Os personagens representados por Marcelo Adnet e Stepan Nercessian exploram a ingenuidade de um rico fazendeiro (interpretado por Eduardo Sterblitch) – de novo, uma retomada do tema de *Nhô Anastácio chegou de Viagem* (1908) – que, ao correr atrás de sua paixão, Laura (representada por Mariana Ximenes), acaba envolvendo todos em grandes confusões pela cidade. O filme retoma a saga dos bicões e de seus expedientes, como se viu nas chanchadas dos anos 1950 ou em *Beto Rockfeller* (1968), telenovela de Bráulio Pedroso que tematizava em São Paulo a ascensão econômica com a política de Delfim Neto. Ali, o protagonista era o ator Luis Gustavo, não por acaso ator do filme, um agora velho e bem-sucedido empresário que sustenta a jovem por quem Beto está apaixonado. Mal-entendidos como os erros de identidade, caros à chanchada, e perseguições espetaculares no trânsito aproximam o filme de um padrão de qualidade e acabamento à americana. No entanto, o que chama a atenção é sua quase solitária filiação à tradição do humor à brasileira herdado da chanchada.

Exemplo do trânsito sem mediação entre produtos e formatos americanos, a televisão e o cinema é *Os caras de pau em O misterioso roubo do anel* (Felipe Jofily, 2014 – 650.700 espectadores), com Leandro Hassum e Marcius Melhen, que desde a concepção como um quadro cômico em *Zorra Total*, da TV Globo, cujo sucesso de público leva a produção a um seriado entre 2010 a 2013 e ao filme de 2014, se baseia em *Os irmãos cara de pau – the blue brothers* – quadro de TV do *Saturday Night Live* e filme de 1980 dirigido por John Landis. Aqui a ação, a comédia, a aventura, máfia e ninjas estão presentes, mirando inclusive o público infantil.

Se a imitação/adaptação de produtos americanos é uma constante, houve também o uso da grossura, da histeria, do exagero entendidos como humor, como se pode ver em filmes como *Minha mãe é uma peça*, de André Pellenz, com uma resposta significativa de público: 4.600.145 espectadores – a maior bilheteria de filmes brasileiros de 2013. *Até que a sorte nos separe 1* (2012 – 3.435.824 espectadores) e *2* (2013 – 3.988.386 espectadores) retorna em chave *kitsch* à temática da ascensão social e do consumismo: os novos emergentes são personagens que parecem interessar bastante à audiência expressiva, bem como aos novos realizadores.

O candidato honesto (2014, 2.237.537 espectadores) aposta na hipótese de uma sátira ao poder, aproveitando a campanha eleitoral à presidência da República em 2014 e o acirramento das disputas e paixões políticas que marcavam o país naquele momento. No entanto, o que se vê na tela não é sátira nem ironia, são cenas e mais cenas que mostram os políticos e os que os cercam apenas como desonestos, achacadores e aproveitadores das causas e aflições legítimas daqueles que deveriam representar. Assim fazendo, o filme espelha e reitera o pensamento de certas camadas que veem a política unicamente como um teatro do engano e da espoliação. Na construção de *O candidato honesto*, há traços biográficos de ex-presidentes, como Fernando Collor (1990 a 1992) e especialmente de Luiz Inácio Lula da Silva (2003 a 2011).

Contrastando com filmes que insistem em um cenário de arrivismo – elegante ou cafona – e plena realização profissional e econômica, o veterano diretor Hugo Carvana recupera os seus vagabundos e trambiqueiros[85] cuja função é sobreviver sem trabalhar ou trabalhar o menos possível, vivendo de expedientes. Para isso, faz e desfaz confusões, como em *A casa da mãe Joana* (2008 – 525.035 espectadores), *Casa da mãe Joana 2* (2013 – 152.596 espectadores) ou ainda *Não se preocupe, nada vai dar certo* (2011 – 141.213 espectadores), em que um jovial Tarcísio Meira, na pele de um decadente ator, e o filho (intepretação de Gregório Duvivier) se envolvem em farsas e confusões. Esses filmes lembram que a ironia, a crítica e, portanto, a capacidade de rir de si mesmo e o descompromisso com as convenções sociais tinham papel central nas comédias realizadas no Rio de Janeiro desde pelo menos o advento do cinema sonoro.

Vai que cola (2015 – 3.296.882 espectadores), dirigido por César Rodrigues, adaptação do seriado homônimo de maior audiência da TV por assinatura[86], chama a atenção por inverter a lógica da atração dos arrivistas pela zona sul carioca. Valdomiro (interpretação de Paulo Gustavo), que vive no Leblon, leva a culpa pelas falcatruas do sócio. Para escapar à polícia, se refugia em uma pensão no Méier, zona norte, e se torna entregador de quentinhas. Lá convive com dona Jô, a proprietária; sua filha, uma "periguete" que quer ser famosa; a exagerada viúva de um bicheiro; o porteiro ostensivamente *gay* e alguns outros. Tudo é excessivo, caricato, como se assim fossem o subúrbio e seus habitantes. No entanto, tendo voltado ao Leblon por obra do sócio golpista (amigo de juízes e políticos que tramam outro golpe), Valdomiro leva junto a turma da pensão cuja casa está sob risco de ruir. O que se vê é a "suburbanização" do apartamento *clean* do Leblon. Os banhos de loja do *shopping* tornam todos igualmente cafonas com roupas de grife. O subúrbio vai tomando conta da zona sul, inclusive com um concorrido churrasco na laje, entre outros acontecimentos. Hábitos, gostos e a estética do subúrbio, tal como o conhecemos na mídia, se impõem sobre o "bom-tom" das representações da mesma mídia sobre a zona sul. Até mesmo a paquera da dona Jô com um morador do prédio chique (interpretado por Werner Schünemann) surpreende: ele é rico, mas começou de baixo – era garçom e virou dono de vários restaurantes. O recurso à pensão foi um formato usado na ficção no Brasil e fora dele. Permite quadros com diferentes atores, situações e desdobramentos. Esse filme serve como modelo alternativo à Califórnia brasileira moldada por Daniel Filho e pela Globo Filmes, na medida em que é o subúrbio, seus habitantes e hábitos o que valoriza.

Em meio a tanta reverência ao cinema americano, *Copa de elite* (2014 – 646.224 espectadores), de Victor Brant, aposta na paródia ao cinema; no caso, o brasileiro. Mais próximo dos formatos e do humor de programas da internet como *Porta dos fundos*, do qual vêm os protagonistas Marcus Veras, o Jorge Capitão, e Júlia Rabello, a Bia Alpinistinha, que ajuda o capitão a impedir o sequestro do papa durante a Copa do Mundo, ou Rafinha Bastos, que faz o vilão. O filme, feito com apoio do canal Fox e da TV Bandeirantes, enfileira referências paródicas e citações de inúmeros filmes aqui abordados, em especial *Chico Xavier*, *Bruna Surfistinha*, *2 filhos de Francisco*, *De pernas para o ar* e *Se eu fosse você*. Há até mesmo uma cena no Cristo Redentor parodiando *Roberto Carlos em busca de aventura* (1967), de Roberto Farias, e um relance de *Os incompreendidos* (1959), de François Truffaut. Se esse empilhamento repetitivo não garante grandes piadas, ao menos não abandona a ironia, muito bem-vinda e que com frequência falta à comédia brasileira desse período. Ela é um dos elementos principais do humor do *Porta dos fundos* e de outros que vêm surgindo no rastro do sucesso desse grupo. No filme, Jorge Capitão, em seu juramento de fidelidade ao Bope, promete: "o único crime que vai ter na cidade do Rio de Janeiro é a violência policial". Ironias e citações aqui e ali apontam para um outro humor possível, necessário e desejável.

Cine Holliúdy (2012 – 486.086 espectadores), realizado no Ceará, longe da Globo Filmes e demais características de produção aqui elencadas, surpreendeu pela inesperada repercussão junto ao público. Essa pequena produção fala de amor ao cinema: conta a história de ambulantes que percorrem pequenas cidades do interior projetando antigos filmes populares e recriando salas de cinema. A forma diferente de fazer rir que remonta a espetáculos tradicionais como o circo e formas regionais, carregadas de ditos populares e seus sotaques específicos, lembra que há muito mais modos de se fazer comédias do que aquelas que vêm se estabelecendo nos últimos anos.

Por fim, ao observar as comédias, o gênero que, durante esse momento, manteve uma constância em sua relação com o público, sendo capaz de engendrar formas suscetíveis de se relacionar de maneira fluente com um grande número de espectadores, alguns traços significativos chamam a atenção.

Os personagens de "baixa condição" da origem do gênero – os caipiras, os mal pagos funcionários públicos, os malandros atrás de algum trambique da chanchada, as mulatas gostosonas que aparecem atraindo os patrões ou mordomos portugueses desde *Bonequinha de seda* (Oduvaldo Vianna, 1936), ou ainda as mulheres no reduto do lar, insatisfeitas e reclamonas, dão lugar a um universo social de classe média em ascensão: são homens e mulheres profissionais liberais, como em *Trair e coçar,* ou funcionários de empresas, como em *Cilada. com,* ou ainda que têm seu próprio negócio, como em *De pernas para o ar 1 e 2.* O espaço geográfico preferido da ação é um Rio de Janeiro de cinema, em ambientes invariavelmente modernos, globalmente elegantes e bem equipados tecnologicamente, onde se ressalta um hedonismo individualista que deixa muito longe a impressão do improviso, do jeitinho do antigo "país tropical" da chanchada ou da pornochanchada. Adhemar Gonzaga, o criador da revista *Cinearte* (1926), dos estúdios da Cinédia e diretor de filmes como *Barro humano* (1927-1929) e *Alô, alô, Carnaval* (1935), que pretendia mostrar do Brasil e do Rio de Janeiro a face modernizada, certamente se identificaria com essas produções que, em sua maioria, tiveram a participação em coprodução da Globo Filmes, da Riofilme, do Telecine e de *majors* como a Fox Filmes do Brasil ou a Paramount, associadas às inúmeras produtoras brasileiras que surgiram no período, empregando um exército de técnicos e agora mulheres com participação expressiva como produtoras (Iafa Britz, Marisa Leão), produtoras executivas, roteiristas (Tati Bernardi, Fernanda Young), *sound* designers (Miriam Biderman) e na direção de filmes: a veterana Tizuka Yamasaki (*Xuxa em O mistério da Feiurinha*), Sandra Werneck (*Pequeno dicionário amoroso 2*), Flávia Moraes (*Acquária*), Júlia Rezende (*Meu passado me condena 1 e 2*), Cris D'Amato (*S.O.S. mulheres ao mar 1 e 2* ; *Linda de morrer*, 2015) e Anna Muylaert (*Que horas ela volta?*). Essas mulheres fizeram de 2015 o ano de destaque quanto à ativa participação feminina na direção cinematográfica: das oito maiores bilheterias nacionais, quatro foram dirigidas por mulheres.

Nesse setor e período da produção, no entanto, observa-se que a autoria dos filmes[87] cede lugar à eficiência, ainda que se possa encontrar em alguns trabalhos traços de invenção que fogem à norma das reiterações do estabelecido pelo cinema americano, conhecido do público brasileiro e, portanto, seguro economicamente. Os diretores de maior sucesso, como Roberto Santucci ou Felipe Joffily, Cris D'Amato, entre outros, passaram pela universidade, fizeram trabalhos autorais sem repercussão e voltaram-se às encomendas, como diz Santucci: "É uma relação comercial. O mercado pede, a gente faz, é ótimo"[88].

Em um país marcado pela naturalização da exclusão, como "o mercado pede", a participação dos negros como atores ou na realização segue inexpressiva e sua atuação ainda é como coadjuvantes – em geral, representam papéis subalternos com as exceções que confirmam a regra: Lázaro Ramos é o protagonista que se destaca, além de atuações de Sérgio Loroza e Cacau Protásio.

No início do período, essas comédias foram denominadas Globochanchadas pelo cineasta Guilherme de Almeida Prado, e assim ficaram conhecidas. O termo, entretanto, não vem mais sendo empregado e não é difícil saber por quê. Embora existam aproximações com a chanchada na pretensão de fazer rir, no uso do Rio de Janeiro como locação central, as aspirações de realização são bem outras, assim como o panorama da concorrência no qual buscam se inserir. Isso leva a uma reverência ao cinema americano – até mesmo pela maior participação das *majors* nas coproduções –, aos orçamentos alentados e ao consequente apego à "qualidade" e acabamento técnico, em oposição à precariedade da produção, à gravação em tempo rápido e à improvisação que ocorriam no passado – seja nos anos 1950 ou 1970, que levaram à denominação "chanchada" e depois "pornochanchada". Além disso, nem todos os filmes têm no padrão da televisão – dramaturgia, iluminação, enquadramentos, narrativa e decupagem previsíveis – suas matrizes.

No entanto, apesar disso, a transgressão, a ironia, o deboche, a observação crítica e o estranhamento inerentes à comédia são muito pouco vistos. As situações espelham uma relação conforme aos modos de ser e viver. A disfunção é individual, não é algo que possa ser tributado à sociedade ou à política. O mundo é o que é, e o que importa é rir por rir. O poder jamais é questionado. Assim, os filmes operam um quase ostensivo descolamento, um repúdio pela realidade, que se constrói pela midiatização, como um cenário conhecido de outros filmes ou programas da televisão.

Se a matriz americana é expressiva, isso é também audível. Grande parte das trilhas sonoras desses filmes deixam de lado os compositores brasileiros habituais e consagrados, a própria música brasileira, e investem em um *sound design* genérico e inespecífico, um som de "cinema de sucesso", se pudermos assim classificá-los.

Em sentido oposto, porém, um traço comum e persistente deixa-se ver nesses filmes: o olhar sobre as marcas da herança escravocrata e a fratura social brasileira. Se, por um lado, insistem na construção de uma imagem atualizada, contemporânea e ascética da sociedade, em que cada um está no seu lugar, da mesma forma que já se via desde os anos 1930, os costumes se mantêm arcaicos. A mulher saiu para trabalhar, aspira a vencer na vida, torna-se desejante não sendo mais ou não apenas o objeto do desejo masculino. Entretanto, para que essa estrutura possa se manter – como se vê em *De pernas para o ar 2*, a mulher pode até mesmo prescindir do homem para tudo, mesmo para o sexo, mas nunca da empregada doméstica.

Se o ano de 2015 será lembrado pela crise política e econômica que desestabilizou conquistas da primeira década do século, o lugar da empregada doméstica como aquela que "sabe o seu lugar na casa e na sociedade" foi fortemente tensionado em *Que horas ela volta?*. Esse filme de Anna Muylaert de tocada popular e público expressivo (492.402[89]) questiona com ironia e crítica esse "estado natural das coisas". A filha da empregada (interpretada por Regina Casé), com mais escolarização e formação, já é alguém que tem e se utiliza de sua própria potência e não se sente intimidada pelo universo dos patrões. Com isso, o filme enuncia uma possibilidade de rompimento da lógica de *Casa grande e senzala*, constitutiva da sociedade brasileira, e as tensões inerentes a essas mudanças, tema que está também no cerne de *Som ao redor* (Kleber Mendonça), *Casa grande* (Felipe Barbosa) ou mesmo *O invasor* (Beto Brant), cujo protagonista também ultrapassa o seu "lugar" e passa a frequentar a casa dos ricos mandantes que lhe encomendam um assassinato.

Na caracterização que esses filmes constroem para os diferentes personagens em ação, os papéis e lugares estabelecidos ficam desarranjados. Com isso, emerge a segregação sob a sua aparência de normalidade, como se a dominação social fosse um dado da natureza. Bem ao contrário disso, na comédia de grande público persiste e se atualiza o amistoso e naturalizado lugar subalterno dos negros e dos trabalhadores em geral, das empregadas domésticas, em particular.

A empregada é motivo de riso por sua ignorância, pela posição social inferior – isso não é novo nem brasileiro –, mas os estereótipos, mesmo no cinema de gênero, não são neutros. Além disso, as empregadas são personagens presentes, ativas, recorrentes na ficção brasileira – como o são ainda na sociedade. Se são alvo do riso pelo que seriam suas deficiências, quando disfarçam essas "deficiências" e se fazem passar por alguém de melhor condição, "encontram" outro com o mesmo disfarce e se atraem! Como uma determinação biológica, uma condição natural, herdada e perpetuada.

Por esses filmes que buscam agradar ao mercado, se percebe como o cinema de grande bilheteria, fomentado por regulação de leis e agências nesse período, acabou por reiterar o insistente desenho desigual e excludente da sociedade brasileira, embora esta estivesse começando a se transformar numa direção oposta, e cujos beneficiários dessa mobilidade eram também o público que engrossava essas bilheterias. Isso é perceptível não apenas na insistência no tema do arrivismo ou da queda – recorrentes na comédia ou no melodrama –, mas também do consumo, reafiançando, entretanto, filme a filme, uma imagem dessa nova camada em mobilidade, a "nova classe C", como seres deslocados, sem preparo para a vida em sociedade, sem valores próprios, em geral ridículos e, assim, fadados naturalmente à submissão, aos seus lugares como servidores passivos das classes detentoras do capital, do capital social e do saber a quem devem seguir e imitar.

Em 2016, o descolamento da realidade que a maioria das comédias propõe já não é mais possível ou desejável. Com a crise econômica e a nova realidade política do país, as comédias românticas de grande público tornam-se escassas. Entretanto, apesar da intensa crise e da perda de confiança no país, o ano de 2016 surpreendeu, pois apresentou um público de 30.413.419 espectadores[90], impulsionado, é verdade, pelos duvidosos 11.305.479 ingressos de Os dez mandamentos. Nesse ano, 142 filmes nacionais foram lançados, o maior número desde 2000, e o audiovisual de mercado, conforme os números alcançados[91], já aparece como uma atividade econômica que se firma, levando-se em conta o número de produtoras em atividade, a emergência de distribuidoras brasileiras – como a Paris Filmes – e a parceria com as *majors* americanas. Além da produção de longas-metragens, elas se ocupam com a produção de conteúdos – séries, programas humorísticos – voltados para o cumprimento da obrigatoriedade de exibição de produção nacional na TV paga, garantido pela regulação da Ancine[92].

A crise econômica, ao contrário, se fez presente nas telas pela quantidade de comédias que tematizam o enriquecimento através de heranças ou golpes, como se vê mais uma vez nas franquias *Até que a sorte nos separe 3* (Roberto Santucci – 1.577.999 espectadores), *Vai que dá certo 2* (Maurício Farias – 729.977), ou em filmes como *Tô Ryca* (Pedro Antonio – 1.121.570) e *Um suburbano sortudo* (Roberto Santucci – 1.070.434 espectadores), e até mesmo em histórias de superação, como a do lutador José Aldo em *Mais forte que o mundo* (Afonso Poyart – 565.445 espectadores). O tratamento dado às tramas e a forma de enfocar a mudança de estatuto social, no entanto, foi bem diferente. É como se, com a passagem do tempo e o aprofundamento da crise nacional, os filmes que aspiram a grandes bilheterias se tornassem mais sensíveis aos acontecimentos vividos e até mais críticos em relação a eles. Talvez por isso as comédias românticas tão presentes no período, sobretudo a partir de 2009, tenham dado lugar a filmes como *Minha mãe é uma peça 2*: em vez do romance, as preocupações de uma mãe com o destino dos filhos.

Tô Ryca (Pedro Antônio), do roteirista Fil Braz, o mesmo de *Vai que cola* e de *Minha mãe é uma peça 2*, chama a atenção pelo olhar distinto sobre o subúrbio e seus habitantes. Há afetividade e valorização da cultura e das práticas próprias, como se viu em 2015 no filme que enfocava o bairro do Meier. A frentista Selminha (Samantha Schmütz), apesar de ganhar uma herança e se deslumbrar ao deixar as dificuldades com o "salário muito baixo, os ônibus cheios e os cremes ruins", ao longo da trama mostra-se crítica às imposições das normas do enriquecimento ditado pela classe tradicional, algo pouco visto nas comédias brasileiras. Selminha aponta com humor e ironia as barreiras e os preconceitos para a ascensão social que essas mesmas camadas viveram. Fala diretamente ao que terá sobrado da "nova classe C". Já Roberto Santucci não foge ao tratamento costumeiro, exagerando na grosseria da caracterização de *Um suburbano sortudo*, em que o personagem também ganha uma herança e esbalda-se grotescamente para gastá-la. A apreensão de Selminha ("Eu sou o Brasil que enriqueceu e está com medo de perder tudo") é a apreensão do público.

Paulo Gustavo fechou o ano abordando a família, o acolhimento afetivo, ainda que contraditório, da mãe pelos filhos. A busca desses por estabilidade (conseguir emprego, afirmar-se afetivamente) está no centro das inquietações de Hermínia. É significativo o grande sucesso de um filme que tem por centro uma mãe – tresloucada, caricata, engraçada – preocupada com o encaminhamento dos filhos num momento de grande crise, desemprego e incertezas. Na segunda semana de exibição do filme, já em 2017, *Minha mãe é uma peça 2* chegou a nada menos que 5.081.271 espectadores.

A aposta no público infantojuvenil rendeu a *Carrossel 2* um total de 2.525.328 espectadores, a maior bilheteria do segmento num filme originário da televisão. Já em *É fada*, Daniel Filho volta-se novamente aos adolescentes e à família com Kéfera, atriz fenômeno do YouTube. Obteve 1.721.914 espectadores num filme dirigido por Cris D'Amato e no qual uma fada ajuda uma adolescente a driblar o *bulling* das patricinhas de seu colégio. Ao final, está perfeitamente enquadrada!

Em 2016, firmaram-se também quinze produções médias, com 100 a 500 mil espectadores[93], com destaque para policiais *Em nome da lei* (Sérgio Rezende – 231.457 espectadores), sobre o juiz Sérgio Moro, herói para parcelas da população, e oportunamente "inspirado em fatos reais". *Aquarius,* de Kleber Mendonça (357.820 espectadores), levou novamente o Brasil ao Festival de Cannes. A qualidade e a contundência de sua crítica à selvageria da especulação imobiliária e à própria elite brasileira o tornou o quarto melhor filme de 2016 pela revista francesa *Cahiers du Cinéma*, além de ser listado também pelos críticos do *New York Times*[94], um fato inédito entre filmes brasileiros.

Do conjunto dos filmes aqui analisados, pode-se indagar, por fim, se eles apontam para o nascimento de uma indústria – produção audiovisual contínua, regular e autossuficiente, tendo criado formas estáveis de sobrevivência, além de janelas de exibição não restritas ao cinema –, no sentido de estabelecer um diálogo efetivo com o público. O tempo, o amadurecimento e as possibilidades da prática contínua de realização vêm mostrando como o mercado reage ao desafio de produzir cultura.

NOTAS

1. Lei nº 8.313, de 23 de dezembro de 1991.
2. Gustavo Dahl, "Entrevista a Arthur Autran", em: Gustavo Dahl: ideário de uma trajetória no cinema brasileiro, *Rebeca – Revista Brasileira de Estudos de Cinema e Audiovisual*, Socine: jan.-jun. 2012, n. 1, p. 269.
3. Ismail Xavier, *O cinema brasileiro moderno*, Rio de Janeiro: Paz e Terra, 2001, p. 42.
4. Cf. Marcus Vinícius Tavares Alvarenga, *Cineastas e a formação da Ancine (1999-2003)*, dissertação (mestrado em Imagem e Som), Universidade Federal de São Carlos: 2010, p. 110.
5. Hadija Chalupe Silva, *O filme nas telas*, São Paulo: Terceiro Nome, 2010, p. 67.
6. Observatório Brasileiro do Cinema e do Audiovisual, "Evolução das salas de exibição – 1971 a 2014", disponível em: <https://goo.gl/ipwvdD>, acesso em: mar. 2016.
7. Arthur de Sá Franco Autran, *O pensamento industrial cinematográfico brasileiro*, São Paulo: Hucitec, 2013, p. 349.
8. Instituto Brasileiro de Geografia e Estatística, "Pesquisa Nacional por Amostra de Domicílios (PNAD), 2006", disponível em: <https://goo.gl/bpMiAa>, acesso em: mar. 2016.
9. Octavio Getino, *Cine iberoamericano: los desafios del nuevo sigo*, Buenos Aires: Fundación Centro Integral Comunicación, Cultura y Sociedad, 2007.
10. Lia Bahia, *Discursos, políticas e ações: processos de industrialização do campo cinematográfico brasileiro*, São Paulo: Itaú Cultural; Iluminuras, 2012, p. 136.
11. Paulo Sérgio Almeida e Pedro Butcher, *Cinema: desenvolvimento e mercado*, Rio de Janeiro: Aeroplano, 2003, p. 13.
12. Informação retirada do site *Filme B* apud Almeida e Butcher, *op. cit.*, p.13.
13. Observatório Brasileiro do Cinema e do Audiovisual, "Informes de mercado: distribuição em salas – resultados semestrais, trimestrais e mensais", disponível em: <https://goo.gl/HSaQmu>, acesso em: jan. 2016.
14. Esses números de público contemplam a discutida exibição de *Os Dez Mandamentos*, que teve 11.305.479 ingressos vendidos, a maior bilheteria do ano, inclusive entre os filmes estrangeiros (cf. dados da Ancine na p. 10 do *Anuário 2016*, disponível em <https://goo.gl/ehPyGd>, acesso em: out. 2017). O que se dizia na época é que, apesar da enorme venda de ingressos, as salas não ficaram lotadas (cf. <https://goo.gl/niiqyA>, acesso em: out. 2017).
15. Conforme lei nº 12.485, de 12 de setembro de 2011, das 3h30min semanais que cada canal de espaço qualificado veicular de conteúdos brasileiros, metade deve ser produzida por produtoras independentes.
16. Franthiesco Ballerini, *Cinema brasileiro no século 21*, São Paulo: Summus, 2012, p. 189.
17. Cf. *Diário Oficial*, 27 jun. 2014, disponível em: <https://goo.gl/2eMaoU>, acesso em: mar. 2016.
18. André Singer, "A história e seus ardis", *Folha de S.Paulo*, Ilustríssima, 19 set. 2010, disponível em: <https://goo.gl/7bQt2f>, acesso em: jan. 2016.
19. *Ibidem*.
20. Conforme pesquisa tendo por fonte inicial estudo da CPS/FGV a partir dos microdados da PNDA/IBGE, *Folha de S.Paulo*, São Paulo: 13 dez. 2015, pp. A12-A13.
21. Brasil, Secretaria de Assuntos Estratégicos da Presidência da República, *Assuntos estratégicos: social e renda – a classe média brasileira*, Brasília, 2014, n. 1, disponível em: <https://goo.gl/QHtGi8>, acesso em: mar. 2016.
22. Cf. Datafolha – Instituto de Pesquisas e Sindicato das Empresas Distribuidoras Cinematográficas do Município do Rio de Janeiro, "Hábitos de consumo no mercado de entretenimento", Rio de Janeiro: 2012, disponível em: <https://goo.gl/F7Meuo>, acesso em: mar. 2016. A pesquisa envolveu 2 mil pessoas nos dez maiores mercados de cinema do país: região metropolitana de São Paulo, Campinas, região metropolitana do Rio de Janeiro, Curitiba, Porto Alegre, Salvador, Recife, Fortaleza e Brasília, comparando dados de 2007 e 2012. O levantamento de 2007 deu-se por pesquisa similar e pode ser acessado pelo mesmo site. Agradeço a Pedro Butcher a imprescindível ajuda e o encaminhamento a esse estudo.
23. Em correspondência com a autora em 20 de abril de 2015.

24 Jotabé Medeiros, "Cinemas brasileiros atraíram 155 milhões de espectadores em 2014", *O Estado de S. Paulo*, 22 jan. 2015, disponível em: <https://goo.gl/3wgRwp>, acesso em: mar. 2016.

25 Agência Nacional de Cinema e Observatório do Cinema Brasileiro e do Audiovisual, *Anuário Estatístico do Cinema Brasileiro 2013*, disponível em: <https://goo.gl/inVJvQ>, acesso em: mar. 2016.

26 Nesse sentido, cf. Marco Aurélio Marcondes, "Uma década de Globo Filmes", *Filme B*, maio 2008, p. 6.

27 Sobre a Ancine, há vários trabalhos acadêmicos ou não sobre esses temas, assim como outros meios, como a revista *Filme B*, o próprio *site* da Ancine (<www.ancine.gov.br>) e do Centro de Análise do Cinema e do Audiovisual – Cena (<www.cenacine.com.br>).

28 Cf. Orlando Senna, "Orlando Senna: na fervura do audiovisual brasileiro", disponível em: <https://goo.gl/XtdZjR>, acesso em: out. 2015.

29 Arthur de Sá Franco Autran, *O pensamento industrial cinematográfico brasileiro*, op. cit., 2013.

30 Cf. <http://cinemapertodevoce.ancine.gov.br/>, acesso em: mar. 2016.

31 Anita Simis, "A contribuição da cota de tela no cinema brasileiro", *O público e o privado*, Revista do Programa de Pós-Graduação em Políticas Públicas da Universidade Estadual do Ceará, n. 14, jul.-dez. 2009, p. 144.

32 Darlan Alvarenga e Rodrigo Ortega, "Público de salas de cinema no Brasil cresce 12% no primeiro trimestre", disponível em: <https://goo.gl/UEoRYy>, acesso em: mar. 2016.

33 Agência Nacional de Cinema e Observatório do Cinema Brasileiro e do Audiovisual, *Anuário Estatístico do Cinema Brasileiro 2013*, op. cit. p. 34.

34 Cf. Ancine, "Cinema perto de você", disponível em: <http://cinemapertodevoce.ancine.gov.br/>, acesso em: mar. 2016.

35 Pedro Butcher, correspondência com a autora em 20 de abril de 2015.

36 Cf. Ancine, "Recolhimento da Codecine", disponível em: <http://www.ancine.gov.br/condecine>, acesso em: mar. 2016.

37 *Ibidem*.

38 Norlan Silva, "Cota de tela: norteador do cinema brasileiro", disponível em: <https://goo.gl/7ZGytQ>, acesso em: mar. 2016.

39 Cf. Ancine, "Recolhimento da Codecine", *op. cit.*

40 Anita Simis, "A contribuição da cota de tela no cinema brasileiro", *op. cit.*

41 Lei nº 12.485, de 12 de setembro de 2011, sobre a qual já nos referimos antes.

42 "Em dezembro de 2014, após a conclusão de uma câmara técnica instalada pela Ancine para avaliar a digitalização e o impacto na distribuição de longas metragens no mercado cinematográfico, as empresas exibidoras e distribuidoras assinaram um termo de compromisso que definiu limites para a exibição de um mesmo filme em múltiplas salas dos complexos de exibição do país [...]. Nos complexos com 3 a 6 salas, um mesmo filme poderá ser exibido em até duas salas nos complexos de 7 e 8 salas, o limite é de 2,5 salas para os complexos que possuam entre 9 e 11 salas, um mesmo filme pode ocupar até 3 delas" (Ancine, "Mercado de exibição no Brasil fecha janeiro com resultado recorde", disponível em: <https://goo.gl/u1WBN9>, acesso em: mar. 2016).

43 Guilherme Genestreti, "Cinépolis poderá exibir filmes de Hollywood em quantas salas quiser", *Folha de S.Paulo*, 28 ago. 2015, disponível em: <https://goo.gl/XDj9Z7>, acesso em: mar. 2016.

44 Gustavo Dahl, depoimento à autora deste artigo, jan. 2011.

45 "Sites de busca favorecem a pirataria de filmes on-line", *Folha de S.Paulo*, São Paulo: 13 abr. 2015, p. A16.

46 Jamil Chade, "E-mails da Sony revelam críticas ao Brasil", *O Estado de S. Paulo*, São Paulo: 18 abr. 2015, p. B12.

47 Randal Johnson, "TV Globo, the MPA and Contemporary Brazilian Cinema", em: Lisa Shaw and Stephanie Dennison (orgs.), *Latin American Cinema: Essays on Modernity, Gender and National Identity*, North Carolina: McFarland, 2005, pp. 11-38 *apud* Franthiesco Ballerini, *Cinema brasileiro no século 21*, *op. cit.*, p. 203.

48 Hadija Chalupe Silva, *O filme nas telas*, *op. cit.*, p. 69. Cf. ainda Ministério da Cultura da França, "Exception culturelle: la France n'est pas seule!", disponível em: <https://goo.gl/VbFiWz>, acesso em: mar. 2016.

49 Cf. *Filme Cultura*, disponível em: <www.filmecultura.org.br>, acesso em: mar. 2016.

50 Cf. Cena, disponível em: <www.cenacine.com.br/>, acesso em: mar. 2016, e Observatório Brasileiro do Cinema e do Audiovisual, disponível em: <oca.ancine.gov.br>, acesso em: mar. 2016.

51 Cf. introdução de Durval Muniz de Albuquerque, *A feira de mitos: a fabricação do folclore e da cultura popular*, São Paulo: Intermeios, 2013.

52 Gustavo Dahl, "Mercado é cultura", *Cultura*, Brasília: jan./mar. 1977, Ministério da Educação e Cultura, v. VI, n. 24.

53 Cf. Jean-Claude Bernardet em introdução a Franthiesco Ballerini, *Cinema brasileiro no século 21, op. cit.*, p. 14.

54 Juliana Sangion, *Vale a pena ver de novo: a Globo Filmes e as novas configurações do audiovisual brasileiro na pós-retomada*, tese (doutorado em Multimeios), Universidade Estadual de Campinas, Campinas: 2011, p. 64.

55 Juliana Sangion, "Cinema e TV no Brasil: breve panorama a partir da criação da Globo Filmes", *Ciência e Cultura*, São Paulo: 2012, v. 64, n. 3, disponível em: <https://goo.gl/H5kLEZ>, acesso em: mar. 2016.

56 Conforme Sangion: "A Record entrou no mercado cinematográfico no final de 2004, com [...] *O Segredo dos golfinhos*, em associação com a Fox Film do Brasil, Record Filmes, dentre outras empresas. O SBT entrou [...] em fevereiro de 2005. A Bandeirantes se uniu à Barra Filmes para criar a Band Filmes e lançou [...] em fevereiro de 2005, *Garrincha – estrela solitária*" (Juliana Sangion, *Vale a pena ver de novo: a Globo Filmes e as novas configurações do audiovisual brasileiro na pós-retomada, op. cit.*, p. 69).

57 Vanessa Kalindra Oliveira, "O cinema industrial da Globo Filmes", *Interin*, Revista do Programa de Pós-Graduação em Comunicação e Linguagens da Universidade Tuiuti do Paraná, Curitiba: jul./dez. 2013, v. 16, n. 2, p. 148.

58 Em 2015, Daniel Filho deixou a emissora. Sua demissão parece ter apontado mudanças na própria empresa. O cineasta Cacá Diegues passou a fazer parte dessa equipe. Cf. Flávi Ricco, "Daniel Filho deixa a TV Globo por divergência sobre contrato", disponível em: <https://goo.gl/W3Duvf>, acesso em: mar. 2016.

59 Franthiesco Ballerini, *Cinema brasileiro no século 21, op. cit.*, p. 219.

60 Abordamos as dez maiores bilheterias anuais conforme levantamento da Ancine e do *site Filme B*. Incluímos também filmes de repercussão com 500 mil espectadores. Cf. Observatório Brasileiro do Cinema e do Audiovisual, "Dados de mercado: filmes brasileiros com mais de 500.000 espectadores – 1970 a 2014", disponível em: <https://goo.gl/Mbx8Rn>, acesso em: mar. 2016, e *Anuário OCA 2016*, disponível em: <https://goo.gl/ehPyGd>, acesso em: out. 2017.

61 Contracampo – revista de cinema, "Editorial", n. 48, disponível em: <https://goo.gl/2TCLis>, acesso em: mar. 2016.

62 Inácio Araújo, "O cinema nacional é nosso", *Folha de S.Paulo*, 29 out. 2002, disponível em: <https://goo.gl/tnDhmW>, acesso em: mar. 2016.

63 Ivana Bentes, "Sertões e favelas no cinema brasileiro contemporâneo: estética e cosmética da fome", *Revista Alceu*, v. 8, n. 15, Rio de Janeiro, 2007, p. 252, disponível em: <https://goo.gl/bVj0qE>, acesso em: out. 2017.

64 Foi coordenador de Segurança, Justiça e Cidadania do governo do Rio de Janeiro entre 1999 e 2000 e secretário Nacional de Segurança Pública.

65 Viviane Cubas e Cristina Neme, "Elite da tropa", *Estudos Avançados Scielo*, v. 20, ano 58, 2006, p. 323, disponível em: <https://goo.gl/bEcSQt>, acesso em: mar. 2016.

66 Cf. Maurício Cardoso, *Fátima Toledo: interpretar a vida, viver o cinema*, São Paulo: LiberArs, 2014.

67 Isabela Boscov, "Abaixo a mitologia da bandidagem", *Veja*, São Paulo: 17 out. 2007, n. 2030, pp. 84-6.

68 Com cortes atenuando revelações impróprias, como falar mal de Roberto Carlos, o filme foi reeditado como minissérie da TV Globo em 2015.

69 Em correspondência com a autora em 25 de novembro de 2015.

70 O ex-pracinha Boris Schnaiderman em seus livros Guerra *em surdina*, São Paulo: Brasiliense, 1995, e *Caderno Italiano*, São Paulo: Perspectiva, 2015, comenta a recorrência desses fatos que o filme ficcionaliza.

71 Que contam histórias de santos.

72 Luiz Vadico, *O campo do filme religioso*, Jundiaí: Paco, 2015.

73 Laura Loguercio Cánepa, "Notas para pensar a onda dos filmes espíritas no Brasil", *Rumores*, 2013, v. 7, n. 13, disponível em: <https://goo.gl/AkfNUc>, acesso em: jan. 2016.

74 *Ibidem.*

75 *Ibidem.*

76 *Veja*, "Filme Os dez mandamentos supera 2 milhões de ingressos na pré-venda", disponível em: <https://goo.gl/ZMR5WT>, acesso em: jan. 2016.

77 Para consultar o *ranking* de público de 2017, consulte o *site* da Ancine: <https://oca.ancine.gov.br/>, acesso em: out. 2017.

78 É o autor de, entre outras obras, *O pagador de promessas*, peça adaptada por Anselmo Duarte que ganhou a Palma de Ouro no Festival Cannes em 1962.

79 Jacques Aumont e Michel Marie, *Dicionário teórico e crítico de cinema*, Campinas: Papirus, 2003, p. 57.

80 Bernadette Lyra, "A parte maldita", em: Bernadette Lyra e Gelson Santana (orgs.), *Cinema de bordas*, v. 1, São Paulo: A Lápis, 2006, p. 42.

81 Como observou Xavier, se o Cinema Novo detinha um "mandato revelador de um Brasil-verdade" (p. 43), esse mandato estava então "incorporado à retórica da Rede Globo de Televisão, com sua versão industrializada e mercadológica do nacional-popular bem estampada nas novelas e nas minisséries" (p. 44). Cf. Ismail Xavier, *O cinema brasileiro moderno, op. cit.*

82 Em 2010, Guel Arraes dirigiu *O bem amado*, de Dias Gomes.

83 Livro de Gilberto Freyre, de 1933.

84 De Donna Johnson, 1980.

85 Dirigiu *Vai trabalhar, vagabundo* (1973), entre outros.

86 O seriado teve 11 milhões de espectadores na primeira temporada em 2013 no Multishow. Cf. *Veja*, "Vai que cola: maior audiência da TV paga em dez anos", disponível em: <https://goo.gl/ypDxQP>, acesso em: dez. 2015.

87 Essa afirmação não se aplica a Anna Muylaert.

88 Cf. Silvana Arantes, "Cineastas dizem que sucesso das comédias brasileiras 'escraviza'", *Uol*, São Paulo: 18 dez. 2014, disponível em: <https://goo.gl/wkPCef>, acesso em: jan. 2016.

89 Disponível em: <https://goo.gl/aWzRpE>, acesso em: out. 2017.

90 Conforme os dados gerais da Ancine para 2016. Cf. <goo.gl/r5p/s8>, acesso em: nov. 2017.

91 Segundo dados da Ancine, a renda total foi de 362.776.085,95, e representou 16,5% de participação total do público em filmes brasileiros. Cf. < goo.gl/r5p/s8>, acesso em: nov. 2017.

92 Isso até novembro de 2017.

93 Cf. *Filme B*: <https://goo.gl/wWmQ54>, acesso em: jan 2017.

94 Cf. Manohla Dargis, A. O. Scott e Stephen Holdendec, "The Best Movies of 2016", *New York Times*, Nova York: 7 dez. 2016, disponível em: <https://goo.gl/DS3iHB>, acesso em: jan. 2017.

CONTINUIDADE EXPANDIDA E O NOVO CINEMA AUTORAL (2005-2016)

CLÉBER EDUARDO

Um panorama do cinema brasileiro dos anos 2000 é, pela impossibilidade de abarcar uma totalidade de características e recorrências, marcado necessariamente por algum critério de seletividade e enfoque. Se essa é uma inevitabilidade exigida por qualquer período histórico de produção de filmes, torna-se ainda maior se esse período compreender os anos posteriores ao triênio 2005-2007, com uma curva ascendente no volume de longas-metragens, fruto de mais dinheiro público investido na atividade (por meio de editais e leis de incentivo fiscal) e consequência da expansão digital nos processos de realização. Também a partir do triênio houve um aumento considerável do número de cursos de graduação em cinema e audiovisual, expansão dos festivais de cinema por todas as unidades federativas e uma multiplicação de pesquisas acadêmicas concentradas em filmes ou questões extrafílmicas da contemporaneidade. O cinema brasileiro dos anos 2000 foi questão de Estado, de crítica, da academia, de festivais e de mercado. Talvez só não tenha sido uma grande questão para o público.

Esse período teve suas próprias características em relação às décadas anteriores, a começar pela ausência de interrupção de um fluxo e de uma estrutura de produção. Também teve seus próprios ciclos de mudanças, talvez ainda de feições sutis para a nossa pouca distância histórica. Algumas das características foram novidades, tanto nos modos de produção quanto nas propostas fílmicas. As novas condições financeiras, estruturais, tecnológicas e de circulação expuseram possibilidades mais palpáveis na comparação com a segunda metade dos anos 1990, os anos da "Retomada", que tinham como meta principal manter a linha de produção acesa.

A situação geral entre 2000 e 2015 foi mais favorável. Permitiu um fluxo maior e progressivo de diretores estreantes com idade média cada vez menor, de filmes abaixo da linha oficial do Baixo Orçamento (1,5 milhão de reais), de iniciativas de novos realizadores e novas casas de produção fora de Rio e São Paulo, de um sentimento de continuidade sem interrupções de caixa ou de ânimos coletivos. A criação do Fundo Setorial do Audiovisual, instituído em 2006 e regulamentado em 2007, com investimento em desenvolvimento de projetos, não apenas no cinema, mas em outras áreas audiovisuais, como as séries de TV, também impulsionou um salto na quantidade de dinheiro injetado e de obras realizadas.

Outras situações e contingências não mudaram muito. Foram poucas as mulheres com carreiras na direção de longas de ficção, no campo mais autoral, embora estejam em grande número nas equipes e nos cursos de cinema. As mais experientes nesse terreno foram Ana Carolina e Lúcia Murat, iniciadas na direção nas décadas de 1970-1980. A maioria teve estreia depois de 2005, mostrando mudança aparente, com o gênero feminino mais presente. Isso pode a médio prazo, na prática, mudar a hegemonia masculina, não apenas em roteiros e direção, mas principalmente entre os protagonistas dos filmes, provável reflexo dessa concentração histórica. Raridade maior na história do cinema brasileiro, os diretores negros de longa-metragem de ficção foram absoluta minoria, com destaque para Joel Zito Araújo (*Filhas do vento*, 2004), Jefferson De (*Bróder*, 2008), Luciano Vidigal (*5 x favela – agora por nós mesmos*, 2009) e André Novaes de Oliveira (*Ela volta na quinta*, 2014). Já os diretores indígenas começaram a surgir nesse período, no começo apenas por meio da Vídeo das Aldeias, a associação responsável por capacitação técnica de muitos realizadores indígenas, depois com outras iniciativas.

Renovação passou a ser a palavra-chave no segmento mais independente e mais autoral, viabilizada pelos barateamentos de outros custos e por modos alternativos de produção, quase sempre com captação digital. Houve renovações em diferentes áreas da realização, com novos nomes na fotografia, no roteiro, na montagem, mas principalmente na direção, com um crescimento exponencial de primeiros filmes na comparação com outros momentos históricos, parte deles realizados fora de Rio e São Paulo. Os novos ventos do cinema brasileiro foram soprados de Recife, Caruaru, Salvador, Vitória, João Pessoa, Belo Horizonte, Contagem, Ceilândia, Fortaleza e também do Rio e de São Paulo. Nessa vertente renovada, a maior parte de novas produtoras pequenas e médias tiveram diretores entre os sócios. Algumas funcionaram com espírito de coletivo ou ao menos de grupo colaborativo com sintonia estética (Teia e Filmes de Plástico, em Minas; Alumbramento, no Ceará; Filmes do Caixote, em São Paulo; Trincheira, em Pernambuco).

O cenário dos primeiros anos de 2000, mais de dez anos após o fim da Embrafilme (1969-1990), foi de progressiva recuperação. Embora tenha havido variações na quantidade de filmes lançados a partir de 2008, o número de filmes exibidos comercialmente não parou de crescer desde 2010. Se, em 2010, foram exibidos 74 filmes, houve o pico de exibição de 129 longas-metragens em 2014, com apenas um título a menos em 2015. De 2000 e 2015, foram exibidos 1.047 filmes brasileiros, durante pelo menos uma semana, quase metade deles a partir de 2010. A passagem de 1990-2000 para 2000-2010 foi de continuidade expandida, sem nenhuma mudança estrutural imediata, com ampliação da presença do Estado, mas com as mesmas estratégias de base em relação à viabilização de recursos para a existência dos filmes. Esse corpo mais amplo de longas-metragens tornou o empreendimento de uma síntese ou um panorama desse período 2000-2015 um exercício de malabarismo intelectual e metodológico, porque o analista não teria como dar conta de toda a diversidade da linha de produção[1].

Se a média do *market share* ficou em 13% durante os 15 anos dos anos 2000, com pico de 21,3% em 2003 e rodapé de 8% em 2002, expondo um cenário de muito volume e pouca visibilidade, a quantidade de filmes exigiu e ainda exige dos pesquisadores e analistas algumas estratégias, procurando valorizar alguns aspectos específicos ou adotar critérios seletivos de abordagem. A deste capítulo é centrada em um cinema de formas autorais, de baixo orçamento e com menos negociação com os códigos, convenções e procedimentos dos filmes de maior escala, tendo repercussão crítica positiva, independentemente da circulação. Também se valoriza neste texto as linhas de renovação a partir de 2005, após as aparições de Beto Brant, Laís Bodanzky, Tata Amaral, Anna Muylaert, Cláudio Assis, José Eduardo Belmonte e Karim Aïnouz, alguns dos nomes mais expressivos da renovação entre 1995 e 2005.

Esse período entre 2005 e 2015, no âmbito mais autoral, teve, por conseguinte, alguns rearranjos do campo cinematográfico. Embora os cineastas veteranos tenham se mantido ativos nos *sets*, com destaque para a produtividade de Júlio Bressane (*Filme de amor*, 2003 e *A erva do rato*, 2008) e para os filmes singularíssimos de Rogerio Sganzerla (*O signo do caos*, 2005), Andrea Tonacci (*Serras da desordem*, 2006), Carlos Reichenbach (*Falsa loura*, 2008) e Paulo César Saraceni (*O gerente*, 2010), o grosso do cinema autoral foi defendido pelos mais jovens, a maior parte estreante a partir de 2005, como Marcelo Gomes, Marco Dutra, Juliana Rojas, Adirley Queirós, Sérgio Borges, Tiago Mata Machado, Bruno Safadi, Felipe Barbosa, Kleber Mendonça Filho, Caetano Gotardo e Gabriel Mascaro, acrescidos de outros iniciados entre 1995 e 2005, como Beto Brant, Luiz Fernando Carvalho, Karim Aïnouz, Anna Muylaert e Cláudio Assis. Foram diretores distintos em estilo e com origens geográficas diferentes, que fizeram seus filmes com variados tamanhos de produção e volume de dinheiro, mas com disposição de criar um universo e uma forma de aproximação caros a seus olhares de cinema e para a vida. Essa geração e meia de novos diretores pode não ter gerado ainda uma obra-prima ou um filme monumental, mas compõe na soma entre os filmes um conjunto, no mínimo, digno de interesse estético, e não somente histórico, como reflexo de dada, e mais ampla, configuração cultural. Pode-se apontar uma série de ausências e fragilidades nos filmes, mas não se pode acusar esse segmento geracional de comodismo com as convenções em geral.

Essa renovação teve variável legitimação crítica em resenhas ligeiras de jornais e *sites*, em alguns ensaios de maior fôlego, assim como em artigos acadêmicos e comunicações em congressos da área, com alguns discretos questionamentos. A aceitação foi ampla e eventualmente excessiva, se não nos modos de análise, ao menos na qualificação formal de algumas obras, sobretudo aquelas situadas como emblemas de fronteiras entre a ficção e o documentário (*Avenida Brasília Formosa*, Gabriel Mascaro, 2009; *O céu sobre os ombros*, Sérgio Borges, 2010; *Esse amor que nos consome*, Alan Ribeiro, 2012; e *A vizinhança do Tigre*, Affonso Uchoa, 2014); e como paradigmas de uma renovação de códigos tradicionais e de gêneros cinematográficos, como ocorreu com o terror explícito (*Mangue negro*, Rodrigo Aragão, 2008), com o fantástico e o drama social (*Trabalhar cansa*, Marco Dutra e Juliana Rojas, 2011), com o universo dos adolescentes e dos super-heróis (*A alegria*, Felipe Bragança e Marina Meliande, 2010), com o musical e com o melodrama (*O que se move*, Caetano Gotardo, 2013), com a ficção científica B e o filme de denúncia (*Branco sai, preto fica*, Adirley Queirós, 2014) e com o filme de adolescentes e de vampiro (*Mate-me por favor*, Anita Rocha da Silveira, 2015).

Foram diversas as buscas de recortes propositivos – mais que combativos. O ganho de corpo da produção gerou um estímulo eventualmente ansioso para se produzirem aproximações entre filmes, conceitos, *slogans* e outros artifícios intelectuais para os pensadores de cinema ocuparem seus lugares na discussão. A necessidade de gerar pensamento crítico colocou filmes sem força expressiva diferenciada para durar além de seu entorno de nascimento, em um estágio de protagonismo estético no cinema brasileiro dos anos 2000. A grande quantidade de filmes de aparência autoral, de novos realizadores aparentemente sem conciliação com o mercado e de propostas em trânsito entre gêneros, campos e categorias, desafiando a clareza e a firmeza de princípios, propósitos e conceitos, somou-se à grande quantidade de estudiosos em busca de filmes para estudar.

Essa disposição de legitimação para a produção autoral entre 2005 e 2015 teve, em parte, a seu favor o fato quase incontestável de que, nesse período e nesse segmento, alguns dos muitos filmes estiveram à margem das estratégias de eficiência narrativa, de consistência dramática e de facilitadores formais para, consequentemente, flertar de modo mais facilmente sedutor com o público e as possibilidades internacionais – como a linha seguida por Walter Salles desde *Terra estrangeira* (1995) e *Central do Brasil* (1997). Se um ou outro piscam o olho para esses caminhos com atalhos visualizáveis, como ocorreu com *O cheiro do ralo* (Heitor Dhalia, 2006), *Hoje eu quero voltar sozinho* (Daniel Ribeiro, 2013), *O lobo atrás da porta* (Fernando Coimbra, 2013) e *Que horas ela volta?* (Anna Muylaert,

2015), para citarmos filmes do começo e do final do período abordado no texto, essa não foi a tônica principal da renovação de diretores, com maior esforço em propor narrativas menos empenhadas na condução dos espectadores para essa ou aquela percepção, com menos informações sobre os personagens, com menos ênfase nos conflitos, menos espetáculo nas narrativas e com maior abertura para quebras de paradigmas. Não se pode ignorar, no entanto, que, mesmo quando se tenta driblar convenções, pode-se incorrer em lugares-comuns, soluções da moda e estilos em alta no cinema de autor.

Se, por um lado, os estudos acadêmicos deram um salto quantitativo, tendo parte desse novo cinema autoral como tema, por outro a crítica militante e cotidiana de jornais e revistas, de acompanhamento dos lançamentos e respostas "em cima do laço", perdeu espaço editorial e profissionais especializados. Nos últimos 15 anos, muitas publicações ficaram sem um crítico, principalmente fora do Rio e São Paulo. Passaram a função para repórteres de cadernos de cultura. Um jornal importante na cobertura crítica, como o *Jornal do Brasil*, definhou até se aposentar das bancas de jornais em 2010. Talvez apenas em São Paulo a tradição crítica tenha sido mantida, apesar da perda de espaço, nos jornais *Folha de S.Paulo* e *O Estado de S. Paulo*. Os novos espaços de reflexão foram deslocados para as revistas eletrônicas e os *blogs*. Na maior parte deles, contudo, houve reprodução do modelo de resenha superficial, adjetivada sem precisão, com opinião e sem análise. De qualquer forma, da crítica digital surgiram realizadores, como Eduardo Valente (ex-editor da *Contracampo* e depois editor da *Cinética*), Felipe Bragança (ex-editor da *Cinética*) e Kleber Mendonça Filho (ex-editor do *Cinemascópio*). Nas páginas dessas duas revistas eletrônicas, *Contracampo* e *Cinética*, foram disponibilizados os artigos e ensaios mais consistentes e problematizadores sobre o cinema brasileiro desse arco histórico, com recusas e proposições estéticas.

OS ECOS DOS ANOS 1990 ENTRE 2000 E 2005

Os primeiros cinco anos da nova década e do novo século parecem ainda não pertencer a um novo calendário temático e formal do cinema brasileiro autoral. Ainda se ouviam os ecos altos dos anos 1990. Os filmes mais expressivos entre 2000 e 2005, ao menos no segmento de maior repercussão crítica e em festivais, carregaram o peso da década anterior, apesar do sentimento de continuidade, iniciado em 1994-1995, anos da "retomada", também compreendido como momento de convalescença pós-traumatismo (fim da Embrafilme em 1990). Nos primeiros anos da nova década (a de 2000), assim como na década anterior (a de 1990), parte significativa dos filmes, nesse segmento mais autoral e em parte das produções maiores (com mais dinheiro para fazer e lançar), teve protagonistas confinados em suas condições ou circunstâncias. Muitos personagens não tinham como negociar saídas em relação às situações geradoras de seus sofrimentos (*Estorvo*, Ruy Guerra, 1999; *Amélia*, Ana Carolina, 1999-2000; *Bicho de 7 cabeças*, Laís Bodanzky, 2000; *O invasor*, Beto Brant, 2001; *Madame Satã*, Karim Aïnouz, 2002; e *O príncipe*, Ugo Giorgetti, 2001). Ou escapavam com rupturas violentas ou permaneciam no sofrimento com mínima variação ou com pragmatismo (*Cronicamente Inviável*, Sérgio Bianchi, 1999; *Cidade de Deus*, Fernando Meirelles, 2002; *Amarelo manga*, Cláudio Assis, 2002; e *Carandiru*, Hector Babenco, 2002).

Não se pode dizer que a década anterior, especialmente em sua primeira metade, entre 1990 e 1994, entre os governos Fernando Collor (1990 a 1992) e Itamar Franco (1992 a 1995), entre o fim da Embrafilme (1969-1990) e um "desejo de Retomada" (não apenas do cinema), tenha sido desprovida de material dramático. O país ainda tentava encontrar um rumo menos oscilante por dentro de sua nova democracia, com seus novos problemas, conchavos, desrespeitos às leis e negociações sem princípios. A perda de regulamentação oficial da atividade cinematográfica em 1990 desfez os laços entre cinema e Estado, mantida de uma forma ou de outra entre o fim dos anos 1960 e o fim dos anos 1980. Os filmes realizados nos anos 1990 e primeiros anos de 2000, direta ou indiretamente, respiraram esse mesmo oxigênio azedo e as mesmas condições de futuro cinematográfico. Os filmes, em alguma medida, tiveram seus primeiros estímulos a partir dessa vivência.

Nos filmes de novos diretores ou diretores veteranos, na linha das produções de baixo custo médio e com distribuição modesta (público, *idem*), essa era praticamente a regra geral (a de uma reação pela negatividade). Nos filmes para circuito mais amplo, embora não fosse a regra, também estava presente com força. Basta ver as escolhas de personagens e de narrativas de *Carandiru*, *Olga* (Jayme Monjardim, 2004) e *Cazuza* (Sandra Werneck e Walter Carvalho, 2004), todos filmes encerrados com a morte de seus protagonistas ou personagens importantes, bem diferentes, por exemplo, de *2 filhos de Francisco* (Breno Silveira, 2005); e de *Lula, o filho do Brasil* (Fábio Barreto, 2009), com sua celebração da família e da ascensão social pela meritocracia artística e política. Parte dos filmes dos primeiros anos de 2000 começou a ter seus roteiros gestados ainda nos anos 1990, em outro contexto de cinema e de país, com um quadro de instabilidades e de recuperação atrelados aos traumas econômicos e políticos do começo da década (de 1990). Houve modesta presença de narrativas de êxitos, superações e curvas ascendentes, mantendo a tendência no cinema autoral brasileiro de personagens em queda, em colapso ou em atrito, sem transformação positiva de seu percurso e de sua contingência. O início dos 2000 herdou e aperfeiçoou a distopia predominantemente dos anos 1990.

Nem sempre essa distopia circulou por geografias e circunstâncias marcadas pela violência física, como imediatamente se tende a supor, em parte pelas sedutoras estéticas de alto impacto de *O invasor*, terceiro longa de Beto Brant, e *Madame Satã*, primeiro longa de Karim Aïnouz, que, somados a *Cidade de Deus*, terceiro longa de Fernando Meirelles, colocaram personagens marginais, menos ou mais criminosos, no protagonismo do cinema brasileiro urbano da aurora de 2000, momento então marcado por narrativas centradas no espetáculo da agressão (não tanto ao espectador, mais entre os personagens). As estéticas de alto impacto em questão têm variações, mas seguem a combinação de câmeras ágeis, cortes secos, estilização da fotografia de pressupostos naturalistas/documentais, atores carismáticos com momentos de agressividade e uma narrativa na qual o pior está sempre em vias de ocorrer.

É verdade que *Madame Satã*, ao contrário de *O invasor* e *Cidade de Deus*, reivindica certa subjetividade do protagonismo, mostrando não apenas uma de suas faces – a violenta –, mas também os ângulos mais pessoais, como sua família reinventada e ainda assim mantenedora de certo machismo. Os três filmes, com suas diferentes repercussões no país e no exterior, na crítica e nas bilheterias, são expressivos de uma transição, entre décadas e séculos, assim como entre tons de mal-estares (a marca maior do cinema autoral de qualquer país e em qualquer época). No entanto, mesmo nesses anos de transição, nem sempre o mal-estar é de alto impacto, como ocorre nos filmes mencionados, inflacionados pela agressão física entre personagens e pela morte.

Outras contingências, aparentemente mais tranquilas (apenas na aparência e à primeira vista), como as de outras relações familiares mais convencionais, estiveram em pauta, com enfoques variados na avaliação moral e subjetiva de mães, pais e filhos, sem o tom escandaloso da maioria das adaptações de Nelson Rodrigues nos anos 1970 e 1980. Os núcleos duros dos dramas familiares entre 2000 e 2005 foram capitaneados pelos sentimentos masculinos, entre pais e filhos, colocados em conflitos pelo excesso de autoridade paterna. São as premissas de *Abril despedaçado* (2001), de Walter Salles, *Bicho de 7 cabeças*, primeiro longa ficcional de Laís Bodanzky, e *Lavoura arcaica* (2001), primeiro e até agora único longa de Luiz Fernando Carvalho, nos quais os filhos rompem com os pais ao final ou estão rompidos no começo. Rodrigo Santoro em *Abril* e em *Bicho*, Selton Mello em *Lavoura*: os dois atores são as mais fortes imagens dos filhos vítimas dos abusos paternos. São atitudes de filmes e de personagens em quase tudo diferentes das vistas em *O homem que copiava* (2003), segundo longa de Jorge Furtado, que, como no anterior e no primeiro, *Houve uma vez dois verões* (2002), encaminha-se ao final para uma reconciliação com a família, como ideia e prática, com a paternidade vista com positividade e sua ausência como algo superável, algo raro nesse período, embora mais frequente entre 2005 e 2010.

Os filmes anteriormente mencionados oscilam entre o espetáculo de luz (como em *Lavoura arcaica* e *Abril despedaçado*, ambos fotografados por Walter Carvalho) e a visualidade orgânica, com uma câmera inquieta e com cortes abruptos ocasionalmente (como em *Bicho de 7 cabeças*), assim enfatizando a intensidade dos dramas no quadro e no ritmo. Também se buscou a discrição visual em favor da *performance* narrativa (como em *O homem que copiava*), não exatamente estética. Essa oscilação estética foi expressiva de boa parte da produção desses anos iniciais do novo século, transitando entre o naturalismo intensificado, a estetização assumida como tal e a quase ausência de uma estética evidente para além do roteiro.

Três filmes paulistanos lançados em 2003 adensaram os universos familiares em fissura ou em luto com as estreias em longa de seus diretores (Anna Muylaert, Roberto Moreira e Ricardo Elias). *Durval Discos* (Anna Muylaert, 2002) mantém um filho como guia do espectador, mas seu oponente é a mãe, uma senhora simpática, apesar de possessiva, com aparência inofensiva. O desfecho se encaminha, porém, para um banho de sangue, com destruição de casa e família. A família também se move em *De passagem*, de Ricardo Elias, filme envolto na violência urbana, com um protagonista de luto e em deslocamento pelo irmão assassinado. Se não há aqui a estética de alto impacto, com uma opção por uma visualidade e um ritmo mais sóbrios, a adrenalina visual não respeita limites em *Contra todos* (Roberto Moreira, 2004), com a câmera sempre fora do tripé, os cortes sem continuidade, a fotografia naturalista com baixo contraste, as situações de violência e a promessa de algo negativo logo adiante.

Há certamente uma mudança de atmosfera nessas relações familiares a partir de 2005, seja em filmes sem juízo condenatório em suas representações de pais e mães – *Cão sem dono* (Beto Brant, 2007) e *Não por acaso* (Philippe Barcinski, 2007) –, seja em filmes com um novo acerto com a família tradicional – *O céu de Sueli* (Karim Aïnouz, 2006), *As melhores coisas do mundo* (Laís Bodanzky, 2009) e *Hoje eu quero voltar sozinho* (Daniel Ribeiro, 2013) – ou, ainda, em filmes com juízo discreto na avaliação dos segredos e dos padrões das famílias – *Mutum* (Sandra Kogut, 2007), *A casa de Alice* (Chico Teixeira, 2007), *Insolação* (Daniela Thomas e Felipe Hirsch, 2009) e *O que se move* (Caetano Gotardo, 2012). No entanto, nem toda tendência ou recorrência de enfoques, universos e olhares determina uma única direção. Em alguns encaminhamentos mais amplos, há também desvios e distorções, como as visões familiares mais árduas e intensas em suas negatividades – *Feliz Natal* (Selton Mello, 2008) e *A festa da menina morta* (Matheus Nachtergaele, 2007), filmes mais vinculados às visões do período 1995-2005.

Em *A casa de Alice*, estreia na ficção de Chico Teixeira, embora a família seja mais amena, sem explicitações de autoritarismos, não se disfarçam do espectador seus jogos de máscaras. O foco está nas dissimulações entre quase todos, compondo um ambiente doméstico de dissociação entre a aparência e as existências.

A câmera varia entre a quietude observadora e a inquietação em busca da revelação de algo, procurando em ambos os casos desnudar sinais e pistas de um mal a nos ser denunciado. A família passa a ser um território de esconderijos e omissões, de mentiras e falsas versões, de foras de quadro trazidos para o quadro. Não há mais um encaminhamento para a explosão e o banho de sangue como em *Durval discos* e *Contra todos*, ambos do período entre 2000 e 2005, concentrados em lares-úteros, nos quais os problemas internos são superiores aos agentes externos, embora parte dos problemas internos sejam potencializados por quem é de fora da família.

É salientável que, entre os filmes de olho na família, parte expressiva é de São Paulo, configurando um movimento recorrente no cinema realizado na cidade desde pelo menos os filmes de Walter Hugo Khouri nos anos 1960, com alto investimento em dramas de casas e apartamentos, em palavras não ditas e em lados escuros das vidas pessoais. Não apenas nesses filmes de problematização das relações familiares, mas principalmente neles, a produção concentrada em ambientes fechados dá o tom da proposta, tanto dramática quanto narrativamente, o que, em ampla medida, determina um estilo visual e de encenação, além de um espírito de confinamento de saídas menos ou mais negociadas. Também parece haver nessa recorrência da família como núcleo estruturante, evidente nos filmes de Tata Amaral nos anos 1990 (*Um céu de estrelas*, 1997, e *Através da janela*, 2000), uma eleição das relações primeiras (familiares) como grande instaurador de problemas contemporâneos, deslocando a estrutura da sociedade ou suas deformações para os ambientes domésticos e psicológicos, apesar da manutenção da família heterossexual e tradicional como base das relações e problemas.

UMA CENA PERNAMBUCANA

Voltemos ao começo de 2000 e mudemos de ares, do Centro Sul, onde os filmes protagonistas das décadas anteriores eram realizados, para Pernambuco, capital cinematográfica do Nordeste entre 2002 e 2016, além de terceira força regional em quantidade de produção de longas-metragens, graças, em parte, a editais locais responsáveis por injeção de dinheiro na atividade cinematográfica. Antes do reconhecimento pelos governos locais da qualidade e importância dos filmes pernambucanos, algo ocorrido a partir de 2010, houve filmes e diretores geradores de críticas positivas, prêmios em festivais e expectativas a médio prazo desde os primeiros anos do novo século e a partir do pequeno barulho despertado em 1996 por *Baile perfumado*, de Lirio Ferreira e Paulo Caldas. Se essa dupla de diretores deu o pontapé inicial, tornando o cinema uma atividade com continuidade, e não apenas cíclica, os corresponsáveis por essa perseverança da produção foram Cláudio Assis e Marcelo Gomes.

A pergunta que se coloca, diante desse segmento regional, é em relação a uma identidade estética: há e houve nesses anos um cinema pernambucano, reconhecível em seus tons, temas e formas, ou apenas um cinema de Pernambuco ou em Pernambuco, com mais particularidades que propriamente pontos de contato? Houve no período um lugar-comum em relação ao conjunto dos filmes, vinculando-se a eles termos como conflito, frontalidade, questões de classe, explicitações da negatividade dos seres e impacto buscado no estilo ou dentro das cenas. Os deslocamentos em *road movies* foram também marcantes. Teria sido concentrada em boa parte dos longas pernambucanos a tradição crítica do cinema brasileiro moderno de matriz nos anos 1960. Ismail Xavier foi o analista, na academia, que mais se deteve na produção de Pernambuco, procurando salientar os pontos de contato entre alguns filmes, fazendo uma ponte entre os anos 1990 e as obras posteriores a 2010, especialmente *O som ao redor* (Kleber Mendonça Filho, 2012), em busca de enfoques concentrados em certos motivos dramáticos que justapõem camadas de tempo acumuladas pela experiência de uma modernização incompleta, responsável pela hegemonia de classe e das tradições patriarcais[2].

Se a maior parte das obras parte de uma situação negativa, individual ou mais expandida, os encaminhamentos a partir disso são muito diferentes entre os filmes. De qualquer forma, essa imagem do cinema realizado em Pernambuco, como imagem de confronto, parece antes um emblema do que uma prática concreta e demonstrável. Antes de confrontos, o que se evidencia, rigorosamente, são abordagens descritivas, mais que constatações, dedicadas a expor situações de negatividade, sem colocá-las em rota de explosão, como aconteceu em filmes de outras origens do período 1995-2005 – *Um céu de estrelas*, *Bicho de 7 cabeças*, *O invasor*, *Cidade de Deus*, *Contra todos*. Mesmo o primeiro filme pernambucano mais repercutido na primeira década dos anos 2000, *Amarelo manga* (2002), estreia em longa de Cláudio Assis, é antes uma crônica sobre a vida de personagens e de ambientes abaixo da classe média de Recife, com seus pecados cotidianos, situados em um mundo diferente do vivido cotidianamente pela gente de cinema. Não há diagnóstico ou conclusão, mas exposição de evidências de comportamentos tortos.

Embora insinue um condicionante social, *Amarelo manga* manteve-se no terreno da exposição de enfermidades comportamentais, sem vincular as atitudes ao ambiente de classe e geográfico (o baixo Recife). Assis entrava nessa cena já ocupada de sentimentos negativos dizendo que, por conta da dramaturgia carnal de algumas cenas, seu filme funcionaria como um Viagra para a impotência do cinema brasileiro. Não foi bem assim. O crítico Pedro Butcher, quando do lançamento em agosto de 2003, depois de dez meses viajando por festivais no país e no exterior, tentou relativizar, em texto publicado na *Folha de S.Paulo*, dizendo que *Amarelo manga* havia conquistado ares mitológicos, tratado como filme rebelde, autêntica revolução, dono de nova dramaturgia, mas sem nada de novo. "Sua maior importância está em dar continuidade a um movimento que despontou lá no começo da retomada, com *Baile perfumado*, e que foi interrompido por circunstâncias diversas: uma produção vigorosa, vinda de Pernambuco, equivalente cinematográfico ao musical mangue bit"[3].

O filme passa de um núcleo de personagens a outro, diversos em perfil e comportamento, unidos pelos espaços onde se encontram e por estarem situados em uma zona social baixa de Recife, à qual estão vinculadas atitudes fora do escopo da suposta normalidade. Assis situa seu enfoque no limite entre reunião de patologias latentes ou explícitas e a sintomatologia social, a mesma fronteira na qual se encontra *Baixio das bestas* (2006), seu segundo longa, embora com suas ações ambientadas na Zona da Mata, com variados núcleos de personagens também relacionados a contingências sexuais e de violência, quando não às duas simultaneamente. As mulheres são as vítimas dessas situações e, nos desfechos, aparentemente escapam de seus contextos, mas apenas aparentemente. Há quem veja na representação das agressões às mulheres, algumas verbais, outras físicas, uma reafirmação fetichista das violências masculinas, chegando a acusar o diretor em *Baixio das bestas* de fazer o espetáculo sádico e misógino, de degradação feminina, o que é, no mínimo, questionável.

Cláudio Assis pode não ter elevado a adrenalina e a libido do cinema brasileiro contemporâneo, mas se tornou progressivamente o autor maldito oficial ao lado de Sérgio Bianchi (*Cronicamente inviável*, 1999 e *Os inquilinos*, 2009), ganhador de editais e prêmios em festivais brasileiros (sobretudo o de Brasília, em que ganhou três vezes), sem a mesma repercussão no exterior, procurando tornar aceitável algumas situações drásticas, de abusos sexuais e de subversões morais, ora vendo essa subversão como positiva, ora como negativa, sempre investindo energias na beleza fotográfica. O terceiro (*A febre do rato*, 2011) e o quarto longas de Assis (*Big Jato*, 2015), em relação aos dois primeiros, baixam o tom dramático, procurando mais humor e algum nível de zona de escape, sem a asfixia na aparente volta por cima dos filmes anteriores.

O cinema realizado em Pernambuco esteve entre as novidades mais bem recepcionadas nos anos 2000, uma vez que, primeiro entre 2002 e 2005, mas principalmente após 2007, a produção do estado foi intensificada, em geral com filmes geradores de algum impacto e elaborados com vistas a esse efeito. O filme pernambucano de maior êxito comercial e crítico da primeira década do século XXI foi *Cinema, aspirinas e urubus* (2005), do então estreante Marcelo Gomes, um *road movie* centrado em um comerciante alemão que, sozinho ou acompanhado por um carona (João Miguel), viaja pelo sertão nordestino nos anos 1940. *Cinema, aspirinas e urubus* foi exibido na mostra *Un Certain regard*, no Festival de Cannes de 2005, no qual recebeu o prêmio da Educação Nacional concedido pelo Ministério da Educação da França. Foi muito elogiado pela fotografia com luz direta (de Mauro Pinheiro Jr., nome importante do período em questão), a exemplo de *Vidas secas* (Nelson Pereira dos Santos, 1963).

Os deslocamentos pelo sertão do protagonista não encontram problemas estruturais ou climáticos geradores de sofrimentos, como em geral a paisagem era tratada até então no cinema, exceção talvez feita a *Eu tu eles* (Andrucha Waddington, 2000) e *O Auto da Compadecida* (Guel Arraes, 2000), com seus enfoques anedóticos. O que se encontra, na verdade, são pessoas simples, protegidas pela abordagem de serem reduzidas a sintomas de pobreza sertaneja, apesar de estarem reduzidas a paisagens humanas diante de personagens de passagem pelos lugares. Há um afeto enorme pelo que está a filmar, com uma câmera que, naquele momento, Marcelo Gomes e Karim Aïnouz, um dos roteiristas, chamaram de "câmera anjo da guarda", tão próxima está dos atores, quase a envolvê-los em uma zona de proteção. "É um filme simples, quieto, quase morno em sua eficácia, e que se mostra ciente de toda uma herança do Cinema Novo"[4], escreveu na revista eletrônica *Cinética* o crítico e cineasta pernambucano Kleber Mendonça Filho.

O cinema pernambucano aqueceu sua turbina progressivamente. Nos dois anos seguintes a *Cinema, aspirinas e urubus*, Cláudio Assis fez *Baixio das bestas* (2006), Lírio Ferreira realizou *Árido movie* (2005) e Paulo Caldas dirigiu *Deserto feliz* (2007), engrossando a filmografia local. *Baixio das bestas* retorna ao cruzamento entre patologia e sintomatologia de *Amarelo manga*, carregando mais no grotesco e na plasticidade, filmando a degradação sexual com luz e enquadramentos para seduzir os olhos. Assis, mais uma vez, procura os desvios de conduta na sexualidade masculina autoritária. Em um país e um Estado marcados pela violência de homens contra mulheres, incluindo a cultura do abuso sexual, Assis procura transformar o dado social em estética do escândalo distanciado, filmando as situações abusivas com indiferença formalista.

Árido movie leva seu protagonista de volta ao sertão, de onde saiu faz uns tantos anos, para velar a morte do pai e fugir da missão de vingá-lo, perdido em meio às preservações da cultura arcaica. A fotografia e câmera de Murilo Salles (diretor de longas aqui de retorno à sua atividade como fotógrafo), buscando o movimento fluido como motor visual, não persegue a beleza da luz, mas a organicidade do quadro, ora colocando a máquina de filmar em movimento, ora movimentando os atores em relação à câmera. Lírio Ferreira retorna a um protagonista de fora do ambiente por onde se desloca, como faz o libanês Benjamin Abrahão em *Baile perfumado*, codirigido por Ferreira e Caldas na segunda metade dos anos 1990. A diferença é que em *Árido movie* (sua primeira direção solo de longa metragem), ao contrário do filme anterior, o personagem de fora não é estrangeiro, mas um rapaz que volta ao sertão (onde nasceu), tendo de lidar com os desajustes de poder e com problemas arcaicos, além de sua crise de identidade e pertencimento. Esse drama ou vivência dos deslocados, também presente em *Cinema, aspirinas e urubus*, encontra outra operação em *Deserto feliz*, de Paulo Caldas, que acompanha situações de uma adolescente do sertão, sua passagem pelo mundo urbano da prostituição, seu encontro com um cliente alemão e a experiência de escape transitória, ambígua, mas aberta a viver um sonho temporário. O filme não tem o peso de *Baixio das bestas* e o flerte com o delírio de *Árido movie*, mas um tom mais suave e onírico, sem perder a tentativa de colocar vigor na relação da câmera com os personagens, com excessos eventuais nessa escolha.

Foi nos anos posteriores a 2010 que a intensidade de produção pernambucana foi ampliada, menos por conta da continuidade da filmografia desses diretores iniciados na segunda metade dos anos 1990 ou na primeira de 2000, mais principalmente por conta de um outro grupo de novos realizadores, integrados por Kleber Mendonça Filho (*O som ao redor*, 2012; *Aquarius*, 2016), Daniel Aragão (*Boa sorte, meu amor*, 2012), Taciano Valério (*Ferrolho*, 2012), Marcelo Lordello (*Eles voltam*, 2012), Renata Pinheiro (*Amor, plástico e barulho*, 2013), Marcelo Pedroso (*Brasil S/A*, 2014), o experiente roteirista Hilton Lacerda (*Tatuagem*, 2013), Gabriel Mascaro (*Boi neon*, 2015), Camilo Cavalcanti (*A história da eternidade*, 2013) e Tião (*Animal político*, 2015). Esse conjunto teve força destacada entre os novos realizadores, buscando a representação da convivência entre as diferenças sociais e de poderes, a alegoria emblemática das relações econômicas e existenciais, o pior dos seres humanos em suas atitudes e a aproximação com universos populares.

Se essa produção foi se transformando em vinte anos, desde *Baile perfumado*, de um novo ciclo de Recife a um esboço de cinematografia de Pernambucano, sendo submetida a noções redutoras e não sintéticas de uma estética local, as diferenças são superiores aos pontos de contato nessa multiplicidade de obras de novos realizadores. A produção entre 2010 e 2016 baixa o tom da condução narrativa, amplia a rarefação dramática e omite algumas informações sobre os personagens, buscando a força de seus estilos menos na representação de seres e mundos, sem deixar de se instalar nos mundos para apresentar seus seres. Os mal-estares individuais são evidentes nos filmes mencionados, entre 2010 e 2016, mas já sem as ênfases a esse respeito. O maior emblema dessa nova conduta, menos intensificada como ponto de partida, mas mais atenta aos detalhes e às cenas, é *Eles voltam*, com sua narrativa econômica e sem muita contextualização para a premissa em torno de uma pré-adolescente largada na estrada pelos pais com seu irmão, que também a abandona à própria sorte, levando-a a viver uma experiência de descoberta de diferenças sociais em sua solidão em parcial deslocamento. Só sabemos o que vemos e, no que vemos, há grande ambiguidade.

O som ao redor e *Aquarius*, de Mendonça Filho, e *Boi neon*, de Mascaro, foram os mais exitosos no circuito de festivais internacionais, com todas as diferenças de estilo e propostas de olhar. *O som ao redor* é um filme urbano, ambientado em um pedaço de classe média de Recife, com núcleos de personagens que habitam essa configuração geográfica mínima (uma rua), com suas diferenças, com suas indiferenças, com suas tensões, ressentimentos, poderes e vinganças, colocando a vida com grades nas janelas em estado constante de latência de conflito e de vulnerabilidade. Muitos críticos evidenciaram uma espécie de neocoronelismo contido no personagem do proprietário dos imóveis da rua, mandante de uma morte, embora o filme amplie em seus mínimos detalhes um outro aspecto: a tolerância forçada e repressora das intolerâncias variadas entre moradores de um mesmo lugar. Não vemos a mordida, mas os dentes de fora. Mendonça Filho já havia dirigido um longa antes, o documentário *Críticos* (2008), e havia se notabilizado no curta-metragem, com narrativas altamente controladas e precisas no cumprimento de seus objetivos (*Vinil verde*, 2004; *Eletrodoméstica*, 2005; *Recife frio*, 2009).

Seu segundo longa de ficção, *Aquarius*, com Sônia Braga, concorreu à Palma de Ouro no Festival de Cannes em 2016. O filme também estimulou uma adesão de espectadores contra a deposição da presidenta Dilma Rousseff, ocorrida em 2016 – isso se deu talvez menos em função da narrativa do longa e mais por conta dos cartazes de denúncia do processo levantados pelo diretor e pela equipe do filme durante o Festival de Cannes. Em muitas das sessões no Brasil, ao final do filme os espectadores gritavam "Fora, Temer!", o bordão político de 2016-2017 em muitos eventos culturais pelo país. Mendonça Filho tornou-se, assim, protagonista político no cinema, algo que gerou controvérsias: sua não indicação à vaga brasileira na disputa pelo Oscar de produção estrangeira ocorreu após um dos integrantes do júri colocar-se contra a postura política/midiática do diretor.

Aquarius é protagonizado por uma senhora da elite recifense, proprietária de imóveis e amante de música no vinil, que reage à pressão de uma empreiteira que planeja derrubar seu prédio antigo para construir outro empreendimento no lugar. Se muitos viram na protagonista e no filme em si emblemas da reação à situação política então em curso no Brasil, delegando ao filme uma imagem de cinema de esquerda, outros olhares preferiram destacar a luta da personagem pela preservação da tradição, da família e da propriedade. Assim, a protagonista seria menos uma representante dos brasileiros contrariados com a entrada de Michel Temer na presidência e mais uma representante de uma elite estarrecida e esclarecida acossada por uma elite empresarial predatória e demolidora, à qual a personagem reage a seu modo. Na eleição dos melhores filmes de 2016 da revista francesa *Cahiers du Cinéma*, *Aquarius* foi o quarto melhor filme do ano, segundo os críticos da publicação, além de ter obtido grande repercussão fora do país. Desse modo, é importante salientar que um pouco de distanciamento histórico fará bem às avaliações do filme, que precisa ser visto por dentro e não apenas de fora para dentro, como muitos fizeram a fim de adotá-lo como uma espécie de porta-voz.

Boi neon teve eco mais limitado no Brasil. É o sexto longa-metragem de um diretor ainda jovem, Gabriel Mascaro, que realizou mais longas que curtas, tendo primeiro se destacado no documentário (*Um lugar ao sol*, 2009), *Avenida Brasília Formosa*, 2009 e *Doméstica*, 2012), antes de ingressar na ficção fronteiriça com o documentário (*Ventos de agosto*, 2014). *Boi neon* adentra a vida de um protagonista, sem o recorte panorâmico de *O som ao redor*, deslocando sua câmera da capital para o interior, do mundo de prédios para o das vaquejadas, da vontade de vingança pela vontade de autoempreendimento. Seu cenário é um sertão *fashion*, com preocupação com perfume em ambiente com cheiro de fezes de boi, com um vaqueiro que sonha ser estilista e cuida do cabelo, uma "dilatação de possibilidades e não uma inversão de papéis"[5], em um ambiente no qual, segundo entrevistas do diretor, os estereótipos estão em constante transformação. O Nordeste de *Boi neon* é pós-sertão determinista, mais estético que físico, com composição, plasticidade e ritmo adequados a uma noção de contemporaneidade internacional autoral, buscando antes a instalação nos espaços que as ações possíveis a partir desses espaços. A premiação em Veneza, com o prêmio especial do júri, comprovou o êxito de suas opções para esse circuito.

A PERDA DA CONCENTRAÇÃO GEOGRÁFICA NO RIO E SÃO PAULO

O período posterior a 2005 também conheceu iniciativas interessantes de novas gerações de realizadores de outras unidades federativas, especialmente no Ceará (concentrados na produtora Alumbramento) e em Minas Gerais (concentrados em torno das produtoras Teia e Filmes de Plástico). No entanto, esse fenômeno, com o correr dos anos, alcançou outros estados, diretores surgidos em Vitória (Rodrigo de Oliveira, *As horas vulgares*, 2011), Campina Grande (Taciano Valério, *Ferrolho*, 2012), João Pessoa (Tavinho Teixeira, *Batguano*, 2013), Curitiba (Aly Muritiba, *Para minha amada morta*, 2015), Contagem (Andre Novaes de Oliveira, *Ela volta na quinta*, 2014) e São Luiz (Frederico Machado, *O signo das tetas*, 2015), entre outros realizadores e filmes. O eixo Rio-São Paulo permaneceu com o maior volume de produção e dinheiro investido, mas não mais com a exclusividade dos principais filmes autorais. O cinema de prestígio perdeu o centro no Sudeste em parte por conta de editais locais, em parte por efeito de uma política de regionalização da cultura pelo governo federal, em parte por iniciativas próprias dos realizadores, cansados de aguardar o dia da vitória em um concurso de roteiro para acessar o dinheiro da realização.

Na Bahia, um dos templos do Cinema Novo nos anos 1960, importante para o Cinema de Invenção nos anos 1970 e quase ausente da fase da Retomada nos anos 1990, o movimento de renovação foi mais tímido, mas, em 2005, começou a se insinuar – primeiro com o bom retorno crítico de *Cidade baixa* (2005), segunda longa de Sérgio Machado, exibido na mostra *Un Certain regard* de Cannes, junto com *Cinema, aspirinas e urubus*, e depois com a estreia tardia de Edgar Navarro com *Eu me lembro* (2005). Outras iniciativas ocorreram no documentário e na ficção, mas sem conseguir transitar do fenômeno localizado para o reconhecimento mais amplo. A presença de alguns novos valores, como Navarro (de uma geração anterior, mas sem longas até 2005), Cláudio Marques, Marília Hughes e Daniel Lisboa foi de fundamental importância para recolocar a produção baiana na linha de frente da cinematografia contemporânea.

Apesar de dirigido por um nativo na Bahia e de ser filmado em Salvador, a produção de *Cidade baixa* foi da VideoFilmes, empresa carioca dos irmãos Salles, que havia produzido *Madame Satã* e *Lavoura arcaica*. No elenco, Wagner Moura, Lázaro Ramos e Alice Braga, três nomes tornados conhecidos em filmes dos anos anteriores, agora sob a preparação de Fátima Toledo, portanto comprometidos com naturalismo performático. Os três são envolvidos em uma narrativa de triângulo afetivo e sexual ambientada em bordéis e na zona baixa de Salvador, filmada e montada com aquela fluência orgânica consagrada pelos filmes do começo da década. Embora tenha sido pensado como obra situada no meio caminho entre o cinema autoral sem facilitadores e toda sorte de atrativos para um público apenas interessado em narrativas envolventes, *Cidade baixa* talvez tenha sido dos filmes mais bem-sucedidos nessa opção pela autoralidade discreta, sem perder com suas estratégias espetaculares de sedução (violência física, cenas sexualizadas), seguindo a linhagem então recente de *O invasor* e *Bicho de 7 cabeças*, também filmes autorais de aparências e formas de fácil absorção. São todos esses filmes que, na nova configuração de mercado e de concorrentes (redes sociais, séries de TV, *download* de filmes, vídeo *on demand*, *games*), tiveram entre 100 mil e 250 mil ingressos vendidos, mesma escala de sucessos autorais segmentados posteriormente (após 2010), com pouco menos ou mais de vendas, como *O som ao redor* e *Hoje eu quero voltar sozinho*.

O outro filme baiano, *Eu me lembro*, estreia em longa de Edgard Navarro, aos 55 anos, depois de 16 anos da realização do média *Superoutro* (1989), um dos filmes mais impactantes dos anos 1980, é obra memorialística em torno das descobertas sexuais de um adolescente. Não possui as transgressões guardadas pelo diretor, mas uma delicadeza contagiante para muitos, sem perda de um tom malicioso em sua naturalidade. Nos anos seguintes, Navarro realizou apenas mais um longa, *O homem que não dormia* (2011), trabalho aproximado da mitologia popular e das forças ocultas da natureza e da espiritualidade, filmado sem os filtros falsificadores da sofisticação, com o grau de ritualização e de mistério de filmes que, em vez de representarem algo, propõem o mergulho em mundos menos materiais, com picardia, momentos delirantes e mais profundeza que profundidade.

Também surgiu na Bahia estreantes da geração seguinte, como Marília Hughes e Cláudio Marques (*Depois da chuva*, 2013) e Daniel Lisboa (*Tropykaos*, 2013), diretores de primeiros filmes em que jovens, diante das descobertas das políticas da vida, pessoais e coletivas, precisam tomar atitudes menos ou mais radicais. *Depois da chuva* teve reconhecimento em festivais, inclusive o de Roterdã, com sua representação do movimento estudantil baiano nos anos 1980, justamente na transição para a Nova República, sem trair o tom e o espírito adolescente de seus personagens em busca de consciência e ação. Já *Tropykaos*, com sua herança e homenagem ao cinema baiano dos anos 1970, associado à vertente marginal e de invenção (Andre Luiz Oliveira, Edgar Navarro), investe mais na forma, em situações nas quais o protagonista poeta entra em combustão com a cena cultural e o calor de Salvador. Os dois filmes retomam um segmento de universo urbano e jovem do cinema baiano deixado abandonado por uns tantos anos.

O Ceará também conheceu uma nova geração de realizadores de longa, que passou a ocupar a linha de frente antes a cargo de Rosemberg Cariry e Wolney de Oliveira, que estiveram mais discretos entre 2005 e 2015, ao menos na comparação com o grupo de diretores em torno da produtora Alumbramento (Alexandre Veras, Luiz e Ricardo Pretti, Guto Parente e Pedro Diógenes) e com a frequência de longas de Petrus Cariry (filho de Rosemberg) – alguns deles com três ou mais longas realizados em menos de oito anos. Os dois primeiros dessas duas vertentes principais e mais repercutidas foram *Estrada para Ythaca* (Ricardo Pretti, Luiz Pretti, Guto Parente, Pedro Diógenes, 2009) e *O grão* (Petrus Cariry, 2007), ambos exibidos com destaque e prêmios na Mostra de Tiradentes, assim como em festivais internacionais de diferentes tamanhos e importâncias. São filmes que, apesar de suas peculiaridades de universos e opções formais, criaram uma identidade estilística para a produção local, associada à fotografia de contrastes sutis de Ivo Lopes Araújo (também protagonista da cena cearense como diretor do documentário *Sábado à noite* [2008]), às ações rarefeitas no interior das cenas, aos planos sem pressa e a uma narratividade de conflitos baixos, com momentos desprovidos de intensidade.

O grão, de certa forma, retoma a vertente das representações da família, agora com investimento no lúdico e nas atmosferas poéticas, sem jamais ver a família como algo a ser lamentado ou julgado. Cariry voltaria a esse universo em *Mãe e filha* (2011), no qual volta a buscar o encontro entre o formalismo dos quadros e a presença da vida quase documental, mas mudou o tom em *Clarice – ou alguma coisa sobre nós* (2015), filme mais delirante, com situações de tonalidade fantástica, novamente concentrado na família como matéria-prima, porém agora com implicações traumáticas do passado no presente, sem a falta de juízos dos dois filmes anteriores. O cuidado visual permanece, desde a estreia em longa-metragem, nessa nova investida, com maior aposta na intensidade de algumas cenas, mesmo não sendo elas consequências diretas de outras, mas injeções de energia física (situações sexuais violentas) na forma fílmica.

Estrada para Ythaca, embora não tenha sido a estreia em longa dos irmãos Pretti, foi o primeiro longa de Guto Parente e Pedro Diógenes, e ainda o primeiro de três filmes coletivos do quarteto, que realizou depois *Os monstros* (2010) e *No lugar errado* (2011), antes de diversificarem suas parcerias na direção nos quatro anos seguintes. *Ythaca* é um filme coletivo em sentido estrito. Os quatro diretores assinam roteiro, direção, fotografia, montagem, som direto e são os protagonistas diante da câmera. Esse quarteto de jovens começa e termina em um bar onde bebem e cantam (ou tentam). Entre início e final, viajam a esmo, dançam, choram, bebem, têm contato com luzes não identificadas e perdem suas barbas. Realizado sem um orçamento oficial, com dinheiro de curta-metragem sem estrutura, tornou-se paradigma dos processos digitais possíveis, um caminho à margem dos editais seguido por alguns realizadores antes e depois.

O universo dos três primeiros filmes do quarteto Alumbramento é das relações de amizade e dos pactos com a coerência existencial entre desejo e ação/decisão. Nos passos seguintes, a renovação de parcerias – ou redução do quarteto a trio – mostraram mudanças de rumos. Luiz Pretti dedicou-se à montagem com outros parceiros (como em *O céu sobre os ombros*, dirigido pelo mineiro Sérgio Borges). Ricardo Pretti realizou *O Rio nos pertence* (2013), projeto de três filmes com uma única produção (dois longas e um *making of* de ambos, *O fim de uma era*, de Marcelo Perrone, que foi convertido em filme), desenvolvido em parceria com o carioca Bruno Safadi (que realizou nesse projeto *O uivo da gaita*, 2012). Ricardo Pretti ainda codirigiu com seus parceiros anteriores Luiz Pretti e Pedro Diógenes *De punhos bem fechados* (2014). Já Guto Parente realizou com Uirá dos Reis o delirante *Doce Amianto* (2012) e o exercício doméstico/fantástico *A misteriosa morte de Pérola* (2014), filme no qual os esforços inventivos são inversamente proporcionais à modéstia de recursos técnicos e de produção.

O Rio nos pertence é o mais radical desses filmes em sua proposta formal, agora com produção predominantemente carioca, presenças no elenco de estrelas de sua geração como Leandra Leal e Mariana Ximenes (filmadas como divas) e ponto de partida vinculado ao universo da produtora Bel Air (dos anos 1970) e a uma personagem de Helena Ignez em *Copacabana mon amour* (Rogério Sganzerla, 1970), cujo nome, Sonia Silk, batizou o projeto de três filmes em um. O filme oscila entre soluções altamente associadas aos estereótipos de um cinema de arte mais fechado e outras opções mais abertas a injetar atmosferas com potencial fantástico na experiência onírica de uma jovem mulher de volta ao Rio de Janeiro. *Doce Amianto* também injeta o fantástico em sua premissa ao mesmo tempo atenta às novas sexualidades e às possibilidades de renovar os itens sobrenaturais, com o fantasma/espírito de um transexual cheio de dores e de potências à frente da câmera. *De punhos bem fechados* retoma apenas parcialmente o espírito de *Estrada para Ythaca*, valorizando os diretores como atores e como grupo, mas colocando a reação política verbalizada por uma rádio pirata no lugar da interioridade calada de *Ythaca*.

Diretor saído da videodança e de outros trabalhos audiovisuais, como o documentário *Vilas volantes*, realizado pelo edital DOCTV, Alexandre Veras, o mais experiente em anos e carreira dessa cena de renovação no Ceará também estreou no longa-metragem. *Linz – quando todos os acidentes acontecem* (2013) retoma as narrativas de deslocamentos, tão caras ao cinema brasileiro em sua vertente moderna e às produções recentes desde pelo menos os anos 1990 (*Terra estrangeira*, 1995; *Cinema, aspirinas e urubus*, 2005; *O céu de Sueli*, 2006; *Serras da desordem*, 2006; *A fuga da mulher gorila*, Felipe Bragança e Marina Meliande, 2009; *Viajo porque preciso, volto porque te amo*, Karim Aïnouz e Marcelo Gomes, 2009) por meio de um protagonista sempre solitário (presença marcante do ator e diretor Dellani Lima) e sempre em movimento pela região das dunas no Ceará, tendo primeiro a missão de entregar móveis dados por um filho à sua mãe cercada de areia por todos os lados, antes de ingressar em uma experiência subjetiva com a natureza bruta e o que a transcende, vivendo uma situação asfixiante e limite em meio a tanta beleza árdua.

Independentemente das particularidades estilísticas de cada um desses filmes da Alumbramento, todos partem das condições mínimas de produção – exceção feita a *Linz – quando todos os acidentes acontecem* (Alexandre Veras, 2013) – para inventar caminhos e saídas a partir dessa limitação concreta. Talvez não tenha havido núcleo de criação mais aberto às experiências inventivas quanto esse quarteto, juntos ou separados, nesse curto e intenso período entre 2010 e 2015, com abertura ao desconhecido e a cultivo das formas recicladas do cinema moderno, talvez só comparável em experimentação aos primeiros longas do mineiro Tiago Mata Machado (*O quadrado de Joana*, 2007 e *Os residentes*, 2011) e do carioca Bruno Safadi (*Meu nome é Dindi*, 2007).

A Alumbramento não foi o único núcleo a partir de ausência de dinheiro como um dos estímulos para a criação cinematográfica. Muitas propostas driblaram essa carência fundadora com criatividade, transformando curtas em longa ou juntando amigos equipados para trabalhar em espécie de regime de cooperativa. Essas iniciativas começaram a se tornar mais frequentes a partir de 2006, com a aparição de *O cheiro do ralo* (Heitor Dhalia, 2006), filmado sem dinheiro de edital, apesar de ter Selton Mello no elenco e origem literária de Lourenço Mutarelli; de *Amigos de Risco* (Daniel Bandeira, 2007), realização de aparência amadora e força narrativa; de *Conceição: autor bom é autor morto* (2007), direção coletiva de um filme universitário metalinguístico que demorou dez anos para ser finalizado; de *O quadrado de Joana* (Mata Machado), com seu universo de moradores de rua e de distúrbios psicológicos; e de *Apenas o fim* (Matheus Rocha, 2008), outro longa universitário realizado quase inteiramente nas dependências da PUC-Rio, com diálogos e cenas de apelo juvenil entre um casal às vésperas do fim do namoro e durante a relação.

Houve filmes pequenos feitos a partir de muito pouco dinheiro antes de 2007, como *Cama de gato* (Alexandre Stockler, 2002), centrado em um estupro gravado em uma *webcam*; *Odiquê* (Felipe Joffily, 2004), concentrado em um grupo de jovens cariocas; e *Quarta B* (Marcelo Galvão, 2005), ambientado em uma reunião de pais em uma escola. No entanto, se antes de 2006 esses filmes eram uma consequência da contingência (não acessar o dinheiro público), a partir de 2006, filmar sem edital deixou de ser efeito, mas também proposta, comprometida com maior liberdade e soluções para a concretude de um orçamento quase inexistente. Essa nova fase, em parte permitida pela tecnologia digital de captação e finalização, mas também pelas associações entre realizadores e técnicos de uma mesma cidade ou de unidades federativas distintas, abriu portas talvez fechadas se os diretores dependessem da espera do recurso público.

Nesse cenário do filme pequeno de autor, o carioca Bruno Safadi realiza com destaque *Meu nome é Dindi*, com a atriz Djin Sganzerla na pele de uma mesma personagem múltipla e uma narrativa segmentada em diferentes núcleos sucessivos, parcialmente autônomos e sutilmente complementares, partindo de uma questão concreta do mundo (fechamento de uma vendinha) e propondo imersão em um mundo de afetações psicológicas, formais e sensoriais, com oscilações também visuais e rítmicas. *Meu Nome é Dindi* ganhou a primeira edição da Mostra Aurora em 2008, segmento dentro da Mostra de Tiradentes, dedicado a diretores de até três longas, que, nos dez anos seguintes, foi um dos pontos de encontro da geração de novos autores independentes.

Safadi havia realizado antes curtas, no mínimo, interessantes e sido assistente de Júlio Bressane. Nos dez anos seguintes, realizou um documentário (*Belair*, 2009) e algumas ficções (*Eden*, 2012 e *O prefeito*, 2015), das quais se destaca *O uivo da gaita* (2012), filme realizado dentro do projeto Sonia Silk com o diretor Ricardo Pretti (que dirigiu *Esse Rio nos pertence*) e as atrizes/produtoras Leandra Leal e Mariana Ximenes, mantendo seu diálogo insistente com as matrizes do cinema de Bressane e Sganzerla nos anos 1970. Disposto a aproveitar o máximo de criação com um mínimo de dinheiro, o diretor esteve à frente de outro projeto de cooperativas de criação, produzindo outros quatro longas, de outros quatro diretores, além de seu *O prefeito*. Um dos quatro outros filmes é de Júlio Bressane (*Garoto*, 2015). Não há um universo temático reconhecível nas escolhas de Safadi, mas há em todas uma pesquisa estética, além de relações entre partes dos filmes que insinuam um mundo em constante dissolução e colapso (interior ou exterior).

Bruno Safadi não foi o único diretor de nova geração carioca a seguir um modo próprio de realização e criação, de produção e proposta estilística, com ou sem dinheiro de edital. A dupla Felipe Bragança e Marina Meliande, formados como Safadi na Universidade Federal Fluminense (UFF), onde fizeram seus primeiros curtas (também como Safadi), também propuseram um caminho singular com *A fuga da mulher gorila* (2009) e, no ano seguinte, com *A alegria* (2010). O primeiro foi realizado em deslocamento com uma Kombi e uma produção mínima, com encenação e atuações abertas às circunstâncias e aos imprevistos (mais que improvisos), com cenas cantadas e uma busca de atmosferas, com momentos nunca derivados diretamente de outros, com alto grau de autonomia, com importância para situações sem uma função narrativa clara.

Os percursos de Safadi, Bragança e Meliande são mais ou menos em comum, com origem em cursos de cinema, e nesse sentido ganham o acréscimo de outros diretores iniciados no fim da primeira década dos anos 2000 no Rio de Janeiro, como Eduardo Nunes, Daniel Caetano e Eduardo Valente, também egressos da UFF. Nunes fez alguns curtas desde os anos 1990 e dedicou alguns anos a viabilizar *Sudoeste* (2011), sua estreia em longa, com formalismo visual e narrativo como pressuposto, como se o cinema fosse um mundo à parte e próprio. Bragança, Caetano e Valente tiveram como diferencial atividade paralela na crítica de cinema. Todos escreveram na revista virtual *Contracampo* – e depois na também virtual *Cinética* – antes da estreia em longas-metragens. Caetano é diretor de um único longa (coletivo), *Conceição: autor bom é autor morto*, realizado com coprodução da UFF, finalizado depois de muitos anos de seu início. Valente também realizou um único longa, *No meu lugar* (2009), depois de três curtas exibidos em Cannes, sendo o primeiro e principal deles *O sol alaranjado* (2001), ganhador do prêmio Cinéfondation para filmes de escolas de cinema, no Festival de Cannes de 2002.

Conceição: autor bom é autor morto teve uma sessão consagradora na Mostra de Tiradentes em 2007, não apesar de seu tom juvenil e irreverente, mas justamente por isso, com aplausos em algumas cenas mais rasgadamente cômicas. É um exercício parcial de acerto de contas com a cinefilia moderna brasileira, com a metalinguagem afetada pela influência do cinema marginal ou de invenção, explicitada sobretudo pelo desbunde de diversas situações (mais que da premissa: personagens em rebelião contra seus criadores). *No meu lugar* é de outra natureza, mais sóbrio, com desejo de maturidade formal e calcado no jogo narrativo com os diferentes tempos dramáticos nos quais a gênese e as consequências de um assalto para personagens de diferentes vivências sociais no Rio de Janeiro são construídas como quebra-cabeça social e psicológico. Embora tenha, como muitos filmes da geração iniciada após 2005 e da iniciada entre 1995 e 2005, uma premissa mais facilmente legitimável, por lidar com a representação de traços da sociedade brasileira, o filme procura também, ou até antes disso, adotar a forma do cinema como sua principal matéria de trabalho.

Filmes anteriores também procuraram colocar as questões formais antes das questões temáticas, o que pode ser – desde filmes como *Lavoura arcaica*, *Madame Satã*, *Cinema, aspirinas e urubus*, *O céu de Sueli* e *Mutum* – um dos pontos marcantes desse segmento de cinema autoral renovado, sem as legitimações por premissas temáticas presentes em filmes como *Bicho de 7 cabeças*, *O invasor* e mais recentemente *Casagrande* (Felipe Barbosa, 2014), *Hoje eu quero voltar sozinho* e *Que horas ela volta?*, que adotam uma postura de juízo crítico sobre os entraves sociais na vida dos personagens. Essa cultura da legitimação do tema também gerou, nesse período de 2005 a 2015, algumas simplificações discursivas direcionadas a filmes com implicações políticas e sociais, mas que, no estilo, estão longe de se limitarem a essas reprovações dos aspectos negativos da realidade e seus determinismos, como *O som ao redor* e *Branco sai, preto fica*, trabalhos analisados recorrentemente por seus acontecimentos diegéticos, e não pela forma de expô-los e expressá-los. De qualquer forma, se a geração surgida após 2005 teve uma bandeira, ela não foi política e social pelas escolhas dos assuntos, mas bandeiras ou paradigmas acima de tudo estéticos e narrativos.

Quais caminhos ainda a seguir ou ainda a propor no século XXI em uma cinematografia de tradição autoral majoritariamente realista, calcada na representação de aspectos da realidade? No cinema de São Paulo, desprovido do fantasma do Cinema Novo, mas afetado pelos fantasmas da Vera Cruz e pelas referências de Walter Hugo Khouri, Luiz Sérgio Person e Carlos Reichenbach, acima de tudo, seguiu-se diferentes possibilidades de respostas e reações a essa indagação inevitável a qualquer cineasta digno do termo. Os anos 1995 a 2005 tinham criado uma linhagem de renovação com Tata Amaral (*Um céu de estrelas*), Lina Chamie (*Tônica dominante*, 2000), Laís Bodanzky (*Bicho de 7 Cabeças*), Roberto Moreira (*Contra todos*), Ricardo Elias (*De passagem*) e Anna Muylaert (*Durval discos*), com modos variados de expor o mal-estar paulistano a partir das relações afetivas e familiares em um mundo embrutecido e embrutecedor.

Os anos 2005-2016 deram continuidade a essa renovação com Marcelo Toledo e Paulo Gregori (*Corpo presente*, 2011), Marco Dutra e Juliana Rojas (*Trabalhar cansa*, 2011), Caetano Gotardo (*O que se move*, 2012), Rubens Rewald e Rossana Foglia (*Super Nada*, 2012), Gregorio Graziosi (*Obra*, 2014), Lincoln Péricles (*Filme de aborto*, 2016) e Thiago B. Mendonça (*Jovens infelizes ou o homem que grita não é o urso que dança*, 2015), além de Renan Rovida (*Sem raiz*, 2016), mantendo o mal-estar dos anos anteriores, mas, com exceções pontuais, procurando ao mesmo tempo adensar a negatividade e manter um recuo dramático diante desse adensamento, procurando menos as doenças dos personagens pela proximidade com a vida e mais os caminhos formais com os quais os filmes se aproximam desses personagens sem se limitarem a observá-los ou a se engajarem neles. Há mais anteparos narrativos e estilísticos entre o espectador e os seres em tela. A diferença entre os diretores dos primeiros filmes antes de 2005 e os de depois de 2005 está também no tom do relato – mais descritivo e observador que narrativo e dramático.

Os filmes antes mais impactantes tornam-se cada vez menos afetados esteticamente pelas situações de conflito e cada vez mais partem de suas preocupações formais. O principal cineasta revelado no longa na década anterior, Beto Brant, também viveu em sua filmografia essa transformação. Depois da narrativa impactante de *O invasor* aos climas e situações dramáticas e perturbadoras em *Crime delicado* (2005), novamente trazendo Marco Ricca para um personagem no limite (depois de *O invasor*), em colapso, um crítico de teatro acusado de cometer estupro, acometido de delírios e oscilante com diferentes mulheres. A passagem de Brant de *O invasor* para *Crime delicado*, *Cão sem dono* (2007) e *O amor segundo B. Schianberg* (2009) na filmografia do diretor é de premissas temáticas impactantes para premissas formais inquietantes. *Crime delicado* faz sua imersão no plano fixo herdado do teatro e na mente do personagem. *Cão sem dono* adota a economia dramática e visual para se concentrar quase apenas nos atores e nas cenas. *O amor segundo B. Schianberg* divide as energias entre a vivência de um homem e uma mulher em um apartamento e os dispositivos para filmá-la e para o casal se autofilmar.

O mal-estar permanece nesses filmes como estrutura formal – não como conteúdo a ser representado somente – e está também explícito nos filmes paulistanos de diretores de outras cidades, como dois realizadores iniciados em Brasília, José Eduardo Belmonte (*Meu mundo e nada mais*, 2007, e *Se nada mais der certo*, 2009), diretor do tensionamento formal, e Gustavo Galvão (*Nove crônicas de um coração aos berros*, 2012), diretor de tom mais recuado, ou mesmo de um estreante nascido no Uruguai, Mauro Baptista Vedia (*Jardim Europa*, 2013), com sua representação sem meios-tons da burguesia paulistana caricata, todos realizadores dispostos a juntar energias e colaboradores para filmar em esquema alternativo de produção, interessados também em personagens nascidos para gerarem estranhamentos com suas posturas inusitadas ou confirmadoras das observações dos espaços urbanos.

Belmonte já havia manifestado sua disposição de filmar o colapso de personagens em seus filmes de Brasília, *Subterrâneos* (2002) e *A concepção* (2005), talvez ainda obras de respostas aos anos 1990, com aquela inquietação e contundência depois amenizada nos anos seguintes e nos novos estreantes. Com muitos movimentos de câmera e muitos cortes entre eles, seguindo as diretrizes então já estabelecidas por filmes como *O Invasor*, *Madame Satã*, *Cidade de Deus* e *Bicho de 7 cabeças*, o diretor adiciona misturas de texturas e de meios de captação em *A concepção* (2005), filme no qual radicaliza a *estética do distúrbio*, em sintonia com os colapsos de identidade dos personagens, integrantes de uma espécie de seita política e comportamental, que, para não serem regulados pela burocracia, reinventam nomes, usam contas bancárias alheias e se tornam não identificáveis. No elenco, entre outros nomes, há Matheus Nachtergaele e Milhem Cortaz, dois atores constantes no cinema de autor dos anos 2000. Em seus filmes paulistanos, *Meu mundo em perigo* (2007) e *Se nada mais der certo* (2008), Belmonte acentuou as perdas, materiais, afetivas e de vidas, ampliando o senso de tragédia. São produções de guerrilha, como se habituou chamarem longas-metragens realizados sem estrutura financeira, antes de o diretor dobrar a esquina do cinema de aparato industrial.

Já o novo cinema paulistano surgido mais recentemente mantém a tradição de representar a vida dentro de casas, apartamentos e outros ambientes fechados em parte expressiva dos filmes e das cenas dentro dos principais filmes, como acontece em *Super nada*, *Trabalhar cansa*, *O que se move* e *Obra*, filmes de aparência rígida e eventualmente formalista, com menos empenho em representar o mundo que em expressar algo interno ao filme (mais que aos personagens). *Trabalhar cansa* (2011), de Marco Dutra e Juliana Rojas, e *O que se move* (2012), de Caetano Gotardo, são filmes de uma mesma turma de cinema paulista, em torno da produtora Filmes do Caixote e a partir da formação de grupo no curso da Escola de Comunicação e Artes (ECA) da Universidade de São Paulo (USP), que trabalha no limite entre o naturalismo e as rupturas com ele, oscilando entre certa convenção dramática e sua quebra por intervenções de cinema fantástico e musical, mas aplicados (mais que empregados) de modo singular. Exibido em Cannes, *Trabalhar cansa* parte de uma questão social e familiar, com marido desempregado e esposa como empresária iniciante. O filme ameaça entrar em certos conflitos concretos entre as relações de poder, mas se desvia para a inserção de elemento fantástico com função alegórica. *O que se move* é dividido em três segmentos independentes e conectados por dores e perdas pessoais, após as quais se inicia sempre uma canção vivida aos prantos, em busca de efeito catártico por dentro da operação de distanciamento. É um filme no qual as mediações narrativas e formais se colocam até à frente das dores e perdas dos personagens, sem inibi-las, mas tendo sempre a preocupação de estetizá-las, de transformar sentimentos em estilo de cinema.

Dutra e Rojas tiveram curtas exibidos em Cannes (*Lençol branco*, 2004 e *Um ramo*, 2007) e outros bem recepcionados no Brasil, filmes aproveitados pela dupla para amadurecerem sua narrativa baseada no controle (como as de Kleber Mendonça Filho). É a mesma busca desde os curtas de Gotardo (*Areia*, 2008 e *O menino japonês*, 2009) e de Graziosi (*Sabá*, 2006 e *Saltos*, 2008), ambos mais formalistas e menos narradores que Dutra e Rojas, mais dispostos a experimentar com as formas de agrupar sequências e ocupar os planos. São filmes que lidam com a ausência e a perda, em níveis mais subjetivos ou sociais, sempre em um tom brando e distanciado. São, em quase tudo, diversos da organicidade nem sempre controlável de *Corpo presente* (Paolo Gregori e Marcelo Toledo), que soma três episódios filmados e montados como curtas-metragens independentes, com diferentes câmeras e anos, ou mesmo da intensidade cênica e sonora de *Jovens infelizes ou o homem que grita não é o urso que dança* (2015), estreia em longa de Tiago Mendonça, tendo como protagonista uma trupe de atores guerrilheiros de teatro (ou de um teatro terrorista, que, quebrando a quarta parede, intervém diretamente no mundo, não sem violência nessa intervenção – e não interação).

O controle da filmagem e sua quebra premeditada foram dois caminhos com desdobramentos próprios nos filmes dessa geração em diferentes partes do país. Um filme com custos de curta-metragem, como *Batguano* (2013), do paraibano Tavinho Teixeira, também ator no filme, é exemplo de cinema do controle, dos quadros rígidos, das interpretações programadas, tendo o casal Batman e Robin à frente de um futuro angustiante em um sertão pós-apocalíptico. Também são exercícios de controle os curtas (*Handebol*, 2009, principalmente) e a estreia em longa da carioca Anita Rocha da Silveira (*Mata-me por favor*, 2015), filme lançado com êxito no

Festival de Veneza, incorporando vampirismo e universo escolar de adolescentes na zona oeste do Rio de Janeiro, onde estavam sendo construídas as obras destinadas aos Jogos Olímpicos de 2016. Os dois filmes também incorporam a seu modo elementos do cinema de gêneros industriais, pervertendo-os em suas formas e reciclagens, sem deixar de injetar ares novos em suas células matriciais. É uma das constantes da nova geração, aproximando-se dos gêneros sem reproduzi-los. Essa operação de adesão crítica está distante de um filme assumidamente grotesco como *Mangue negro* (2008), do capixaba Rodrigo Aragão, assim como de outros da mesma vertente, porque a adesão ao gênero pode conter críticas ao mundo, como contém, mas não mantém nenhum distanciamento do gênero cinematográfico em si mesmo.

O cinema do exercício do controle ou de proveniência dele encontra variações com diferentes propósitos em filmes de diferentes origens regionais, mas tem alta incidência em Minas Gerais. As intenções, porém, são estranhas umas às outras, se não opostas. O controle de *O céu sobre os ombros* (2010), de Sérgio Borges, selecionado para o Festival de Roterdã, e de *Girimunho* (2011), de Clarice Campolina e Helvécio Marins Jr., exibido no Festival de Veneza, busca a matéria da vida para estetizá-la, trabalhando na fronteira entre o efeito de espontaneidade de seus atores não profissionais e a intervenção estilística na vida deles pela composição do quadro, pela relação da luz com corpos e espaços, pelo controle da informação ficcional sobre os personagens e pelo cultivo da duração dos planos. Busca-se a vida, mas apenas como matéria-prima, pois o que se busca, acima de tudo, é a arte cinematográfica, com investimento grande em sua visualidade. Em ambos, a fotografia é de Ivo Lopes Araújo, de origem cearense, mas atuação em diferentes estados.

Ambos são também filmes da produtora Teia, cujo ex-sócio mais prestigiado é Cao Guimarães, outro nome de relevância no cinema brasileiro de autores, embora menos por suas ficções mais assumidas como ficções (*Ex isto*, 2010) e mais por seus documentários com alta construção formal e influência das artes visuais (*A alma do osso*, 2004, especialmente). O que difere os filmes de Borges e de Marins/Campolina é o fato de Borges filmar Belo Horizonte, personagens e vivências urbanas, de múltiplas identidades, e Marins/Campolina filmarem o universo arcaico do norte de Minas, distantes dos signos urbanos, mais abertos a toda sorte de potencialidades da imaginação. Os dois filmes têm, de alguma parte, correspondência com dois filmes cariocas, *Riscado* (Gustavo Pizzi, 2010) e *Histórias que só existem quando lembradas* (Júlia Murat, 2011), que também trafegam pela relação entre vida e ficção, embora com mediações mais explícitas nessa relação, e não porque a protagonista de *Riscado* seja uma atriz e a de *Histórias que só existem quando lembradas* seja uma fotógrafa – a primeira tentando êxito na carreira, a outra em fuga de seu mundo urbano.

São todos filmes em que, apesar de se filiarem à busca da vida, mantêm estratégias de controle. Em *Os residentes* (2011), segundo longa de Tiago Mata Machado, o controle é mais explícito, com demonstração dos artifícios, referências, cores, composição dos corpos nos espaços e diálogos, exibidos sem discrição, quase parte de uma instalação cênica discursiva, como uma proposta na qual a política das situações e das palavras nas quais estão os personagens em cena, enclausurados na maior parte do tempo, é antes estética que ideológica. Em sua cena mais analisada e longa, homem e mulher discutem sua política de casal, com uma *mise-en-scène* dos corpos tão importante quanto os sentidos das palavras. Felipe Furtado o elegeu em *Cinética* o mais bem-sucedido filme político de seu tempo histórico, justamente por reconhecer uma paisagem política devastada, como reconheceria também *Branco sai, preto fica* e *Jovens infelizes*, longas-metragens com protagonistas de resistência e de espírito guerrilheiro, mas também por, como nesses outros dois filmes posteriores, insistir em existir e não reconhecer a derrota[6].

Já a vertente do controle de André Novaes de Oliveira em *Ela volta na quinta*, sua estreia em longa, é ainda de outra natureza e intenção estética, com escolhas empenhadas em apagar as marcas dos artifícios e com o efeito de espontaneidade como pressuposto primeiro, ainda que o processo para se chegar a ele esteja distante de ser baseado na observação da vida em curso em seu entorno. *Ela volta na quinta* tem o próprio diretor mineiro, de Contagem, como ator e personagem, assim como sua família como família de seu personagem. A casa dos pais é a casa dos pais, a namorada no filme é a mesma da vida fora da ficção, mas a ficção se impõe. Todos atendem pelo mesmo nome da vida fora das telas, como em *O céu de Sueli* e *Mutum*, mas a fusão ficção/vida é mais radical. O cinema da afetividade e da economia encontra nesse pequeno e comovente filme talvez uma de suas mais autênticas expressões, com uma representação das relações familiares sem estereótipos e negatividade, colocando-se no lado contrário de representações da família como as de *Contra todos*, *A casa de Alice* e *Feliz Natal*, para ficarmos em poucos exemplos de anos anteriores.

Se não existe idealismo nas relações domésticas em *Ela volta na quinta*, há um sentido de conciliação e reconciliação, colocando-se em linha de diálogo parcial com *O céu de Sueli* e *Mutum*, também obras conciliadoras e discretas em seus dramas, mas nas quais os protagonistas deslocados movem-se de seus lugares de origens ao final, mesmo que essas rupturas com os espaços não sejam fraturas, e sim aberturas de possibilidades novas em novos espaços. *Ela volta na quinta* propõe o enraizamento na família e na geografia, no caso, na cidade de Contagem (grande BH), preservando a união familiar acima das ameaças à sua fragmentação. É um filme herdeiro de um olhar de negociação e de afastamento dos conflitos explosivos, perceptível entre 2005 e 2010 no segmento autoral.

A família voltou a estar presente, de outros modos, sem a condenação de filmes anteriores, mas sem adesão afetiva de *Ela volta na quinta*, em três filmes também empenhados em, pela circunscrição física nas cidades (São Paulo, Rio, Recife), representar algo mais amplo da sociedade. Foram os casos de *Que horas *ela volta?*, *Casa grande* (Felipe Barbosa, 2014) e *O som ao redor*, com suas narrativas centradas na classe média e média alta, cada um deles com boa repercussão internacional, algo raro quando não se busca o espetáculo da violência como chamariz para uma imagem possível do Brasil.

Que horas ela volta?, premiado no Sundance, tem Regina Casé no centro de tudo. Ela é a empregada doméstica, cuja visita da filha, vinda do Nordeste para prestar vestibular concorrido, promove distúrbio na ordem afetiva, social e trabalhista na casa dos patrões ricos. Sem abrir mão dos apelos cômicos, alguns em cima da simplicidade da empregada doméstica e de seus trejeitos, o filme de Muylaert, depois de semear o conflito, dribla sua explosão ao final. Nesse sentido, faz o inverso de *Durval discos*, seu filme de estreia no começo dos 2000, que termina em morte e casa arruinada. Tata Amaral e Laís Bodanzky viveram nesse período o movimento de atenuação dramática na comparação com os longas de estreia. Em *Hoje* (2011), de Amaral, apesar da mesma circunscrição de um acerto de contas conjugal em um único lugar (como em sua estreia com *Um céu de estrelas* nos anos 1990), o homem agora é um fantasma, não o algoz a ser eliminado para a mulher respirar. Em *As melhores coisas do mundo* (2009), Bodanzky, apesar de retornar aos conflitos familiares entre pais e filhos, encontra reconciliação ao final, ao contrário de seu primeiro longa, *Bicho de 7 cabeças*, que termina com uma carta de rompimento familiar. Muylaert adota uma estratégia minimamente próxima de *Casa grande*, estreia na ficção do carioca Felipe Barbosa, também amplamente circulado por festivais internacionais, que, porém, passa-se todo pelo olhar e percepção de um adolescente pós-rico, com o pai falido, que vê a decadência financeira afastar de suas relações afetivas os antigos funcionários. *Casa grande* nem chega, contudo, a inseminar a crise entre classes, nem sequer entre poderes, como *Que horas ela volta?*, optando por uma busca de conciliação mais emocional, não sem a carga de poderes investida nessas emoções, como a descoberta sexual do adolescente com a ex-empregada doméstica em uma favela carioca. *O som ao redor*, apesar de se manter distante de qualquer conflito mais palpável, na maior parte do tempo insemina a expectativa tensa, sem informar de onde pode partir uma explosão. Ela surge ao final, como operação de vingança, mas fica fora de quadro, sem mostrar os efeitos do confronto anunciado entre os polos opostos das relações de poder.

A família como síntese ou como reflexo de uma configuração social desajustada está no norte desses filmes, mas *O som ao redor*, ao contrário de *Que horas ela volta?* e *Casa grande*, cujas figuras do poder em crise não são punidas internamente, aponta o dedo para seu personagem mais negativado, mais poderoso e historicamente atrelado aos poderes agrários do engenho, sem permitir a essa representação a impunidade ou a manutenção de seu lugar. Se não vemos seu desfecho por completo, somente o encaminhamento para seu final, está claro na imagem o desejo de confronto, de embate e vingança, no caso, não somente pessoal, mas de estímulos históricos e sociais, como se os seguranças assumissem um lugar de vingadores de uma contingência injusta.

Talvez apenas outro filme dessa segunda década tenha tido a mesma ênfase de colocar as classes e as geografias em conflito limítrofe, no sentido de confronto, embate e recusa à conciliação. *Branco sai, preto fica*, segundo longa de Adirley Queirós, depois do documentário híbrido *A cidade é uma só?* (2011), é uma ficção científica B, que, apesar de flertar com o cinema de gênero, funda-se em uma dramaturgia do ressentimento, com um fato e um contexto real a estimulá-lo: um massacre policial de negros em um baile *funk* na Ceilândia, cidade satélite do Distrito Federal. Queirós é cineasta de origem abaixo da classe média e morador da Ceilândia, onde sempre realizou seus curtas e os dois longas. *Branco sai, preto fica* mostra a revanche de negros agredidos contra os brancos de poder de Brasília, da periferia contra o centro, da cidade satélite contra o plano piloto e a praça dos Três Poderes. O desfecho propõe um confronto frontal.

Adirley Queirós talvez seja em 2016 o cineasta mais fora do figurino cinematográfico como ponto de partida e modulação de olhar. Ex-jogador de futebol, fez uma tardia graduação em cinema na Universidade de Brasília (UNB), sem abandonar, por isso, seu vínculo com a cultura popular, notável em alguns de seus personagens e em muitos diálogos, nas referências musicais e na própria relação deformadora do filme com os gêneros cinematográficos. O cineasta não parece colocar-se em relação formal com nenhuma vertente brasileira ou internacional recente. Talvez seja das novidades cinematográficas desde 2005 mais abertas a fazer um cinema de substância popular e política sem receio ou recato em nenhuma das duas frentes, sem colocar a sutileza e o baixo tom como plataforma de contemporaneidade.

O cinema da década e meia do novo século, de maneira predominante em seu segmento autoral renovado, mas também no segmento autoral mais experiente, não gerou imagens de celebração. Houve um período de abrandamento dos tons e de negociação, sobretudo entre 2005 e 2010, mas mesmo nesses filmes os males existenciais e subjetivos estavam evidenciados, com menos ou mais possibilidades de escapes. Parte desse mal-estar amplo parece ainda uma herança da má digestão da transição entre regime militar e democrático, entre o cinema da Embrafilme e o da Retomada, com muitas fugas, rupturas, deslocamentos e inviabilidades, muitos mortos e violência[7], mesmo havendo mais dinheiro para se produzir e um país aparentemente menos asfixiante para se viver. Parte dessa produção baixou o tom quando justamente aumentaram as condições financeiras coletivas e da atividade cinematográfica, respirando mesmo nos filmes muito baratos e sem apoios de dinheiro público uma insatisfação mais pequeno-burguesa, de individualidades, cuja infelicidade independe das contingências concretas. Mesmo nesses filmes, contudo, o mal-estar permanece, talvez não evidente e explicitado, porém como parte constituinte de se viver na contemporaneidade.

NOTAS

1. Todos os dados foram pesquisados no *site* da Agência Nacional do Cinema (Ancine).

2. Ismail Xavier, "O cinema ao redor", disponível em: <https://goo.gl/LduV18>, acesso em: mar. 2017.

3. Pedro Butcher, "*Amarelo Manga*: Assis faz um quase-grande filme", *Folha de S.Paulo*, 15 ago. 2003, disponível em: <https://goo.gl/idNq5v>, acesso em: mar. 2017.

4. Kleber Mendonça Filho, "Os Sertões (Árido, Máquina e Aspirinas)", disponível em: <https://goo.gl/WcHC2P>, acesso em: mar. 2017.

5. Trecho de entrevista para o programa *Metrópolis*, da TV Cultura, exibido em janeiro de 2016 e disponível em: <https://goo.gl/MDbCWY>, acesso em: mar. 2017.

6. Felipe Furtado, "Alguns apontamentos sobre política, liberdade e invenção", *Revista Cinética*, jan. 2011, disponível em: <https://goo.gl/2MFZ5Z>, acesso em: mar. 2017.

7. Cf. Cléber Eduardo, "Fugindo do inferno: a distopia na redemocratização", em: Daniel Caetano (org.), *Cinema brasileiro 1995-2005: ensaios sobre uma década*, Rio de Janeiro: Azougue, 2005. Esse texto se concentra nos filmes nos quais os personagens fogem de seus lugares.

FERNÃO PESSOA RAMOS
É professor titular da Universidade Estadual de Campinas (Unicamp) e coordenador do Centro de Pesquisas em Cinema Documentário da mesma universidade (Cepecidoc). Foi presidente da Sociedade Brasileira de Estudos de Cinema e Audiovisual (Socine) e atuou como professor convidado nas instituições estrangeiras Université Sorbonne Nouvelle, New York University, University of California (Los Angeles), Université de Montréal e University of Chicago. Na década de 1980, publicou *Cinema marginal (1968-1973): a representação em seu limite* e a primeira edição de *História do cinema brasileiro*. Nos anos 2000, organizou a obra *Enciclopédia do cinema brasileiro* e *Teoria contemporânea do cinema I e II*. Mais recentemente, escreveu *Mas afinal... o que é mesmo documentário?* (2008) e *A imagem câmera* (2012).

SHEILA SCHVARZMAN

É professora do programa de pós-graduação em comunicação da Universidade Anhembi Morumbi, doutora em história social pela Universidade Estadual de Campinas (Unicamp) e pós-doutora em multimeios pela mesma universidade. Foi professora visitante do Instituto de Artes da Unicamp, professora do curso de audiovisual do Centro Universitário Senac e historiadora do Condephaat, em São Paulo. Integra o grupo de pesquisa do CNPq "Cinema brasileiro: história e preservação". Em 2004, publicou *Humberto Mauro e as imagens do Brasil*; em 2008, *Mauro Alice: um operário do filme*; e, em 2011, organizou com Samuel Paiva o livro *Viagem ao cinema silencioso do Brasil*, entre outros.

Este livro foi composto com
as fontes **Flavour** e **Freight Text** e
impresso em papel **Pólen Natural 80 g/m²**
na Hawaii Gráfica e Editora Ltda
em setembro de 2022.